# 대동법
## 조선 최고의 개혁

백성은 먹는 것을
하늘로 삼는다

# 대동법, 조선 최고의 개혁
— 백성은 먹는 것을 하늘로 삼는다

**초판 1쇄 발행**  2010년 11월 3일
**6쇄 발행**  2019년 3월 25일

**지은이**  이정철
**펴낸이**  정순구
**책임편집**  조수정
**기획편집**  정윤경, 조원식
**디자인**  조원식
**마케팅**  황주영

**출력**  블루엔
**용지**  한서지업사
**인쇄**  한영문화사
**제본**  한영제책사

**펴낸곳**  (주) 역사비평사
**등록**  제300-2007-139호 (2007. 9. 20)
**주소**  10497  경기도 고양시 덕양구 화중로 100(비젼타워 21) 506호
**전화**  02-741-6123~5
**팩스**  02-741-6126
**홈페이지**  www.yukbi.com
**이메일**  yukbi88@naver.com

ⓒ 이정철, 2010
ISBN 978-89-7696-537-0  93910

# 대동법

## 조선 최고의 개혁

### 백성은 먹는 것을
### 하늘로 삼는다

이정철 지음

역사비평사

## 일러두기

이 책의 주석은 각주와 미주로 나누어 구분했습니다. 각주는 본문과 관련되어 보충·추가 설명을 해야 할 부분에 1), 2), 3) …으로 표시했고, 미주는 1, 2, 3 …으로 표시하여 본문 내용의 원사료와 출처를 밝혀놓았습니다.

# 듣기 좋은 말로는 개혁이 되지 않습니다
: 더 나은 제도와 제도사 연구를 위하여

세계 여러 나라의 돈에는 대개 그 나라의 역사적 위인들이 등장한다. 네덜란드 지폐에는 해바라기나 도요새가 도안되어 있기도 하지만, 이것은 드문 경우이다. 한국 돈에도 세종대왕, 이순신, 이이, 이황, 신사임당 등 조선시대 인물들이 그려져 있다. 그런데 이들은 모두(!) 임진왜란(1592~1600) 이전의 사람들이다. 다른 나라의 화폐에 비교적 현재와 가까운 인물들이 많이 등장하는 것과는 사뭇 다르다.

오늘날 우리가 이름을 알고 있는 조선 후기 인물들에는 당파의 우두머리, 성리학에 정통했던 학자, 그리고 몇몇 실학자와 문필가 들이 주류를 이룬다. 여기서 자연스레 한 가지 의문이 떠오른다. 그런 부류의 사람들만으로 과연 나라가 운영될 수 있었을까? 혹시 조선 후기 인물들에 대한 우리의 기억에 뭔가 빠진 것이 있지는 않을까? 이런 의문이 드는 까닭은 임진왜란을 겪은 후에도 조선이라는 나라가 300년 넘게 지속되었기 때문이다. 300년이면 중국에서는 당·송·명·청나라처럼 대표적으로 성공한 왕조들이 천수를 누린 기간이다. 과문한 탓이겠지만, 조선 이외에 14세기 말에 건국해서 20세기 초까지 유지되었던 왕조국가의 이름을 필자는 알지 못한다.

오랫동안 학계에서는 조선 후기를 '봉건제 해체기'라고 불렀다. 과거에 조선을 봉건제로 규정했던 것에는 나름의 이유가 있었다. 하지만 오늘날 그 시대 규정은 더 이상 적절해 보이지 않는다. 더구나 그 체제를 무엇이라 부르든 간에, 조선 후기를 '해체기'라고 말하는 것은 아무리 생각해도 무리가 있다. '해체기'란 — 우아하게 설명할 수도 있겠지만 — 거칠게 말하면 망해가는 시기란 뜻이다. 그런데 300년이란 시간은 망할 때를 기다리며 보냈다고 하기에는 너무 길지 않은가? 비유컨대, 마치 80세까지 살 사람에게 30세를 막 넘었다고 해서 이제 당신의 남은 생애는 죽어가는 시간이라고 말하는 것과 다르지 않다. 그렇다고 그 긴 기간 동안 '국가'가 저절로 유지됐다고 하기도 어렵다. 국가는 저절로 장기간 유지되지 않는다. 마치 긴 다리나 높은 건물처럼 계속해서 손보지 않으면 오래 유지될 수 없는 인공구조물과도 같기 때문이다. 위의 사실들은 조선시대에 대한 현재 우리의 지식에 커다란 공백이 있음을 암시한다.

조선은 500년 넘게 지속되었던 국가이다. 이것은 조선이라는 나라가 끊임없이 발생하는 크고 작은 문제들을 진단하고, 그에 대응하는 제도적 장치들을 갖고 있었음을 뜻한다. 이 책은 17세기에 조선이 직면했던 거대한 문제들 — 사실 그것은 동아시아 차원의 격동이었다. 중국과 일본에서는 왕조와 체제가 바뀌었다 — 과 그에 대한 당시 관료 및 지식인들의 논의와 정책적 대응을 담고 있다. 특히 이 책은 여러 가지 문제 중에서도 대동법의 성립에 초점을 맞추었다. 대동법의 핵심은 민생과 세금의 문제였으며, 궁극적으로 그 시대에 상응하는 제도적 공공성을 회복하는 문제였다.

17세기 조선이 국내외적으로 거대한 체제의 전환을 요구받았던 것처럼, 지금의 한국사회도 거대한 전환기에 놓여 있는 듯이 보인다. 오랜 기간 당연시되던 사회의 작동 원리는 이전처럼 효율적으로 기능하지 않거나, 정당화하는 데 더 많은 힘이 들어가고 있다. 여러 분야에서 일어나는 사회제도의 실패는 날마다 우리 눈앞에 등장한다. 치열한 경쟁 속에서 전혀 생산적이지 않은 교육제도, 값비싼 사교육과 장기간의 정규 교육과정을 거쳤음에도 불구하고 늘어나기만 하는 청년실업, 비정규직과 최저생계비 이하의 절대빈곤층의 합이 정규직 노동인구의 규모를 넘는 상황, 매우 허약한 사회안전망 등의 문제들이 바로 그것이다. 이런 현실에서 오늘날 대학을 졸업하는 많은 젊은이들은 각종 공무원시험 합격과 대기업 입사를 목표로 한다. 현재 한국에서 가장 믿을 만한 민생 기반은 바로 국가기관 자체와 대기업이기 때문이다. 이것은 국민경제 수준에서의 허약한 사회적 복지 수준과 날카롭게 대비된다.

우리에게는 기본적인 인간적 삶을 가능하게 하는 토대로서의 사회, 즉 공동체에 대한 경험과 기억이 아주 적다. 어리거나 약하거나 아프거나 경제적으로 어려울 때, 인간다움을 유지하는 데 국가가 직접적으로 기여한 바가 별로 없었기 때문이다. 그런 일들은 언제나 가족의 몫이거나 때로는 기업의 몫이었다. 국가는 대부분의 사람들에게 삶을 가능하게 하는 공동체적 기반이라기보다는 두려워하며 섬겨야 하는 대상이었다. 오늘날 한국 사회의 공적 기능과 사회문제의 제도적 해결에 대한 희망이 약한 이유는 국가적 수준의 제도적 성공 경험을 축적하지 못했기 때문일 것이다.

왜 이렇게 되었을까? 우리는 누구나 가정, 사회, 국가의 구성원으로 살아간다. 그런데 한국은 식민지를 거치면서 국가는 부재했고, 경제성장 과정에서 사회는 불균등 발전 전략에 기반한 기업조직 중심으로 성장했다. 아마도 여기에는 경제적 효율성이 어느 수준에 도달하면 자연적으로 사회적 공공성으로 이어지리라는 암묵적 믿음이 있었던 듯하다. 그러는 중에도 언제나 우리 곁에 있었던 것은 가족뿐이었다. 오늘날 한국에서 가족주의가 이렇게 강력한 힘을 발휘하는 데에는 명백한 역사적·현실적 이유가 있다.

물론 가족 자체가 문제는 아니다. 하지만 그 결과 한국은 사회적 다양성과 국가의 공적 기능이라는 측면에서 상당한 취약성을 갖게 되었다.

국가를 경제적으로 규정하면, 그것은 결국 세금과 민생의 문제로 귀결된다. 이것은 정부가 어떤 기준으로 누구에게 얼마큼 세금을 걷어, 누구를 위해서 어디에 얼마큼 쓰느냐의 문제다. 미시적으로 본다면, 우리 삶의 인프라에 해당하는 교육, 의료, 실업, 혹은 노후 문제 등을 우리의 생활비로써 충당할 것인가 아니면 세금으로 집행할 것인가의 문제다. 세금과 민생이 만들어내는 모습이야말로 바로 특정 시기, 특정 국가의 맨얼굴이라고 할 수 있다. 이것이 이 책에서 지속적으로 다루고 있는 문제다.

조선의 지배층은 자신들이 믿은 성리학 이념을 민생 문제와 관련시켜 고민했다. 이런 면에서 조선시대 성리학 지배체제는 오늘날 우리의 민주주의보다 더 잘 확립된 제도라고 생각된다. 그들은 자신들의 믿음을 정치나 사상을 넘어 생활과 삶의 양식에까지 성공적으로 확장했다. 조선시대 관리와 지식인들, 즉 조선의 지배층은 적어도 공적으로는 '가난은 임금님도 못 구한다'— 이 말이 어디서 나왔는지 모르겠다 —고 말하지 않았다. 오히려 '이식위천以食爲天', 즉 백성은 먹는 것으로 하늘을 삼는다는 말을 훨씬 자주, 더 많이 했다. 그들의 상식으로 볼 때, 백성들은 국가보다 먹는 것을 더 중요하게 여겼다. 적어도 국가를 운영하는 원칙에서 보면 그들은 백성의 민생을 책임지려고 하지 않는 국가는 나라라 할 수 없고, 백성들이 사람답게 살도록 하는 것이 글 배우고 벼슬하는 사람들의 임무라고 생각했다.

한국은 이제 막 그 과정이 시작되고 있는 듯한 느낌이 든다. 소수의 정치 엘리트와 '민주투사'들이 주도했던 민주주의는 이제 삶의 영역으로 확산되도록 요구받고 있다. 최근 들어 자주 사람들의 입에 오르내리는 '복지'란 바로 삶의 영역으로 확산되는 민주주의일 것이다. 좀 이상한 표현으로도 들리겠지만, 민주주의가 대중화되고 있는 것이다. 이 책이 오늘날 한국의 민주주의와 복지의 문제를 따져보는 데 얼마간의 도움이라도 되기를 희망한다.

차례

# 대동법
조선 최고의 개혁— 백성은 먹는 것을 하늘로 삼는다

# 이 책을 좀 더 쉽게 읽기 위해
## 몇 가지 용어에 대한 짧은 설명

이 책에는 공물貢物과 관련해서 여러 가지 용어가 등장한다. 책을 읽어가면서 자연히 이해될 수 있겠지만, 약간의 설명을 미리 제시하는 것도 이 책의 이해에 도움이 되리라고 생각한다. 이 용어들에 대해서 말하기 전에, 공물과 관련해서 먼저 기억해야 할 사항이 두 가지 있다.

첫째, 공물은 개념적으로 요역徭役과 선명하게 분리되기 어렵다는 점이다. 말뜻으로만 보면 공물과 요역은 명확히 다르다. 공물이 각 지역 특산물이라는 물품의 형태를 띠는 데 반해, 요역은 민民의 노동력이다. 하지만 둘은 대체로 연결되는 경우가 많았다. 예를 들어 중앙에서 어떤 고을에 노루 한 마리를 공물로 부과하면, 그 고을 백성들은 자신들의 노동력을 사용해야만 그 노루를 잡을 수 있다. 또 그렇게 얻은 '노루를 서울까지 운반하는 데에도 요역이 필요했다. 즉 중앙에서 최종적으로 받는 것은 공물이지만, 그것을 획득하고 운반하는 데에는 요역이 쓰였다. 이렇듯 공물과 요역은 많은 경우 결합되었고, 그래서 공물과 요역을 합하여 공요貢徭라는 말이 사용되기도 했다.

둘째, 공물은 부과하고 납부하는 주체에 대한 이념적 상정이 전조田租와 다르다는 것이다. 원칙적으로 전조는 왕이 백성에게 부과하는 것이며, 공물은 황제가 제후에게 부과하는 것이다. 하지만 조선에는 황제가 없었으므로 왕을 황제로, 각 고을 수령을 제후로 상정했다. 이것이 전조와 공물의 운영을 다르게 만들었다. 전조는 최대한 공정하고 가벼워야 했다. 왕과 백성의 관계는 이념적으로는 계급적 관계가 아닌, 부모와 자식의 관계로 상정되어야 했기 때문이다. 반면, 공물은 그런 가상의 관계로 치장할 필요가 없었다. 공물의 최종적인 부과 단위가 고을이고, 그 고을 내부에서 실제로 공물을 어떻게 마련할 것인가에 관한 문제가 수령에게 전적으로 맡겨졌던 것은 공물의 이런 특성에도 일부 원인이 있다.

조선시대에 공물의 부과와 납부 방식에 관련된 용어들은 여러 가지가 있지만, 크게 두 그룹으로 나뉜다. 첫 번째 그룹의 용어들은 대개 임진왜란 이전에 불렀던 것들이고, 다른 한 그룹의 용어들은 임진왜란 중이나 그 이후에 널리 퍼졌다. 역민식役民式, 8결 윤회분정八結輪回分定, 제역除役, 대동제역大同除役 등이 첫 번째 그룹의 용어들이다.

역민식은 성종 2년(1471)에 발표된 정부의 요역 부과 기준이다. 역민식은 말 그대로 정부가 백성에게 어떻게 요역을 부과할 것인지를 규정한 법령이었다. 그런데 공물 역시 이 기준에 따라 부과되었다. 공물의 부과가 요역에 대한 법령에 따라 운영되었던 이유는 앞에서 말했던 요역과 공물의 관계 때문이다.

역민식에 따르면, 요역은 '8결 윤회분정' 방식으로 백성에게 부과되었다. 여기서 결結이란 조선시대 토지 면적의 단위이다. 조선의 기본법전인 『경국대전』은 정부가 20년마다 한 번씩 전국의 토지를 재측량해서 모든 토지를 결 단위로 파악하도록 규정했다. 정부는 이렇게 파악된 토지를 5결씩 묶고 천자문의 글자 순서로 정리해서 일종의 토지대장인 양안量案에 기록했다.

공물은 전조처럼 정해진 시기에 한번에 걷을 수 없었다. 어떤 경우에는 몇 호戶로도 충분했지만, 또 다른 경우에는 여러 고을의 모든 호들이 동원되어야 구할 수 있는 물품이 한 해에도 여러 번 부과되었다. 공물이 부과될 때마다 그것은 고을의 8결 안에서 순서대로 돌아가면서 마련되었다. 윤회란 돌아가면서 부담한다는 뜻이다.

8결 윤회분정에 따르면 사람들은 해마다 다른 종류의 공물을 마련해야 했는데, 여기에는 많은 문제가 있었다. 구하려는 공물이 쉽게 구해지면 아무 문제 없지만, 어떤 공물은 마련하기 힘든데다, 그것을 구하는 데도 전문적인 기술이 필요했다. 하지만 어떤 경우든, 고을 수령은 공물을 책임지고 납부해야 했다. 그래서 등장한 것이 바로 제역의 관행이었다. '제역'이라는 말에는 오해의 여지가 많다. 단어 자체의 뜻으로만 보면 요역을 면제해준다는 의미이기 때문이다. 이 단어의 본뜻은 구하기 어려운 특정 물품을 어떤 호들에게 매해 고정적으로 전담시키고, 대신 다른 요역을 면제해준다는 의미이다. 즉 제역은 역을 면제해주는 것이 아니고, 특정한 역을 전담시키는 것이다.

8결 윤회분정과 제역 사이에는 대단히 중요한 차이가 있다. 8결 윤회분정이 정부가 규정한 법령이라면, 제역은 고을 내부의 관행이었다. 공물과 관련된 여러 용어에 혼란스러운 느낌이 오는 이유 중 하나는 국가의 법령과 고을 내부의 관행이 명확히 구분되지 않고 사용되기 때문이다. 그런 관행이 가능했던 것은 앞에서 말했듯이, 공물을 어떻게 마련할 것인지는 수령이 알아서 처리할 문제였기 때문이다. 그렇게 알아서 처리하는 것 자체가 바로 규정이었다.

제역은 8결 윤회분정에 비하면 납부자 입장에서 대단히 편리했다. 평상시에 물품을 준비할 시간을 더 많이 가질 수 있고, 점차 물품을 획득하는 것에도 요령이 생겼기 때문이다. 그래서 나온 것이 바로 대동제역의 요구였다. 모든 물품을 제역의 방식으로 납부하게 해달라는 요구였다. 대동제역은 관행으로 해결될 수 없고, 반드시 법으로 정해져야만 했다. 대동제역이 실시되려면 한 고을만으로는 불가능했기 때문이다. 이 요구는 거의 실현되지 못했다.

두 번째 그룹에는 사대동私大同, 공물작미貢物作米, 경대동京大同, 반대동半大同 등의 용어가 포함된다. 사대동은 법이 아닌, 각 고을 내부의 관행이었다. 사대동에서 '사私'라는 접두어는 그것이 중앙정부의 공식적 점검체계 속에 있지 않음을 암시한다. 대동법 성립 이전까지 고을 수령의 자율적 영역을 조선은 '공公'이 아닌 '사私'로 이해했다. 대동법 성립과 함께 '사'라는 말이 사라졌던 것은, 그것이 중앙정부의 공식적 점검체계에 포함되었음을 의미한다. 한편 대동은 8결 윤회분정에 대비되는 개념이다. 즉 8결 윤회분정이 부과되는 공물 종류에 따라 부담액이 달랐다면, 대동은 각 고을이 1년에 부담하는 총액을 고을 안의 모든 호에 고르게 나누었다. 대동은 신분에 관계없이 모두가 똑같이 공물을 부담한다는 의미였다. 사대동이 임진왜란 이후 급증했던 것은 전쟁이라는 위기상황이 사대동의 확산에 크게 기여했기 때문이다.

공물작미는 줄여서 '작미'라고도 불렸다. 이는 공물을 현물로 내는 대신 공물의 값어치에 해당하는 양의 쌀로 내게 한 법령이다. 공물작미는 임진왜란 중에 군량미를 마련하는 과정에서 본격화되었다. 정부도 백성들이 현물 대신 쌀로 공물을 내고 있다는 것을 알았기 때문에 아예 쌀을 직접 내도록 했던 것이다. 사대동의 경우도 '작미' 한다는 것은 다르지 않지만, 사대동과 공물작미는 다르다. 우선 사대동은 관행이고, 공물작미는 법령이었다. 이보다 더 중요한 차이는 공물작미가 말 그대로 공물의 납부 형태만 현물에서 쌀로 바꾼 것인 데 비해, 사대동은 한 고을 안에서 그 부담을 균등하게 나눈 것이었다.

공물작미가 정부의 법령으로 시행되었다면, 경대동과 반대동은 그와는 다른 맥락에 있는 말이다. 이 두 용어는 인조 초 삼도대동법三道大同法의 시행과 더불어 많이 언급되었다. 삼도대동법은 경기의 선혜법宣惠法을 충청·경상·전라도에 확대하기 위해 시도되었다. 그런데 이때 각 고을의 경비에 너무 적은 몫이 책정되었다. 이것이 각 고을의 경비 부족을 초래했음은 두말할 나위가 없다. 그 결과 각 고을은 자체의 경비를 마련한다는 이유로 대동법 이전의 관행처럼 필요할 때마다 공물을 백성들로부터 여러 번 거두었다. 말하자면 인조 초의 삼도대동법에서 대동은 서울에서만 실시되고 지방은 그렇지 못했다. 경대동은 서울에서만 실시되는 대동이라는 뜻이다. 반대동은 경대동을 좀 더 직접적으로 표현한 말로, '반쪽짜리 대동법'이라는 뜻이다. 이 말에는 백성의 실망과 비난이 담겨 있었다.

# 한눈에 보는 대동법 성립 과정

| 시기 | 주요 사건 | 법규정 | 사회적 관행 | 주요 쟁점 | 주요 인물 |
|---|---|---|---|---|---|
| 조선 전기<br>(1471년 이후) | | 역민식(1471) | 8결 윤회분정<br>제역 | 수미법<br>대동제역 | 이이 |
| 1592~1608 | 임진왜란 | 역민식<br>충청·전라 연해지역의<br>공물작미(1607) | | 공물작미 | 유성룡 |
| 광해군대<br>(1608~1623) | | 역민식<br>경기선혜법(1608) | | 경기선혜법 | 이원익, 조익 |
| 인조대<br>(1623~1649) | 이괄의 난(1624)<br>정묘호란(1627)<br>병자호란(1636)<br>4차례의 조선군<br>해외 파병<br>명의 멸망·청의<br>입관(1644) | 역민식<br>경기선혜법<br>삼도대동청의<br>설립·폐지<br>강원대동법(1625)<br>갑술양전(1634)<br>재생청 설립(1645) | 사대동 확산 | 안민론<br>경대동 / 반대동<br>양전 실시론<br>군비 마련책<br>공안개정론<br>대동법 실시론 | 이원익, 조익,<br>김장생, 장유,<br>최명길, 김신국,<br>김육, 윤황, 이식,<br>조복양, 유백증,<br>이시방, 조석윤,<br>이후원, 박지계 |
| 효종대<br>(1649~1659) | 산림의 조정 복귀와<br>퇴진<br>청나라의 간섭 | 경기선혜법<br>강원대동법<br>충청도대동법(1651)<br>전라도(연해)대동법<br>(1658) | 대동법 확대 | 호서대동법<br>호남대동법<br>충청·전라도<br>유생들의 상소 | 김육, 김집, 민응형,<br>이시방, 조석윤,<br>원두표, 유계, 허적<br>남선, 김홍욱 |
| 현종대<br>(1659~1674) | 경신대기근<br>(1670~1671) | 경기도대동법(1664)<br>전라도(산군)대동법<br>(1666)<br>결당 12두로 대동미<br>통일 | | 호남대동법(산군)<br>경기대동법<br>공안개정론 퇴조 | 홍명하, 송시열,<br>허적, 김좌명,<br>조복양 |

# 연표

| 재위년 | 서기 | 주요 사건 | 재위년 | 서기 | 주요 사건 |
|---|---|---|---|---|---|
| 선조 25 | 1592 | 임진왜란 발발, 공물작미 조치 | 광해군 5 | 1613 | 계축옥사 |
| 선조 26 | 1593 | | 광해군 6 | 1614 | |
| 선조 27 | 1594 | 공안상정 발표 | 광해군 7 | 1615 | |
| 선조 28 | 1595 | | 광해군 8 | 1616 | |
| 선조 29 | 1596 | | 광해군 9 | 1617 | |
| 선조 30 | 1597 | | 광해군 10 | 1618 | |
| 선조 31 | 1598 | 임진왜란 종료 | 광해군 11 | 1619 | |
| 선조 32 | 1599 | | 광해군 12 | 1620 | |
| 선조 33 | 1600 | | 광해군 13 | 1621 | |
| 선조 34 | 1601 | | 광해군 14 | 1622 | |
| 선조 35 | 1602 | | 인조 1 | 1623 | 인조반정, 삼도대동법 실시 |
| 선조 36 | 1603 | 계묘양전 | 인조 2 | 1624 | 이괄의 난 |
| 선조 37 | 1604 | | 인조 3 | 1625 | 삼도대동법 폐지 강원도대동법 성립 |
| 선조 38 | 1605 | | 인조 4 | 1626 | |
| 선조 39 | 1606 | | 인조 5 | 1627 | 정묘호란 |
| 선조 40 | 1607 | 충청·전라 연해지역의 공물작미 시작 | 인조 6 | 1628 | |
| 선조 41 | 1608 | 경기선혜법 실시 | 인조 7 | 1629 | |
| 광해군 1 | 1609 | | 인조 8 | 1630 | |
| 광해군 2 | 1610 | | 인조 9 | 1631 | |
| 광해군 3 | 1611 | | 인조 10 | 1632 | |
| 광해군 4 | 1612 | | 인조 11 | 1633 | |

| 재위년 | 서기 | 주요 사건 | 재위년 | 서기 | 주요 사건 |
|---|---|---|---|---|---|
| 인조 12 | 1634 | 갑술양전 | 효종 6 | 1655 | 노비 추쇄 사업 |
| 인조 13 | 1635 | | 효종 7 | 1656 | 호남지역 유생들의 상소 |
| 인조 14 | 1636 | 병자호란 발발 | 효종 8 | 1657 | |
| 인조 15 | 1637 | 병자호란 종료 | 효종 9 | 1658 | 호남대동법(연해지역) 실시 |
| 인조 16 | 1638 | 충청 감사 김육의 상소 청의 강요에 의한 파병 | 효종 10 | 1659 | |
| 인조 17 | 1639 | 청의 강요에 의한 파병 | 현종 1 | 1660 | |
| 인조 18 | 1640 | | 현종 2 | 1661 | |
| 인조 19 | 1641 | 청의 강요에 의한 파병 | 현종 3 | 1662 | |
| 인조 20 | 1642 | | 현종 4 | 1663 | |
| 인조 21 | 1643 | 전염병 극심(~인조 22) | 현종 5 | 1664 | 경기선혜법 재정립 |
| 인조 22 | 1644 | 명나라 패망, 청의 입관 | 현종 6 | 1665 | |
| 인조 23 | 1645 | 소현세자 사망, 재생청 설립 | 현종 7 | 1666 | 호남대동법(산군지역) 실시 호남의 공물가 12두로 조정, 경기도대동법 |
| 인조 24 | 1646 | 재생청 활동 | 현종 8 | 1667 | |
| 인조 25 | 1647 | 호조가 경각사에 공물가 직접 지급 | 현종 9 | 1668 | |
| 인조 26 | 1648 | 진휼청이 상평청으로 바뀜 | 현종 10 | 1669 | |
| 인조 27 | 1649 | 산림의 등장 | 현종 11 | 1670 | 경신대기근(~현종 12) |
| 효종 1 | 1650 | 김육과 김집의 갈등 | 현종 12 | 1671 | |
| 효종 2 | 1651 | 호서대동법 실시 | 현종 13 | 1672 | |
| 효종 3 | 1652 | | 현종 14 | 1673 | |
| 효종 4 | 1653 | | 현종 15 | 1674 | 호서 공물가 결당 12두 확정, 양역변통 논의 등장 |
| 효종 5 | 1654 | | | | |

# 프롤로그

## 문제의식의 출발

17세기 초·중반에 조선은 국내외적으로 전환기적 위기상황에 있었다. 여러 차례의 전쟁과 정변, 참혹한 대기근과 전염병을 경험했다. 정묘호란(인조 5, 1627)·병자호란(인조 14, 1636)을 겪었고, 특히 병자호란의 피해는 참혹했다. 이 전쟁으로 왕실 사람들과 대신의 가족들을 포함해서 약 50만 명의 조선 사람들이 청나라에 인질로 끌려갔다. 이런 집단 경험들은 직간접적으로 격렬한 정치 변동의 원인이나 결과로 작용했다. 더구나 연이은 흉년까지 들었는데, 경신대기근(현종 11~12, 1670~1671) 때는 약 100만 명이 사망했다고 『조선왕조실록』은 전한다. 이 숫자는 당시 총인구의 약 10%에 해당한다. 민의 유망, 경작지의 황폐화, 국가재정의 파탄은 이런 상황의 결과였다. 도저히 국가체제를 유지할 수 없을 것 같은 상황이 계속되었다.

이런 상황은 무엇보다 국가의 재정 문제에 큰 영향을 미쳤다. 전쟁은 말할 것도 없고, 기근이나 흉년 역시 국가재정과 세금에 밀접히 관련된 문제였다. 조선의 재정과 세금 가운데 공물貢物·진상進上이 차지하는 비중은 아무리 줄여 잡아도 절반을 훨씬 넘었다. 문제는 이렇게 절대적 비중을 차지하는 공물·진상의 수취가 민의 담세 능력과는 무관하게 운영되었다는 점이다. 공물·진상의 막대한 경제적 부담이 타당하고 합리적인 기준 없이 민에게 지워짐으로써 커다란 사회문제가 되지 않을 수 없었다.

17세기 조선의 상황을 어떻게 개념적으로 이해할 것인가 하는 문제는 오랫동안 학계의 숙제였다. 이 시기가 주목을 받는 데에는 이유가 있다. 여러 가지 정황으로 볼 때, 이 시기가 조선 전기와 후기의 전환기에 해당하기 때문이다. 우리는 여기서, 어떤 면에서 보면 단순하고 직접적인 방식으로 이 문제에 접근하려 한다. 그 방식은 당시의 관료와 지식인들의 목소리에 귀 기울이는 것이다. 그들이 자신들의 시대를 어떻게 진단했고, 자신들이 처한 상황을 벗어나고자 어떤 노력을 했으며, 상황에 대한 진단과 처방을 놓고 어떤 갈등이 있었고, 최종 해결책을 이끌어내기까지의 과정은 어떠했는지를 살펴볼 것이다.

실제로 이 시기에 조정 안팎에서는 각종 개혁 논의들이 성행했다. 이 시기는 위기의 시대임과 동시에 개혁 논의의 시대였다. 논의의 중심 주제는 민생과 국가재정 문제였고, 이 두 가지는 다시 공물변통貢物變通 문제로 귀결되었다. 필자의 조사에 따르면, 공물변통과 관련해서 조정에서 발언하고 이 내용을 다시 자신의 문집에 남긴 사람들은 17세기 동안만 400명이 넘었다. 상황이 이렇다 보니 고위관료나 지식인으로서 공물변통에 관한 자기 나름의 현실 진단과 논리가 없으면 처신할 수 없을 정도였다.

공물변통의 궁극적 목표는 토지 수익에 따른 균등과세였다. 이 목표에 도달하는 과정에 불합리하고 부당한 제도하에서 오랫동안 큰 이익을 본 사람들로부터 강력한 저항이 있었다. 역사적으로 보면 사회적 불합리가 언제나 합리적 개선책을 통해 해소되었던 것은 아니다. 그래서 국가의 흥망성쇠도 있을 것이다. 하지만 17세기 중반 조선은 결국 재정개혁에 성공했다.

대동법의 성립은 단지 하나의 법이 새로 생긴 것을 뜻하지 않는다. 이것은 좁게는 조선의 재정 운영 방식 전반을, 넓게는 국가 운영체제 자체를 재정비한 것을 뜻했다. 대동법은 그러한 재정비의 결과물이었고, 이 법의 성립은 그러한 재정비를 더욱 촉진시켰다. 재정비 또는 개혁에는 그것을 가능케 하는 동력과 방법이 요구되었다. 일부는 과거 국가 운영의 축적된 경험에서, 일부는 절박한 현실의 요구에서 끌어왔다.

이 책의 기본적인 문제의식은 17세기 초·중반 국가 기능이 거의 중단되다시피 한 상황에서 체제의 재정립이라는 흐름이 어떻게 형성되고 어떤 결실을 맺었는가 하는 것이다. 이 책은 그 시기에 가장 큰 정책 논쟁이었던 공물개혁 문제를 통해서 당대 관료와 지식인들의 진단과 주장에 귀 기울인 결과물이다.


## 주요 연구의 성과와 한계

종래 적지 않은 대동법 관련 연구들은 이 법의 상업적 효과에 관심을 집중했다. 즉 조선 후기 상업자본의 형성이라는 맥락에서 대동법을 검토한 것이다. 이런 경향의 연구들은 대동법 자체나 조선시대사에 대한 우리의 이해를 높여주었지만, 동시에 역설적으로 우리의 시야를 가렸던 측면도 있는 듯이 보인다. 조선 후기에 상업이 발전했고, 그것이 그 이전 시기와 대비되는 사회 변화의 중요한 측면이라는 것은 분명한 사실이다. 또 그런 경향은 대동법과 관계가 있기도 하다.

하지만 또 하나의 분명한 사실은 대동법을 기획하고 추진했던 사람들이 당시 조선의 상업을 발전시키려고 그렇게 했던 것은 아니라는 점이다. 대동법 자체는 국가재정과 민생 안정, 국가 운영의 관점에서 논의되고 집행되었다. 이 과정에서 상인과 관련된 내용은 여러 조건 가운데 하나로 검토되었을 뿐이다. 따라서 대동법을 상업의 범주로 해석하려는 시도는 적절하지 않다. 이 책에서 주목하는 것은 대동법 실시에 따른 결과보다는 오히려 그 원인과 추진 과정이다. 다시 말해, 사회적·정치적으로 대동법과 같은 거대한 재정개혁을 필요로 했고, 또 그것을 가능하게 했던 요소들이 무엇이었는가에 주목했다.

상업적 관점에 근거한 연구들을 제외하면, 종래의 대동법 관련 연구들은 대략 세 가지 범주 중 하나에 속한다. 첫째, 어떤 이유로 어떤 단계를 거쳐서 대동법이 성립되었는가? 둘째, 대동법을 성립시킨 주체는 누구인가? 셋째, 대동법은 당시의 주류 사상인 성리학과 어떤 관계가 있는가가 그것이다. 첫 번째가 대동법의 성립 과정과 내용에 초점을 맞춘다면, 두 번째는 대동법 실시의 찬반을 둘러싼 정치세력에 대한 물음이며, 세 번째는 경세론經世論적 맥락에서 대동법의 시대적 의미를 묻는 것이다.

첫 번째 범주의 연구에서 주목할 사람은 한영국이다. 그는 대동법 연구에 가장 중요한 문헌인 대동사목大同事目을 분석함으로써 처음으로 대동법 연구의 문을 열었다.[1] 고석규는 공납제의 몇 가지 대표적 폐단들과 대동법의 예비적 형태들을 검토했다.[2] 그의 연구는 본격적인 대동법 연구를 위한 사전 작업에 해당한다고 할 수 있다.

첫 번째 범주의 연구 성과 덕택에 현물공납제에 관한 많은 사실들이 밝혀졌다. 하지만 다른 측면에서 보면 이 연구들은 공납제의 여러 측면들을 고립적으로 설명했을 뿐이다. 장기간의 공물변통 과정을 하나의 연속된 흐름이나 길에 비유하면, 이 연구들은 그 길이나 흐름 자체가 아닌 그것의 이 부분 저 부분을 비춘 것처럼 보인다. 동시에 현물공납제하에서 빚어진 여러 문제점을 극복하기 위한 당대의 다양한 시도와 그에 따른 당대인들의 경험이 충분히 검토되지도 못했다. 그 검토는 당연히 그러한 경험에서 생산된 당대의 논의와 맞물려 이루어져야 했다. 이제까지 이런 방식의 검토가 부족했기 때문에 우리는 아직도 17세기에 공납제와 관련된 다양한 양상이 어떤 맥락 속에 있었고, 그때의 시대적 조건들 속에서 어떤 의미를 지녔는가를 충분히 알고 있지 못하다.

두 번째 범주의 문을 연 사람은 김윤곤이다.[3] 그는 대동법이 실시되기까지 오랜 시간이 걸렸던 것은 이 법에 반대하는 세력들이 조직적이고 격렬하게 저항했기 때문이라고 보았다. 그가 보기에, 관료들은 국가의 운영을 책임지던 사람들이라기보다는 계층적 이익을 다투는 사람들이었다. 대동법을 옹호했던 사람들은 언제나 소수였고, 정권 내에서는 비주류였다. 그럼에도 불구하고 대동법 실시 지역은 점차 전국으로 확대되었다. 이것은 오로지 민이 사회적 위기를 고조시킴으로써 조정을 압박한 결과였다.

김윤곤은 대동법에 관한 개별적 사실들이 아닌 그 논의의 사회경제적 맥락에 주목했다. 이런 방법으로 대동법을 바라보는 시야를 정치적·사회적으로 확장해나갔다. 오늘날 대동법에 대한 일반적 인상이 만들어진 데는 그의 역할이 크다. 하지만 대동법이 성립되는 전체 과정을 살펴보면, 그의 관점으로는 설명되기 어려운 몇 가지 중요한 사항들이 발견된다.

우선, 그는 고위층 양반관료들이 대부분 대토지 소유자들이고, 자신들의 계급적 이익에 따라 대동법에 반대했다고 보았다. 또 이 같은 상황이 그대로 대동법 반대자들과 옹호자들 사이의 당쟁으로 이어졌다고 생각했다. 이런 이해 방식에는 확실히 진실의 일단이 있다. 어떤 사회의 지배집단이 그지위를 유지하려면 사회의 가장 중요한 물질적 자원들을 통제할 수 있어야 하기 때문이다. 그리고 대개 이것은 흔히 지배집단과 피지배집단 사이의 사회경제적 긴장과 갈등으로 나타나곤 한다. 하지만 어떤 지배집단이든지 간에 언제나 자신들의 집단적 이익을 단순하고 직접적으로 국가정책에 반영시킨다고 볼 수는 없다. 더구나 국가적 위기상황이라면 쉬운 일이 아니다. 국가적 위기를 헤쳐나가기 위해서는 피지배층에게서 더 많은 자발적 동의를 이끌어내야 한다. 그의 관점만을 따른다면, 성공적으로 작동하는 정치적 통일체가 가지는 정책 논의의 공적 공간은 불필요할 것이다.

더 곤란한 것은 호서대동법의 정책 효과가 분명해진 후, 대동법의 초기 반대자들이 대거 대동법을 지지하게 되었던 사실도 설명하기 어렵다는 점이다. 대동법을 반대했던 정책담당자들 중에는 물론 자신의 사적 이익 때문에 그랬던 사람들도 적지 않았다. 하지만 그에 못지않게 대동법 실시가 가져올 정책적 효과에 대한 확신이 없어서 반대했던 사람들도 많았다. 사실 공납제는 누구도 쉽사리 건드리기 어려운 국가 운영 전체와 관련된 거대한 문제였다. 많은 정책담당자들은 어떤 면에서 공물변통을 '고양이 목에 방울 걸기'라고 생각했다. 그것의 정책적 편익은 인정하면서도 그로 인해서 발생할 거대한 계층적 갈등을 상쇄하고도 남을 정도이겠는가에 대해서는 확신을 갖지 못했던 것이다. 김윤곤은 바로 이 점을 간과했다.

그 결과 김윤곤은 대동법을 정책적 맥락, 나아가 국가 운영을 위한 경세론 차원에서 접근하는 데 실패했다. 경제적 갈등만을 지나치게 강조하는 관점은 공물변통 논의가 진행되는 조건과 상황에 대한 구체적인 분석도 불충분하게 만들었다. 일례로 청에 의한 재정 압박이나 대청 강경론자들에 대한 정치적 탄압은 조정의 공물변통 논의에 직간접적으로 적지 않은 영향을 끼쳤다. 김윤곤과 그의 논지를 대폭 수용한 연구자들은 현실의 정책적 맥락을 분석해야 할 곳에 대동법 반대자들의 비타협적 완강함, 대동법 지지자들의 세 불리, 민에 의한 저항과 투쟁 등의 내용을 대신해서 채워 넣었다. 그들은 공물변통 문제에 대한 논의를 이해관계의 갈등이라는 일종의 보편주의에 반복해서 환원해버렸다. 결과적으로 이들의 과도한 경제주의는 대동법에 대한 정치사적 해석을 대동법의 구체적 형성 과정 밖에서 이루어지도록 했다.

세 번째 범주는 대동법의 시대적 의미를 묻는 사상사적 연구들이다. 이 연구들의 중심적 물음은 17세기 초·중반에 있었던 변통론의 성격이 무엇인가 하는 것이다. 이 범주의 기본 틀을 제공한 연구자는 김용섭이다.[4] 그는 농업·토지 문제의 측면에서 조선 후기 유자儒者들의 개혁론이 주자朱子적인 입장과 반反주자적인 입장으로 나뉜다고 보았다. 전자는 지주제를, 후자는 소농경제체제를 옹호하는 입장에 있었다. 전자는 부세제도賦稅制度 개혁에 초점을 맞추면서 주로 정부정책으로 추진되었고, 농민경제의 안정과 국가 재정의 확보에 주력했다. 반면, 후자는 토지제도 개혁에 초점을 맞추었다. 김용섭은 전자의 대표자로 송시열宋時烈을, 후자의 대표자로 유형원柳馨遠을 상정했다. 김용섭에 따르면, 유형원의 생각은 처음에는 남인南人 일부에서 받아들였지만 곧 소론小論으로 확대되었고, 다음 단계에서는 노론老論으로까지 확대되었다.

어떤 시대나 그 시대를 특징짓는 문제들을 둘러싼 사회적 담론들이 있게 마련이다. 이 담론들에 대한 성찰은 마땅히 당대의 주류 사상 및 시대적 과제들과 관련지어 이루어져야 할 것이다. 이런 관점에서 17세기 공물변통 논의와 그 귀결인 대동법을 당시 조선의 성리학이나 국가 재건의 방법론 측면에서 해석하려는 시도는 정당하다. 그런데 임진왜란과 병자호란 후에 치열했던 공물변통 논의에서 토지 소유권과 관련된 토지제도 개혁에 대한 논의는 눈에 띄지 않는다. 더구나 토지제도 개혁을 주자 – 반주자의 구도와 연관시킨 논의는 찾아볼 수 없다.

실제로 진행되었던 의미 있는 개혁 담론의 구조는 토지제도 개혁론과 부세제도 개혁론의 대응관계가 아니었다. 대동법에 대한 논점을 이런 구도 속에 배치하는 것은 당시의 국가적 또는 사회적 맥락에 부합하지 않는다.[1] 문제가 되었던 것은 늘 토지 소유에 기초한 균등과세를 실현할 방법론의 차이였다. 부와 소득의 원천에 국가 운영의 재정적 기초를 두려는 시도는 그 당위성에도 불구하고 언제나 많은 갈등을 불러일으켰고, 그래서 매우 보편적인 일이다.

## 문제의식의 전개

제1부에서는 인조대의 공물변통 경험과 논의를 검토했는데, 기존 연구사에 비추어 다소 이례적이다. 대동법과 관련해서 인조대에 대한 기존 연구는 빈약하다. 이 시기에 강원도를 제외한 조선의 어떤 지역에서도 대동법이 성립되지 않았기 때문일 것이다. 하지만 큰 역사적 의미를 지닌 정책적 변화들은 대개 그렇듯이 비록 표면적으로는 잘 드러나지 않아도 길고 깊은 전사前史를 지니게 마련이다. 대동법 실시와 관련해서 어찌 보면 인조대는 효종대보다 더욱 중요한 시기였다. 인조대에는 공물변통 논의의 기저를 이

---

1) 수많은 역사 공간에서 국가재정 악화와 대외적 전쟁 및 대내적 혁명이나 민란은 대부분 동시에 진행되었다. 이이李珥는 임진왜란이 일어나기 전에 이미 자기 시대에 대한 통찰을 통해서 이것을 정확하게 예측했다. 국가재정과 전쟁, 혁명, 민란의 연관성은 동서고금을 막론하고 나타났던 현상이다. 고대 로마의 몰락, 미국독립전쟁, 프랑스혁명, 러시아혁명도 이러한 범주에서 벗어나지 않는다. 이 역사적 사건들은 모두 재정과 세금 문제에서 시작되었다. 국가재정과 세금은 결코 온건한 개혁의 영역이 아니다.

루는 정책적 경험들이 축적되고, 개혁 담론의 논의구도가 형성되었으며, 각각의 주장을 대표하는 논자들이 등장했기 때문이다. 또 국내적 원인들뿐만 아니라, 명·청 교체라는 계기를 통해 대외적으로도 공물변통의 압력이 점증했다.

제2부에서는 효종·현종대 대동법의 성립 과정을 검토했다. 이 시기는 상대적으로 인조대에 비해서 관련 연구들이 많이 축적된 편이다. 하지만 인조대의 공물변통 연구가 빈약했던 것은 기존의 효종·현종대의 대동법 연구에 영향을 주었다. 이 책에서는 기존 연구가 놓친 점, 즉 인조대 공물변통에 대한 논의와 경험이 효종·현종대 대동법 성립 과정에서 어떻게 작용했는지에 초점을 맞췄다. 요컨대, 제1부에서 공물변통에 관한 경험과 논의가 어떻게 축적되었는지를 살폈다면, 제2부에서는 대동법의 성립 과정에서 그러한 경험과 논의가 어떻게 굴절되고 변용되는지를 살폈다.

이 책은 조선의 정책담당자들이 실시해본 정책 경험들을 그들의 논의와 관련지어 검토했다. 또 그러한 정책 경험과 논의를 시계열적으로 구성했다. 이것은 다음 몇 가지를 가능케 한다. 우선, 추상적인 형태로 검토되는 경향이 있었던 종래의 정책 논의가 실제로 무엇을 뜻했는지를 알 수 있게 해준다. 동시에 현실의 구체적 조건들과 경험이 어떻게 정책 논의의 내용과 과정을 제한하는가도 확인할 수 있게 한다. 이런 양 방향의 이해는 때로 중앙정부의 특정한 정책을 특정한 정치세력과 관련지으려는 기존 연구의 문제점을 극복하게 해줄 것이다. 정확한 이해 없이 정치사 연구에 정책을 연결시킬 때, 정책 운영의 많은 부분이 정치세력적인 관계로만 해석되었던 것은 기존 연구에서 흔히 나타나는 모습이었다.

제3부에서는 대동법의 구조와 그 경세론적 의의에 대해서 살폈다. 1, 2부가 공물변통 논의와 대동법의 성립을 시간의 흐름 속에서 관찰한 결과라

면, 제3부에서는 그것을 논리적으로 구조화했다. 6장에서는 충청도와 전라도의 두 대동사목을 분석해놓았다. 종래 이에 대한 본격적 분석은 오래전에 이루어졌던 한영국의 연구 외에는 찾아보기 어렵다. 그의 대동사목 내용에 대한 분석은 대동미의 수취를 중심으로 이루어졌다. 아마도 이것은 대동사목 자체의 서술 방식이 그렇기 때문일 것이다. 대동사목은 수취자, 즉 국가의 입장에서, 그것도 수취라는 제한된 측면을 기준으로 서술되어 있다. 이 책은 이와 다소 다른 접근법을 취한다. 즉 공물변통 논의에서 쟁점이 되었던 사항들이 대동사목에서 어떻게 귀결되었는가가 바로 그것이다. 6장은 대동미의 수취라는 제한된 관점을 넘어서 대동법이 전체적으로 어떻게 운영되는가에 초점을 맞추었다. 이런 접근 방식을 통해서 우리는 공물변통 논의와 대동법의 내용을 종합적으로 해석할 수 있게 될 것이다.

　7장에서는 6장에서 대비된 대동법의 핵심 개념들이 좀 더 넓은 범주에서 다시 한 번 검토된다. 이렇게 정리된 개념들은 세금 수취라는 범주를 넘어, 당대 정책담당자들과 지식인들이 생각하는 사회 구성의 방법론과 그를 둘러싼 경세론적 인식 틀의 차이를 보여줄 것이다. 또한 이런 접근법은 17세기 전반에서 중반에 이르는 시기에 다양하고 활발하게 제기되었던 각종 경세론의 정치·사회적 성격을 추출하기 위한 방법으로도 유용할 것이다.


## 연구 방법

　대동법은 그 주제가 지니는 중요성에도 불구하고 그간 활발하게 연구되지 못했다. 아마도 그 이유들 중 하나는 그것이 가진 복잡성 때문일 것이다. 이 난점을 피하기 위해 기존 연구들이 흔히 취한 방법은 분과적 접근법이었다. 그런데 분과적 — 재정, 정치세력, 사상 가운데 어느 하나를 중심으로 연구하는 — 방법은 분석의 일관성을 유지하는 데는 유리해도 당대 현실이 반영된 거대한 총체성을 놓칠 가능성이 높다. 이 책은 그러한 문제점을 의식하면서 변통 논의들이 엮어내는 맥락을 분석하는 것에 집중했다.

대동법의 성립으로 조선의 백성들은 기존 세금의 약 1/5 정도만을 내게 되었다. 조선은 같은 시기의 다른 어떤 전통사회보다 잘 조직되었던 사회였다. 그런 사회가 담세자들에게 기존 세금의 약 80%를 줄여주었다는 것은 사실상 혁명적인 상황에서만 가능한 일이다. 조선은 그 혁명적인 변화를 개혁의 방식으로, 즉 기존 체제의 연속성을 유지하면서 진행시켰다. 개혁의 방식을 취했다는 것이 그 과정도 순조로웠다는 것을 뜻하지는 않는다. 사실 그것은 엄청난 국내외적 위기 속에서, 그리고 이 개혁이 좌절되면 국가가 파멸될지 모른다는 위기감을 정책당국자들이 공유하는 속에서 진행되었다. 역사상 대부분의 커다란 재정개혁이 그렇듯, 그 개혁은 본질적으로 총체적인 사회 변화를 의미했다. 이 같은 이유로 이 개혁 과정에 대한 연구는 단순히 한 분과에 국한해서 분석될 수 있는 것이 아니다. 이 책이 대동법에 대한 분석을 특정 분과가 아닌, 변통 담론의 맥락을 분석하는 방법으로 진행할 수밖에 없는 이유가 바로 여기에 있다.

변통 논의의 맥락을 분석한다는 말은 여러 차례 진행된 공물변통에 대한 의도된 또는 의도되지 않은 정책적 실험들과 당대인들의 논의 사이에 존재한 상관관계에 주목한다는 뜻이다. 조선시대에 조정에서 중요한 정책을 설계할 때, 정책에 대한 제안이 단순히 그것을 제안한 관료의 개인적 아이디어였던 경우는 거의 없다. 어떤 관료가 조정에서 정책에 대해 언급할 때, 그것은 기존의 어떤 정책 혹은 어떤 정책적 경험을 끌어오는 경우가 대부분이다. 그렇게 원용된 정책은 기존의 정책 자체일 수도 있고, 과거에 급박한 상황에서 채택된 적이 있던 임시변통책일 수도 있다. 다시 말해 조정에서 어떤 정책적 요구가 발생할 때, 그 요구는 과거의 특정 정책이나 관행을 현재에 맞게 응용하거나 일반화하는 방식으로 대응되었다. 국가의 정책 결정이 이런 방식을 취하게 되는 이유는 정책 효과를 예측하고 현실에서의 작동 가능성을 높이기 위해서였다.[2] 이 때문에 국가적 수준에서 어떤 정책을 결정하는 과정이란, 결국 현재의 문제를 과거의 어떤 경험으로 해결할 수 있는가를 따져서 결정하는 과정이었다.

우리는 이 책을 통해 조선시대에 단순히 어떤 세금제도 하나가 만들어졌다는 것을 확인하는 것이 아닌, 그 이상을 보게 될 것이다. 조선시대의 관료와 지식인들은 자신들의 정책 경험을 어떤 틀로 개념화했는가? 그들이 자기 시대의 문제를 해결하기 위해서 사용한 기존의 지식들은 어떤 것이었나? 또 다양한 논의들은 어떤 수렴 과정을 거치고, 또 어떤 구체화 과정을 거쳐 하나의 현실 정책으로 성립되었는가? 이 책은 이런 의문들을 당시의 사회경제적 문제들 자체와 이에 대한 담론과 정책, 그리고 이 정책의 기저에 놓인 경세론과의 상관관계 속에서 추적했다.

필자는 이 책에서 '경험'이라는 단어를 많이 사용한다. 그 뜻에 대해서 먼저 설명하는 것이 독자들의 혼란을 줄여줄 것이라 생각한다. 이 책에서 쓰는 '경험'이라는 용어는 주로 정책과 관련된다. 즉 그것은 특정한 조건들로 구성된 어떤 현실상태를 의도적으로 변화시키기 위해서 어떤 정책이 실시되고, 그 정책 실시가 불러온 의도된 혹은 의도되지 않은 상황 변화에 대한 사람들의 인식을 말한다. 특정한 경험은 나중에 유사한 상황이 발생했

---

2) 오늘날 한국 정부의 정책 결정은 스스로의 과거 경험을 따져보는 방식이 아닌, 일본이나 미국 또는 유럽의 정책 경험을 검토하는 방식을 따르는 듯한 느낌을 받는다.

을 때 그 상황을 인식하는 일반화된 틀로 기능한다는 점에서 중요하다. 그러한 경험은 자연히 '집단적 경험'이자 '정책적 경험'이었다. 17세기 전반에 조선은 내우외환의 조건들 속에서 국가재정 확보와 민생 안정이라는 목표를 위해 여러 번 공물변통을 실시했고, 그에 따른 다양한 상황 변화를 경험했다.

경험은 크게 보면 몇 가지 요소들로 이루어진 결정체이다. 그것은 먼저 특정한 상황을 전제한다. 또 경험이 '집단적 경험'인 것에서 알 수 있듯이 경험의 주체가 되는 어떤 모집단이 존재한다. 그 모집단은 내부 성원들끼리 공유하는, 이미 주어져 있는 특정한 신념과 지식체계를 가진다. 이런 몇 가지 구성요소들로 단단히 결정화된 경험들은 그 구성요소들의 변주에 의해서 각각 독특한 색채를 띤다.

어떤 정상적인 국가도 단순히 논리적인 짐작으로만 새로운 정책을 실시하지는 않을 것이다. 좀 더 분명한 정책 효과를 예측하기 위해서 반드시 기존의 경험들을 확인하게 마련이다. 예나 지금이나 관료제가 가지는 힘의 원천은 바로 여기에서 비롯된다. 신속하게 정책으로 전환할 수 있는 과거의 경험들을 많이 축적하고 있는 것이다. 과거의 경험들은 그것들 중 어떤 것들이 '선택'되고 또 적당히 '변용'되는 방식으로 현실에서 이용된다. 그 선택은 현실상황 자체의 특정한 요구에 의해서 이루어진다. 한편, 과거의 경험을 변용하기 위해서는 그 경험에 대한 집단적 해석 작업이 진행될 수밖에 없다. 이러한 집단적 해석 작업은 '담론'의 형태를 취한다. 이 책에서 말하는 '담론'은 바로 이런 뜻으로 쓴 말이다. 이 같은 담론은 때에 따라 경험의 모집단이 공유한 기존의 원천 지식 자체를 재해석하게 한다. 대동법의 성립 과정에 이루어진 담론은 그것의 전형적인 예다.

이 책은 17세기 전반과 중반의 공물변통 과정과 그 결과로서의 대동법 성립을 연구 과제로 한다. 이를 위해 공물변통 정책의 다양한 경험 및 그와 관련된 정책담당자들과 지식인들의 담론을 검토했다. 그 검토는 어떤 상황에서 어떤 경험들이 생산되었는가, 그러한 경험들이 훗날 어떤 힘들에 의해서 다시 선택되었는가, 그러한 정책적 이용을 위해서 어떤 변용의 과정을 겪었는가를 살펴보는 것을 뜻한다. 또 그러한 변용을 위해서 당시 정책담당자들과 지식인들이 공유했던 기존 신념과 지식에 어떤 수정이 이루어졌는지도 살폈다.

본 연구는 공물변통 논의에 대한 검토가 중앙에서 이루어진 논의에 그쳤다는 한계를 갖고 있다. 대동법의 핵심 내용 중 하나는 기존에 중앙재정체계 밖에 존재했던 지방재정을 새롭게 정립했다는 것이다. 대동법 이전의 지방재정은 전해온 관행에 따라 운영되는 영역이었다. 즉 지방재정은 중앙에서 파악해야 하는 회계 대상이 아니었다. 그런데 대동법이 성립되면서 중앙정부는 지방 각 고을의 단단한 전통의 외피를 뚫고 들어가 전결田結 단위로 공물가貢物價를 부과했다. 이로 인해 향촌에서는 중앙의 요구에 응할 때 향촌이 지녔던 자율성에 심각한 훼손을 입지 않을 수 없었다. 실제로 대동법 실시를 거부했던 큰 힘들 중 하나는 대읍·대호大邑大戶로 불리는 지방의 유력자들이었다. 종래의 연구는 대동법 실시에 따른 각 고을의 저항을 단순히 수령이나 대읍·대호의 탈법적 저항으로 규정했다. 이는 지나친 중앙 중심적 이해이다. 대동법 형성 과정에서 그에 대한 지방 차원에서의 논의와 대동법으로 인한 지방재정 운영의 변화 등에 대한 이해는 대동법을 종합적으로 이해하는 데 반드시 필요한 사항이다.

제1부

# 대동법의 계보

제1부 개요
# 시스템의 재정비, 그 거대한 논의의 출발

전통사회와 19세기 이후 사회를 나누는 여러 가지 기준들 가운데 에너지 활용이라는 측면은 아마도 가장 근본적인 사항에 해당할 것이다. 목재, 축력, 인력 정도를 사용했던 전통사회와 비교했을 때 근대 이후의 거의 무제한적인 화석연료 사용은 삶의 거의 모든 영역을 바꾸었다. 오늘날 당연시되고 자연스러워 보이는 것들이 전통사회에서는 전혀 그렇지 않았다. 아무리 돈이 많아도 겨울에 딸기를 재배할 수는 없었고, 때와 장소에 관계없이 얼리거나 절이지 않은 생선과 고기를 먹을 수도 없었다. 자연이 허용하지 않을 때에는 생산할 수 없었고, 아무리 많은 돈으로도 생선과 고기의 부패를 오랫동안 막는 것은 불가능했다. 오늘날은 인간의 노동력을 포함한 거의 모든 것을 화폐로 표시하고, 또 그 화폐로 사고판다. 이렇듯 우리는 거의 전지전능한 돈의 힘을 당연하게 받아들이지만, 엄밀하게 말하면 여기에는 전제조건이 필요하다. 그것은 자연조건을 넘어서 무엇이든 만들어낼 수 있고, 그것을 어디라도 옮길 수 있으며 소비할 때까지 저장이 가능해야 한다는 것이다. 말하자면 돈의 힘이 현실에서 작동하려면 수많은 물품의 생산과 운반 및 저장이 가능해야 한다. 이런 전제조건을 충족시키는 것은 돈이 아닌 풍부하고 안정적인 에너지다.

사실, 전근대에 조선왕조와 같은 중앙집권적 정부가 존재하고,
또 장기간 유지되었다는 것 자체가 대단히 기이한 일이라고 할 수 있다.
조선은 전근대사회들 중에서 기묘할 정도로 정교한 사회였다.

조선의 중앙정부는 오늘날과는 전혀 다른 조건의 사회를 기반으로 운영
되었다. 사실, 전근대에 조선왕조와 같은 중앙집권적 정부가 존재하고, 또
장기간 유지되었다는 것 자체가 대단히 기이한 일이라고 할 수 있다. 조선
은 전근대사회들 중에서 기묘할 정도로 정교한 사회였다. 이런 정부와 사
회를 운영하기 위한 첫 번째 조건이 바로 재정체계의 확립이었다. 재정체
계란 정부를 운영하는 데 필요한 물질적 자원들을 확보하는 시스템을 말한
다. 조선은 중국의 조租·용庸·조調 체계를 전해 받아, 이 시스템을 통해 필요
한 자원들을 확보했다.

조租, 즉 전조田租는 토지에 부과한 세금이고, 정부는 그것을 주로 쌀로
거두었다. 용庸은 노동력 수취였다. 이것은 요역徭役과 군역軍役을 합한 말이
다. 요역은 호戶에, 군역은 성인 남자를 대상으로 한 개인에게 부과되었다.
조調는 현물로 받는 지역 특산물이다. 오늘날처럼 조세가 화폐 형태로 수취
되지 않고, 다양한 현물 형태를 취했던 것은 당시의 조건에서는 자연스러
운 일이었다. 오늘날과 같이 재화와 용역의 대부분이 화폐로 평가되고 매
매되는 사회가 아니었기 때문이다. 거의 모든 전근대사회가 그렇듯이 조선
도 재화와 용역을 화폐로 거래 가능하도록 거대한 에너지를 쓸 수 있는 사

회가 아니었다.

오늘날과의 이러한 차이에도 불구하고 가장 기본적인 정부의 운영 원리는 지금과 별로 다르지 않았다. 가장 효율적인 정부는 가능한 한 최소의 부담을 민에게 지우는 정부이다. 하지만 정부 운영을 위한 최소한의 물질적 자원을 획득하지 못하면, 중앙정부 자체가 존속할 수 없다. 이 양자의 모순된 긴장이 바로 세금 부과의 균등, 즉 담세 능력에 따른 균등한 세금 부과의 형태로 나타났다. 세종 때 성립된 공법貢法, 우리가 흔히 전분田分6등(급), 연분年分9등(급)으로 알고 있는 그 법이 바로 조선시대 전조의 체계화 작업의 결과였다. 이 법의 원칙이 다름 아닌 담세 능력에 따른 균등한 세금 부과이다.

15세기의 조선 정부는 예측할 수 있는 지출의 대부분을 전조로 거두었다. 농업이 기간산업인 사회에서, 국가의 재정 기반을 토지에 두는 것은 당연하다. 정작 어려운 점은 재정과 토지에 대한 과세를 어떻게 연결시킬 것인가 하는 데 있었다. 이 문제를 해결하기 위한 첫 번째 관건은 담세 능력에 대한 정밀한 평가였다. 그것이 바로 지력과 풍흉에 따른 토지 생산물의 평가 방식인 전분6등과 연분9등이다. 오늘날 남북한의 영토 크기와 다르지

15세기의 조선 정부는 예측할 수 있는 지출의 대부분을 전조로 거두었다. 농업이 기간산업인 사회에서, 국가의 재정 기반을 토지에 두는 것은 당연하다. 정작 어려운 점은 재정과 토지에 대한 과세를 어떻게 연결시킬 것인가 하는 데 있었다.

않은 조선에서, 중앙정부가 영역 내의 모든 땅을 9개 등급의 풍흉과 6개 등급의 지력으로 나누겠다고 덤벼든 것은 어찌 보면 무모한 일이다. 인공위성을 포함한 온갖 관측 장비들과 엄청난 사무기구, 거기에 더해 방대한 관료조직을 갖춘 오늘날에도 그것은 쉽지 않은 일이다. 더구나 이런 관측은 한 번으로 끝날 수도 없었다. 지력은 계속 변하기 때문이다.

조선의 기본 법전인 『경국대전』(성종 16, 1485)은 20년에 한 번씩 전국의 모든 토지를 재조사하도록 규정했다. 양전量田이 그것이다. 양전의 결과는 양안量案이라는 장부에 기록되었다. 양안은 세 부가 만들어져서 하나는 해당 고을에, 또 하나는 그 고을이 속한 도道의 감영에, 나머지 하나는 국가재정을 총괄한 호조에 보관되었다. 양안에는 해당 고을의 토지가 조선시대 토지 파악 단위인 결結 단위로 5결씩 묶여서 천자문의 글자 순서에 따라 정리되어 있다.

재정수입의 주요 부분을 전조의 형태로 걷었지만, 용庸·조調를 없앨 수는 없었다. 특히 조調, 즉 공물(진상)의 경우는 더욱 그랬다. 조선의 중앙정부와 왕실은 대략 200여 개 항목 이상의 공물과 진상품을 매년 소비했다. 대부분의 물품들은 육지와 바다에서 제철이 되어야만 얻을 수 있었다. 하지만 재정의 주요한 부분을 전조에서 얻었기 때문에 공물(진상)이 전체 재정에서 차지하는 몫은 상대적으로 많지 않았다. 조선 초기에 전조에 대한 합리적 수취를 위해 정부가 기울였던 집요한 노력에 비해, 공물(진상)에 대한 수취 규정이 갖추어지지 못했던 것은 이런 이유도 있었다.

조선 초기의 조·용·조 체제는 왕조의 지속과 함께 천천히 변했다. 가장 핵심적 현상은 정부 수입에서 전조가 차지하는 비중이 차츰 줄고, 공물(진상)이 차지하는 비율이 늘어난 것이다. 장기간의 변화였기에 그 현상이 금방 눈에 띄지는 않았지만, 그러한 추세는 명백했다. 여기에는 몇 가지 원인들이 있었지만, 가장 중요한 것은 역시 지주들의 지속적 저항이었다. 양반이 곧 지주는 아니었지만 지주들이 속한 가장 큰 사회계층은 역시 조선의 지배층인 양반이었다. 그들의 저항은 사회적으로 심각한 문제를 초래했다. 균등과세를 위한 장치를 갖춘 쪽에서의 정부수입이 줄고, 그렇지 못한 쪽에서의 수입이 늘어났던 것이다. 이는 정부의 수취가 전체적으로 균등과세의 원칙에서 이탈해갔던 것을 뜻한다. 바로 이것이 공물변통貢物變通, 즉 공물 수취의 방식을 개혁해야 한다는 문제제기의 배경이다. 그 목소리는 이미 16세기 초부터 등장했지만, 본격화된 것은 그 문제가 집중적이고 폭발적으

공물 수취의 방식을 개혁해야 한다는 문제제기는 16세기 초부터 등장했지만, 논의가 본격화된 것은 그 문제가 집중적이고 폭발적으로 나타났던 임진왜란 때부터이다. 이 책은 대략 이 무렵의 논의부터 시작한다.

로 나타났던 임진왜란 때부터이다. 이 책이 대략 이 무렵의 논의부터 시작하는 것은 바로 이런 이유 때문이다.

대동법이 본격적으로 실시되기 시작한 때는 효종(1649~1659) 때부터다. 하지만 그에 앞서 대동법은 긴 전사前史를 갖고 있는데, 제1부는 이를 추적했다. 제1부의 2장과 3장이 인조대(1623~1649)의 경험을 정리한다면, 1장에서는 그 앞 시기를 검토한다. 대동법의 전사를 이렇게 두 시기로 나누는 것에는 나름대로 이유가 있다. 인조대는 효종 초 호서대동법의 성립과 직접 연관되는 반면에, 그 이전 시기는 비교적 간접적인 데 그치기 때문이다. 이 연관성은 최소한 다음 두 가지 면에서 그렇다.

첫째는 문서적 연관성이다. 인조 초에 삼도대동법三道大同法이 잠시 실시되었다가 폐지되었다. 효종 2년(1651)에 성립된 호서대동법의 내용은 바로 여기에 기초해서 마련되었다. 이제까지 많은 사람들이 대동법의 기원을 광해군 연간(1608~1623) 경기에서 실시된 선혜법宣惠法에서 찾았다. 물론 경기 선혜법은 그 나름대로 후일 대동법의 성립에 간접적으로 기여했다. 하지만 경기선혜법을 대동법의 원형으로 보는 데는 적절치 못한 측면이 있다. 이것을 단적으로 보여주는 것이, 경기선혜법의 내용이 현종대(1659~1674)에 충청도와 전라도의 대동법 운영 규정에 따라 전면 수정된다는 점이다. 경기선혜법이 대동법보다 경대동京大同에 더 가깝기 때문에 그랬을 것으로 생각된다. 재정 회계의 측면에서 대동법의 획기적 의의는 지방재정을 재정립했다는 점인데, 경대동은 바로 이 점을 결여했다.

둘째는 인적 연관성이다. 효종 때 호서대동법의 논의에 참여해 활약했던 사람들은 대부분 인조 초 실시되었던 삼도대동법과 관련 있거나, 그 무렵부터 관료생활을 시작했던 사람들이다. 김육金堉, 남선南銑, 조익趙翼, 원두표元斗杓, 이경석李景奭, 정태화鄭太和 등이 바로 그들로서, 이들은 당시의 상황을 생생하게 기억하고 있었다. 거대한 국가정책도 결국은 그 정책에 참여했던 관료들의 경험과 기억 밖의 일에서 벗어날 수 없다. 이들을 통해서 인조 초 실험되었던 공물개혁의 경험이 효종 초에 생생히 전달되었다. 이 경험은 호서대동법의 성립에 결정적 역할을 한다. 여기에 비하면 선조·광해군대의 공물개혁과 관련된 인적·문서적 경험은 효종대에 직접적으로 전달되었다고 보기 어렵다.

하지만 또 다른 차원에서 인조 이전의 시기는 면밀히 관찰될 필요가 있다. 이는 두 가지 측면에서 그렇다. 한 측면은 공물 수취에 따른 폐해들이

대동법은 이미 확산되어 있던 공물과 관련된 몇 가지 사회적 관행에
법적 강제성을 부여해 법제도로 규정한 것이다.
대동법의 오랜 성립 과정은 사회적 관행들의 성숙 과정이었다고 볼 수도 있다.

심각한 사회문제로 조정에서 논의되기 시작했다는 점이다. 널리 알려진 대로 16세기 초 조광조趙光祖가 공물변통의 필요성을 제기했고, 16세기 말 이이李珥는 당시 조선에서 가장 큰 사회적 폐단으로 공납 문제를 들었다. 또 하나의 측면은 공납 문제를 해결할 수 있는 방법들 그 자체, 즉 나중에 대동법의 주요한 뼈대가 되는 내용들이 임진왜란을 전후한 시기부터 관찰되기 시작한다는 점이다. 사대동私大同과 공물의 작미作米·작포作布, 즉 현물로 내야 할 공물을 쌀이나 무명으로 내는 것이 바로 그것이다.

대동법은 이미 확산되어 있던 공물과 관련된 몇 가지 사회적 관행에 법적 강제성을 부여해 법제도로 규정한 것이다. 이상의 측면을 고려한다면, 대동법의 오랜 성립 과정은 위의 관행들의 사회적 성숙 과정이었다고 볼 수도 있다. 사대동이나 작미·작포의 문제들은 인조대에 이르러 좀 더 사회적 주목을 받고 더 많이 논의되었지만, 그것의 발단은 이미 인조대 이전부터 움트고 있었다.

# 제1장 관행이 변하기 시작하다

## 1. 확산되는 사대동

조선 초 공물의 분정分定, 즉 각 고을에 공물을 얼마나 부과할 것인가에 관한 규정은 불확실했다. 전조田租에 관한 규정과 달리, 공물은 무엇을 기준으로 얼마만큼 부과할 것인지가 법적으로 명확하게 규정되어 있지 않았다. 전조는 과세 기준인 전결田結(경작지 결수)과 그에 따른 세액, 그리고 풍흉에 따라 차등적으로 부과되는 법적 부과율이 있었다. 무엇보다 전조는 1년에 한 번만 걷었다. 이것은 수취자의 자의성을 막을 수 있는 제도적 장치였다. 반면에 공물은 그것의 수요자들이 필요할 때마다 여러 번 고을에 부과되었다. 게다가 중앙정부는 각관各官, 즉 주州·현縣 단위까지만 공물을 분정했다. 다시 말해, 각 고을 내부에서 최종적으로 공물을 부담하는 개별 민호民戶에 공물을 어떻게 분정할 것인가의 구체적 규정은 존재하지 않았다.[1]

---

1) "상요常徭와 잡공雜貢이라는 것은 다만 그 관부官府에 부과할 뿐이다. 바쳐야 할 수에 있어서, 호가 있으면 어떤 물건을 내어서 조調를 삼고, 인신이 있으면 어떤 물건을 내어서 용庸을 삼을지 나누어 말하지 않는다."(정도전鄭道傳, 『삼봉집三峯集』 권13, 朝鮮經國典(上) 賦稅) 이렇게 정도전은 각관의 민호에 대한 공물의 불분정不分定을 말했을 뿐, 그 이유는

## 8결 윤회분정

각 고을 안에서 공물은 실제로 어떻게 분정되었을까? 정확히 언제부터 토지가 공물의 분정 기준이 되었는지는 연구자에 따라 차이가 있다. 하지만 대개의 연구 결과들은 조선 초기 이래 전결을 기준으로 부과되는 방향으로 나아갔다는 데 합의한다.[1] 요역이 그러했듯이 공물도 역민식役民式[2]으로 규정되어 8결 단위로 순환조발循環調發되었던 것으로 보인다. 즉 각관에 공물이 부과될 때마다 8결 단위로, 그 안에서 차례로 돌아가면서 거두어졌다. 이것은 구체적으로 다음과 같은 형태를 띠었다.

내수사內需司 소속의 노奴, 권세가 반당伴儻의 노, 또는 고을 안에서 제역除役된

---

말하지 않았다. 도쿠나리 도시코德成外志子는 정약용의 말을 인용하여, 공물에는 민이 바쳐야 할 공물(民貢)과 제후가 바쳐야 할 공물(侯貢)이 있으며, 임토작공任土作貢의 공은 후공候貢이었다고 말한다. 그는 조선 초의 공물 부과 규정에 군·현 각관에 대한 규정만 있고 군·현 내부의 민호에 대한 직접적인 부과 규정이 없었던 것은 민공이 아니라 후공이었기 때문이라고 이해했다.(德成外志子, 『조선후기 공납청부제貢納請負制와 중인층 공인』, 고려 대학교 대학원 박사학위논문, 2001, 38~39쪽) 이 말은, 전조를 백성들이 국가에 내는 정규 세금으로 생각했던 반면, 공물은 황제에 대한 제후의 예헌으로 인식했다는 것을 뜻한다. 또한 전자가 공적인 성격을 갖고 있다면, 후자는 지배와 피지배의 관계가 그 속에 녹아 있음을 뜻한다. 공물은 실제로는 전조보다 훨씬 무거운 세금이 되어갔지만, 마치 세금이 아닌 듯한 형식을 취하고 있었던 것이다. 공물의 이런 성격은 대단히 중요한 의미를 갖는다. 이에 대해서는 이 책의 제3부 7장 340~342쪽 '임토작공의 이데올로기적 성격'에서 상세히 분석했다.

2) 역민식은 성종 2년(1471)에 결정된 요역분정 기준으로, 조선 전기 요역분정의 원칙이 되는 대단히 중요한 규정이다.["경작지 매 8결에서 한 사람을 내고, 1년에 6일 이상 사역시키지 않는다. 만약 사역해야 할 곳이 멀어서 6일을 초과하게 되면 다음 해의 사역일에서 감해준다. 만약 한 해 안에 다시 사역시켜야 할 경우에는 중앙에 보고하고 실시한다. …" (『경국대전』 戶典, 徭役)] 이에 대해서는 이정철, 「조선시대 공물분정 방식의 변화와 대동의 어의語義」, 『한국사학보』 Vol. 34, 2009 참조.

호들을 모두 빼서 몰래 보호해주고, 세력 없는 잔호殘戶는 별도로 뽑아 장부에 기록하여 돌아가면서 반복해서 사역시키니, 백성들이 고통을 견디지 못합니다. 또 가난한 백성들(殘民)이 경작하는 전지田地 1결에다 권세가가 경작하는 전지 7결을 합쳐서 1인의 역부役夫를 내게 되니, 그 권세가의 종은 주인의 세력을 믿고 늘 요역에 나오지 않습니다.[2]

위 기사는 각관에서 진행되는 공물 수취의 원칙과 현실을 동시에 보여준다. 공정한 수취라면 8결씩 나뉜 단위 토지 안에서 고르게 돌아가며 공물이 부과되어야 했다. 각관에 공물이 부과될 때마다 토지 소유자의 위세와 무관하게 8결을 단위로 하여 순서대로 부담하는 것이 원칙이었으나 현실은 전혀 그렇지 못했다. 우선 세력 있는 측의 비호를 받을 수 있는 사람들의 토지는 공물의 부과 대상에서 빠졌다. 누락된 공물의 몫은 다른 사람들 소유의 전결에 더해졌다. 그뿐 아니라 공물의 부과 대상이 되는 전결 안에서조차 그 부담이 고르게 나눠지지 않았다. 권세가의 토지에는 공물 부담이 면제되거나 적게 부과되었다. 역시 그들이 부담해야 할 공물은 8결 안의 다른 토지에 전가되었다.

선조대(1567~1608)에도 공물의 이런 분정 방식은 계속되었다. 그에 따른 문제점도 여전했다. 선조 초에 재상경차관災傷敬差官으로 전라도에 파견되었던 오건吳健과 조헌趙憲의 상소는 이러한 상황을 잘 보여준다.

- 모든 경각사京各司 공물과 병영兵營 및 수영水營, 전주·남원 도회관都會官에 내는 여러 물품을 타군他郡 사람들은 1년에 한 번이나 2년에 한 번 돌아가면서 냅니다. 본군(진산珍山)의 경우에는 백성들이 적기 때문에 1년에 20여 번이나 거듭해서 거둡니다.[3]

● 작은 현에서 마련하는 공물이 (1년의 총량으로 볼 때) 큰 고을에서 마련하는 것보다 적지 않아서, 사람들이 그 고역을 견디지 못합니다. 힘 있는 자는 수월한 역에 속하기를 노리고, 힘없는 자는 유독 힘든 것을 부담합니다. 또 그런 부담을 여러 차례 하니 (백성들의) 원성이 하늘을 찌릅니다.[4]

위의 두 기사는 선조대에도 이전처럼 공물이 8결 단위로 윤회분정輪回分定, 즉 돌아가면서 부과되고 거두어졌음을 보여준다. 동시에 각관 사이의 공물 부담의 불균등에 대해서도 말하고 있다. 각관에 공물의 분정이 고르게 되려면 반드시 각관의 전결 규모에 비례해야 한다. 전결 규모야말로 각관이 공물을 부담할 수 있는 능력의 척도가 되기 때문이다. 하지만 위에서 보듯이, 중앙에서 공물을 부과할 때 각 고을 전결 규모의 상대적 차이는 별로 고려되지 않았다. 고을의 크기에 관계없이, 큰 차이 없는 양으로 공물이 부과되었던 것이다. 당연히 작은 고을이 큰 고을에 비해 단위전결당 부담이 무거워지고, 윤회의 횟수도 늘어났다. 이 같은 사실은 시간이 지날수록 조정에 더 많이 보고되었다. 마침내 각관에서는 대책을 마련하기 시작했다.

백성들의 부역이 고르지 않아서는 안 된다. 하지만 근년에 이 현(해남海南)에 8결 윤회라는 잘못된 규례가 있으니, 그 부담의 정도가 고르지 못할 것임을 알수 있다. 몰래 순서를 뛰어넘었던 일도 또한 그중에 있다. 이것은 향소鄕所의 부정하고 간교한 하인배들이 자기를 이롭게 하는 기괴한 계책이었다. 지금부터 이런 습속을 모두 고쳐서 대소부역을 모두 대동출정大同出定하는 것이 옳다.[5]

위에서 윤선도尹善道는 8결 윤회가 생긴 지 얼마 되지 않은 듯이 말하고 있지만, 이는 사실과 거리가 멀다. 오히려 주목해 보아야 할 것은 8결 윤회로 인해서 백성들이 져야 할 부담이 고르지 못할 것이라고 윤선도가 예측하는 부분이다. 8결 윤회 자체가 각 고을 안에서 공물 부담의 불균등과 동일시되고 있었던 것이다. 그는 공물분정의 불균등 문제에 대한 대책으로, "크고 작은 부역(大小賦役)을 모두 함께 고르게 내자(大同出定)"고 말했다. 여기서 그는 '대동大同'의 뜻을 자세히 말하고 있지는 않다. 하지만 이 시기에 관찰되는 몇 가지 사실들과 좀 더 나중에 등장하는 당대인들의 설명에 따르면, 그 내용을 짐작하기가 어렵지 않다.

소위 공물가를 별도로 거두는 곳은 거의 없습니다. 그 고을의 1년에 바치는 수요를 아울러서 마련해 바칩니다. 이름하여 대동이라고 합니다. 삼남의 각관은 대개가 그렇습니다.[6]

이후원李厚源은 인조 말에서 효종대(1649~1659)에 활약한 고위 재정관료였다. 그에 따르면, 인조 말년쯤에는 공물가를 '별도로 거두는 곳(別爲收捧處)'이 거의 없었다. 대신, 각 고을이 1년에 바치는 전체 공물가를 "아울러(幷)" 마련하고, 그것을 '대동'이라고 한다고 설명했다. 이 말은, 개별 공물을 특정한 8결에 부과하는 것이 아니라, 총 공물가를 고을 전체의 전결에 분할해서 함께 거둔다는 뜻이다. 여기서 '대동'은 이전까지의 윤회분정을 대체하는 개념이다. 대동이라는 말 자체가 공물의 수취 방식이라는 측면이 있다.[3]

---

3) 이때는 대동법이 정식으로 성립되기 이전이니, 여기서 '대동'은 기존 연구사에서 '사대동私大同'으로 불리는 것이다. 그런데 이 책에서 말하는 사대동은 기존 연구에서 규정한 개념과는 다르다. 기존에는 사대동을 공물의 납부 수단이 현물납에서 미·포의 형태로 바뀌는 중간단계로 보거나(김덕진, 「16~17세기의 사대동에 대한 일고찰」, 『전남사학』 10, 1996, 46쪽)

## 자구책으로서의 사대동

윤회분정에는 여러 부작용이 뒤따랐다. 1년에 여러 차례 고을에 부과되는 공물의 값이 매번 똑같기는 어려웠다. 즉 공물에 따라 그 부담이 가볍거나 무거웠다. 이렇다 보니 자기 차례에 무거운 부담을 져야 하는 사람의 입장에서는 그 부담이 공평하지 않다고 생각할 수밖에 없었다. 또 돌아가는 순번이 차례로 돌아가지 않는 경우도 많았다. 부과된 공물이 다른 차례에 비해 상대적으로 무거우면, 자기 순번에서 빠지고 다음 순번으로 건너뛰기도 했다. 이 경우, 당사자가 그럴 만한 능력이 있어야 했음은 물론이다. 무엇보다 가장 큰 문제는 윤회분정 방식에서는 각관이 1년 동안 내야 할 공물가의 총액을 사전에 정할 수 없었다는 점이다. 이런 상황에서 수취 과정 중에 공물 수취자가 자행하는 자의성을 막는 것은 불가능했다. 백성들은 자기들이 얼마나 내야 하는지도 모른 채, 관아의 서리胥吏들이 달라는 대로 바칠 수밖에 없었다. 대동은 이런 문제점에 대한 각관 차원에서의 자연발생적 자구책이었다.

실제로 선조대에는 윤선도가 말한 것과 같은 내용으로 공물 문제의 해결책을 제시하는 의견들이 많았다. 예를 들어 정철鄭澈, 유성룡柳成龍 등의 제안이 그것이다.

> 반드시 공물가를 헤아려 정해서 1결당 몇 승升을 내어, 상사上司에 바치는 수요를 충족시키도록 하라. 또 이렇게 거둔 공물가를 조금 남겨서 (각관의) 경비로 사

---

8결 단위로 수취하는 형태에서 1결 단위로 수취하는 형태로의 중간단계로 보았다.(박도식, 「조선전기 8결작공제에 관한 연구」, 『한국사연구』 89, 1995, 51쪽) 그러나 이 책에서는 사대동을 공물분정 방식의 전환으로 이해한다. 따라서 공물 수취 형태의 전환으로 파악하는 전자와도 다르고, 수취 단위의 전환으로 파악하는 후자와도 구별된다.

용케 하라. 그 법이 이미 정해진 후에 사창의 곡물로써 지급하는 것을 기록하고, 관리들로 하여금 백성들마다 그들이 가진 토지의 많고 적음을 계산하여 환자還子 (환곡)로 기록하고 가을에 납부하게 하면 공사公私(나라와 백성)가 모두 편할 것이다.[7]

선조 13년(1580) 강원도 관찰사로 부임한 정철은 각관의 수령들에게 위와 같이 지시했다. 위 내용을 보면, 그는 사대동私大同의 운영 방식을 환자의 운영 방식과 관련시키고 있다. 즉 사대동의 운영을 별도로 할 것이 아니라, 이미 백성들에게 익숙한 환자 운영 방식을 통해 그 일부로 처리할 것을 지시하고 있다.[4]

유성룡 역시 원칙적으로 정철과 같은 생각을 갖고 있었다. 하지만 그것이 각관보다 더 넓은 범위에서 체계적으로 이루어져야 한다고 말했다.

신은 공물을 부과함에 있어서 마땅히 도내道內 공물의 원수元數가 얼마인지 계산하고 또 도내 전결의 총수를 계산하여 자세히 참작해서 가지런하게 해야 한다고 늘 생각했습니다. 그렇게 한 후 (공물 부담이) 많은 데는 감하고 적은 데는 더 보태, 크고 작은 고을을 막론하고 모두 균등하게 마련해야 됩니다. 이를테면 갑읍에서 1결당 1두를 낸다면 을읍·병읍에서도 1두를 내고, 갑읍에서 2두를 낸다면 도내의 고을에서 모두 2두를 내도록 해야 할 것입니다. 이렇게 한다면 백성의 힘도 균등해지고, 내는 것도 한결같아질 것입니다.

방물가方物價 또한 이에 의해서 고루 배정해야 합니다. 쌀이든 콩이든, 그 한 도道에서 1년에 나오는 방물의 수를 전결에 따라 고르게 (중앙에) 납입토록 해야

---

4) 김장생에 따르면, 정철은 강원도 관찰사 재임 후에 전라도 관찰사도 지냈는데 전라도에서도 강원도에서 했던 것과 같은 조치를 취했다. 하지만 그것은 일시적으로 유지되었을 뿐, 곧 폐지되었다고 전한다.(『사계전서沙溪全書』 권9, 行狀 松江鄭文淸公澈行錄)

할 것입니다. 이렇게 하면 결마다 내는 것이 그저 몇 되 몇 홉 정도에 불과해서, 백성들은 방물이 있는지조차도 모르게 될 것입니다. 진상進上할 때에도 이런 식으로 모두 쌀이나 콩으로 (진상품의) 값을 내게 해야 합니다.[8]

위와 같이 여러 사람의 말을 인용해 보여주는 까닭은 이 내용이 당시 소수의 의견이 아니었음을 지적하기 위해서다. 위 기사들에서 가리키는 내용은 기존 연구에서 사대동으로 불린 것이다. 실제로 사대동은 임진왜란 이후 전국으로 확산되었다. 조정에서도 그러한 사실을 알고 있었다. 인조 초에 조정은 각관이 부담하는 삭선朔膳과 방물方物을 일정 기간 줄여줄 때, 이미 사대동으로 그것을 납부하던 관에도 그렇게 할 수 있도록 조치했다. 즉 사대동이 실시되고 있는 고을에는 그곳이 부담해야 할 1년 총 공물가에서 삭선과 방물의 가격에 해당하는 것을 빼주었다.[9] 조정은 사대동을 금지하지 않았다. 각관 안에서 어떤 방식으로 공물 수취를 할 것인가는 어디까지나 각관 수령의 권한에 속하는 문제였기 때문이다.


## 2. 미·포로 거둔 공물

### 공물작미의 이중적 의미

사대동은 각관에서 수령의 자율적 권한으로 확산되었다. 달리 말하면 사대동은 국법에 의하거나 중앙정부의 정책으로 추진된 것이 아니었다. 사대동이 향촌에서 자율적으로 퍼져나갔던 것에 비해, 공물작미貢物作米는 중앙정부 차원에서 진행되었던 공물 수취 관행의 변화였다.

현물로 내는 것이 원칙인 공물이 언제부터 가격(공貢·역가役價) 형태로 납부

되기 시작했는지를 밝힌 연구는 찾아보기 어렵다. 다만 몇몇 사료들은 그
것이 조선시대의 매우 이른 시기부터 시작되었음을 알려준다.

> 장령掌令이 말한 것은 모두 옳습니다. 다만 불산공물不産貢物은 세종 임금께서도
> 바로잡으려 하셨지만 하지 못하셨습니다. 공물은 각각 전결에 분정됩니다. 비록
> 그 공물이 생산되는 곳이라도 또한 어떻게 많이 거둘 수 있겠습니까. 다만 바치
> 는 수를 헤아려서 그것의 경비가 넘치지 않으면 폐단이 없을 것입니다.[10]

위 기사는 연산군대 신유년(연산군 7, 1501)에 공안상정貢案詳定, 즉 공안을
재정비하는 과정에서 등장한다. 장령 유세침柳世琛이 공물이 나는 곳과 나지
않는 곳을 고려하여 공물을 분정할 것을 주장하자, 좌의정 이극균李克均이
그에 대해서 한 말이다. 이극균에 따르면, 장령의 말이 원칙적으로 맞지만
현실에서 공물은 현물이 아닌 공물가 형태로 각관의 전결에 부과되고 있었
다. 따라서 부과되는 총 공물가가 지나치게 높지만 않다면 해당 지역에서
공물이 나는가, 나지 않는가는 실제로 크게 문제될 것이 없었다. 중앙에서
부과하는 것은 '공수貢數(공물의 개수)'였지만, 각관은 그것을 마련할 수 있는
'경비'를 부담했던 것이다.

이이李珥나 유성룡에 따르면, 선조대에 현물로 공납을 바치는 공물의 현
물납 방식은 찾아보기 어려웠다.[11] 지방 각관에서 공물을 현물로 납부하는
경우는 10에 1, 2도 없는 상황이었다. 백성들은 이미 오래전부터 현물을
스스로 준비할 수 없게 된 상태였다. 이 때문에 방납을 막으려는 조정의 조
치는 오히려 공·역가의 인상만을 불렀다. 민간에서 현실적으로 공물을 마
련하는 방법을 정부가 막아버렸으니, 공물을 바쳐야 하는 각관의 입장에서
는 이를 마련하기가 더 어려워질 수밖에 없었다. 이것이 공물가 인상으로

이어지는 것은 당연했다. 통상적으로 본색납本色納, 즉 현물납이라고 불리는 경우에도 실상 그것은 공물가의 수취를 말하는 것이지, 말 그대로 현물납을 뜻하지는 않았다.[12]

이런 상황에서 방납의 폐단이란 실제로는 시세에 비해서 지나치게 높은 공·역가를 뜻하는 것이었다. 이미 공물의 납부 방식이 현물납이 아니었기에, 점퇴點退는 공물을 받는 측이 높은 방납가를 실현하기 위한 빌미였을 뿐이다. 다시 말해, 점퇴는 그것의 최초 설립 취지인 공물로서 적합한가에 대한 품질 검사의 과정이 아니라, 높은 방납가를 강제하는 법적·행정적 장치로 기능했다. 점퇴의 폐단을 없애기 위해서는 정부가 미·포를 공물 수취 수단의 최종 형태로 인정하고, 그것을 법으로 규정해야 했다.[13] 이런 법제화는 현물을 마련하는 지방 각관의 최종 책임 자체를 면제해주는 것을 뜻했다. 지방 각관이 질적으로 합당한 공물을 마련해야 하는 최종적 책임을 지는 한, 그들이 높은 방납가를 피할 수 있는 방법은 없었다.

공물작미라는 말에는 이중적인 뜻이 담겨 있다. 공물을 현물이 아닌, 그 값에 해당하는 미·포로 바꾸어 내는 것은 이미 조선 전기의 어느 시점부터 일반화된 일이었다. 공물작미의 진정한 사회적 의미는 글자 그대로의 뜻이 아니다. 그 의미는 중앙정부가 현물이 아닌 미·포를 공물 수취 수단의 최종적 형태로 인정한다는 결정을 뜻한다. 중앙정부의 이런 결정에는 중요한 함의가 있다. 이런 결정 자체가 공물 수취 과정에서 자행된 점퇴를 불가능하게 했기 때문이다. 즉 '작미作米'로 공물로 받아들이는 물품의 종류와 질이 단일화되면 점퇴의 근거 자체가 사라질 수밖에 없다.

## 선조대 세 번의 공물작미와 유성룡

공물작미는 전쟁과 함께 확산되었다. 선조 25년(1592) 임진왜란이 일어나자, 조정에서는 전년도에 걷지 못한 공물을 쌀로 받기(작미)로 결정했다.[14] 군량미를 마련하기 위해서였다. 조정은 과거에도 비슷한 경험을 이미 여러 번 겪었던 터라 이런 결정을 즉각 내릴 수 있었다. 즉 예상치 못한 지출이 발생할 때, 특히 그것이 군사적 수요인 경우에 조선 조정에서는 공물을 작미하는 관행이 있었다.[15]

황급하고 불명예스럽게 서울을 빠져나갔던 선조 일행이 다시 서울로 돌아온 뒤, 선조 27년(1594) 첫날에 조정은 공안상정을 발표했다.[16] 공물가 인하를 목표로 하는 공안상정은 이 당시 조정이 말했던 민에 대한 온정주의에서 나온 것은 아니었다. 공안상정의 실제 이유는 전쟁 중에 공안 일부가 분실되었기 때문이다.[17] 조정이 공안을 잃어버리자, 전쟁 피해를 받은 지역은 물론이고 피해를 겪지 않은 곳까지 공물 납부를 회피했다. 관리들에 대한 해유解由마저 할 수 없는 상황에서, 중앙정부는 이들을 제재할 방법이 없었다.[18] 사실, 이 시기는 전쟁 이전처럼 조정이 민에게 공물 부과를 강제할 수 있는 상황도 아니었다. 그러기에는 민이 받은 전쟁의 상처가 너무 깊었고, 전쟁 중에 조정으로 대표되는 집단이 보여준 행동이 무책임했다. 그들은 백성들을 지배하는 데 필요한 권위를 잃었다.

몇 달 뒤 영의정 유성룡은 공물작미와 관련하여 주목할 만한 세 가지 사항들을 제안했다. 첫째, 도내 공물의 원수元數와 전결의 총수를 계산하여 같은 도 안에서는 각 고을마다 공물 부담의 차이가 없이 균일하게 결당 일정한 수를 배정한다. 둘째, 수취 수단의 형태는 쌀이나 콩으로 한다. 셋째, 이런 분정 방식과 수취 수단의 형태를 경각사의 공물뿐만 아니라 진상進上이나 방물方物에까지 확대한다.[19] 유성룡의 이 요청이 즉시 받아들여지지는 않았다. 하지만 공물작미 안은 몇 달 뒤 조정에서 다시 논의되었다. 이때 비변사는 군수 비용을 마련하려면 군역·노비신공奴婢身貢·소금·둔전을 포함해

**부산진 순절도**

선조 25년(1592) 4월 13일과 14일 이틀 동안
부산진에서 벌어진 왜군과의 전투 장면을 묘사
한 그림이다.

서 공물·진상까지 작미해야 한다고 말했다.[20] 이번에는 선조도 허락하지 않
을 수 없었다. 아마도 비변사가 요구한 내용은 몇 달 전 유성룡이 요청한
것과 다르지 않았으리라고 생각된다.

선조 27년의 공물작미는 선조 25년의 공물작미와 어떤 차이가 있을까?
그 차이는 아래 실록 기사에서 확인된다.

비변사가 아뢰기를 "전쟁이 일어난 이후로 군국軍國의 수용需用을 마련해낼 길
이 없었습니다. 임진년부터 외방의 공물을 작미하여 백성이 내는 미곡이 많아져
서 1결에 혹 7~8두에 이르렀습니다. 그 뒤에 호조에서 항식恒式으로 정하여 결
당 2두씩 내도록 하였습니다."[21]

위 기사는 전쟁이 일어나자 임진년부터 공물작미가 실시되었다고 말하고 있다. 그런데 이때의 공물작미는 결당 얼마씩 내라는 규정이 없이, 각관의 기존 공물을 단순히 작미하는 것이었다. 전쟁이 계속되면서 그 액수는 점차 늘어났다. 이 때문에 호조는 나중에 각관이 내야 할 공물을 결당 2두로 정했다. 이 같은 결정은 선조 27년 9월의 비변사 상소를 통해서 이루어졌던 것임을 짐작할 수 있다.[22] 하지만 얼마 가지 않아 폐지되고 말았다.

선조 31년(1598) 12월 왜군이 물러나면서 임진왜란이 끝났다. 전쟁으로 인해 경작지는 황폐화되었고, 악화된 국가재정은 좀처럼 회복될 기미가 보이지 않았다. 이에 따라 다시 한 번 공물작미 조치가 취해졌다. 선조 40년(1607)부터 운반의 편의를 고려해서 양호兩湖(충청도와 전라도) 바닷가 고을(沿海)의 공물 중에서 왕실 제사에 쓰이는 물품 이외의 것을 작미하도록 했다.[23] 선조 25년과 27년에 이은 세 번째 공물작미 조치였다. 양호의 연해지역에서 이루어진 작미는 이후 인조대까지 이어지다가 마침내 대동법으로 흡수되었다. 선조 40년부터 시작된 공물작미는 선조 27년 유성룡이 제안했던 결당 일정량을 수취하는 방식이 아닌, 선조 25년에 실시되었던 방식을 따랐다. 즉 전결에 따른 공물 부담의 균등화보다는 단순히 납부 수단의 변화에 중점을 둔 조치였다. 그럼에도 불구하고 선조 40년에 실시된 공물작미의 의미는 가볍지 않았다.

### 선조대의 경험

인조대(1623~1649)는 대동법을 성립시키기 위한 정책 추진 측면에서의 주체적 능력이 축적되기 시작한 시기였다. 그에 비해 선조대에는 공물 수취와 관련된 사회적 폐단이 공론화되면서, 그 해결을 위한 사회적 조건들[5]이 마련되기 시작했다.[24] 공물의 수취 방식으로서의 사대동과 수취 형태로서의 작미作米·작포作布[6]가 바로 그것이다. 비록 광해군과 인조대를 거치면서 폐단이 심화되고 그것을 극복할 수 있는 방법들도 더욱 성숙해졌지만, 그 방법의 원형적 형태는 임진왜란을 전후한 시기부터 보이기 시작했다.

조선에서 원래 공물의 최하 분정 단위는 법적으로 각관까지였다. 각관 수령은 자기 고을에 부과된 공부貢賦를 8결 단위로 윤회분정했다. 그런데 이 방식은 여러 가지 형태의 불균등을 안고 있었다. 우선 각관에 부과된 공물이 각관의 전결 규모에 비례하지 않았다. 자연히 각관별 단위 전결당 공부 부담량은 크게 차이가 났다. 전결이 많은 고을일수록 유리했다. 또한 한 고을 안에서도 모든 전결에 공물이 부과되는 것은 아니었다. 심지어 공물 부과의 대상에 포함된 전결 안에서조차 그 부담이 고르지 않았다. 이렇다 보니 각관은 자체적으로 대책을 마련하지 않을 수 없었다. 그 대체적인 방향은 1년치 공물가를 예측해서 가능하면 고을 안의 전결 전체에 고르게 나누는 것이었다. 사대동이 바로 그것이었다.

앞에서도 언급했듯이, 공물의 현물납이 언제부터 공·역가로 바치는 방식으로 바뀌었는지는 분명치 않다. 하지만 선조대에 이르면, 현실적으로 백성들은 스스로 현물을 마련할 수 없었다. 공물은 대부분 현물 형태가 아닌 공물가 형태로 납부되고 있었다. 이는 조정에서도 이미 알고 있는 사실이었다. 그럼에도 불구하고 공물에 대한 법적 규정은 계속해서 현물납으로 유지되었는데, 이는 단순히 관례에 대한 집착이나 정책적 게으름에서 비롯된 것은 아니었다. 현물납은 대동법 성립 이전의 공납제에서 핵심적 기능을 하고 있었다. 즉 높은 방납가를 뒷받침하는 점퇴를 온존시키는 역할을 한

---

5) 선조 3년 정공도감正供都監의 설치와 폐지는 그것을 보여주는 한 예다.
6) 작미·작포란 현물로 내야 할 공물을 쌀이나 무명으로 내는 것이다.

것이다. 정부가 본격적으로 현물납을 포기하고 공물에 대한 작미를 허용하기 시작한 것은 임진왜란 발발부터였다. 군량을 마련하기 위해서는 다른 방법이 없었기 때문이다.

이미 오래전부터 민간에서는 미·포 형태로 공물을 거두고 있었지만, 조정이 이를 공식적으로 인정한 것은 매우 중요한 의미를 가진다. 공물의 최종 납부 수단에 대해서 점퇴를 불가능하게 만들었기 때문이다. 현물납으로 수취할 때는 그 납부 시점의 공물 품질을 납부자가 책임져야 했다. 그래서 공물의 품질이 어떤가에 관계없이 현실적으로 납부자는 높은 방납가를 피할 수 없었다.

임진왜란 이후 선조대에 공물작미는 선조 25년, 27년, 40년 세 차례 이어졌다. 선조 25년의 작미는 단지 납부 형태를 쌀로 바꾸는 것이었다. 선조 27년의 작미는 여기서 한 걸음 더 나아가 결당 균일한 공물가를 정했다. 실록에서는 이런 측면을 강조해서 공물변통 논의가 이때부터 시작되었다고 말하고 있다. 하지만 선조 27년의 작미는 곧바로 중단되었다. 마지막으로 선조 40년의 공물작미는 충청도와 전라도의 바닷가에 인접한 고을에서 바치는 공물 가운데 왕실 제사용의 진상품을 제외하고 작미하는 내용이었다. 이것은 중단되지 않고 계속 이어져 마침내 대동법으로 흡수되었다.

# 제2장 대동법의 원형이 만들어지다

## 1. 삼도대동청의 설치

### 임진왜란 후의 불안정

광해군대(1608~1623) 조선은 연이은 두 차례 왜란의 영향에서 여전히 벗어나지 못하고 있었다. 그 시기 전결 상태와 이를 기반으로 한 국가재정은 이러한 상황을 뚜렷이 보여준다. 호조 판서 황신黃愼에 따르면 국가의 세입은 전쟁 전에 비해 2/10, 3/10에도 미치지 못하는데, 지출은 어느덧 전쟁 전의 규모를 회복하고 있었다. 한 해에 받아들이는 공물로는 당년의 용도를 지탱하기에 크게 부족했다.[1] 또 임진왜란 이전 삼남지역의 총 전결수 113만 결은 계묘양전癸卯量田(선조 36, 1603)에서 29만 결로 줄었다가, 갑술양전甲戌量田(인조 12, 1634)에서야 89만 5,000여 결로 회복되었다. 광해군대에 중앙정부가 운용한 전결의 규모는 전쟁 전의 26%, 갑술양전의 32% 수준에 불과했다.[1]

---

1) 임진왜란 이전과 계묘양전의 전결수는 황신의 말에 따른 것이다. 〈표 1 - 1〉은 16세기 후반에서 17세기까지 삼남지역의 전결 변화를 정리한 것이다.

광해군 시기는 피폐된 국가 운영을 정상으로 되돌리기 위해 차분히 제도적 재정비에 힘써야 할 때였다. 하지만 수많은 사건들이 연이어 일어났고, 이것들 대부분은 중앙정부의 대규모 재정수요를 직접적으로 발생시켰다. 5, 6개에 이르는 궁궐 공사가 한 예다. 선조 40년(1607)에 시작해서 광해군대에 완료된 창덕궁을 비롯하여 창경궁·경덕궁(경희궁)·경운궁(덕수궁)·인경궁·자수궁 등의 공사가 진행되었다. 조선왕조 전체를 살펴도, 이렇듯 짧은 기간에 궁궐 공사가 집중된 때는 없었다. 공사비는 대부분 전결에 부과하는 결미結米·결포結布로 충당되었다.[2] 파행적인 납속책納粟策도 확대되었다.[3]

인조는 반정한 바로 그날에 영건營建·나례儺禮·화기火器 등 12개 도감을 폐지하고, 조도사調度使 6명과 제주 목사의 처형을 명했다.[4] 이런 조치는 — 어느 정도 정치적 과장이 있기는 하겠지만 — 민의 고통에 대한 반정세력의 응답이라는 성격을 띠었다. 극심한 흉년으로 재정난이 예측되는 시점에 광해군 때의 조도성책調度成冊을 불살랐던 것,[2] 조도관調度官이 민간에 흩어

〈표 1-1〉

|  | 전라도 | 경상도 | 충청도 | 총 수(결) | 출전 |
|---|---|---|---|---|---|
| 임란 이전 | 44만여 결 | 43만여 결 | 26만여 결 | 113만 결 | 『추포집秋浦集』 권2, 地部獻言啓 |
| 계묘양전 | 11만여 결 | 7만여 결 | 11만여 결 | 29만 결 | |
| 갑술양전 | 33만 5,305결 | 30만 1,725결 | 25만 8,460결 | 89만 5,490결 | |

2) 장지연, 「광해군대 궁궐영건」, 『한국학보』 86, 1997. 결미·결포란 토지 몇 결 단위로 부과하는 미·포를 말한다. 예를 들어 5결포란 토지 5결마다 1필씩 거둔 포를 가리킨다.
3) 서한교, 「조선 선조·광해군대의 납속제도 운영과 그 성과」, 『역사교육논집』 20, 1995. 납속책이란 국가적 재난이나 기근으로 인해 국가재정에 위기가 닥칠 때 정부가 백성들에게 관직 제수, 면역, 면천, 속죄 등을 허락하고 그 대가로 재화를 마련하는 재정 보용책이었다. (서한교, 「17·18세기 납속책의 실시와 그 성과」, 『역사교육논집』 15, 1990)
4) 『승정원일기』 1책, 인조 원년 3월 13일. '조도'란 국가 경비의 예산을 뜻한다. 조도사, 조도관은 이를 조달하는 임무를 맡은 관리이고, 조도성책은 거두기로 한 것을 적어놓은 목록 책자이다.

비축해둔 미·포를 백성들에게 나눠주도록 지시했던 것도[3] 그 연속선에 있는 조치였다. 또한 인조는 즉위 후 6개월 만에 민에게서 거둘 예정이었던 원곡元穀 11만 수천 석을 삭감했다. 이 원곡은 진헌進獻·제향祭享·어공御供에 쓰일 예정이었는데, 광해군 13년 이전의 미납 공물이었다.[4] 직접적인 비교는 어렵지만, 인조 말년 공식적인 공물가 원곡의 총량이 5만 석이었던 사실로 미루어보아 이때 삭감된 양은 대단히 많은 것이다. 반정으로 왕위에 오른 인조는 급한 대로 이런 조치를 통해서나마 광해군대의 '일탈'을 '정상화'해야 했다.

## 반정 후의 첫 번째 조정회의

삼도대동법三道大同法 논의는 인조 즉위 직후 시작되어, 이 법을 제안했던 이원익李元翼이 법의 폐지를 요청하면서 인조 3년 2월 7일 종결되었다. 만 2년이 채 안 되는 기간이다. 종래 이 법은 인조대의 수많은 격렬한 사건들 속에 묻혀 별로 주목을 받지 못했다. 하지만 삼도대동법은 본격적이며 전국적인 공물변통의 첫 경험이었을 뿐만 아니라, 이후로 길게 이어지는 대동법 논의의 진정한 출발점이었다. 이때는 경기선혜법(광해군 즉위년, 1608)을 실시할 때와는 비교할 수 없을 정도의 많은 조건들을 고려해야 했다. 설상가상으로 극심한 흉년까지 겹쳤다. 이로 인해 이 법이 집행되는 동안 법의 내용도 계속 바뀌었다. 하지만 이 과정에서 겪은 시행착오는 도리어 공납과 관련된 현실적 문제들을 확연히 알 수 있도록 했다. 조정에서 계속된 논의는 노출된 문제들에 대한 끊임없는 대응 과정이었다.

우리가 삼도대동법에 주목해야 하는 이유는, 그것이 사실상 조선에서 최초의 전국적 공물변통이었기 때문이다. 경기선혜법과 달리 삼도대동법은 애초 강원, 충청, 전라, 경상도에 실시될 예정이었다.

따라서 이 법을 논의하기 위해서는 공납 문제에 대한 전면적인 검토가 필요했는데, 특히 사회구조적 측면의 검토가 중요했다. 이전까지만 하더라도 조정에서 대동법 논의는 주로 그 당위성을 둘러싸고 진행되었다. 하지만 이때의 대동법 논의는 실제 시행을 위한 구체적 내용 검토단계까지 나아갔다. 결당 공물가 수취량, 공물 납부의 면제 대상, 대동미 지출의 용도, 대동미의 운반과 보관, 공물들의 표준가격, 여러 가지 감독 규정 등이 그것이다.

삼도대동법은 2년이 안 되는 기간에 대략 세 단계의 변화 과정을 겪었다. 그 첫 단계는 인조 즉위 직후부터 법 시행이 결정되는 인조 원년(1623) 9월 말까지다. 이 시기는 국정 운영의 기본 원칙으로 안민론安民論이 주장되었다. 인조는 즉위 후 열흘 만에 영의정 이원익, 호조 판서 이서李曙, 호조 참판 권반權盼을 불렀다. 반정 후, 왕과 재정 운영의 최고 책임자들이 정책 논의를 위해 만난 첫 번째 자리였다. 여기서 인조는, 조정이 처리해야 할 급선무로 안민安民·용인用人·힐융詰戎의 세 가지를 제기했다. 안민은 국가재정과 민생 문제를, 용인은 인사 문제를, 힐융은 군비 문제를 뜻했다. 이 문제들은 얼핏 보면 중앙정부가 늘 처리하는 일상적인 것들처럼 보이지만, 이 시기에는 그런 심상한 성격의 것들이 아니었다. 안민, 용인, 힐융은 각각 선조와 광해군대를 거치면서 파탄 지경에 이른 재정 문제, 논공행상과 관련된 반정 후의 관직 정비 문제, 그리고 청나라의 군사적 위협 등에 대한 대처를 뜻했다. 세 문제 모두 향후 정권과 국가의 존폐에 관련된 폭발성을 지닌 것들이었다.[5]

왕의 문제제기에 대해서 이원익과 이서는 다음과 같이 말했다.

---

5) 실제로 안민, 용인, 힐융의 문제는 각각 대동법, 이괄의 난, 정묘·병자호란으로 이어졌다.

이원익이 아뢰기를 "조정이 바르면 모든 중앙부서는 저절로 바르게 되고, 형벌과 포상이 정당하면 기강은 저절로 서게 됩니다. 단속하고 탄핵하는 일에는 법부法府가 있습니다. 위엄 있고 강직한 사람을 선택하여 사헌부의 벼슬에 임명하면, 조정에는 저절로 기강이 설 것입니다. 무술을 익히고 백성을 안정시키는 일이 가장 시급합니다. 묵은 전지田地의 결부結負와 빠진 군액을 호조와 병조로 하여금 함께 의논하게 하여, 혹 원결元結의 숫자를 줄이거나 혹은 인족隣族의 폐단을 제거하게 해야 합니다. …"라고 하니, 상이 말하기를 "경의 말이 옳다. 선혜어사를 빨리 보내는 것이 옳겠다. …"고 하였다.

이서가 아뢰기를 "공물을 줄이는 것이 곧 백성을 안정시키는 근본이나, 지금 쓰고 있는 것은 곧 무신년에 사정한 전결입니다. 백성들은 모두 흩어져 열 집에 아홉 집은 비었습니다. 수령이 적임자가 아니어서 공물주인貢物主人에게 공물가를 주었는데도 공물을 바치지 않습니다. 만약에 공물가를 모두 다 줄여준다면, 그 이득은 모리배에게로 돌아가고 백성들은 혜택을 받지 못할 것입니다. 그러므로 잘 살펴 처리하지 않을 수 없습니다."[5]

이원익은 왕이 제기한 세 가지 급무 중 용인 문제에 대해서는 원론적인 입장만을 확인한 후, 곧바로 진황결부陳荒結負와 궐축군액闕縮軍額 문제를 제기했다. 진황결부란 진전陳田과 황전荒田의 전결에 과세하는 것이다. 즉 농사짓지 않은 땅에 과세하는 것을 말한다. 궐축군액이란 유망流亡[6]으로 줄어든 군액에 대해, 즉 원래 군역을 감당했어야 하는 사람 대신 그의 친척에게

---

6) 유망이란 백성들이 여러 가지 이유로 정착해 살던 곳을 떠나 떠돌아다니는 것을 말한다. 유망으로 인해 직접적으로 나타난 문제가 인징隣徵과 족징族徵, 즉 인족침징隣族侵徵이다. 인징이란 토지에 대한 과세를 당사자 대신 인근에 사는 사람에게 과세하는 것이고, 족징이란 군역을 피한 사람 대신 그 친척에게 군포를 부과하는 것이다.

**이원익(1547~1634, 명종 2~인조 12)**

종실의 후예이자, 유능한 관료였다. 초기 공물변통에서 그의
공이 가장 크다. 경기선혜법이 성립되고, 삼도대동법이 추진되
었던 것은 그의 힘이었다. 정승을 40년 가까이 지내면서도
매우 청빈하여, 만년에 인조가 조그만 집 한 채를 내려준다.

부과한 것이다. 그는 안민과 힐융으로 논의의 범위를 집중시키면서, 이것의 대책으로 '감원결지수減元結之數(진전과 황전의 결부를 줄임)'와 '제족린지폐除族隣之弊(인족침징隣族侵徵의 폐단을 제거)'를 제안했다. 특히 주목되는 내용은 안민뿐 아니라 힐융의 문제에 대해서도, 정작 군수軍需를 확보하거나 군정軍丁을 채우는 것이 아닌 인족침징의 폐단을 덜어줄 것을 말하고 있다는 점이다. 이는 그가 왕이 제기한 세 가지 문제에서 오로지 안민에 집중했음을 보여준다.

이서는 호조 판서라는 자신의 직책 영향도 있겠지만, 이원익의 말을 받아 안민의 핵심이 바로 공물을 줄이는 것이라고 말했다. 조선왕조의 관직 체계에서 판서란 어찌 되었든 주어진 조건에서 일을 추진해나갈 책임이 있는 자리였다. 실제로 이원익이 말한 진황결부 문제도 진황전에서 정부의 수취 문제를 말한 것이었고, 그 핵심은 공·역가 수취였다.[6] 이렇게 인조가 제기한 세 가지 문제는 안민으로 집중되었고, 이는 다시 공납 문제로 구체화되었다. 이날 인조가 이원익과 이서의 제안을 받아들임으로써 반정 초 정책의 큰 틀이 대략 정해졌다.

안민에 대한 요구는 조정에서만 제기되었던 것이 아니다. 당시 양호兩湖(충청도와 전라도)의 산림을 대표하는 김장생金長生에게서도 동일한 관점을 볼 수 있다.[7] 그는 위 논의가 있고 몇 달 뒤, 상소를 통해 몇 가지 안을 제기했다.[7)] 김장생은 평범한 시골 유생이 아니었기에, 그가 올린 상소의 의미와

---

7) 김장생은 인조 원년 10월에 이 상소를 올렸다. 이때는 그가 인조반정 후 서울에 올라갔다가 귀향한 직후였다. 내용은 대략 네 가지다. 첫째 서쪽으로 보내는 군수 물자의 발송을 늦출 것, 둘째 현재 납세의 기준결은 신유년(광해군 13) 결수인데 실결은 이것의 2/3에 불과하므로 이를 조정할 것, 셋째 도망한 군사들의 일족에 대한 침징侵徵을 금지할 것, 넷째 올여름의 대규모 수재에 대한 급재給災를 정확히 실시할 것 등이다. 그러나 상소의 말미에, 이 당시 추진되고 있던 대동법에 대해서는 반대 입장을 표명했다.(김장생, 『사계전서沙溪全書』 권1, 還鄕後辭職兼陳所懷疏)

힘도 범상치 않았다.[8] 그가 제기한 내용은 대부분 이원익이 말한 것과 같았다. 이는 조정 안팎을 막론하고 이 시기 국정과제에 대해서 조정의 정책관료와 재야 지식인들의 생각이 다르지 않았음을 보여준다.

조정에서 논의된 이원익과 이서의 제안은 며칠 후 호조가 선혜법 시행을 요청하는 것으로 구체화되었다. 호조는 이 법을 8도에 통용시키기 전에 우선 2~3개 도에 실시해볼 것을 제안했다. 봄·가을로 결당 10두씩 미곡을 거두면 60만 석을 확보할 수 있고, 서남북도의 군수 비용 및 영남 하도의 왜관倭館 비용을 제외하더라도 40만 석을 확보할 수 있으리라는 계산이 뒷받침되었다.[8]

## 호패법을 실시하자는 주장

한편 이런 흐름과 별도로 호패법號牌法을 실시하자는 주장도 제기되었다.[9] 물론 이 당시 정부정책의 전체적인 방향을 안민에 맞춰야 한다는 견해가 조정 안팎에서 지배적이었던 것은 사실이다. 하지만 동시에 이때에는

---

8) 인조반정이 일어났을 때, 김장생은 76세였다. 김장생은 반정을 주도한 사람들과 개인적으로 친밀했을 뿐만 아니라, 그들로부터 존경도 받았다. 정묘호란 당시 후금이 쳐내려오자, 인조는 비변사의 요청으로 김장생을 양호 호소사로, 정경세鄭經世·장현광張顯光을 경상좌·우도 호소사로 임명했다.[『인조실록』 권15, 5년 1월 19일(丁亥)] 왕명으로 이들에게 군사를 모집하고 동원할 권한을 주었던 것이다. 이로 미루어보면 단순히 학문적 차원에서만이 아니라, 무력도 동원할 능력이 있었음을 알 수 있다.

9) 정책 실시의 우선순위를 놓고 호패법과 대동법은 경쟁관계에 있었지만, 내용 자체에서 대립관계에 있었던 것은 아니다. 최명길崔鳴吉의 발언에서 보듯, 재정책財政策이라는 관점에서 보면 이 둘은 갈등적이지 않았으며, 상황에 따라서는 상보적으로 인식되기도 했다. 인조 14년(1636) 병자호란이 일어나기 몇 달 전에 작성된 이식李植의 글은 이것을 잘 보여준다. 이식은 대동법을 실시해서 얻어지는 재원을 군수에 사용할 것을 건의했는데, 이러한 생각을 이미 정묘년(인조 5)에도 건의했으며, 이경여李敬輿도 자신과 같은 생각을 실행에 옮기려 했다고 말했다.(이식, 『택당집澤堂集』 권8, 丙子秋辭召命陳時務疏)

"전쟁의 불길이 지속된 지 6~7년"이며 "천조(명나라)와 힘을 합쳐 (청나라를) 정벌해야" 할 때라는 인식이 적지 않게 퍼져 있었던 것도 사실이다.[9] 조선의 행정적 관례에 따르면, 군적을 작성하기 위한 전제조건이 바로 호적의 작성이었다. 호패법은 호적을 작성하기 위한 조치였다.

> 특진관 유공량柳公亮이 아뢰기를 "현재 군정이 더욱 형편없게 되었는데, 이미 흩어진 백성을 모집하는 것도 쉬운 일이 아닙니다. 만약 호패법을 시행하면 군사를 뽑는 일 등에 원칙이 있게 될 듯싶습니다." 하니, 상이 이르기를, "이렇듯 인심이 안정되지 못한 때를 당하여 호패법을 시행하면 소란스러운 폐단이 생길 우려가 있다." 하였다. 부제학 정경세鄭經世가 아뢰기를 "우리나라가 (명나라와) 협력해서 오랑캐를 토벌하겠다고 한 말은 노적奴賊(청)도 응당 들었을 것이니, 앉아서 (그들의 공격을) 기다릴 수만은 없습니다. …" 하니, 상이 이르기를 "상황으로 보면 그렇긴 하나, 뿔뿔이 흩어진 백성이 아직 안정되지 못했다. 이 일이 나라 입장에서는 편하겠지만 백성에게는 불편할 것이다. 백성이 (나라로부터) 아직 실질적인 혜택을 입지 못하고 있는 상황에서, 갑자기 그들을 얽어매면 원망하는 소리도 없지 않을 것이다." 하였다.[10]

유공량은 청나라의 군사적 위협을 들어, 전쟁으로 흩어진 군정을 채우기 위한 호패법의 필요성을 주장했다. 이 의견은 군정에 대한 이원익의 입장과 선명하게 대비된다. 이원익이 군비 문제조차 안민 문제로 환원했던 것과는 달리, 유공량은 군비의 증액을 주장했다. 사실 유공량은 과거에도 경기선혜법 실시에 반대했었다.[11] 인조 원년(1623) 9월, 조정은 관직 2품 이상을 대상으로 선혜법과 호패법 실시 여부에 대한 의견을 조사했다.[10] 이때 정경세鄭經世는 대동법 실시에 반대했다.[12]

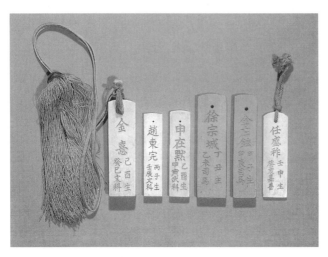

**호패** 16세 이상의 모든 남자가 차고 다녀야 하는 일종의 신분증이다. 태종 때 처음 실시되었지만, 조선 전기에는 거의 실시되지 못했고, 조선 후기 숙종 때부터 지속되었다. 신분에 따라 그것을 만든 재료, 기재 내용, 각인刻印의 위치, 주관 관서, 발급 순서, 위반자에 대한 처벌 규정 등이 달랐다.

호패법 실시에 대한 인조의 태도는 대동법에 대해서와 달리 사뭇 부정적 이었다. 군인의 수를 채우기 위해서 실시하는 호패법의 주요한 적용 대상 은 어차피 힘없는 백성들이기 때문이었다. 반정 후 아직 민심이 안정되지 않은 상태였으므로, 호적을 파악한다는 이유로 국가가 인신에 직접적인 제 약을 가하는 것은 반정세력에게도 부담이 가는 일이었다. 이 시기 여러 논 자들도 호패법 실시에 우호적이지 않았다. 인조는 "양식을 마련하는 일이 군사를 뽑는 일보다 훨씬 어렵다"는 이유로 호패법 실시에 적극성을 보이 지 않았다.[13] 결국 대동법은 빠르게 구체화되었지만, 호패법은 인조 원년 7

---

10) 이와 같은 의견 조사는 조선시대에 조정에서 중요한 사안을 놓고 의견이 갈릴 때, 이를 모으기 위해 실시한 관행이었다.[『인조실록』 권3, 원년 9월 9일(丙申)]

월 초쯤에 이르면 정책의 우선순위에서 밀리고 만다. 일단 호패법의 실시는 다음 해로 미뤄졌다. 나라의 형편상 호패법과 대동법의 시행을 병행하기 어렵다는 것이 그 이유였다.[14] 이렇게 해서 대동법은 호패법과의 정책 우선순위 경쟁에서 일단 우위를 차지했다.[11]

### 과연 대동법이 현실에서 작동할 수 있을까?

대동법 실시를 위한 준비 과정은 순조로웠다.

> 재생청裁省廳이 아뢰기를 "하사도下四道의 작미사목作米事目이 이미 본청에 보고되었습니다만, 각 고을 전결의 실제 숫자는 자세히 알기 어렵습니다. 먼저 각 고을로 하여금 계묘년(선조 36, 1603) 양전 뒤에 개간된 실제 숫자와 자수字數·결수를 철저하게 분명히 조사 보고하게 하여 참고자료로 삼아야 합니다. 모두 8월 15일 전까지 보고하도록 하소서." 하니, (왕이) 따랐다.[15]

앞서 인조 원년 4월 4일의 기사는, 호조가 선혜법 실시를 요청하자 왕이 대신들과 의논해보라고 지시하는 것으로 끝난다. 작미사목이란 선혜법의 실시를 위한 사목을 뜻했다. 선혜법을 가리킬 때 '작미하는 것'으로 표현하는 것은 당시 왕에서 관료에 이르기까지 흔한 일이었다.[16] 하사도는 경상도를 포함해서 양호와 강원도를 뜻한다. 두 달 반 사이에 네 개 도의 작미사목이 마련되고, 이것이 재생청에 보고되었던 것이다. 하지만 위 사료는 이

---

11) 호패·호포 논의가 조정의 논의에 다시 등장한 때는 대동법이 정착된 후 양역변통良役變通 논의가 제기된 현종 15년이다. 그 사이에 조정에서 몇 번 언급되기는 했지만, 지속적인 논의의 의제가 되지는 못했다.

같은 신법新法의 적용을 받게 될 지역의 토지 실결이 여전히 정해지지 않았음을 보여준다.

영사領事 윤방尹昉에 따르면, 작미사목에 대한 하사도의 반응은 전반적으로 긍정적이었던 것처럼 보인다. 그런데 윤방이 작미사목에 대한 각관의 반응을 전할 때, 대동법을 추진했던 이 시기 조정의 기본 전제가 확인된다.

> 윤방이 아뢰기를 "양전을 시행하면 수십만 결을 얻을 수 있을 것이니, 백성은 편리하고 국가는 이롭게 될 것입니다." 하였다. 상이 이르기를 "백성에게 편리하면 반드시 나라에는 이롭지 않고 나라에 이로우면 반드시 백성에게는 편하지 않을 것인데, 어떻게 양쪽 다 이익을 얻겠는가?" 하였다. 윤방이 아뢰기를 "대동법을 시행하게 되면 방납의 폐단이 없어지기 때문에 백성에게 편리할 것입니다." 하자, 상이 이르기를 "정말 편하고 타당하다면 시행하는 것이 좋겠다." 하였다.[17]

대동법이 백성들에게도 편리하고 국가(재정)에도 이로우리라는 믿음은 그것이 방납의 폐단을 제거할 수 있으리라는 전제에서 나왔다. 즉 조정은 방납으로 인한 중간 수탈을 막기만 하면, 그 이익과 편리함을 국가와 민이 공유할 수 있을 것이라고 보았다.

인조는 대동법에는 긍정적인 태도를, 호패법에는 유보적인 태도를 보였다.[12] 그렇다고 이러한 인조의 태도가, 그가 대동법 실시를 결정했음을 뜻

---

12) 일례로, 인조 원년 7월 11일 호패법 실시가 연기된 후에 우찬성 이귀李貴가 호패법에 대해 의논이라도 미리 해두자고 인조에게 말했지만, 인조는 이에 대해 별다른 관심을 보이지 않았다.[『인조실록』권3, 원년 9월 9일(丙申)]

하지는 않았다. 인조는 여전히 대동법의 정책 효과를 확신하지 못하고 있었다.[18] 특히 인조 원년(1623)에 든 흉년을 부담스러워했다.[19] 인조는 대동법의 취지에 원칙적으로 동의하면서도, 그 법이 흉년에 제대로 작동하여 효과를 볼 수 있을지에 대해서는 확신을 갖지 못했던 것이다. 바로 이때 중요한 역할을 한 사람이 조익趙翼이다. 그는 인조 초의 이원익을 제외하면 거의 유일하게 삼도대동법을 적극적으로 주장한 관료였으며,[20] 공물변통 논의의 초기단계에서도 이미 대동법에 대해 이론적으로 대단히 뛰어난 수준에 도달해 있었다.[13]

이 당시 인조는 대동법이 현실에서 성공적으로 작동하리라는 확신을 여전히 갖고 있지 못했다. 대다수 조정 관료들도 마찬가지였다. 이전까지 공물변통론은 주로 당위적으로만 주장되었을 뿐, 전국적 시행을 전제로 실무적으로 검토된 적이 없었기 때문이다. 전쟁으로 수많은 경작지가 황폐화되고, 그나마 다시 경작되기 시작한 곳조차 정부는 미처 그 실태를 파악하지 못한 경우가 많았다. 게다가 흉년까지 겹친 상황에서 국가재정 전체에 큰 변화를 가져올 정책의 실시를 쉽게 결정할 수 없었던 것이다.

### 조익의 상소

조익은 대동법이 정당할 뿐만 아니라[21] 현실에서 실시 가능한 정책임을 주장하는 상소를 올렸다.[14] 그는 당시 경작지의 평균 곡물 생산량을 제시했다. 그에 따르면, 대동법을 실시해도 전결에 부과되는 전조田租·대동미大同

---

13) 제3부 7장 343쪽 참조.
14) 삼도에 대동청을 설치하기로 한 것은 인조 원년 9월 23일이고, 조익의 상소는 『인조실록』 원년 9월 3일에 나온다.

＊·삼수미三手米의 총액은 소출의 1/10에 미치지 못했다.[22] 이것은 대동법이 민의 담세 능력 범위 안에서 실시될 수 있음을 뜻했다. 또 그는 대동법 시행에 대해 제기된 각종 반론을 다섯 가지로 정리해서 하나하나 반박했다. 그 내용은 다음과 같다.

첫 번째 반론은 이제까지 공물을 수취하던 방식처럼 여러 번 걷어도 그것이 조금씩이라면 백성들이 편히 여기겠지만, 대동법에서 계획하는 대로 일시에 결당 8두를 거둔다면 백성들이 감당하지 못할 것이라는 주장이었다. 이에 대해서 조익은 여러 번 거두면 오히려 그때마다 새로이 발생하는 부대비용 때문에 백성들이 결과적으로 더 많은 양을 내야 한다는 점을 지적했다. 또 현물공납제하에서 1년에 여러 번 거둘 때도 한 번에 내는 양이 결당 7, 8두에 이르는 경우가 많았던 점도 아울러 지적했다.[23] 사실 백성들이 한 번에 결당 7, 8두를 내는 것은 전혀 새로운 일이 아니었다. 결당 7, 8두의 두 배 가까운 양을 낸 적도 있었기 때문이다.[24]

두 번째 반론은 부자들은 땅이 많아서 내야 할 쌀도 많기 때문에 일시에 내기 어렵다는 주장이었다. 조익은 땅이 많으면 자연히 일손도 많을 것이므로 문제가 되지 않는다고 비판했다. 나아가 가난하고 일손이 없는 사람들도 감당할 수 있는 것을, 곡식도 많고 일손도 많은 사람들이 감당할 수 없다는 것은 말이 되지 않는다고 재반박했다.[25]

세 번째 반론은 호세가豪勢家들과 방납자防納者들의 폐단은 오래된 것인데 갑자기 이것을 꺾으려는 것은 무리라는 주장이었다. 이는 사회개혁이 있는 곳에는 언제나 등장하는 현실론이자 신중론이었다. 여기에 대해 조익은 그들이야말로 국가의 정당한 명령을 거부하고 백성들의 재산을 빼앗는 자들이라고 비판했다. 그는 다수의 불쌍한 소민들과 위기에 처한 국가재정을 일으키기 위해서는 호세가·방납자들의 사욕을 조금 제어하는 것이 당연하

**조익선생묘(충남 예산군 신양면 신양리 산 33-1)**
조익은 대동법을 이론적으로 설계하는 데 가장 크게 기여한 인물로, 학자와 관료의 모습을 겸비했다.
병자호란 후에는 아들 조복양이 그를 대신해서 조정에서 활약했다. 묘소와 인접한 신창은 그의 처가가
있었던 곳으로, 과거에 급제하기 전에 9년을 살았고 서울에 있지 않을 때도 여기서 머물렀다.

다고 말했다.[26]

네 번째 반론은 쌀을 한 곳에 쌓아놓으면 화재 위험이 있다는 보관상 문제에 대한 지적이었다. 조익은 이런 지적에 전혀 근거가 없다고 말했다. 화재는 집들이 붙어 있어야 나는데 쌀창고는 전혀 그렇지 않으며, 종래에도 그런 위험은 없었다고 말했다. 오히려 진짜 걱정스러운 것은 그런 축적이 없는 것이라고 말했다.[27]

다섯 번째 반론은 호남에서 서울까지 쌀을 배로 운반할 때 일어날 수 있는 침몰에 대한 우려였다. 조익도 이 점만은 깊이 공감했다. 그는 배가 가라앉는 경우를 다음과 같이 세 가지 경우로 정리했다. ① 사선私船보다 관곡을 실은 배가 훨씬 많이 가라앉는다. ② 배가 과적 상태에서 풍파를 만나면 가라앉는다. ③ 가을·겨울바람이 높을 때, 남쪽에서 오는 배가 비인과 태안

에서 가라앉는다. 이에 대해, 그는 ① 기강을 바로잡고, ② 과적을 금지하며, ③ 겨울 전에는 태안 이북의 곡식을, 봄에는 태안 이남의 곡식을 운반하게 할 것을 제안했다. 이렇게 해도 중앙정부가 공물로 받아들인 미곡을 봄까지 사용하는 데는 부족하지 않을 것이라고 말했다. 모자라는 몫은 충주나 강원도의 내륙 수운으로 보충할 수 있었기 때문이다.[28]

조익은 이렇듯 당시 대동법 실시에서 난점들로 제기된 반론들을 5개 항에 걸쳐서 정리, 논파했다. 그뿐 아니라, 곧 실시될 양전을 통해 토지 결수가 크게 늘 것이므로 공물가의 결당 부담액을 더욱 낮출 수 있으리라고 전망했다.[29] 한마디로 조익은 이 상소에서 당시 조선의 공납 문제와 상황에 대해 전문가 수준의 식견을 보여주었다.

강력하고도 호소력 있는 조익의 상소 덕택에 인조를 포함한 조정의 많은 사람들은 대동법 실시에 따른 불안을 상당 부분 덜 수 있었다. 인조 초에 적극적 호패론자였던 이귀李貴조차 조익의 상소를 본 후에는 대동법이 반드시 시행되어야 할 법이라고 말했다. 1년의 공·역가 수취액이 예상지출액에 비해 오히려 10만여 석이 더 많을 것이라고 조익이 말했기 때문이다.[30]

그러나 조익의 상소로도 대동법에 반대하는 모든 견해들을 설득할 수는 없었다. 심지어 안민정책의 대의에 동의하는 사람들 안에서도 대동법을 반대하는 이가 적지 않았다.[15] 정경세는 자신의 고향 상주의 예를 들어, 내야 할 대동미 액수가 현재 내고 있는 공물가보다 1/3이나 많다고 말했다.[31] 이

---

15) 그와 같은 반대는 자연스러운 것이었다. 대동법은 민에게서 거두는 액수를 줄여도 국가재정이 부족하지 않다는 주장에 근거하고 있기 때문에, 그러한 주장이 실현되려면 입법에서 의도한 시스템 정비의 효과가 나타나야 했다. 정당하고 논리적이지만, 이제까지 현실에서 경험하지 못했던 정책을 실제로 집행해야 하는 상황이야말로 체제 개혁을 할 때 늘 맞이하는 현실이다.

것은 장유張維가 말하는 고을 간 공물 부담 불균등의 전형적 사례였다.[32] 정경세의 주장은 본인의 의도와 무관하게 대읍大邑에서 대동법을 반대하는 전형적인 반대 논리였다.

## 김장생의 이유 있는 반대

김장생은 대동법의 즉각적인 실시에 반대했다. 그의 반대를 단순히 경제적 기득권의 방어라는 측면에서 보기는 어렵다. 그가 제시한 반대 근거들은 상당한 설득력을 가지고 있었다. 공납 문제에 관한 현실 진단에서 김장생과 조익은 별로 다르지 않았다. 즉 그가 보기에 백성들로부터 세금을 징수할 때 일정한 법이 없는 데다, 탐욕스런 수령들이 거둔 것의 절반 이상을 개인적으로 써버리기 때문에 부세가 예전에 비해 몇 배나 증가했다. 또 부세의 증가 추세가 앞으로도 쉽게 그치지 않으리라 예상했다.[33] 공납 폐단에 대한 구조적 문제도 높은 수준에서 이해하고 있었던 것이다.

김장생이 공납 문제를 이렇듯 정확히 이해했던 것은 우연이 아니다. 임진왜란 때 호조 정랑을 지냈고, 지방 여러 고을에서 수령을 지낸 경험도 있었기 때문이다. 더구나 그가 살던 곳이 다름 아닌 충청도 연산이었다. 충청도야말로 임진왜란 이후 대동법이 성립될 때까지 공납의 폐단을 가장 심하게 겪었던 곳이다. 후에 대동법이 충청도에서 먼저 시작되었던 것도 이와 무관하지 않았다. 그는 어느 누구보다도 공납 문제를 정확히 이해할 수 있는 조건 속에 있었다.

김장생도 공납 문제의 핵심이 첩징疊徵에 있다고 보았다. 따라서 공물을 현물 대신 쌀이나 콩으로 바꾸어 내야만 별도로 거두는 폐단을 극복할 수 있다고 보았다. 경기선혜법의 기본 원칙에 동의했던 것이다.[34] 그런데도 선혜법의 즉각적인 확대에는 반대했다. 양호는 경기에 비해 운반비용이 많이

들고 전결은 실제보다 너무 많게 평가되어 있다는 이유에서였다. 또한 당시 파악된 전결에 기초해서 즉각적으로 대동법을 실시하면 결과적으로 양호가 경기에 비해 단위면적당 두세 배의 부담을 지게 되리라고 예측했다.[35] 공물을 현물로 내는 대신 작미하는 것에 동의하면서도 지역 간 전결 평가의 불균등을 문제 삼았던 것이다. 이민원李民寏도 같은 견해를 가지고 있었다.[36]

이외에 김장생은 삼도대동법의 무리한 운영 규정도 지적했다. 그가 보기에는 지방 관아의 운영비, 즉 수령의 아료衙料와 공적으로 고을을 방문하는 사람들을 접대하는 데 들어가는 비용인 사명使命의 지공비支供費가 너무 적게 책정되어 있었다. 무리한 규정은 그것의 운영 과정에서 반드시 그 규정을 지키지 못하는 상황을 야기할 수밖에 없었다. 이것은 결국 백성들을 침탈하는 결과를 가져올 것이 명백했다. 이 때문에 그는 지킬 수 있는 법을 만들어야 한다고 말했던 것이다.[37] 김장생의 이런 견해와 상황을 바라보는 안목을 살피면, 산림들이 절용節用만 강조했다는 지금까지의 인식이 맞지 않음을 알 수 있다.

김장생은 선혜법을 실시하기 전에 해야 할 몇 가지 사항들도 언급했다. 우선, 각 도의 공납 액수와 1년에 내야 할 전세의 액수를 정해야 한다고 강조했다. 백성들에게서 과외로 거두는 폐단, 즉 첩징을 막기 위해서였다. 장리贓吏를 엄히 다스려야 하는 것은 당연했다.[38] 또한 전결의 지역별 불균등을 바로잡기 위해서는 양전을 새로 실시해야 했다. 전결의 불균등이야말로 요역 불균등의 근본 원인이었기 때문이다.[39] 마지막으로 현재 낭비되는 정부지출(浮費)을 줄이고 절약할 것을 말했다.[40]

김장생이 공납 문제의 대안으로 제시한 내용들은 상충하는 측면이 있었다. 부비를 줄여야 할 필요성과 수령 아료 및 사명 지공비를 충분히 확보해

**김장생(1548~1631, 명종 3~인조 9)**
인조·효종대 정치적으로 큰 세력을 형성했던 호서 산림과 조정의 수많은
인물들에게 많은 영향력을 행사했다. 그의 영향력과 예학에 대한 이해가
그의 아들 김집에게로 이어졌다.

야 할 필요성을 지적한 것은 원론적으로는 부딪히는 내용이 아니지만 현실적으로는 상충했다. 장리에 대한 엄벌주의와 법은 지킬 수 있도록 만들어져야 한다는 말 역시 그랬다. 이렇듯 그가 대안으로 제시한 내용은 실제로 그것들을 어떻게 현실적으로 작동하게 만들 것인가에 대한 방법론적 과제를 남겼다. 이것은 공물변통 논의가 아직 충분히 성숙되지 않은 상태에 있음을 반영한다. 그럼에도 불구하고 그의 주장에는 공물변통을 위한 핵심 내용이 담겨 있었다. 양전의 문제, 작미에 대한 강조 등이 바로 그것이다.

한편, 대동법 실시에 관한 여러 의견 중에는 이 법을 실시할지 말지의 여부 외에도, 실시한다면 지역 범위를 어떻게 할 것인가를 따지는 내용도 있었다. 대사헌 서성徐渻은 대동법의 실시 범위를 충청도로 줄이자고 건의했다.[41] 대동법의 단계적 실시를 위한 가장 조심스러운 접근 방식이었다.

대동법 실시를 반대하는 목소리가 완전히 잦아든 상황은 아니었지만, 조익의 상소 이후 경상도를 뺀 삼도, 즉 강원도와 양호를 대상으로 삼도대동청三道大同廳이 설치되었다.[42] 경상도가 빠진 이유는 그곳 공납 물력의 상당 부분이 왜관 경비로 충당되어야 했기 때문이다.


## 2. 정책 실패의 결과 경대동

조정이 경상도를 제외한 강원·충청·전라도에 삼도대동법을 실시하기로 결정함으로써, 대동법은 두 번째 단계를 맞이했다. 이 과정은 인조 원년 9월부터 인조가 이 법을 재검토하라고 지시하는 인조 2년 8월까지 지속되었다. 이 기간에 대동법은 실시 과정에서 많은 문제점을 드러냈다. 그 결과 이 법의 정책 목표와 내용은 계속해서 수정되지 않을 수 없었다.

## 암행어사 장유의 보고

삼도대동법 시행이 조정에서 결정된 직후, 호남에 장유張維, 호서에 김세렴金世濂이 암행어사로 파견되었다. 조정이 암행어사를 파견한 목적은 이 법의 시행 과정을 현지에서 살피기 위해서였다. 인조 2년 1월, 이들은 각각 복명서復命書를 올렸다. 장유는 두 가지 큰 문제점과 한 가지 부차적 사항을 보고했다.

첫 번째 큰 문제점은 해로 운송에 따른 선박 침몰에 대한 우려였다. 세곡을 실은 배가 서울로 오는 도중에 침몰하여 세곡을 잃었을 경우, 세곡은 애초 그것을 수취했던 고을에서 다시 수취되었다. 그런데 대동미는 세곡보다 몇 배나 양이 많고, 더구나 조운漕運이 아닌 임운任運에 크게 의존했다.[43] 조운은 조선 초기 이래 국가의 국역체계 속에서 운영되었지만, 임운은 상업적 이윤을 목적으로 대동법 성립 이후에야 활성화되었다. 조운의 사공들은 신역으로 대개 대를 이어 이 일을 물려받았던 반면, 임운의 사공(船格)들은 그렇지 못했다. 이런 이유로 처음에 임운의 사공들은 조운의 사공들보다 숙련되지 못한 경우가 많았다. 당연히 임운은 운반 과정에서 배가 침몰될 가능성이 조운보다 훨씬 높았다.

두 번째 큰 문제점은 삼도대동법의 핵심 내용과 관련 있었다. 즉 이 법에 따라 공물가를 거두더라도 기존의 방납 폐단을 막기는 어렵고, 또 규정 이상의 공물가를 거두게 될 가능성도 높았다. 각관은 규정된 공물가 이외에도 여전히 자신들의 책임하에 서울에 상납해야만 하는 현물들이 매우 많기 때문이다. 삼도대동법과 관계없이, 각관이 책임지고 있는 진상·방물에 대해서는 대개 현물납이 계속되었다. 두 번째 문제는 첫 번째 문제보다 훨씬 심각한 측면이 있었으며, 이후 오랫동안 이어질 논쟁의 핵심 주제였다.

물론 이런 물품들에 대해서도 각관에 대동미나 포로 그 값이 지급되었다. 하지만 두 가지 이유로 문제가 생길 수밖에 없었다. 하나는 그런 물품들에 대해서 정부가 정한 지불 가격(절가折價)이 시중 가격에 비해서 너무 낮은 경우가 많았다. 이것은 상인들에 대한 착취로 이어지고, 다시 민에 대한 수탈로 연결될 수밖에 없었다. 또 하나는 그런 물품들의 조달 책임이 일단 각관에 있게 되면, 어떤 경우라도 인정人情과 질지作紙와 같은 과도한 중간 수수료를 피할 수 없다는 점이었다.[16] 이 같은 문제는 물품 조달의 책임이 각관에서 경각사로 옮겨지지 않고서는 해결이 불가능했다.

대동법을 만든 일차적 목적이 방납을 막는 데 있었음에도 불구하고, 여전히 현물로 상납하는 물품들이 많았던 것은 입법 취지에도 어긋났다. 장유는 조정에 이 두 가지 문제의 시정을 요청했다. 사실 이 두 가지가 고쳐지지 않는다면, 대동법이 의도했던 정책의 효과를 거둘 가능성은 거의 없었다.

여기에 한 가지 더 부차적인 문제는, 각관이 자신들이 납부해야 할 대동미·포를 선소船所(배 있는 곳)까지 운반하는 데 들어가는 비용이었다. 이 비용은 납부자에게는 결코 작은 부담이 아니었다.[44] 원래 사목에는 운반에 따른 비용 일체를 대동미로 지급한다고 규정해놓고 있었다. 하지만 2, 3일씩 걸리기도 하는 각관에서 선소까지 운반하는 데 드는 비용은 대개 지급되지 않았다. 더구나 현물로 상납하는 진상과 방물의 가격에는 그 운임과 행정 처리에 들어가는 비용(질지·인정)이 애초에 포함되어 있지도 않았다.[45] 이것은 일차적으로는 사목 규정이 아직 불완전하고, 행정적으로는 그 규정이 철저히 이행되지 않은 것에서 원인을 찾을 수 있다. 하지만 궁극적으로 이런 문제들은 기존 관행, 즉 공물의 운반에 들어가는 모든 비용을 공물 납부자가

16) 제2부 4장, 220쪽의 이시방의 말 참조.

감당하는 관행이 너무나 뿌리 깊기 때문이었을 것이다. 건국 이후 200년 이상 계속된 사회적 관행과 인식이 한 번의 입법으로 쉽게 바뀌기는 힘들었다. 더구나 거기에는 크고 작은 수많은 이권이 개입되어 있었다.

장유는 대동사목大同事目 자체의 내용뿐만 아니라 대동법과 밀접하게 관련된 두 가지 사항에 대해서도 보고했다. 하나는 전결이 정비되지 못한 문제이고, 다른 하나는 행정 문란에 따른 문제였다. 그에 따르면, 인조 원년 (1623) 전라도 대동법의 기준 전결은 무오년(광해군 10, 1618) 양안量案이었다. 그런데 전라도 대동법의 기준 전결이 무오년 양안이라는 사실 자체가 대동법 실시를 위한 양안의 정비가 제대로 이루어지지 못했음을 뜻한다.[46] 무오년 양안은 임진왜란 직후의 계묘양안癸卯量案(선조36, 1603)과 별로 다르지 않았기 때문이다. 계묘양안에서 삼남의 총 전결 수는 약 30만 결에 불과했다. 앞에서 서술했듯이, 바로 이것 때문에 김장생과 이민원도 대동법 실시 이전에 양안을 먼저 바로잡을 것을 요구했다. 임진왜란 이전에 이미 고을별 공물 부담의 불균등은 현격했고, 전쟁으로 인해 그 불균등은 더욱 악화되었다. 당시의 양안과 공안은 이런 불균등을 거의 바로잡지 못했다. 현실을 반영하는 양안과 공안이 갖춰지지 않았다는 것은, 곧 중앙정부가 민의 세금 부담을 합리적으로 조정할 수단을 가지고 있지 못했음을 뜻한다.

공물가 부담의 불균등은 고을 간 불균등에 그치지 않았다. 한 고을 안에서도 부유한 토호들과 빈곤한 농민들 사이의 불균등 역시 심각했다.[47] 같은 시기에 경기 암행어사로 나갔던 정홍명鄭弘溟도 동일한 보고를 했다.[48] 진전에 역이 부과되고, 각 고을의 실제 담세 능력과는 상관없이 역이 부과되고 있었다. 각 고을이 대·중·소로 구분되어 있기는 했지만, 그 기준은 이미 오래전의 것이었으며, 실제 그 고을의 경작지 규모에 따른 구분은 아니었다. 중앙에서 각 고을에 대해 파악하고 있는 내용은 지역의 현실과는 차이가 컸다.

인조 원년 가을에 실시된 대동법은 많은 문제점을 드러냈다. 장유는 그 문제점들 가운데 병사·수사의 지역민에 대한 착취 및 쇄마역刷馬役의 문란을 지적했다. 병사와 수사는 군정軍政 밖의 일에 관계할 수 없는 것이 원칙이었다. 하지만 지방 각관에서 사실상 아무도 이들을 통제할 수 없었다.

### 삼도대동청의 불가피했던 실수

설상가상으로 인조 원년(1623)에는 극심한 흉년이 들었다. 이듬해 봄에 중국에서 식량을 수입해야만 했을 정도였다.[49] 조정은 민의 부담을 덜어주려는 의도로 1결에 8두를 거두기로 했던 인조 원년 가을분 대동미 수취(秋捧)를 절반으로 줄였다. 다시 말해, 각관이 서울로 운송해야 할 분량을 절반으로 줄여주었던 것이다. 심한 흉년에 따른 쌀값 상승을 감안한 조치였다. 흉년으로 쌀의 수확량 자체가 줄어든 것은 물론, 쌀값이 오른 것이다. 백성들의 입장에서는 이중적인 부담이었다. 조정은 각관의 자체 수요에 쓰일 공물가에 대해 종전 방식대로 거두는 것을 허락했다.[50] 종전 방식이란 필요할 때마다 8결 단위로 돌아가며 각각의 호에서 공물가를 거두는 것이다. 각관에 옛 방식을 허락한 것은 곧바로 대동법 자체를 극심한 혼란으로 몰아갔다.

삼도대동법의 수취 대상 품목에는 많은 예외 조항이 있었다. 대동미·대동포에 포함되지 않는다는 것은, 백성들로부터 대동미·포를 걷은 후에도 이와는 별도로 추가적인 공물가를 또 걷을 수 있다는 것을 뜻했다. 예를 들어, 기인가其人價[51]·쇄마가 등이 그에 해당한다. 기인가는 인조 2년부터 대동미·포에 포함하기로 결정되었지만, 쇄마가는 그렇지 못했다.[52] 쇄마가란 관리들이 지방을 오갈 때에 드는 비용으로, 관례적으로 백성들로부터 걷었다.

이 비용은 대단히 많아서 나중에 만들어지는 대동사목에도 커다란 몫으로 책정되었을 정도였다.

이시발李時發은 조정이 대동법을 실시하는 의도가 본래 백성들을 편히 하려고 했던 것임에도 불구하고, 오히려 백성들이 이 법을 불편하게 여긴다고 말했다. 그는 그 이유를 행정의 문란에서 찾았다. 또 그는 그 행정상의 문란과 그것을 바로잡을 방법을 병자의 치료에 견주어 말했다.[17] 그는 대동법 실시가 이것저것 먹어 탈이 난 사람에게 다시 좋은 음식이라고 생각되는 것을 먹이는 것과 같다고 비유했다. 병자에게 우선 필요한 것은 이제껏 먹은 것을 토해내는 일이었다. 즉 대동법을 실시하기 위한 전제조건은 이제까지 백성들 부담으로 누적된 여러 명목의 역 부담을 모두 없애는 것이었다. 그는 새로 시행되는 대동법에 전담할 사람이 없기 때문에 공물가에 대한 중복 수취가 발생했다고 보고, 이를 전담할 어사를 현지에 파견할 것을 요청했다.[18] 실제로 고을에 따라서는 이미 대동미에 포함된 인조 원년의 공물을 대동미는 대동미대로, 공물은 공물대로 중복해서 거둔 곳도 적지 않았다.[53]

장유와 이시발이 지적한 문제점들은 어느 정도 예상된 것이었다. 삼도대

---

17) 이시발의 '응지논대동이해차應旨論大同利害箚'는 그 작성 시기가 나와 있지 않지만, 다음 내용으로 보아서 인조 2년 봄에 작성된 듯하다. "근래의 흉년은 최근 몇 년간 없던 흉년입니다. 민간에서 먹을 것이 없으니, 현재가 바로 식량이 떨어지는 봄철입니다. 창고를 열어서 진휼을 해도 모자랄 판입니다. 그런데 오히려 임술년(1622)에 거두지 못한 공물, 세미稅米, 대동춘추작미大同春秋作米와 계해년(1623)의 전세, 삼수량三手糧, 별수미別收米, 전감군수미田監軍收米 등 각종 요역이 일시에 몰려 있고 그것들을 보리 수확 전에 납부하라고 재촉한다면 기아에 다 죽어가는 백성들이 장차 어떻게 마련해낼 수 있겠습니까."(『벽오유고碧梧遺稿』권4, 應旨論大同利害箚)

18) 그는 대동법의 문제점들을 지적하면서도 이 법을 폐지할 수는 없다고 말했다.(『사계선생유고沙溪先生遺稿』권9, 筵席問對 甲子十月十一日)

동청은 인조 원년 가을분의 대동미·포 수취를 마친 후, 다음과 같이 자체 평가하지 않을 수 없었다.

삼도대동청이 아뢰기를 "대동의 역은 본디 백성의 고달픔을 구제하기 위한 것이었습니다. 신들이 듣건대 근래 외방 물정은 이것을 오히려 불편하게 여기는 자들이 있다고 합니다. 최초의 사목에 경외京外에서 당연히 납부해야 할 역 속에 감·병영에 내야 할 것과 각 고을에서의 쓰임(官需)과 관청 운영비(衙料)를 모두 집어넣었습니다. 그것은 백성들에게 다시 다른 역을 부과하지 않으려는 목적에서였습니다.

지난해 10월 가을에 거둘 수량을 작성하여 집행할 때에, 철이 이미 늦었습니다. 각관은 백성들이 각 고을 관청에 바치는 것을 (관례대로) 이미 절반 넘게 받아들인 뒤였습니다. 또 흉년으로 곡물 가격이 뛰었기 때문에 1결 수취 액수를 절반인 4두로 줄였습니다. 그에 따라 각관의 자체 수요는 우선 전례대로 백성들에게 받아쓰게 하되, 그것을 4두 안에서 쓰도록 했습니다. 또 서울 각사各司의 공물들 중, 먼 지방에서 나는 것으로 서울에서 사기 어려운 물건 및 봉상시奉常寺에 바치는 것으로 의사醫司의 약재가 있습니다. 이런 물건들을 모두 본청에서 매긴 값에 따라 대동미로 계산하게 하여 (각관이) 현물로 사서 바치게 하였습니다. 그런데 이제 들으니 각 고을에서 이 4두를 받아들이는 이외에 온갖 역을 모두 전처럼 거두고, (지금 말한) 현물로 바쳐야 할 공물들에 대해서도 대동미 밖에서 따로 거둔다고 합니다."[54]

대동법이 성공하기 위한 관건은 결당 정해진 공·역가 외에 추가 수취를 없애는 것이다. 그런데 위의 삼도대동청 보고에 따르면, 인조 원년 공물의 가을 수취분은 세 가지 방법으로 이것을 위반했다. 첫째, 대동미를 거두기 시작한 시점이 이미 예전의 방식으로 종전 공물가를 절반 이상 거둔 후였다. 이 상황에서 이미 거둔 것과 아직 거두지 못한 것을 구분하지 못하고, 새로 대동미·포를 징수했다. 둘째, 흉년으로 인조 원년 가을 수취분 8두 중 절반만 중앙에 내고 나머지 각관의 자체 수요는 기존 방식대로 거두도록 했다. 이것도 삼도대동법의 취지와 정면으로 부딪쳤다. 각관의 자체 수요인 관수官需를 빌미로 백성들에 대한 가징加徵과 첩징이 계속되었기 때문이다. 조정은 삼도대동법을 통해 백성들의 부담을 줄이려 했지만, 결과적으로 민의 입장에서 보면 중앙에서 거두는 4두는 더 늘어난 첩징에 불과했다. 셋째, 방물·진상 등 각관이 현물로 내도록 한 것들은 비록 그것들을 징수하는 것에 대한 대가로 정부가 대동미를 지급한다고 해도 방납의 폐단을 피할 수 없었고, 민에 대한 첩징으로 이어졌다. 대동청 스스로 인정하듯이 결국 각관은 4두에 더하여 온갖 역을 모두 전례대로 거두었다.

## 세 가지 긴급 처방

조정은 진퇴양난의 상황에 빠져 있었다. 법을 어긴 관리들을 모두 문책할 수도 없고, 그렇다고 이미 많이 진행된 대동법을 아예 없었던 일로 하고 과거로 되돌릴 수도 없었다. 이괄李适의 난(1624) 직후 국내 상황이 안정되지 못한 속에서 무리한 방법을 사용할 수도 없었다. 인조 정권은 여전히 불안한 상태에 있었다. 궁여지책으로 삼도대동청은 다음 세 가지 방안을 제시했다.

① "한두 해 동안 다른 역은 모두 전례대로 하되, 다만 두어 말을 적당히 받아들여서 경각사의 공물을 납부하게 합니다. 앞으로 나라의 형편과 민심이 조금 안정되는 것을 살펴본 뒤, 다시 의논하여 크게 시행해야 좋을 듯싶습니다. 이

렇게 하면 행하기 편하고 개혁하는 것도 점차 진행되어, 백성이 편안하고 법이 (처음 의도대로) 행해질 것입니다. 토지에 부과되는 세금은 공물보다 무거운 것이 없고, 백성이 괴로워하는 것은 방납 폐해보다 심한 것이 없습니다. 이 한 가지 폐단만 제거하면 백성들 대부분이 혜택을 입게 될 것입니다.

② 지금 민간의 가난은 극도에 이르러, 굶어 죽는 자가 있다는 말까지 들립니다. 결코 봄·여름 사이에 독촉하여 받아들일 수는 없습니다. 양호와 강원도에서 가을에 받는 미·포는 상납하도록 재촉하되, 올봄에 바칠 것은 면제하여 받지 말고, 보릿가을이 되거든 1결마다 보리쌀 2두를 올려 보내게 하는 것이 마땅하겠습니다.

③ 현물로 바쳐야 하는 공물들 중 먼 지방 특산물로 서울에서 전혀 살 수 없는 것과 약재들은 계속 현물로 납부하게 할 수밖에 없습니다. 하지만 봉상시 공물에 대해서는 한두 가지 사기 어려운 것을 제외하고 나머지는 모두 (서울에서) 사 쓸 수 있습니다. 우선 지금 정부가 가지고 있는 쌀을 (공물주인들에게) 지급하여 (백성들이) 현물로 상납하는 폐단을 없애버리면, 제사 드리는 정성은 조금도 손상되지 않으면서 백성을 위하여 폐단을 제거하는 효과는 클 것입니다." 하니, (주상이) 따랐다.[55]


위에서 ①은 경대동京大同을, ②는 대동미의 퇴봉退捧(나중에 받는 것)을, ③은 공물 중 현물로 납부해야 하는 종류의 축소를 말하고 있다. ②는 임기응변의 조치였고, 대동법의 운영 원칙과는 관련 없는 내용이다. ③은 앞서 장유가 제시했던 대안 그대로이며, 중요한 내용이었지만 인조 2년 당시에는 실시되지 못했다. ②, ③에 비해서 ①은 인조 원년의 삼도대동법 내용에 커다란 전환을 뜻했다. 비록 인조 원년 가을 수취분을 결당 4두만 거두었지만, 그것은 흉년으로 인한 임시적인 조치였을 뿐 원칙의 변경은 아니었다. 하지만 인조 2년 3월 삼도대동청의 요청으로 인해 임시적 조치는 원칙 자체의 변경으로 굳어졌다.

## 공납 폐단의 원인에 대한 두 가지 시각

경대동 또는 반대동半大同이란 각 고을이 경각사에 내는 공물만 미·포로 거두고, 각관 자체의 수요는 이전의 방식대로 수취하는 것을 뜻한다. 이 당시에 경대동으로 백성들로부터 걷기로 한 양은 매해 결당 9두였다.[56]

경대동 안은 얼핏 보면 설득력이 있었다. 흉년에 공·역가 전부를 한 번에 걷거나, 서울까지 먼 거리를 옮기는 것은 백성들에게 적지 않은 부담이 되었다. 삼도대동청이 말했듯이, 민결民結에 부과되는 역 중에서 가장 무거운 것은 공물이었고, 현상적으로 공납의 폐단은 방납으로 나타났다. 경대동을 통해 경각사의 방납을 제거할 수만 있다면, 대부분의 백성들이 혜택을 입으리라고 예상할 수 있었다. 어떤 면에서 경대동은 방납이라는 현물공납제의 핵심적 폐단에 대한 최소한의 정책적 대응으로, 최대의 효과를 볼 수 있는 정책이었다. 이것은 앞에서 윤방이 말한 이 시기 대동법 추진의 암묵적 전제, 즉 방납을 없애면 '편민이이국便民而利國(백성들에게도 편하고 나라에도 이롭다)'이라는 주장의 구체적 내용이었다.

그런데 이 당시 논자들 사이에 공납 폐단의 본질을 놓고 견해가 상반되었다. 하나는 공납 폐단의 핵심이 방납이라고 보는 시각이고, 또 하나는 공물 부담의 다양한 불균등이라고 보는 시각이다. 이것은 모두 공납 폐해의 대표적 내용이다. 하지만 문제를 진단하는 층위는 서로 달랐다. 후자의 시각은 전자의 시각보다 훨씬 심층적이고 체계적이었다. 그런 까닭에 방납의 폐단에 대해서는 모든 사람이 목소리를 높일 수 있어도, 공물 부담의 불균등 문제에 대해서는 이 당시 소수의 전문가들만이 이해하고 지적할 수 있었다. 대동법 논의를 본격적으로 시작한 인조 초에 여론이 공납 폐단의 핵심을 방납에서 찾았던 것은 자연스럽다. 삼도대동청에 속한 관료들조차 대동법만은 못해도 경대동으로 일정한 성과를 거둘 수 있다고 생각했다.

대동법 실시를 요청한 이원익과 사목 작성을 주도한 조익은 대동법의 본질을 공물 부담의 다양한 불균등을 제거하기 위한 것으로 이해했다. 앞서 경대동 실시 결정이 내려진 날, 이원익은 이 점을 다시 언급했다.[57] 조익은 한 걸음 더 나아가 방납 자체도 불균등의 틀로 해석하며, 공물 수취 불균등의 네 가지 유형을 정리했다. 방납인防納人과 농민, 호족豪族과 소민小民, 대읍大邑과 소읍小邑, 경관京官과 외관外官 혹은 외관 중 재정이 넉넉한 곳과 빈약한 곳의 불균등이 그것이다.[58] 공납 폐단을 다양한 차원의 불균등 문제로 보면, 그것의 본질은 방납으로 볼 때와는 크게 달라진다. 다시 말해, 불균등의 틀로 보면 공납의 폐단은 일부 방납인들만의 문제가 아닌, 사회 전체의 구조적인 문제였다. 이때 경대동은 전혀 공납 폐단에 대한 대안이 될 수 없다.

삼도대동법의 원래 내용이 경대동으로 쉽게 바뀐 직접적 이유는 법을 집행하는 담당자들조차 대동법에 대한 지식과 신념이 없었기 때문이다. 호조판서 심열沈悅은 한꺼번에 수취하는 양이 많은 것과 운반상 어려움을 들며, 처음부터 대동법이 실패할 줄 알았다고 말했다.[59] 호조 참판 조존성趙存性은 임진왜란 중 군량 40만여 석을 운반했던 경험이 있었다.[60] 그는 수량이 많으면 운반이 어렵고 배가 뒤집힐 수 있다며 대동법에 반대했다.[61] 최명길崔鳴吉은 대동청 당상에 임명된 후, "영상(이원익)은 노쇠하고 조익은 옛사람의 글만 읽었을 뿐 일을 겪어보지 못하였으니, 반드시 시무에 숙달한 자가 있어야만 하겠다"고 말했다. 그러면서 정작 자신은 재정책財政策으로 대동법보다 호패법을 선호했다.[62] 대동법 실시를 제안한 이원익과 사목 작성을 주도한 조익은 이괄의 난 이후 대동법 추진 과정에서 그 역할을 계속할 수 없었다. 이런 상황의 전개는 효종 초 호서대동법 실시 양상과 선명하게 대비된다.

## 삼도대동법의 변질과 대안 모색

인조 원년, 공물가의 가을 수취에 대한 평가 후에 삼도대동법의 내용은 정식으로 경대동으로 바뀌었다. 인조 원년 가을의 동일한 조치가 임시적이었던 것과는 달리, 인조 2년의 그것은 원칙으로 정해졌다. 비록 나중에 나라의 형편과 민심을 살펴 다시 의논해 시행하기로 했지만, 이 결정으로 대동법의 계속적인 실시는 불확실해졌다. 이 같은 결과는 조정의 급박한 재정 문제를 더 이상 대동법으로 풀어내기 어렵게 되었음을 뜻했다. 그에 따라 조정에서는 두 가지 안이 새로 등장했다. 하나는 경대동을 중지하고 대동법을 재정비하는 것이고,[63] 다른 하나는 대동법 이외의 다른 대안을 마련하는 것이었다. 대안으로 제시된 것은 두 가지였다. 앞서 정책 실시의 우선순위에서 대동법에 밀렸던 호패론[64]과 새로이 등장한 양전론[65]이었다. 다음은 인조 2년 5월 대동청 당상 최명길과 호조 판서 심열, 그리고 인조 사이의 대화이다.

"신(최명길)의 생각에는 호패를 먼저 시행하여 조정의 관리들과 생원·진사 외에는 재상의 자제라도 포를 거두는 것만 못하다고 여겨집니다. 그러면 국용(國用)에 보태지는 것이 어찌 적겠습니까." 하니, 상이 "근일 민간에서는 2결·3결에서 포(1필씩)을 거두는 것도 괴로워하는데, 사람 수를 헤아려 포를 거두면 (백성들이) 어떻게 여기겠는가." 하였다. … 특진관 심열이 아뢰기를 "주상의 말씀이 지당하십니다. 지금 인심이 안정되지 못하고 기강이 서지 못하였는데, 이 일을 시행하면 백성의 원망을 부를 뿐입니다. 나라를 부유하게 할 방법을 시행하려면 먼저 토지의 경계를 바르게 하는 것이 제일입니다." 하니, 상이 이르기를 "전야田野가 다 개간된 뒤에 양전하는 것이 옳겠다." 하자, 심열이 "반드시 다 개간되기를 기다리면 양전은 기약이 없을 듯합니다." 하였다.[66]

최명길은 호패법 실시를 주장했다. 이것은 이 당시 일반적으로 언급되었던 호패법과는 달랐다. 즉 이 시기에 주장된 호패법은 군적 작성을 위한 것으로, 군정軍政과 관련해 언급되었다.[67] 대개 군사를 확보하는 좋은 방법은 호패를 실시하는 것이라고 여겼다.[68] 그러나 최명길은 호패법을 포를 거두기 위한 재정책으로 보았다. 이런 생각은 약 두 달 후 그가 심열의 양전론에 대해서 언급할 때도 드러난다. 최명길은 만약 양전이 실시된다면 호패법을 실시하지 않아도 된다고 말했다.[69] 양전을 실시하면 정부가 많은 세금을 거둘 수 있는 땅을 새로 확보하게 될 것이고, 거기에서 많은 수입을 얻을 수 있게 될 것이라고 생각했다. 인조는 최명길의 생각에 대해서 부정적이었다. 어찌 되었든 인조는 민심의 불안정에 최종적으로 책임져야 하는 왕이었기 때문이다.

심열은 호패론을 반대하고 양전론을 주장했다. 사실 많은 사람들은 심열과 같은 생각을 갖고 있었다. 호패법은 현실적으로 유지되기 어렵고, 설령 유지된다고 해도 예상되는 폐단이 너무 심했기 때문이다. 호패법을 실시하는 전제조건은 정부가 이 법을 피하는 사람들을 적발해낼 수 있어야 한다는 것이었다. 그런데 이미 양계兩界(평안도와 함경도)지역에서의 경험을 통해서, 정부가 그럴 능력이 없다는 것이 증명된 바 있었다.

더구나 이 시기에는 호패법을 실시하기 어려운 본질적인 문제가 있었다. 임진왜란 이후 전국적으로 수많은 도망노비들이 양인 신분으로 살아가고 있었다. 새로 호패법을 실시하면 도망노비들은 새 주인을 찾을 수밖에 없었다. 결국 새 주인과 옛 주인 사이에 다툼이 있게 되고, 국가 또한 양인을 잃어버리는 결과를 가져올 것이 명백했다. 양인은 국가의 재정과 군사 부문을 떠받치는 기반이었다. 그런데 호패법이 실시된다면 결국 국가의 재정과 군사 기반을 약화시키는 결과를 가져올 수밖에 없었다. 게다가 호패법이 실시되기 시작하면, 이를 피해 산속으로 들어갈 사람들도 적지 않으리라 예상되었다. 이렇게 되면 양인들의 수는 줄고 도적에 대한 근심은 늘어날 수밖에 없다. 이원익,[70] 심열,[71] 조익,[72] 김장생[73] 모두 이런 점들을 지적했다. 그러므로 인조 초 호패법 대신 공물변통이 우선시된 것은 우연한 일도 아니었고, 왕의 뜻 때문만도 아니었다. 공물변통 자체의 방법론적인 차이에도 불구하고, 다수의 논자들은 호패법보다는 공물변통이 먼저 이루어져야 한다고 생각했다.

그렇다고 조정은 많은 문제가 확인된 대동법을 그냥 밀고 나갈 수도 없었다. 대동법의 가장 큰 문제점은 양안과 관련된 것이었다. 파악된 도별 전결수가 각 도의 실제 전결수와 달랐고, 그것은 토호들의 입김이 개입된 결과였다. 김장생은 토지 면적으로 볼 때 경상도, 전라도, 충청도의 순서로 넓은데, 국가세입은 경상도가 가장 적고, 전라도와 충청도가 그 다음이라고 말했다.[74] 따라서 공안을 개정하자는 입장이든 대동법을 올바르게 실시하자는 입장이든, 우선 필요한 것은 양안을 바로잡는 것이었다. 점진적 양전을 생각한 왕과 달리, 심열은 즉각적인 양전을 주장했다.

대동법은 실시와 동시에 흉년이 겹치면서 최초의 내용을 바꾸지 않을 수 없었다. 이런 문제점의 노출과 그에 따른 조정의 대응 과정은 한편으로 공납 폐단의 본질에 대한 이해를 심화시켰고, 다른 한편으로 대동법의 목표에 대한 지속적 수정을 가능케 했다. 문제는 방납의 폐해를 극복하는 것에 초점을 맞출 것인가, 공납의 폐단이 부른 다양한 불균등 해소에 초점을 맞출 것인가에 있었다. 경대동은 전자의 맥락에 따른 것이다. 이런 조치는 대동법의 지속적 실시를 불확실하게 했고, 다른 재정책에 대한 논의를 촉발시켰다. 호패론이 다시 등장하고 양전론이 새로 등장한 데에는 이런 배경이 작용했다.


## 3. 호강층의 저항과 삼도대동청 폐지

삼도대동법의 마지막 단계는 인조가 대동사목의 내용을 재검토하도록 지시한 인조 2년 8월부터 이 법이 폐지되는 다음 해 2월까지다. 이 단계에서 삼도대동법의 애초 문제점들이 드러났고, 그것들이 보완되는 과정을 거쳤다. 이 과정에서 지방의 호강층豪强層은 그 같은 문제점들을 이용해 이 법에 강력히 저항했다.

### 대동법 재시도

삼도대동법의 실질적 내용이 경대동으로 바뀌었지만, 국가재정과 민생 안정을 위한 방안을 둘러싸고 조정에서의 혼란은 계속되었다. 경대동과 관련한 혼란이 더욱 심해졌던 것이다. 누군가 이 상황을 가라앉히고 어지러운 논의를 정리할 필요가 있었다. 이때 조익은 다시 한 번 왕에게 자신의 의견을 제시했다. 그는 먼저, 삼도대동법의 실시가 파행적으로 흐를 수밖에 없었던 이유들을 정리했다.[75] 완곡히 표현했지만, 삼도대동법에 포함되지 않은 물품들의 문제점을 지적했고, 그것이 흉년에 백성들의 어려운 처지를 감안해야 했던 어쩔 수 없는 상황의 결과였다고 말했다. 그리고 그 파행에 대해서 보완책을 마련해야 한다고 강력히 주장했다.

신 등이 서로 상의하여 삼가 사목을 만들어서 별단으로 바칩니다. 당초 계획한 것은 1결에 16두를 걷는 것이었습니다. 지금 정한 것은 13두입니다. 8두는 경중京中의 쓰임으로, 5두는 각 고을의 창고에 두어 도내道內의 쓰임으로 삼습니다. 풍년에는 3두를 더하여 16두의 수를 채우고, 흉년에는 헤아려서 마땅히 줄입니다. 대개 1결에 16두는 본래 무겁지 않지만, 사람들 중에 혹 많다고 하는 자들이 있습니다. 지금 13두로 정하면 전과 비교해서 꽤 줄인 것이니, 사람들이 더욱 가볍다고 여기면서도 서울과 지방에서의 쓰임이 다 그 가운데 있습니다. 이렇게 한 후 (백성들에게서) 다시 거두지 않으면 자연히 민간에서 일이 없을 것입니다. 가만히 계산해보니, 이렇게 거둔 수로 경외京外의 경비에 공급하고도 당연히 남는 것이 있을 것입니다. (이 법을) 몇 년 실시하면 서울과 지방에 쌓인 것이 있어서, 비록 홍수와 가뭄를 만나도 걱정이 없을 것입니다.[76]

조익은 결당 13두를 걷어 서울에서 8두를 쓰고, 지방 각관에서 5두를 쓰는 대책을 새롭게 제시했다. 서울에서 쓰는 8두는 앞서 인조 2년 3월 8일 결정된 경상납京上納 9두에 비해 1두가 줄어든 양이었다. 주목할 부분은 각관의 관수, 즉 각 고을의 자체 수요를 결당 5두로 계산한 점이다. 이는 아마 국가 전체 각관 수요의 총액을 계산하여 국가의 총 수세결 대비 결 단위로 파악해낸 결과였을 것이다. 실제로 서울과 지방의 수요를 더한 결당 13두는 30여 년이 지난 뒤 전라도대동법의 결당 대동미 수취 액수와 같다.

인조는 삼도대동청에 대동사목의 내용 중 타당치 못한 것을 재검토하라고 지시했다.[19) 그에 따라 삼도대동청은 경대동을 폐지하고 다시 한 번 대동법을 실시하는 것을 내용으로 하는 안을 올렸다. 삼도대동청은 정책 경

험을 통해, 경대동만으로는 첩징을 막을 수 없음을 이해하게 된 것이다.[77]

삼도대동청이 아뢰기를 "신들이 다시 상의한 결과, 지금부터라도 결당 양호에서 15두를, 강원도에서 16두를 거두어야겠습니다. 10두는 본청이 거두어 각사의 갖가지 공물과 기인·조예皂隷·예조 진봉지禮曹進倛紙·관상감 일과지觀象監日課紙 등을 장만하는 데 쓰일 것입니다. 그 나머지는 본도에 남겨 진상·방물·본색本色 공물·내의원 약재·관수·쇄마와 본도에서 부득이 응해야 할 역을 제공하는 데 쓰게 하려 합니다. 생각건대 외방의 모든 역 가운데는 멀리 본청에서 헤아리기 어려운 것들이 있습니다. 본청의 낭청을 삼도에 나누어 보내, 본도에 남겨두는 수량을 조사하려 합니다. 감사·4장관·수령과 더불어 총명하고 강직한 차사원差使員이 함께 각관을 돌아다니며 그 사정을 묻고, 백성들의 뜻을 잘 파악하여 가능한한 (대동법의 실시가) 편하도록 (규정을) 마련해야겠습니다. 이후 주상께 보고하고, 사목을 정해 허락을 받아 반포하여 시행하려 합니다. 그러면 오래 시행되고 폐단이 없는 법이 될 수 있겠습니다. 아직 논의가 완결되지 못해서 미처 아뢰지 못했습니다." 하니, 알았다고 답했다.[78]

---

19) 조익이 작성한 대동청계大同廳啓와 인조의 사목 수정 명령, 그리고 그에 따른 삼도대동청의 보고는 그 선후가 분명치 않다. 삼도대동청의 보고는 실록에서 그 날짜를 확인할 수 있지만, 앞의 두 가지는 확인할 수 없다. 다만 대동청계에 "비가 때에 맞춰 내리니 가을 수확을 기대할 만합니다." "올가을부터 크게 실시하는 것이 마땅하지만, 당초의 사목에 고쳐야 할 것이 많습니다. 또 이 법을 실시한 지 반년이 되어 그 편부便否를 더욱 확실하게 알게 되었습니다. 지금 다시 마련해서 한 시대의 정해진 제도로 삼도록 하는 것이 마땅하겠습니다."라는 말로 보아 추수하기 이전, 인조가 사목 수정을 명하기 전이었을 것으로 추측된다. 아마도 조익이 중심이 되어 대동청이 계를 올린 후, 인조가 이것을 근거로 사목의 수정을 명하고, 그에 따라 삼도대동청이 최종 안을 올린 것으로 생각된다.

위 내용은 앞서 조익이 제시한 대책을 부분적으로 수정한 것이다. 즉 각 관의 수요로 5두를 거두도록 한 것은 변하지 않았지만, 서울에서는 수요가 8두에서 10두로 늘었다. 그 결과 대동미 수취 총액도 결당 2, 3두 증가했 다. 삼도대동청은 각관의 수요에 충당되도록 계획한 결당 쌀 5두로 각관의 수요와 각 병영·수영의 비용 및 각종 진상·방물의 조달에 지출하고도 만 석이 남을 것이라고 말했다.[79] 1만 석은 대동법 실시 이후 호서와 경기의 여미餘米에 상응하는 규모였다.[20] 삼도대동청은 외방의 역을 파악하기 위해 양호에 낭청을 보낼 것을 요청했다. 이에 따라 호서에는 이유준李庚俊이, 호 남에는 남선南銑이 내려갔다.[21]

## 경대동에 대한 부정적 여론의 확산

삼도대동청이 경대동의 내용을 보완해나갔던 것과는 별도로, 경대동에 대한 부정적 여론도 빠르게 확산되었다. 사주인, 지방 큰 고을들의 호강층, 경각사京各司의 하급 실무 담당 직원, 각관 수령 들 중에는 대동법에 호의적 인 사람들이 별로 없었다. 또 대동미를 배로 운반하는 것과 관련된 어려운 문제들도 계속해서 제기되었다. 하지만 무엇보다 치명적이었던 것은 경대 동의 실패로 대동법 자체에 대한 정책 신뢰성이 크게 손상되었다는 점이다.

사실 여부에 관계없이, 이 시기의 많은 사람들은 경대동을 곧 대동법으 로 인식했다. 그런데 이제 경대동이 혼돈 속에 빠져들자, 대동법이 방납의 폐단을 제거하리라는 이전의 정책적 전망에 의문을 품었다. 앞에서 지적했

---

20) 제3부 6장 293쪽 '여미 설정과 은결 정리' 참조.
21) 조익, 『포저집浦渚集』 권14, 論大同啓辭. 남선은 널리 알려진 인물은 아니지만, 일찍부터 공물변통에 실무관료로 참여했다. 그는 김육, 허적과 함께 호서대동법의 성립에 공이 있었다. 그의 신도비문을 김육이 썼다.(『잠곡유고潛谷遺稿』 권13)

듯이, 대동법을 실시함으로써 방납을 없앨 수 있다는 믿음은 이 시기에 대동법을 추진할 수 있는 정책적 전제였다. 따라서 그 믿음이 흔들린다면 대동법 실시를 위한 추진력은 크게 약화될 수밖에 없었다. 대동법 실시에 깊이 관련된 최명길이나 서성조차 이런 의문을 품고 있었다.[80]

인조 2년 12월에 들어서자, 그동안 대동법에 대해서 중립적이던 좌의정 윤방조차 민정民情이 대동법을 불편해한다고 말하는 지경에 이르렀다. 그에 따르면, 처음에는 토호들만 대동법을 싫어했는데 지금은 가난한 백성들도 싫어하고, 처음에는 큰 고을들이 괴롭게 여겼는데 이제는 작은 고을들도 모두 불편해한다는 것이다. 윤방이 그 이유를 말한 것은 아니지만, 우리는 이제까지 알게 된 내용들을 통해서 그 이유를 충분히 짐작할 수 있다.

조익이 말했듯이 대동법에 대한 지역의 여론은 지역 호강들의 세력에 달린 것이었다. 가난한 백성들과 작은 고을들은 원래의 대동법 규정대로라면 가장 큰 이익을 볼 수 있는 대상이었다. 하지만 이것은 대동법을 중앙에서 정한 규정대로 엄격히 집행했을 때만 가능했다. 삼도대동법이 경대동으로 혼란스럽게 진행될 때, 가난한 백성들과 작은 고을들은 오히려 기존의 납부액에 경대동 몫의 첩징이나 가징이 덧붙여진 것으로 느낄 수밖에 없었다. 더구나 이들의 생각은 토호들과 큰 고을들에 의해서 가려지고 왜곡되는 경우가 많았다.[81] 반면, 토호들은 서울에 직접 와서 여론을 조작하기까지 했다. 호조 판서 심열, 우찬성 이귀 등도 이 법의 폐지를 주장했다. 인조는 일단 연말까지 삼도대동법의 시행을 지켜본 후 다시 결정하기로 했다.[82]

### 신흠의 우려와 인조 2년 12월 17일의 결정

인조 2년 12월 17일은 삼도대동법의 지속 여부에 대한 결정이 내려진 날이다. 이날 삼도대동청은 인조 2년 가을 수취분 공물가에 결당 쌀 5두를 덧붙여줄 것을 요청했는데, 이는 각관의 수요를 위한 것이었다. 말하자면 삼도대동청의 요구는 경대동을 지방재정이 갖춰진 삼도대동법, 즉 후일 성립되는 대동법과 같은 내용으로 성립시키려는 것이었다. 하지만 같은 날 이원익은 삼도대동법의 폐지를 요청했다. 경대동으로 실시되고 있는 삼도대동법에 대한 부정적 여론이 크게 확산되었기 때문이다. 이 시기에 그는 왕안석王安石에 견주어[22] 비난을 받고 있었다.[83] 삼도대동법 추진의 정치적 뒷받침 역할을 하고 있던 그에게 커다란 정치적 부담이 가해졌던 것이다. 사실 대동법은 지방 각관의 수요까지 포괄함으로써 민에 대한 첩징과 가징을 없애야만 효과를 볼 수 있었다. 추가적인 결당 5두의 수취 없이, 경대동만으로 운영되어서는 이 법이 제대로 작동할 수 없었다. 그런 까닭에 이날 윤방도 경대동을 혁파하든가, 그럴 수 없다면 각관 수요까지 걷어서 불균등의 폐단을 없앨 것을 요청했다. 하지만 인조가 삼도대동청의 결당 5두 수취 요청을 허락하지 않음으로써 대동법이 계속 유지되기란 불가능했다.

이날 논의에서는 대동법 실시가 어려운 이유들이 제기되었다. 그중에서도 특히 주목을 끄는 것은 우의정 신흠申欽의 말이었다.

> 대체로 먼 외방은 경기와 달라 부자들의 전결이 매우 많습니다. (삼도대동법에 따르면) 10결을 소유한 자는 10석을 내야 하고 20결을 소유한 자는 20석을 내도록 되어 있습니다. 이런 식으로 될 경우 전결이 많으면 많을수록 더욱 고통스럽게 여길 것은 당연합니다. 어떤 이는 "소민은 편하게 여기는데 달갑지 않게 여기는 쪽은 호족들이다."라고 합니다. 이 말이 이치에 가까운 듯합니다만, 대가大家와 거족巨族이 불편하게 여기며 원망을 하는 것이라면 이 또한 쇠퇴한 세상에서 우

---

22) 이에 대해서는 제2부 4장의 224~226쪽 참조.

**신흠 묘역과 신도비(경기도 광주군 퇴촌면 영동리)**
비문은 이정구가 짓고 심열이 글을 썼다. 월사 이정구, 계곡
장유, 택당 이식과 함께 조선 중기 한문학의 네 대가로 꼽힌다.
임진왜란 중 외교문서 작성에 공을 세웠다.


려스러운 일이라 할 것입니다. 신은 원래 민간의 사정을 알지 못해서 여타의 곡
절은 자세히 모르겠습니다만, 이 한 조목에 대해서만은 항상 염려했습니다. 생
각해보면 이런 폐단에 대해서는 당초 입법할 때 필시 강구했을 것인데, 그대로
놔두고 시행하려 했던 것은 영구히 행할 수 있는 좋은 계책이 반드시 있어서 그
렇게 했을 것입니다. 지금 들으니 호남은 불편하게 여기고 호서에서는 14두로
마련하려 한다고 합니다. 잘 모르겠지만 이것이 민정에서 나온 것입니까, 아니
면 방백이 일시적으로 계획해서 나온 것입니까?[84]


신흠이 처음부터 대동법을 반대했던 것 같지는 않다.[85] 하지만 여기저기
에서 대동법을 반대하는 목소리가 커지고, 또 조정 분위기도 그쪽으로 흘
러가고 있었기에 신흠 역시 대동법에 대해 애초 품었던 불안감을 피력하게
되었던 것이다. 그에 따르면, 소유 전결에 비례한 공물가의 부과는 대동법
의 핵심이었다. 쇠퇴한 세상에서 대동법이 대가와 호족을 불편하게 하는

것이 우려스럽다는 신흠의 말은 대동법과 관련된 첨예한 사회적 갈등을 요약한 것이었다. 쇠퇴한 세상이란 어떤 세상을 말하는 것일까? 당시의 언어로 말한다면, 아마도 그것은 명분에 기초해서 움직이는 세상이 아니라는 의미일 것이다. 다시 말해 중앙정부의 도덕적·행정적 권위와 힘이 지방으로까지 확대되지 못한 상태로서, 임진왜란과 인조반정 그리고 이괄의 난까지 겪은 직후의 안정되지 못하고 불안한 상황을 뜻할 것이다. 이런 상황에서 200년 넘게 당연시되었던 공물 부담의 다양한 불균등을 고치려는 중앙정부의 시도는 불가피하게 사회계층의 갈등을 불러일으켰던 것이다. 앞에서 조익이 지적한 다섯 가지 공물 부담의 불균등은 그 하나하나가 공납 문제에 관한 사회적 갈등의 진앙지였다.[86] 신흠이 볼 때 그중에서도 핵심은 호족과 소민 사이의 갈등이었다.[23)]

신흠은 삼도대동청의 계획에 대한 양호의 반응을 전했다. "호남은 불편하게 여기고 호서는 14두로 마련하려고 한다"는 것이다. 이런 상황은 인조 3년 2월에 이원익이 대동법의 폐지를 요청하면서 했던 말과 맥락이 같다. 이원익에 따르면, 호남에서 대동법에 반대하는 상소가 잇달아 올라오고 민심이 대동법을 대단히 불편하게 여겼다. 이런 사정은 양호가 비슷했지만 호남이 더욱 심했다.[87] 요컨대 인조 초에 실시된 삼도대동법은 두 가지 요인이 겹치면서 폐지되고 말았다. 즉 조정이 경대동의 문제점들에 대한 대안에 합의를 도출하지 못했고, 이런 상황에서 양호 특히 호남에서 대동법 반대 상소가 이어졌던 것이다.

---

23) 이 당시에 이경석은 막 과거에 급제한 신진 관료로서 삼도대동법의 논의를 지켜보았다. 그 역시 효종 즉위년 호서대동법의 실시 과정에서 인조대에 삼도대동법이 실패했던 이유가 대읍·대호의 반대 때문이었다고 증언했다.(『승정원일기』 106책, 효종 즉위년 7월 10일)

## 강원도에서 살아남은 대동법

양호 특히 호남의 민심 때문에 삼도대동법이 중지된 후, 이 법과 관련해서 남은 문제는 강원도에 대한 대책이었다. 강원도의 민심은 대동법을 유지하고 싶어했다.[88] 조정이 이 법을 중단시키려 하자, 철원 유생들이 상소를 올려 대동법을 폐지하지 말라고 요청할 정도였다. 하지만 왕과 호조 판서 심열은 강원도 한 곳에서만 이 법을 시행하는 것에 부정적이었다.[89] 이때 비변사는 강원도 민심이 이 법의 유지를 원한다는 것을 근거로, 강원도를 경기선혜청에 소속시켜 이 법을 유지할 것을 요청했다. 심열은 그 요청에 조건을 달아 허락 여부를 결정하라고 왕에게 건의했다.

> 호조 판서 심열이 임금의 물음에 대해서 보고하기(回啓)를 "신이 강원도 공물 원수元數와 전결 총액을 계산해보니, 결당 쌀 16두씩 받으면 강원도가 부담해야 할 각종 공물 값을 충당할 수 있습니다. 그런데 이밖에 내의원 약재 및 강원도 각 고을의 경상비, 고을 수령의 경비(衙祿) 및 인부人夫와 쇄마 등의 역이 있습니다. 강원도가 이와 관련된 모든 부담을 감당하고도 대동법 시행을 즐겁게 여긴다면 그대로 행할 수 있습니다." 하였다. 상이 강원도 감사에게 민정을 물으라고 지시했다. 감사는 백성들이 모두 대동법을 그대로 행하기를 원한다고 보고했다. 그에 따라 왕이 (강원도에 대해서) 대동법을 중지시키지 말고 계속해서 호조가 겸해서 관리하고, 선혜청에 합하지 말 것을 지시했다.[90]

심열은 강원도의 민심이 경각사에 내는 16두 외에 추가적인 부담을 져도 좋다고 한다면 대동법을 허락하라고 왕에게 제안했다.[24] 강원도 감사를 통

---

24) 결당 수미액과 관련하여 『강원청사례목록江原廳事例目錄』에는 결당 16두를 거둬 10두는

해 확인된 민심은 대동법을 계속 유지하고 싶어하는 쪽이었다. 마침내 강원도는 선혜청 대신 전처럼 호조가 관리하는 방식으로 대동법을 유지했다.[25]

## 대동법의 불씨를 되살리려는 조익의 분투

인조 초 삼도대동법 시행은 강원도에서의 대동법 유지와 양호에서의 대동법 폐지로 귀결되었다. 이와 같은 결론이 최종적으로 내려진 것은 인조 3년 2월 7일이었지만, 인조 3년 1월 12일 무렵에 이미 어느 정도 결정이 굳어진 듯이 보인다.[91]

조정이 삼도대동법을 폐지하기로 결정한 후, 조익은 두 차례 상소를 올렸다. 여기서 그는 이 법의 시행 경위를 정리하고 민정을 전하면서, 법의 유지 및 확대를 주장했다. 그는 대동법에 대해 민정이 셋으로 나뉜다고 말했다. 이 법을 싫어하는 측, 좋아하는 측, 원칙적으로는 좋아하지만 내용의 미비를 불편해하는 측으로 나뉘었다.

싫어하는 측은 호강들이었다. 삼도대동법이 실시되기 전에도 이들은 자신들이 당연히 부담해야 하는 갖가지 역을 거부했다. 이들이 삼도대동법을 거부했던 이유는 삼도대동법의 내용 때문이 아니었다. 불가항력적인 상황이 아니라면, 어떤 상황과 명분에도 자신들이 책임져야 할 새로운 부담을 순순히 받아들이지 않을 사람들이 바로 이들이었다.

삼도대동법을 반기는 측은 소민, 즉 백성들이었다. 이들은 늘 과중한 공

---

서울에 상납하고 6두는 각관의 수요로 삼는 것으로 나온다.(『강원청사례목록』 設廳, 25쪽)
25) 강원도대동청은 효종 3년 호서대동법이 성립될 때 선혜청으로 옮겨졌다.(『강원청사례목록』 設廳, 25쪽)

물과 요역 부담에 시달렸다. 이들 역시 이 법의 내용에 충분히 만족하고 있었던 것은 아니다. 하지만 비록 불완전한 법이라 해도, 그 법에 따르면 자신들이 져야 하는 부담이 전에 비해 줄었기 때문에 반겼던 것이다.

조익은 세 번째 입장에 있는 사람들을 주목했다. 양반들 대부분과 일부 소민들이었다. 이들은 대동법 자체가 아니라, 대동법의 미진한 부분을 불편해했다. 예를 들어 경각사의 방납 폐단은 제거되었지만, 외방에서의 첩징은 여전했기 때문에 불편해했다. 이런 상황에 비춰보면, 바른 정책 방향은 법의 폐지가 아닌, 지방 각관의 수요까지 포함하는 대동법의 확대 쪽이어야 했다.[92]

조익은 대동법을 싫어하는 사람들로 방납인, 탐관오리, 호강품관을 들었다. 이 중에서도 호강품관에 비판의 초점을 맞췄다.

> 강원도의 경우, (이 법의 실시를) 기뻐하지 않는 자가 없습니다. 양호의 경우에는 기뻐하는 자도 있고 기뻐하지 않는 자도 있습니다. 이것은 강원도에 호강이 없기 때문이고 양호에 호강이 있기 때문입니다. 양호 중에서 호남에 기뻐하지 않는 자가 더욱 많은 것은 호남에 호강이 더욱 많기 때문입니다. 이것으로 보면, 오직 호강만이 기뻐하지 않고 소민은 모두 기뻐하는 것을 알 수 있습니다. 호남의 경우는 상세히 알 수 없지만, 호서는 신이 오랫동안 있던 곳이어서 실로 익히 알고 있습니다. 소민은 다 좋아하고 비록 양반도 기뻐하지 않는 자는 적고 기뻐하는 자는 많습니다.[93]

조익은 강원·충청·전라도에서 대동법에 대한 민정의 편차가 그 지역에 뿌리박고 있는 호강 세력의 강약에 좌우되었다고 보았다.[26] 그리하여 인조 3년 1월 12일 대동법을 혁파하지 말 것을 다시 한 번 왕에게 간절히 요청했다. 비록 군무軍務와 관련된 일이 원인이 되기는 했지만, 조익은 이 상소를 올린 후 사흘 뒤에 승지직에서 파직된다.[94]

## 정책 실패의 진정한 원인

인조가 즉위한 지 10일 만에 시급한 국정과제로 제시한 안민, 용인, 힐융 세 가지는 각각 민생, 인사, 국방 측면의 문제들이었다. 당시의 급박한 상황은 이 세 가지 국정과제를 자연스럽게 안민에 집약되도록 몰아갔다. 대부분의 정책담당자들과 재야 지식인들의 생각이 안민, 즉 백성들의 고통을 덜어줄 수 있는 민생정책의 방향으로 집중되었던 것이다. 대외적 측면인 힐융 문제조차 순수 군사적 측면보다 안민정책의 한 표현인 족린지폐族隣之弊 금지로 귀결되었다. 한편 안민론의 확산과 더불어 호패론도 등장했다. 이 당시에 청나라의 군사적 위협은 부정할 수 없는 현실이었기 때문이다. 이 두 가지는 인조 초년 정책 실시의 우선순위를 놓고 잠시 경쟁했지만, 전반적 흐름은 곧 안민 쪽으로 기울었다. 호패법 실시에 따른 부정적 효과가 예상되었기 때문이기도 하지만, 민생에 대한 정책적 요구가 그만큼 강력했

---

26) 외방 토호들의 저항이 대동법 실시를 좌절시켰다는 것은 후일 효종 초 대동법 논의 과정에서 다시 확인된다.[남선이 말하기를 "대동의 일에 대해서는 이미 아뢰어서 다시 아뢸 것은 없습니다. 하지만 신이 지난번에 사신의 임무를 띠고 호남에 가서 (그곳 사람들의) 말하는 기색을 보니, 토호들은 하나도 이 법을 행하고자 하는 사람이 없었고, 소민들은 모두 행하고 싶어했습니다. 갑자년(인조 2년)에 조정에 와서 고하여 (공물변통의) 논의를 무산시켰던 이들은 실은 이 토호들입니다. (몇 자 빠짐) 떠도는 논의에 동요되어서는 결단코 실시하기 어렵습니다." 조익이 이르기를 "그때 김신국金藎國은 그것을 결단코 행하고자 했고 심열은 그를 억제했습니다. 신이 심열에게 물으니, 그는 '대읍·대호는 경작지가 적지 않아 내야 할 쌀이 극히 많소. 그것들을 마련해야 할 때, 반드시 감당하기 어려운 폐단이 있을 것이오.' 하고 말했습니다. 신은 그렇지 않음을 간곡히 말했지만 결국 대동법을 실시하지 못했습니다."(『승정원일기』 110책, 효종 즉위년 11월 18일)]

기 때문이다.

조정에서 대동법을 실시하기로 결정하는 과정은 순탄치 않았다. 이전까지의 대동법 논의는 그 당위성만 주장되었을 뿐, 실제 실시를 전제로 해서 논의되었던 것은 아니기 때문이다. 정책의 옳고 그름을 따지는 문제와 실제로 그것을 현실에서 작동하게 만드는 것은 다른 문제였다. 실제로 대동법을 실시하기 위해서는 왕과 관료들에게 정책 효과에 대한 더 큰 확신이 필요했다. 이때 조익의 현실에 기반한 논리정연한 상소는 삼도대동법을 출발시키는 기폭제가 되었다.

인조 원년 가을에 실시된 대동법은 시행 초기부터 많은 문제점을 드러냈다. 게다가 법 시행과 동시에 극심한 흉년까지 겹쳤다. 흉년으로 인해 조선 조정은 중국에서 곡물을 수입해야만 했다. 극심한 흉년은 공물가의 가을 수취분인 결당 쌀 8두의 수취를 어렵게 했다. 그러자 정부는 8두 중에서 서울에서의 수요를 위한 몫으로 절반만 거두고, 각관의 수요는 종전의 관행을 따르도록 했다. 가뭄과 그로 인한 쌀값 상승 때문에 백성들에게 시혜적으로 내려진 조치였다. 하지만 바로 이것이 처음부터 대동법을 혼란으로 몰아간 직접적인 원인이 되었다.

인조 원년 가을의 공물가 수취 후에, 삼도대동법의 내용은 정식으로 경대동으로 바뀌었다. 이 단계에서 삼도대동법에 대한 논의는 공납 문제의 본질에 대한 이해와 그에 따른 정책적 전망을 둘러싸고 양분되었다. 공납 문제의 핵심을 방납으로 이해하는 측이 한쪽이라면, 공물 부담의 다양한 불균등으로 이해하는 측이 다른 한쪽이었다. 경대동이 미흡한 대로 대동법을 대신할 수 있을 것이라는 생각은 전자의 맥락에 닿아 있었다. 이것은 경대동을 통해서 경각사에서 이루어지는 방납을 막는다면 공납 폐단의 상당 부분을 막을 수 있으리라는 예상에 따른 것이었다.

그렇지만 현실에서 경대동은 공납 문제에 대해 미봉책으로서의 역할조차 할 수 없었다. 그 결과 각관에서는 경대동에 대한 문제점이 지적되면서 불만의 목소리가 높아졌다. 경대동이 실시되었지만 첩징과 공물 부과의 불균등은 계속되었다. 게다가 본격적으로 대동법이 실시되면 손해를 볼 것이 분명한 지역과 계층이 대동법에 대한 격렬한 공격을 시작했다. 조정에서도 재정 문제의 대책을 놓고 대동법 이외의 방법들에 대한 논의가 계속되었다. 이때 등장한 것이 양전론과 호패론이었다.

한편 조익을 중심으로 하는 극소수 대동법 실시론자들은 경대동의 문제점을 파악한 후, 경대동을 대동법으로 확대시킬 대책을 마련했다. 경대동의 실패를 통해서, 대동법이 각관의 수요를 포괄하지 않고서는 성공할 수 없는 제도임이 분명해졌기 때문이다. 이에 따라 각관의 수요를 위해 결당 5두를 추가로 거두자는 안이 나왔다. 이때 조익이 제안한 것이 1결당 13두 수취안이었다. 이것은 나중에 호남에서 실시되는 대동법의 결당 수취액과 같은 액수였다.

삼도대동법에 반대하는 사회세력들은 실로 강력했다. 방납업자, 탐관오리, 호강품관 등이 이들 세력의 중심이었다. 인조 초 삼도대동법을 좌초시키는 데 가장 강력한 힘을 발휘했던 세력은 지방의 호강품관들이었다. 물론 그들만의 힘으로 자신들이 원했던 결과를 만들어냈던 것은 아니다. 대동법의 불편함에 대한 여론이 확산되고, 중앙정부의 대동법에 대한 정책적 확신이 약해지는 환경이 형성되어야 했다. 결국 이런 조건이 조성되자, 호남의 호강품관들이 올린 상소는 겨우 유지되던 삼도대동법을 좌초시켰다. 인조 초 실시된 삼도대동법은 인조 원년 가을부터 인조 2년 가을까지만 유지됨으로써 단명하고 말았다.

결과만 놓고 보면, 이때의 대동법은 한 번도 정상적으로 운영되지 못했다. 처음부터 파행으로 시작되어 결국 원래 실시하기로 했던 내용대로는 한 번도 운영되지 못한 채 폐지되고 말았다. 물론 이것의 가장 직접적 원인은 당시 대부분 논자들도 지적했듯이 흉년 때문이었다. 하지만 각관 호강들의 저항은 흉년보다 더 큰 삼도대동법의 실패 이유였다. 그런데 이것들마저도 이 시기 대동법 좌초의 진정한 원인이라고 할 수는 없을 것이다. 왜냐하면 대동법을 성립시키는 데에 흉년이나 호강들의 저항이 반드시 이 시기만의 장애물이라고 할 수 없기 때문이다.

정책 실패의 진정한 원인은 대동법을 추진했던 세력의 주체적 측면에서 찾아야 할 것이다. 이런 관점에서 본다면, 이 시기 대동법 실패의 원인으로 두 가지를 들 수 있다. 하나는 양입위출量入爲出에 대한 이해가 부족했다는 점이다. 양입위출이란 백성들로부터 미리 정해진 몫만큼만 거두고, 어떤 일이 있어도 거둔 것 안에서 지출하는 것을 뜻한다. 다른 하나는 이 법의 추진 주체가 형성되지 않았다는 점이다. 대부분의 정책담당자들은 경대동과 대동법의 정책적 함의의 차이를 명백히 이해하지 못했다. 다시 말해 경대동으로는 양입위출을 핵심으로 하는 대동법을 성립시킬 수 없다는 점을 분명히 이해하고 있지 못했다. 결국 삼도대동청의 실패는 경대동의 실패였다. 이렇듯 정책담당자들이 공납 문제를 철저하게 이해하지 못했기 때문에, 흉년에 대처하면서 정책적으로 양보해도 좋을 내용과 그렇지 않은 것을 구분하지 못했다. 또 공납 문제를 담당한 관료들조차 대동법에 반대하는 경우가 많았다. 이 당시에는 사실상 대동법의 추진 주체라고 할 수 있는 집단이 존재하지 않았다.


**삼도대동법은 비록 실패했어도……**

이상의 한계에도 불구하고, 삼도대동법은 의의가 크다. 우선, 이 법의 성립과 집행 과정을 통해서 처음으로 대동법의 구체적 내용들이 전체적으로 논의되었다. 이 과정에서 그것의 구체적인 내용들이 어떤 현실 기반 위에 놓여 있는지 확인되었다. 예를 들어 대동미의 운반과 보관을 어떻게 할 것인가, 어떤 물품이 대동법에 포함되고 어떤 것은 포함되기 어려운가, 그것을 운영하는 지방관청의 운영비는 얼마나 마련되어야 할 것인가 등의 문제가 검토되었다. 이 같은 검토는 대동법 실시를 위해 실제로 해결되어야 할 과제들을 명확히 알려주었다. 둘째, 방납을 막는 것만으로는 대동법이 실시될 수 없음을 보여주었다. 경대동은 공납으로 인한 수많은 폐단의 진정한 대안일 수 없으며, 공납 문제에서 각관이 배제될 수 없음이 분명해졌다. 셋째, 삼도대동법의 가장 큰 의의는 공물변통 논의를 조정의 주요 논의 의제로 정립시켰다는 점이다.

사실, 경기선혜법 이후에 대동법을 전국적으로 확대 실시하자는 주장은 여러 번 제기되었다. 광해군 2년 곽재우郭再祐는 선혜법의 확대 실시를 요구하는 상소를 올렸다. 비변사 보고에 따르면, 이런 요구를 했던 사람은 곽재우뿐만이 아니었던 듯하다.[95] 하지만 이런 요청들은 광해군의 강력한 반대에 부딪혔다. 광해군은 임토작공任土作貢에 기초한 현물납을 포기할 수 없는 원칙으로 생각하고 있었다.[96] 이 때문에 광해군대에 이항복李恒福이나 이덕형李德馨 등도 경기선혜법의 확대 실시는커녕, 이 법이 계속 유지될 수 있을지도 확신하지 못할 지경이었다.[97]

후대에도 공물변통 논의의 진정한 출발을 대개 인조 초에서 찾았다. 효종 초 호서대동법 실시를 위한 논의 과정에서, 우의정 정태화鄭太和는 삼도대동법 이후 시무를 논하는 자들은 삼도대동을 말하게 되었다고 회상했다.[98] 비록 삼도대동법 자체는 실패했지만, 이후 대동법에 대한 논의가 조정의 논의 틀 속에 확고하게 자리잡게 되었다.

무엇보다 중요한 것은 삼도대동법 시행 과정에서 마련된 문서들이 이후에 대동법 논의 과정에서 계속 참조되었다는 점이다. 대동법 실시를 위한 논의의 문서적 기초가 확보되었던 것이다.[99] 인조 23, 24년 재생청裁省廳 공안개정의 기초자료는 바로 인조 초 삼도대동법 실시 과정에서 마련된 것이고,[100] 『호서대동절목湖西大同節目』 역시 이를 기초로 작성되었음을 분명히 했다.[101]

# 제3장 두 가지 공물변통 방법론이 성장하다

## 1. 상충하는 두 가지 정책 방향

### 공물변통 담론의 인큐베이터, 인조대

지금까지 연구된 공물변통 논의에서 인조대는 그다지 주목받지 못했다. 인조대(1623~1649)에는 나라 전체를 뒤흔드는 사건이 워낙 많이 일어났고, 그 때문인지 공물변통과 직접 관련된 기사들은 실록에 드문드문 등장한다. 더구나 이 시기에는 강원도 이외에 어디서도 대동법이 실시되지 않았다. 그 결과 기존 연구에서 공물변통과 관련된 이 시기의 일들은 체계적으로 정리되지 못했다. 하지만 결론부터 말한다면, 공물변통과 관련해 인조대는 호서대동법이 성립된 효종대(1649~1659)에 못지않게 중요하다. 인조대에 조선은 공물변통과 관련해서 다양한 상황을 경험했다. 따라서 그와 관련된 다양한 논의들이 명확한 담론구조로 형성되었으며, 관료와 지식인들 사이에서는 담론의 주체들이 등장하기 시작했다. 그런 중에 대동법의 지지세력도 점차 형성되었다.

대동법 정도의 재정개혁이 성공하려면 공납 문제에 대한 지식, 국정개혁의 논리, 지지세력 등이 필요하다. 그런데 광해군 즉위년의 경기선혜법과 인조 초의 삼도대동법은 이런 전제들과는 거리가 있었다. 경기선혜법에서 공납 문제를 해결하기 위한 사회적·재정적 개혁 의지를 찾아보기는 어렵다. 오히려 그 법에는 임진왜란을 겪은 이후의 경기(畿甸)지역을 배려해야 한다는 시기적·지역적 특성이 더 강하게 투영되었다. 따라서 경기선혜법에서는 이 법을 실시해보고 효과가 좋으면 실시 범위를 넓혀가겠다는 정책적 전제도 없었다.[1] 그러므로 경기선혜법이 호남대동법 실시 후에야 양호 대동법의 틀에 맞춰 수정되었던 것은 그리 이상하지 않다.[1] 경기선혜법의 사목事目이 전해지지 않아서 분명치는 않지만, 그것의 내용은 호서대동법의 내용과 차이가 있었던 듯하다. 인조 초의 삼도대동법 역시 이원익과 조익 같은 극소수 명망가들 외에는 별다른 지지층을 찾아보기 어렵다.[2] 심지어 담당 실무 집단에서도 이 법의 지지자는 거의 발견되지 않는다. 그런 까닭에 이 법을 실시하는 과정에서 문제가 생기고 반대하는 목소리가 높아지자, 그만 좌초되고 말았다. 그러나 효종대의 대동법 실시 과정은 이와 사뭇 달랐다. 비록 김육金堉이 정치적으로 큰 역할을 하기는 했지만, 그와 동시에 공물변통에

---

1) 제2부 5장 2. 경기선혜법의 수정 246~259쪽 참조.
2) 이 같은 사실을 잘 보여주는 하나의 예가 다름 아닌 김육이다. 널리 알려진 대로, 그는 효종대 대동법 성립에 가장 중요한 역할을 했다. 그런데 그가 인조 2년 충청도 음성현 현감으로 있을 때 올린 상소의 내용은 뒷날 대동법 실시를 주장했던 것과는 많이 달랐다. 이 상소에서 음성현의 공납 문제를 지적하기는 했지만, 그 대책으로 공물변통이나 대동법 실시를 주장하지는 않았다. 대신, 작은 고을인 음성현을 큰 고을에 포함시켜 줄 것을 요청했다.(『잠곡선생유고潛谷先生遺稿』 권4, 陰城縣陳弊疏 甲子 四月) 일반적으로 대읍은 소읍에 비해 결당 공물 부담이 가벼웠기 때문이다. 그랬던 그였지만, 인조 16년 충청 감사로 있을 때는 충청도에 대동법을 실시할 것을 강력히 요청했다. 이것은 물론 직접적으로는 개인의 입장 변화라고 할 수 있다. 하지만 더 큰 차원에서 본다면, 인조대에 정책담당자들과 지식인들 사이에서 공물변통 논의가 지속되고, 공물변통에 대한 이해가 심화되고 있었음을 반영한 것이다.

대해 상세한 지식과 정책적 확신을 가진 지지세력이 존재했다. 이는 바로 인조대의 공물변통 경험에 의한 결과물이었다.

## 논의의 전환점, 병자호란

인조대는 두 차례 청나라와의 전쟁으로 인해 발생한 수많은 정치·군사·재정적 사건들로 점철된 시기였다. 공물변통 논의는 이런 사건들과 무관하지 않으며, 오히려 그것들을 매개로 진행되었다. 이 때문에 이제껏 인조대의 공물변통 논의를 추적하기가 쉽지 않았던 것으로 보인다. 논의의 전개에 큰 전환점이 된 사건은 병자호란(인조 14, 1636)이다.

정묘호란(인조 5, 1627)과 병자호란 사이 10년간, 조정에서 공물변통과 대동법에 관련된 논의는 두 가지 경로로 제기되었다. 하나는 임진왜란과 그 후의 계속된 혼란으로 빚어진 양안과 공안의 손상·왜곡을 원상태로 회복시키자는 주장이다. 양안과 공안의 왜곡은 조정이 전쟁 물자를 긴급하게 마련하는 과정에서 지역별 전결의 분포를 무시하고 공물을 부과한 것에서 비롯되었다. 이 주장은 갑술양전(인조 12)으로 결실을 보았다. 기존 연구에서 갑술양전은 토지제도의 관점에서만 연구되었을 뿐, 공물변통 측면에서는 검토되지 못했다.[2] 또 하나의 경로는 정묘호란 후 조선과 청나라 사이에 군사적 긴장이 한층 더 높아지자, 어떻게 군비 확충을 해야 할 것인가에 대한 논의였다. 군비를 마련하는 방법 중 하나로 검토된 것이 바로 공물변통이었다. 군비 마련에 대한 논의는 병자호란의 패배 이후 종결되었다. 청나라와의 군사적 대치가 더 이상 불가능해지자, 군비를 마련하기 위한 논의도 불필요하게 되었기 때문이다.

그런데 위의 두 가지 공물변통 논의는 상반되었다. 전자가 임진왜란과 광해군대의 재정적 혼란으로 왜곡된 공납 문제를 정상으로 되돌리는 것이

**삼전도비(서울특별시 송파구 석촌동)**
높이 395cm, 너비 140cm. 비문은 인조의 간곡
한 부탁을 받은 이경석이 지었다. 그가 종실의
후예였기 때문일 것이다. 그는 이 비문을 짓고
서 글 배운 것이 한스럽다는 글을 남겼다.

라면, 후자는 공물변통을 통해서 군비를 마련하려는 시도였다. 전자가 백성
들이 감당하는 공물 부담의 과중함과 불균등을 조정하고 줄이는 것을 목표
로 했다면, 후자는 어찌 되었든 백성들로부터 군비에 쓸 재원을 염출하는
것을 목표로 했다. 상반된 두 의견은 조정에서 공물변통 문제에 대한 결정
을 어렵게 했다.

　병자호란에서 비록 치욕적인 패배를 당하기는 했지만, 조선은 그 후 군
비를 마련해야 하는 상황에서 벗어났다. 이것은 공물변통을 둘러싸고 상충
했던 한쪽 힘이 사라진 것을 뜻함과 동시에 본격적인 공물변통 논의가 시
작될 수 있는 조건이 마련되었음을 의미했다. 그에 따라 조정에서는 공물
변통을 위한 다양한 의견이 제시되었다. 이때 조성된 논의의 장은 결국 효
종대까지 이어져, 마침내 호서대동법으로 귀결된다. 그러므로 효종 초에 실

시된 호서대동법은 병자호란 이후의 공물변통 논의에서 시작되었다고 볼 수 있다. 동시에 이때 시작된 논의가 확대되면서 공물변통론 자체가 분화되었다. 효종 초 대동법 실시를 둘러싼 정책 논쟁은 바로 그 분화된 두 가지 공물변통론 사이의 논쟁이었다.

## 공안부터 개정하자

정묘호란 후 제기된 공물변통에 대한 요구는 근본적으로 임진왜란으로 인한 전결의 왜곡에서 비롯되었다. 즉 전란에 휩싸였던 지역의 전결은 실제보다 적게 평가되고, 그렇지 않은 지역은 실제보다 과다하게 평가되었다. 조정은 지방에 공물을 부과할 때 정확히 비례적으로는 아니어도 대개 전결을 기준으로 삼았다. 따라서 어떤 지역의 전결이 실제보다 과다하게 평가되었다는 것은 그 지역의 담세 능력 이상으로 공물이 부과되었음을 뜻한다. 양안의 왜곡은 자연스럽게 공안의 왜곡으로 이어졌다. 비록 전쟁 직후인 선조 36년(1603)에 양전을 실시하고, 37년에 공안상정을 하기는 했지만, 모두 미봉책에 지나지 않았다. 이 두 가지 조치만으로는 조정의 재정 압박과 민역民役의 불균등을 해소할 수 없었다.[3]

정묘호란 후 공안개정의 요구가 제기된 것은 인조 7년(1629) 3월이었다. 지사知事 홍서봉洪瑞鳳은, 인조 4년(1626) 감사 권반權盼이 충청도에서 공안개정의 초안을 마련했을 때 대부분의 소읍에서 이것을 반겼지만 대읍들의 반대로 실시할 수 없었다고 말했다. 이런 경험에 기초해서, 그는 양전보다 공안을 먼저 개정할 것을 요청했다.[3] 인조는 공안개정이 필요한 것이 사실이

---

3) 홍서봉은 광해군 초기에 강원도 관찰사로 재임할 때, 경기의 예를 따라 강원도에서도 선혜법을 추진하려 했다.[『광해군일기』 권35, 2년 11월 22일(癸亥)]

지만, 양전도 하지 않은 채로 공안을 개정할 수는 없다고 말했다. 각관各官의 전결에 따라 공물을 공정하게 조정하기 위해서는 먼저 각관의 전결 상황을 파악해야 했기 때문이다. 주기적 양전과 그에 뒤이은 공안개정은 조선의 전통적 재정 운영 원칙이었다.[4] 그러자 홍서봉은 감사가 감영에서 사용하는 토지문서는 상당한 수준까지 시기결時起結 상황이 반영되어 있음을 지적하며, 다시 한 번 양전에 앞선 공안개정을 요청했다.[5] 각 도의 감영에서 파악하고 있는 경작지 상황은 중앙정부가 파악하고 있는 것보다 현지 실정에 가까우므로, 그에 기초해서 공안을 개정하자고 했던 것이다. 홍서봉이 인조가 말하는 논리를 몰랐을 리는 없다. 아마도 그는 정부가 새로 양전을 한다면 복잡한 행정적인 절차 및 지역 호강豪强들의 저항과 교란이 뒤따르리라 예상하고 그런 절차를 우회하고자 했던 것이다.

이 당시 대부분의 지역에서 공물 부담은 전세에 비해 10배 이상 무거웠다. 결국 민이 당하는 고통의 근원은 공물에 있었다. 전결의 왜곡은 전세 자체보다 공물의 부과 기준이 된다는 점에서 더 큰 문제가 되었다. 이 때문에 공물변통을 위해서라도 공정한 양전이 필요했다. 문제는 양전을 앞세운 사람들과 공안개정을 우선시하는 사람들 간에 공안개정 자체를 놓고 미묘한 견해 차이가 있었다는 것이다. 원래 공안을 개정한다고 할 때, 목표로하는 두 가지 측면은 임토작공任土作貢과 절용節用이었다. 즉 산지에 공물을 배정하는 것과 공·역가의 인하가 그것이다. 양전을 먼저 실시하려는 측은 전자에 초점을 두었고, 공안개정을 먼저 실시하려는 측은 공·역가 인하에 초점을 맞췄다. 홍서봉이 양전보다 공안개정을 주장할 때 그 내용은 공·역가의 인하가 핵심이었다. 자리를 함께했던 심명세沈命世도 자신의 경험을 들어 홍서봉의 요청에 동의했다.[6]

공안개정에 대한 요구는 중신들에게서도 나왔다. 우의정 이정구李廷龜는

**공안.** 조선시대에 중앙의 각 궁·사가 징수할 공부의 종목, 물품 및 수량, 상납하는 관부의 이름 등을 월별로 기록한 문서. 지방 각 관부, 각 도 감영 및 호조도 상응하는 공안을 가지고 있었다.

쉽지 않은 양전보다 공안개정을 먼저 할 것을 왕에게 요청했다. 이정구 역시 많은 사람들이 생각했던 것처럼, 조정이 혜택을 베풀어도 백성들에게 실제 혜택이 돌아가지 않는 이유는 분명치 않은 공안 때문이라고 말했다. 그런데 여기서 우리가 기억해야 할 점은 조선의 전통이 양전 후 공안개정이기는 해도, 비상시에 공안개정을 먼저 실시할 수 있다는 생각이 이 시기에 처음 등장하지 않았으며, 이이李珥도 같은 주장을 했다는 것이다.[7] 대동법이 성립될 때까지 조선에서 경세론의 기본 틀은 이이가 제공했다. 어쨌든 인조는 현재의 전결을 기준으로 공안을 개정하면 양전 후에 또다시 공안을 개정해야 한다는 이유로 이정구의 요청을 물리쳤다.[8]

### 양전을 먼저 실시해야 한다

인조가 공안개정 요구를 물리친 실제 이유는 양전이나 공안을 개정할 때 발생할 수 있는 '소요'를 염려했기 때문이다.[9] 이 당시 인조는 즉위한 지 불과 6년 사이에 이괄李适의 난(1624)으로 서울을 잠시 내주어야 했고,[4] 또다시 청나라의 외침을 받았다. 이런 일들로 인해서 민심의 동요가 계속되고 있었다.

이 당시 공안개정안이 거부되었던 이유는 단지 민심의 동요에 대한 인조의 염려 때문만은 아니었다. 양전보다 공안개정을 앞세우는 방식에도 문제가 없지는 않았다. 오히려 인조의 지적이 조선의 전통적 공안개정 방식에 부합했다. 또 조정의 대부분 관료들의 견해도 인조의 생각과 다르지 않았다. 이 시기 관료들은 삼도대동법 실패의 원인이 정확한 양안이 없었기 때문이라고 생각했다.[10] 조정에서는 선양전론先量田論, 즉 양전을 먼저 실시해야 한다는 견해가 지배적이었다.

양전에 대한 본격적인 논의는 호조 판서 김기종金起宗의 요청으로 시작되었다. 그는 우선 한 도에만 양전을 실시할 것을 주장했다.[11] 양전을 해야 하는 이유로 지역 간 결부 평가가 몹시 불균등하고, 양전을 통해서만 민역을 줄일 수 있다는 점을 들었다. 지역마다 전결에 대한 평가가 이렇듯 불균등했던 것은 임진왜란 때문이었다. 그는 충청 좌도[5]의 경우 모두 계묘년(선조 36 1603)에 측량해서 4~6등급이 많고, 충청 우도는[6] 왜란을 겪지 않아 임진년 이전의 전안田案을 그대로 쓴 결과 1~3등급이 많다는 사실을 지적했다. 이는 곧 동일한 절대면적의 경작지에서 민역 부담의 차이가 4~5배에 이른다는 것을 뜻했다. 그에 따르면, 충청도뿐만 아니라 경상 좌도와 경기 등에서도 사정은 똑같았다.[12]

---

4) 조선시대에 내부 반란으로 왕이 수도에서 피난해야 했던 것은 이괄의 난이 유일하다.
5) 청안, 목천, 충주, 전의, 청풍, 괴산, 온양, 청산, 아산, 연풍, 신창, 율봉, 단양, 제천, 천안, 청주, 황간, 연기, 음성, 문의, 청양, 직산, 영춘, 성환, 보은, 진천, 영동.
6) 태안, 비인, 덕산, 결성, 면천, 공주, 당진, 청양, 서천, 홍주, 서산, 대홍, 보령, 노성, 해미, 부여, 남포, 석성, 연산, 회덕, 홍산, 노성.

김기종에 따르면, 민역民役을 고르게 하면서도 국가수입을 보장할 수 있는 유일한 방법은 양전量田뿐이었다. 지역별로 전품田品을 고르게 하려면, 전품이 낮게 평가된 지역의 토지 등급을 끌어올리거나, 높게 평가된 지역의 토지 등급을 낮추어야 했다. 그런데 현실적으로 조정은 후자의 방법을 쓸 수밖에 없었다. 전자의 방법은 백성들에게 더 많은 전세와 공물 부담을 지우는 것을 뜻했기에 민의 불만과 소요를 불러올 것이 불 보듯 확실했기 때문이다. 후자의 방법을 쓰면 자연히 국가수입이 줄어들 수밖에 없다. 민의 저항과 국가수입 저하를 모두 막을 수 있는 방법은 기존 결수의 등급 인하에 따라 줄어드는 전결수를 양전을 통해 새로 보충하는 방법뿐이었다. 양전을 하면 신기결新起結(새로 개간된 땅)과 은결隱結(숨겨져 있는 땅)을 확보할 수 있었기 때문이다. 이 땅으로 줄어드는 총 전결수를 그전처럼 유지할 수 있었다.[13]

마침내 인조 9년(1631), 조정은 충청도에 양전을 실시하기로 결정했다.[14] 하지만 이 결정은 뒤이어 일어난 몇 가지 일들로 인해 미뤄졌다. 인조 9년 인조의 생부인 정원군定遠君을 왕으로 추존하려 했던 것에 따른 문제, 인조 10년 6월의 인목대비仁穆大妃 사망이 그것이다.[15] 인조 11년에도 흉년으로 양전을 실시할 수 없었다. 하지만 이해에는 충청도뿐만 아니라 다른 도까지 포함해서 다음 해 가을에 양전 실시가 결정되었다.[16] 그 결과 인조 12년 말에서 13년 초에 걸쳐 삼남에서 양전이 실시되었다. 임진왜란 직후 허술하게 이루어졌던 계묘양전(선조 35, 1603)을 제외하면, 이 양전은 임진왜란 이후 30여 년 만에 실시되는 것이었다.

인조 12년(1634) 양전의 최종 목표는 공안을 개정하는 것이었다. 특히 충청도에서 공안개정의 필요는 절실했다.[17] 하지만 인조 초 삼도대동법의 좌절이라는 정책 실패를 경험했기 때문에, 반대 목소리도 작지 않았다.[18] 결론부터 말하면, 인조 12년에 실시된 양전 후에도 공안은 개정되지 않았다. 공물변통을 위해서 추진되었던 삼도대동법의 실패는 이미 9년이나 지났음에도 공물변통의 또 다른 방법인 공안개정에 대해 계속해서 어두운 그림자를 드리웠던 것이다. 호조 참의 유성증(兪省曾)은 이 상황을 대동법에 대한 견해 차이가 조정되지 못했다고 우회적으로 표현했다.[19] 결국 조정은 다른 방식으로 민의 공물 부담을 줄였다.

"이번 양전의 목표는 국가의 수입을 넉넉히 하려는 데에 있는 것만이 아니고, 실로 백성들을 균등히 살게 해주려는 데에 있습니다. 그러니 앞으로 양전해서 얻는 결수가 아무리 많아도 (새로 확보한 땅에서는) 전세만을 거둬들이고, 기타 공물과 잡역은 모두 그전에 정해놓은 수효대로 도내에 균등히 나누어야 할 것입니다. 가령 결포(結布)의 일로써 말하면, 새로 측량한 결수가 1분(分)이 더해졌으면 5결포를 6결로 정하고 2~3분이 더해졌으면 7~8결로 정해서 그 얻어지는 수량에 따라서 균등히 한다는 것입니다. 그래서 백성들이 실제의 혜택을 입게 하는 것이 곧 조정의 뜻일 것입니다. 여기에 따른 사목은 호조가 마련해서 아뢴 가운데 있으니, 성상의 재가를 삼가 기다리는 바입니다." 하니, 답하기를 "아뢴 대로 하라." … 하였다.[20]

양전을 하기도 전에, 비변사는 양전으로 전결이 늘어나도 공물과 잡역의 수취는 종전의 양으로 고정시킬 것을 요청했다. 비변사가 요구한 내용은 공물과 잡역을 부담하는 민의 입장에서 볼 때 결당 공물과 잡역 부담이 줄어드는 것을 뜻했다. 또한 이것은 앞서 김기종이 제시한 양전의 원칙, 즉 전품을 하향 평준화하되 여기서 줄어드는 국가수입은 새롭게 확보한 전결에서 보충하자는 것과 일치했다.

## 각종 부가세 폐지와 공안개정론

인조 12년 갑술양전 후, 실제로 이루어진 민역의 경감은 양전 전에 정했던 원칙보다 한 걸음 더 나아갔다. 임진왜란 발발 이후 민에게 부과된 갖가지 수취 항목이 폐지된 것이다. 임진왜란 이후 정부는 원래의 세稅·공貢·부賦 이외에도 삼수량三手粮·별수미別收米·5결포五結布·당량미唐粮米와 여러 가지 명목의 역을 전결에서 걷었다.[21] 갑술양전 후에 조정은 이들 5결포·별수미·조예가미皂隷價米의[7] 수취를 폐지했다.[8] 이 당시 호조의 1년 세입이 9만 석에 지나지 않았는데,[22] 이 세 가지를 합하면 연간 4만 6,900석에 달했다.[23] 호조의 1년 전세 수입에서 절반 정도를 삭감했던 것이다. 이렇듯 임진왜란 중에 시작되어 30년 이상 유지되었던 여러 수취 항목이 갑술양전 후에 폐지되었다.

갑술양전이 원래 목적했던 양전 후 공안개정은 실시되지 않았다. 대신, 공안에도 없는 무원칙한 각종 부가세가 폐지되었다. 이는 당연한 상황 전개였다. 임진왜란 직후 전국적인 전결 파악이 부실한 상황에서도 중앙정부의 재정수요는 폭증했다. 예나 지금이나 국가는 전쟁 시기에 가장 많이 그리고 가장 빨리 정부지출이 증가한다. 이 당시 조선 정부 입장에서는 재정수요가 발생할 때마다, 그것을 전결에 전가하는 수밖에 없었다.[24] 하지만 이제 새롭게 양전이 실시되었으므로 그동안의 잡다한 부가세들은 폐지되어야 했다.[9] 부가세 폐지의 경험은 이 당시 공안개정론 논의와 관련해 중요한 의

---

7) 5결포는 양서(황해도와 평안도)의 공물을 삼남에 옮겨 배정한 것이다. 총액은 무명 1,200여 동이었다.[『인조실록』 권18, 6년 5월 27일(丁亥)] 조예미皂隷米는 2,700여 석이었다.
8) 인조 13년 6월 3일(辛巳)과 19년 6월 9일(癸丑)에 이런 내용이 다시 한 번 확인되는데, 별수미는 '군수목軍需木'으로 지칭되고 있다. 즉 별수미의 용도가 군수 목적이었음을 알 수 있다.(『인조실록』 권31)

미가 있다.

인조 23, 24년의 재생청裁省廳 활동을 기점으로, 공물변통론은 공안개정론과 대동법 실시론으로 나뉘었다. 공안개정론은 대동법보다 전통적이고 보수적인 입장을 대표했다. 하지만 갑술양전이 이루어진 인조 12～13년까지는 적어도 이런 양자구도가 성립되지는 않았다. 오히려 이 당시 공물변통 논의의 맥락은 각종 부가세 폐지론과 공안개정론으로 나뉘어 있었다. 갑술양전 후의 부가세 폐지도 이런 맥락에서 나왔다. 부가세 폐지 방식은 인조반정 직후 이미 12개나 되는 도감의 폐지에서 볼 수 있고, 병자호란 후 각관에 대한 공물가 인하 조치에서도 확인된다. 이 조치는 체계적인 공안의 개정에 기초한 정책은 아니었다. 이 조치를 공안개정론과 비교해보면, 곧 공안개정론의 합리성이 드러난다. 임시적이고 무원칙한 공물가 인하 대신, 공안에 기초해서 항구적으로 공물가를 인하하자는 것이 바로 공안개정론의 핵심이었다. 다시 말해 공안개정론은 무조건적으로 공물가를 인하하는 것이 아닌, 국가의 재정적 측면에 대한 고려도 포함하고 있었다. 따라서 공안개정론이 정부재정에 대한 고려가 없었다고 보기는 어렵다.

### 이식의 대동법

한편, 앞에서 서술한 선양전론先量田論과는 다른 맥락에서 공물변통론이 제기되었다. 청나라에 대항하기 위해 군자軍資 마련의 목적으로 제기된 공물변통론이 그것이다.[10] 선양전론이 임진왜란 후 지역별 전결과 공물 부담

---

9) 이와 관련해서 앞에 나온 이시발의 발언을 기억할 필요가 있다.(85쪽 각주 17 참조) 그는 공물변통의 전제조건이 백성에게 무질서하게 부과된 역을 없애는 것이라고 보았다. 갑술양전 후에 실제로 이런 조치가 취해진 것은 이시발과 동일한 생각을 하는 사람들이 존재했고, 그들의 생각이 받아들여졌다는 것으로 해석할 수 있을 듯하다.

의 불균등을 해소하기 위한 것이라면, 공물변통론은 임박한 청나라와의 전쟁을 대비하기 위한 성격이 짙었다. 전자가 민역 불균등의 해소라는 목적과 양전 후 공안개정이라는 방법에서 조정 관료들 다수의 동의를 이끌어냈던 반면, 후자는 그렇지 못했다. 즉 조정 관료의 대부분은 군자 마련의 목적에는 공감하면서도, 그 수단이 공물변통이어야 하는가에 대해서는 의견이 갈렸다.

군자 마련을 위한 공물변통론이 제기된 직접적인 계기는 정묘호란이었다. 병자호란과 달리, 정묘호란은 청나라에 대한 군사적 경각심을 더욱 높였다. 정묘호란 직후 인조는 최소 4만~5만 명의 병사를 양성해야 하는데, 이를 위해서는 무엇보다 군량 마련이 시급하다고 말했다. 호조 판서 김신국金藎國에 따르면, 4만~5만 군병을 유지하기 위해서는 매년 적어도 10만 석의 군량이 필요했다.[11] 이 정도의 군량은 당시 조선 조정으로서는 마련하기가 현실적으로 대단히 버거운 것이었다. 그러려면 기존 호조의 재정 규모를 거의 두 배로 늘려야 했다. 이 시기에 군자 마련을 위해서 대략 세 가지 안이 제시되었다.

먼저 사태의 추이를 정확히 파악한 사람 중 하나가 바로 대사간 이식李植이었다. 그는 전쟁으로 인해 양서兩西(황해도와 평안도)의 경제력을 활용하기 힘들게 되었고 삼남조차 피폐해졌으므로, 오직 공물을 변통해야만 군수를 마

---

10) 병자호란 때까지 변방의 방어를 위해 평안도 자체에서 조달된 군량은 1년에 12만 석에 달했다.(권내현, 『조선후기 평안도 재정운영 연구』, 고려대학교 사학과 박사학위논문, 2003, 75쪽)

11) 『인조실록』 5년 4월 20일(丙辰). 이식은 3만의 정예병을 유지하기 위해서는 4만~5만의 전결에서 거둬들이는 세금이 필요하다고 말했다.(『택당집澤堂集』 別集 卷3, 丁卯在江都陳時務疏) 이식과 김신국의 말대로라면, 군량으로 필요한 양은 당시 호조의 1년 수입 또는 갑술양전 결과 파악된 전체 토지 결수 50만여 결의 약 1/10에 해당한다.

련할 수 있다고 보았다. 또한 삼남의 공물을 고르게 작미·작포해서 그 반을 군수에 충당할 것을 주장했다. 그뿐 아니라, 전체 관료(百官)의 2/3와 사환使喚·이역吏役의 상당수를 줄여서 얻어진 녹료祿料도 군수에 충당해야 한다고 말했다. 이런 변통이 평상시라면 절대로 불가능하지만, 국가적 위기상황인 지금은 가능하다고 말했다.[25] 이식의 주장은 병자호란을 앞두고 더욱 구체화된다. 재물은 더 이상 나올 곳이 없고 민에게 지우는 부담도 더 무겁게 할 수 없으니, 오로지 각 도에 대동법을 실시해서 군자를 마련할 수밖에 없다고 말했다.[26]

공물변통은 재원 마련을 위해서 이 시기에 조정이 선택할 수 있는 거의 유일한 방법이었다. 인조 연간에 공물변통 문제가 끊임없이 제기되었던 것은 이 당시 조선 정부의 전체 재정에서 공물이 절대적인 비중을 차지하고 있었기 때문이다. 이식의 주장은 단순히 개인적인 상상력에서 나온 것이 아니었다. 그의 주장은 현실 조건들과 그동안 조정이 실시하고 또 경험했던 것들에 기초해 있었다.

조선은 이미 선조 25년과 27년에 군량을 마련하기 위해서 공물작미를 실시했었다.[27] 선조 27년의 공물작미는 결당 2두씩 걷어 총 5만 석을 마련하는 내용이었다.[28] 임진왜란이 끝난 후 선조 40년부터는 운반상 편의를 고려해서 양호 연해沿海 각관의 공물 중 국가와 왕실의 제향을 위한 물품 이외의 것을 작미했다.[29] 이렇게 거둔 것 중 절반은 호조에, 나머지 절반은 경각사京各司에 지급되었다. 양호 연해 각관의 작미는 이후 인조대 내내 유지되었고,[30] 효종 초 만들어진 충청도 대동사목에 포함되었다.[31] 갑술양전 이전인 광해군 12년(1620) 기록에 따르면, 양호 연해 고을의 공물 총량은 무명으로는 260여 동同, 쌀로 환산하면 2만 4,800여 석 정도였다.[32] 이것은 광해군 3년(1611) 호조 판서 황신黃愼이 말한 중앙의 1년 공물가 수입액의

1/3에 해당했다.[33] 광해군 3년과 이식이 공물변통안을 말했을 때의 시간 간격이 20년 가깝게 나기는 하지만, 정부재정의 상당 부분이 양호 연해의 공물작미로 충당되었다는 점에서는 별 차이가 없다. 오히려 갑술양전 이후에 정부가 파악한 경작지가 늘었기 때문에 이 지역의 공물작미 규모도 더 늘었을 가능성이 높다. 이식의 주장은 바로 이 방식을 전국적으로 확대하자는 것이었다.

## 이이의 공물변통안과 대동법의 차이

이식이 주장한 대동법은 현실적으로는 양호 연해 각관의 공물작미라는 정책 경험에 기초했다. 하지만 그 이론적 원형은 이이의 공물변통안에 있었다. 이식은 각관의 관행대로 포를 걷어 그것으로 현물을 마련하고, 중앙에서 보낸 관리가 경각사(중앙 각사)에 공물을 직납함으로써 중간에서 모리배의 주머니로 빠져나가는 엄청난 손실을 막자(依例收布 監備土物 輪定差員 直納各司 以絶今日鉅萬姦蠹之費)는 제안을 했다. 이 말에서 알 수 있듯이, 이식은 공물 납부에서 이미 현실화된 수미收米·수포收布의 관행을 인정하면서도, 시장에서의 사주인私主人 역할을 수용하는 단계까지는 나가지 못했다. 그는 자신의 생각을 이미 정묘년(인조 5, 1627)에 밝혔고, 이경여李敬輿나 전 영상領相 윤방尹昉도 동의했다면서 대동법 실시를 강력히 주장했다.[34]

실제로 인조 11년(1633) 박지계朴知誡의 상소에 따르면, 이경여는 공물변통을 통해서 군자를 마련하는 것에 전적으로 동의했다. 박지계 자신도 그것에 동의했다.[35] 주목할 부분은 이식, 이경여, 박지계 모두 동의하는 공물변통의 방식이 박지계의 말처럼 이이가 제안했던 방식이라는 점이다. 그 내용은 기존의 현물을 작미·작포하고, 사주인이 아닌 관리가 미·포의 운반과 납부를 책임지는 방식이었다.[36] 이런 생각은 거의 인조 말에 이르러서야 바뀌기 시작했다.

인조 23, 24년의 재생청 활동 이전까지, 즉 공안개정론과 대동법 실시론이 선명하게 나뉘기 전까지 이이의 공물변통안은 조정의 정책담당자들과 지식인들이 주장한 각종 공물변통론의 원형이었다. 공안개정론은 실은 이이의 주장을 계승한 것이었다. 박지계뿐만 아니라, 유계兪棨 역시 자신의 변통론 기반을 이이에게서 찾았다.[37] 대동법은 공안개정론과 공유하는 내용이 적지 않으면서도, 그것을 극복하면서 성립되었다. 따라서 몇 가지 중요한 점에서 대동법과 이이의 공물변통안은 달랐다. 대동법은 이이의 논의에 근거했지만, 그것을 한층 넘어선 것이라고 볼 수 있다.

효종대부터 실시되는 대동법은 세 가지 점에서 이이의 공물변통안과 달랐다.[38] 우선, 이이의 공물변통안은 지방재정을 포함하지 않았다. 박지계에 따르면, 이이는 단지 "매 1결에서 쌀 1두를 거두자每一結收米一斗)"고 했을 뿐 지방재정에 대해서는 별다른 언급을 하지 않았다. 이는 명백히 경대동을 뜻했다. 대동법의 핵심 내용 중 하나는 지방재정까지 양입위출의 틀 속에 둔다는 점이다. 둘째, 이이는 사주인의 존재를 언급하지 않았다. 역시 박지계에 따르면, 이이는 "각 고을이 스스로 물품을 준비하여 경각사에 납부(官自備物 以納于京)"하며, 사주인(공물주인) 대신 관官의 역할을 강조했다. 대동법에서 사주인이 담당하는 역할이, 이이가 제시한 안에서는 각관 자체가 주관하는 것으로 나타난다. 대개 사주인의 역할을 인정하는 발언들은 병자호란 이후부터 등장했고, 인조 말년에 상당히 확산되었다. 셋째, 이이의 공물변통안은 공물가 인하의 내용을 포함했다.[39] 대동법 실시를 주장했던 사람들도 공물가 인하에 반대하지는 않았지만, 실제 대동법 자체는 기존의 공물가를 전혀 줄이지 않았다.[12] 대동법이 실제로 양입위출을 원칙으로 했음에도 불구하고 많은 사람들에 의해 양출위입量出爲入했다고 비판받은 이

유는 여기에 있었다.[13]

지방재정을 포함하지 않은 경대동, 사주인을 배제한 공물의 조달체계, 공물가 인하의 세 가지 내용을 핵심으로 하는 이이의 공물변통론은 이이가 살았던 시대를 배경으로 제시될 수 있었던 내용이다. 공물가 인하는 조광조趙光祖도 주장했던 조선의 전통적 공물변통 방식이었다. 또한 사주인의 역할이 국가의 공납 운영에서 받아들여지기 위해서는 이이의 시대로부터 상당한 시간이 더 필요했다. 이이의 주장 가운데 새로운 것은 작미에 대한 요청이었다. 작미를 통한 공물 상납 방식은 현물 운송에 따른 불편한 점들을 일거에 해결할 수 있는 장점을 가지고 있었다. 위의 세 가지 요소가 현실에서 충분히 성숙되기 전까지는 각각의 현실 기반이 충돌하는 속에서도 서로

---

12) 이선민에 따르면, 이이의 공납제 개혁론은 두 종류였다. 처음 이이가 공납제 개혁론을 개진한 선조 2년의 『동호문답東湖問答』의 내용이 하나이고, 선조 7년 『만언봉사萬言封事』에서 주장했던 것이 또 하나이다. 전자에서는 공납 문제의 대책으로 수미법, 즉 경대동과 공안개정을 주장했다. 반면 후자에서는 수미법이 빠지고 공안개정과 현물납이 강조되었다. 뒤에 말했던 것이 앞에 말했던 것보다 좀 더 후퇴한 방안이라고 볼 수 있다. 이이는 이후 『만언봉사』에서 주장한 논지를 견지했다. 이이가 수미법을 포기한 이유에 대해, 이선민은 이이가 그의 절친한 친구 성혼成渾에게 보낸 편지에서 찾았다. 그 이유는 한마디로 탐관오리들 때문에 수미법이 현실적으로 불가능했기 때문이라는 것이다.(이선민, 「이이의 경장론」, 『한국사론』 18, 1988, 255~259쪽) 여기서 주목할 부분은, 이이 자신의 의사와 관계없이 인조대의 논자들은 이이의 공물변통론 중 『동호문답』에 실린 내용을 자신들의 논리로 받아들였다는 점이다. 심지어 유계는 자신의 변통론을 이이의 『동호문답』을 따라 『강거문답江居問答』으로 한다고 말했다. 이런 정황은 인조대 공물변통에 대한 논자들의 집단적 인식이 과거 이이의 두 가지 생각 중 하나를 선택했음을 뜻한다. 또 그런 선택 자체가 인조대에 진전된 공물변통 논의의 수준을 보여준다.

13) 숙종 초 이조 정랑 임영林泳은 다음과 같이 말했다. "다만 들으니 당초 공법을 바꾸어 대동법을 만들 때, 사람들이 오히려 이 법에 따른 부과가 너무 무겁다고 말들을 했다고 합니다. 대개 공안을 고치지 않고 공물의 값을 넉넉히 정했으니, 너무 무겁다고 말한 것이 진실로 타당합니다." 『창계집滄溪集』 권4, 應旨言事疏" [『숙종실록』 권13, 8년 8월 14일(己丑)]

공존할 수 있었다. 이것들이 공존했던 틀이 바로 이이의 공물변통안이었다.

## 호조 판서 김신국의 군비 마련책

군비 마련의 두 번째 방식은 호조 판서 김신국金藎國의 안이었다. 그는 정묘호란 당시에 군자를 신속히 마련하기 위해서 화폐를 발행하거나 은銀을 채굴할 것을 주장했다.[40] 세입의 곡식 외에 다른 방도로 재정을 늘린 뒤에야 군비 마련이 가능하다고 보았던 것이다.[41] 재물을 늘리는 방도는 반드시 백성에게 해가 없어야 하며, 그러기 위해서는 은 채굴이 필요하다고 적극 주장했다. 은 채굴은 백성들에게 조금도 해가 없을 뿐 아니라, 백성들과 이익을 다투는 어염魚鹽과도 다르다고 주장했다.[42]

그런데 그가 주장한 내용은 현실적으로 적절한 문제 해결 방법이 되지 못했다. 현재 재부가 창출되는 곳의 밖에서 새로운 재부를 창출해 대규모 재정 기반으로 삼는 것을 현실적이라고 보기는 어려웠다. 사실 위의 주장은 종전에 했던 자신의 주장과도 달랐다. 그는 광해군 6년(1614)에 중국의 제도를 들어서 염철鹽鐵의 전매를 주장한 바 있었다.[43] 또 효종 초 조익에 따르면, 김신국은 강력한 대동법 찬성론자였다. 인조 초에 같은 소북小北 계열이었던 심열이 삼도대동법의 폐지를 강력히 주장했던 것에 반해, 그는 개인적으로 이 법의 유지를 원했다.[44] 그런데도 이 시기에 갑작스레 은의 채굴을 주장한 이유는 내수사·궁방·각 아문·세족들과 경쟁해서 군자를 마련하는 것이 현실적으로 매우 어렵다고 판단했기 때문이다. 그는 어염을 군자 마련을 위한 재원에서 제외해야 하는 이유가 백성들과 이익을 다투기 때문이라고 말했다. 하지만 실상 이익을 다투어야 할 대상은 백성이 아니라, 내수사內需司를 비롯한 힘 있는 집단이었다.

호조 판서로서의 김신국의 주장은 궁방에 대한 인조의 입장 때문에 나온

것이다. 인조 4년에 조정에서 벌어진 논란은 이를 잘 보여준다. 이해에 궁
방들의 불법적 어염 절수折受를 폐지하자는 요청이 조정에서 제기되었다.
이를 둘러싼 인조와 신하들 간의 격렬하면서도 지루한 논쟁은 이식이 말했
던 것처럼, 인조 3년 말부터 시작되어 해가 지나고 계절이 바뀌도록 계속
되었다.[45] 이 시기의 실록에서 이 문제 이외의 다른 문제들에 대한 기록을
찾아보기 어려울 정도다. 왕과 신하 양측의 주장은 서로 완강했다. 인조는
신하들의 요청에 한 치도 물러서지 않았다. 김신국은 바로 이 광경을 지켜
보았던 것이다. 인조의 완강한 태도는 어염을 군자의 재원으로 삼으려는
생각 자체를 불가능하게 만들기에 충분했다. 이런 상황에서 김신국은 아예
분란의 여지가 없는 부분에서 군수 재원을 마련하려 했던 것이다.

### 보수주의자 윤황의 군비 마련책

군비 마련을 위한 세 번째 내용은 이 시기 조정 논의의 주류적 흐름이었
던 절용節用을 강조하는 입장이다. 절용의 핵심 내용은 왕의 근검절약이었
다. 정묘호란 직후 이 견해를 대표하는 사람들 중 하나인 윤황尹煌의 상소
를 보자.

> 신이 생각하건대 전하께서는 반드시 빠르게 깨닫고 분히 여겨 떨치고 일어나
> 서서, 자신부터 절검하고 아끼시는 것을 시작해야 합니다. 옷에 비단을 더하서
> 서는 안 되고, 음식에 고기를 중히 여겨서도 안 됩니다. 풍년이 들어서 일이 안
> 정되기까지는 모든 진상·공물·기인·방물 등의 일을 일체 정지시키십시오. 장악
> 원·사복시·사옹원·선공감 등 여러 관사의 쓸데없는 경비를 일절 없애십시오. 내
> 탕內帑과 내수사의 재물, 갈대밭과 어염의 세금을 모두 호조로 돌려서 군량에 보
> 태시고 백성들에 대한 진휼에 사용하십시오. 그런 후에 백관의 봉록俸祿 및 산료

散料·각종 군병軍兵 및 각 처各處 이졸吏卒의 월봉月俸과 요미料米를 덜어 아울러서 1/3을 줄이십시오. 이같이 하시면 경비가 절약되고 부세를 거두는 것이 가벼워져, 사람들의 마음이 기쁘게 복종하고 국가를 보전할 수 있습니다.[46]

국가재정의 지출을 줄이려 할 때 무엇보다 중요한 것은 왕 스스로 절약하고 검약한 모습을 보이는 것이다. 왕은 국가의 기준이기 때문이다. 설사 그 절검으로 실제 줄어드는 양이 얼마 되지 않더라도, 그것은 다른 많은 것들의 절검을 강제할 수 있는 근거로 생각되었다.[47] 이식이 말하듯, 왕의 절검은 근본으로부터 정돈해서 부당한 이득을 막는 수단이었다.[48]

청나라와의 전쟁이 가시화된 인조 14년, 대사간 윤황은 여러 차례 상소를 통해 자신의 종전 견해를 더욱 명확히 했다. 그는 국가재정을 어렵게 하는 요인으로 세 가지를 들었다. 어공의 조달에서 발생하는 방납, 각사의 용식冗食[14]과 부비浮費, 궁방과 세가의 불법 절수 등이 그것이다. 각각의 문제에 대해 윤황은 다음과 같은 처방을 제시했다. 우선 방납에 대해서는 공물

14) 용식이란 글자 그대로 풀이하면 일없이 밥만 축내는 것이다. 각사의 용식과 부비에 대해 상세히 말한 사람은 심열沈悅이다. 그는 광해조에 인목대비 폐위론에 참여하고도, 인조 21년 영의정까지 오를 정도로 재정에 대한 전문성을 인정받았다. 광해군대의 인목대비 폐비 건은 후에 일종의 정치적 리트머스시험지가 되었다. 즉 인조 정권은 이 사건을 광해군대 인물들을 판단하는 정치적 기준으로 삼았다. 심열에 따르면, 각사는 그 아문을 사적 이익의 도구로 삼고 서로 비호했으며, 심지어 공식적 호조의 요구에도 응하지 않는 경우가 많았다. 심열은 부비·용식의 예로 도감 포살수의 비용, 어영청의 무리, 각 아문의 군관, 혜민서의 약재 공물, 사복시의 각 처 둔전, 사부의 값 등을 들었다.[심열, 『남파상공집南坡相公集』 권3, 戶曹判書時箚 丁卯(인조 5)] '사부斜付'의 뜻은 〈특별부록〉의 용어해설 513쪽 참조. 신병주는 심열 외에도 김신국, 남이공, 김세렴 등을 정치적 세력 기반이 없지만 재국(관료로서의 재주)을 갖고 있다는 점에서 인조 정권의 인정을 받아 활약했던 북인 관료로 파악했다.(신병주, 「17세기 전반 북인관료의 사상 - 김신국, 남이공, 김세렴을 중심으로」, 『역사와 현실』 8, 1992, 137쪽)

**윤황선생 고택(충남 논산시 노성면 장구리 52)**

윤황은 왕에게만 절약을 강조했던 것이 아니다. 죽기 직전 후손을 위해 남긴 「가훈」에서 선비 집안은 근검절약을 법도로 한다고 말했다. 만약 자손들이 이를 어기면 중년 이상은 공개적으로 문책하고, 중년 이하는 종아리를 때릴 것이며, 세 번이나 책망을 받고도 뉘우치지 않으면, 사당에 오르지 못하게 하고, 제사에도 참여하지 못하게 하라고 유언했다.

을 시장에서 사서 바친다.[49] 각사의 용식과 부비에 대해서는 왕 스스로 절약을 실천한다. 궁방과 세가의 불법적 절수에 대해서는 내탕과 내수사를 혁파하여 개혁의 출발점으로 삼는다. 인조로서는 어느 것 하나 들어줄 수 없는 내용이었다. 제향과 어공을 시장에서 구입하면 정결하지 않다는 반론이 제기되자, 윤황은 현재 각사에서 조달하는 물건은 시장에서 마련한 것이 아니냐고 반문했다. 그는 오히려 그런 반론 자체가 방납자들의 핑계에 불과한 것임을 지적했다.[50] 나아가 구체적인 수치들을 제시하며, 자신의 주장이 실시 가능한 것임을 뒷받침했다.[15]

---

15) 윤황에 따르면, 경기·강원·공청·전라·경상 등 5도의 세입은 미·태米太로 17만 5,900여

여기서 한 가지 주목할 것은 윤황이 어공의 시장 구매를 긍정하고 있다는 점이다. 뒤에서 보겠지만, 유백증兪伯曾도 대동법 실시를 주장했다. 이 두 사람은 이 시기 조정 관료들 중에서도 정치적으로 보수적 입장에 속했던 사람들이다. 하지만 공물변통에 대해서는 그렇지 않은 모습을 보였다.[16] 물론 그들이 생각하는 대동법이 나중에 등장하는 대동법과 정확히 같은 내용은 아니었다. 하지만 그들의 발언에서 볼 수 있듯이 공물변통의 분위기는 이미 폭넓게 확대되고 있었다. 이러한 분위기의 확산 덕분에 어공을 둘러싸고 발생할 수 있는 이데올로기적 분쟁의 가능성은 이 당시 벌써 상당히 줄어든 상태였다. 제향과 어공을 시장에서 바꾸면 정결하지 않다는 주장에 대한 윤황의 반박은 이를 잘 보여준다.

---

석이었다. 이 중 당량唐糧 3만여 석을 뺀 미·태 14만 5,800여 석과 작미 1,830여 석이 한 해의 수입이었다. 지출은 미·태 12만 7,000여 석과 조예미 2,700여 석이었고, 그 결과 미·태 1만 5,000여 석과 작목 1,800여 동이 남았다. 그는 공물을 모두 없애고 이것으로 제향·사대·어공에 사용해도 모자라지 않는다고 말했다. 또한 진헌 350여 동, 세폐 400~500동, 1년 제향 200~300동, 어공 3,500석과 240동을 잡으면 오히려 남는 것이 있으리라고 보았다. 게다가 용식과 부비를 줄이면 20~30%의 경비가 절감되리라 예측했다. 이외에도 경기 작전미京畿作錢米 2,500여 석, 삼남 전세조三南田稅條의 정포正布 260동, 노비신공奴婢身貢 520여 동, 각종 선세船稅·장세匠稅·염세鹽稅 등에서 나오는 미·포의 양도 적지 않을 것으로 보았다. 더구나 각 아문·제궁가가 횡렴한 재물을 호조로 돌리면 군수에 충분하다고 했다.(윤황, 『팔송봉사八松封事』絶虜後申論振作修攘疏 丙子 三月 初一日)

16) 한 가지 더 주목할 사실은 윤황, 유백증, 최유연 등이 어공의 시장 구매를 주장하면서 명나라에서도 같은 제도가 실시되고 있음을 지적한 것이다.(제1부 3장 2. 다시 떠오르는 공물변통 논의, '충청 감사 김육의 상소' 141~142쪽 참조) 또, 효종 초 호서대동법이 성립되기 직전에 명나라에 사신으로 갔던 이시방은 중국의 부세제도와 관련된 『여지지輿地志』라는 책을 구해온다.(제2부 4장, 202쪽 각주 32참조) 현종 원년에 송시열도 어공의 시장 구매를 주장하며 명나라의 사례를 인용했다.(제2부 5장, 260~261쪽 송시열의 말 참조) 이런 사실들로 미루어보아 명나라의 세금제도가 대동법의 성립에 어떤 영향을 주었던 듯하다. 아직까지 이에 대한 연구는 찾아보기 어렵다. 여기에 대해서는 추가적 검토가 필요할 것이다.

군자 마련의 첫 번째 방식과 세 번째 방식은 내용면에서 공통점을 갖고 있었다. 왕의 절용을 중시하고, 이것을 기초로 궁방과 각사의 낭비를 줄이고, 여기서 얻어진 것을 호조가 일괄적으로 군수에 사용하자는 것이 그것이다. 이 같은 내용은 어떤 당파적 견해가 아닌, 이 시기 사대부라면 누구도 부정할 수 없는 당위적 주장이었다.

왕 자신의 절약에 기초한 세 번째 군비 마련책은 일부만 받아들여졌다. 기인목其人木·의사醫司의 약藥을 감하고, 방물을 줄이고 삭선朔膳을 더는 것 등이 그 구체적 내용이었다. 하지만 더 이상의 조치는 없었다. 사관이 말하듯 황해도의 노전蘆田(갈대밭)[17]과 내수사에 저축된 물량이 만약 신하들의 요청대로 처리되었다면, 위의 부분적 삭감과는 비교되지 않을 정도로 큰 효과를 냈을 것이다. 하지만 이것들은 끝내 혁파되지 않았다.[51] 인조의 양보는 위의 조치들까지였다.

## 한갓 착하기만 한 것은 정치가 될 수 없다

왕실의 절수를 폐지하라는 신하들의 빗발치는 요청에 대해서 인조는 부정적 자세로 일관했다. 인조가 왕실의 절수를 변호하는 논리는 선왕先王(선조)이 준 것을 이제 와서 혁파할 수 없다는 것이었다.[52] 나아가 "나라를 다스리는 방법 중에 우려할 만한 점들이 진정 많겠지만, 이것 때문에 나라가 위태롭고 망할 지경에 이르지는 않는다는 것이 분명하며", "(절수된 곳들을)

---

17) 노전은 염분이 많고 물이 빠지지 않아서 농경지로는 부적합하지만, 여기서 나는 갈대의 쓰임이 많아 가치가 있었다. 갈대는 땔감으로 사용될 뿐만 아니라, 자리와 발, 삿갓과 같은 생활용품을 만드는 데 유용했으며, 지붕을 이는 재료로도 활용되고, 농우의 먹이로도 쓰였다. 비록 불법적이기는 했지만, 봉산현 한 곳이 내는 노전의 세금이 목면으로 700~800동이나 되었다.

혁파해도 그 이익이 국가재정의 수입으로 모두 들어온다고 보장할 수 없을 뿐더러, 끝내는 (양반) 권세가들에게 흩어져 들어갈 것인데 국가에 무슨 이익이 있겠는가"라고 말했다.[53] 절수 폐지 요구에 인조의 반응은 이렇듯 단순히 거부 차원을 넘어 신하들에 대한 냉소를 담고 있었다. 또 내수사 문제에 대해서는 다음과 같이 말했다.

> 강講을 마치고 지경연 정경세鄭經世, 특진관 장유張維 등이 내수사의 폐해를 두루 아뢰었다. 상이 이르기를 "오늘날 말하는 자들은 모두 '내수사는 임금의 사사로운 재산이니 이는 공정한 도리가 아니다'라고 하지만 내 생각은 그렇지 않다. 조종조에서 (내수사를) 설치한 의도는 반드시 그럴 만한 이유가 있다. 대체로 궁중에 재물을 비축한 곳이 있어야 임금이 낭비하는 걱정을 면할 수 있다. 임금이 만약 절약하는 의리에 어두워 재물을 남용한다면, 그 해가 반드시 민생에 미칠 것이다. 지금 이 내수사는 털끝만큼도 백성의 힘을 빌리지 않으면서 나라에 도움이 되는 것이 적지 않으니, 또한 제왕의 낭비도 막을 수 있는 것이다." 하였다. 정경세와 장유가 아뢰기를 "상의 하교도 그럴듯합니다만, 이 기관을 혁파하지 않고는 그 폐단이 제거되지 않습니다." 하였다.[54]

인조는 내수사야말로 혹시 있을지도 모르는 왕실의 정부재정에 대한 침탈을 막는 기구로 보았던 반면, 신하들은 왕의 개인 창고로 보았다. 양측의 입장은 조금도 좁혀지지 않았다. 사실, 여기에는 그럴만 한 이유가 있었다.

조선시대의 많은 관료와 지식인들은 물론이고 오늘날의 일부 연구에서도 내수사나 궁방 절수 문제를 단지 도덕적 측면에서 접근하는 경우가 있다. 이것은 곧 이 문제에 제도적으로 접근하고 있지 않음을 뜻한다. 조선시대에는 왕의 친족이 왕에 대한 정치적 지지자로서의 역할도 했지만, 반대로 역모의 중심에 설 수도 있었다. 이 때문에 대부분의 왕들은 종실을 자신의 든든한 지지세력으로 만들기 위해 늘 노력했다. 왕은 경제적으로도 종실 인사들에게 가능한 한 후원자의 역할을 다해야 했다. 임진왜란 이후, 왕실의 경제적 토대 역할을 했던 과전법과 직전법이 완전히 무너졌다. 이에 따라 선조대부터는 궁방전宮房田이 왕실의 사적 경제 기반이 되었다. 궁방전에서 시작된 절수는 곧 시지柴地·어량魚梁·염분鹽盆·염장鹽場에 이르기까지 각종 이권의 절수로 확대되었다. 결국 이런 상황은 국가재정의 기반이어야 할 공적 수세 대상을 축소시키는 결과를 가져왔다. 국정 운영을 책임지고 있는 관료들로서는 이 사태를 묵인할 수 없었다. 그러나 왕실 절수에 대한 관료들의 강력한 반대에도 불구하고, 인조 역시 물러설 수 없는 입장이었다. 선왕의 적장자 자격으로 즉위하지 못했던 인조로서는 왕실과 종실의 지지가 절실했기 때문이다.[55]

군비 마련을 위한 첫 번째 방식과 세 번째 방식에는 뚜렷한 차이점도 있다. 첫 번째 방식은 왕의 절용을 중시하기는 해도 공물변통의 필수 전제조건으로 보지는 않았다. 반면에 세 번째 방식은 공물변통과 왕의 절용을 하나의 내용으로 이해했다. 즉 강조점이 왕의 절용에 있었다. 아래는 첫 번째 방식을 대표하는 이식의 말이다.

> 대사간 이식이 상소하기를 "신이 지난번 비국에 내리신 소장疏章을 두루 살펴보았습니다. 거기서 논한 것이 모두 군덕은 심성을 교화하는 것으로 주를 삼는다는 것이었습니다. 이는 예로부터 성현들이 극진히 말씀하신 바입니다. 천하의 이치가 어찌 이보다 더한 것이 있겠습니까. 그러나 임금이 심법心法으로 정치를 하는 것은 주나라 이후 수천 년간 전혀 계승한 자가 없었습니다. 그러므로 요순만 같지 못한 것은 이미 세상 임금들의 큰 수치가 되지 않습니다. 신하가 이것을

임금에게 바라는 것은 마치 축사祝詞와도 같습니다. 말을 함에 족히 품위가 높아지고, 말을 들음에 귀에 거슬리지 않습니다. 이것이, 말하는 자가 비록 많기는 하지만 결국 헛된 문장이 되어버리고 마는 이유입니다. … 이른바 변통이란 것은 잘못된 정치(弊政)를 개혁하고 나라를 좀먹는 간신들을 제거하여 일체 백성을 편안케 하고 나라를 지키는 것을 당연한 목표로 삼아야 하는 것입니다. 그런데 지금 어공을 줄이고 조그만 비용을 절약하면서도, 구차하고 고식적인 정치와 백성을 성가시게 하고 나라를 병들게 하는 일에 대해서는 일체를 그대로 따라 답습하셨습니다. '한갓 착하기만 한 것(徒善)은 정치가 될 수 없다'라는 것이 바로 이를 두고 이른 것입니다."[56]

이식의 말은 앞서 윤황과 김시양金時讓의 상소를 받은 인조가 부분적으로 어공을 줄인 조치를 빗대어 한 말이다. 임금에게 심법으로 정치를 하라고 요구하는 것은 결국 내용이 없는 공허한 말에 불과하며, 변통이란 폐정을 개혁하는 것에서 찾아야 한다고 이식은 주장했다. '한갓 착하기만 한 것(徒善)은 정치가 될 수 없다'라는 그의 말은 변통이라는 제도개혁을 통해서만 군주의 덕으로 나갈 수 있음을 압축한 표현이었다. 비록 단초적인 형태이기는 하지만, 이렇듯 정묘호란 이후 군비 마련책에서 보였던 의견 분화는 이후 공물변통론의 양대 축이 되는 대동법 실시론과 공안개정론으로 이어졌다.


## 2. 다시 떠오르는 공물변통 논의

병자호란 이전 공물변통 논의의 두 가지 맥락은 앞에서 말했듯이 상충했다. 하나는 백성들의 역 부담을 줄이고 균등히 하려는 것이었고, 다른 하나는 백성들에게서 재원을 마련하려는 것이었기 때문이다. 당연히 이 기간 동안 조정에서 공물변통을 위한 실질적 대책은 마련되기 어려웠다.

## 병자호란 이후 조정의 상황

병자호란 후에 조정에서 공물변통 논의가 활발하게 이루어지기까지는 또 다시 시간이 걸렸다. 병자호란이 조선에 끼친 충격이 그만큼 컸기 때문이다. 이 전쟁이 조선의 양반층에게 준 정치적·정신적 충격은 임진왜란을 능가했다. 그들에게 이때의 경험은 가히 공황적인 것이었다고 말해도 조금도 지나치지 않다.

한편 인조 22년(1644) 4월 청나라가 입관入關하기 전까지 조선의 국내외 상황은 매우 혼란스러웠고, 국정의 방향을 세우는 것조차 불가능했다. 청의 감시와 정치·군사적 압력 때문에 조선이 스스로를 위한 군자를 마련하는 것도 불가능했다.[18] 중국에서 명나라와 청나라의 승패는 여전히 불확실했다. 이 때문에 조선은 군비에 대한 필요성 자체를 완전히 포기할 수도 없었다.[19] 결국 청나라가 명나라를 무너뜨리고 입관하자, 국제 정세의 불확실성이 조금씩 해소되기 시작했다.[57]

---

18) 병자호란 후 조선은 청과 정축화맹丁丑和盟을 맺었다. 정축화맹은 모두 12개조로 이루어져 있는데, 그중에는 조선이 어떤 성곽도 수선하거나 새로 쌓지 못한다는 조항도 포함되어 있었다.(박용옥, 「병자란피로인속환고丙子亂披虜人贖還考」, 『사총』 9, 1964, 55쪽) 청은 조선의 동향을 감시하기 위해 치밀하고 다양한 정보망을 마련했다. 병자호란 후에 청이 조선 내정의 모든 것을 알고 있다는 이야기가 흘러나올 정도였다.(한명기, 「병자호란 패전의 정치적 파장 – 청의 조선 압박과 인조의 대응을 중심으로」, 『동방학지』 119, 2003, 63쪽)

19) 인조 19년 9월 명과 청의 금주성錦州城 전투 때까지도 청나라 장수들의 피해가 속출하는 등 두 나라 사이의 싸움에서 대세를 예단할 수 있는 상황이 아니었다.[『인조실록』 권42, 19년 9월 7일(庚辰)]

인조 22년과 23년에도 조정에서 공물변통 논의는 활성화되지 못했다. 국내적으로 어려운 상황이 이어졌기 때문이다. 인조 21·22년에는 전염병이 돌아 많은 사람들이 사망했다. 전라도에서 인조 21년에 사망했다고 보고된 인원만 1만여 명에 달했다.[58] 각 처에서 올라온 보고에 따르면, 인조 21년 봄부터 인조 22년 4월까지 전염병으로 사망한 인원만 공식적으로 4만 200명에 이르렀다.[59] 게다가 인조 23년 4월에는 병자호란 이후 청나라에 인질로 있다가 8년 만에 돌아온 왕세자가 귀국한 지 얼마 안 되어 죽고 말았다.[60] 잘 알려져 있듯이, 소현세자昭顯世子의 죽음에는 보기에 따라서 정치적으로 미심쩍은 구석이 없지 않았다. 그에 따라 조정 안팎에서는 커다란 정치적 긴장이 조성되었다.

병자호란 직후 조정의 공물변통 논의에는 세 가지 입장이 있었다. 첫째는 어떠한 공물변통에도 반대하는 입장이고, 둘째는 대동법을 실시하자는 입장이며, 셋째는 절용을 위주로 공안을 개정하자는 입장이었다. 첫째 입장은 병자호란 이후의 국내외적 불확실성에 기초한 것으로, 인조 자신의 생각이자 조정의 공식적 입장이었다. 둘째 입장은 지지자들이 꾸준히 늘면서, 인조 22년 이후에는 가장 이상적인 공물변통책으로 받아들여졌다. 셋째는 공물변통에 대한 조선의 전통적인 입장으로서, 여전히 다수 논자들의 견해를 대표했다. 한편, 군자 마련을 위한 김신국의 주장은 그 급박한 필요가 사라지자, 조정 논의의 의제에서 자취를 감추었다.

### 지친 최명길

첫째 입장의 대표자는 최명길崔鳴吉이었다. 병자호란 후 조정은 두 가지 조치를 취했다. 하나는 전쟁 피해의 정도에 따라 각 고을의 공물 부담을 줄여주는 것이었다.

가장 심하게 약탈당한 고을들(尤甚被兵)은 부담할 공물의 전부를, 피해가 심하지 않았던 고을들(被兵不甚)은 절반을, 전쟁 피해가 없었던 고을들(不被兵)은 1/3을[20] 줄여주었다.[61] 당연히 이런 조치는 어공의 일시적 중단, 제향의 축소 등을 동반하지 않을 수 없었다. 민에게서 전처럼 공물을 거두지 못하는 상황에서 비록 어공이나 제향이라 할지라도 그 쓰임을 전처럼 유지할 수는 없었기 때문이다. 왕정을 정체政體로 하고 효를 가장 중심적인 사회적·정치적 이념으로 하는 조선에서 어공과 제향이 중단되고 축소되는 모습이야말로 국가가 비상한 상황에 있다는 것을 집약적으로 보여주는 것이었다. 정부의 이런 정책은 갑술양전 이후 최대의 공물 축소 조치였다.

또 하나의 조치는 공물을 수취하는 각사들을 합병하는 것이었다. 내자시는 내섬시에, 사섬시는 제용감에, 풍저창은 장흥고에, 사축서는 전생서에, 혜민서는 전의감에 병합되었고, 금화사는 완전 폐지되었다. 정부의 재정지출을 줄이려는 목적으로 단행된 정부조직의 합병 조치였다. 재정긴축의 가장 극단적 방법인 조직 축소와 폐지 조치가 취해졌던 것이다.

최명길은 이런 조치들을 통해 공납 문제에 대해서는 일단 현실에 부합하는 대책이 세워졌다고 생각했다. 그러나 이런 임시방편이 당분간은 불가피하지만, 일시적인 방편일 뿐 오래 지킬 만한 것은 못 된다고 말했다. 한편 원래 정했던 공안도 아울러 반포해서 외방으로 하여금 조정의 본의를 환히 알게 해야 한다고 말했다. 그래야만 뒷날 원래대로 복구되었을 때, 정부가 신의를 잃었다는 백성의 비방을 면할 수 있다고 생각했다. 즉 그의 생각은

---

20) 『인조실록』 권34, 15년 3월 8일(丁未). 병자호란 직전 충청 감사를 지낸 박명부朴明榑에 따르면, 충청 이서 지역은 공물의 전부를 면제해주었고, 나머지 지역은 1/3씩 줄여주어 전체적으로 원공안元貢案의 1/3만 거두었던 듯하다.(『승정원일기』 57책, 인조 15년 4월 25일)

**최명길 묘소(충북 청원군 북이면 대율리 253-3)**
3기의 봉분 중 가운데 있는 것이 최명길의 묘이다. 앞의 묘표는 남구만南九萬이 썼다. 최명길은
인조반정의 주체 중 한 사람이고, 인조대 정국 운영에서 정치적으로 대단히 중요한 역할을
했다. 조익, 이시백, 장유와 함께 4우友라 불릴 정도로 가까웠다.


몇 년간 공물을 줄였다가, 다시 원래의 공물 수취로 돌아가는 것이었다.[62]
실제로 이때 중단, 축소된 어공과 제향의 수취는 7년 후인 인조 22년부터
차례차례 복구되었다.[63]

　인조 24년에는 조정에서 대동법 실시 요구가 강력하게 제기되었다. 최명
길은 이전과 마찬가지로 여기에 반대했다. 반정 초기에 뭔가 해볼 수 있던
시기에도 실시할 수 없었던 법을, 10년 동안 두 번이나 전쟁을 치르고 가
뭄과 역변을 잇달아 겪은 지금에서는 실시할 수 없다고 말했다. 최명길도
이제는 시대도 달라졌고 일도 변했다고 말했는데, 이것은 그조차 청나라와
의 군사적 긴장이 해소되고 있음을 인정한 발언이었다. 그런데 그는 이런
상황을 내정개혁의 계기로 보지 않고 안정책을 펴야 할 국면으로 파악했다.
최명길의 인식은 인조의 생각과 정확히 일치했다.[64] 그는 전후의 국가 경비

를 해결하는 방법으로 양서兩西의 관향餉餉·어영군御營軍 군관의 늠료·7국출신七局出身에 드는 비용 등 각종 군비를 공물에 충당할 것을 제안했다.[65] 이미 청나라가 명나라를 무너뜨렸고 조선이 군사적으로 청나라에 대적할 수 없게 됐으므로, 더 이상의 군사비용 지출은 무의미하다고 생각한 결과였다. 사실 그는 가까운 시간 안에 변통을 할 수 있으리라고 생각하지 않았다.[66] 국정의 변통을 생각하기에는 그가 너무 지쳐 있었다. 그는 다음 해(인조 25년)에 향년 62세를 일기로 사망한다.

## 충청 감사 김육의 상소

인조와 최명길의 입장이 청의 입관 이후에도 큰 변화를 보이지 않았던 것과는 대조적으로 병자호란 이후 공물변통의 둘째, 셋째 입장은 이 시기를 전후해 뚜렷한 차이를 보인다.

병자호란 직후 공물변통과 대동법에 대한 논의들이 산발적으로 다시 제기되기 시작했다. 기평군杞平君 유백증兪伯曾은 5, 6년 정도 공납 문제를 임시방편으로 처리하지 않을 수 없다고 보면서도, 몇 년의 임시 조치가 끝난 후에는 명나라의 제도에 따라 대동법을 실시할 것을 요청했다.[21] 인조 16년, 행부사과行副司果 최유연崔有淵은 앞에서 살핀 윤황의 주장과 상당히 유사한 내용으로 팔도대동八道大同을 주장했다. 그는 어공과 제향을 부분적으로 줄이는 것으로는 문제가 해결될 수 없고, 전면적 제도개혁이 필요하다고 말했다. 그 내용은 결당 일정한 쌀을 걷어 제향어공, 군수, 녹봉에 각각

---

21) 『인조실록』 권35, 15년 6월 21일(戊午). 이때 공납 문제를 임시방편으로 처리하지 않을 수 없었던 이유는 병자호란을 겪는 와중에 정부가 공안을 모두 잃어버렸기 때문이다. 대략이나마 공안이 복구될 수 있었던 것은 이서吏胥들의 기억에 의존한 것이었다. 어찌 되었든지 공안개정은 불가피했다.(최명길, 『지천집遲川集』 권13, 丁丑封事 第三)

1/3씩 사용하는 것이었다. 또 제향에 쓰일 어공은 균수창均輸倉을 두어 시장에서 물품을 마련해야 방납의 폐단이 없어질 것이라고 주장했다.[67]

이 시기 대동법 논의의 분수령은 충청 감사 김육金堉이 충청도에서의 대동법 실시를 요청한 것이다. 그는 결당 무명 1필과 쌀 2두만 거두면, 백성들에게서 추가로 걷지 않아도 된다고 말했다. 그의 계산에 따르면, 이 정도만으로 충청도에 배정된 진상 공물의 값과 전선戰船, 쇄마와 관청에 바치는 물건 등 도내 잡역의 비용을 모두 해결할 수 있었다.[68] 이것은 갑술양전에서 파악한 충청도 전결을 기준으로, 충청도가 부담해야 할 공물·잡역가를 전결에 나누어 계산한 결과였다.

이에 대해 인조는 재정적 관점에서 두 가지를 염려했다. 하나는 김육이 말한 대동미의 양이 너무 적다는 것이고, 다른 하나는 충청도가 먼저 실시하면 전라도와 경상도도 따라 하려 할 수 있다는 우려였다.[69]

몇 고을의 수령을 지내면서 평소 공물변통 문제에 깊은 관심을 가졌던 우부승지 이명웅李命雄은 김육의 상소가 접수되고 며칠이 지난 뒤 조강朝講에서 이 문제를 언급했다. 그는 일전에 김육과 이 문제를 논의한 적이 있다고 말하면서, 김육이 제시했던 공물변통안을 약간 수정했다. 그는 김육의 대동법에 삭선과 전세조공물田稅條貢物이 빠져 있고, 공물을 운반하는 데 드는 비용이 낮게 책정되었음을 지적했다. 그는 이에 대한 대안으로, 김육이 말한 무명 1필에 쌀 2두 대신, 무명 2필이나 같은 값어치인 쌀 10두를 거두자고 했다. 이렇게 하면 삼남에서 1년간 거둬들이는 수가 기존 수요를 채우고도 7만이나 8만 석 정도가 남으리라고 예측했다. 또 경기의 예를 들어서, 각사 실무관리들의 불평을 무시해도 좋다고 말했다. 대동법이 실시되면 공물을 조달하는 주인主人들도 그 편함을 이해할 것이라 생각했기 때문이다. 사인정私人情 문제는 그 역시 김육이 말한 대로, 지출하고 남은 공물가로 충당할 수 있다고 보았다.[70] 그의 이 같은 주장에 대해서 자리를 함께 했던 우의정 심열도 적극 동의했다.[71]

인조는 외방 백성들이 대동법을 원하지 않을 것이라고 말했다. 이 말은 심열이 뒤이어 말하듯 땅이 적은 자와 많은 자, 결이 많은 고을과 그렇지 못한 고을 간의 이해 차이를 지적한 것이었다. 이 문제에 대해 이명웅의 견해는 김육과 같았다.[72] 즉 소수의 사람들이 불만스러워하고, 다수 사람들이 실시하기를 원하는 정책이라면 실시해야 한다는 것이다. 나중에 추가로 올린 상소에서 김육은 다음과 같이 말했다.

외방의 작은 고을에 사는 백성들 가운데 1결의 토지를 가진 자는 그에 대한 역가가 8, 9필이나 됩니다. 이제 1필 2두만 내고 1년 동안 역가 걱정을 잊을 경우, 그들이 기뻐서 날뛸 것임을 알 수가 있는 바, 어찌 불편하게 여기는 자가 있겠습니까. 다만 큰 고을에 사는 백성들의 경우에는 그 고을의 전결 숫자가 아주 많아서, (전결당) 공물 값을 정한 것이 작은 고을에 비해 1/10이나 2/10밖에 안 됩니다. 큰 고을에 사는 백성들은 8결에서 단지 5필만 낸다고 합니다. 그런데 이제 그들로 하여금 매 1결당 각각 1필을 내게 하니, 이 무리들은 새 법을 반드시 고역으로 여길 것입니다. 그러나 온 도 안에서 큰 고을로 부르는 곳은 단지 충주, 청주, 공주, 홍주 등 4곳뿐입니다. 나머지 50개 고을 사람들이 기뻐하는 일을 어찌 이 네 고을 백성들이 기뻐하지 않는다는 이유로 시행하지 않아서야 되겠습니까. 또 그들이 고통스럽게 여기는 것은 1결당 1필을 내는 것입니다. 지금 같은 때를 당하여 어떻게 1결당 1필을 내는 것을 고역이라고 할 수 있겠습니까.[73]

김육은 전결이 많은 고을과 적은 고을 사이의 현격한 결당 공물가 차이를 지적했다. 전결이 적은 고을은 결당 역가가 8, 9필이나 되는데,[22] 전결이 많은 고을의 경우에 8결당 5필만 내는 곳도 있었다. 따라서 큰 고을은 결당 무명 1필과 쌀 2두의 부담조차 종전에 비하면 무겁게 느껴질 수 있었다. 하지만 객관적으로 이것을 무거운 부담이라고 할 수는 없었다. 더구나 큰 고을이라야 충청도의 50여 개 고을 중 4곳에 지나지 않았다. 김육은 이들 때문에 대다수 작은 고을이 계속 무거운 역 부담을 질 수는 없다고 주장했다.

비변사는, 김육이 계산한 양으로는 공물은 충당할 수 있어도 허다한 잡역에 대해서는 대비할 수 없다고 왕에게 보고했다. 결국 김육의 안은 종래 충청 감사를 지낼 당시 권반權盼[74]이나 이경여李敬輿[75]의 공물변통안이 거부되었던 것과 같은 이유로 거부되었다. 잡역에 대한 대비가 없다는 비변사의 말은 다시 말하면 정부가 양입위출量入爲出의 의지를 갖고 있지 않음을 뜻했다. 즉 재정수요가 있을 때마다 백성들에게서 몇 번이고 반복해서 거두겠다는 것이었다. 이것은 인조의 뜻이기도 했다. 조석윤趙錫胤이 말하듯이, 인조는 "경장을 어렵게 여기고, 백성을 크게 병들게 하는 공안 같은 것도 손을 보아 개혁할 뜻이 없었던" 것이다.[76]

---

22) 결당 역가에 대해, 이명웅은 무명 7～10필 정도로 보았으며, 인조 원년 전라도 암행어사로 파견되어 삼도대동법의 실시를 살폈던 장유는 결당 30두,(『승정원일기』 26책, 인조 7년 5월 8일), 호남대동법 실시를 앞둔 효종 8년 김육은 60두에 가깝다고 말했다.[『효종실록』 권19, 8년 7월 11일(壬子)] 해마다 지역별로 편차가 있었지만, 대개 쌀과 무명의 교환비율을 포 1필에 미 5두로 볼 때, 미 30두라면, 포 6필에 해당한다. 위 세 사람의 견해를 종합해보면, 1결당 역가는 대략 포 5～10필에 해당한다. 그러나 역가는 대동법이 성립될 때까지 꾸준히 증가 추세였던 것으로 보인다. 여기에 대해서는 제2부 5장, 276～278쪽 참조.

## 3. 공물변통 논의의 분수령

### 백성들의 명줄이 끊어지려는 상황

조선 조정에서는 명·청 교체와 함께 더 이상 공물변통을 미룰 수 없는 여러 상황이 조성되었다. 이런 상황들은 일차적으로 국가재정 악화로부터 촉발되었다. 재정 악화의 결정적 원인은 병자호란의 패배에서 비롯되었다. 청은 병자호란 후 조선에 엄청난 세공歲貢(매년 바쳐야 하는 조공물)을 요구했다.[23] 경제적 측면에서 보자면, 정묘호란도 청이 명나라와의 전쟁으로 발생한 자신들의 경제적 곤란을 해결하기 위해 일으킨 것이었다. 당시 청나라는 명나라와의 무역이 중단되어 생필품 부족에 시달렸다. 여기에 더해 당시 만주 지역을 강타한 기근 때문에 굶어 죽는 사람이 속출하는 위기에 처해 있었다. 그러자 명나라를 대신하여 물자를 공급해줄 수 있는 대안으로

---

23) 황금 100냥·백은 1,000냥·수우각궁면水牛角弓面 200부·표피 100장·차 1,000포·수달피 400장·청서피青黍皮 300장·호초胡椒 10두·호요도好腰刀 26파·소목蘇木(단목丹木) 200근·호대지好大紙 1,000권·순도順刀 10파·호소지好小紙 1500권·오조룡석五爪龍席 4령·각종 화석花席 40령·백저포白苧布 200필·각 색 면주綿紬 2,000필·각 색 세마포細麻布 400필·각 색 세포細布 10,000필·무명 1,400필·쌀 10,000포.[『인조실록』 권34, 15년 1월 28일(戊辰)] 한편 『병자록丙子錄』에는 위 항목 외에 환도還刀 20파·호피 100장·녹피 100장이 더해져 있다. 이것은 짐의 규모로도 500여 바리(馱)에 이르렀다. 짐바리 하나의 무게는 대개 100근(60kg) 정도였다.[『瀋陽日記』, 인조 39년 10월 19일(壬寅)] 청에 바쳐야 하는 세폐 부담은 이미 정묘호란 이후부터 계속되고 있었다.("정묘호란이 있은 뒤로 해마다 금나라에 폐백으로 보내는 것은 잡색주雜色紬 600필, 백저포 200필, 백포 400필, 잡색 목면 2000필, 정목면正木綿 5000필, 표피 50장, 수달피 200장, 청서피 160장, 상화지霜華紙 500권, 백면지白綿紙 1000권, 채화석彩花席 50장, 화문석花紋席 50장, 용석龍席 1장, 호도好刀 8병, 소도小刀 8병, 단목 200근, 호초·황률·대추·은행 각 10두, 건시 50첩, 전복 10첩, 천지다天池茶·작설다雀舌茶 각 50봉이었는데, 금년에는 또 금나라에서 힐책함으로 인해 백주白紬 200필, 백포 200필, 정목면正木綿 3000필, 청서피 40장, 백면지 500 권, 호도 12병, 소도 12병을 더 보냈다.")[『인조실록』 권32, 14년 2월 4일(己卯)]

써 조선이 지니는 경제적 중요성이 크게 부각되었다. 청나라는 조선에서 얻은 공물을 자국에서 소비했을 뿐만 아니라, 몽골 등지에서 전마戰馬를 교역하는 재원으로도 사용했다.[77] 또 청나라는 명나라를 공격하기 위해서 여러 차례에 걸쳐 당시 조선으로서는 도저히 감당할 수 없는 병력과 군량을 끊임없이 요구했다.[24] 이런 여러 가지 이유가 겹치면서, 병자호란 후 조선은 극심한 재정적 어려움이 계속되었다.

청의 요구로 조선 정부는 인조 22년(1644) 102척의 배에 5만 3,872석의 양식을 나누어 실어가 그들에게 제공했다.[78] 인조 23년 1월에는 청으로부터 다시 20만 석의 곡물 요구가 있었다. 이것은 나중에 절반으로 줄었지만,[79] 운반비를 포함해서 조선에 막대한 재정 부담을 안겨주었다. 10만 석이란 양도 막대했지만, 그 운반비용만도 무명 3,000동, 쌀로 5만 석에 이르렀다.[80] 이 당시 조선은 호조의 1년 경비가 대략 12만 석 정도였고, 서울에 있는 훈련도감 6,000명 군사의 1년 유지비가 8만 석 정도였다.[81] 서울에 머무는 6,000 병사를 먹이고 훈련시키는 데 호조 재정의 2/3가 들어가는 현실이었던 것이다. 또 운반비 5만 석은 조선의 1년 조운에 들어가는 비용 총액과 비슷한 금액이었다.[82] 이런 상황을 감안하면, 당시 조선 조정이 청으

---

24) 청은 병자호란 후 철군하면서 모문룡毛文龍이 점령하고 있던 가도椵島를 공격했다. 가도는 평안도 철산 앞바다에 있는 섬으로, 압록강 입구 동쪽에 위치했다. 이때 청은 황해도에서 조선 병선 100척과 수군 3,000명을 징발해갔다. 이 공격으로 살상된 명의 군민은 5만 명에 달했다. 이후 청은 조선에 네 차례에 걸쳐 병력을 요구했다. 첫 번째 요구는 최명길의 교섭으로 실제 파병하지 않고 넘어갔지만, 두 번째인 1638년 3월에는 포수·궁수 혼성의 5,000 병력이 실제로 동원되었다. 세 번째인 1639년 10월에는 동원된 군사들이 실제로 전투에 참여했다. 이때는 조선에서 전선 120척, 병력 6,000명, 군량 1만 포가 동원되었다. 마지막으로 1641년 3월에 포수 1,000명, 기병 500명, 마부 500명, 모두 합해 2,000명이 동원되었다.(『병자호란사』, 국방부전사편찬위원회, 1986, 245~255쪽)

**남한산성 동문**

병자호란이 발발하자, 인조는 인조 14년 12월 15일부터 다음해 1월 29일까지 이 성에 머물렀다.

로부터 받는 재정 압박이 어느 정도에 이르렀던가를 대략 짐작할 수 있다.

병자호란 이후 연이은 청나라 사신의 방문은 조선에게 정치·경제적으로 큰 부담이었다. 병자호란 이후 효종 7년까지 20년간, 청나라에서 조선에 불규칙하게 나왔던 사행의 횟수는 연평균 2.3회 꼴이고, 청나라 사신의 회당 평균 조선 체류기간은 40여 일에 이르렀다.[83] 이 사실은 조선이 이 시기에 매년 석 달 정도를 청나라 사신들을 접대하는 데 보내야 했다는 것을 뜻한다.[25]

---

25) 이 당시 청나라 사신의 요구를 다 들어주면 거기에 소요되는 경비는 끝이 없었다. 이 때문에 호조 판서의 능력은 이 경비를 줄이면서도, 그들의 환심을 잃지 않는 것으로 판가름되기도 했다. 이시방은 호조 참판으로 있을 때, 병이 난 판서를 대신하여 청나라 사신을 능숙하게 접대한 일로 왕의 신임을 얻게 된다.[『서봉일기』丙戌(인조24) 正月, 38~39쪽]

사신의 청렴이나 탐욕 여하에 따라 호조에서 지출하는 은자의 양은 4만 냥에서 13만 냥을 오르내렸다. 인조대에는 조사詔使 접대를 위해 10만 냥의 은을 마련하는 경우가 흔했는데, 이 수치는 호조의 1년 재정에 거의 맞먹는 규모였다.[26] 이것은 임시적인 결포, 즉 전결에 부과해서 공물의 형태로 민에게서 걷는 방식으로 충당되곤 했다.[84]

백성들은 도저히 이런 부담을 추가로 감당할 형편이 못 되었다. 병자호란 직후 각관에 대한 조정의 공물 감축 조치에서 엿볼 수 있듯이, 조정도 더 이상 민에게 이 부담을 전가할 명분을 갖지 못했다. 필요한 재정수요는 우선 경각사가 자체 비축한 은이나 포로 충당했지만, 곧 바닥을 드러냈다. 이어서 각 아문의 각종 절수처折受處를 혁파하는 조치를 취하지 않을 수 없었고, 인조가 그토록 거부하던 궁방 절수도 일부 줄여야 했다. 나아가 양호염철사제兩湖鹽鐵使制를 실시하지 않을 수 없었다. 이것은 서산과 태안 지역의 염철을 정부가 직영해 그로부터 나오는 이익을 생산호가 1/3, 정부가 2/3를 차지하는 방식이었다. 하지만 중앙정부가 급박한 재정적 곤란에 몰려서 실시되었기에 몇 년 지나지 않아 다시 무질서해지고 말았다.[85]

이런 상황에서 인조 21, 22년에 전염병이 돌아 수많은 사망자가 발생했다. 인조 23년에는 극심한 가뭄으로 대규모 진휼을 실시했다. 이 와중에 왕세자(소현세자)가 사망하는 사건이 발생했고, 청나라 사신들의 빈번한 왕래는 민에게 잦고 무거운 추가 부담을 지웠다. 『서봉일기西峯日記』에서는 당시의 상황을 백성들의 명줄이 거의 끊어지려 했다고 표현하고 있다.[86]

---

26) 미가를 일률적으로 말하기는 어렵지만, 은 1냥은 쌀 1석으로 교환되기도 했다.[『광해군일기』 권82, 6년 9월 5일(甲寅)]

## 조복양의 상소

이때 사간원 헌납獻納에 재직하던 조익의 아들 조복양趙復陽이 국정 전반에 걸친 문제점을 지적하는 상소를 올렸다.[87] 현실 상황은 미봉책이 아닌, 근본적 대책을 요구하고 있었다. 마침내 그의 상소를 계기로 재생청이 만들어졌고, 이 재생청의 경험이 몇 년 후 대동법의 성립에 결정적 계기가 되었다. 이에 비춰보면, 그의 상소는 대단히 중요한 의미를 지닌다.

그는 병자호란 이후 조선이 겪고 있는 상황에 대한 실질적인 대책 마련을 촉구하면서 이 문제를 전담할 사람의 임명을 요청했다.[88] 국가적 위기상황에서 가장 중요한 것은 능력 있고 사람들의 신뢰를 받는 책임자를 선택하는 일이었다. 그는 이 시기의 문제와 대책에 대해 다음과 같이 말했다.

현재의 민폐는 모두 헤아리기 어려울 정도로 많습니다. 백성들에게 커다란 폐가 되기 때문에 변통해야만 하는 것들을 모아서 말씀드리겠습니다. 공물의 폐단에 대해서는 전부터 말했던 사람들이 많습니다. 백성에게 나오는 것은 많으나 국가에 들어오는 것은 적습니다. 모두 중간 방납자들의 주머니와 각사 하인들의 분탕질에 들어가고 맙니다. 지방 각 고을의 관아들과 감·수·병영들에서 거두어들이는 수에 이르러서는 국가에서 정한 제도가 없습니다. 이 때문에 각 고을의 관아와 감·수·병영에서 걷는 것(관봉官棒과 영납營納)이 저마다 다르고 또 고르지 못합니다. 마음대로 거두고 기강이 없으니, 백성들이 편히 살지 못하는 것이 이 때문입니다. 변통하지 않으면 민생은 끝내 버티어 살아갈 기약이 없습니다. 하물며 이런 지독한 흉년을 맞아 크게 변통하지 않고 약간의 물건들만 줄인다면, 만에 하나 백성들이 혜택을 볼 이치가 없습니다.

가만히 보니, 외방 여러 고을들은 모두 사설대동私設大同을 해서 공물에 응하지만, 고을마다 그 규례는 각자 같지 않습니다. 결마다 혹은 7두를 거두고 혹은 10

두를 거두는데, 산군에서 무명으로 거두는 것도 역시 그렇습니다. 각 고을의 관아에서 거두는 것도 혹은 100여 석을, 혹은 200~300석을, 혹은 수백 수천 석을 거두는 데 이릅니다. 각관의 크기에 큰 차이가 없는데도, 거두는 것은 이토록 커다란 차이를 보이는 경우가 많습니다. 각영이 받아들이는 잡물雜物의 가격도 경중輕重이 다른 것은 마찬가지입니다. 거둠에 불균등하고 절도가 없음이 대략 이와 같습니다. 변통해서 고르게 하는 방법을 생각하지 않을 수 있겠습니까.[89]

조복양은 임시방편이 아닌, 근본적인 제도개혁을 해야 한다고 거듭 주장했다. 제도개혁의 핵심 내용은 공물변통이었다. 백성에게서 이미 많이 걷고 있는데도 정작 국가재정으로 들어오는 양은 적은 점, 각 고을마다 수취하는 것에 정해진 규칙이 없는 점, 모든 고을에 사대동私大同이 실시되면서도 각관마다 거두는 액수가 다른 점들을 고쳐야 할 사항들로 지적했다. 그리고 이에 대해 다음과 같은 방안을 제시했다.

신의 생각으로는 마땅히 경기와 강원도의 선혜법을 모방해서, 연해는 사대동의 7, 8두의 규칙을 좇아, 거두는 것을 반으로 줄이고, 산군의 작목作木하는 곳도 또한 미가에 준해서 거두는 것이 좋겠습니다. 경창에 운반해서 관리하는 기관을 세우고, 호조가 공안을 상정해서 그 거두는 것을 크게 줄이고, 양입위출해서 각사에 나눠주면 각사의 공물이 부족해질 이유가 없습니다. 지방 각 고을의 관아와 감·수·병영에서 걷는 것(관봉官捧과 영납營納)도 적당히 조정해서 양의재정量宜裁定하면, 서울과 지방의 부역은 명백히 정해진 규례를 갖추게 될 것입니다. (이렇게 되면) 모름지기 탐관오리가 함부로 명목들을 만들어 제멋대로 거둘 근거가 없으므로, 민역이 고르게 되고 백 가지 폐단들이 모두 제거될 것입니다. …
예조 판서 김육이 일찍이 충청 감사였을 때, 서울과 지방의 여러 역들에 응해서 대동법을 실시할 것을 요청했는데, 민간에서 이를 듣고는 기뻐하지 않는 자가 없었지만 일이 실시되지 못했습니다. (이 때문에) 의논하는 자들이 몹시 애석해했습니다. 지금 이 법을 행하면 비단 일시적으로 백성들을 구하는 방법이 되는 것만이 아닙니다. 이 법을 이어서 대동법을 실시하면, 실로 우리나라가 바르게 다스려지는 기반이 될 것입니다.[90]

조복양이 제시한 공물변통의 틀은 대동법으로 이어질 수 있는 일종의 예비적 입법의 성격을 지녔다. 조복양 자신도 말했듯이, 그가 제안한 내용은 대동법 자체는 아니지만 그에 가까운, 대동법 실시로 이어질 수 있는 내용이었다. 조복양의 주장이 갑작스러운 것은 아니었다. 그가 주장한 내용은 이미 갑술양전 추진 과정에서도 검토된 바 있었다. 더 거슬러 올라가면, 권반의 공안개정에 기초하고 있었다.[91]

핵심은 결당 일정한 공·역가를 정하는 것이었다. 그 공·역가는 사대동의 결당 수취액인 7, 8두의 절반인 3, 4두 정도였다. 조복양이 사대동으로 언급하고 있는 것은 여러 가지 정황으로 비춰볼 때 경대동京大同을 뜻했다. 여기에는 진상과 방물이 빠져 있고, 지방 각관과 각영의 수요가 빠져 있는 것으로 생각된다. 그는 경각사에 대해서는 양입위출해야 한다고 말하면서도, 각관과 각영의 수요에 대해서는 '양의재정'해야 한다고 말했다. 즉 그가 현행 7, 8두라고 말하는 것도, 반으로 줄여야 한다고 말하는 것도 모두 경각사의 지출을 가리킨다. 어쨌든 조복양은 외방의 관봉과 영납에 대해서도 양입위출은 아니어도 '양의재정'이라는 단어를 사용해서 명확한 규례를 두고자 했다. 그 규례는 적어도 탐관오리의 횡렴을 막을 정도는 되어야 했다. 이와 더불어 호조가 공안을 상정해서 공물가를 인하할 것도 주장했다.

조복양의 상소에는 그때까지 공물변통과 관련된 다양한 경험, 관행, 주장들이 녹아 있었다. 경기와 강원도 선혜법, 일반화된 사대동의 관행, 인조대에 있었던 여러 번의 공물가 인하, 공물가 인하를 핵심으로 하는 공안상정의 요구 등이 그것이다. 하지만 그의 주장은 기본적으로 여전히 이이의 공물변통론의 틀 속에 있었다. 그가 경대동과 공·역가 인하를 동시에 주장한 것은 이를 잘 보여 준다.

## 재생청 설치

조복양의 요청에 따라 재생청이 설치되었다. 새로 우의정이 된 이경석李景奭의 책임 아래, 재생청을 이끌 실무책임자로 호조 참판 이시방李時昉과 부제학 조석윤趙錫胤이 임명되었다.[92] 두 사람은 이미 인조 22년 이래 비변사에서 함께 일을 해왔다.[93] 재생과 진휼의 과정은 다음과 같이 진행되었다.

> 공公(이시방)과 조공趙公(조석윤)은 함께 강구했다. 공안의 내용을 따라가며 물건마다 상의했다. 쓸데없는 것으로 줄일 수 있는 것을 다 줄였는데, 줄어든 것이 쌀로 수천 석에 이르렀다. 별도로 책자를 만들어 각관마다 전결 원수元數 얼마, 시기결 얼마, 공물 원수 얼마, 줄어들 것 얼마, 줄어들 것 중 영원히 줄일 것이 얼마, 일시적으로 줄일 것이 얼마, 일시적으로 줄일 것의 기간은 몇 년 등을 써서 감정한 후에 줄였다. 다만 마땅히 거둬야 할 수는 각관 전결의 시기결에 따라 1결에서 쌀 2두 혹 3두를 거두도록 했다. 각관으로 하여금 이것에 의해 쌀을 내고, 경강京江(한강)을 통해 운반해서 강변에서 경각사에 나눠주었다. 백성들이 부담했던 공물가 중에서 줄어든 것이 절반도 넘었지만, 공물주인이 받은 값은 (전에 비해) 줄지 않았다. (그래서) 서울과 지방이 모두 편히 여겼다. 이것은 사실상 대동과 같은 것이었다. 공은 여기에서 먼저 시험해서 대동법이 편한지 여부를 알려고 했는데, 그 편리함이 이와 같았다.[94]

재생의 내용은 '용람가감자冗濫可減者', 즉 쓸데없는 공물이나 넘치게 많이 거두는 공물의 공물가를 줄이는 것이었다. 이 작업은 인조 초 삼도대동법 때 마련된 자료에 기초해서 진행되었다.[95] 줄어든 공물가를 기준으로, 각관의 시기결에 공·역가를 나누어 배정했다. 이 당시 공안개정론의 핵심은 지나치게 높은 공물가를 줄이는 것이었다. 이때의 재생청 활동은 다름 아닌 공안개정을 뜻했다. 또 줄어든 공물가를 각관의 전결에 부과해서 결당 2, 3두씩 거둬 서울로 운반했다. 이것은 경대동이었다. 이렇게 걷은 공물가의 일부는 공물주인에게, 일부는 군자軍資 용도로 지급되었다.[27]

재생청 활동은 앞에서 서술한 이이의 공물변통안의 틀에 따른 것이다. 즉 지방재정이 포함되지 않은 경대동, 사주인 배제, 공물가 인하가 그 핵심 내용으로, 이식, 이경여, 박지계 등 공물변통론의 주요 논자들도 주장했던 내용이다. 재생청 활동의 효과는 기대한 이상으로 나타났다. 백성들에게는 전에 비해 절반 이하로 거두면서도, 공물주인들이 받은 공물가는 전에 비해 줄지 않았기 때문이다.

### 이시방과 조석윤

재생청 활동이 진행되면서 이시방과 조석윤의 입장이 조금씩 벌어지기 시작했다. 두 사람의 의견이 갈린 지점은 재생청에서 실시한 공물변통의 정책 효과를 어떻게 일반화할 것인가에 있었다. 사실 재생청은 임시 기구였고, 그 활동 내용도 공안개정론과 대동법 실시론이 중첩된 형태로 진행

---

27) 시방이 이르기를 "을유년(인조 23)에 거둔 공물의 1/3을 공물주인에게 주고, 1/3을 군기의 수요에 충당했습니다." 했다. 이 내용은 인조 16년 행부사과 최유연崔有淵의 상소와 흡사하다. 최유연뿐만 아니라 이식도 같은 생각을 지닌 것으로 보아, 대체로 공감대가 형성되었던 생각인 듯하다.(『승정원일기』116책, 효종 원년 10월 13일)

되었다. 양자는 상황에 따라서 상보적일 수도 있고 갈등적일 수도 있지만, 원리적으로는 서로 다른 기반 위에 있었다. 공납 문제를 제도적으로 정비하려면, 둘 중 하나의 원리가 기준이 되어야 했다.

병자호란 후 공물가를 대략 삭감했지만, 균등하지 못했던 것은 여전했다. 한 번은 공안을 고쳐서 균등하게 해야 했다. 조공彩公(조석윤)의 뜻은 실로 여기에 있었다. 하지만 공公(이시방)은 일이 중차대해서 가볍게 논의할 수는 없지만, 양호에서 대동법을 실행하는 것이 최선의 방법이라고 생각했다. 이것은 1결에서 약간의 쌀을 내서 백 가지 바치는 것(供億)을 모두 그 가운데서 마련함으로써 백성들에게 다시 부과하지 않도록 하는 것이다. 실로 정전제의 정신에 부합된다고 하겠다. 백성들을 편하게 하는 대책으로 이것 만한 것이 없었다.[96]

인조 23년 재생청 활동을 통해 이전까지 미분화 상태에 있던 공안개정론과 대동법 실시론이 분화되었다. 양자는 일찍이 이이가 제시했던 공물변통의 내용을 공유하고 있었지만, 이제 이이의 공물변통론은 해소단계에 접어들게 된다. 조석윤의 입장을 공안개정론이라고 한다면, 이시방의 입장은 대동법 실시론이었다.[28)]

---

28) 효종 2년 8월, 실록에서는 호서대동법의 성립을 알리며 다음과 같이 공안개정론과 대동법 실시론의 상충을 전하고 있다. 즉, "60년 이래로 의논한 자들이 대부분 속히 개정해야 된다고 말하였다. 혹자는 '선왕의 임토작공의 뜻에 따라 공안을 개정하여 현물로 징수해야 한다' 하기도 하고, 혹자는 '공안은 갑자기 개정하기 어려우니, 우선 양세兩稅의 제도에 의하여 1년 잡색雜色의 공물을 통틀어 계산한 다음, 그 많고 적음에 따라 그 값을 평균하여 정하고 쌀이나 무명으로 바로 서울로 실어 올려 물건으로 바꾸어 공물을 마련하게 하여 중간에서 이익을 꾀하는 폐단이 없게 해야 한다'라고 말했다. 의논이 분분하여 정해지지 않았다." 이에 따르면 훨씬 오래전부터 양자가 분화되었던 듯하지만, 실제 뚜렷한 형태로

조석윤은 이 시기의 대표적인 공안개정론자였다. 그는 여러 공물들의 공물가를 인하하고, 임토작공의 원칙대로 산지에 맞춰 공물들을 재배정하며, 불법적인 인정人情과 질지作紙의 수취 관행을 막는 것이 공물변통의 올바른 방법이라고 생각했다.[97] 이것은 조선의 전통적 공물변통 방식의 재확립을 뜻했으며, 동시에 앞서 말한 정묘호란 이후의 군자 마련책 중 세 번째 입장을 잇는 것이었다. 많은 관료와 지식인들이 이 견해를 따르고 있었다.

조석윤의 공안개정론은 조선의 전통적 공물변통론을 주장하는 입장에서는 당연한 것이었다. 갑술양전을 하고 난 뒤에도 공안이 개정되지 않았기 때문이다. 남아 있는 공안은 선조 37년(1604)에 작성된 것으로, 실제 지역별 전결의 다소와는 많은 차이가 있었다.[29] 전결이 많은 곳에는 적은 공물이 부과되고, 전결이 적은 곳에는 많은 공물이 부과된 지역이 적지 않았다. 조석윤도 이 점을 지적했다.[98] 그는 재생청 활동을 일반화시키는 원칙으로 전통적 공물변통 방식, 즉 공안개정을 주장했다.

공안개정론이 언제나 대동법 실시론과 대립했던 것은 아니다. 공안개정론과 대동법 실시론의 관계는 단순하지 않다. 적어도 이 시기의 어떤 사람도 공안개정이나 대동법의 취지 자체를 반대한다고 말하지 않았다. 공안개정은 조선의 전통이었고, 대동법은 변통론의 이상이었기 때문이다. 공안개정론은 상당한 수준에서의 공물가 삭감을 목적으로 할 뿐, 원칙적으로 작미·작포, 즉 대동법 실시에 대립되지 않았다. 따라서 만약 공안개정 후에

---

분화되었던 것은 이때에 이르러서였다.[『효종실록』 권7, 2년 8월 24일(己巳)]

29) 인조 25년을 기준으로 호남은 전결 17만 4,000여 결에 공물가 700여 동이고, 호서는 8만 4,000여 결에 공물가가 1,180동이었다.[『서봉일기』 丁亥(인조 25) 7월(45쪽)] 호남은 5결에 1필을, 호서는 1.4결에 1필을 낸 셈이다. 호서는 호남에 비해 3.6배나 많은 공물을 부담하고 있었던 것이다.

대동법이 실시된다면, 이론적으로 공안개정론은 일종의 2단계 공물변통론 중 1단계에 해당한다고 할 수 있다. 실제로 유계兪棨는 바로 이것을 자신의 입장으로 표명했다.[30]

공안개정론과 대동법 실시론이 현실적으로 충돌하는 것은 두 가지 경우였다. 하나는 단순한 공안개정론, 즉 공물가를 줄이는 것에 그치는 공안개정론을 주장하는 것이고, 다른 하나는 대동법 실시 전에 반드시 공안개정을 해야 한다고 주장할 때였다. 자주 문제가 된 경우는 두 번째였다. 왜냐하면 이 경우에 공안개정의 핵심인 공물가 축소의 일차 대상이 바로 왕실 수요였기 때문이다. 원칙적으로 대동법을 부정하지 않는다고 하더라도 공안개정을 반드시 대동법보다 먼저 실시해야 한다고 주장한다면, 현실적으로 볼 때 공안개정은 물론 대동법도 실시될 가능성이 없었다. 왕실과 궁방 수요를 줄이는 것에 대단히 부정적인 왕의 생각과 의지를 꺾어야 가능했기 때문이다.[31] 조석윤의 입장은 대동법 실시 전에 공안개정을 해야 한다는 주장에 가까웠다.

재생청 활동은 병자호란 이후 크게 줄였던 민에 대한 공물의 부과를[99] 정상화시키는 작업과 중첩되었다. 인조 24년에 조정은 병자호란 후 줄였던 공물을 원래대로 회복시켰다.[32] 광해군 10년 이후 양호가 부담하게 했던 양서의 공물을 원래대로 되돌리는 작업도 진행되었다. 이것은 평안도 320

---

30) 제2부 4장 186~187쪽 참조.
31) 조선의 왕들은 왕실의 재산을 지키는 문제와 관련하여 대단히 완강한 입장을 고수했다. 오수창은 이에 대한 몇몇 사례를 제시했다.(오수창, 「17세기 조선의 정치세력과 산림」, 『역사문화연구』 18, 2003)
32) 『승정원일기』 94책, 인조 24년 7월 3일; 『서봉일기』 40쪽. 인조 25년부터는 각사의 인로引路와 조예皂隷도 복구하기로 결정되었다.[『인조실록』 권47, 24년 12월 25일(丁酉)]

여 동, 황해도 460여 동으로, 모두 680여 동에 이르는 양이었다.[100] 이런 조치는 이미 인조 22년에 있었던 어공의 복구에 이은 것이다. 이 상황은 병자호란 직후 최명길이 했던 말, 즉 "공물가의 인하라는 임시방편이 당분간은 불가피하지만 한때의 방편일 뿐 오래 지킬 만한 것은 아니다"가 그대로 실현되고 있음을 뜻했다. 최명길은 이런 조치 후에 몇 년이 지나면 공물 수취를 원래대로 되돌려야 한다고 말했다.[101]

이런 가운데 호조 참판 이시방은 23년 10월 이후 진휼을 담당하면서 경험했던 것을 기반으로 상소를 올린다. 효종 초 대동법 실시로 이어지는 양호의 결당 삼두수미안三斗收米案이 바로 상소의 내용이었다. 이시방의 안은 위의 두 가지 안 — 중앙정부의 공물 수취를 병자호란 이전으로 되돌리는 안(최명길), 혹은 이렇게 되돌리는 과정에서 공물가를 인하하는 공안개정론의 안(조석윤) — 과는 다른 틀을 갖고 있었다.

이시방은, 양호의 전결이 27만여 결이며 1결에서 3두씩 걷으면 모두 5만 4,000여 석이 되므로, 양호에서 거둬야 할 공물가를 모두 충당하고도 남는다고 말했다. 또 정부가 해읍海邑에서는 쌀로, 산군에서는 무명으로 걸어 공물주인에게 절반씩 섞어 지급하면, 풍흉에 관계없이 공물이 안정적으로 조달될 수 있다고 말했다. 공물주인의 입장에서 보면, 풍년에는 상대적으로 쌀에 비해 무명이 비싸지므로 여기서 이익을 얻고, 흉년에는 반대로 쌀에서 이익을 얻을 수 있기 때문이다. 정부가 공물주인에게 미·포를 절반씩 지급하는 이유는 미·포의 풍흉에 따른 상대가격 변동을 통해 지급하는 공물가의 가치를 일정하게 유지하기 위한 것이었다. 이시방이 예측할 때, 이와 같이 된다면 민으로부터 거두는 양이 절반으로 줄어도, 공물주인들에게 돌아가는 양은 줄지 않았다. 그의 주장은 인조 23년 10월 이후 인조 24년에 걸쳐 진행된 재생과 진휼의 경험에 기반해 있었다.[102]

이시방의 상소를 본 인조는 그를 불러 공물변통에 대한 의견을 물었다.

상이 호조 당상을 불러서 이르기를 "참판(이시방)이 공물에 대한 제도를 변통했
으면 하는데 판서의 뜻은 어떤가?" 하였다. 호조 판서 민성휘閔聖徽가 나아가 아
뢰기를 "신의 생각에도 좋다고 여겨집니다." 하였다. 참의 유성증이 나아가 아
뢰기를 "반정한 뒤 바로 대동법에 대한 의논이 있었는데, 조정에서 모두 양전한
뒤에야 시행할 수 있다고 했습니다. 신이 일찍이 집의執義로 있으면서 이런 뜻으
로 대신에게 물었더니, 그때 대신은 권반이 정한 공안을 시행하려다가 못했다고
했습니다. 또 김시양이 호조 판서가 되면서 양전하기를 청했으나, (조정에서) 대동
법에 대한 의논이 일치되지 않아 결국 결행치 못했습니다. 김기종도 일찍이 이
일을 말하면서 늘 혼자서 개탄했습니다. 신은 이제 노쇠하여 보답할 길이 없습
니다만, 대동법만은 꼭 시행해야 한다고 생각합니다." 하였다.
　이시방이 나아가 아뢰기를 "충청도를 전라도에 비교하면 민결이 훨씬 뒤지는
데, 공물은 배나 많습니다. 만일 통계通計하여 내게 한다면 부담을 고르게 할 수
있습니다. 이로 인해서 백성들이 실질적인 혜택을 받게 될 것입니다. 어떤 이는
의논하기를 '만일 변통하려면 차라리 대동법을 실시해야 한다'고 합니다만, 그
것은 너무 중대한 일이기 때문에 신의 소견만을 말씀드린 것입니다." 했다. 상이
이르기를 "거둬들이는 것은 적은데 남는 것이 많을 리는 없을 듯하다." 하고, 이
어 대신에게 의논할 것을 명했는데, 결국에는 중지되고 말았다.[103]

　위 기사에서 호조 판서·참판·참의 모두가 대동법 실시에 찬성하고 있는
것을 볼 수 있다. 최고위 재정담당자들 사이에 대동법에 대한 확고한 공감
대가 형성되어 있는 것이다. 호조 참의 유성증은, 인조 12년 김시양이 호조
판서로 있을 때 양전을 실시했지만 조정 대신들의 견해 차이로 인해 처음

의도했던 대동법 실시로 이어지지 못했던 것과 김기종·김시양·민성휘 등 인조대 호조를 담당한 고위관료들이 대동법 실시의 필요성을 강하게 인식하고 있었던 사실을 확인해준다.[33] 이런 사실들은 인조 초 재정담당자들 중에서조차 대동법에 찬성하는 사람을 찾아보기 어려웠던 상황과 크게 대비된다.[34]

하지만 위의 논의는 최명길의 반대로 일단 중지되었다. 이시방도 인조 24년 8월에 호조 참판직에서 잠시 물러났다.

### 의도되지 않고 실시된 대동법의 예행 연습

인조 25년(1647)에 다시 극심한 흉년이 들었다. 많은 사람들이 인조 23년의 흉년보다 더욱 심각한 것은 물론이고 임진왜란 중이었던 선조 28년(1595) 흉년보다 더 심하다고 말했다. 당시 좌의정 이경석에 따르면 한강을 발 벗고 건너는 곳이 있고, 곳곳의 나루터도 배를 쓰지 못할 정도로 가뭄이 극심했다. 그에 따라 이조 판서 조경趙絅, 병조 판서 이시방, 완남군完南君 이후원李厚源, 호조 판서 원두표元斗杓가 공부貢賦를 줄이는 일에 착수했다.[104] 공부를 줄인다는 것은 호조가 쌀을 내어 각관 대신 경각사에 공물가를 지급하는 것을 뜻한다. 이때 호조가 경각사에 내놓은 쌀의 양은 5만 석이었다.[35] 주목할 사항은 호조가 내놓은 5만 석이 이 시기 경기와 하삼도의 공

---

33) 인조실록에 따르면, 김시양의 호조 판서 재임기간은 인조 12년 4월 3일에서 동년 9월 29일까지다.

34) 최명길은 대동청大同廳 당상堂上에 임명된 후, "영상(이원익)은 노쇠하고 조익은 옛사람의 글만 읽었을 뿐, 일을 겪어보지 못하였으니 반드시 시무에 숙달한 자가 있어야만 하겠다"고 말했으며,[『인조실록』 권6, 2년 5월 29일(壬午)] 호조 참판 조존성도 미곡 운반의 어려움을 들어 대동법 시행이 어려울 것으로 보았다.[『인조실록』 권5, 2년 3월 8일(壬戌)]

35) 『서봉일기』 丁亥(인조 25) 7월, 44쪽. 원두표에 따르면, 당시 총 공물가는 쌀로 7만 300여

물가 총액과 같다는 것이다.[36] 물론 이 수량은 각관·각영의 수요와 진상 어
공, 즉 지방과 왕실의 수요를 포함하지 않은 경각사만의 수요에 한정된 것
이다. 또 이 액수를 크게 넘으리라 짐작되는 민에 대한 가징加徵과 첩징疊徵
도 포함되지 않았다.

그런데 여기서, 비록 일시적이기는 하지만 호조가 경각사에 공물가를 직
접 지급하는 것을 조금 다른 각도에서 주목할 필요가 있다. 즉 이것이 의도
된 바는 아니었지만, 공납 문제를 중앙에서 제도적으로 통제하는 하나의
경험이 되었다는 점이다. 공납 문제가 몇 년 후 대동법으로 해법을 찾아 법
제화되기 이전에, 이렇듯 그것과 유사한 모습들이 조금씩 나타나고 있었던
것이다. 실제로 이시방은 호조가 5만 석을 내서 각 도의 공물가를 대신하
자고 말하기도 했다.[105]

인조 17년 이후로 진휼청賑恤廳은 선혜청宣惠廳의 속아문으로 설치되어 있
었다.[106] 인조 26년 진휼이 끝나자 진휼청은 상평청常平廳으로 바뀌었다.[37]

---

석에 해당했다. 공물가를 줄이는 것과 관련된 조정 논의에서 인조는 "양호지방처럼 약간
충실한 곳은 공물가를 줄이지 말고, 나머지 부실한 곳은 1/3, 혹은 1/4을 감하여 처리하면
무엇이 어렵겠는가?"라고 말한다.(『탄수선생실기灘叟先生實記』상권, 337쪽) 호조가 내놓
은 5만 석은 인조의 말에 따라 총 공물가를 약간 줄인 양인 듯하다.

36) 『인조실록』권48, 25년 10월 3일(庚午). 그러나 조석윤에 따르면, 양호만은 대략 3만
석 남짓이었다.[양호의 원공元貢 수는 영원히 감하는 수와 임시로 감하는 수를 제외하고
통계하면 1,856동 30필이다.(『등록유초謄錄類抄』권4, 賦役, 국사편찬위원회, 407쪽)]
37) 상평청은 인조 23년에 실시된 진휼청의 진휼 결과로 설립되었다. 인조 24년에 봄 진휼이
끝나고 남은 곡식을 경기 각읍에 조적糶糴으로 나누어 지급했는데, 이를 위해서 관청
하나를 설치한 것이 실질적인 상평청의 시초이다.["양호의 원결의 수는 영원히 감하는
수와 임시로 감하는 수를 제외하고 통계하면 1,856동 30필이다."(이경석, 『백헌집白軒集』
年譜 上 24쪽, 丙戌年)] 진휼과 조적은 통합적으로 운영되어야 했다. 진휼곡을 민간에
유통시켰다가 다시 거둬들이지 않고 그대로 쌓아놓는다면, 진휼곡 자체가 상할 수 있기
때문이다. 또한 곡물의 쓰임 자체로 볼 때도 그것은 효율적이지 않다.[『등록유초』1,

당상은 당시 선혜청 당상이던 이시방이 맡았다.[107] 진휼청 기능을 흡수한 상평청을 선혜청 당상이 주관하는 것은 자연스러운 일이었다. 이때부터 상평청은 선혜청의 소속아문으로 상설화되었다.[38]

진휼 형식으로 호조에 의해 경대동이 시험되고, 진휼곡 관리를 위해 선혜청 내에 상평청이 상설화되는 것은 대동법으로의 진전에서 각각 중요한 이정표가 되는 경험들이었다. 종래의 진휼은 사용되는 진휼곡의 양이 적었기 때문에 지방에서 조금씩 곡식을 조달하는 수준으로 운영되었다. 그 까닭에 진휼청은 진휼이 실시되는 기간에만 임시기관으로 운영되곤 했다. 그런데 인조 25년의 상황을 보면, 진휼곡의 양이 크게 늘고 그 조달도 호조가 담당했다. 진휼청이 남한산성과 강화도에 쌓아두었던 곡식을 진휼곡으로 운용하는 권한을 확보한 것에 따른 결과였다.[39] 이렇게 되자 곡물의 체계적 관리가 필요했고, 자체적으로 강외江外에 창고까지 설치해야 했다.[108] 진휼청을 상평청으로 개편한 것도, 조적糶糴 기능을 진휼 기능과 통합해야만 곡물의 체계적인 관리가 가능했기 때문이었을 것이다. 진휼을 위해 여러 해 비축된 곡물은 자연히 부패할 수밖에 없다. 따라서 진휼곡의 상태를 정상적으로 유지시키려면, 조적을 통해 오래된 곡물을 새것으로 지속적으로 교환해주어야만 했다. 선혜청 당상 이시방이 상평청을 담당하게 됨으로써, 양호의 공물변통은 한층 현실성을 띠게 되었다.

---

각사등록 64, 戊子(인조 26) 5월 23일, 국사편찬위원회, 51쪽]

38) 진휼청과 상평청은 설립과 폐지를 반복했다. 여기에 관해서는 문용식,『조선후기 진정賑政과 환곡 운영의 연구』, 고려대학교 박사학위논문, 1999, 8∼13쪽 참조.

39) 조선 후기에 강화도와 남한산성은 서울의 창고 역할을 했다. 비상시를 대비한 각종 물품들이 이곳에 임시로 저장되었다. 따라서 이 두 곳은 군사적으로뿐만 아니라, 재정적으로도 대단히 중요했다.[『인조실록』권49, 26년 윤3월 2일(丁卯). 이태진,「상평창·진휼청의 설치운영」,『한국사』30, 353쪽]

## 김홍욱과 임토작공

청나라가 입관(1644)하고 조선이 인조 23년(1645) 이후 극심한 흉년을 연이어 겪으면서, 조정에서는 공물 수취 구조를 전체적으로 재정비하려는 움직임이 구체화되었다. 즉 중앙정부가 병자호란 이전 상태로 공물 수취를 되돌리려 한 것, 조석윤이 공안개정론을 주장한 것, 이시방이 결당 삼두수미안에 대한 상소를 올렸던 것 등이 그런 각각의 움직임이었다. 이 과정에서 대동법을 실시하자는 요구가 더 많아졌고, 그에 상응하여 현실적 조건들이 하나씩 갖춰졌다. 하지만 이것들만으로는 여전히 대동법의 성립을 위한 충분한 동력이 되지 못했다. 이 모든 것들을 막아서는 강력한 이데올로기적 장벽이 여전히 굳건했기 때문이다. 대동법과 대척점에 놓인 임토작공任土作貢의 논리가 바로 그것이었다. 이 시기까지만 해도 공안개정론자였던 김홍욱金弘郁이 그 논리를 잘 설명했다.

김홍욱은 인조 24년 이조 좌랑으로 있다가 김자점金自點과의 불화로 관직에서 물러났다. 그 후 다시 조정에 복귀하는 인조 26년까지, 그는 백성들의 현실을 살필 수 있는 기회를 가졌다. 그는 이때의 경험을 바탕으로 공물변통론에 대한 나름의 구상을 갖추게 된다. 그리고 자신의 생각을 당시 대표적인 대동법 실시론자인 조익趙翼에게[40] 검증받으려 했다.[109]

김홍욱은 조익에게 보낸 편지에 자신이 왜 대동법 실시가 불가능하다고

---

40) 김홍욱은 조익을 대단히 존경한 듯하다. 효종 초 김홍욱이 충청도 관찰사로 있을 때 자기 아버지의 묘갈명을 조익에게 부탁했는데, 조익도 이를 수락했다. 김홍욱은 "(자신의 아버지가) 빛을 숨기고 자취를 숨긴 채 산림 속에서 생을 마쳤기 때문에 세상에서 아는 자가 드뭅니다. 끝내는 파문혀서 (그 이름이) 후세에 전해지지 못할까 두렵기만 합니다. 오직 당세 명인名人의 기술記述을 얻어서 묘비에 새겨야만 불후할 수 있다고 여겨지기에 감히 청하게 되었습니다."라고 말했다.(『포저집』 권32, 贈吏曹參判金公墓碣銘)

생각하는지의 이유를 밝혔다. 그에 따르면, 사람들은 공물변통의 방법으로 팔도대동이 가장 좋다고 말하지만, 대동법은 대변통이므로 실시될 수 없다. 대동법은 '위아래'의 의혹을 불러오기 때문이다. 여기서 '아래'는 방납에 관련된 이해 당사자들을, '위'는 수입 감소를 걱정하는 인조를 뜻했다. 대변통의 혐의를 피하려면 옛 법(舊法)을 준수해야 한다. 김홍욱은 그 옛 법을 공물의 본색상납本色上納으로 이해했다. 그는 본색상납, 즉 현물납에서 필연적으로 발생하는 폐단인 방납을 조정이 엄격히 금하면 막을 수 있다고 생각했다. 공물변통론에서 임토작공을 주장하는 사람들이 방납의 대책으로 생각하고 있는 것은 조정에 의한 엄금주의였다. 김홍욱도 이 당시에는 그러한 생각에서 크게 벗어나 있지 않았다. 나아가 공납 문제 폐단의 핵심은 방납에 있지, 현물납에 있지 않다고 보았다. 그는 방납과 현물납의 내적 연관성을 인정하지 않았던 것이다. 이 점 역시 임토작공을 주장하는 사람들이 대체로 취했던 입장이었다. 그는 실행 가능성 측면에서만이 아니라, 효과 면에서도 역대 국왕들의 옛 법인 현물납이 대동법보다 더 나은 제도임을 주장했다.[110] 그는 현물납을 토대로 한 자신의 개혁안을 다음과 같이 설명했다.

호조가 먼저 각 지방에 공문을 돌려서, 각 도에 정해진 공물들 중 어떤 물건이 본토에서 생산되고 어떤 물건이 생산되지 않아서 방납하는지를 알아봅니다. 본토에서 나는 것 중에도 많이 나는 것이 있고 적게 나는 것이 있으니, 상중하로 나누어 기록합니다. 또 물산物産에 옛날과 지금이 같지 않은 곳이 있습니다. 옛날에는 흔했지만 지금은 귀한 것이 있고, 옛날에는 나지 않았지만 지금은 많이 나는 것이 있으니, 역시 상세히 기록해 문서로 만듭니다. 서울로 올려 보낸 후, 군현의 전결의 많고 적음을 나누어, 반드시 생산되는 물건으로 그곳에 정합니다.

**성암서원(충청남도 서산시 읍내동 673)**

성암서원에는 김홍욱의 위패가 모셔져 있다. 김홍욱은 기개가 있는 인물이었다. 효종 5년 황해도 관찰사 재임 당시 효종이 구언求言하자, 죽은 소현세자의 부인 강씨의 억울함을 풀어달라는 상소를 했다가 효종의 노여움을 사서 죽었다. 이 문제는 왕위와 직접 관련되는 문제여서 아무도 언급하지 못하는 문제였다.

생산되지 않는 물건이라면 그것을 생산하는 곳으로 옮깁니다. 물건을 옮길 때 사주인들 중에는 그들이 주관하는 지역에서 손해를 봐서 불편해하는 자가 있을 것입니다. 이때 그 사람으로 하여금 옮긴 곳을 주관하게 한다면 원망하는 말이 없을 것입니다.[111]

김홍욱이 주장한 개혁안의 뼈대는 임토작공과 공물의 전결 기준 분정을 결합한 형태였다. 종래의 공안상정론자들도 공물의 분정이 어느 정도는 각 고을의 전결 규모에 따라야 한다는 점에 동의했지만, 김홍욱은 이를 최고도로 발전시킨 형태로 제시했다. 이 과정에서 그는 사주인의 이익을 보전해주는 것을 잊지 않았다. 사실, 이 시기에 이르러 공물변통을 주장하는 논자들 사이에는 사주인의 존재와 역할을 인정하는 분위기가 지배적이었다. 사주인에 대한 부분을 제외한다면, 김홍욱의 주장은 인조 7년 서성이나 갑술양전 후 동부승지 구봉서具鳳瑞의 공안개정론과 다르지 않다.[112]

## 혼돈 속에서 선명해지는 공물변통론

지금까지 공물변통을 둘러싼 다양한 논의와 그것들의 추이에 대해서 살펴보았다. 시기적으로는 정묘호란 이후부터 인조대 끝까지에 해당하는데, 병자호란을 기준으로 전후의 시기로 나뉜다. 이 시기는 조선시대 전체를 통틀어 보아도 가장 혼란스러운 시기 중 하나에 꼽힌다. 그때 발생한 사건들의 배후에는 재정개혁을 둘러싼 논의들이 끊임없이 진행되었다. 논의가 끊이지 않고 계속되었던 이유는 그 모든 혼란스러움이 어떤 형식을 취하든 재정 문제와 깊이 관련되었기 때문이다.

정묘호란과 병자호란 사이 10년 동안 공물변통은 대략 두 가지 계기를 중심으로 논의되었다. 하나는 정묘호란 이후 제기된, 청나라에 대한 군사적 대비에서 비롯되었다. 어떻게 군비를 마련할 것인가에 대한 방법론으로 공물변통이 요청되었다. 대규모 재정수요에 응할 수 있는 유일한 방법으로 공물변통이 제기되었던 것이다. 이것을 주장한 몇몇 사람들 중에서 가장 대표적인 인물은 이식이다. 군비 마련의 또 다른 방법은 화폐 발행·은광 개발론과 왕이 솔선수범하는 절용을 강조한 견해였다.

공물변통 논의의 또 다른 계기는 임진왜란으로 인해 교란된 양안과 공안을 바로잡자는 요구에서 비롯되었다. 정묘호란 후 군비 마련과 관련된 공물변통 논의가 단기적이고 새로운 재원 마련을 목적으로 했다면, 이 계기는 좀 더 장기적이고 민생 안정에 목적을 둔 것이었다. 문제는, 동일한 공물변통이라는 주제에 대해서 양자가 상충하는 방향을 가리키고 있었다는 점이다. 조정은 결국 공물변통에 관한 어떤 결정도 내리지 못했다.

공물변통론의 두 번째 계기는 선양전론의 형태로 논의되었다. 이 주장이 제기된 배경은 임진왜란으로 인해 양안과 공안이 유실되거나 교란되어, 지역에 따라 역의 불균등이 매우 심각했기 때문이었다. 지역별로 전결에 비해 너무 가볍거나 너무 무거운 공물 부담을 지고 있었다. 일부에서 공안을 먼저 개정하자는 요구도 있었지만, 왕과 조정 대다수 관료들의 의견대로 양전이 실시되었다. 그것이 그들에게 익숙한 조선의 전통적 방식이었기 때문이다. 물론 양전의 궁극적 목적은 공안의 개정이었다. 이때의 양전으로 등장한 것이 갑술양안(인조 12, 1634)이다. 하지만 갑술양전 후에도 기존의 공안은 개정되지 않았다. 대신, 공안에 기록되지 않았음에도 불구하고 임진왜란 이후 오랫동안 민에게 무질서하게 부과되었던 각종 부담 항목들이 제거되었다. 그것들의 전체 규모는 호조 연간 세입의 절반에 해당했다.

병자호란 이후 군비에 대한 필요가 사라지자, 공물변통의 새로운 조건들이 조성되기 시작했다. 다만 그 조건들이 현실화되기 위해서는 북방의 상황이 좀 더 예측 가능해져야 했다. 즉 명·청의 분명한 교체가 필요했던 것이다. 이 때문에 병자호란 후에도 인조 22년 청이 입관하기 전까지와 그 이후는 변통 논의의 양상이 달랐다. 이 시기에 공물변통의 목소리는 세 가지였다. 국정을 안정시키는 것을 위주로 공안개정 없이 공물가를 임시로 줄이자는 입장, 대동법을 실시하자는 입장, 공안개정을 하자는 입장이 그것이다.

인조 22년 청의 입관 후 공물변통 논의가 본격화되었다. 이것은 다양한 계기들로 유도되었다. 대외적 요인으로 가장 중요했던 것은, 청이 조선에 가한 재정 부담이었다. 이 부담은 조선 조정이 감당하기에는 너무 무거웠다. 정묘호란 이후 조선이 부담하고 있는 청에 대한 세공歲貢은 병자호란 이후 더욱 가중되었다. 여기에 병자호란 이후 청의 강요로 이루어진 네 차례에 걸친 대규모 해외 파병과 직접적인 미곡의 요구가 더해졌다. 대내적으로는 병자호란 이후 축소시켰던 각관의 공물가를 이 시기에 원상회복해 나갔다. 하지만 단순히 병자호란 이전처럼 회복될 수는 없었다. 공물 수취 문제에 대한 전면적 제도 정비가 필요했다. 여기에는 이 시기에 심각하게 발생한 흉년이 또 다른 원인이 되었다. 인조 23년 가을에 재생청이 설립되어 진휼과 공물변통을 동시에 진행했던 것도 이런 이유가 작용했다.

조복양의 상소를 계기로 인조 23년 9월 재생청이 성립되었다. 이것은 공물변통 논의의 흐름에서 커다란 분기점이 되었다. 실제로 효종 초 호서대동법 성립은 여기서 시작된 흐름의 최종적 귀결이었다. 재생청의 경험은 그때까지만 해도 미분화 상태였던 공안개정론과 대동법 실시론을 분화시켜, 이 둘을 공물변통론의 양대 축으로 명확히 구조화했다.

재생청 활동의 이론적 틀은 이이의 공물변통론이었다. 이이의 공물변통론은 재생청 성립 이전까지 수없이 등장했던 여러 공물변통론들의 원형이었다. 지방재정을 배제한 경대동의 실시, 사주인의 배제와 관에 의한 직접적 공물 운송 및 경각사 납부, 공물가 인하의 세 가지가 그 이론의 핵심이다. 그런데 재생청은 임시기관이었으므로, 그 경험을 국가정책의 수준에서 일반화시킬 것이 요청되었다. 재생청의 정책 결과가 대단히 만족스러웠기 때문에 자연스럽게 이에 대한 요청이 있었던 것이다. 또 흉년으로 인해 각 고을로부터 공물 수취가 어렵게 되자, 일시적으로 호조가 각 고을 대신 경각사에 공물가를 지급하게 되었다. 이 과정에서 중앙정부 차원의 진휼 실시와 공물 운용이 서로 접근했다. 공물에 대한 중앙정부의 통제가 강화되었고, 진휼을 위한 기구가 선혜청 안에 흡수되어 상설화되었다. 이 모두가 대동법 실시라는 종착점에 이르는 각각의 이정표와 같은 의미를 가졌다.

재생청의 경험을 일반화시키는 과정에서 재생청 당상으로 함께 일을 했던 이시방과 조석윤의 입장 차이가 드러났다. 이시방은 대동법을, 조석윤은 공안개정을 지향했는데, 이런 차이는 단순히 두 사람의 의견이 서로 달랐다는 차원의 문제에 그치지 않았다. 공안개정론과 대동법 실시론이 이론적·사회적으로 다른 원리에 기초했기 때문이다.[41]

재생청 활동을 거치면서 공안개정론과 대동법 실시론은 공물변통론의 두 축으로 자리잡게 되었다. 하지만 조정에서 주류적 사고는 여전히 공안개정론이었다. 이것은 김홍욱을 통해 확인된다. 하지만 몇 년 뒤 호서대동법을 실시하는 과정에서 김육이 특별히 그를 충청 감사에 임명할 정도로, 김홍욱은 대동법을 지지하게 되었다. 그는 인조 말년까지만 해도 정교하고 확신에 찬 공안개정론자였다. 많은 사람들이 그랬듯이, 그 역시 대동법을 비현실적인 정책으로 생각했다. 대동법의 내용이 이때만 해도 너무나 이상적으로 보였기 때문이다. 게다가 대동법에 대한 정치적·사회적 반대세력은 너무나 강력했다. 대동법 실시가 목전에 와 있는 시점이었지만, 도저히 현실화될 수 있다고 믿기 힘들었을 것이다. 이런 상황이 사람들로 하여금 임토작공을 포기할 수 없는 공물 수취의 대원칙으로 생각하게 했다. 임토작공은 김홍욱 스스로의 소신에 따라 주장되었다기보다 그 시기 왕과 다수 관료들의 믿음과 무관하지 않다고 보는 것이 맞을 것이다.

---

41) 제3부 7장 참조.

제2부

# 대동법의 정치

제2부 개요

# 현재는 과거를 통해서 이해된다

대동법은 도道 단위로 실시되어나갔기 때문에 전국으로 확산되기까지는 상당한 시간이 걸렸다. 흔히 대동법이 전국으로 확대 실시되는 데 100년이 걸렸다고 말하는 것은 바로 여기에서 연유한다. 하지만 조정에서 공물변통 貢物變通과 관련된 논의를 할 때, 정책담당자들이 대동법의 실시 대상으로 상정했던 곳은 주로 충청도와 전라도였다. 경상도는 일본과 관련해서, 평안 도는 중국과 관련해서 해당 지역 재정의 상당 부분이 충당되었기 때문이다. 나머지 지역은 국가재정에서 차지하는 비중이 비교적 낮았다. 국내재정과 관련해서 직접적으로 공물변통정책의 대상이 되었던 곳은 충청도와 전라도 이다. 제2부는 이 두 도에서 실시된 대동법의 성립 과정을 살핀다.

제2부는 두 부분으로 이루어진다. 첫 부분, 즉 4장의 대상 시기는 효종대 (1649~1659)이고 두 번째 부분인 5장의 대상 시기는 현종대(1659~1674)이 다. 효종대에는 충청도 전체와 전라도 해안지방에서의 대동법 성립을 검토 했고, 현종대에는 전라도 나머지 지역과 경기도의 선혜법 개정 문제를 살 펴보았다. 광해군대부터 실시되어온 선혜법宣惠法은 충청·전라 양 도에 실시 된 대동법의 내용에 맞춰서 재정립되었다. 충청도나 전라도 모두에서 대동 법의 성립이 쉽게 이루어진 것은 아니었지만, 그래도 경중을 따지자면 역

제2부에서는 효종·현종대 대동법의 성립 과정에서 제기된 문제들과
그것들의 귀결이 어떤 힘에 의해서 지배되고 유도되었는가를 살펴본다.
그 힘은 다름 아닌 인조대에 공물변통 문제를 둘러싸고 형성되었던,
또 축적되었던 경험의 힘이라고 생각한다.

시 충청도에서의 대동법 성립이 그 물꼬를 텄다는 의미에서 좀 더 주목받
아 마땅하다. 충청도 대동법의 성공은 결국 전라도에서의 대동법 실시도
가능하게 했다.

효종대의 대동법 성립과 관련해서는 몇 편의 논문들이 이미 나와 있다.
이들 연구에서는 대동법의 성립과 관련해서 벌어졌던 정치적 갈등을 주로
다루었다. 그 결과 대동법에 찬성했던 세력과 반대했던 세력 간의 갈등이
조명되었고, 여기서 김육金堉의 역할이 강조되었다. 하지만 이 책의 제2부
에서는 이들 연구와는 다른 방향에서 문제에 접근했다. 즉 효종·현종대 대
동법의 성립 과정에서 제기된 문제들과 그것들의 귀결이 어떤 힘에 의해서
지배되고 유도되었는가 하는 것이 그것이다. 그 힘은 다름 아닌 인조대에
공물변통 문제를 둘러싸고 형성되었던, 또 축적되었던 경험의 힘이라고 생
각한다. 다시 말해 효종·현종대 대동법의 성립은 인조대 공물변통의 집단
적 경험과 논의에 의해서 유도되었던 것이다. 제2부에서 중점적으로 서술
할 내용이 바로 이것이다.

이런 접근방식은 기존의 연구 결과를 새로운 관점에서 해석할 수 있게
한다. 또 김육의 역할에 대해서도 다른 측면으로 살펴볼 수 있게 한다. 인

조대 공물변통의 집단적 경험이 이후 대동법의 성립에 방향과 동력을 제공했던 것은 현종대에 좀 더 명확하게 드러난다. 왜냐하면 인조대에 공물변통의 경험을 축적하고, 효종대에 대동법을 추진했던 중요한 인물들이 효종대에 대부분 사망하기 때문이다. 현종대에 대동법을 계속해서 추진했던 사람들은 인조대의 공물변통을 직접 경험한 사람들이 아니다. 그럼에도 불구하고, 이미 원칙으로 자리잡은 공물변통의 경험들을 통해 그들은 자신들의 임무를 완수했다.

기존 연구에서는 주목을 받지 못했지만, 대동법의 성립에 끼친 영향으로 볼 때 빼놓을 수 없는 두 가지 요소가 바로 청나라와 지방 유생들이다. 효종 초 청나라가 조선 조정에 끼친 영향력은 대단했다. 이 시기 청은 조선 조정의 논의에 커다란 영향을 미쳤다. 한편 조정은 정책을 결정할 때 전통적으로 지역 여론의 동향에 크게 유의했다. 제2부에서는 대동법 성립 과정에서 이 두 가지 요소들이 끼친 영향도 살펴보았다.

우리는 개인으로서든 집단으로서든, 우리를 둘러싼 현실의 전체적인 틀과 그것을 구성하는 복잡다단한 맥락을 선명하게 인식하기가 쉽지 않다. 이 때문에 대부분 이미 익숙한 과거의 인식 틀을 통해서, 혹은 과거의 특정

우리는 개인으로서든 집단으로서든, 우리를 둘러싼 현실의 전체적인 틀과
그것을 구성하는 맥락을 선명하게 인식하기가 쉽지 않다. 이 때문에
대부분 이미 익숙한 과거의 인식 틀을 통해서,
혹은 과거의 특정한 개인적 경험을 일반화하는 방식을 통해서 현실을 인식한다.

한 개인적 경험을 일반화하는 방식을 통해서 현실을 인식한다. 과거의 인식 틀이 좋은 결과를 가져왔을수록, 그 경험이 만족스러웠을수록 그런 경향은 더욱 강력하다. 그리고 이런 현상은 대개 개인보다 집단에 더 자주 나타난다. 과거는 현실의 저쪽에 머물지 않고, 자주 현실에 적극적으로 개입한다. 우리는 제2부의 내용을 통해 이 시기에 이루어지는 논의들이 앞 시기의 경험과 논의를 어떻게 이어받았는지, 또 어떤 현실적 상황 때문에 그렇게 이어받은 것들을 변용했는지를 확인할 것이다. 분명한 것은 대동법을 성립시킨 주체가 누구라도, 그들이 그렇게 할 수 있었던 것은 앞 시기의 경험과 논의를 흡수했기 때문이다. 이 책의 접근법은 이 시기에 대한 기존의 연구 성과, 즉 누가 대동법을 성립시켰는가에 대한 해석에 대해서도 한층 새로운 시각을 더해 줄 것이다.

# 제4장 효종 시대: 드디어 대동법이 성립되다

## 1. 청의 견제와 정계 개편

### 산림의 복귀

효종 즉위와 함께 조정에서 벌어진 뚜렷한 두 가지 현상은 산림[1]이 대거 복귀한 것과 대동법을 실시하자는 주장이 제기된 것이다. 인조가 죽고 한 달의 공제公除기간이 끝나자, 전 승지 김집金集, 전 지평 송준길宋浚吉·송시열宋時烈, 전 자의諮議 권시權諰, 전 사부 이유태李惟泰 등이 뒤를 이어 조정에 나왔다.[1] 이들이 조정에 나온 명분은 '격탁양청激濁揚淸'이었다. 탁한 물을 치고 맑은 물을 일으킨다 함은 곧 정치 현장에서 악을 몰아내고 선을 장려한다는 뜻이다. 도덕적이고 보편적 타당성을 지닌 것처럼 보이는 이 말은 그들의 의도를 표현한 일종의 정치적 슬로건이었다. 즉 그들이 조정에 나오면서 가졌던 의도는 자신들을 중심으로 한 정계 개편이었다.[2]

---

1) 16세기 후반 이후 성리학의 정치적 영향력이 확대되고, 사림파가 정권을 장악했다. 이때 과거에 응시하지 않고 산림에 은거해 있다는 기본조건에 더하여 성리학적 학덕이 뛰어나다고 인정된 사람을 조정이 예를 갖추어 불러들이는 것, 즉 징소徵召라는 특별대우를 받은 자를 '산림'이라고 불렀다.(우인수, 『조선후기 산림세력 연구』, 일조각, 1999 참조)

효종은 즉위 직후 그들을 불러들였지만, 막상 자신의 부름에 응할 것이라고는 확신하지 못하고 있었다. 인조가 청에 치욕적인 형태로 항복한 후, 신료들 사이에는 조정에 출사하는 것을 기피하는 풍조가 확산되었기 때문이다.[3] 인조의 입장에서는 참으로 모욕적이면서 곤혹스러운 상황이 아닐 수 없었다. 하지만 그렇다고 어찌할 방법이 있지도 않았다. 그런데 효종의 부름에 그들이 응답하자, 효종은 그들에게 후히 대접하지 않을 수 없었다. 국내적 위기와 국외적 위협이 중첩된 상황에서 산림과 좋은 관계를 유지하는 것은 효종에게 무엇보다 중요했다. 그들은 나라 안의 공론 형성에 큰 영향을 미쳤기 때문이다.[2] 게다가 이유가 어떻든, 오랜 기간 세자였던 형 대신, 또 그 형의 적장자인 선왕의 장손을 제치고, 더구나 사림의 지탄을 받던 김자점金自點의 도움까지 받아 왕위를 계승한 효종의 처지로서는 더욱 그랬다.[4] 효종은 그들의 서울생활에 들어가는 물자를 지급하도록 명하는가 하면, 전례 없이 그들에게 파격적으로 높은 벼슬을 내리기도 했다. 반드시 문신 중에서 등용하도록 한 규정을 무시하고, 그들의 좌장 김집을 파격적으로 종2품 예조 참판에 임명하기도 했다.[5]

2) 산림을 국왕과 사족세력의 관계 속에서 조명한 연구도 있다. 그에 따르면, 산림은 국왕과 그 주변 세력에 대해 높은 권위를 갖고 신료들의 입장을 강화했던 존재였다. 이런 맥락에서 본다면 산림으로 인정받는 두 가지 조건, 즉 과거에 응시하지 않은 것과 징소의 대우를 받은 것 중에 전자가 좀 더 본질적이라고 할 수 있다. 과거에 응시하지 않았다는 것은 국왕이 거느리는 관료체계에 포섭될 것을 자발적으로 포기했고, 그에 기초해서 국왕에 대한 자율권을 갖고 있다는 것을 뜻했기 때문이다. 산림이 형성시킨 공론은 국왕에 대한 자신들의 독립성을 내포하고 있었다.(오수창, 「17세기 조선의 정치세력과 산림」, 『역사문화연구』 18, 2003. 참조)

## 김집과 김육의 대립

공제기간 직후, 사헌부는 개혁의 계획표를 마련할 것을 왕에게 요청했다. 이를 위해 안으로 각사各司 관원들과 밖으로 각 고을 수령들에게 현재 국정과 관련된 여러 병폐들을 진술하고, 그 대책을 제출하도록 지시하라고 건의했다.[6] 사헌부의 요청이 있고 나서, 그 이튿날 연천군延川君 이경엄李景嚴은 삼도선혜법三道宣惠法 실시를 요청했다.[7] 이에 효종은 먼저 대신들의 뜻을 물었다.[8]

우의정 김상헌金尙憲, 좌의정 이경석李景奭, 영의정 정태화鄭太和는 각각 대동법에 대한 자신들의 생각을 밝혔다.[9] 이경석은 인조 초에 삼도대동법이 실패한 이유는 대읍·대호가 그 법을 원치 않았기 때문이었음을 지적했다. 또 공물가를 축소하고 사주인에 대한 대책을 세워 이 법을 점진적으로 실시할 것을 요청했다. 먼저 한 개 도에 시험한 뒤 편익이 있으면 확대할 수 있다며, 그 시험 대상으로 충청도를 들었다. 정태화는 이경석보다 대동법에 더 우호적이었다. 하지만 실시 방법과 관련해서는 이경석과 생각이 다르지 않았다. 그는 (인조)반정 이래 시무를 논하는 자들이 삼도에 대동법을 실시하는 것을 첫 번째 방책으로 꼽는다고 말했다. 하지만 그 역시 삼도대동법의 실패를 기억하고 있었기에, 법을 실시할 때는 조심스러워야 한다며 충청도부터 시험할 것을 요청했다.

주목할 것은 이경석의 말이다. 사실 그는 대동법 실시를 사뭇 비판적으로 보고 있었다. 대동법 그 자체를 부정적으로 보아서가 아니었다. 오랜 관료생활을 통해 대동법에 대한 사회적 저항이 얼마나 강력한지 잘 알고 있었기 때문이다. 그는 이 법이 실제로 실행되기 어려울 것이라고 보았다.[10] 그런데도 충청도에 우선 이 법을 시험해볼 것을 요청했다. 그는 인조 23년 재생청裁省廳 활동의 책임자로서의 경험을 갖고 있었던 것이다.

**돈암서원(충청남도 논산시 연산면 임리 74)**
처음에 김장생에서 시작하여 김집, 송준길, 송시열을 차례로 배향했다. 이 서원은 대원군이
서원 철폐를 강행했을 때도 헐리지 않고 존속한 47개 서원 중 하나이다.


이 시기에 대동법 실시에 찬성하는 사람들 안에서도 그 실시 범위에 대
해서는 의견 차이가 컸다. 팔도에 실시하자는 안,[11] 삼남에 실시하자는 안,[12]
양호兩湖(충청도와 전라도)에 실시하자는 안,[13] 충청도에 실시하자는 안[14] 등이
그것이다. 그중에서도 충청도에 실시하자는 안은 대동법 실시에 가장 신중
한 입장을 가진 사람들의 생각이었다. 비변사도 이 안에 동의했다.[15]

표현을 안했다 뿐이지, 김상헌은 대동법 실시에 반대하는 쪽에 가까웠
다.[16] 그는 대동법에 대해서 직접적으로 반대 견해를 밝히는 대신, 효종 즉
위 후 최초의 정책임을 내세워 인조의 장례 후로 결정을 미루자고 말했다.
사실 졸곡卒哭 이전에는 왕도 본격적인 정치활동을 할 수 없었다. 더구나
당시 조정에서 최고의 명망을 지닌 김상헌의 말이었기에 효종은 이 요청을

받아들였다.

'격탁양청'을 내세우는 산림과 대동법을 추진했던 김육金堉의 대립은 몇 달 후 유명한 김집과 김육의 갈등으로 나타났다.[17] 효종 즉위년(1649) 11월에야 김육은 조정에서 본격적으로 대동법 실시를 주장할 수 있었다. 10월 초 졸곡제를 마치자[18] 곧 청나라 사신이 왔고, 조선에서도 청에 사신을 파견했다. 김육이 대동법 실시를 요청하는 상소를 올린 것은 청나라 사신이 서울을 떠난 직후였다. 김육은 대동법을 즉위 초에 실시해야만 하며, 이듬해 양호에서 실시할 수 있도록 겨울 전에 모든 논의를 마치자고 했다. 겉으로 보아서는 모순되지 않았지만, 김육의 말은 김상헌이 대동법 관련 논의를 인조의 장례 후로 미루자고 했던 것과 사뭇 대비된다. 김육은 "신이 믿는 바는 오직 전하뿐입니다"라며 효종의 결단을 촉구했다.[19] 김상헌과 김집은 김육의 대동법 실시 요청에 반대했다. 김상헌의 반대에 호서 산림의 좌장 김집의 반대가 더해지자, 더 이상 대동법 실시를 기대할 수 없는 상황이 되고 말았다.[3)]

산림의 요구는 김육의 요구와는 다른 쪽에 있었다. 중앙정계에 복귀한 산림은 주로 삼사 등 언관직과 세자의 학습을 담당하는 보도직輔導職에 포진해 있었다. 이들은 자신들의 정치적 명망을 기반으로 훈구세력을 포함한 기존 체제를 비판하며, 세력 기반을 확대해나갔다.[20] 송준길은 삼사 관원을 동원해서 김자점뿐만 아니라 김자점과 같은 당 사람들인 전라 감사 이시만李時萬, 부제학 신면申冕 등 7명을 탄핵했다. 그들은 '미국오조迷國誤朝', 즉

---

3) 그러나 송시열에 따르면 이때 대동법은 실무적으로 상당히 진척되어 있었던 듯하다.["경대동은 이미 두서를 갖추었지만, 신독재가 장계를 올려서 이를 중단시켰다."(京大同已成頭緒而慎齋丈啓罷之.『宋子大全』권32, 與兪武仲 庚寅(효종 1) 元月 二日)]

나라를 혼란에 빠뜨리고 조정을 그르쳤다는 죄목으로 조정에서 물러나야 했다. 또 원당原黨[4]에 속한 예조 참의 이행진李行進과 좌승지 이시해李時楷도 탄핵·파직되었다.[21]

산림은 조정에 자기들 세력을 더 많이 끌어올리려 했는데, 이를 위해서는 조정의 인사권에 영향력을 행사할 수 있어야 했다. 마침 이들이 조정에 나오고 얼마 지나지 않았을 때, 이조 판서를 새로 임명하게 되었다. 사람들은 김집이 이 자리를 차지하게 되리라고 예상했지만, 의외로 이조 참판이던 임담林墰이 임명되었다.[22] 그러자 김집은 조상의 묘를 돌보아야 한다는 이유로 바로 고향에 돌아가기를 청한다. 영의정 이경석과 영돈녕부사 김상헌은 김집이 조정에 남게 해달라고 왕에게 요청했다. 심지어 김상헌은 자신이 임담의 사람됨을 안다며, 임담은 스스로 조심하여 산림의 소종所宗과 전배前輩·장자長者의 앞에 서려고 하지 않을 것이라고 말했다. 말하자면 김상헌은 공공연히 임담의 자진 사퇴를 예상 또는 강제했던 것이다. 결국 효종은 이들의 말대로 김집의 조카인 승지 김익희金益熙를 보내 조정에 머물 것을 권했고, 김집은 이를 받아들였다.[23] 다음날 임담은 사직했고, 열흘이 못 되어 김집은 이조 판서에 임명되었다.[24]

이조 판서 김집은 이조의 격식 때문에 인재 등용이 제대로 이루어지지 못한다며 원로대신도 인재를 천망할 수 있도록 하자고 요청했다.[5] 그런데

---

4) '원당'에 대해서는 〈특별부록〉 인물사전의 489쪽 '원두표' 참조.

5) 효종 9년 산림이 재차 조정에 나왔을 때, 효종 초의 그와 같은 일이 다시 벌어졌다. 송시열은 조정에 들어온 지 불과 2개월 만에 병을 이유로 돌연 귀향을 청하는 상소를 올렸다. 신하의 거취는 그 말의 쓰임 여부에 달려 있다고 말한 것으로 보아, 그는 자신의 거취를 걸고 국왕의 결단을 촉구하려 한 듯하다. 상소 후 사흘 뒤에 송시열은 이조 판서에 임명되었다.(이경찬, 「조선 효종조의 북벌운동」, 『청계사학』 5, 1988, 232쪽) 송시열은 현종 즉위 초까지 조정에서 자신의 역할을 계속했고, 송준길은 대사간·대사헌 등을 지내면서

이미 조정에는 시임대신時任大臣(현직에 있는 대신)으로 영의정 이경석, 좌의정 조익趙翼, 우의정 김육이 포진하고 있었다. 김집의 이 요청은 이들을 건너뛰어, 원로대신 김상헌에게 사람을 천거토록 하기 위한 발언이었다. 애초에 김집이 산림으로 조정에 나와서 바로 예조 참판에 임명된 것, 이어서 이조 판서에 임명된 것, 자신이 이조 판서로 있으면서도 이조의 관례를 문제 삼아 원로대신에게 조정의 인사에 참여할 수 있도록 하자고 말한 것 등은 모두 당시 조정의 관행이 아니었다. 김육은, 용인권用人權은 오직 임금만 갖는 큰 권한이라며 김집의 주장에 반대했다. 김집의 주장이 산림의 조정 진출을 더욱 용이하게 하려는 의도에서 나온 것임을 김육이 간파하고 있었기 때문이다.[25] 이 일로 인해 김육과 김집은 효종 원년(1650) 1월 조정에서 연이어 물러났다.

## 청나라의 경고와 산림세력의 퇴진

효종 원년, 청나라 사신이 거듭해서 조선에 파견되었다.[6] 이 때문에 산림 인사들과 김상헌을 포함한 대청 강경론자들이 조정에서 일제히 물러나지 않을 수 없었다. 효종 즉위 즈음에, 청은 이미 자신에게 적대적인 세력이 조선 조정에 속속 복귀하고 있다는 소식을 듣고 있었다.[7] 청은 칙사 6명을

---

조정의 언론권을 장악했다. 또 송시열은 "쓸 만한 사람이 있다 하더라도 혹 자격에 구애되거나 혹 햇수에 구애되어 마음대로 할 수 없으니 한스럽다"고 말하면서 "조정을 바르게 하는 길은 인재를 모으는 데서 벗어나지 않는데, 쓸 만한 사람은 또한 재야에 많다"고 하며 산림의 천거를 요청했다. 이에 대해 효종은 "불러 쓰는 것이 무엇이 어렵겠는가"라며 그의 요청을 받아들였다.[『효종실록』 권20, 9년 10월 16일(己卯)]

6) 『통문관지通文館志』에 따르면, 효종 원년 청나라 사신들의 조선 방문 횟수는 9회, 효종 2년에는 7회에 이르렀다.(차문섭, 『조선시대 군제 연구』, 254쪽)

7) 『서봉일기』 己丑(효종 즉위년) 11월. 청은 병자호란 이전부터 조선에서 척화를 주장하는

동시에 파견했다. 청의 칙사 파견 소식이 들려오자, 조선 조정에서는 적지 않은 사람들이 사직서를 내느라 정상적인 업무가 마비될 지경이었다. 그에 따라 조정은 칙사가 돌아갈 때까지 특별한 병이 아니면 누구도 사직서를 못 내게 하는 조치를 취해야 했다.[26]

　청나라 사신들의 방문이 조선 조정에 불러일으킨 위기감은 컸다.[8] 청은 병자호란 당시 종실 인사와 대소 관료들의 가족들을 포함해 무려 50만 명을 포로로 끌고 간 바 있었다.[27] 효종 초까지도 그들의 절반에 해당하는 사람들이 여전히 조선에 돌아오지 못한 상태였다. 그때의 충격은 효종 초에도 현재 진행형으로 계속되고 있었다. 사실, 그들 대부분은 그 후에도 영원히 조선에 돌아오지 못했다. 병자호란 이후에도 청은 조선의 고위직 관료들의 아들을 포로로 요구하곤 했다.[28] 심지어 인조를 청나라로 소환하고 세자를 왕으로 세운다는 소문을 은근히 흘리기도 했다.[29] 이시백李時白의 말처럼 인조가 입조入朝, 즉 청에 들어갔다가 돌아올 가능성은 희박했다. 말하자면 입조는 곧 왕위에서 강제로 물러나는 것을 뜻했다. 또 인조 20년에 조선이 명나라와 접촉하려 했던 일이 드러나자, 이에 대한 책임 문제로 영의정 최명길崔鳴吉은 곧 삭탈관직되고 말았다.[30] 한마디로 병자호란 이후 청은 조선에 대해서 자신들이 마음먹은 것을 어떤 것이나 할 수 있었다.

　청나라 사신들의 방문 때문만은 아니지만 김상헌, 김집, 송준길, 송시열, 김경여金慶餘 등은 이미 조정에 없었다.[31] 영의정 이경석과 예조 판서 조경趙

───────────────────────

　이들이 사림이라고 알고 있었다. 『병자록丙子錄』은 청 태종이 "귀국에서 논의를 이끄는 사람들은 유신들이라고 하던데, 그들이 붓을 휘둘러서 우리를 물리칠 수 있겠는가."라고 말한 것을 전한다.

8) 후일 송시열은 특히 이때를 지목해서 종묘사직의 존망이 호흡 간에 결정되려던 때였다고 회상했다.(『백헌선생집白軒先生集』 권52, 宴後追製)

**김집선생묘(충청남도 논산시 벌곡면 양산리 36-3)**

묘소 비문의 앞면에는 문경공신독재김집선생지묘文敬公愼獨齋金集先生之墓라 쓰여 있다. 비문은 이유태가 짓고, 윤선거가 썼다. 그는 효종에게 비록 자신이 김육과 정국에 대한 견해를 달리하지만, 그와 김육 사이의 평생 우정은 손상되지 않을 것이라고 말했다.

綱마저 의주의 백마성白馬城에 유배되고 말았다.[32] 효종과 신하들이 모두 모인 자리에서 청나라 사신은 몇 가지를 분명히 했다. 즉 청은 조선 조정에서 스스로 물러난 자들을 문제 삼지 않을 것이고, 김자점 문제[9]도 조선의 입장을 존중할 것이지만 앞으로 청에 적대적인 자들을 조정에 등용하는 것을 용납하지 않을 것이라고 말했다.[33] 이후에도 청나라의 칙사 파견은 한동안 계속되었다. 상황이 이렇게 되자, 다시 올라올 뜻을 갖고 있던 김집은 결국 조정에 돌아오지 못했다.[34] 김상헌도 조정에 욕을 끼칠 것을 걱정해서 자신

---

9) 이 당시에 청의 사신이 6명이나 파견된 것은 영의정 김자점과 호조 판서 원두표元斗杓의 갈등 끝에 김자점이 조정에서 축출된 것과 관련 있다. 두 사람은 각각 낙당洛黨과 원당原黨을 이끌던 '공서功西'의 양대 세력이었다. 효종이 즉위하자, 원두표는 김자점을 비판하고 제거하는 것을 목적으로 장문의 상소를 올렸다. 얼마 후 실제로 김자점은 조정에서 축출되었다. 그러자 김자점과 가까웠던 통역관 이형장李馨長은 청나라 조정에 조선이 구신舊臣을 내쫓고 산림을 기용해 청나라를 공격할 계획을 갖고 있다고 밀고했다. 이 보고를 접한 청은 상당한 병력을 동원하여 조선의 국경을 압박했고, 사신 6명을 조선에 파견했다.

의 고향 양주에 머물 수밖에 없었다.[35]

대동법의 실시와 조선에 대한 청나라의 영향 사이에는 미묘한 관계가 있었음을 부인하기 어렵다. 우연의 일치라고 할 수도 있겠지만, 대동법에 대해서 소극적이거나 반대에 가까운 의견을 표명했던 적지 않은 사람들이 청나라와의 관계가 좋지 않았다. 대청 강경론자들의 대부분은 당시 조선에서 재정개혁보다 정치개혁이 더 중요하다고 생각했다. 각론보다는 총론에, 실무보다는 원칙에 충실했던 사람들이 국내적으로는 정치개혁을, 대외적으로는 대청 강경론의 입장을 취했던 것이다. 아마도 이는 그런 입장을 취했던 사람들의 개인적 삶의 경험과 학문적 경향성이 초래한 불가피한 결과였을 것이다. 하지만 어찌 되었든, 효종 초 조선과 청의 긴장이 고조되는 가운데 그들 중 다수가 조정을 떠나야 했다. 이와 같은 상황은 호서대동법의 성립에 의미 있는 영향을 주었다.

### 효종대 두 번째 대동법 논의

효종 원년 6월 사간원은 왕에게 대동법 실시를 다시 요청했다. 사간원은 삼남에서 동시에 대동법을 실시하기는 어려워도 공물 부담이 과도한 충청도에서만은 변통을 실시해야 한다고 말했다. 상소는 대사간 민응형閔應亨이 주도했다. 민응형은 이전에도 여러 차례 충청도에 대동법을 실시할 것을 요청한 적이 있었다. 이때 김육은 진위사陳慰使로 청에 갔다가 돌아오는 중이었다.[36] 김육은 이 시기에 조선 조정에서 청나라와 불편하지 않은 관계에 있는 거의 유일한 대신급 인물이었다.[10]

사간원 상소에 대해 병조 판서 이시백李時白, 형조 판서 이시방李時昉, 조

---

10) 흥미롭게도 조선이 명나라에 보낸 마지막 사신도 김육이었다.

익 등이 찬성하고, 대사헌 이후원李厚源, 해은군海恩君 윤이지尹履之, 이조 판서 한흥일韓興一, 호조 판서 이기조李基祚가 반대했다. 비변사는 여러 사람의 의논이 비록 크게 다르지 않지만 늦추자는 측과 서두르자는 측, 우선하자는 의견과 뒤로 미루자는 의견이 서로 다르니 나중에 다시 정하도록 건의했다.[37] 청과의 긴장이 계속되고,[11] 왕 역시 아직은 대동법에 대한 확신을 갖고 있지 못했기 때문에 비변사의 안이 받아들여졌다.

효종 원년 6월의 대동법 논의는 즉위년 11월에 이은 두 번째 논의였다. 이번 논의는 대동법에 반대하거나 소극적이던 사람들이 청의 견제로 조정에서 물러나고, 김육은 진위사로 청에 갔다가 돌아오는 중에 전개되었다.

## 대동법에 대한 호서 산림들의 생각

효종 즉위 후 제기된 두 번의 대동법 실시 요청 가운데 역시 주목되는 것은 김육이 제기한 효종 즉위년 11월의 요청이다. 이와 관련하여 김육은 김집과 불화를 빚었는데, 기존 연구에서는 이를 두고 대동법에 대해 한당漢黨과 산당山黨이 대립한 사건으로 해석했다. 그 해석에 따르면, 한당은 국가 재정을 확보하여 북벌을 지원할 목적으로 대동법을 지지했다. 반면 산당은 공안개정을 통해 국가의 재정 규모를 축소시키려 했으며, 안민의 정책 목표를 지향하면서도 자신들의 지지기반인 지주층 이익에 조응하려 했다.[38] 이 같은 이해는 당시의 상황을 지나치게 단순화한 측면이 있다고 생각된다.

이때의 상황을 제대로 이해하려면 다음과 같은 문제들을 살펴야 할 것이다. 첫째, 김집과 김육의 대립이 실제로 대동법에 대한 찬반을 둘러싸고 벌

---

11) 효종 원년 청과 조선 사이에 오간 문서를 보면, 청이 조선에 했던 말들은 마치 금방 전쟁이라도 일으키려는 태세 같았다.(차문섭, 『조선시대 군제 연구』, 257쪽 참조)

어진 갈등인가? 또, 김집의 대동법에 대한 견해는 산림을 대표한 것인가? 둘째, 대동법 실시론과 공안개정론의 관계는 어떤 것인가? 양자는 단순히 대립적이기만 한 것인가? 셋째, 대동법을 통해서 실현하려고 했던, 김육이 말한 '균역편민均役便民'을 어떻게 해석해야 할 것인가? 이 말은 단지 국가 재정 확보를 위한 상투적 표현일 뿐인가? 열거된 세 가지 중, 두 번째는 앞에서 이미 검토한 바 있고,[12] 세 번째는 이 책의 마지막 부분에서 종합적으로 검토할 것이다.[13] 여기서는 첫 번째 사항만을 간략히 살펴보자.

김집과 김육이 조정에서 대립했던 것은 표면적으로만 보면 대동법에 대한 서로의 견해 차이 때문이었다. 하지만 그 내막을 살피면, 둘의 갈등이 반드시 대동법 자체에 대한 견해 차이에서 비롯되었다고 보기 어렵다. 그보다는 두 사람이 서로 다른 국정 방향을 지향했던 것이 더 큰 문제였다. 김집이 인사 문제와 전반적 정치개혁을 더 중시했다면, 김육은 대동법에 집중했다. 이 과정에서 대동법에 대한 김집의 반대는 전체 사림의 생각을 대표한다기보다는 오히려 김집 개인의 견해라고 할 수 있다.[14] 한편 김집이

---

12) 제1부 3장 155쪽 참조.

13) 제3부 7장 '안민익국' 353~354쪽 참조.

14) 이에 대해서는 김준석, 「17세기 정통주자학파의 정치사회론」, 『동방학지』 67, 1990 참조. 송시열이 자신의 스승 김집의 견해와 달리, 대동법에 찬성했음을 나타내는 증거로써 김준석은 다음 구절을 들었다.[무신년(현종 9) 봄에 … 주상이 김육이 성립시킨 대동법에 대해서 묻자, 공은 "훌륭한 법이라고 할 수 있습니다" 하고 말했다. 그러자 김집이 의견을 달리하여 조정을 떠난 것은 왜 그런 것인가 하고 묻자, 공은 "김집이 처음에 대동법이 어떤 것인지 알지 못해서 그렇게 된 것입니다"하고 말했다.(『송자대전宋子大全』 부록 권17, 어록; 崔愼錄 上, 30 ㄱ, 위의 논문, 186쪽)] 한마디로, 송시열은 김집이 대동법을 잘 몰랐다고 생각했다.

김집이 대동법에 반대했던 이유는 아마도 그의 처지가 국가정책 운영의 실제를 알기 어려웠던 데다, 아버지 김장생金長生이 인조 초 선혜법 실시에 반대했던 것에도 영향을 받았을 것이다.

조정을 물러난 날 송시열도 사퇴 의사를 밝혔다. 송시열이 김집과 동반 퇴진한 것은 스스로가 말했듯이 대동법에 반대했기 때문은 아니다. 다만 스승이 조정에서 물러나는데 제자 된 입장에서 조정에 머물기 어려워서 그랬던 것이다.[39] 하지만 이유야 어찌 되었든, 김상헌과 김집이 대동법 실시에 반대했던 것은 김육의 대동법 실시 요구를 좌절시키기에 충분할 정도로 힘이 있었다.

송시열 자신은 방납의 폐단을 지적하며 대책을 마련해야 한다는 데 동의했다. 또한 지금 국가가 중병을 앓고 난 것과 같아서 독한 약을 과용하면 안 되지만, 병이 위중한데도 약을 쓰지 않으면 역시 죽게 된다고 말했다. 그래서 그 대책으로 공안을 바로잡아 백성들의 부담을 덜어줄 것을 왕에게 요청했다. 하지만 그는 동시에 대동법 실시에도 반대하지 않았다.[40] 송준길은 고르지 못한 공안을 고치고, 대동법을 실시하며, 궁가와 세도가의 토지와 어염魚鹽에 대한 절수折受를 금지하고, 내수사를 폐지하도록 건의했다.[41] 대동법에 대해서는 송시열을 비롯한 주변 사람들의 견해에 동의했지만, 독자적인 자신의 주장을 갖고 있지는 않았던 것으로 보인다.[42]

유계兪棨도 송시열이나 송준길의 생각과 다르지 않았다. 그는 공안개정과 대동법 실시를 동시에 요구했고, 서리胥吏 및 절수의 폐단을 지적했다. 특히 충청도에 대동법이 실시되기 직전, 그는 공안개정과 대동법에 관해 가상의 주인과 객의 대화 형식으로 자기 생각을 밝혔다.[15] 그는 성왕聖王의 법이 진선진미盡善盡美하지만, 그래도 폐단이 생기면 바꾸는 것이 당연하다고 보았

---

15) 『강거문답』이 호서대동법이 성립되기 전에 쓰여졌다는 점은 중요한 의미를 띤다. 유계의 주장이 호서대동법의 결과에 영향을 받은 것이 아님을 뜻하기 때문이다. 『강거문답』에는 호서 산림들 중 어느 누구의 것보다 공물변통에 대한 상세한 서술이 등장한다. 그는 공안개정과 대동법이 모두 필요하다고 생각했다.(유계, 『시남집市南集』 권17, 雜著 江居問答)

다. 유계는 우선 공안을 개정해야 한다고 말했다. 그 목적은 역시 공물가를 낮추기 위한 것이었다. 그리고 대동법을 실시해야만 방납의 폐단이 되살아나는 것을 막을 수 있다고 말했다. 대동법을 실시하면 각 고을의 백성들뿐만 아니라 경각사京各司 주인에게도 좋고, 각관各官의 관수官需 및 불시의 수요에 대한 대비까지도 가능하다고 말했다. 그는 이 법으로 종전에 비해 백성들의 부담이 1/3에서 1/4까지 줄어들 것이라고 예측했다.[43] 가상의 객이 운반상 불편함을 지적하자, 그는 가상의 주인 입을 빌려 큰 이익을 도모하는 자는 작은 손해를 계산하지 않고 이런 문제로 구애되는 것은 일을 아는 사람의 말이 아니라고 했다. 나아가 대읍의 불만이나 경각사에 전복典僕이 부족한 문제에 대해서도, 그것이 대동법 실시를 막는 이유가 될 수는 없다고 덧붙였다. 이렇듯 유계, 송시열, 송준길 모두 대동법에 대해서 김집과 같은 생각을 했던 것은 아니다.

한편 김육은 효종의 북벌계획에 강력히 반대했다. 북벌을 하기 위해서는 대규모의 전쟁 물자 조달이 뒤따라야 하고, 이는 다시 민에 대한 수탈로 이어질 것이 불 보듯 분명했기 때문이다. 이것은 그의 단순한 정책적 예상이 아니었다. 불과 몇 년 전까지도 조선에서 여러 차례 있었던 일이다. 병자호란 이후 청의 요구에 의한 여러 번의 파병이 바로 그것이다. 차문섭은 효종대 군비 확충을 위한 여러 가지 조치들이 난관에 부딪히는 모습을 보여주었다. 조정은 경비 문제를 해결하기 위해서 노비를 추쇄하고 봉족奉足을 마련하려 했지만 결국 실패했다. 또 효종이 군비확장안을 제시할 때마다 김육과 거의 매번 부딪혔다.[44] 이로 미루어보면 대동법을 통해 직접적인 재정 확충을 해서 군비에 충당하려던 것이 아니었음을 알 수 있다.[16) ] 대동법의

---

16) 이근호는 효종 즉위년 11월 김육의 대동법 실시 요청이 재정 확보를 위한 것이었다고

가장 직접적인 추진 목적은, 그것을 추진했던 사람들도 말했듯이 극심한 공납의 폐단을 제거하는 것이었다. 이를 통해서 장기적으로 국가의 재정 운영을 정상화시키려 했던 것이다.

## 2. 호서대동법의 지난한 결정 과정

### 바뀌는 조정 분위기

효종 즉위 후에도 대신급 관료들 중에는 대동법에 반대하는 사람들이 여럿 있었다. 김상헌, 김집, 호조 판서 원두표元斗杓 등이 그들을 대표했다. 이 세 사람은 산림(김집)과 공신(원두표)을 대표하므로 — 김상헌은 산림은 아니지만, 이 시기에 산림과 여러 가지로 견해를 같이했다 — 그들 간의 관계가 나쁠 듯도 했지만, 실상 그렇지 않았다. 원두표의 입장에서 김상헌이나 김

주장했는데, 그 증거로 인조 16년 김육의 제안이 결당 1년에 면포 1필과 미 2두 징수였음에 비해 이때는 3두가 늘어난 사실을 지적했다.(이근호, 「효종대 집권서인의 부세제도변통론 — 정국의 추이와 관련하여」, 『북악사론』 3, 1993, 275쪽) 하지만 그렇게만 볼 수는 없을 듯하다. 인조 16년 9월 김육의 상소가 올라가자, 우부승지 이명웅李命雄은 그 내용의 문제점을 지적했다. 그에 따르면, 김육이 제안한 결당 면포 1필과 미 2두에는 삭선朔膳과 전세조공물田稅條貢物이 빠져 있고, 공물의 운반 가격도 지나치게 낮게 매겨져 있었다. 이명웅은 대동법이 오래 지속되기 위해서는 결당 무명 2필이나 미 10두를 걷어야 한다고 제안했다. 같은 자리에 있던 재정 전문가인 우의정 심열沈悅도 이명웅의 말에 적극 동의했다.[『비변사등록』 5책, 인조 16년(1638년) 11월 7일] 다시 말해, 효종 초 결당 대동미 수취액이 인조 16년에 비해서 늘어난 것은 공물변통론 자체의 성숙 과정의 결과이지, 군수 마련을 위한 의도적 증액 때문이 아니었다. 호서대동법이 실시된 후, 대동법 실시 지역의 유생들조차도 "대동법은 위로는 나라의 쓰임에 손해가 없고, 아래로는 백성들에게 편하다"(『승정원일기』 159책, 현종 즉위년 12월 19일)라고 말한 것은 대동법의 목적이 직접적으로 중앙재정의 확충에 있지 않았음을 보여준다.

**원두표(1593 ~ 1664, 선조 26 ~ 현종 5)**
효종·현종대에 상당한 정치적 영향력을 가졌으며, 최고의 재정관료
중 한 사람이다. 이시방의 가장 강력한 경쟁자였다.

집과 좋은 관계를 맺는 것은 매우 필요한 일이었다.[17] 실제로 청의 견제로 인해 김집과 김상헌이 조정을 떠난 후, 나중에 이들을 다시 불러들이자고 효종에게 건의한 사람은 원두표였다.[45] 두 사람이 조정을 떠난 후, 원두표는 대동법에 반대하는 대표자 격이 되었다.

청의 견제로 조선 조정에서 산림과 대청 강경론자들의 수가 크게 줄어들자, 효종 원년 후반에는 대동법 추진에 우호적인 분위기가 조성되었다. 부제학 민응형이 조정에 나온 산림들을 평가한 내용은 흥미롭다. 그에 따르면, 산인山人들은 뜻은 커도 재주가 소략하고, 일에 앞서 격양하여 도리어 조정의 의논을 흩어지게 한다고 평가했다.[18] 민응형이 생각하기에 산림들은 전반적 국정개혁에 대한 의욕은 강하지만 그에 필요한 관료적 전문성이 떨어지고, 실무를 추진해나가는 과정에서 필요한 관리들과의 협의 능력도 떨어졌다. 민응형과 같은 사람들이 서인 산림들과 다른 이념이나 국가상을 가졌을 것이라고 생각되지는 않는다. 하지만 사림으로 살아온 삶과 관료로 살아온 삶은 추상적 이념보다 훨씬 구체적인 사유방식의 차이를 만들었을 것이다.[19] 민응형의 말은 바로 그런 차이를 보여주고 있다.

---

17) 원두표는 인조반정에 공을 세웠고 인조대 내내 주요 고위관직을 지냈다. 더구나 그는 조정에서 매우 중요한 당파의 하나를 대표했고, 왕실과도 혼맥으로 엮여 있었다. 하지만 당시 조정의 분위기에서 독립적으로 정국을 이끌어나갈 수 있는 사람으로 생각되지는 않은 듯하다. 그는 문과 출신도, 사림도 아닌 무과 출신이었다. 실제로 인조반정의 훈신들 가운데 가장 늦게 재상직에 임명되었던 사람들 중 하나였다. 그 스스로 이 점을 잘 알았기 때문에 평생 동안 늘 산림과의 관계를 소중히 여겼다. 당시 산림은 조정에서 정권의 정당성을 뒷받침하는 능동적 요소였기 때문이다. 정치적으로 힘이 있다는 것과 그것을 공적으로 행사할 수 있다는 것이 정확히 같은 의미는 아니다. 이런 측면에 대해서는 좀 더 연구가 필요하다.
18) 이런 평가는 민응형만의 생각은 아니었던 듯하다. 부교리 민정중閔鼎重은 조정에 이런 견해가 적지 않게 퍼져 있다고 전했다.[『효종실록』 권8, 3년 4월 26일(丁卯)]

민응형은 삼남 중에서도 특히 충청도의 공물 폐단이 극심하니, 그곳에서 대동법을 먼저 실시할 것을 요청했다. 왕은 그의 제안을 흔쾌히 받아들였다.[46] 한편 원두표는 효종에게, 즉위 초에는 산림을 우대했는데 지금은 처음같지 않고 김상헌은 나라의 원로인데도 조정을 떠난 뒤에는 왕이 까마득히 잊고 있다고 말했다. 그러자 효종은 그것이 어찌 자신의 본심이겠냐며 어쩔 수 없는 형세 때문이라고 말했다.[20] 이 모두가 조정의 분위기가 바뀌고 있음을 보여준다.

### 민응형의 상소

효종 2년(1651) 초, 왕은 김육을 영의정에, 이시백을 좌의정에, 한홍일을 우의정에 임명했다.[47] 청의 계속된 견제로 산림이 물러나고, 공신과 왕실의 외척 중심으로 조정이 재편되었다.[21] 효종 스스로 말했듯이 별다른 대안이

---

19) 숙종 초 남인이 집권했을 때, 남인 세력도 비슷한 이유로 관료적 성향의 탁남濁南과 사림적 성향의 청남淸南으로 나뉘었다. 〈특별부록〉 인물사전의 500쪽 '허적' 참조.

20) 『효종실록』 권5, 원년 10월 27일(丁未). 또, 효종 3년 초 부교리 민정중이 원두표와 유사한 취지의 말을 하자, 효종은 다음과 같이 말한다. "그 당시 흉적의 무리들이 저희들에게 이롭지 않다고 여기고서 오랑캐에게 유언비어를 퍼뜨려 그들로 하여금, 척화하는 거조가 다시 재야 선비들한테서 나올 것이라고 의심을 하게 하여, 마침내 위협하는 일이 있게 되었다. 상황이 이렇게 되어 그들을 다시 쓰지 못한 것이지, 내가 어찌 그들을 잊어버려서 그러했겠는가. 실지로 이 두세 명의 신하에게 화를 끼치게 될까 두렵다."[『효종실록』 권8, 3년 4월 26일(丁卯)] 김자점 때문에 청나라가 조선의 산림들을 배척하게 되었고, 그 때문에 자신도 산림들을 등용하지 못한다는 말이다.

21) 오항녕은 김집과 김육의 대립 원인을 대동법에 대한 찬반이 아니라, 두 사람이 딛고 있는 상이한 정치적 배경에서 찾았다. 그는, 효종이 이 대립을 계기로 정치적 제휴 대상으로서 서인 산림계가 아닌 김육을 선택했다고 해석했다.(오항녕, 「조선 효종대 정국의 변동과 그 성격」, 『태동고전연구』 9, 1993, 56~57쪽) 정만조는 임금이 김육 쪽으로 기운 이유로 산당계인 유계가 인조의 묘호를 정하는 문제로 왕의 마음을 불편하게 한 것, 송준길이 궁가의 불법적인 모리 행위와 내수사 문제에 비판을 가한 것을 들었다.(정만조, 「17세기

없었던 것이다. 이런 여러 상황은 조선에 대한 청의 강력한 견제가 조정의 인적 구성에 영향을 주었음을 뜻한다.

효종 2년 6월, 호서대동법 실시를 위한 논의의 물꼬를 다시 튼 것은 민응형이었다. 그는 공물가로 양호에서 삼두수미三斗收米, 즉 1결에 쌀 세 말을 징수할 것을 요청했다. 공물가로 결당 3, 4두를 거두자는 안은 이미 인조 23년(1645) 조복양趙復陽에 의해 제기된 바 있었다.[48] 인조 21년과 22년에 극심한 전염병이 돌고 나서, 이어 인조 23년 흉년이 겹치자 그 과정에서 등장한 안이었다. 조복양의 안은 인조 23년 10월에 설치된 재생청 활동 과정에서 구체화되었다. 즉 민에게서 공물가로 결당 2, 3두를 거두고, 정부가 이를 직접 사주인에게 지급해서 경각사에 공물을 조달했다. 실질적으로 정부가 직접 운영하는 경대동京大同이었던 셈이다. 이를 담당한 재생청의 책임자가 이시방과 조석윤趙錫胤이었다.

재생청 활동의 정책 효과는 만족스러웠다. 백성들이 내는 공물가는 절반 이상 줄었지만, 사주인이 물품 마련을 위해 지급받는 몫은 줄지 않았다. 서울과 지방에서 모두 이 법을 편히 여긴다고 평가되었다. 당시 많은 사람들

---

중반 한당의 정치활동과 국정운영론」, 『한국문화』 23, 1999. 119쪽) 필자는 위의 두 견해에 더하여, 청나라의 견제로 인한 불가피한 측면도 있었음을 추가하고자 한다. 김육이 영의정으로 복귀한 것이 김집과의 논쟁 후 조정을 떠나 1년이나 지난 시점이었던 점, 그 사이에 조선 조정에 대한 청의 간섭이 심했던 점, 김육 역시도 그동안 조정에 나가지 않았던 점, 그 기간에 김육이 한 일은 진위사로 청나라에 다녀왔던 점, 효종 2년 1월 김육이 조정에 다시 나가는 명분도 한꺼번에 네 명이나 방문한 청나라 사신들에 대한 접대를 하기 위해서였던 점, 김육이 조정에 나가기 직전에 효종이 크게 신뢰했던 영의정 이경여가 청나라 황제의 지시로 관직이 박탈되었던 점, 효종 2년 가을에 김육이 다시 물러나려 하지만 다시 청나라 사신이 나오면서 그럴 수 없었던 점 등을 고려할 때, 왕의 선택에는 불가피한 측면도 있었음을 감안해야 할 것으로 보인다. 효종 자신도 부교리 민정중의 상소에 대한 답변에서 그렇게 말했다.[『효종실록』 권8, 3년 4월 26일(丁卯)]

은 이 법을 대동법 자체로 이해하고 있었다.[49] 이런 경험을 기초로, 다음 해에 이시방은 정식으로 상소를 올려 공물가로 결당 3두씩 거둘 것을 요청했다.[50] 이 안은 호조의 고위실무자들로부터 전폭적인 지지를 받았지만, 최명길의 반대로 입법화되지 못했다.

주목할 것은 결당 3두씩 거두는 경대동의 성격이다. 공안개정론이 그렇듯이, 경대동에 대한 당시 사람들의 이해 수준도 조금씩 달랐다. 대동법 자체로 이해하는 사람도 있었고, 대동법과는 다르지만 대동법의 효과적인 대안일 수 있다고 생각하는 사람도 있었으며, 대동법으로 가기 위한 과도기적 조치로 이해하는 사람도 있었다. 무엇으로 이해하고 있었든지 간에, 공물변통이라는 큰 범주에서 보면 경대동은 현실적으로 대동법과 가장 가까운 개념이었다. 즉 경대동은 언제라도 대동법으로 전환될 수 있는 방안이었다.

왕은 이시방에게 민응형의 상소에 대한 의견을 물었다. 이시방은 이 법의 시행 여부는 호조에 달려 있다고 말했다. 이 일의 담당자이자, 이 시기 대표적 대동법 반대론자인 호조 판서 원두표를 의식한 발언이었다. 한편 원두표는 삼두수미안이 대동법과 다른 것임을 명확히 알고 있었다. 원두표는 1결에 3두를 거둔 뒤 더 걷지 않으면 좋겠지만, 부득이 더 걸을 일이 생기면 백성들의 원망이 클 것이라며 반대했다. 그는 인조 1년(1623)과 2년(1624)의 삼도대동법 실시 때 전라도 영광 군수로 재직하고 있었기 때문에 각관의 수요를 뺀 경대동만으로는 민에 대한 첩징을 막을 수 없다는 것을 경험적으로 알고 있었다.

형조 판서 허적許積도 결당 3두만을 거두려면 양호에 동시에 실시해서 호서의 부담 일부를 호남으로 옮겨야 하고, 호서에만 실시하려면 결당 3두로는 부족하다고 말했다. 또 호서의 부담을 호남으로 옮기는 과정 중 호서에서 줄어드는 것은 적고 호남에서 늘어나는 것은 많을 것이라며, 이 법의 실시에 부정적인 입장을 나타냈다.[51] 그는 대동법 실시에 따라올 고질적인 행정의 문란을 염려했다. 이는 이 시기의 경세 문제에 관해 식견을 지닌 사람이라면 공통적으로 염려하는 내용이기도 했다.[22] 실제로 인조 초 삼도대동법이 좌절된 원인의 하나는 바로 행정상의 문란이라는 문제가 있었던 것이 사실이다. 어찌 되었든 이 시기의 논의는 실시 범위와 수취 액수 간의 의견 불일치로 결말을 보지 못했다.

홍미로운 것은 효종대 대동법의 성립 과정에서 보이는 허적의 태도이다. 그는 원칙과 대의에 충실한 이론가라기보다 유능하고 성실한 관료 쪽에 가까운 인물이었다. 그는 당시 조선의 재정 문제에 대해 조정의 어느 누구보다 해박한 식견을 가졌던 사람이다. 그러하기에 김육과 함께 효종대 대동법의 성립에 커다란 기여를 할 수 있었다. 하지만 그런 역할에도 불구하고, 그는 대동법의 실시에 대해서 개인적으로는 늘 중립적이거나 약간은 부정적인 태도로 일관했다. 그런 그의 태도는 대동법 자체에 대한 부정적 견해에서 비롯된 것은 아니다. 오히려 그가 대동법 실시에 반대하는 세력들에 대해서 너무나 잘 알고 있었기에 빚어진 태도였다.[23]

### 호서대동법 실시가 결정된 날

논의는 계속되었고, 조정에서 점차 의견이 모아졌던 것 같다. 효종 2년

---

22) 예를 들어 효종 4년 경기 양전에 대한 이경여의 염려도 이 경우에 해당한다. 제2부 5장 251쪽 참조.

23) 허적의 이런 모습은 병자호란 이전 호조 판서 김신국金藎國의 모습과도 유사한 측면이 있다. 김신국 스스로는 대동법의 추진을 열렬히 원했으면서도, 호조 판서로 재직하고 있을 때는 막상 대동법 이외의 다른 정책을 추진했다. 여기에 대해서는 제1부 3장 '호조 판서 김신국의 군비 마련책' 128쪽 참조.

6월 하순에 비변사는 다음과 같은 상소를 올렸다.

> 호서 백성에게만 부역이 편중되므로, 이를 변통하여 부역을 고르게 하는 조처를 시급히 취해야 합니다. 어떤 사람은 3두씩 쌀을 거두어 한 도 공물의 역을 대신하면 민력이 조금 풀릴 것이라고 하지만, 다른 명목의 역이 많이 남아 있어 이중으로 징수하는 폐단을 면하기 어렵습니다. 이 두 가지 중 하나를 선택한다면 대동법이 마땅히 선행되어야 할 것입니다. 일찍이 이 법을 양호에 병행하려고 했기 때문에 논의가 서로 어긋나서 쉽게 합의되지 않았습니다. 이번에 한 도에만 시행한다면 이견이 없을 듯하니, 나중에 직접 뵙고 말씀드려서 결정하겠습니다.[52]

비변사는 대동법 실시 지역을 양호에서 호서로 축소하고, 공물가를 3두 이상으로 늘려 경대동 대신 대동법을 실시하자는 쪽으로 의견을 모았다. 『효종실록』에 호서대동법이 확정되었음을 알리는 날은 효종 2년 8월 24일(乙巳)이다. 하지만 실제로 이날 호서대동법 실시가 결정된 것은 아니다. 결정은 이보다 한 달 정도 앞서서 내려졌다. 이 사이에 호서대동법을 실시하기 위한 몇 가지 사항들이 조정된 후 8월 24일에야 공표되었다.

그런데 정작 『효종실록』에는 호서대동법 실시가 결정된 날이 보이지 않는다. 이 날의 광경에 대해서는 유일하게 허적이 말했다. 효종 3년 4월 1일 정언 이만웅李萬雄이 호서대동법의 폐단을 지적하며 허적을 비판했다.[24] 그

---

24) 『효종실록』 권8, 3년 4월 1일(壬寅). 허적과 함께 비판을 받았던 김홍욱金弘郁은 신속하게 반격했다. 이만웅이 지적한 문제는 두 가지였다. 효종 2년에 추봉秋捧으로 3두를 걷은 뒤 또 10두를 걷은 점, 효종 3년에 춘봉春捧이 늦어져 전세와 함께 걷어 민의 부담을 가중시킨 점이다. 이에 대해 김홍욱은 3두를 걷은 것은 사실이지만 또다시 10두를 거둔

러자 허적은 대동법 실시가 결정된 날의 광경을 환기시키며 자기 입장을 변호했다.[53] 즉 자신은 왕의 물음에, 이 법이 의도는 좋아도 실시 과정에서 불편한 점이 많을 것이라고 말했지만, 호서지방 선비들의 상소로 인해 한홍일이 강력히 주장한 결과 호서대동법이 결정되었다는 것이다. 왕이 여러 재상들에게 다시 물었지만, 달리 반대하는 의견이 없어서 마침내 최종 결정이 내려졌다는 것이다.

한홍일이 대동법 실시를 주장한 것은 효종 2년 7월 9일이었다. 그는 소극적이기는 했지만, 애초 대동법 실시를 반대하는 입장에 있었다.[54] 허적의 말대로, 한홍일이 자신의 입장을 바꾼 것은 충청도에서 올라온 상소 때문이었던 것 같다. 효종 2년 6월 20일 조정의 대동법 논의에서 호서의 상소가 언급되지 않았던 것을 보면, 이 상소는 6월 20일에서 7월 9일 사이에 올라온 듯하다. 그런데 허적의 말과 달리, 효종 2년 7월 9일에는 아직 호서대동법 실시가 결정되지 않았다. 이날 우의정 한홍일이 삼남에 대동법을 시행하자고 건의하자, 왕은 "대동법의 경우 삼남에까지 시행할 수는 없고, 삼두법三斗法은 이미 호서에 먼저 시행하도록 했으니 그 이해를 살펴보고 다른 도에 행해야 할 것이다"라고 말하는 점으로 미루어 이것을 짐작할 수 있다.[55]

며칠 후, 왕이 호서에 실시될 삼두수미법에 대한 여론을 묻자, 김육은 "비록 대동법을 시행하지 않더라도, 먼저 이 법을 시행한다면 어찌 편리하

---

일은 없으며, 효종 3년 춘봉이 늦어진 것은 사목의 미비점을 보고한 후에 춘봉을 실시하려 했는데 '역변逆變'으로 상신相臣과 해청당상該廳堂上이 국청鞫廳에 오래 있던 관계로 회신이 늦어져 그렇게 된 것이라고 말했다.(『학주선생전집鶴洲先生全集』권7, 因李萬雄論劾 對擧疏 壬辰(효종 3) 四月 在湖瑩時) 4월 13일에 효종은 김홍욱의 상소를 받아보고 만족을 표시했다.[『승정원일기』 123책, 효종 3년 4월 13일(甲寅)]

고 좋지 않겠습니까"라고 말했다. 이시방은 충청도에만 삼두수미법을 실시하면 부족할 염려가 있다고 말했다. 이시방의 말은 앞서 허적이 지적했던 바로 그 내용이었다. 허적도, 만일 삼두수미법을 호서에만 시행한다면 도리어 대동법만 못할 것이라고 말했다. 호서에서 결당 3두만 거둬서는 충청도가 감당해야 할 공물의 조달에 충분치 않을 것이 확실했다. 이는 3두 이외의 민에 대한 추가적 징수로 이어질 수밖에 없고, 그렇게 되면 법이 실패로 돌아갈 것이라고 예측했다. 과거의 경험이 그랬다. 좀처럼 결론이 내려지지 않자, 김육은 삼두수미법에 대해 이시방과 허적으로 하여금 전적으로 임무를 살피도록 하자고 요청했고 왕도 이를 허락했다.[56]

사흘 후 비변사는 호서대동법의 실시를 이미 윤허 받았다고 말하고 있다. 아울러 주관 당상인 이시방과 허적의 사무가 많으니, 비변사 당상 조석윤을 대동청 당상에 포함시켜달라고 요청하여 왕의 허락을 받아냈다.[57] 이 사실은 김육이 이시방과 허적에게 전적으로 맡기자는 삼두수미법에 대한 논의가 이미 대동법 실시로 귀결되었음을 뜻한다. 다시 말해서 호서대동법은 효종 2년 7월 13일에서 16일 사이, 말하자면 대략 14일 또는 15일경에 결정되었던 것이다.

대동법 실시에 대해서 이시방은 적극적이었고, 허적은 다소 유보적이었다. 하지만 충청도에만 삼두수미법을 실시하는 것에는 두 사람 모두 부정적이었다. 또 충청도에서의 수미법을 성공시키기 위한 방법론에서는 두 사람의 생각이 일치했다. 사실 7월 13일에 왕이 두 사람에게 충청도의 삼두수미법 시행에 관한 문제를 맡기는 순간, 충청도에 대동법이 실시되는 것은 이미 결정난 것이나 다름없었다. 삼두수미법 자체를 충청도에서 작동시킬 수 있는 유일한 현실적 방법은 대동법을 시행하는 것뿐이었기 때문이다.

## 조석윤, 최후의 저항

조석윤은 이 시기에 대표적인 공안개정론자였다. 그는 현실의 조건들 때문에 대동법을 실시할 수 없다고 생각했다. 그의 공안개정론은 조선의 전통적 공물변통론에 충실했다. 대개 공안개정을 주장한다고 해도 그것이 언제나 대동법에 반대하는 것을 뜻하지는 않았지만, 그의 공안개정론은 대동법과 대립했다.[25] 조정에서 다른 사람들이 대동법 실시를 논의하는 중에도 그는 계속해서 대동법에 반대하고 공안개정을 주장했다.[58] 그는 대동청 당상에 추천을 받자, 이를 사양했다. 대동법 실시를 줄곧 반대했던 그로서는 당연한 행동이었다.[26] 그는 호서에만 대동법을 시행하느니 차라리 양호에 함께 시행해야 한다고 말했다. 그러자 효종은 호서만의 대동법에도 반대하면서 무엇 때문에 양호에 모두 실시하려는지 모르겠다고 말했다. 비변사역시 왕의 말에 동조하며, 조석윤을 대동청 당상에서 면직시킬 것을 요청했다.[59]

조석윤은 왕의 비답批答에 대해 자신이 대동법에 반대하는 이유를 적은 상소를 올렸다. 여기에서 그는, 선조先朝 때에도 백성들이 대동법을 불편하게 여긴다는 이유로 실시하지 못했던 점과 땅을 많이 가진 백성은 일시에

---

25) 제1부 3장 155쪽 참조.
26) 효종 즉위년 11월, 1차 대동법 실시를 시도했을 때도 김육은 공물변통에 대한 조석윤의 식견을 높이 사서 그를 주관 당상으로 추천했다. 조석윤은 이때도 대동법을 실시할 경우 예상되는 소민과 부호의 분쟁을 들어 거절한 바 있다.[김육이 이르기를 … "조석윤은 또한 이 일을 잘 알고 있지만 현재 대간이어서 감히 청하지 못하겠습니다." 주상이 이르기를 "만약 백성들을 편히 할 수 있다면, 상규에 구애되어 겸하여 임무를 맡지 못하겠는가? … 석윤이 이르기를 "소신이 어떻게 감당할 수 있겠습니까. 다만 들은 바로 말씀드린다면 소민들은 이 법을 편히 여기고, 부호들은 싫어한다고 합니다. 만약 잘하지 않으면 나중에 폐단이 있게 될 것입니다." 했다.(『승정원일기』 110책, 효종 즉위년 11월 18일)]

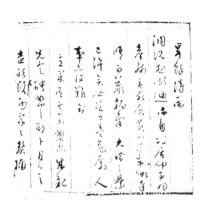

**조석윤의 글씨**

조석윤은 김상헌과 김육을 비롯한 조정의 선배들에게서 총애를 받았던 인물이다. 장원급제 했고, 오랫동안 문한직에 종사했다. 김육은 여러 번 그를 공물변통에 쓰고자 했다. 그가 끝내 거부하자, 김육은 그의 "성품이 꽉 막히고 자긍심이 지나친 것이 병통"이라고 말했다. 후일 숙종 조에 청백리로 뽑힌다. 제시된 사진은 조석윤이 집안의 혼사와 관련하여 보낸 편지이다.

미·포를 마련해내기 어렵다는 점을 강조했다.[60] 이 말은 효종 입장에서는 대단히 부담스러운 것이었다. 왕위 계승이 순조롭지 않았던 효종으로서는 선대에 대한 언급을 매우 예민하게 받아들일 수밖에 없었다. 또 국내외 상황이 여전히 혼란스러운 중에 지방의 세력 있는 집단을 불편하게 하는 것도 효종 입장에서는 상당한 결심을 필요로 하는 일이었다.[27] 인조가 여러 번에 걸쳐 대동법 실시를 쉽게 결정하지 못했던 것도 바로 이 같은 이유 때문이었음을 앞에서 보았다. 조석윤 자신으로서도 대동법에 대해 자신이 할 수 있는 최고 수준의 반대 발언이었다. 땅을 많이 가진 백성이 공물가를 내기 어렵다는 말에 대해서는 일찍이 인조 원년에 조익이 비판한 바 있었다.[28] 조익의 비판을 통해서 확인했듯이, 조석윤이 내세운 반대 이유는 대동법을 반대하는 호강豪强의 핵심적 저항 논리와 같았다.[29] 재산이 많아서

---

27) 인조 초 신흠도 바로 이 점을 지적했다. 제1부 2장 99~100쪽 참조.

28) 제1부 2장 '조익의 상소' 74쪽 참조.

29) 공물은 성종 2년(1471) 역민식 이후 8결 단위로 수취되었다. 이것이 곧 8결작공이다.(박도식, 「조선전기 8결작공제에 관한 연구」, 『한국사연구』 89, 27쪽) 하지만 이때의 8결작공은

그에 따른 세금을 내기 어렵다는 말은 그 말의 논리가 지닌 힘보다 훨씬 강력한 현실적 힘을 발휘하고 있었다.


## 3. 여러 난관을 뚫고 성립된 호서대동법

### 김육의 정치적 역할

호서대동법의 성립과 관련된 여러 측면들은 김육과 깊은 관련이 있다. 종래의 연구들도 누누이 이 점을 지적했다. 실제로 효종대 대동법의 성립에서 김육이 중추적인 역할을 했다는 것은 의문의 여지가 없다. 하지만 다른 측면에서 생각해볼 필요도 있을 것이다. 그의 역할을 축소하자는 뜻이 아니라, 과연 복잡하고 거대한 국가재정제도 전환의 동력을 개인의 힘으로만 설명할 수 있겠는가 하는 점이다. 대동법의 성립을 개인이 아닌 제도적 측면에서 해석해야 하는 것이 옳다면, 김육의 역할은 그 제도 속에서 다시 설명될 필요가 있다. 결론부터 말하면, 호서대동법 성립 과정에서 김육의 역할은 이 법의 반대자들로부터 정치적으로 대동법을 보호하는 것이었다.

---

결당 걷어야 할 공물가를 정하지 않았다. 그 때문에 공물이 전결에 비례해서 부과되고 수취되는 것이 법적으로 강제되지 않았다. 법적 강제성은 대동법이 성립되고서야 가능해졌다. 대동법 실시는 중앙정부가 각관의 8결이라는 외피를 뚫고, 결당 수취액을 정함으로써 실질적인 공물 부과의 전결세화를 이루어낸 것을 뜻한다. 결당 수취액이 정해지지 않았을 때는 토호들이 자신이 소유한 전결에 준해서 공물을 납부하는 경우가 드물었다. 대동법으로 공물 납부가 전결세화되자, 토호들 역시 전결에 따른 공물 납부를 피할 수 없었다. 조석윤이 대동법에 반대한 이유는, 전결 기준에 맞춰 공물을 납부해야 할 호상들이 그것을 불편하게 여긴 나머지 소요할 것을 염려했기 때문이다. 신흠의 고민도 바로 여기에 있었다. 이와 관련해서는 제1부 2장 99~100쪽 참조.

조정에서의 영향력이라는 측면에서 볼 때, 원두표는 조석윤과 비교가 되지 않을 정도의 힘을 가졌던 사람이다. 원두표는 조석윤과 성격이 매우 달랐다. 조석윤이 명석하고 자기 신념에 충실한 인물이었다면, 원두표는 무인 출신의 사람이었다. 원두표는 이 당시 몇 남지 않은 인조반정의 정사공신靖社功臣이었다. 또 병자호란 기간을 빼면 인조 12년(1634)부터 21년(1643)까지 전라 감사를 지냈고, 인조 24년(1646) 이후 효종 초(1649)까지 호조 판서직을 수행했다. 그의 손자 중 하나가 효종의 여섯째 부마駙馬이기도 했다.[30]

그런 원두표와 역시 정사공신이자 호서대동법의 실무 책임자인 이시방의 관계는 당시에 염파廉頗와 인상여藺相如에 비유될 정도로 좋지 않았다.[31] 원

---

30) 효종은 1남 7녀를 두었다. 숙신淑愼·숙안淑安·숙명淑明·숙휘淑徽·숙정淑靜·숙경淑敬공주, 숙녕淑寧옹주가 그들이다. 원두표의 둘째아들이 만리萬里이고, 그의 손자 즉 만리의 큰아들이 몽린夢麟이다. 숙경공주와 혼인한 사람이 바로 몽린이며, 그는 흥평위興平尉에 제수된다.

31) 『효종실록』 권5, 원년 9월 3일(甲寅). 염파와 인상여는 춘추전국시대 조나라의 두 기둥이었다. 염파는 명장이고, 인상여는 명재상이었다. 처음에는 두 사람 사이가 몹시 좋지 않아서 인상여가 염파를 피해 다녔다. 나중에 염파는 나라의 안위를 먼저 생각하는 인상여에 감동하여, 둘은 굳게 신뢰하는 사이가 되었다.
숙종 1년에 신흠의 손자 신종화는 당쟁에 휘말려 죽은 자신의 아버지 신면申冕의 관작을 회복시키기 위해서 상언한다.[『숙종실록』 권4, 1년 10월 29일(癸未)] 여기서 그는, 원두표가 전령傳令을 위조해서 이시방을 죽이려 했다고 말한다. 그가 말하는 사건은 병자호란이 끝난 지 얼마 지나지 않은 인조 22년 6월에 광주 부윤 홍진문洪振文이 왕에게 보고했던 내용과 관련된다. 홍진문의 보고에 따르면, 관사를 청소하던 노복이 8장짜리 문서를 발견했는데, 그것이 이미 완료된 권억權澺의 역모사건과 관련된 것이었다. 노복이 발견했다는 문서는 권억이 군졸을 동원하기 위해서 내린 전령서였다. 그 내용에 따르면, 전령서가 수어사 또는 총융청의 분부라는 것이다. 이 시기에 수어사는 이시방이었고, 총융사는 그의 형 이시백이었다. 이 사건은 당시에 누군가의 무고로 판명되어, 더 이상 정치적으로 확대되지는 않았다.[『인조실록』 권45, 22년 6월 16일(壬申)] 그런데 신종화의 말에서 짐작할 수 있듯이, 적지 않은 사람들이 이 무고를 이시방에 대한 원두표의 음모라고 생각했던 듯하다. 사실 여부에 관계없이, 신종화의 말에서 당시 원두표와 이시방의 관계에 대한 일반의 인식을 엿볼 수 있다.

당의 영수로서 원두표는 조정에서 이시방보다 훨씬 큰 영향력을 가지고 있었다.

이시방이 호서대동법 추진 과정에서 중추적 역할을 계속할 수 있었던 것은 김육의 정치적 보호 때문에 가능했다. 당시 대동법을 실시하자는 주장은 김육만 했던 것이 아니고, 조정에서의 호서대동법 논의도 그가 홀로 이끌어낸 것은 아니다. 나아가 대동법에 대한 이해에서도 김육이 가장 정통했던 것은 아니다. 하지만 호서대동법 실시가 결정된 후, 조정에서 그 진행을 정치적으로 보호했던 것은 김육 혼자의 힘이었다고 해도 과언이 아니다.

이시방을 대동법 추진에서 중요하게 쓰려는 김육의 의도는 효종 즉위 직후부터 나타난다. 졸곡 후 조선은 효종의 왕위 계승과 관련해서 청나라에 사신을 파견해야 했다. 처음에는 영의정 이경석이 정사正使로 예정되었지만, 청이 종실 인사를 사신으로 보낼 것을 고집하자 이시방을 부사副使로 보내게 된다.[61] 우의정 김육은 이시방을 보내는 데 반대했다.[32] 당초 졸곡 후 대동법 논의를 시작하기로 했는데, 상평청常平廳과 선혜청宣惠廳의 일을 오랫동안 관장한 이시방이 없으면 안 된다는 것이 반대의 이유였다.[62]

효종 2년 7월 호서대동법 실시가 결정된 후, 김육이 가장 먼저 취한 조

---

32) 그러나 김육의 반대에도 불구하고, 결국 이시방은 사신으로 떠나게 된다. 이렇게 사행에 오른 그는 오히려 청나라에서 대동법 실시에 도움이 되는 자료를 구해 왔다.["일찍이 경인년(효종 1년)에 중국에 사행을 갔을 때, 명나라의 제도를 구해서 보았다. 책 한 권을 얻었는데, 제목이 여지지輿地志였다. 나라 안의 13성과 인접한 여러 나라를 차례로 그리고 호구·병마·세입을 갖추어 기록했다. 그 세로 받아들이는 것은 은, 비단, 미곡뿐이고, 다른 부세는 없었다. 대개 이것들은 백성들이 입고 먹는 것이다. 이것으로 전국의 세금을 걷어 서울에 운반한다. 천하의 물화를 정부가 징발하지 않고도, 저절로 서울에 모여들게 할 수 있다. 크고 작은 공물을 모두 그 가운데에서 마련한다. 그 법이 이미 간편하여 지금도 청나라 사람들이 고치지 않고 쓰고 있으며, 폐단이 없다"("서봉일기』 戌戌(효종 9) 四月)]

**김육(1580 ~ 1658, 선조 13 ~ 효종 9)**
김육은 대동법의 성립에서 가장 큰 공을 세웠다. 그의 사림적 원칙과
관료적 안목, 정치적 집요함과 유연함이 대동법 성립으로 이어졌다.

치는 호조 판서직에서 원두표를 축출하고 그 자리에 이시방을 앉힌 일이다. 영의정 김육은 왕에게 "원두표는 본래 남을 이기기 좋아하는 병통이 있어, 자기 마음에 싫은 것은 절대로 하지 않으려 합니다. 어찌 다른 사람이 없기에 이 사람으로 하여금 오래도록 재리財利의 권한을 전담하게 하십니까. 대동법에 대한 의논이 있는데도 한 번도 신을 직접 찾아와 의논한 적이 없습니다. 체통이 이처럼 무너지고서야 무슨 일을 할 수 있겠습니까."라고 말했다.[63] 원두표는 결국 호조 판서직에서 사임해야 했다.[64] 그리고 이시방이 원두표를 대신하여 호조 판서가 되었다.[65] 이기조도 함경 감사에 임명되어 외방으로 물러나야 했다. 이기조는 효종 즉위년 11월과 원년 6월의 두 차례 대동법 논의 때, 호조 판서로 있으면서 대동법 실시에 반대했던 인물이다.[66] 그가 물러난 것은 김육의 상소 때문이었다.[67]

김자점이 역모로 처형당한 후, 이시방도 김자점과의 친밀한 관계 때문에 탄핵되었다.[33] 원두표와 사돈 관계였던 대사간 이시해는 이시방이 김자점과 특별히 돈독한 관계에 있었음을 지적하면서, 그를 멀리 유배 보내야 한다고 주장했다.[68] 이에 호조 판서는 이시방에서 이후원으로 즉각 교체되었다.[69]

그러자 김육은, 이시방에게 멀리 유배 보내는 법률을 적용하자는 것은 지나치며, 과거 이시해도 송준길에 의해서 김자점과 원두표에게 빌붙었다고 비판받은 일을 지적했다. 나아가 이시해의 상소문 중에 있는, 낙당洛黨의 무리를 차례로 솎아내어 다스려야 한다는 부분도 지적했다. 즉 이시방에 대한 이시해의 탄핵은 원당이 이시방을 낙당으로 몰아간 것이라고 말했다. 결국 이시해도 중도부처中途付處되었다.[70] 이와 관련해서 원두표 역시 개성

---

33) 김자점의 아들 연縺은 이시방의 형 이시백의 사위다. 즉 이시백·이시방 집안은 김자점 집안과 사돈 관계였다.

유수로 임명되어 잠시 서울을 떠나야 했다.[71] 석 달 후 원두표는 다시 형조 판서에 임명되고,[72] 이시방도 다시 호조 판서로 복귀했다.[73] 원당과 낙당, 원두표와 이시방의 갈등 속에서 김육은 자신의 정치적 영향력을 이용해 조정에서 이시방을 보호한 것이다.

대동법 추진에 대한 비판의 목소리는 지방에서도 들려왔다. 당시 명망 있는 산림 중 한 사람이었던 보성의 전 장령掌令 안방준安邦俊은 지방이 안정되지 않은 상태에서 이런 조처를 취하는 것은 잘못이라며, 대동법 실시에 강력히 반대했다.[74] 이 때문에 김육이 스스로 관직에서 물러날 것을 요청하자, 효종은 하늘을 우러러보고 땅을 굽어보아 부끄러울 것이 없다며 그의 사직을 허락하지 않았다.[75] 왕의 이 말은 대동법이 백성들로부터 더 많은 공물가를 거두기 위한 재정적 목적이 아니라, 민생 안정을 목적으로 안민의 원칙 위에서 진행되고 있음을 밝힌 것이다. 동시에, 왕 스스로 그 인식 위에서 대동법의 정당성을 인정하고 있음을 천명한 것이기도 했다.

한편 김홍욱金弘郁이 충청 감사로 임명되었다.[76] 그는 인조 말까지만 해도 대동법보다 공물의 현물납을 주장했던 공안개정론자였다. 그가 공안개정을 주장했던 이유는 대동법 같은 대변통은 현실적으로 실시되기 어렵다고 판단했기 때문이다. 하지만 대동법을 실시할 수 있는 정치적 환경이 조성되고 자신이 이 법의 추진에 참여할 수 있게 되자, 주위의 비방에도 불구하고 흔들리지 않는 대동법 지지자로 바뀌었다.[77] 그가 충청 감사에 임명된 것은 김육이 힘쓴 결과였다. 충청 우도는 김홍욱에게 고향과 같은 지역이었고, 법제도 충분히 알고 있었기 때문이다.[34]

---

34) 김육, 『잠곡유고』 권5, 以正言李萬雄論大同用錢事待罪箚 壬辰(효종 3) 4월 초2일. 김홍욱은 경성 남부 훈도방 저전동(현재 서울 을지로 2가 부근)에서 태어났다. 17세에 아버지를

대동법을 추진하는 과정에서 해당 도 감사의 역할은 대단히 중요했다. 조선시대에 새로운 법을 실시할 때, 조정에서 가장 중시하는 사항 중 하나는 그 법에 대한 현지의 여론이었다. 따라서 현지 민심을 전달하는 각관 수령의 보고는 조정에서 정책 결정을 내릴 때 매우 중요시되었다. 그런데 감사는 자기가 담당하는 도 안에 있는 각 고을의 수령들에게 큰 영향을 미쳤다. 효종 9년 호남대동법 실시 과정에서 보듯, 수령이 감사의 생각과 다른 발언을 한다는 것은 쉽지 않은 일이었다. 수령에 대한 업무수행 고과를 감사가 하기 때문이다.[78] 이것은 효종 10년(1659) 호남 산군의 대동법이 중단되는 과정에서 다시 확인된다.[79] 이런 면을 생각한다면, 김육이 김홍욱을 충청 감사에 임명되도록 힘쓴 것은 호서대동법 추진에 적지 않은 보탬이 되는 일이었다.

### 부패의 네트워크, 방납

대동법이 실제로 원활히 작동하기 위해서는 조정에서의 정치적 결단만으로는 충분치 않았다. 방납 문제에 피상적으로 접근하는 전형적인 방식은 방납을 단지 각사의 하리下吏나 사주인의 부패 행위, 담당 관원의 무능과 게으름, 권세들의 탐욕 등에서 비롯된 것으로 보았다. 이런 관점이 유지되는 한, 방납에 대한 대책은 대개 행정적 엄벌주의로 귀결될 수밖에 없다. 이는 방납 문제를 단지 관련자들의 개인적 태도의 문제로 해석하고, 그것에 대해서 윤리적 처방을 내놓는 것에 그치고 만다.

대동법을 효율적으로 작동시키기 위해 가장 먼저 해야 할 일은 이런 방

---

따라 서산에 갔고 잠시 서울집에 있기도 했지만, 34세에 과거를 볼 때까지 계속 서산에서 살았다.(『학주선생전집鶴洲先生全集』 附錄 권4, 年譜)

납 문제들이 물리적·제도적으로 왜, 그리고 어떻게 유지되어왔는지를 이해하는 것이었다. 따라서 이전의 공물 수취 관계를 이해하고 정리하는 작업이 반드시 필요했다. 이는 곧 방납에 대한 현실적 이해를 의미한다. 방납은 조선 건국 이래의 오랜 현물공납제가 최종적으로 도달한 공물 수취 관계의 집약적 표현이었다. 우선 왕실, 경각사, 외방 각관, 호조, 사주인 간의 관계가 대동법 실시를 계기로 어떻게 재조정되었는가를 간단히 살펴보자.

공물변통 논의가 있을 때마다 그것에 대한 사주인의 저항은 대읍·대호의 저항 못지않게 강력했다. 이 힘의 기반은 그들이 왕실 인사 및 힘 있는 고위관료들과 맺고 있는 관계에서 나왔다. 이 힘은 조정의 논의에 영향을 줄 수 있는 정도였다.[80] 효종도 즉위 초에 공물을 줄이면 그들이 버텨내지 못할 것이라고 말했으며, 원두표도 그들이 높은 공물가에 근거해서만 유지[81]될 수 있다고 말했다.[35] 요컨대 당시에 그들은 일종의 사회적 필요악으로 인식되고 있었다. 즉위 초 대동법 실시 요구가 나올 때마다, 효종은 사주인

---

35) 과도한 공물가를 통해 공물주인이 그들이 감당했던 무거운 부담을 버텨낼 수 있다는 것은 사실이었다. 여기에 대해서는 허적도 다음과 같이 지적한 바 있다.
허적이 또 아뢰기를 "도라지와 산삼 등의 공물을 이미 줄였는데, 또 각사의 공물들을 차례로 혁파한다고 합니다. 공물가는 비록 매우 지나치지만 공물주인들로 하여금 여기에 힘입어 보존되도록 하려는 것이었습니다. 지금 만약 모두 혁파한다면 폐해는 제거하지도 못한 채 공물주인들에게 원망만을 취할 것입니다. … 시열이 아뢰기를 "도라지와 산삼을 감하는 데 무슨 불가한 점이 있겠습니까. 각사의 공물을 모두 혁파하는 것이 아닙니다. 그 가운데 너무 지나친 것만 혁파하는 것입니다. 남겨두는 것도 많습니다. 그 무리들이 또한 힘입어 보존될 수 있을 것입니다. 그리고 공물주인들의 이익은 국가의 해입니다. 이런 무리들의 원망에 무슨 돌아볼 것이 있겠습니까. 신의 생각으로는 이런 일들을 모두 혁파하지 않는다면 끝내 나라 꼴이 되지 않을 것이라고 여깁니다." 하니, 허적이 아뢰기를 "도라지 등을 감한 것은 신도 좋은 일이라고 여깁니다. 그러나 지금 들으니 각사의 공물을 모두 혁파할 뜻이 있는데, 도성 사람들의 원성이 길에 가득 찼다고 합니다." 하였다. [『현종개수실록』 권20, 10년 1월 10일(甲辰)]

들을 보호하는 문제에 특별한 관심을 보였다.[82]

대동법이 실시되면 호조, 경각사, 사주인 사이의 기존 관계가 재설정되지 않을 수 없었다. 이들 사이의 관계에 대해서는 인조 말년에 김홍욱이 문제점과 대책을 제시한 바 있다. 즉 공납의 폐단을 줄이기 위해서는 경각사들이 사주인에게 의지해서 공적·사적으로 사환(使喚)과 잡역(雜役)을 마련하는 관행을 금지해야 한다는 것이다.[36] 이것은 경각사들뿐만 아니라, 호조에도 해당되었다. 경각사와 호조가 사주인에게 지우는 부담은 역가(役價)(사주인의 사역에 대한 대가)라는 이름 아래 불법적 방납을 정당화하는 구실이 되었다. 방납가가 높아질 수밖에 없는 이유는 거기에 호조와 경각사의 공적·사적 운영비가 포함되어 있었기 때문이다.[83]

김홍욱은 사주인들 역시 방납과 관련해서 자신들의 행위에 대해 할 말이 있다고 말한다. 만약 사주인들이 기존에 얻었던 방납의 이익이 사라지면, 이들은 자신들이 감당하고 있는 고역을 계속할 리 없었다. 이 때문에 공물의 폐단을 고치려면, 먼저 사주인이 부담하는 잡역을 줄여야 한다고 말했다. 이 문제만 해결되면 공물가를 줄여도 사주인들이 불평하지 않을 것이며 사주인이라는 이름도 사라지게 되리라고 예상했다. 하지만 사환과 잡역 금지 문제를 처리할 때는 각사의 재정 상태를 보아가며 처리할 것을 요청했다. 경각사는 자신의 수요를 스스로 마련하는 자판(自辦)의 원리로 운영되고 있었기 때문이다. 따라서 재정에 여유가 있는 곳의 사환과 잡역은 바로 없애고, 그렇지 못한 곳에는 운영비를 지급한 뒤에 금지시킬 것을 제안했

---

36) 비록 대책에 대한 생각은 김홍욱과 달랐어도, 유계(兪棨) 역시 경중 각사의 전복(典僕) 부족을 공물주인에게 의존하여 해결하고 있는 사정에 대해 지적한 바 있다. 나아가 그는 각사의 전복 부족은 '사부(斜付)'의 폐단이 일어나면서부터 시작되었다고 말했다. '사부'는 〈특별부록〉의 용어해설 513쪽 참조.

다.[84] 결국 그의 제안은 시장가격에 준하는 공물가의 수취만으로는 경각사가 정상적으로 운영될 수 없음을 보여준다.

## 호조 판서 이시방이 한 일

경각사 전체의 문제를 바로잡을 수 있는 곳은 호조였다. 이시방은 호조 판서에 임명된 후 호조의 내부개혁에 착수했다.

각사의 운영과 시민市民(공물주인)이 지는 부담의 정도는 모두 호조에 의해서 결정된다. 그런데 종전에는 각사가 유재遺在라 하여 호조에 보고하는 것은 실은 다 쓸데없는 장부와 다름없었다. 해당 각사가 (유재를 탕감해줄 것을 요청하고) 그 이유를 보고해도 호조는 그것을 허락하지 않았다. (그래서 때로) 각사 하인은 (자기) 집을 팔고 재산을 처분하기도 했다. (공이 호조에 들어간 이후로) 심한 자들에게는 그들의 부담을 다 없애줄 것을 아뢴 후에, 꼭 필요한 곳들을 골라 (호조의) 물력을 덜어서 그곳들을 도와주었다.

시민이 호조의 크고 작은 사역을 할 때는 하인 같았다. 또 각사가 물품을 마련할 때, 무릇 (방납의) 이익을 볼 수 있는 것들은 모두 유력자와 부자들에게 돌아간다. 이것 때문에 시민들은 살아갈 방법을 잃었다. 공이 호조에 들어간 이후로 그것들을 모두 시민에게 돌리고 절대로 다른 곳으로 돌리지 않았다. 시민과 각사가 모두 편히 여겼다.[85]

대동법이 원활히 작동하려면 현물을 미·포로 바꾸어 내는 공물 납부 수단의 전환만으로는 충분치 않았다. 더욱 근본적인 것은 공물가 수취에서 양입위출量入爲出의 원칙이 지켜져야 했다. 이 원칙이 지켜져야 백성들이 첩징과 가징을 면할 수 있었다. 그런데 양입위출의 원칙이 지켜지려면, 지방 각관 및 각영과 중앙 각사가 이 원칙을 지킬 수 있는 조건들을 갖추고 있어야 했다. 대동법 실시 이전에는 지방 각관 및 각영과 중앙 각사가 이런 조건들을 갖추고 있지 못했다. 위의 사료는 각사, 시민, 호조의 그러한 관계를 묘사하고 있다.

위에서 말하는 유재란 경각사의 장부상에 있는 미집행 공물가 잔액을 말한다. 말하자면 경각사는 유재로 기록되어 있는 공물가를 가지고 있어야 했다. 그렇지만 여러 가지 이유로 이 공물가 잔액은 실제로 존재하지 않는 경우가 많았다. 각사가 공식적으로 호조에 보고해서 그것의 탕감을 요청하는 상황이라면, 아마도 각사가 그 공물가 잔액이 부재하는 이유를 정당화할 수 있는 경우였을 것이다.[37] 하지만 호조는 그것을 인정하지 않았다. 따라서 각사로서는 위에서 보는 것처럼 각사 하인이 자기 재산을 팔아서라도 유재에 충당하거나, 그 부담을 공물주인에게 전가할 수밖에 없었다. 공물주인은 방납을 통해서 다시 이것을 보충했다. 궁극적 부담은 수취 관계의 최말단에 위치한 민에게 체계적으로 전가되었다.

공물주인과 호조의 관계는 불평등했다. 공물주인은 호조가 부과하는 공

---

37) 유재의 부실화가 발생하는 원인으로는 여러 가지 이유를 들 수 있다. 공물의 시장가격이 꾸준히 상승했던 것도 그 이유들 중 한 가지였다. 공안에 기록된 공물의 가격은 고정되었던 것에 반해서 시장가격은 꾸준히 상승했던 것이다. 결국 존재하지 않는 유재를 벌충하는 과정에서 각관에 대한 추가 징수나 각사 하인의 경제적 파산 현상이 나타났다.[『현종실록』 권6, 4년 6월 20일(丙辰)] 이런 현상은 대동법 실시 이후에도 계속되었다. 따라서 대동법을 유지하기 위해서는 공물가의 지속적 조절이 필요했다.["당초 정부가 지급하는 공물가는 넉넉했다고 한다. 옛날에는 저렴했는데 지금은 귀해져서 호조의 시탄 1석에 별무가別貿價가 다만 한 냥이었다. 그에 따른 잡비를 계산해도 5, 6전을 넘지 않았다. 그런데 지금은 시탄을 마련하는 값이 적어도 8, 9전 아래로 내려가지 않는다. 허다한 폐단의 근원을 어떻게 감당하고 국역에 응할 수 있겠는가?"(『공폐貢弊』, 한국상업사자료총서 2, 여강출판사, 153쪽)]

**이시방(1594 ∼ 1660, 선조 27~현종 1)**

이시방은 김육이 호서대동법의 추진을 위해서 가려 뽑은 최고의 실무 재정관료였다. 김육은 공물변통에 대해서 늘 그와 의논했다.

사 간의 행정적·경제적 부담을 거부할 수 없었다. 공물주인은 이 부담을 경각사에 물품을 조달하는 과정에서 벌충해야만 했다. 그런데 이것도 여의치 못할 때가 많았다. 위에서 보듯, 그 이익이 공물주인에게 돌아가지 못하는 경우가 많았기 때문이다. 이익이 많이 남는 물품 항목들은 공물주인이 아니라 '유력부인有力富人'이 차지하는 일이 잦았다. '유력부인'이란 아마도 왕실 인사나 힘 있는 고위관료 또는 그들과 결탁한 상인들을 가리킬 것이다. 당연히 이런 상태는 계속될 수 없었다. 공물주인이 파산하던가, 아니면 방납구조를 더욱 악화시키면서 자신들이 입은 손해를 민에게 떠넘겨야 했다. 이런 문제는 행정적 엄벌주의로는 해결될 수 없었다. 위와 같은 상태에서는 합법과 불법을 구분할 수 없었다. 문제를 해결하기 위해서는 공적으로 지켜질 수 있는 틀을 만들어 불법과 합법의 구분을 명확히 하는 것이 무엇보다 필요했다. 기존에 공물 수취를 둘러싼 불법적 관행은 이미 각사 운영의 유기적 일부가 되어 있었다. 불법을 통해서 공물 조달의 공적 기능이 유지되었던 것이다. 이시방이 한 일은 바로 그 관행에 손을 댄 것이다.

한편 호서대동법 실시가 결정된 후, 김육은 먼저 공물주인(사주인)들에게 공물가를 일정하게 보장해주는 것이 필요하다고 판단했다. 신설되는 호서대동법의 많은 규정들은 강원도의 대동법 운영을 보고 만들었던 듯하다. 그런데 강원도대동법 규정에는 민에게서 거두는 양은 언제나 같아도, 풍흉에 따라 사주인에게 지급하는 공물가가 달랐다. 사주인들은 호서대동법이 강원도의 규정을 따르게 될까봐 걱정했던 듯하다. 김육은 이 문제를 분명히 함으로써 사주인들을 안심시켰다.[86] 그뿐만 아니었다. 김육은 각사 공물주인에게 역가를 지급할 때, 1석당 1두를 추가로 더 지급했다.[87]

대동법을 실시하기 위한 조건들이 모두 갖춰졌기 때문에 호서대동법 실시가 확정된 것은 아니다. 효종 7년(1656) 이시방이 휴가차 충청도를 둘러본 후 보고한 7개 사항이나,[88] 호서에 살던 승사랑承仕郎 정숭鄭崧이 상소에서 지적한 것들은 이 사실을 잘 보여준다.[89] 그럼에도 불구하고 김육의 정치적 보호, 이시방·허적·남선南銑[38] 등 인조대를 통해 성장한 실무정책 담당자들의 노력, 왕의 대동법 지지 등이 호서대동법의 성립을 가능케 만들었다. 김육은 『호서대동절목湖西大同節目』 서문에서 "일을 시작하자는 처음의 말은 비록 내가 발론했지만, 제공들이 알맞게 변통하지 않았다면 중간에 막혀서 시행되지 못했을 것이다. 그러나 제공들도 비록 잘 변통하기는 했지만, 이는 실로 성상께서 홀로 결단을 내리고 뜻을 확고히 정해 끝내 성사시킨 데에서 말미암은 것이다."라고 말했다. 호서대동법이 성립될 수 있었던 배경에 대한 김육의 간략한 총평은 더할 것도 뺄 것도 없이 사실 그대로였다.


## 4. 호남 연해지역의 대동법 성립

효종은 재위 3년(1652) 무렵부터 북벌에 대한 의지를 드러내기 시작했다. 그는 자신의 호위부대들(어영군御營軍과 금군禁軍)의 규모를 확대했고, 영장제도營將制度[39]를 부활했다. 효종 6년(1655)의 노비 추쇄 사업은 북벌을 위한 10

---

38) 남선은 인조 초 삼도대동청 설립 때부터 공물변통과 관련을 맺어왔다.(조익, 『포저집』 권14, 論大同啓辭) 제1부 2장 97쪽 참조.

39) 인조 때 몇 번에 걸쳐 설립과 폐지가 반복되다가 효종 때부터 지속된 제도로, 8도에 46명, 강화부의 5명 영장이 중앙의 총융청, 수어청, 진무영 등과 각 도의 감영, 병영에 소속되어 지방 군대를 통솔했다. 영장은 정3품 당상관이었다. 모두 겸직으로서 중앙은 관관判官이나 중군中軍 및 경기 일원의 부사·목사가 겸임했다. 각 도에서는 수령이 겸했다.

만의 직업군인을 양성하기 위한 목적이 있었다. 즉 이 사업을 통해 재원을 마련하고자 했다. 하지만 일련의 군사제도 개혁과 군비 확대는 곧바로 정부재정의 부족을 초래했다. 이 과정에서 효종은 김육을 비롯한 많은 신하들의 강력한 반대와 저항에 부딪쳤다. 노비 추쇄는 남부 5도에서 별다른 성과를 거두지 못했다.[90] 그 결과 북벌은 제대로 진행될 수 없었고, 많은 사람들이 민생 문제를 더욱 강조하게 되었다. 왕으로서도 어느 정도 타협이 필요한 상황이었다. 그에 따라 국정 운영의 방향도 북벌에서 안민으로 다시 되돌려졌다.

## 호남 유생들의 상소

호서대동법은 실시되자마자 곧 정책 효과를 나타냈다. 그러자 김육의 말처럼, 중앙관료들 중 대동법에 대한 기존의 자신들 견해를 바꾼 사람들이 다수 나타났다.[40] 이는 실제 의도한 대로 작동할지의 여부를 알 수 없던 법이 큰 부작용 없이 정책 효과를 보였던 것에 따른 자연스러운 현상이었다. 오히려 이보다 더 주목할 점은 호남지역 유생들이 대동법 실시를 요구하는 상소를 연이어 올렸다는 것이다. 양반유생이 곧 지주이고, 따라서 대동법에 반대할 것이라는 짐작과 달리, 향촌의 많은 양반유생들은 대동법의 정책 효과에 매료되고 있었다.[41]

---

40) 김육, 『잠곡유고』 권9, 湖西大同節目序. 많은 사람들이 이와 같은 입장 변화를 보였다. 일례로 이 시기 우의정이면서 중요한 재정관료였던 이후원李厚源은 다음과 같이 말했다. "호서대동법이 성립될 때 신은 여기에 반대했습니다. 하지만 지금 들으니 단지 호서의 백성들이 이를 편히 여길 뿐만 아니라, 호남 연해의 백성들도 이 법을 실시하고 싶어한다고 합니다. 만약 백성들을 편히 할 수 있다면 이 법을 마땅히 실시해야 합니다."(『승정원일기』 146책, 효종 8년 9월 20일)
41) 제1부 2장 103~104쪽, 조익의 말 참조.

이들의 상소는 효종 7년(1656)부터 조정에 올라오기 시작했다. 하지만 호남대동법 논의가 바로 시작되지는 못했다. 당시에는 전국적으로 노비 추쇄가 진행 중이었기 때문이다. 논의는 다음 해 6월 노비 추쇄가 끝나고 나서야 시작될 수 있었다.[91] 이때 올라온 상소는 현지의 상황과 변화된 유생층의 요구를 보여주기에 충분했다.

효종 7년(1656) 7월 호남대동법 실시를 요청하는 두 편의 상소가 조정에 각각 접수되었다. 하나는 부안 유학 김상고金尙古 등 3명이 연명한 것이고,[92] 다른 하나는 익산 유학 소필창蘇必昌의 것이었다.[93] 이들은 모두 호서에만 대동법을 실시하고 호남에 실시하지 않는 부당함을 호소했다. 이들은 직접 상경해서 상소를 올렸다. 두 상소의 내용은 거의 비슷했다. 상소에 따르면, 호남 각관에서는 심한 경우 공물가가 결당 쌀 80두에서 100두까지 거두어졌다. 그들의 말처럼 호남은 대동법이 실시된 호서지역보다 결당 10배 가까운 부담을 지고 있던 셈이다. 이 때문에 호서의 공물변통을 지켜본 많은 호남 백성들은 호서로 옮겨가고 있었다. 그에 따라 호남은 부담해야 할 각종 역들을 채울 수 없는 지경에 이르렀다. 관찰사가 이미 이런 정황을 알고 조사까지 해간 지 몇 달이 지났는데도 대동법을 실시한다는 소식이 없자, 이들은 참다 못해 상경하여 직접 상소를 올렸던 것이다.

이들에 따르면, 대동법 실시를 원하는 백성들의 뜻이 조정에 전해지지 않는 까닭은 감색監色[42]과 토호土豪, 특히 토호들 때문이었다. 감색의 경우, 대동법으로 양입위출을 하면 백성들로부터 공물가를 추가로 거둘 수 없었다. 당연히 그들은 이 법을 반기지 않았고, 이 법의 시행에 부정적이었다.

---

42) 감관監官과 색리色吏를 가리킨다. 감관은 관청에서 물품의 출입을 맡아보는 관리이고, 색리는 담당 아전이다.

법이 실시되는 데 최대 장애는 토호들이었다. 이들은 수십, 수백 결의 땅을 가지고 자신들이 부담해야 할 공물가를 자신들의 뜻대로 마음껏 요리했다. 세금을 내야 할 사람들 자신이 스스로 세금의 양과 납부 방식을 조정했던 것이다. 이른바 양호養戶라고 불리는 자들이 바로 이들이었다. 이들은 별도로 호수戶首를 세워 소민을 많이 거느리고, 호내戶內의 사람들에게서 넘치게 걸어 자신들이 내야 할 몫까지 그들로 하여금 대신 내게 했다.[94] 조정이 대동법 실시 여부를 현지에 물었을 때 이를 거부한 것도 토호들이었고, 직접 상경해서 대동법 실시에 반대하는 활동을 전개한 것도 역시 토호들이었다.

토호들은 대개 연해보다 산군지역에 더 많이 살고 있었다. 연해지역은 전선戰船을 만들고 수리해야 하는 역 등 산군지역에는 없는 별도의 역을 져야 했고, 농사도 산군지역보다 불리했기 때문이다. 연해는 관개灌漑되는 곳이 적어 약간의 가뭄에도 자주 흉년이 들었지만, 산군지역은 산에서 내려오는 물을 안정적으로 이용하여 웬만한 가뭄에도 견딜 수 있었다. 인구의 분포도 연해지역보다는 산군지역이 더 조밀했다. 이 지역에서 토호들은 백성들에게 강력한 영향을 미쳤다. 이 때문에 호남에 대동법 실시 여부를 물었을 때, 대동법을 원하는 자가 적고 원하지 않는 자가 많게 나올 수밖에 없었다. 백성들에게는 멀리 있는 정부보다 가까이 있는 토호가 더 두려운 존재였던 것이다.

김상고는 위의 문제에 대한 해결책으로, 원하는 고을부터 대동법을 실시할 것을 요청했다. 부분적 실시가 불가능하다고 반대하는 견해에 대해서는 호조가 각 고을 공물의 종류와 수, 고을별 전결의 많고 적음을 모두 파악하고 있으므로 불가능하지 않다고 말했다. 이렇게 호남에 대동법이 부분적으로 실시되기만 하면, 그 영향을 받아 나머지 지역에까지 확대될 것이라고 예상했다. 이런 그의 생각은 전적으로 호서대동법의 효과에 따른 것이었다.

## 호남대동법 실시가 결정된 날

효종 7년 8월에는 전남 우수사가 수군을 조련하는 과정에서 큰 사고가 발생했다. 금성·영암·무장·함평·강진·부안·진도 등 고을의 전선 13척과 병선兵船·협선挾船 등이 침몰 또는 파손되었고, 죽은 수졸이 1,000명이 넘었다.[95] 호남에서 연속적으로 대동법 실시를 요구하는 상소가 도달하고 큰 사고까지 겹치자, 김육은 호남에 대동법을 실시할 것을 다시 한 번 요청했다.[96] 대동법의 원래 이름이 선혜법宣惠法인 것에서도 알 수 있듯이, 대동법은 국가가 실질적으로 백성을 위로할 수 있는 법이었기 때문이다. 하지만 앞서 말했듯이 이 시기에는 전국적으로 노비 추쇄가 진행되고 있었다. 영의정 정태화가 김육의 요청을 전하며, 연해 각관 사람들은 찬성하지만 산군에서는 원하지 않는다고 보고했다. 이에 대해 왕은, 원하는 자는 적고 원하지 않는 자는 많으니 잠시 보류하라고 말했다.[97]

효종 8년(1657) 6월 노비 추쇄 사업이 끝나자마자 7월 초에 호남대동법 실시 문제를 제기한 것은 효종 자신이었다. 효종은, 옛날에 신천익愼天翊이 서울에 올라왔을 때 그의 첫마디가 대동법을 실시할 수 없다는 것이었는데,[43] 지금 전 참봉 최익崔瀷이라는 사람이 다시 상소를 올려 대동법을 실시할 것을 요청한 일을 어떻게 해야겠는가 하고 신하들에게 물었다. 이런 왕의 문제제기는 노비 추쇄 후 호남대동법 문제를 해결하려는 의도를 엿볼 수 있게 한다. 호조 판서 정유성鄭維城은, 신천익이 당시 대동법의 효과를 보지 못했기 때문에 그렇게 말한 것이라고 말했다.[98]

---

43) 이것은 효종 원년 인조의 곡반哭班에 참석하기 위해 호남에서 올라왔던 산림 신천익이 경연에서 호남대동법에 대해 부정적으로 말했던 일을 가리킨다. 그는 당시 호남에서 이름 있는 사림으로, 원두표가 가까이했던 사람이다. 곡반이란 국상에 곡을 하는 관리들의 반열이다.(신천익愼天翊, 『소은선생문집素隱先生文集』 年譜, 81쪽)

며칠 후, 김육은 호남에 대동법을 실시할 것을 본격적으로 주장했다. 현재 호남에서는 1결에 대한 세금으로 거의 60여 두의 쌀을 거둔다며, 효종 8년 가을부터 이곳에 대동법을 실시하자고 했다. 대동법의 효과는 호서대동법으로 이미 증명되었고, 호남지역의 공납 문제에 대한 행정적·문서적 파악도 끝나 있었다. 김육은 『호서대동절목』을 마련할 때 이미 양호를 모두 셈해 결수와 미·포의 숫자들을 문서화해서 선혜청에 간직해두었다고 말했다.[99]

호남대동법 실시를 위한 논의가 조정에서 본격화된 것은 효종 8년 7월 하순이었다. 예조 판서 이후원, 호조 판서 정유성, 연성군 이시방 등은 연이은 호남 유생들의 상소로 볼 때 이 지역에 대동법을 실시해야 한다고 말했다. 원래 이후원이나 정유성은 대동법 실시에 반대했던 사람들이다. 이들은 호서대동법의 성과와 호남에서의 연이은 상소를 보면서 자신들의 기존 입장을 바꾸었다. 그러나 영의정 정태화는 노비 추쇄를 끝낸 직후 대동법을 추진해야 하는 부담과 운반해야 할 미곡의 양이 많은 점을 지적했다. 이조 판서 홍명하洪命夏는 호남 산군 각관의 저항을, 대사헌 정치화鄭致和는 대동법 실시 후 호서 각관의 재정적 어려움과 어공御供·진상進上 조달의 어려움 등에 대해서 지적했다.[100]

조복양과 정유성은 각관의 재정적 어려움에 대해 정치화와 전혀 다르게 말했다. 대동법은 백성들에게만 편한 것이 아니라, 나라에도 비축을 가능케 한다는 것이다. 효종은 나라와 백성이 모두 편히 여기는데 수령이 도리어 곤란해하는 이유를 모르겠다고 되물었다. 그러자 조복양은 대동법이 실시되면 수령에게 부족함이 없지만, 탐관오리들이 자신들을 살찌울 자료가 없어지므로 이런 말이 나온다고 말했다.[44] 호조 판서 정유성 역시 호남에 대동법을 실시하면 백성과 국가에 모두 이익이 될 것이라고 말했다.[101]

조정에서 대동법 실시에 대한 지역 여론을 다시 묻도록 결정한 때는 9월 하순이다.[102] 그 후 11월 초까지 대동법에 대한 호남 각관의 여론이 수집되었고, 김육이 이를 보고했다. 호남 53개 고을 중 시행을 원하는 곳이 34곳, 시행을 결정하지 못한 곳이 6곳, 시행을 원치 않는 곳이 13곳이었다.[103] 인조 초 삼도대동법의 좌절이 주로 호남지역의 반대 때문이었고, 산군 각관에 뿌리박은 호강의 강력한 영향력을 감안한다면, 이는 상당히 높은 지지율이었다. 이 결과를 바탕으로 영의정 정태화가 김육·이시방·호조 판서 정유성·병조 판서 허적으로 하여금 일을 주관하도록 요청하자, 왕은 이를 허락했다.[104]

영의정 정태화가 호남대동법을 주관할 사람들의 구성을 이 같이 제시했다는 것에 주목할 필요가 있다. 왜냐하면 정유성을 제외한 두 사람은 이미 호서대동법을 주장하거나 주관했던 인물들이었기 때문이다. 정유성도 호서대동법의 효과를 지켜본 후에는 대동법 실시에 찬성하는 쪽으로 입장을 바꾼 인물이다. 이를 통해 볼 때, 정태화도 호남에 대동법을 실시하는 데 찬성하는 쪽이었다고 보아도 틀리지 않을 것이다.[45] 아마도 이것은 효종 자신도 알고 있는 사항이었을 것이다. 이러한 인적 구성으로 판단하건대, 정태화가 호남대동법의 일을 이들로 하여금 주관하도록 요청한 바로 이날이 사

---

44) 조복양의 말은 사실이지만, 당시 상황을 온전히 드러내고 있지는 않다. 대동법이 실시되면 지방의 탐관오리만 곤란해지는 것이 아니었다. 서울의 수많은 벼슬아치들 역시 곤란해지기는 마찬가지였다. 부정부패는 단순히 관료 개인의 사적인 측면으로만 해석할 수 없는 면이 있다. 이와 관련해서는 박지계의 상소 참조.(제3부 7장 362~363쪽) 대동법은 많은 고위관료들의 사적 이익과 직접적으로 관련된 입법이었다.

45) 정태화도 공물변통의 방법으로 공안개정보다는 대동법이 현실적이라고 생각하게 된 듯하다. 현종 즉위 후 송시열이 공안개정을 주장했을 때, 그는 이에 대해 회의적인 태도를 보였다.(『승정원일기』 159책, 현종 즉위년 12월 13일)

실상 호남대동법을 실시하기로 결정된 날이나 다름없다.

## 김육의 마지막 상소

호남대동법을 실시하는 데 가장 문제가 된 것은 두 가지였다. 하나는 결당 수취액을 얼마로 할 것인가였고, 다른 하나는 호서보다 훨씬 많은 호남의 진상·어공을 어떻게 처리할 것인가 하는 문제였다. 많은 사람들은 수취액수를 결당 13두로 하고, 어공과 진상(대상 제향太常祭享·종묘 천신宗廟薦新·삭선진상朔膳進上·내국 약재內局藥材·항정세폐恒定歲幣 대소호백면지大小好白綿紙)[46]의 물품을 각관에 공물가를 지급해서 그곳에서 마련토록 하자고 했다. 왕이 이시방에게 이 문제들에 대해서 물었다. 이시방은 결당 수취액에 대해서는 호서처럼 10두씩 걷어도 되겠지만, 서울까지의 운반거리를 고려해서 최대 11두까지 거둘 수 있으며, 13두는 지나치다고 말했다. 또 어공·진상은 물건 값으로만 보면 중앙에서 각관에 지급하는 금액으로 마련할 수도 있지만, 현물납에 따른 인정人情 때문에 그 금액으로는 절대로 마련할 수 없을 것이라며 서울에서 마련하도록 요청했다. 즉 어공·진상도 다른 공물들처럼 경각사가 자체의 책임하에 공물주인을 통해서 서울에서 직접 마련하게 하라는 말이다. 아무리 각관에 물건 값을 지급한다고 해도, 각관이 공물의 품질을 책임지도록 되어 있는 구조에서는 방납이 발생할 것이 불 보듯 확실했기 때문이다. 하지만 왕은 공물가는 결당 13두로 하고, 어공과 진상은 각관에 공물가를 주어 직접 마련케 했다. 다만 세폐 중 백면지白綿紙의 경우는 원래 정

---

46) 태상은 당나라 때 제향과 시호에 관한 일을 맡아보던 관아이다. 조선시대 관직으로는 봉상시奉常寺가 이에 해당한다. 종묘 천신이란 새로 난 과일이나 곡식 등을 감사하는 뜻으로 종묘에 드리는 의식이다. 내국은 내의원으로 왕의 약을 조제하던 관서이다.

해진 것 이외의 추가 수취분을 서울에서 마련하도록 했다.[105]

호남대동법에 대한 두 가지 결정 사항이 호남에 알려지자, 연해 각관과 산군 각관의 여론이 나뉘었다. 연해 각관은 별도의 다른 역만 없다면 그래도 지금보다 나으니 그 조건이라도 대동법이 실시되기를 원했다. 반면, 산군 입장은 부정적이었다. 이 시기에 허적 대신 선혜청 당상에 임명된 홍명하는 백성들의 뜻을 따라 연해 각관에서만 대동법을 실시할 것을 요청했다. 그러나 이시방은 대동법을 실시하든 실시하지 않든, 일률적으로 해야 한다고 말했다. 효종 9년 6월까지도 이 문제와 관련해 어떤 결론도 내려지지 않은 상태였다.[106] 효종 9년 호남의 연해 각관에서만 대동법을 실시하고, 산군 각관에서는 실시하지 않기로 결정된 것을 확인해주는 것은, 9월 초 호남 감사로 내려간 서필원徐必遠의 상소이다.[107] 최소한 8월 말까지는 이런 내용이 결정된 듯하다.

김육이 호남대동법 실시와 관련된 모든 일에 참여한 것은 아니다. 하지만 대동법 논의와 실시 과정에서 문제에 부딪힐 때마다 자신의 견해를 밝혔고, 효종도 북벌과 관계없는 공납 문제에 대해서만은 기꺼이 그의 생각을 따랐다. 호남대동법 성립에서 마지막 순간까지 문제가 되었던 것은 각관에서 현물로 납부하기로 한 어공과 진상이었다. 그는 공물로 진상하는 것은 모두가 상공上供이니 제향祭享·세폐歲幣에 차등을 두어서는 안 되며, 반은 쌀로 거두고 반은 현물로 거두면 대동법의 효과를 기대할 수 없다고 말했다.[47] 또 유자·죽순·해의(김)·해태·생복·전복 이외에는 모두 현물로 내도

---

47) 상공을 쌀로 거둘 것인가, 현물로 거둘 것인가의 문제는 수취 수단이나 대동법의 효과를 결정하는 문제라는 측면 이상의 깊은 의미가 있다. 이것은 임토작공의 원칙에 관계된 문제이며, 전반적 수취체계의 문제였다. 여기에 대해서는 제3부 7장 340~342쪽 참조.

록 해서는 안 된다고 말했다.[108]

김육은 다수의 어공·진상이 각관 책임하에 납부되도록 결정된 것의 잘못을 좌의정 원두표에게 물었다. 그는 이시방이 호남대동법을 주관했던 만큼, 틀림없이 원두표가 반대했으리라 말하며, 왕 앞에서 원두표에게 심한 비판을 가했다.[109] 이 시기 조정에서 원두표에게 이런 정도의 비판으로 그를 제약할 수 있는 인물은 사실상 김육 이외에는 찾아보기 어렵다.[48] 다음 날 효종은 이시방을 비롯한 선혜청 관료들을 불러 호남대동법의 규정들을 결정지었다.[110] 물론 이날 결정의 핵심은 제향과 세폐의 물품을 대동법 속에 포함하여 서울에서 조달하도록 한 것이다.[111] 이로써 호남의 대동법 규정이 마련되었다.[49]

---

48) 조정에서 상당한 세력을 구축하고 강한 권력지향성을 가졌던 원두표가 김육에게 공개적으로 비판을 받기는 했지만, 둘의 관계가 적대적이었던 것 같지는 않다. 일찍이 김육은 원두표의 할아버지 원호元豪가 임진왜란 때 강원도 김화金化에서 전사한 것을 기리며, 그를 위해 사당을 세워줄 것을 왕에게 요청한 바 있다.[『효종실록』 권11, 4년 7월 8일(辛未)] 김육이 나중에 쓴 원호의 시장에 따르면, 원호는 김육의 증조할아버지에게서 수학한 적이 있었다.(『잠곡선생유고』 권11, 諡狀 嘉善大夫行驪州牧使 贈左議政 原昌府院君元公諡狀) 일차적으로 이런 선대의 인연이 있었기에 김육이 원호의 시장을 쓰게 된 것이겠지만, 만약 원두표와 김육의 관계가 원만하지 않았다면 김육이 원호의 시장을 쓰는 일은 없었을 것이다. 김육이 원호의 시장을 쓴 시기는 분명하지 않지만, 그 내용으로 볼 때 원두표가 좌의정에 임명된 효종 8년(1657) 9월 3일(壬寅)에서 김육이 사망한 다음 해 9월 초 사이였다. 이 시기는 호남대동법 실시를 앞두고 김육이 원두표를 거세게 몰아붙이던 시기와 일치한다. 비록 김육이 원두표보다 나이로나 관직으로나 선배이기는 했지만 그의 정치적 영향력과 신중한 인간관계가 없었다면, 두 사람의 관계도 유지되기 어려웠을 것이다. 나중에 김육의 아들 김좌명金佐明도, 원두표가 사망하자 그의 죽음을 애도하는 제문을 짓기도 했다.

49) 이날의 기록에 호남이라고만 나오고 호남 산군이라고 기록되지 않은 것으로 보아, 산군이 대동법 실시 지역에서 빠진 것은 이날 이후에 결정된 일인 듯하다. 또 서필원의 상소에서 보듯이, 효종 9년 9월 1일이나 2일 이전에 호남 산군은 이미 대동법 실시 지역에서 빠진 것으로 나온다. 따라서 연해 각관에만 대동법이 실시되기로 결정된 때는 효종 9년 8월 중이었던 것으로 추측된다.

**김육 묘(경기도 남양주시 삼패동 산 42-2)**
김육은 과거에 합격한 이후, 서울에 있지 않을 때는 이 지역에 머물렀다. 김상헌이 살았던 석실과 매우 가깝다.


  김육은 효종 9년 9월 4일에 향년 79세를 일기로 사망한다. 그가 마지막으로 한 일은 호남의 대동법 실시를 위해 적절한 인물을 감사로 보내는 것이었다. 그는 죽는 순간까지도 호남대동법이 중단되지 않을까 걱정했다. 호남에서 대동법의 실시 결정이 내려진 시점은 권우權堣가 감사직을 수행하고 있던 중이었다. 그런데 권우는 이전에 대동법에 대해서 부정적인 견해를 나타낸 적이 있었다. 김육은 이를 알고 있었기 때문에 권우를 대신하여 서필원徐必遠을 강력히 추천해서 그 일을 맡도록 했다. 일의 추진을 위해서 김육은 전남 감사를 임기 중간에 교체시켰던 것이다.[50] 김육은 권우가 대동법 추진에 적절한 인물이 아님을 지적하면서, 대동법을 추진하는 데는 현지 실정을 전하는 감사의 역할이 중요함을 강조했다.[112]

---

50) 『효종실록』에는 권우가 효종 8년(1657) 12월 17일(乙酉) 전남 감사에 임명되고, 서필원은 9년(1658) 8월 10일(乙亥) 전남 감사로 임명된다.

김육은 서필원을 호남 감사로 임명하도록 왕에게 요청했다.[113] 8월 하순에 김육은 자신의 죽음을 예감하며 왕에게 마지막 상소를 올린다. 여기서 그는 호남의 일은 이미 자신이 서필원을 추천하여 맡겼는데, 자신이 죽으면 일이 중도에 폐지될까 두렵다고 말했다. 김육은, 서필원이 호남으로 떠나기 전 왕에게 하직 인사를 드릴 때 격려해서 보내달라고 효종에게 간곡히 부탁했다.[114] 이런 과정을 거쳐 효종 9년(1658) 9월 말에 호남 연해 27개 고을의 대동법이 마련되고, 추등秋等(가을분)의 대동미로 결당 7두를 걷는다는 결정이 내려졌다.

### 김육의 정치적 영향력

이상에서 보듯이, 효종대 대동법 추진 과정에서 정치적 결단의 순간마다 그곳에는 김육이 있었다. 그러면 김육은 어떻게 대동법을 정치적으로 보호할 수 있는 수준의 정치적 영향력을 갖게 되었을까? 이것은 일차적으로 당시 상황 및 김육이 갖춘 몇 가지 조건들과 관련이 있는 듯하다.

그는 당대 최고의 산림들에게 자신들과 대등한 수준의 인물로 받아들여졌고, 대동법을 추진하는 그의 본의도 의심받지 않았다. 다시 말해 그들은 김육을 학문적으로나 인격적으로 신뢰했다. 이 시기에 국가재정과 관련된 정책이 추진될 경우, 사림들로부터 자칫 '왕안석王安石의 신법'으로 비난받는 경우가 있었다. 이것은 안민에는 관심이 없이 국가의 재정적 목적만을 추구하는 것으로 받아들여짐을 뜻했다. 이렇게 비난을 받은 경우, 개혁정책 추진은 여지없이 실패로 돌아가고 말았다.

어떤 시대나 그 시대의 관료와 지식인들은 국가 운영에 관한 일반적 믿음이나 원칙 혹은 반대로 금기 같은 것들을 갖게 마련이다. 대개의 조선시대 사림들은 국가를 운영하는 데 가장 중요한 것이 그것을 담당하는 사람들의 수신修身이라고 믿었다. 관료 개인의 도덕적 규율을 가장 중시했던 것이다. 그리고 이것의 으뜸은 왕 자신이 그것을 실천하는 것이었다. 물론 사림들도 국가가 부강하고 국가재정이 부족하지 않아야 한다고 생각했다. 원칙적으로 국가가 부강하고 국가재정이 부족하지 않은 것과, 왕과 관료들이 도덕적 자기 규율에 엄격해야 한다는 것이 모순되는 것은 아니다. 하지만 현실 문제에 대한 구체적 방법론을 선택해야 할 때, 이 둘은 상충하는 경우가 많았다. 공물변통은 그 사례들 중 하나였다. 사림을 포함한 조선의 지식인들이 가장 경계했던 것은 안민과 상관없는 국가 자체의 부강함에 대한 추구였다. 어떤 정책을 추진하는 관료에게 '왕안석과 같다'고 말하는 것은 바로 이것을 뜻했다. 그런 규정의 정치적 파괴력은 누구도 막아내기 어려웠다.

앞에서 말했듯이, 김집은 효종 즉위년 말에 대동법 실시 문제로 김육과 불화를 겪었다. 이미 김집이 상소를 남기고 서울을 떠난 상태에서, 그보다 앞서 물러났던 김육은 자신도 면직시켜달라고 요청하는 상소를 효종에게 올렸다. 이때 그는 "만일 (사림들이 자신을) 어진 이를 업신여기고 변법變法을 한 것으로 왕안석에 견주어 공격한다면, 전하께서 아무리 신을 구원하고자 하여도 안 될 것입니다"라고 말했다.[115] 김육은 대동법을 두고 벌어졌던 자신과 김집의 갈등 상황이 사림들에게 그렇게 인식될까 두려웠던 것이다. 말하자면 사림들이 자신을 안민과 동떨어진 국가재정 확대의 목표를 추구한다고 생각하고 이를 변법에 대한 추구라고 규정한다면, 왕조차 그것을 막아줄 수 없으리라는 예상이었다. 그의 말로 미루어보면, 심지어 왕조차도 변법을 추구할 수 없었던 것이다. 그의 예상은 상당한 근거를 갖고 있었다. 이원익李元翼은 인조 초 삼도대동법의 실시를 요청했다가 나중에 어쩔 수 없이 스스로 이 법의 폐지를 요청했다. 바로 그 같은 이유 때문이었다.[116] 평생의 관직생활을 통해서 보여준 국가에 대한 헌신과 성과, 임진왜란 중에 한 역할과 선조가 그에게 보였던 신뢰, 또한 인조반정 과정에서 가졌던 정치적 비중에도 불구하고, 그런 비난 앞에서는 이원익도 자신의 주장을 철회할 수밖에 없었던 것이다.

효종 자신도 이런 종류의 상황이 가진 맥락과 의미를 잘 알고 있었다. 앞에서 서술했듯이, 대동법 실시 결정 이후 안방준安邦俊은 상소를 올려 대동법을 격렬히 비난했다. 물론 그 이유는 대동법이 민심을 거스른다는 것, 즉 '안민'에 위배된다는 것이었다. 효종은 안방준의 비판에 대해서 하늘을 우러러보고 땅을 굽어보아 부끄러울 것이 없다고 말한 바 있다. 효종의 이 말

---

### ✎ '왕안석과 같다'고 하는 말의 의미

조선시대 민의 개념에는 양반이 포함될 때도 있고, 그렇지 않을 때도 있다. 세금 문제도 양반늘이 왕을 상대해서 민의 이익을 옹호할 때는 대개 자신들도 그 민의 범주에 포함되는 경우가 많다. 반면에 양반들이 사회적 관계에서 민에 대해서 이야기할 때, 양반은 오히려 그 민과 구분되는 사회계층적 범주였다. 양반들이 왕을 상대로 '안민'을 이야기할 때, 당연히 그들은 민에 포함되는 존재였다. 그리고 그들이 의도했든 그렇지 않았든, 결과적으로 '안민'의 가장 큰 혜택은 양반들이 누리는 경우가 많았다. 이런 현상은 다른 나라의 역사에서도 드물지 않게 나타난다. 일례로 프랑스혁명 당시 민에 해당하는 제3계급의 부상이 있었지만, 혁명에 따른 이익의 많은 부분을 제3계급 상층인 부르주아지가 가져갔던 것은 널리 알려진 사실이다.

조선시대에 국가재정과 안민의 관계는 어떤 면에서 오늘날 경제적 성장과 분배, 개인적 자유와 공동체적 공정성 등의 상징적 관계를 연상케 한다. 이들 대립항에서 현재 사회적으로 우월한 지위에 있는 사람들은 앞쪽의 가치를, 그렇지 못한 사람들은 뒤쪽의 가치를 옹호하는 경향이 있다. 국가재정과 안민의 관계는 원칙적으로 대립하지 않고 궁극적으로 그럴 수도 없다. 그리고 바로 이것이 대립항 사이의 원칙이다. 하지만 이 원칙은 언제나 안정되지 않고 흔들렸다. 이 점은 위의 대립항들도 유사하다. 오늘날 대립항의 앞쪽 가치를 옹호하는 사람들이 뒤쪽 가치에 대해서 '좌파적'이라고 말하는 것은 조선시대에 상대를 '왕안석과 같다'고 몰아붙이는 것과 본질적으로 다르지 않아 보인다.

---

은 안방준이 상소에서 말한 '안민'의 원칙을 거부한 것이 아니었다. 오히려 안방준이 말한 그 원칙에 비출 때 자신이 잘못한 것이 없다는 것을 뜻했다.

김육과 효종의 우려에도 불구하고, 김집 자신은 김육과 평생 우정을 유지해왔고, 비록 대동법에 대한 의견이 달라도 그 때문에 평생의 관계가 손상될 것으로 생각하지 않는다고 말했다.[117] 안방준은 대동법 문제로 김육을 격렬하게 비판하면서도, 그 비판을 김육에 대한 인격적·학문적 측면으로까지 확장하지는 않았다. 안방준은, 김육이 젊어서부터 경술經術을 일삼았고, 임금을 아끼고 국가를 염려하는 정성 때문에 잘못을 저질렀다고 말했다.[118] 대동법에 비판적이었던 지평 이상진李尙眞 역시 김육을 비판하기 전에 "유림에서 나온 사람으로, 평소에 중망을 지녔고, 그의 명예로운 이름과 역경에도 지켜낸 절개는 한 시대에 으뜸입니다. 정론正論이 사라지는 때에 온 조정 신료들의 어른 된 지위에 있으니, 나라 사람들의 그에 대한 기대가 마치 거센 물결에 버티고 있는 돌기둥 같습니다."라는 말을 먼저 했다.[119]

이렇듯 조정과 재야의 비중 있는 인물들에게 김육이 받은 평가는 기본적으로 그의 가계와 스스로의 처신에서 기인한 듯하다.[51] 이 시기 조선의 사

---

51) 김육의 아버지는 기묘팔현己卯八賢 중 한 사람인 김식의 증손자 홍우興宇였고, 그의 어머니는 조광조의 동생 조숭조의 손녀였다. 김육은 태학생으로 있으면서 광해군 2년(1610) 김굉필·정여창·조광조·이언적·이황 등 5인을 문묘에 향사할 것을 건의하는 상소를 올렸다. 또 다음 해에는 성균관 학생들과 함께 이언적과 이황을 비판한 정인홍의 유적儒籍을 삭제하여 광해군의 노여움을 샀다. 광해군 5년 계축옥사癸丑獄事가 일어나자, 가족을 이끌고 가평의 잠곡으로 내려갔다. 의지할만한 연고가 있어서 내려간 것이 아니었다. 이때 그의 나이가 34세였다. 조선시대 문과 급제자들의 나이를 일반화하기는 어렵지만, 이 정도 나이면 이미 문과에 급제했거나, 이를 위해서 막바지 공부에 전념할 때다. 이후 10년간 그는 몸소 농사짓고 나무를 팔아서 가족의 생계를 꾸려나갔다. 온전히 자신의 노동에 의지해서 살아갔던 것이다. 그리고 스스로 말하듯, 그는 그렇게 자신의 삶을 마치려고 했다. 한마디로 그는 출처가 명확한 사람이었다. 그는 '상식적 삶'을 위해서 자신이 믿는 원칙을 희생시키는

림된 자로서 누구라도 기묘명현己卯名賢[52] 중에서도 핵심에 해당하는 조광조
趙光祖와 김식金湜의 후손인 김육을 가벼이 여길 수는 없었을 것이다. 게다가
김육은 인조 원년 이래 서울과 지방의 여러 관직을 거치면서 관료로서 실
무적 안목을 길러왔다. 효종이 즉위한 뒤, 나이 70대의 김육을 정승에 등용
할 수 있었던 것도 그러한 그의 가문적 배경과 개인적 능력을 높이 샀기
때문이다.[120] 그뿐 아니라, 그의 셋째 아들 우명佑明의 딸이 현종비(명성왕후明
聖王后)가 됨으로써, 그의 집안은 왕실의 외척으로 연결되었다. 나중에 속오
군, 영장, 노비 추쇄, 초군哨軍 복호復戶 등 여러 가지 군비 문제로 효종과
갈등을 빚기는 했지만, 김육에 대한 효종의 신뢰는 거의 절대적이었다. 그
의 사망 후,[53] 효종은 "한밤중에 자리에 누워 있다가도 그의 죽음을 생각하
면 마치 나라의 기둥을 잃은 듯하다"고 말했을 정도다.[121] 국가와 애민에
대한 산림적 원칙, 오랜 관료 경험에서 얻은 전문성, 왕의 신뢰, 이 세 가지
가 그의 정치적 영향력의 구성요소였다.

하지만 그의 개인적 영향력만으로는 대동법을 추진할 수 없었다. 당시
조정에는 관료들 사이에 큰 영향력을 행사한 김상헌과 산림의 좌장 김집이

---

사람이 아니었다. 지평 이상진이 "청명고절淸名苦節(맑은 명망과 곤경에도 굽히지 않는
굳은 신념)이 한 시대에 탁월했다"라고 말한 것은 바로 김육의 이런 면을 가리킨다.

52) 기묘명현은 기묘사화(1519)에서 희생된 사람들을 말한다. 기묘사화는 조선의 사림들이
왕도정치의 이상을 최초로 시도했다가 좌절한 정치사건이다. 비록 이 시도는 실패했지만,
이후 조선 사림들의 정치적·사상적 준거 틀이 되었다. 기묘명현 역시 이후의 관료와
지식인들에게 정치적·사상적 기준이 되었다.

53) 그가 죽은 후에 충청도 백성들이 찾아와서 눈물로 애도했다는 사실은 당시 널리 알려진
일이었던 듯하다. 이경석이 쓴 김육의 신도비문에 따르면, 여러 서원의 유생들이 서로
이어서 와서는 곡하고 충청도 백성들이 더욱 슬퍼했다고 한다.(『백헌선생집白軒先生集』
권42, 神道碑 領議政文貞金公神道碑銘) 이로 미루어보아 김육의 활동은 당대 백성들에게까
지도 널리 알려져 있던 듯하다.

있었고, 이들은 대동법을 실시하는 것에 반대했다. 또 정사공신이자 재정 방면에서 오래 종사한 원두표를 비롯한 다수의 관리들 역시 대동법에 찬성하지 않았다. 대동법에 대한 이들의 일치된 반대는 김육도 넘어설 수 없는 거대한 장벽이었다. 효종 즉위년 11월에 그가 우의정으로서 대동법 실시를 강력히 주장했음에도 성과를 거둘 수 없었던 것은 이 같은 배경에서 이해될 수 있다.

김육이 대동법에 대한 반대세력을 극복하기 위해서는 조정에서 일정한 정치적 환경의 전환이 필요했다. 그 계기가 바로 조선에 대한 청의 정치적 견제였다. 효종 초에도 청의 영향력은 조선에 강하게 유지되고 있었다. 이 시기에 조선 조정에서 청나라가 꺼리지 않았던 거의 유일한 대신급 인물이 김육이었다.[54]

## 인조대의 경험들

김집과 김상헌이 조정에서 물러난 뒤에도 대동법이 곧바로 추진되지는 않았다. 조선 조정에 대한 청의 영향력이나 김육의 노력도 그 자체만으로는 대동법 성립의 필요충분조건이 되지 못했다. 오히려 대동법 성립에 더욱 중요했던 것은 계속된 다양한 논의와 정책적 경험, 그리고 그 과정에서 양성된 대동법 찬성론자들이었다. 효종 2년 6월의 호서대동법이 성립되는 과정에서 이것을 확인할 수 있다.

처음에 민응형이 제안한 것은 양호에 결당 미 3두를 거두자는 삼두수미법이었다. 이것은 이미 인조 24년 이시방이 제안한 내용으로, 다름 아닌 경

---

54) 김육은 반년 이상 심양에 있던 원손의 보양관으로 일했으며, 청나라 사신들의 접반관으로 활약하기도 했다.[『인조실록』 권44, 21년 12월 6일(丙寅)]

대동이었다. 조정에서는 아무도 이를 낯설어하지 않았다. 이 안은 이미 인조 초 삼도대동법에서 나왔고, 인조 23년에서 24년까지의 진휼 과정에서 실제로 실시되기도 했기 때문이다.

삼두수미법에 대해, 원두표는 곧바로 이것이 대동법과는 다르며 이 법에 자연히 뒤따르게 될 첩징 때문에 장기적으로는 실시할 수 없다고 말했다. 인조 초 전라도 영광 군수로 재직하면서 삼도대동법을 경험해보았기 때문에 그와 같은 발언을 한 것이다. 그에 따르면 경대동으로는 지방재정 문제를 해결할 수 없고, 게다가 첩징으로 이어지게 될 것이라 주장했다. 이런 문제제기 때문에 삼두수미는 곧 충청도에만 실시하되 결당 수취액을 늘려 각관의 수요까지를 포괄하는 방안과, 결당 3두씩만 거두되 양호에 실시하는 방안으로 분화된다. 논의는 급속하게 전자의 방안으로 기울었고, 그 결과가 바로 호서대동법 실시로 나타났다.

호서에서 대동법을 시험해보아야 한다는 것은 효종 초 조정의 정책담당자들이 공물변통 논의에서 도달해 있던 합의였다. 이경석의 경우에서 보듯, 현실적으로 대동법 실시가 어렵다고 보는 논자들도 이 생각만은 공유하고 있었다. 이것 역시 역사적 경험에서 기인한다. 인조 초 삼도대동법을 추진했을 때 호서에서의 반발은 호남보다 훨씬 덜 했다. 충청도는 임진왜란으로 인해 다른 어떤 지역보다 전결 규모와 거기에 부과된 공물 부담 사이의 불균형이 심했기 때문이다.[55] 그래서 충청도에서는 인조 초 삼도대동법이 실패한 후에도 인조 4년 권반權盼, 인조 6년 이경여李敬輿를 거쳐 인조 16년

---

55) 이시방에 따르면, 인조 25년에 호남은 전결 17만 4,000여 결에 공물가가 700여 동이고, 호서는 8만 4,000여 결에 공물가가 1,180동이었다.[『서봉일기』丁亥(인조 25) 7월] 호남은 5결에 1필을, 호서는 1.4결에 1필을 낸 셈이다. 호서는 호남의 3.6배나 많은 공물을 부담하고 있었다.

김육에 이르기까지, 부임하는 감사마다 끊임없이 공물변통 요구를 했다. 효종 초 호서대동법 실시 때, 충청도 감사 김홍욱은 호서대동법의 연원을 임진왜란에서 비롯된 결부結負와 공부貢賦의 불균형[56]이 갑술양전에서 바로잡히지 않았던 것에서 찾았다.[122] 충청도 공물변통의 역사적 맥락을 꿰뚫는 이해라고 할 수 있다. 공안개정론과 대동법 실시론으로 분화된 공물변통론의 현실적 문제의식은 다 같이 임진왜란 이후 크게 왜곡된 전결과 공부의 불일치를 어떻게 일치시킬 것인가에 대한 논란에서 시작되었다고 볼 수 있다.

이렇듯 조선시대에는 수십 년 전, 심지어 100여 년 전에 일어났던 문제가 나중에야 해결된 사례가 적지 않다. 임진왜란·병자호란으로 발생된 조선 사회 안에서의 교란이 수십 년이 지나서 정리되었던 것은 그런 여러 사례들 중 하나다. 조선 사회에서 문제의 발생과 그것에 대한 해결이 이와 같은 방식으로 진행되었던 데는 이유가 있었다. 조선 사회 자체가 다른 어떤 전통사회보다 촘촘히 조직된 사회였기 때문이다.

이때 '조직되었다'는 말의 의미는 사회를 움직이는 데 필요한 다양한 종류의 자원들, 즉 인적·사회적·자연적 자원이 사회 전체적인 규모로 동원되

---

56) 숙종 20년(1694) 박세채朴世采도 황해도에 대동법 실시를 요청하면서 대동법의 시초를 임진왜란 후 충청도 내포지역의 부세 불균등에서 찾았다.[옛날 임진왜란 때 내포 일대는 병란의 피해를 심하게 받지 않았다. 이때 이후로 이 지역에 공부가 지나치게 무거워졌고 사정이 나아지지 않았다. 판서 이시방이 그 지방에 머물다가 그 폐단을 보고는 조정에 보고하여 그것의 개혁을 요청했다. 당시 재상이 중요한 자리에 있었고, 이 법을 추진한 자들이 그와 협력하여 의논해서 사목을 만들어냈다. 그 후 호남과 영남도 이를 추진하게 되었다. 백성들이 모두 이 법에 힘입었다. 이른바 대동법이 이것이다.(『남계집南溪集』續集 권4, 請行海西大同法箚 八月 五日)] 『택리지』에 따르면, 내포지역이란 가야산 앞뒤의 10개 고을을 말한다. 가야산 북쪽의 태안·서산·면천·당진, 가야산 동쪽의 홍주·덕산·예산·신창, 가야산 서쪽의 보령·결성·해미가 내포지역에 포함된다. 현재의 행정구역으로는 태안·서산·당진·홍성·예산·보령, 아산의 일부가 여기에 포함된다.

고 있다는 뜻이다. 이것을 위해서는 사회적·정치적 조직 역시 사회 전체적인 규모로 작동해야 했다. 말하자면 조선은 사회적으로 이용되지 않는 자원이 거의 없었다. 만약 그런 자원이 남아 있다면 그것을 이용하는 방식으로, 즉 사회의 규모를 확대하는 방식으로 문제가 해결될 수도 있었을 것이다. 하지만 조선 사회는 그럴 수 있는 여지가 많지 않았다. 이 때문에 그런 교란이 비록 오래전에 발생했다고 하더라도, 나중에 자연적으로 회복되는 경우는 드물었다. 또한 그런 교란이 사회적으로 그대로 방치될 수도 없었다. 조선의 최고위 정책담당자들은 대개 이것을 잘 알고 있었다. 바로 이 점이 중요한 국정 문제를 해결해야 할 때, 자연스럽게 사회적·역사적 경험에 대한 논의로부터 시작될 수밖에 없는 이유다. 삼두수미법의 제기, 그것에 대한 비판, 충청도에서 시험한 대동법과 같은 공물변통 논의의 전개는 각각 그에 상응하는 역사적 경험들의 자장 속에서 유도되었다.

이런 경험들은 김육의 정치적 역할을 매개로 호서대동법의 성립으로 이어졌다. 호서대동법 성립 과정에서 김육의 고유한 역할은 이미 시작된 호서대동법의 추진을 정치적으로 보호하는 것이었다. 구체적으로 말하면 인조대 형성된 대동법 실시론자들을 대동법에 반대하는 세력에게서 지켜내는 것이었다. 그 핵심 내용은 원두표로부터 이시방을 보호하는 것이었다. 이시방이 원두표 대신 호조 판서에 임명되어 호서대동법 성립의 핵심적 역할을 할 수 있었던 점, 이 과정에서 이시방이 김자점과의 관련으로 인한 혐의 때문에 받은 탄핵을 극복할 수 있었던 점은 김육의 정치적 보호가 아니었다면 불가능했을 일이다. 김홍욱과 서필원을 각각 호서와 호남에 감사로 뽑아 보낸 것도 김육이었으며, 마지막까지 문제가 되었던 호남의 어공과 세폐를 공물가에 포함시킴으로써 첩징과 가징의 가능성을 최소화해 호남대동법의 성공 가능성을 보장한 것도 김육의 정치적 역할에 힘입은 것이다.

## ✎ 자원의 활용과 경제성장의 관계

기술 수준을 주어진 것으로 볼 때, 한 사회의 경제성장은 일반적으로 그 사회가 이용할 수 있는 자원에 의해서 제약받는다. 이 원리는 전통사회나 자본주의사회 모두에 해당된다. 자원의 활용과 경제성장의 관계는 경제성장의 양상에서 직접적으로 표현된다. 즉 경제성장의 초기단계에는 경제에 생산요소들의 순투입이 증가한다. 이때는 총 경제성장이 주로 생산요소의 투입량에 비례하기 때문에 대량의 생산요소 투입에 따라 총 경제성장률도 큰 폭으로 증가한다. 하지만 생산요소의 투입은 기본적으로 부존자원의 한계라는 제약이 있기 때문에 차츰 줄어들 수밖에 없다. 생산요소의 대량 투입 시기가 지나면, 다음으로는 그런 생산요소들의 효율적 사용 또는 그 관계들 간의 효율성 향상에 의해서 경제가 성장하는 단계에 접어든다. 이때 비로소 경제성장에서 생산성 향상이 사회적으로 요청된다. 그리고 이렇게 생산요소들 간의 관계가 높은 효율성으로 조직된 경제는 다시 새로운 생산요소의 투입을 제한한다. 왜냐하면 이제 필요한 새로운 생산요소는 이미 발전된 경제체제에 적합한 높은 수준의 생산요소여야 하기 때문이다. 대개의 자본주의사회에서 개발도상국의 경제성장률이 높고, 선진국의 경제성장률이 낮은 이유는 바로 여기에서 기인한다.

이런 원리는 농업경제가 근간을 이루는 전통사회 조선에서도 마찬가지로 작동했다. 조선에서 가장 중요한 생산요소는 노동력과 토지였다. 『경국대전』에는 양전을 20년마다 실시한다고 규정해놓았지만, 이미 조선 전기에 20년 주기의 양전이 실시되지 않았고, 조선 후기에는 이 규정이 유명무실해진다. 여기에는 여러 가지 이유가 있지만, 기본적으로 정부가 새롭게 토지를 파악할 필요가 없었기 때문이다. 즉 더 이상 새롭게 늘어나는 토지가 많지 않았던 것이다. 실제로 조선의 농업 상황을 보여주는 조선 최초의 농서인 『농사직설』(세종 11, 1429)은 당시의 조선 사회가 휴경 없이 매년 농사를 짓는 연작상경 농법으로 전환되고 있음을 보여준다. 조선은 이미 건국 초기단계에 전통사회 농업기술의 거의 최고단계에 이르렀음을 알 수 있는 대목이다. 또 세종 때의 총 경작지 면적은 조선시대 내내 별다른 증가를 보이지 않는다. 이것은 이미 조선 전기에 새로운 생산요소의 대량 투입으로 크게 성장하는 경제가 아니었음을 뜻한다. 물론 조선은 큰 폭으로 경작지를 늘리지는 못했어도 다양한 방식으로 농업 생산을 증가시켰다. 특히 견종법이나 시비법의 발달이 이것을 가능케 했다. 조선의 인구가 꾸준히 증가했던 것은 이런 이유 때문이다. 다른 전통사회들과 비교해볼 때, 조선시대 사람들은 자연의 혜택보다 그들 스스로의 힘으로 인구수를 늘려왔던 것이다. 이는 전통사회로서는 보기 드물게 상당한 수준의 발전단계에 도달해 있다는 것을 뜻한다.

# 제5장 현종시대: 대동법이 튼튼히 뿌리내리다

## 1. 우여곡절 끝에 확정된 산군지역의 대동법

### 대동법의 남은 과제들

현종대(1659~1674) 공물변통에 관한 논의 및 결정 사항들은 대부분 효종대(1649~1659)에 제기되었다가 해결되지 못했던 것들이다. 호남 산군 각관에 대한 대동법은 효종 9년(1658) 호남 전체에 실시하려다가 직전에 유보되었다. 또 경기선혜법의 재정비를 위한 기초작업인 경기 양전은 호서대동법이 시행된 직후인 효종 4년(1653) 김육이 건의했었다. 하지만 몇 가지 이유로 인해 이 당시에 이루어지지 못했다. 공안개정론은 인조대(1623~1649) 이래 대동법과 함께 공물변통의 양대 방법론 중 하나였다. 현종 말년에 공안개정론이 다시 한 번 제기되었다.

현종대는 임진왜란 이전부터 제기되었던 공물변통 논의가 현실정책으로 결실을 맺은 시기다. 물론 현종대에도 경상도와 양서兩西(평안도와 황해도)지역이 대동법 실시 지역에서 여전히 빠져 있었던 것이 사실이다. 하지만 이들 지역은 17세기 전반에 치열하게 전개된 공물변통 논의에서 처음부터 대상이 아니었다. 대동법의 기원이라 할 수 있는 인조 1년과 2년의 삼도대동법

三道大同法에서도 양호兩湖(충청도와 전라도)와 강원도만 그 실시 대상 지역이었다. 경상도 공물은 왜관倭館의 비용으로, 양서의 공물은 명이나 청나라 사신의 접대비용으로 상당 부분 충당되고 있었기 때문이다. 따라서 이들 지역이 대동법 실시 지역에서 빠졌다고 해서, 현종대를 조선시대 공물변통의 완성기로 규정하는 것에 어떤 흠이 되지는 않는다.[1]

현종대는 효종대로부터 공물변통의 의제들을 넘겨받았다. 그렇다고 현종대의 논의와 대동법 실시 과정이 순조로웠던 것은 아니다. 일례로, 조정에서 호남 산군 대동법을 실시하기로 결정된 것이 두 번이나 번복되었다가 세 번째 시도에서야 성공할 수 있었다. 더구나 현종대는 즉위년부터 연속해서 큰 흉년이 이어졌고, 현종 11년(1670)과 12년에는 그 유명한 '경신대기근'을 겪었다. 그 사이에도 전염병과 우역牛疫(소 전염병)이 끊이지 않았다. 흉년에는 각종 개혁정책이 미뤄지는 것이 조선의 관행이었다. 경신대기근은 아직 자리잡지 못한 대동법을 뿌리부터 흔들 가능성이 많았다. 대동법에 대한 기득권층의 저항을 생각하면, 엄청난 재난을 겪은 상태에서 이를 핑계로 이 법이 폐지될 가능성도 얼마든지 있었다.

게다가 현종대에는 효종대에 중심적으로 대동법을 추진했던 여러 사람들이 고령으로 사망한 상태였다. 조익趙翼, 김육金堉, 남선南銑은 효종대에, 이시방李時昉은 현종 원년에 사망했다. 김홍욱金弘郁은 정치적 사건에 연루되어 효종 5년에 이미 사망했다. 허적許積은 대동법 성립 과정에서 실무관료로서 핵심적인 역할을 했지만, 개혁을 추진하는데 필수적인 정치적 집요함을 가

---

1) 실제로 조정의 정책 논의도 현종 후반기에는 공물변통에서 양역변통良役變通으로 급격히 이동한다. 물론 그 이전이라고 양역변통 논의가 없었던 것은 아니며, 그 이후라고 공물변통 논의가 없었던 것도 아니지만, 역시 논의의 중심 이동은 뚜렷했다.

진 사람은 아니었다. 현종대 대동법 실시 과정에서 중심적인 역할을 한 사람은 홍명하洪命夏였지만, 그도 처음에는 대동법 실시에 적극적이지 않았다. 이런 상황은 현종대 공물변통 논의에서 정책담당자들의 세대교체가 있었음을 뜻한다. 현종대 공물변통 논의를 관찰하는 또 하나의 초점은, 정책 추진 담당자들의 교체에도 불구하고 어떻게 그 논의와 그에 따른 정책 추진이 계속되었는가 하는 점이다.

### 이시방의 최후 모습

호남 산군의 대동법은 효종 10년(1659) 가을부터 곧 실시될 듯이 보였다. 효종 10년 봄, 효종이 가을에 논의해서 결정할 것이라고 말했기 때문이다.[1] 조정에서는 이미 이 지역의 결당 수취 액수까지 확정해놓은 상태였다. 하지만 효종의 갑작스러운 죽음으로 인해 이 결정은 집행되지 못했다. 결과적으로 호남 산군의 대동법 실시는 우여곡절을 겪으며 현종 7년(1666)에야 최종적으로 확정된다. 곧 결정될 듯하던 산군의 대동법 실시가 이렇게 지체되었던 것은 대동법에 반대하는 힘이 여전히 강력했음을 의미한다.[2]

현종 즉위년(1659) 가을로 예정된 호남 산군에서의 대동법 실시를 앞두고 이시방은 이에 대한 준비를 왕에게 요청했지만, 그의 요구는 받아들여지지

---

2) 현종대 호남 산군 대동법에 대한 연구로는 이제까지 한영국의 것이 유일하다.(한영국, 「호남에 실시된 대동법(상),『역사학보』 15, 1961, 45쪽) 그는 호남 산군 대동법의 실시 결정이 현종 3년에 내려지고, 다음 해 대동사목으로 확정되었다고 이해했다. 현종 7년에 대동법이 일시 폐지되었다가 다시 시행된 것에 대해서는 민정民情을 잘못 진단한 것에서 비롯된 잠정적 조치에 불과하다고 서술했다. 하지만 실제로 현종 4년 이후의 대동법 실시와 관련된 논의 과정은 간단치 않았다. 산군이 납부할 포를 얼마의 미곡으로 환산할 것인가를 두고 조정에서 논란이 끊이지 않았기 때문이다. 현종 6년 말에 법의 폐지 결정은 그런 논란의 결과였다.

않았다. 효종과 김육은 이미 조정에 없었지만, 원두표元斗杓는 여전히 건재했다. 그러자 이시방은 이 문제를 논의하기 위해 송시열宋時烈을 찾아갔다. 아마도 그는 김육의 죽음 이후 대동법을 추진할 수 있는 정치적 힘을 송시열에게서 얻으려 했던 듯하다. 실제로 송시열은 효종 즉위 초 조정에 들어왔을 때, 공안개정을 주장했지만 대동법에도 반대하지 않았다.[2] 효종 9년 다시 조정에 나왔을 때는 호서대동법이 좋은 법(良法)이라고 인정하기도 했다.[3] 송시열이 조정에서 자발적으로 대동법 실시를 주장하지는 않았지만, 대동법에 대한 인식은 이시방이 찾아와서 이 문제를 협의할 정도로 충분히 우호적이었던 것 같다.

효종 9년 8월에 송시열이 재차 조정에 나왔을 때는 조정 공론을 주도하는 위치에 올라서 있었다. 그는 이시방의 견해에 동의하면서 가을부터 호남 산군에서 대동법을 실시할 것을 요청하는 상소를 자신이 올리겠다고 이시방에게 약속했다.[4] 송시열은 실제로 그렇게 했다.[5] 이 문제를 놓고 조정의 논의는 둘로 갈렸다. 한쪽은 산군 26개 고을 중 새로 대동법 실시를 요구해온 운봉, 임실, 정읍, 금구, 태인 등 다섯 곳에만 대동법을 확대 실시하고 나머지는 실시하지 말자고 했다. 다른 쪽은 대동법의 근본 목적이 균역均役에 있는데, 종전에 역이 수월하던 곳이 지금 와서 원치 않는다고 실시하지 않을 수는 없다고 말했다. 결국 좌의정 심지원沈之源의 제안대로, 우선 본도에 그 편리 여부를 물어보기로 했다.[6] 한편 전라 감사 김시진金始振은 다음 해, 즉 현종 원년 가을부터 실시할 것을 건의했다.[7] 조정은 일단 김시진의 안을 받아들였다. 아마도 조정이 본도에 문의한 9월 5일과 김시진이 건의한 10월 4일 사이에 호남 산군 전체에 대동법을 실시하는 것에 관한 어떤 추가적인 논의가 있었던 듯하다.

조정이 김시진의 안을 받아들이기로 결정한 이후에도 현종 즉위년(1659)

가을부터 또는 최소한 다음 해 봄부터 호남 산군에 대동법을 실시하자는 요청은 계속되었다. 그런 요청은 주로 호서대동법의 실시를 적극적으로 주장했던 사람들이 주도했다. 조복양趙復陽[8]이나 민응형閔應亨[9]이 그들이었다. 또 대동법 실시를 요청했던 정읍 유생들의 상소[10] 역시, 그들의 주장과 같은 내용을 담고 있었다. 조복양은, 호남 산군 대동법은 이미 효종의 지시가 있었고, 호서대동법의 결과가 긍정적이며, 호남 산군의 백성들이 원하기 때문에 더 이상 미룰 수 없는 문제라고 말했다. 그런데도 조정의 결정은 바뀌지 않았다.[11]

조복양이나 민응형 등은 단지 대동법을 실시하는 시기가 조금 늦춰지는 것을 염려했던 것은 아니다. 이들이 실제로 걱정한 것은 이렇듯 점차 미뤄지다가 결국 이 법이 폐지되지 않을까 하는 것이었다. 실제로 조정의 적지 않은 사람들이 여전히 호남 산군지역의 대동법 실시 자체를 반대하고 있었다. 해당 지역 대읍·대호들의 저항도 여전했다. 주무 당상, 즉 법 실시의 주무 책임자인 이시방은 현종 원년 1월에 사망하는데,[12] 그 역시 죽는 순간까지 이 지역에 대동법이 실시될 수 있을지에 대해 확신하지 못했다.

이시방의 마지막 모습을 전하는 기록[13]에 따르면, 이미 의식이 없어 다른 사람과 의사소통이 불가능한 상태에서도 죽음을 맞는 그 순간까지 대동법 실시에 관한 말을 홀로 중얼거렸다고 한다. 그는 김육 사망 이후에 대동법의 실시를 완결지어야 한다는 막중한 책임감을 온몸으로 감당하고 있었던 것이다. 이시방의 이런 모습은 두 해 전 김육이 죽기 며칠 전까지 대동법의 확대에 노심초사하던 것과 너무나 흡사하다.

이 책에서 우리는 대동법의 실시를 제도적 차원에서 이해하는 것을 목표로 삼았다. 거대한 국가재정체제의 전환을 제도적 차원에서 이해해야 하는 것은 당연하다. 하지만 김육과 이시방의 모습을 보면, 인간세상에서 모든 일이 사회제도로만 설명될 수 없음을 확인하게 된다. 여기서 우리는, 어떤 제도가 성공적으로 작동하기 위해서는 그것에 헌신적인 사람의 존재 역시 필수조건임을 보게 된다.

## 두 번 번복된 호남 산군지역의 대동법 실시 결정

현종 원년 가을에 실시하기로 예정되었던 호남 산군 대동법은[14] 다시 연기되었다. 대동법 반대론자들이 흉년을 이유로 이 법의 실시를 미뤄야 한다고 했기 때문이다. 허적조차 우려를 표명했다. 즉 균역을 하게 되면 역이 가벼웠던 산군의 부담이 무거워질 것인데, 흉년이 겹쳤으니 무리하게 법을 강행하다가는 소요를 부를 염려가 있다는 이유에서였다. 원두표는 대동법이란 원래 역이 편중된 지역을 조정하면 그뿐이지 산군에서까지 실시할 필요는 없다고 말했다. 허적과 원두표의 말은 얼핏 비슷한 내용 같지만, 그들이 말하려는 핵심은 전혀 달랐다. 허적이 대동법이 실시되지 못할 것을 염려했던 반면에 원두표는 여전히 대동법의 확산을 달가워하지 않았다. 결국 왕은 호남 산군 대동법의 실시를 다음 해인 현종 2년 가을로 미루고 말았다.[15]

현종 원년의 흉년은 실제로 심각했다. 조정은 충청도와 전라도에서 거둬들이는 쌀이 부족해지자, 황해도와 평안도에서 곡식을 옮겨와야 했을 정도였다.[16] 원래 양서지역의 곡물은 청나라 사신의 접대에 충당하기 위해서 비축되던 것이다. 이렇게 심한 흉년에도 불구하고 홍명하와 조복양은 호남 산군의 대동법 실시 연기 결정에 반대했다. 조복양은 연해 각관에서 전년의 흉년을 이겨낼 수 있었던 것도 대동법의 힘이었음을 지적했다.

대동법에서 공물가의 부과 대상은 전조田租처럼 실결實結이었다. 흉년이 들면 중앙정부는 실결 중에서 농사를 망친 전결을 재결災結로 분류했다. 재결에는 세금이 부과되지 않았다. 흉년이 심하면 자연히 재결이 늘었고, 따라서 면세 범위도 확대되었다. 반면, 현물공납제에서는 재해에 관계없이 공물이 고정되었다.[17] 현물공납제에서 대동법으로의 전환을 백성들 입장에서 생각해보면, 그 자체로 흉년에 대비하는 성격을 띠었다. 따라서 홍명하와 조복양은 흉년일수록 더욱 대동법을 실시해야 한다고 생각했다. 실제로 그들의 생각은 타당했다.

조복양은, 산군이 대동법을 원하지 않는다는 것은 백성들의 말이라기보다 수령 등 대동법 실시를 원하지 않는 자들의 말이라고 주장했다.[18] 사실 현물공납제에서는 각관의 관수官需에 대해 민으로부터 얼마를 수취할 것인지의 규정이 없었다. 각관은 이 상황을 이용해서 수입을 기형적으로 확대했다. 일례로 한 도의 병영에서 포를 거두는 군사 수가 4,000~5,000명에 이르기도 했다. 이렇게 거둔 포는 병사가 더 좋은 자리로 옮기는 데 뇌물의 밑천으로 사용되는 경우가 드물지 않았다.[19] 이 때문에 병·수사는 민간에서 '채수債帥'[3]로 불리기도 했다.[20]

조복양 등의 요청에도 불구하고, 조정에서 한번 내려진 결정은 바뀌지 않았다. 흉년은 계속되었고, 으레 그렇듯이 전염병이 뒤따라 퍼졌다. 현종 3년 2월 호남에 내려갔던 진휼어사의 보고에 따르면, 초봄인데도 이미 너무 많은 사람들이 사망한 상태였다. 파악된 수만 아사자가 142명, 전염병에 걸려 죽은 자가 998명, 현재 앓고 있는 자가 6,147명에 이르렀다.[4] 호남

---

3) 빚쟁이 장수. 뇌물을 바쳐서 승진을 한 병사와 수사를 말한다. 뇌물로 바칠 돈이 없으면 부자들에게 빌려서 바치고, 벼슬을 얻은 후에는 백성들에게 강제로 빚을 지게 한 다음 고리로 이자를 받아 자신의 뇌물에 들어갔던 것을 뽑아냈던 것에서 나온 말이다.

4) 『현종실록』 3년 2월 17일(辛酉). 경상도 감사에 따르면, 경상도에서는 전염병 환자가 12,710명, 사망자가 297명이었다.[『현종실록』 권5, 3년 2월 19일(癸亥)]

산군에 대동법을 실시하기로 예정되었던 현종 2년(1661) 가을에 그와 관련된 조정의 논의가 눈에 띄지 않는 것은 이런 상황 때문이었던 듯하다. 현종 2년으로 미뤄졌던 호남 산군 대동법의 실시는 또 다시 1년이 연기되었다.

현종 3년 8월에 홍명하는 "호남 산군에 대동법을 실시할 예정"이라며, 미·포의 교환비율을 확정할 것을 왕에게 요청했다. 호남 산군은 공물가를 포로 내기 때문에, 미곡 13두를 몇 필로 할 것인지를 결정해야 했다. 이에 대해 왕은 미곡 13두를 면포 2필로 할 것을 지시한다.[21] 이는 산군지역에 대단히 우호적으로 결정된 조건이었다. 마침내 현종 4년 봄, 두 번째로 호남 산군 대동법 실시가 결정된다.[22]

현종 4년 춘봉春捧 후, 호남 산군 대동법에 반대하는 상소가 현지에서 올라왔다. 이미 법이 실시되었는데, 현지에서는 여전히 이 법을 인정하지 않았던 것이다. 유생 배기裵紀는, 과거에 양전量田을 했을 때 연해 고을에 비해 산군의 전결이 몹시 불리하게 평가되었으며, 현재 수취하는 포의 품질이 지나치게 높고, 결당 부과액이 너무 많다는 점을 들어 대동법에 반대했다.[23] 이 상소는 대동법을 원하지 않는 지역 호강들의 생각을 담고 있었다. 배기가 주장한 내용은 실제 사실과 거리가 있었지만, 조정은 이 상소로 인해 다시 대동법 실시에 따른 편익 여부를 본도에 물었다. 감사 조구석趙龜錫의 보고에 따르면, 현지의 여론은 대동법 실시에 부정적이었다.[24]

현종 즉위 초 송시열의 상소를 놓고 그랬던 것처럼 조정 의견은 다시 갈렸다. 좌의정 원두표는 대동법을 원하지 않는 곳에서는 실시하지 말 것을 주장했다. 반면, 우의정 홍명하와 영의정 정태화鄭太和는 대동법을 실시하지 않으려면 모를까, 실시하려면 산군까지 포함해야 한다고 말했다. 홍명하와 정태화는 사실상 대동법의 실시를 주장했던 것이다. 산군이 대동법을 원치 않는 것은 이제까지 연읍에 비해 부역이 가벼웠음을 증명하는 것이라고 지적했다. 따라서 균역을 위해서라도 산군에 대동법을 실시해야 한다고 말했다. 홍명하는 대책도 없이 대동법을 혁파하면 수습할 수 없는 상황이 올 수 있다고 말했다. 곧 증명되듯이 그의 말은 사실이었다.

조정에서 의견이 갈리자, 정태화가 미에 대한 포의 교환비율을 올린 것으로 조정하는 안을 내놓았다. 산군 각관은 공물가를 포로 냈으므로 미에 대한 포의 교환비율을 높게 매기면, 즉 작목미作木米를 높여주면 실제로 산군의 공물가를 깎아주는 것을 뜻했다. 허적도 이 안에 동의했고, 왕도 이를 허락했다.[25] 그에 따라 호남 산군에 대해서 포 1필에 미 6두 5승이었던 작목미는 7두 5승으로 인상되었다.[26] 원래 조선에서 포 1필에 대한 미의 교환비율은 일정하지는 않아도 대개 5두 정도였다. 호남지역에서 포에 대한 미의 교환비율이 6두 5승이었던 것은 서울까지의 먼 거리를 고려해 운송비에 이를 반영한 결과로 보인다. 이 운송비는 상당히 후하게 잡은 것이다. 이시방에 따르면, 이 당시 호남에서 서울까지 미 10두당 운반비가 1두 정도였기 때문이다.[5]

정부가 작목미를 높여주었는데도 호남 산군지역의 불만은 가라앉을 줄 몰랐다. 현종 5년 추봉秋捧 후 전라 감사 정만화鄭萬和는 다음 해부터 작목미를 포 1필당 7두 5승에서 8두로 높여줄 것을 요청했다. 왕은 이것도 허락했다.[27] 호남에서 필당 작목 비율이 계속 올라가자, 호서에서도 자신들에게 같은 조치를 취해줄 것을 요구했다.

충청 감사 김시진은 정부가 호남에 대해서는 포 1필에 미 8두로 쳐주면서 호서는 계속해서 1필에 5두로 계산하는 것의 부당함을 지적했다. 그리

---

5) 제2부 4장 '김육의 마지막 상소' 221쪽의 미주 105(435쪽) 참조. 『전남도대동사목』에서 서울에 올려보내는 미곡 대비 운반비용은 약 7% 정도였다.

고 호서 산군 백성들이 이것 때문에 원망하고 있다고 왕에게 보고했다.[28] 비변사는 김시진의 요청을 거부했다. 그러자 김시진은 호서에 비해 호남이 쌀값이 싼 것은 사실이지만, 그렇다고 지역적으로 접해 있는 두 지역 간의 쌀값 차이가 필당 8두와 5두처럼 현격한 것은 아니라고 말했다. 또한 호서의 요구는 작목가를 필당 미 8두로 올려달라는 것이 아니라, 호남의 증가 비율과 똑같이 1두를 높인 필당 6두로 해줄 것을 요구한 것이었다고 말했다. 비변사는 그의 요구를 또다시 거부했다.[29] 김시진의 요구대로 할 경우, 호서 산군 각관에서 1결당 거둬들이는 양이 9두로 줄어들어 경외의 비용에 부족할 것이라는 이유에서였다.

호서의 요구가 계속되는 한편으로, 호남 산군에서도 불만의 목소리가 계속 높아졌다.[30] 결국 호남 산군 대동법에 찬성하는 입장이었던 영의정 정태화, 좌의정 홍명하, 우의정 허적, 송시열 모두가 자신들의 종전 입장을 바꾼다. 정태화는 백성들의 원망이 이와 같으니 조정의 체통을 돌볼 때가 아니라는 절박한 상황을 전했다. 조정은 체통이 깎일 걱정보다 백성들의 불만의 목소리에 더욱 민감했다. 왕은 대동법으로 인한 민원民怨 여부와 그 혁파 여부를 본도에 다시 확인할 것을 지시했다.[31] 전라 감사 민유중閔維重은 민심이 불편하게 여긴다며 호남 산군은 물론이고 연해의 대동법도 혁파할 것을 건의했다. 결국 조정은 현종 6년 말에 호남 산군의 대동법을 중지시켰다. 동시에 민유중의 보고에 기초해서 호남 연해 각관의 대동미 수취액도 결당 1두를 줄여서 12두로 조정했다.[32]

부제학 조복양은 호남 산군 대동법 중지 결정 이후 상소를 올렸다. 각관에서 과거의 현물납을 다시 실시한다면 반드시 갖가지 폐단들이 많이 발생할 것이라며 이에 대한 대비를 촉구했다.[33] 사헌부는 취해야 할 조치에 대해 다음과 같이 말했다.

호남 산군 대동법을 이미 혁파해서 한결같이 옛 방식(舊例)으로 돌아갑니다. 다만 옛 방식에서는 각관에서 공물의 많고 적음이 몹시 고르지 못했습니다. 또 각관 관수(운영비)의 차이도 몹시 컸습니다. 지금 법을 고칠 때를 맞이하여 산군(여러 고을들)의 전결을 섞어서 합산하고, 각 고을 공물의 다소를 정해야 합니다. 공안에서 실용에 무익한데도 민폐와 관련이 있는 항목들은 아울러 삭감해야 합니다. 또 각 고을에서 바치는 것은 그 산지를 따르고, 납부하는 날이 2, 3일을 넘지 않게 하면 이것은 국계(國計)에 손해가 없고 민역에도 고르지 못한 폐단이 없을 것이니 백성들의 재물 또한 낭비되지 않고 외방에서 조등(기羅)의 폐단을 줄일 것입니다.[34]

산군 여러 고을들의 전결을 합해서 각관의 편중된 공물량을 재조정하는 것은 산군지역 안에서나마 경작지 규모에 비례해서 공물을 부과하기 위한 것이었다. 이것이 바로 대동법의 핵심 원칙이다. 공안에서 무익하고 민폐를 끼치는 항목들을 삭감하자는 것은 공물가 인하를 뜻하며, 곧 공안개정론을 가리킨다. 각 고을에서 바치는 공물이 산지를 따라야 한다는 것은 임토작공(任土作貢)의 원칙을 뜻하는데, 이것은 전결에 따른 공물 부과의 원칙과 달랐다. 결국 사헌부의 주장은 이이(李珥)의 안과 다르지 않았다. 대동법 대신에 실시할 수 있는 정책의 틀은 공물변통의 진화가 시작된 바로 그 틀이었다.

조정에서 상황을 어떻게 이해하든지, 또 그들이 무엇을 의도하든지에 관계없이, 호남 산군의 대동법이 폐지되자 곧바로 방납이 되살아났다.[35] 현종 7년 후반 전라도 암행어사 신명규(申命圭)는, 조정에서 전라도대동법을 폐지하자는 의견이 나왔을 때의 상황과는 반대의 소식을 전해왔다. 즉 큰 고을의 잘 사는 집(大邑巨室)들은 대동법을 혁파한 것을 편리하게 여기지만, 작은 고을 가난한 집(峽邑殘戶)들은 모두 이 법을 다시 시행하기를 원한다는 것이다.[36]

## 결국 대동법으로

며칠 후 좌의정 홍명하는 호남 산군에서 당초 대동법을 혁파하기를 원했던 곳은 서너 개 고을에 지나지 않았고, 나머지는 이 법의 혁파를 원하지 않았다고 말했다. 게다가 민유중도 경솔하게 상소를 올렸던 것을 후회하고 있다고 전했다. 민유중은 호남 산군 대동법을 혁파한 뒤에 각관에서 수취하는 포의 품질(木品)이 대동법을 실시할 때보다 높아졌다고 말했다. 포목의 품질이 좋을수록 가격이 올랐으므로, 이것은 백성들의 부담이 늘어난 것을 뜻했다. 그런데도 경각사 주인들은 대동법을 실시했을 때보다도 자신들이 받는 공물가가 더 낮아졌다며 원망한다고 말했다. 이 같은 상황은 이전에 너무나 많이 지적되었던, 방납에 따른 전형적 결과였다. 그뿐 아니라 인정人情이나 점퇴點退는 대동법을 실시할 때는 없었는데, 지금은 되살아났다고 말했다. 어쩔 수 없이 조정은 호남 산군지역에서 대동법을 다시 실시하기로 결정했다.[37]

한편 김육의 아들 김좌명金佐明은 산군 각관의 결당 공물가 인하를 요청했다. 현종 7년(1666) 봄부터 호남 연해 각관의 대동미가 결당 12두로 줄었으니, 지역별로 역 부담을 고르게 하려면 호남 산군지역의 공물가도 낮춰야 한다고 말했다. 왕은 이것도 허락했다.[38]

호남 산군의 대동법은 우여곡절을 겪고 난 뒤 최종적으로 확정되었다. 이로써 현종 7년에 충청도와 전라도 전체에 대동법이 실시되었다. 호남 산군의 대동법 성립 과정을 살펴보면 공물변통에는 전결에 기초한 작미作米·작포作布의 방식, 즉 대동법 이외에 다른 방법이 없었다. 이것을 거부할 경우 그에 상응하는 현실의 폐단들이 지체 없이 되살아났다. 또 대동법과 임토작공을 어중간하게 섞는 방식은 현실에서 작동하지 않는다는 것도 명백해졌다. 이처럼 일시적으로 대동법이 폐지되어도, 그에 따른 폐단이 곧 나타났기 때문에 대동법 실시에 대한 요구는 끊임없이 되살아날 수밖에 없었다. 공납 문제의 제도적 해법은 대동법이 유일했던 것이다.


## 2. 경기선혜법의 수정

### 수취 수단만 바뀐 경기선혜법

현종대에는 경기선혜법도 재정립되었다.[6] 경기선혜법은 임진왜란 후 광해군 즉위년(1608)에 성립되었다. 그때는 누구도 이 법이 계속 유지되고, 또 다른 도까지 확대될 것이라고 생각하지 않았다. 광해군은 "전결을 기준하여 미곡으로 내게 하는 일을 영원히 행하게 할 수는 없을 듯하다"고 했고,[39] 좌의정 이항복李恒福은 이 법이 끝내 유지되지 못할 것이라 생각해서 폐지하려 했다.[40] 심지어 주무 관청인 선혜청조차 "오랜 세월을 두고 영원히 시행할 법이 아닌, 백성들의 한때 곤궁함을 구제하는 방책"이라고 말했다.[7] 즉 경기선혜법은 호서대동법처럼 이 법을 기초로 전국적으로 확대 실시한다는 정책적 합의 위에서 시작되지 않았다.

내용 면에서도 경기선혜법은 대동법이라기보다 경대동에 가까웠다. 결당 16두를 걷어 각관에는 2두만 지급했기 때문이다.[41] 경기지역의 각 고을은

---

6) 현종대 경기대동법에 대해서는 김옥근이 거의 유일하게 언급했다.(김옥근, 『조선왕조재정사연구(III)』, 1988, 50~51쪽) 주로 18, 19세기의 자료를 통해 경기대동법의 운영에 초점을 맞추고 있는 관계로, 성립 과정에 대해서는 소략하다. 또한 광해군 즉위년의 선혜법과 현종대의 경기대동법을 구분하지 않았다. 이 때문에 후자가 전자를 어떻게 수정했는지에 대해서는 별로 서술된 것이 없다.

7) 『광해군일기』 권25, 2년 2월 5일(辛亥). '선혜'라는 말도 이런 맥락에서 붙여진 이름이다.

서울을 둘러싸는 지역적 특성 때문에 본래 다른 도의 고을들보다 각관 자체의 지출이 많았다.[8] 그렇지만 나중에 성립된 충청도와 전라도의 대동법이 각 고을의 지출을 위해서 책정했던 재정 규모에 비해서 경기선혜법의 그것은 훨씬 적었다. 즉 대동법의 핵심 사항인 지방재정의 재정립과는 거리가 멀었던 것이다. 이런 사정을 보여주는 것이 이덕형李德馨의 말이다. 선혜법 실시 후 광해군이 이 법을 계속 실시하는 것에 의문을 표시하자, 그는 "이 법은 옛 법을 고쳐서 어지럽게 하는 것이 아닙니다. 다만 이전의 공안에 따라 쌀로 거두는 것일 뿐입니다."라고 말했다.[42] 이 말은 경기선혜법이 대동법의 여러 가지 특징을 갖추지 못하고, 단순히 수취 수단만 바뀌었음을 뜻한다. 경기선혜법에는 호서와 호남의 두 대동사목에 있는 많은 사항들이 포함되지 않았다. 예를 들어 특히 경기에서 대단히 중요한 항목인 쇄마가刷馬價가 그랬다.[43] 다른 어떤 도보다 쇄마가 많은 경기에서 이 비용을 대동미로 지급하지 않았던 것이다. 결국 경기선혜법은 시간이 지나면서 민결에 대한 가렴, 즉 민에 대한 공물가의 추가적 징수를 불러올 수밖에 없었다. 경기선혜법은 민에 대한 첩징·가징의 높고 거센 물결을 막아내기에는 너무 낮은 제방이었다.

## 경기선혜법의 문제점들

효종 4년(1653), 양전을 실시하고 이를 기초로 경기선혜법을 재정비할 것을 처음으로 요청했던 사람은 김육이다. 그는 정부가 공식적으로 파악하고

---

8) 경기지역은 수많은 왕실 및 고위 인사들의 묘지 조성, 남쪽과 북쪽에서 오가는 사신들의 뒤치다꺼리, 왕실의 다양한 수요를 위한 각종 부담 등 다른 지역보다 대단히 많은 부담을 지고 있었다.(이에 대해서는 비록 조선 전기의 사례이기는 하지만 강제훈의 「15세기 경기지역의 요역제」, 고려대학교 사학과 석사학위논문, 1989 참조)

있는 경기의 전결수와 실제 전결수가 두 배 정도 차이가 날 만큼 크게 괴리되었으니, 양전을 실시해야 한다고 말했다. 양전 후에는 반드시 결수가 늘어날 것이므로, 결당 16두씩 거두던 공물가를 10두씩만 거두자고 했다.[44] 양전의 목적은 더 많은 공물가를 걷어 정부재정을 늘리려는 것이 아니고, 백성들의 부담을 고르게 하고 또 가볍게 하려는 것이었다. 그는 호서대동법 실시 이후에 경기도 여기에 준해서 재정비하려 했던 것이다.

이 당시 경기의 전결 상황은 대단히 혼란스러웠다. 약 20년 전 갑술양전(인조 12, 1634) 때에도 삼남에서만 양전을 했을 뿐, 경기는 제외되었다. 병자호란 때 양안을 잃어버렸기 때문에 정부가 파악하는 경기의 전결은 크게 축소된 상태였다.[9] 그나마 파악하고 있는 것도 실제와 차이가 많았다. 이런

---

9) 정확한 통계를 얻기 어렵지만, 양전하기 직전 경기의 전결 문란 상황을 대략 짐작할 수는 있다. 광해군 3년(1611) 호조 판서 황신黃愼은 임진왜란 이전에 경기의 전결이 15만 결이었지만 지금은 3만 9,000여 결이라고 말했다.(『추포집秋浦集』 권2, 地部獻言啓) 문맥으로 볼 때, 이 액수는 세금 수취 대상에서 면제된 모든 토지를 포함한 원장부 결수를 뜻하는 것으로 보인다. 인조 8년(1630)에는 실결 기준으로 3만 6,900여 결로 나온다.[『인조실록』 권23, 8년 12월 26일(庚午)] 이 수치는 꾸준히 증가해서, 병자년(1636) 이전에는 4만 몇 천 결이 된다. 병자호란 후 정부가 양안을 잃고, 각 전부田夫로 하여금 스스로 경작 전결의 수를 써 올리라 하여 양안으로 삼았다. 이렇게 만들어진 수치에 여러 종류의 복호를 제외하면, 세금을 부과할 수 있는 전결이 약 1만 9,000결 정도였다.[『비변사등록』 7책, 인조 20년(1642년) 7월 16일] 김육은 효종 7년(1656) 경기 양전을 촉구하면서, 경기의 결수가 2만 60결에 불과하다고 말했다.(『잠곡속고潛谷續稿』 箚子, 丙申, 請秋米八斗收錢以三斗價) 현종 5년(1664) 경기 양전 후에는 결수가 대폭 늘어났다. 원장부 결수로 9만 8,056결 36부 4속, 잡탈결雜頉結을 제외하고 6만 1,452결 10부 4속[『현종실록』 권7, 5년 1월 16일(己卯)] 여기서 다시 복호 6,721결을 제외한 실결은 5만 6,645결이었다.[『현종개수실록』 권10, 5년 1월 16일(己卯)] 효종 7년에 김육이 말한 경기의 전결을 실결로 보더라도, 현종 5년의 양전으로 경기 전결수는 효종 말년에 비해 세 배 가까이 늘어난 셈이다. 다만 『현종실록』과 『현종개수실록』 사이에 잡탈결을 제외한 결수가 2,000여 결 정도 차이 나는데, 그 이유는 분명치 않다.

상황은 힘없는 백성들에게는 불리하게, 세력이 강한 부호들에게는 유리하게 작용했다. 부유하고 힘 있는 사람들의 땅은 결수가 적은 것으로 평가되고, 힘없고 가난한 백성들의 땅은 척박한 땅도 높은 결수로 평가되었다. 물론 이것은 '부유하고 힘 있는 사람들'이 관리들에게 뇌물을 준 결과였다. 쉽게 예상할 수 있듯이 이 같은 상황은 부익부 빈익빈의 결과를 초래했다.[45]

전결 상황이 이러하니 경기선혜법이 제대로 운영될 수 없었다. 더구나 경기선혜법은 그 내용 자체에도 몇 가지 심각한 문제점을 안고 있었다. 우선 결당 수취액은 양호의 결당 12두에 비해 30% 이상 높은 16두였다. 그럼에도 불구하고 경기 각관의 수령들에게 공사공비公私供費와 사객지공비使客支供費 등으로 지급되는 몫은 결당 2두에 불과했다.[46] 공사공비란 수령이 공적인 업무나 개인적인 생활을 위해 쓰는 경비를 말하고, 사객지공비란 수령이 자기 관할 구역을 지나는 관료들의 숙박을 위해 지출하는 비용이다. 수령의 공사공비에 대해서는 말하기 어렵지만, 상식적으로 생각해도 경기지역 수령들이 다른 지역의 수령들보다 사객지공비를 더 많이 지출하리라는 것은 충분히 예상할 수 있는 일이다. 이런 사실을 고려하지 않더라도, 경기 각관에 지급되는 결당 2두는 나중에 양호의 대동사목에 규정된 것과 비교하면 지나치게 적은 양이다.

경기선혜법은 사실상 지방 각관에 대한 고려가 거의 없는 경대동에 가까웠다. 여기에 경기지역의 특성까지 더해져, 16두 외의 추가적인 수취가 허용된 항목들이 적지 않았다. 나아가 어떤 규정에도 없는, 정례적으로 거두는 각종 물품도 매우 많았다. 이쯤 되면 이것은 세금이라기보다는 수탈이라고 해야 옳을 것이다.

결당 16두 밖에서 걷은 대표적인 항목으로는 전세조공물田稅條貢物이 있다. 이것이 경기에만 부과되었던 것은 아니지만, 특히 경기에 무거웠다.[10] 전세조공물은 주로 어공과 제향에 쓰였다. 그 수요가 왕실과 관련되었기 때문에 여기서 발생하는 폐단은 좀처럼 고쳐지기 어려웠다. 이 시기의 규정 자체로도 전세조공물은 물종에 따라 원래의 수(元數)에 7, 8배 혹은 3, 4배씩 더 받는 것이 공식적으로 허용되었다. 실제로는 시가에 비해서 8, 9배 심지어 10배나 높은 공물가를 받는 경우도 많았다. 이 역을 치르고 나면 실업하지 않는 백성들이 없을 정도라고 보고되었다. 실업한다는 말은 땅을 팔았다는 뜻이다. 백성들이 땅을 잃는다는 것은 그들이 생계수단을 잃는다는 것을 뜻하는 데 그치지 않고, 국가적으로도 담세층이 얇아지는 것을 뜻했다.

전세조공물의 상황이 이렇게 악화된 것은 단순히 담당 관리들이 부패했기 때문만은 아니다. 직접적인 이유는 전세조공물의 지속적인 가격 상승 때문이었다. 경기선혜법이 성립되던 광해 즉위년 이래 이미 50여 년이 지났지만, 전세조공물의 가격은 처음 정해질 때 그대로였다. 시세 변화에 따른 정부의 물품 가격 조정이 없었던 것이다. 따라서 처음에는 공물주인이 물건을 조달하기에 넉넉했던 전세조공물의 가격도 이때 와서는 규정된 가

---

10) 대동법 이전의 각 도 전세조공물의 규모를 정확히 파악하기는 어려워도, 대동법 실시 후에는 대략 짐작해 볼 수 있다. 『호서대동절목』에 따르면 충청도의 전세조공물 세태稅太는 5,059석이고, 세미稅米는 817석이다. 이를 쌀로 환산하면 3,346.5석이며, 충청도 경상납 48,280석의 7%에 해당했다. 『호남청사례목록湖南廳事例目錄』에 따르면, 전라도의 전세조 공물은 위미位米 950석 16두 1승 1홉 4석, 위태位太 5992석 7두 7승이었다. 쌀로 환산하면 3,946석 19두 9승 6합 4석인데, 전라도 경상납미 61,218석의 6.4%에 해당했다. 반면에 경기의 상납미는 3만 석인데,[『현종개수실록』권10, 5년 1월 16일(己卯)] 콩(太)을 빼도 쌀만 3,500석으로 12%에 가까웠다.(『승정원일기』 209책, 현종 9년 8월 15일) 위미·위태는 대동법 성립 이후 전세조공물로 내는 쌀과 콩을 말한다. 전세는 호조로 들어가지만, 위미·위 태는 선혜청으로 들어갔다.

격대로만 백성들에게서 받을 경우 공물주인조차 큰 손해를 입을 수밖에 없었다. 실제로 공물주인들은 손해를 보기도 했다.[47]

산릉山陵과 조사詔使의 역도 경기선혜법에는 포함되어 있지 않았다.[48] 경기가 감당하던 산릉역은 대단히 무거운 부담이었다. 더욱 문제가 된 것은 조사의 역, 즉 청나라 사신을 접대하는 데 드는 비용이었다.[49] 황해도와 함경도에서는 칙사 접대를 위한 재원인 관향곡을 가지고 있었던 반면에, 경기는 그렇지 못했다. 경기의 경우에는 상평청이 이 비용을 지급했는데, 이마저도 효종 초에야 시작되었다.[11] 또 직접적인 공궤供饋, 즉 사신에 대한 접대비 외에 그들이 이동하는 참상站上에서 왕래하는 데 들어가는 부마가夫馬價도 지급되지 않았다.[50] 이 비용은 경기 민호들에게 잡역 형태로 부과되었다.

상평청이 칙사의 접대를 위해서 경기에 지급하는 비용의 규모는 경우에 따라 달랐다. 매번 나올 때마다 칙사 일행의 규모가 달랐기 때문이다. 효종 원년(1650)에는 한번에 쌀 4,600석을 지급한 일도 있었다.[51] 그런데 이렇게 지급하는 것은 행정적으로 무질서한 경우가 많아서 비용의 낭비가 적지 않았다. 경기 각관의 수령이 필요한 경비를 우선 민결에서 거두고, 선혜청이 그 값을 치러주고, 다시 상평청이 선혜청에 경비를 지급하는 과정은 대단히 혼란스러웠다.[52] 나중에 경기 대동사목을 만들 때의 논의에 따르면, 청나라 사신이 이용하는 쇄마의 가격은 말 1필에 쌀 140두에 이르러,[53] 칙사가 한 차례 왔다 갈 때 소비된 경기의 부마가는 2,700여 석이나 되었다.[54] 칙

---

11) 효종 원년 호조가 관리하는 곡식의 모곡耗穀 3/10을 상평청에 회록會錄해서 경기의 칙사 비용을 보조했다.(문용식, 『조선후기 진정賑政과 환곡 운영의 연구』, 고려대학교 박사학위 논문, 1999, 14쪽 참조)

사 접대에 직접 소비되는 물품들을 제외하고도, 한 차례의 부마가만 경기의 1년 대동미 상납분의 10% 가까이 들었던 것이다.

전세조공물, 산릉역, 조사역 이외에도 경기에는 잡역 명목으로 결당 16두 밖에서 거둬지는 것이 많았다. 인천 부사 이정기李廷虁에 따르면, 규정 외에 매년 10여 종의 진상품들과 쌀 20석을 바쳤다. 이와 같은 추가 징수는 자신이 부임하기 전부터 이미 있었던 것인데, 언제 시작되었는지도 모를 정도로 오래 지속된 관행이었다.[55] 이외에도 각 고을을 대행해서 경각사에 공물을 납부하는 경주인京主人과, 역시 각 고을을 대신해서 경기 감·병·수영에 공물을 납부하는 영주인營主人들의 첨가添價(규정된 액수 이상으로 각 고을에서 걷는 금액)도 큰 부담이었다. 게다가 각 고을은 참站에 있는 말의 먹이로 쓸 꼴을 조달하는 잡역도 감당해야 했다.[56]

이상의 문제점들을 해결하고 경기선혜법을 정비하기 위해서는 먼저 양전을 해야 했다. 효종 4년 김육이 양전을 요청했지만, 곧 반론에 부딪혔다. 영중추부사 이경여李敬輿는 양전의 본래 의도는 좋지만 당시의 행정력으로는 목적한 바를 이루기 어렵다고 말했다. 만약 양전을 실시하면 결부가 더 해지는 것은 가난하고 약한 자들이고, 정부의 결부 파악에서 빠져나가는 것은 세력 있는 자들이 될 것이라고 예측했다.[57] 이경여는 경기지역 사람들이 온갖 고역에도 견디는 것은 삼남보다 누결漏結(양안에서 빠진 토지)이 많기 때문이므로, 잠시 이 상태를 유지하고 현재처럼 상평청이 직접 경기의 역 부담을 보조하는 형식을 유지할 것을 요청했다.[58] 그의 우려에도 불구하고, 조정은 효종 4년(1653) 10월부터 경기 양전을 시작하기로 결정했다.

하지만 10월에 경기 양전은 실시되지 않았다. 양전을 하려면 토지 측량을 해야 하는데, 이 일을 할 수 있는 아전들이 각관에 크게 부족했기 때문이다. 이렇게 되자 김육보다 더 강력히 양전을 주장하던 이시방도 더는 즉

각적인 양전을 주장할 수 없었다. 결국 이때의 경기 양전 논의는 영의정 정태화의 제안대로, 각관에 토지 측량에 필요한 산법算法을 가르친 후 다음 해 가을에 실시하는 것으로 결정된다.[59] 그런데도 결국 효종대에 경기 양전이 실시되지는 못했다. 연이은 흉년과 노비 추쇄 사업, 청나라 사신들의 방문 횟수 감소[60] 등이 그 이유였다. 청나라 사신의 방문 횟수가 점차 줄어들자, 그에 따른 경기 백성들의 부담도 줄어들었다. 양전의 원래 목적 중 하나는 경기 백성의 역 부담을 경감시키는 것이었다. 자연스럽게 정부는 경기에서의 급박한 양전 필요성이 줄어들었다고 보았다.

## 현종대의 경기 양전

현종대에 들어서 경기에 양전을 실시하는 문제는 이제 선왕(효종)의 유명遺命이 되었다. 이 일을 계속해서 미룰 수만은 없었던 것이다. 또 경기에 양전이 실시되면 그 다음 수순으로 자연스럽게 공물변통이 이어질 수밖에 없었다. 이경여의 말대로, 경기의 공물과 부역 부담이 과중해도 이 지역 백성들이 견딜 수 있었던 것은 누결이 많아서였다. 이 때문에 양전으로 누결이 없어지면 당연히 그에 따라 공물도 변통되어야 했다.[61]

경기에서 양전을 실시하고 선혜법을 정비하자는 요구는 현종 2년부터 나왔지만, 이듬해부터야 본격화되었다. 현종 3년 7월 조정 관료들 대부분이 한목소리로 경기 양전을 건의했다.[62] 이미 경기 각관의 관원들이 호조에 와서 산법을 배웠고, 또 이해의 농사 작황도 좋았다. 하지만 경기에 양전을 단행했던 근본적인 이유는 경기의 전결 및 공물 수취 상황을 정부가 더 이상 방치할 수 없었기 때문이다.

양전의 방법으로는 영의정 정태화의 처음 제안대로 각 고을의 수령이 주관하고 경기 감사가 감독하는 방식이 유력했다. 하지만 곧 원두표의 건의

에 따라 경기 좌·우도에 한 사람씩 전담시키는 방식으로 바뀌었다. 이에 우
도균전사로 김시진이, 좌도균전사로 민정중閔鼎重이 임명되었다.[63] 전결의
타량打量(측량) 자체는 대략 다음 해인 현종 4년 2월 하순까지 마무리되었
다.[64] 하지만 양전의 핵심 문제는 측량 자체가 아니라, 전품田品의 결정이었
다.[65] 이것은 눈에 보이지 않는 토질의 비옥도를 기준으로 부세의 양을 결
정하는 일이었기 때문이다. 전품에 따른 부세 부담의 차이는 상당히 컸다.
전품의 결정이 늘 분쟁을 불러일으키는 이유가 바로 이 때문이었다.

　우선 제기된 문제는 전품 산정을 토지 측량에 이어 계속할 것인지, 아니
면 중단했다가 가을에 다시 시작할 것인지였다. 전통적으로 조선에서 양전
을 봄에 하는 경우는 드물었다. 봄에 양전을 하면 농정의 기본인 '농민들에
게서 농사짓는 때를 빼앗지 않는다(不奪農時)'는 원칙에 위배될 가능성이 높
았기 때문이다. 주로 대간들이 이 입장에 있었다. 대간들의 문제제기에 대
해 허적, 홍명하, 정치화, 김수항金壽恒 등 재정을 담당하는 관료들과 두 균
전사는 전품 산정을 계속할 것을 주장했다. 왕은 다시 이 문제를 대신들의
논의에 붙였다. 영부사 이경석李景奭, 영의정 정태화, 우의정 정유성鄭維城 등
이 전품 산정을 계속할 것을 건의하자, 왕도 이를 허락했다.[66] 그 결과 현종
4년 6월까지 양전이 마무리되었다.[67] 이로써 효종 말에 비해서 경기의 전결
규모는 세 배 가까이 늘어났다.[12]

### 10두 안과 12두 안의 대립

　경기 양전 후에 조정의 논의는 공물가를 결당 얼마로 해야 하는가로 옮
겨갔다. 허적은 다음과 같이 말했다.

---

12) 제2부 5장 248쪽, 각주 9의 내용 참조.

지금 두 가지 의논이 있습니다. 하나는 (결당) 12두의 미곡을 거두되 호서에서 시행하는 대동법처럼 이 12두 이외에 백성에게 잡역을 책임 지우지 못하게 하는 것이 편하겠다는 것입니다. 다른 하나는 (결당) 10두의 미곡을 거두고 예전처럼 잡역을 백성에게 배정하는 것이 편할 듯하다는 것입니다. 반드시 먼저 이 두 가지 중 어떤 것이 나을지를 검토한 뒤에야, 규정을 정해 미곡을 거두어들일 수 있을 것입니다.[68]

쟁점은 공물가를 결당 12두와 10두 중 어느 것으로 할 것인가였다. 잡역을 공물가에 포함시킬지 여부가 이 문제와 관련되었다. 다수의 견해는 결당 12두로 하면서 그 안에 잡역을 포함시키는 것이 좋겠다고 했다. 문제는, 이 방식이 현실적으로 가능하겠는가 하는 점이었다. 이 시기 경기 잡역 중 가장 큰 변수는 청나라 사신을 접대하는 것에 따른 비용이었다. 이 비용은 규모도 클 뿐만 아니라, 사전에 예측하기도 어려웠다. 한 번에 오는 사신들의 규모나, 일 년에 오는 사행의 횟수를 예측하기 힘들었기 때문이다. 원두표의 말대로 "과외科外의 일들을 다 거론하기란 어렵고, 수령들도 어쩔 수 없는 일이어서 일률적으로 정하기는 어렵다"는 것이 현실이었다. 그런 까닭에 논의가 진행될수록 왕을 비롯해서 영의정 정태화, 허적, 호조 판서 정치화 등 고위 정책담당자들 대다수가 점차 결당 10두안 쪽으로 기울었다.[69]

여기에 반대한 사람들은 홍명하, 김좌명, 조복양 등이었다. 홍명하는 결당 12두씩 거두면 약 8,000석쯤 남을 것이라고 말했다. 이 말은 결당 12두의 수취로도 잡역을 그 안에 흡수할 수 있다는 뜻이었다. 조복양은 결당 12두 수취에 찬성하면서, 칙사가 왔을 때 부마가夫馬價가 부족하면 상평청에서 보조하는 방식을 제안했다.

논의가 결론을 보지 못하자, 왕은 경기 각 읍에 칙사가 왔을 때 얼마 정

**김좌명(왼쪽)과 김육(오른쪽)의 신도비(경기도 남양주시 삼패동 산42-2)**
실록에서는 김좌명을 총명하고 재주가 많고 모습이 아름다우며, 일찍 급제하고 관료로서
업무 장악이 뛰어나지만, 동시에 거만하고 고집 세고 귀공자의 버릇을 털어버리지 못해서
사림들과의 관계가 좋지 않았다고 전한다.
오른쪽에 보이는 김육의 신도비는 이경석이 글을 짓고 아들 좌명이 글씨를 썼다.

도의 부마가 들었는지를 조사하도록 했다.[70] 10일 후, 청나라 사신들이
왔을 때 경기가 부담하는 부마가 대략 1회에 2,700석 정도 들었다는 보
고를 받은 왕은 결당 12두 쪽으로 기울었다. 예산 운영에 대한 실무적 지
식이 정책 결정에 영향을 주었던 것이다.

　이 시기에 관료들 사이에서도 의견 조정이 있었다. 누구보다도 먼저 원
두표가 자신의 생각을 바꾸었다고 말했다. 양전 후 백성들의 바람 때문에
10두씩만 받으려 했지만, 일을 주관했던 사람들이 주장한 12두 안이 가능
만 하다면 사실 편리하고 좋은 일이라고 생각된다고 말했다. 왕은 12두 안
으로 의논해보라고 말했다.[13]

하지만 12두 안에 대한 반론은 만만치 않았다. 부제학 유계俞棨는 결당 12두 수취는 정부정책에 대한 백성들의 믿음을 잃게 할 것이라고 말했다. 경기선혜법 개정의 명분으로 정부가 균역을 내세웠지만, 민간에서는 이를 두고 세금을 더 걷기 위한(聚斂) 방법이라고 비방한다는 말을 전했다. 이에 대해 김좌명은 당당히 맞섰다. 선조先朝 때 경기 양전을 요청한 것도 자신의 아비(김육)이고, 10두가 편하겠다고 한 것도 자신의 아비지만, 자신이 12두를 주장하는 것은 이렇게 해야만 백성들이 편하겠기에 그랬다고 말했다.[71] 유계가 결당 10두와 12두 수취를 안민에 기초한 균역과 정부재정을 위한 취렴의 대립적 구도로 인식했던 것에 대해서, 김좌명은 결당 12두 수취를 안민의 현실적 방법이라고 생각했다. 그는 자기 아버지의 말 자체가 아니라, 원래의 대동법 실시의 의도를 따랐던 셈이다.

한편 헌납 이민서李敏敍는 결당 8두씩으로 할 것을 요청했다. 나중에 규정 밖의 잡세가 증가할 것에 대한 염려 때문이었다. 규정된 공물가 외에 추가적인 잡역이 나중에 더 부과되면, 이미 공물가가 높은 상태에서 백성들이 견뎌낼 수 없을 것이라고 말했다.[14] 이에 대해 우의정 홍명하는 12두로

---

13) 『현종개수실록』 권9, 4년 9월 13일(丁丑). 이 일이 있고 1년이 지나지 않은 다음 해 6월 원두표도 사망한다. 그가 생각을 바꾼 것은 대동법이 더 이상 움직일 수 없는 정책적 대세임을 보여주는 또 하나의 예라고 할 수 있다.

14) 『승정원일기』 181책, 현종 4년 11월 27일. 경기대동법에 대한 이민서의 이런 예상은 단지 그 혼자만의 생각은 아니었던 듯하다. 여러 사람들이 같은 생각을 하고 있었다. 일례로 이유태李惟泰가 현종 원년에 올린 『기해봉사己亥封事』는 이를 잘 보여준다. "대동법을 실시하는 것에 대해서 어떤 사람들은 편하다고 말하고, 어떤 사람들은 불편하다고 말합니다. 신은 두 쪽 다 옳다고 생각합니다. 편하다고 말하는 자는 이제까지 연해지역 고을이 몹시 고통을 받았는데, 이 법을 실시한 후 전에 비해 그 부담이 반으로 줄었다는 것입니다. 이것은 명백한 편리함입니다. 이른바 불편하다고 말하는 자는 시간이 지나면 폐단이 생겨날 것인데, 그 폐단이 다른 법에 비해서 더욱 심할 것이라는 점입니다. 나라의

결정되어야 하는 이유를 다시 강조했다. 홍명하가 제시한 이유는 두 가지였다. 하나는 앞서 지적되었던 청나라 사신이 왔을 때의 참상 부마가였고, 다른 하나는 각관의 관수였다. 그에 따르면, 병자년(인조 14, 1636) 후에 각읍의 관수가 대부분 반으로 줄어 겨우 50석을 지급하고 있는데, 양전 후에 은결이 없어진 지금은 이것을 현실화해야 한다는 것이었다.[15] 그는 12두를 걷어야만 추가 징수 없이 각관에서 양입위출의 원칙이 지켜질 수 있다고 말했다.[72] 또 법이 오래되면 폐단이 생기는 것은 어쩔 수 없는 일이지만, 후일의 폐단을 미리 염려해서 눈앞의 근심을 구하지 않을 수는 없다며 이민서를 비판했다.[73] 다음 날 왕은, 12두는 일을 직접 담당하고 있는 사람들의 의견이고 8두는 국외자의 의논이니, 12두로 한다고 결정했다.[74]

아직 젊고 경험이 적은 스물두 살의 현종이 한 위의 말 — 12두는 일을 직접 담당하고 있는 사람들의 의견이고 8두는 국외자의 의논이니, 12두로 결정한다 — 은 이 시기에 조선이 정책 결정의 전통 속에서 움직이고 있음을 보여준다. 조선에서 국가를 운영하는 정책과 그에 필요한 지식은 정책을 담당하는 관료들의 몫이었다. 국가가 운영되기 위해서 이들의 역할은 대단히 중요했고, 이에 따라 국가적 수준에서 이들의 전문성은 존중되었다.

---

기강이 조금만 해이해져도 결단코 감당할 수 없을 것인 바, 그 불편한 것을 미리 걱정한 것입니다."[『초려집草廬集』권2, 己亥封事 庚子(현종 1) 五月承命封進.]

15) 병자호란 후 어공과 진상의 일시 폐지, 각관 관수의 감축이 있었다. 감축은 전쟁의 피해 정도에 따랐는데, 전감全減·반감半減·1/3 감소의 세 부류로 나뉘었다.(425쪽 미주 61의 〈표1 – 2〉인조 15년 공물재감貢物裁減'참조) 그 후 어공과 진상은 몇 번에 걸쳐 꾸준히 회복되었지만 각관의 관수는 그렇지 못했던 듯하다. 각관의 관수가 절반으로 줄어서 50석이라는 말은 경기선혜법에서 각관의 관수가 원래 100석이었음을 뜻한다. 『호서대동절목』에서 대다수 잔읍殘邑의 관수는 1년에 100석으로 규정되어 있다. 아마도 이는 경기선혜법의 선례를 따랐던 것으로 짐작된다. 여기서 잔읍이란 일반적으로 서술하는 표현이 아니라, 고을의 크기에 따른 분류 등급 중 가장 아래 등급을 가리킨다.

인조반정 후 광해군 정권에 참여했던 수많은 사람들이 정치적 이유로 죽음을 면치 못할 때에도, 이들은 보호되었다.[16] 비록 조정에서 지배적인 당파가 바뀌어도 어쨌든 나라는 운영되어야 했기 때문이다. 그런 전문성은 이것을 담당한 사람들 스스로의 고백에서도 알 수 있다. 즉 오랫동안 관직생활을 하면서도 직접 일에 관련되지 않았을 때는 사정을 알 수 없었지만, 일을 담당하면서부터는 그 일의 내적 논리를 이해하게 되었다는 말이 바로 그것이다.[17] 위의 현종의 말은 이런 전문성을 정책 결정의 최종 수준에서 인정한 것을 뜻했다. 이시방은 자신의 죽음에 이르러 대동법이 완성될 수 있을지 몹시 걱정했지만, 대동법을 뒷받침하는 힘은 이렇듯 미약하지만 않았다.

현종 5년(1664) 1월 경기선혜법이 충청도와 전라도의 두 대동사목에 맞춰 재정립되었다. 중앙정부에 올려 보내는 상납미와 각관에 두고 지출할 유치미留置米를 나누고, 유치미 중 여미餘米를 두어 비상시에 대비했다. 또 각관은 그 크기에 따라 관수가 정해졌고, 사객使客에 대한 접대 정도에 따라 그 비용이 관수에 더해졌다. 무엇보다 중요한 것은 전세조공물을 포함한 각종 규정 외 부과액이 대동미에 포함됨으로써 민으로부터 추가 수취를 금지했다는 점이다.[18]

---

16) 제1부 3장 130쪽, 각주 14의 내용 참조.
17) 440쪽 미주 79; 제2부 5장 268쪽 참조.
18) 현실적으로 모든 잡역을 대동미·포로 충당할 수는 없었다. 경기 역시 양호지역과 마찬가지로 땔나무·볏짚(穀草)·빙정氷丁은 민결에서 4결 단위로 직접 수취하는 것을 허용했다. [『현종개수실록』 권10, 5년 1월 16일(己卯)] 산릉·조사역 역시 마찬가지였다.(윤용출, 「17세기 초의 결포제」, 『부대사학』 19, 1995) 잡역 일반에 대해서는 김덕진, 「조선후기 잡역의 분정」, 『전남사학』 11, 1997 참조.

## 3. 공물가의 균일화

### 현실성이 결여된 공안개정론

현종 즉위 후 공안개정을 처음 제기한 사람은 이조 참의 조복양이다. 그는 선왕 효종의 졸곡이 끝나기도 전에 두 가지 문제를 제기했다. 하나는 다음 해 봄부터 호남 산군에 대동법을 실시하자는 것이었고, 다른 하나는 공안을 개정하자는 것이었다. 첫 번째 요청은 이미 선왕대에서 넘어온 문제였기에 새로울 것이 없었다. 주목할 것은 두 번째 요청이다. 조복양이 대동법과 공안개정을 동시에 요청한 것은 조정의 일부 정책담당자들 사이에서 공안개정론이 여전히 정책적 설득력을 잃지 않았음을 뜻한다. 영의정 정태화는 공안개정은 선왕도 어려워서 포기했던 일이라며 우회적으로 반대했다.[19] 그도 그럴 것이 공안개정론이란 전체 공물 수취액의 인하를 뜻하고, 그 핵심은 왕실의 수요를 줄이는 것이었기 때문이다.

얼마 후 송시열은 정태화의 말이 실제와 차이가 있다며, 효종과 자신 사이에 있었던 공안개정에 관한 일을 자세하게 말했다.

> 신이 선조先朝 때 공안에 대해서 아뢰자 선왕께서 미천한 신을 돌아보시며 이르기를 " … 경이 시험 삼아 몇 사람과 함께 개인적으로 상의하여 고칠 수 있으면 고치고 불가능하면 그냥 놔둬도 무방하다. … 아직 확정되지도 않은 일을 가지고 먼저 헛소문을 내어 듣는 이들을 놀라게 하고 싶지 않다." 하셨습니다. 이에 신이 선왕의 뜻을 받들고 나와, 현재 우상인 신 정유성 및 연성군延城君 신 이

---

19) 『승정원일기』 159책, 현종 즉위년 12월 13일. 정태화는, 공안개정은 오위五衛나 향약처럼 취지는 옳지만 옛날과 지금에 차이가 있어서 실시할 수 없다고 보았다.[『현종실록』 권3, 원년 6월 16일(己亥)] 즉 이미 정책적 환경이 달라졌으므로 현실적이지 않다는 말이다.

시방과 함께 공동으로 자세히 살폈습니다. (나중에) 신이 다시 경연 중에 아뢰기를 "이는 많은 것을 덜어 적은 것에 보태고 저쪽에서 이쪽으로 옮겨 균등하게 해 주려는 것일 뿐이니, 대단하게 줄일 곳은 없을 듯합니다. 다만 그 가운데 어공과 그다지 관계없이 재물을 허비하는 것들이 이루 헤아릴 수 없이 많습니다. …" 하 였더니, 선왕께서 크게 놀라시며 이르기를 "이렇게까지 되었단 말인가. 이런 종 류는 일일이 써서 가지고 오라. 긴요하지 않은 것들은 내가 모조리 감하겠다." 하고, … 그래서 신이 대답하기를 "오늘날의 일은 모름지기 명나라의 법을 준용 하여 공상(供上)에 관계되는 일체의 물건은 모두 안에서 사서 쓰도록 한 뒤에야 백 성들이 그나마 실질적인 혜택을 받을 수 있을 것입니다." 하니, 선왕께서 분부하 기를 "앞으로 조용히 검토해보도록 하자." 하였습니다. 그 뒤 일이 완결되기도 전에 선왕의 건강이 갑자기 악화되고 말았습니다.[75]

송시열은 선왕先王(효종)대에 공안개정이 이루어지지 못했던 것은 영의정 정태화의 말처럼 일이 어렵거나 왕의 동의를 못 받아서가 아니라 효종의 갑작스러운 죽음 때문이었다고 말했다. 그의 말에도 불구하고 공안개정 논 의는 계속되지 못했다.[20]

위에서 송시열은 공안개정의 핵심 내용이 "많은 것을 덜어 적은 것에 보 태고, 저쪽에서 이쪽으로 옮겨 균등하게 해주려는 것"과 "어공과 그다지

---

20) 현종대의 공안개정 문제에 대해서는 김준석이 간단히 설명했다.(김준석, 「17세기 정통주자학 파의 정치사회론 ─ 송시열의 세도정치론과 부세제도이정책賦稅制度釐正策」, 『동방학지』 67, 1990) 그는, 송시열이 30여 년에 걸쳐 공안개정에 주력했음에도 불구하고 성공하지 못한 몇 가지 이유를 제시했다. 효종의 갑작스런 죽음, 허적의 반대, 서리층 및 이들과 연결된 권호權豪들의 반대가 그것이다. 하지만 그가 제시한 이유는 공안개정 논의가 왜 일시적으로 중단되었고, 누가 반대했는지를 말했을 뿐, 정작 그 좌절의 내적 원인을 밝힌 것이라고 보기 어렵다.

관계가 없는데도 재물을 허비하는 것을 줄이는 것"이라고 말했다. 전자는 총 공·역가 액수 안에서 지역 간 부담이 고르게 되도록 재조정하는 것을 말한다. 따라서 총 공·역가 액수 자체에는 변동이 없다. 이것은 공물가 총액의 변화가 없는, 단지 항목 사이의 기술적인 조정이었다. 공안개정의 핵심은 후자였다. 이는 공물가 총액의 변화와 관련 있는데, 직접적으로는 어공의 감축을 뜻하며, 공안개정론의 전통적 취지이기도 했다.

몇 달 후 이유태李惟泰의 상소를 계기로 공안개정 논의가 조정에서 다시 일어났다. 정태화는 이유태가 제기한 사항들인 오위五衛제도 복구나 향약 실시 문제처럼 공안개정도 현실성을 결여한 것으로 보았다.[76] 이조 판서 홍명하도 정태화와 의견을 같이했다.[77] 오랫동안 국가정책과 그에 관련된 논의에 참여해온 조정 관료들이 보기에 이유태의 제안은 현실감과 구체성이 떨어졌다.

### 이시방을 이어받은 홍명하

삼사를 중심으로 공안개정에 대한 논의가 본격적으로 다시 시작된 것은 현종 6년(1665) 10월이었다. 삼사는 공안을 개정해야 할 이유를 다음 네 가지로 정리했다.

(현재의) 공안에 불편한 단서가 대개 네 가지 있습니다. 공안을 상세하게 정한 것은 처음 연산조에 있었는데, 대대로 수정을 가하지 않았습니다. 이 때문에 경중을 가리지 않아 교란 외잡한 우려가 있습니다. 이것이 첫 번째 폐단입니다. 물산의 귀천은 모두 풍토에 적합한 것이 있는데, 각 고을에 부과한 것들은 대부분 그곳의 토산품이 아닙니다. 따라서 비록 하찮은 물품일지라도 그 물품이 생산되지 않는 곳에서는 그것을 마련하기 위해서 백성들이 원래 가격의 10배의 비용

을 내야 합니다. 이것이 두 번째 폐단입니다. (경각사는) 한 종류의 물건을 (지방) 각 고을에 부과하지만, 한 고을이 바쳐야 할 공물은 대부분 수십 가지에 이릅니다. 또 각관은 그것을 바칠 때, 종류마다 작목作木과 인정人情같은 수수료가 따라 붙습니다. 물품의 종류가 다르면 각관이 그것을 바칠 때 종류마다 수수료가 달라집니다. 이것이 세 번째 폐단입니다. 계묘년(선조 36, 1603) 양전할 때에 겨우 전쟁을 끝낸 뒤여서 당시의 전결에 따라 공안을 결정했습니다. 그 후에 전결을 개량하여 계묘년과는 판이하게 달라졌는데도 공안을 그전대로 하여 고치지 않았습니다. 이 때문에 혹은 전결은 많은데 공물이 적고, 혹은 전결은 적은데 공물이 많아서 (공물을 마련하는 것에 따른 부담의) 가볍고 무거운 것과 힘들고 쉬움이 현저하게 다릅니다. 이것이 네 번째 폐단입니다.[78]

요컨대 각 물품별 공안상의 가격과 실제 가격의 차이, 불산공물不産貢物의 부과에 따른 공물 마련 비용 증가, 공물의 종류를 기준으로 수수료나 웃돈 (인정, 질지)을 마련해야 하는 데 따른 낭비, 지역별 전결 규모와 그에 따른 공물 부담의 불일치가 삼사가 지적한 사항들이었다. 이 네 가지는 종래부터 거론되었던 공안개정론의 근거를 요약한 내용이다.

며칠 후 위 삼사의 차자를 논의하기 위해 모인 자리는 똑같은 문제를 놓고 대신들과 삼사 관원들이 얼마나 현격한 의견 차이를 드러냈는지를 보여준다. 삼사 관원들은 공납과 관련된 위의 네 가지 문제들이 정당하지도, 납득할 수도 없다고 생각했다. 반면, 대신들은 그 문제들이 왜 그런 식으로 나타나게 되었는지, 비록 정당하게 보이지는 않아도 왜 그런 식으로 제도가 유지되었는지를 알고 있었다. 홍명하는, 지역의 토산과 관계없이 중앙에서 공물들을 부과했던 것은 그것들을 조달하는 공물주인이 거기에 의지해서 살아가게 하려는 것이었다고 말했다. 허적 역시 각관이 한 종류의 공물

**홍명하 신도비(경기도 여주군 흥천면 문장리 144-1)**
홍명하는 신익성의 사위로 김좌명과 동서 관계였다.
두 사람은 현종대 대동법의 완성에 큰 공을 세웠다.
정치적으로 반대파에 있던 사람들도 그의 청빈함을
인정했다. 후일 숙종조에 청백리로 뽑힌다. 비문은
송시열이 지었다.

을 3, 4개의 경각사에 따로따로 납부하게 하는 것도 각사가 인정人情과 질
지作紙를 그 운영비로 쓸 수 있도록 하기 위한 것이라고 말했다. 그리고 질
지가 백성에게는 적은 부담에 불과하지만, 경각사가 거기에서 받는 혜택은
대단히 크다는 것을 강조했다. 이 두 사람의 논리대로라면, 공물을 반드시
토산으로 해야 할 필요도, 한 고을이 반드시 한 종류의 공물을 하나의 경각
사에만 납부하게 할 필요도 없었다.

이민서는, 어떻게 법을 설치한 초기부터 공물주인의 방납을 위해서 공안
을 설치했었겠는가라고 되물으며, 오랜 시행에 따른 폐단일 뿐임을 다시
주장했다. 그러자 홍명하는 방납 중 문제가 되는 것은 사대부 집안의 방납
일 뿐, 공물주인이 하는 방납은 옛날에도 금지하지 않았을 것이라고 말했
다.[21] 탐욕 때문에 부정에 참여하는 사대부의 방납은 금지해야 하지만, 그

운영비를 마련하기 위한 경각사의 방납은 옛날에도 막을 수 없었을 것이라는 뜻이다. 이처럼 홍명하, 허적, 정치화는 현실적인 이유로 공안개정, 즉 전체 공물가의 인하에 반대했다.

나아가 홍명하는 자신도 관직이 낮고 나이가 어렸을 때는 옥당玉堂 사람들처럼 생각했지만, 관직이 점차 높아지고 많은 것을 경험하면서 일의 곡절을 알게 되어 이전의 견해가 정확하지 않았다는 것을 깨달았다고 말했다.[79] 실제로 그는 현종 원년까지도 대동법 추진에 강력한 의지를 가지고 있었던 것 같지는 않다. 이시방이 죽는 순간에도 자신의 뜻대로 홍명하가 일을 잘 해낼 것인지 확신하지 못했던 것을 보면, 홍명하의 말은 사실이었던 듯하다.[80] 그는 스스로 말한 것처럼, 재정과 관련된 많은 경험을 하면서 일의 곡절을 알게 되었던 것이다.

## 산림 송시열과 관료 허적

현종대 공안개정에 관한 마지막 논의는 현종 10년(1669)에 있었다. 이 당시 공안개정과 관련된 일을 진행한 사람은 송시열이었고,[81] 이를 강력하게 반대한 사람은 허적이었다.[22] 공안개정론을 두고 송시열과 허적이 대립하는

---

21) 여러 궁가와 힘 있는 사대부들이 방납에 적극 참여하는 문제에 대해서는 조석윤과 송시열을 비롯한 여러 사람들이 비판한 바 있다.[『효종실록』권2, 즉위년 11월 10일(乙丑) "방납은 오늘날의 커다란 폐단입니다. 많은 사대부들이 이것 때문에 염치를 잃습니다."] 궁가와 힘 있는 양반가에 의한 방납 문제에 대해서는 면밀한 검토가 필요하다. 이들의 방납 관여는 무척 오래된 것으로 보인다. 인조 원년 기사[『인조실록』권1, 원년 4월 4일(癸亥)]에 따르면, 광해군대에 이미 이들이 대동법의 확대 실시를 반대했다고 나온다. 궁가와 사대부에 의한 방납의 연원은 아마도 광해군대보다 훨씬 이전, 조선 전기로 거슬러 올라가리라고 짐작된다.

22) 허적과 송시열의 관계에 대해서는 정홍준이 검토한 바 있다.(정홍준, 「17세기 대신과 유현의 역학관계」, 『국사관논총』65, 1995) 다만 그는 공안개정 문제에 대해서는 언급하지

상황 자체가, 이 시기가 공물변통론 논의의 최종단계라는 것을 보여준다고 할 수 있을 듯하다. 왜냐하면 송시열은 이 시기 산림들 중에서도 비교적 대동법의 확대 실시에 적극적인 사람이었고, 허적은 대동법 성립 과정에서 그가 수행했던 핵심적 역할에도 불구하고 스스로는 대동법의 실현 가능성에 늘 회의적인 태도를 가졌던 사람이기 때문이다. 따라서 두 사람이 공물변통의 당위성에 대해 가지는 견해 차이가 클 수 없었다. 하지만 실제로는 공안개정에 대한 두 사람의 견해 차이가 현격했다. 공물변통의 마지막 단계에서 공물가와 관련해 이전까지 지적되지 않았던 실무적 차원의 내용들이 완전히 드러났기 때문이다. 송시열과 허적의 대립은 공물변통을 위한 유력한 방법론으로서의 공안개정론 내부에 어떤 문제들이 있었는지를 잘 보여준다.

두 사람의 견해 차이는 무엇보다 공물가에 대한 이해가 달랐던 것에서 비롯되었다. 허적은, 송시열이 도라지와 산삼의 공물가를 줄인 후 생강의 공물가마저 줄이려는 것의 문제점을 지적했다. 허적은 자신도 도라지나 산삼의 공물가 정도를 줄이는 것에는 반대하지 않지만, 경각사 공물들을 차례로 줄이는 것은 잘못이라고 말했다. 비록 공안에 규정된 이들 물품들의 공물 가격은 몹시 높지만, 공물주인을 보존하려면 어쩔 수 없는 일이라고 말했다. 이에 대해서 송시열도 경각사 공물들을 다 줄이려는 것은 아니고, 너무 심한 것들만 줄이려는 것이라고 말했다. 또 그것이 전면적인 공안개정이 아니므로, 공물주인들이 지탱하는데 어떤 문제도 없을 것이라고 말했

않고, 전반적으로 허적은 송시열과 적대적 관계로, 홍명하와 김수홍은 송시열 계열로 기술하고 있다. 그러나 적어도 공안개정 문제에 대해서는 이런 분류가 정확하지 않은 듯하다.

**송시열(1607 ~ 1689, 선조 40 ~ 숙종 15)**

송시열은 충청도대동법의 효과를 본 후 대동법 실시에 찬성했다.
김육의 사망 이후 대동법의 확대 실시를 위해 노력했다.

다. 나아가 나라에 해가 되는 것을 무릅쓰면서까지 공물주인의 이익을 보장해야 하는지에 대해 강한 의문을 제기했다.

송시열의 말에 대해서 허적은 다음과 같이 말했다.

신이 없는 재주에도 (호조) 참판에 임명된 이래 조정의 위임을 받았습니다. 처음에는 마련하는 공물의 수를 보고, 옛날에 일을 맡았던 사람들의 처사가 어떻게 이럴 수 있는가 하고 생각했습니다. 만약 모두 변통하지 않으면 나라 꼴이 안 되겠다고 생각하고, 그들의 재주 없음을 몹시 비웃었습니다.

호조 판서에 재직하며 오랜 시간이 흐른 후, 비로소 그것이 그렇지 않음을 알았습니다. 서울은 사람과 물건이 모이는 곳인데도 농사를 짓지 않습니다. 각사의 하인들은 해야 할 일(使喚)이 몹시 많습니다. 그러므로 공물을 빌미로 그 값을 넉넉히 주어, 그들이 여기에 의지해서 보존되도록 하려는 것이었습니다. 청밀淸蜜 한 가지로 보면, 사재감司宰監에 이미 청밀의 공물이 있는데 또 사도시司䆃寺에 부과하는 것은 다른 이유가 아닙니다. 양사의 하인들이 고르게 먹고살게 하려는 것입니다. 그렇지 않다면 한 가지 종류를 왜 반드시 양쪽에 나누어 배정했겠습니까? 당초 입법의 뜻이 이와 같은데, 지금 일절 금지한다면 이들을 어떻게 보존하겠습니까?

이뿐만이 아닙니다. 국가가 이들을 사환하는 경우는 한두 가지가 아닙니다. 가령 선온(왕이 어떤 사람에게 술을 내리는 일)의 명령이 있으면 각사 하인이 아니고 누구를 시키겠습니까? 또 칙사가 왔을 때 이들을 사환하는데, 먹이지 못하는 사람들을 어떻게 능히 사환시키겠습니까? 다른 사환의 일도 이것을 미루어 알 수 있습니다. 신의 뜻도 단연코 파할 수 없다는 것은 아닙니다. 도라지 등의 종류를 감하는 것은 신도 또한 좋다고 생각합니다. 지금 들으니 각사 공물들을 모두 파하려 해서 공물주인들의 원성이 길거리에 가득하다고 합니다.[82]

**허적(1610~1680, 광해군 2~숙종 6)**

이시방의 사망 이후로 공물변통 실무에 관한 최고의 전문가
였다. 그는 정치가나 이론가라기보다는 유연한 사고를
가진 실무형 관료에 가까운 인물이었다.

송시열과 허적은 공물가의 내용과 공물주인들의 역할을 서로 다르게 이해하고 있었다. 송시열은 공물가가 지나치게 높고 공물주인들이 이것을 부당하게 가로채고 있다고 보았다. 그가 볼 때 공물주인은 국가가 반드시 돌보아야 할 필요가 있는 사람들이 아니었다. 송시열의 이런 인식은 당시 널리 퍼져 있던 생각이었다.

허적은 공물가를 이해하는 방식이 송시열과 달랐다. 허적도 공물 가격이 시중에 거래되는 시장가격에 비해서 몹시 높다는 점을 인정했다. 하지만 그가 보기에 공물가는 단순히 공물의 가격 자체만을 뜻하지 않았다. 정확하게 말하면, 공물가는 공물의 가격에 각사 하인의 인건비(공물주인들이 경각사에 제공하는 사환에 대한 대가)를 포함한 각사의 운영비가 더해진 가격이었다.[83] 각사는 그 운영비로 쓸 별도의 경상비를 정부재정에서 지급받지 못했다.[84] 각사 하인의 인건비를 임금이라고 할 수는 없더라도, 각사는 최소한의 경비가 필요했을 것이다. 또 경각사에서 노동력으로서의 사환은 물건으로서의 공물 못지않게 필요했다. 하지만 이를 위해 공식적으로 책정된 예산은 없었다. 허적이 볼 때는, 이 두 가지 경비가 포함된 공물가가 공물주인에게 돌아갔다고 해서 그것이 지나치게 높다고 할 수 없었다. 경각사 운영비에 대한 이 같은 두 사람의 견해 차이는 지방 각관의 운영비에 대한 견해 차이의 연장선상에 있었다.[23] 지방 각관의 자체 수요를 위한 경비가 공적으로 지급되어야 한다면, 경각사의 사환에 대한 경비도 당연히 지급되어야 마땅했다.

그렇다면 대동법이 성립될 때 실제의 공물 가격은 얼마이고, 공물주인에

---

23) 대동법이 이전의 공납제 운영과 달라진 가장 중요한 내용 중 하나는 지방 각관의 자체 수요를 지급하고, 그것까지를 포함해서 중앙의 회계체계로 통합했다는 점이다.

게 사환의 대가로 지급된 비용과 각사의 운영비는 얼마였을까? 아마도 그것을 정확하게 파악하기는 어려울 것이다. 왜냐하면 그와 관련된 문서가 있어야 하고, 또한 문서가 있으려면 관련 내용이 법으로 규정되어 있어야 하기 때문이다. 하지만 짐작컨대 위의 내용은 법에 의해 행해진 것이 아니라, 상황과 관행에 따라 발생되고 유지되었던 듯하다. 그럼에도 불구하고 위와 관련된 내용이 대략적인 파악조차 불가능한 것은 아니다.

처음에 대동법을 실시했을 때 공물가를 정해서 지급했던 것이 극히 넉넉하고 후했습니다. 물품들의 정상가격에 비해서 4~5배 정도나 되었습니다. 대략 보아도 지나치게 후한 것 같습니다. 아마도 나중의 폐단을 깊이 생각해서 그렇게 한 듯합니다.[85]

위의 기사는 충청도에 대동법이 실시되고 70년쯤 지나서 나온다. 공물가가 시세에 비해서 4~5배 높았다는 것과 그 이유를 밝히고 있다. 그런데 공물가가 높았던 이유는 추측해서 말하는 반면, 얼마나 높았는지에 대해서는 사실 판단을 하고 있다. 위에서 알 수 있듯이, 조선시대 재정 관련 관리들의 말은 상당한 정확성을 가지고 있었다.

대동법이 실시될 때 공물 가격이 대략 당시 가격의 4~5배 정도였다는 것은 무엇을 뜻할까? 위에서 말하듯이 나중의 폐단을 미리 걱정해서 공물가를 넉넉하게 잡았던 것일까? 이것은 속단하기 어렵고, 또 사실에 가깝게 밝히려면 면밀한 연구가 필요할 것이다. 하지만 지금까지 밝혀진 내용으로 과감하게 추측하는 것이 허용된다면, 공물가의 산정이 후일을 대비해서 4~5배로 책정된 것 같지는 않다. 나중에 살펴보겠지만, 대동법이 성립되었을 때의 공물가는 기존의 현물공납제에서의 공물가를 거의 그대로 받아들이는 수준에서 결정된 것처럼 보이기 때문이다. 다시 말해, 대동법이 성립될 때 공물가를 올린 것이 아니라, 기존에 비공식적으로 이미 걷어왔던 공물가를 공식화한 것이다. 효종 초 호서대동법에서 수취하는 공물가는 약 20여 년의 차이에도 불구하고 인조 11년에 언급된 이 지역의 공물가 수취 총액과 거의 비슷했다.[24] 그렇다면 시가의 4~5배인 공물가의 의미는 공물주인이 제공하는 사환의 비용과 각사의 운영비가 공물들 자체 총액의 3~4배쯤 되었다는 것을 뜻할 것이다. 이쯤 되면, 방납의 폐단과 관련해서 당시 관용적으로 쓰이던, "공물은 꼬챙이에 꿰어서 가고, 인정은 수레에 싣고 간다"는 말이 지나친 과장은 아니라고 생각된다.[25]

이런 상황은 서울에서 관료생활을 오래 했어도 재정 쪽을 담당하지 않았으면 파악하기 어려웠을 것이다. 앞에서 홍명하나 허적의 말은 이 사실을 잘 보여준다. 송시열과 같이 관료생활의 경험이 매우 짧다면 이런 사정을 깊이 파악할 수는 없었을 것이다. 송시열로서는 시가의 4~5배씩이나 나가는 공물들의 가격을 도저히 이해할 수 없었을 것이다. 이것은 허적이 말했듯이 "처음에 마련하는 공물의 수를 보고, 옛날에 일을 맡았던 사람들의 처사가 어떻게 이럴 수 있는가", "만약 모두 변통하지 않으면 나라 꼴이 안 되겠다"고 생각했던 것과 조금도 다르지 않다. 두 사람의 생각이 이렇게 달랐던 데에는 아마도 그들의 경험 차이에서 비롯된 부분도 있었을 것이다. 허적은 관료생활 중 많은 시간을 재정 쪽을 담당하면서 보냈다.

공안개정론은 오랫동안 대동법과 함께 공물변통론의 양대 방법론 중 하

---

24) 제3부 6장 310쪽 참조.
25) 현물공납제에서 대동법으로 바뀌면서 백성들이 부담하던 공물가는 대략 1/5로 줄어들었다. 그런데 그 1/5로 줄었던 것 안에서 공물의 시장가격 자체는 백성들에게서 받은 공물가의 1/4~1/5에 불과했다.

나로, 그 핵심은 어공과 진상을 줄이는 것이다. 조정과 재야의 논자들이 공안개정론을 끊임없이 제기한 이유는 그 명분이 선명했기 때문이다. 무엇보다 성리학적 수취 원칙인 '위를 덜어서 아래를 더해준다'는 손상익하損上益下의 명분에 잘 들어맞았다. 공안개정론이 극복하려는 방납은 더 이상 설명을 필요로 하지 않는 대표적인 사회적 폐단이었다. 하지만 선명한 명분으로 명백한 폐단을 극복하려는 공안개정론은 끝내 공물변통 방법으로 채택되지 못했고, 현종 후반에 이르면 개혁론으로서의 현실성마저 잃고 만다.[26)]

## 도별 공물가를 균일하게

대동법이 도별로 실시됨에 따라 마지막으로 제기된 문제는 불균등한 도별 결당 공물가를 균일하게 맞추는 것이었다. 대동법의 근본 취지가 균역에 있었기 때문이다. 도별 공물가 차이를 균일화하는 것은 공물변통의 긴 여정에서 마지막 작업에 해당했다.

결당 12두로 조정된 최초의 도는 경기였다.[86] 앞서 보았듯이 조정에서의 논의 과정은 우여곡절을 겪었지만, 경기에서 결당 12두로 공물가가 정해지는 과정은 비교적 순탄했다. 우선 기존보다 공물가를 더 걷는 것이 아니라 줄이는 것이기 때문에 현지의 저항을 받지 않았다. 또 새로 양전을 해서 종전보다 세 배 가까운 실결을 확보했기 때문에 결당 수취액을 줄여서 받아도 재정이 줄어들지 않으리라고 예측되었다. 이에 따라 재정 문제에서 자유로울 수 없는 조정에서 이 문제의 논의가 쉽게 이루어졌다.

---

26) 공안개정론이 현실에서 채택되지 못한 것은 대동사목의 내용에도 흔적을 남겼다(제3부 6장 참조) 즉 공물의 가격을 산정할 때나 경각사에 공물가를 지급할 때, 그전에 비해 깎이지 않았다.

호남의 공물가가 12두로 조정된 것은 현종 7년의 일이다. 호남 연해 각 관의 공물가는 처음에 결당 13두로 정해졌지만, 이후 정해진 대로 수취된 경우는 드물었다. 현종 초반에 매년 흉년이 들었고, 중앙정부는 그때마다 공물가를 결당 2, 3두씩 줄여서 받았다. 이것은 호남의 공물가에 여유가 있었기 때문에 가능했다. 마침내 현종 7년 봄 호남 연해 각관의 공물가는 전보다 결당 1두가 줄어든 12두로 정해졌다. 한편 호남 산군의 대동법은 대동법 실시 결정이 두 번이나 번복되다가 현종 7년에 최종적으로 확정되었다. 이때 김좌명의 건의로 호남 산군의 공물가도 연해에 맞춰 결당 12두로 결정되었다.[87]

기아에 전염병까지 더해진 경신대기근(현종11~12, 1670~1671)이[27] 휩쓸고 간 조선에서는 100만 명 이상의 사람들이 사망했다.[88] 죽음은 백성들에게만 찾아오지 않았다. 조복양, 김좌명, 서필원 등 현종대 공물변통의 마지막 단계를 완성했던 사람들도 바로 이 시기에 사망한다. 실록은 "지난 겨울(현종 11년 겨울)부터 죽은 재상이 또한 십여 명에 이르렀으니, 현달한 관리들의 재앙이 극에 달했다"고 전한다.[89]

조선시대에 관한 여러 인구사 연구의 결과에 따르면, 17세기 중반 조선의 인구는 최대 1,000만 명 정도였던 것으로 짐작된다. 이 정도의 인구 규모에서 100만 명이 넘는 사람들이 죽어간 상황을 오늘날 짐작하기란 쉽지

27) 경신대기근에 대한 연구로는 다음의 글이 있다. 박영규, 「조선조 현종 경신년간의 기근에 대하여」, 『향토서울』 19, 1963; 김성우, 「17세기의 위기와 숙종대 사회상」, 『역사와 현실』 25, 1997. 김성우는 그 시기에 실제 사망자가 140만 명 내외였을 거라고 말한다. 그는 세 가지 근거를 제시했다. 경신대기근이 발생한 전후의 호적을 비교했을 때 약 47만 명 정도의 인구 감소가 있고, 그 시기 실제 인구의 호적 등재율이 40~50% 정도였으며, 사망자는 호적에 오르지 않은 노약자층에 집중되었으리라는 것이다.

않다. 그런데 여기서 주목할 부분은 이런 상황에서도 국가체제가 백성들로부터 크게 도전받았다는 흔적을 찾기 어렵다는 것이다. 여러 자료를 살펴보아도, 단순히 당시 상황에 대한 기록이 미비하기 때문에 그런 것 같지는 않다. 이러한 상황을 어떻게 해석해야 할까? 어찌 생각하든, 그것은 백성들과 지식인층 모두 정부에 최소한의 신뢰를 갖고 있지 않고서는 나타나기 어려운 일이다. 이 같은 신뢰의 가장 중요한 부분을 이때쯤 거의 완성단계에 도달했던 대동법에서 찾는 것은 결코 지나치지 않다고 본다. 조선 정부로서는 바로 이 시기에 흉년과 대기근이 들었던 것을 불행 중 다행으로 생각해야 할 충분한 근거가 있다고 하겠다.

경신대기근은 말 그대로 대재앙이었다. 다른 지역이라고 이 재앙에서 무사했던 것은 아니지만, 특히 호서지역은 대동법을 유지하기 어려울 정도로 곤란을 겪었다. 그에 따라 이 지역의 결당 공물가를 올려야 할 필요가 절실해졌다. 호서는 다른 곳보다 결당 공물가가 낮아, 여기서 공물가를 지급받는 경각사는 다른 경각사에서 경비를 계속 빌려 쓰고 있었기 때문이다. 다른 아문에서 빌려 쓴 것을 적지 않게 탕감해주었는데도, 현종 15년을 기준으로 여전히 대동목 1,393동, 미 30,350석, 태 2,020석, 은자 4,360냥의 부채를 지고 있었다.[90] 이를 당시 가격의 쌀로 환산하면 대략 5만 7,000여 석에 이르는 양으로, 현종 13년 호서대동미 수취 총액인 6만 4,250여 석에 육박하는 규모였다.[91] 현종은 대동법이 호서에서 시작되고 백성들이 이 법을 즐거이 따르게 하려고 처음부터 공물가를 지나치게 낮게 정했던 것에서 원인을 찾았다. 이것은 사실이었다. 왕은 현재의 공물가로는 지출을 맞출 수 없으므로 호서대동법을 혁파하지 않을 수 없다고 말했다.[92]

조선 조정의 정책 논의 과정이나 여기에 참여했던 사람들의 원칙에 비춰보면, 호서의 결당 공물가를 올리는 것은 쉽지 않아야 했다. 경기나 호남처럼 공물가를 낮추는 것도 아니고, 새로 양전을 해서 과세 대상인 실결이 증가된 것도 아니기 때문이다. 하지만 호서의 공물가 인상은 실제로 전혀 소란스럽거나 어렵지 않게 시행되었다. 호서의 백성들과 이들의 의견을 조정에 전하는 감사, 조정의 관료들 모두가 공물가를 올려서라도 대동법이 유지되기를 간절히 원했기 때문이다.

호조 판서 김수홍金壽興은 심지어 기존 공물가의 50%인 결당 5두를 더 걷더라도 충청도 백성들은 대동법을 유지하려 할 것이라고 말했다.[93] 결당 1, 2두 차이에도 격렬한 논쟁이 오갔던 이전의 상황들에 비춰보면, 충청도 백성들이 대동법의 유지를 얼마나 절실하게 원했는지 보여준다. 무엇보다 충청도 유생들이 상소를 올려 대동법을 유지시켜줄 것을 요청했다. 유생 김민도金敏道 등은, 대동법 실시 전에는 1년에 결당 부과되는 양이 80두 혹은 90두나 되었는데, 지금은 10두에 불과하다며 자발적으로 2두를 더 내게 해 줄 것을 요청했다.[94] 이산해李山海의 손자 이무李裒는 대소사민大小士民 모두가 신해년(현종 12)을 겪으면서 보존될 수 있었던 것은 대동법의 은혜라는 말을 한다고 전했다. 현지 유생층에게조차 대동법은 부담이 아닌 혜택으로 이해되었음을 알 수 있다. 또 그는 대동법 실시 전에는 결당 미 60두를 가지고도 부족했는데 이제 10여 두만을 낸다며, 대동법이 혁파되면 백성들이 살던 곳에서 모두 흩어지고 말 것이라고 말했다.[95] 마침내 호서는 현종 15년부터 결당 12두의 공물가를 냈다.[96] 이로써 대동법은 현종대 경기와 양호에 실시되고, 그 수취액까지 일률적으로 결당 12두로 맞춰졌다.

### 크게 줄어든 공물가

대동법이 실시된 이후 백성들의 공납 부담은 현물공납제 때에 비해서 얼마나 줄어들었을까?

## 📎 만약 대동법이 실시되지 않았다면…

조선 후기 전체에서 대동법은 어떤 의미를 가졌을까? 이 의문에 만족할 만한 답변을 하기는 쉽지 않다. 어떠한 사회정책이나 제도의 기원과 형성 과정을 추적하는 것도 쉽지 않지만, 그것의 사회적 의미를 종합적으로 가늠하는 것은 더욱 어려운 문제다. 이 의문에 대해서 우회적 가정, 즉 대동법이 실시되지 않았다면 조선 후기의 모습이 어떠했을까를 생각해보는 것이 약간은 도움될 수도 있을 듯하다. 과연 17세기 중반부터 대동법이 실시되지 않았다면 조선 사회는 어떻게 되었을까?

우리는 17세기 후반과 18세기에 사회 전체적으로 진행된 몇 가지 사실들을 알고 있다. 첫째, 17세기 후반에는 경작지 확대가 점차 어려워졌지만, 인구는 지속적으로 증가했다. 그 결과 조선 사회는 점차 높아지는 인구압에 직면한다. 둘째, 이 시기에 지주 – 소작 관계가 일반적인 토지생산관계로 확산된다. 세부적으로는 다양하지만, 대개 땅이 없거나 부족한 경작자가 땅을 빌려 농사지어서 생산물의 반을 땅주인에게 주는 제도이다. 셋째, 이 시기 결당 산출량은 지역에 따라 물론 달랐지만, 조익도 말했듯이 평균적으로 결당 200두 정도가 중간값이었다. 이 세 가지 사실이 종합적으로 의미하는 것은, 만약 대동법이 실시되지 않았다면 자급이 가능할 정도의 자기 땅을 갖지 못한 농민들의 민생이 빠르게 악화되고, 그들의 담세 능력이 급격히 소진되었으리라는 것이다. 땅 없는 농민들의 경작지 확보 경쟁은 어쩔 수 없이 그들에게 불리하게 작용할 수밖에 없었을 것이다. 지대는 높아지고, 전세 부담은 지주에서 병작농민에게로 전가되었을 것이다. 이 현상은 실제로 18세기 후반부터 나타났다. 그런데 이런 현상이야말로 민생을 근본적으로 위태롭게 했다. 18세기는 조선 후기 중에서도 상대적으로 안정되고 사회의 여러 부문이 발전했던 시기다. 이는 당연히 민생이 안정된 기반 위에서 이루어졌다.

이런 점들을 고려할 때, 만약 대동법이 실시되지 않았다면 아마도 17세기 다음에 19세기의 모습이 나타나는 18세기가 이어졌으리라고 추측하는 것이 지나친 상상만은 아닐 게다. 요컨대 대동법은 민생 안정과 민의 담세 능력을 100년 더 유지되도록 해준 제도라 할 수 있다. 아마도 18세기 없는 조선 후기는 실제보다 훨씬 더 어두웠을 것이다.

현물공납제하에서 각관의 결당 수취액은 정해진 규정이 없었다. 다시 말해 현물공납제하에 각관에서 결당 얼마의 공물가를 거두었는지는 파악할 수 없다. 실제로 결당 수취액은 각관마다 크게 다를 수밖에 없었다. 하지만

『효종실록』과 『현종실록』의 기사로 파악해보면, 효종과 현종대에 각관에서 결당 거두는 공물가의 규모는 최소 50두에서 많으면 100두에 달했던 듯하다.[97] 물론 전결이 많은 대읍의 경우에 결당 공물가는 50두보다 낮았을 가능성이 크다. 하지만 대읍은 충청도에서 보듯이 50여 고을들 중 4곳에 지나지 않을 정도로 그 수가 적었다. 대부분의 고을은 적은 결수를 갖고 있었다. 사료에 기록된 공물가도 이런 고을들을 중심으로 보고된 내용이었을 것이다. 이런 고을들에서 거둔 공물가는 결당 70두 전후가 많았던 듯하다. 현물공납제에서 전세와 요역 이외의 세금이 면제되는 복호復戶가 민간에서 70여 두의 가치로 거래되고 있었던 것은 그것을 단적으로 보여준다. 이것은 민간에서 결당 공물가를 대략 70여 두로 받고 있다는 것을 뜻한다. 이 수치를 기준으로 파악하면, 대동법이 실시되면서 공물가가 법 실시 이전에 비해 대략 1/5 ~ 1/6 정도로 줄었다고 보아도 무리가 없을 것이다.

### 공물변통의 완성

현종대는 공물변통과 관련된 의제들 대부분을 선왕대로부터 물려받았다는 점에서 효종대의 연속이라고 할 수 있다. 동시에 경기선혜법을 재정립하고 인조 초 삼도대동법을 완성했다는 점에서 임진왜란 이후 50여 년에 걸친 공물변통 논의의 완성기라고도 할 수 있다.

호남 산군 각관의 대동법은 세 번의 시도 끝에 마침내 성립되었다. 핵심 쟁점은 미·포의 교환비율, 즉 작목가를 얼마로 할 것인가였다. 작목가가 높을수록 산군 입장에서는 유리했다. 정부가 처음 정한 비율은 포 1필에 미 6두 5승이었지만 나중에는 8두까지 올라갔다. 정부는 이 지역의 작목가를 처음보다 23%나 높여준 것이다. 그런데도 호남 산군은 대동법을 거부했다. 하지만 그 지역이 대동법을 거부할 수는 있어도, 극심한 공납의 사회적 폐단을 해결할 다른 대안을 제시할 수는 없었다. 대동법 실시가 미뤄질 때마다 인정과 질지, 점퇴와 방납이 신속하게 되살아났다. 또 대동법이 아니고서는 각관의 경비인 관수와 공물 수취 액수의 다양한 불균등을 중앙에서 통제할 방법이 없었다.[98] 더구나 이 시기에 공물의 부과를 균등히 하기 위해서는 공물가의 부과 기준을 전결에 두지 않을 수 없다는 암묵적 합의가 널리 받아들여졌다. 이 모든 문제들을 해결하기 위한 방법은 대동법 이외에 찾을 수 없었다.

경기선혜법(1608)은 선조 36년(1603)의 양전을 기초로 했다. 경기선혜법이나 그것이 기초한 양안은 이미 60년이 지난 것이어서 현종대에 이르러 정비가 불가피했다. 경기 각관의 관수는 공식적으로 크게 축소되어 있었지만, 실제로는 첩징과 가징을 통해 과도하게 늘어난 상태였다. 이와 같은 상황이 벌어진 이유는 원래의 경기선혜법 자체에도 원인이 있었고, 광해군에서 효종 때까지 조선에서 전개된 상황에도 원인이 있었다. 원래의 경기선혜법은 양호에 실시된 대동법과 달리 경대동에 가까웠다. 각관의 자체 수요를 위해 백성들로부터 과외로 추가 징수한 항목들이 많았다는 뜻이다. 추가로 거두는 공물은 대부분 국가적으로 중요시되는 어공·진상·칙수勅需 같은 것들이었다. 또 광해군에서 효종 때까지 경기는 특히 다른 도보다 외교·군사적 측면에서 무거운 부담을 지고 있었다. 수도를 둘러싸고 있는 지리적 환경 때문이었다.

경기 양안의 부실은 심각했다. 국가는 전결 총액 중 일부만 파악하고 있을 뿐이었고, 그렇게 파악한 전결도 실제와 많이 달랐다. 이 때문에 호서대동법이 성립된 직후부터 경기선혜법의 재정립을 위한 양전 요구가 있었던 것은 우연이 아니다. 현종 4년 경기 양전이 완결되었고, 그 결과 정부는 효종 말에 비해서 세 배 가까운 실결을 확보했다. 이것을 기초로, 다음 해에 경기선혜법은 호서대동법의 틀에 맞춰 재정립되었다.

대동법이 변화된 현실에 부응하여 새로운 원칙에 적용하는 방식으로 공물변통의 내용을 채워나갔다면, 공안개정론은 정책적 현실성을 잃으면서 공물변통 논의를 완성해나갔다. 공물변통의 오랜 논의 내내 공안개정론은 두 가지 차원에서 검토되었다. 하나는 대동법에 대립하고 그것을 부정하는 것이고, 다른 하나는 대동법과 상보적인 것이었다. 효종 초 대동법의 성립으로 공안개정론은 전자에서 후자의 차원으로 이동한 셈이었다. 현종대 내내 공안개정론은 후자의 차원에서 논의되었다.[28]

공안개정론이 현실적 정책 대안으로서 의미를 잃은 이유는 두 가지다. 첫째, 공안개정론은 왕실 수요의 대폭 축소를 전제로 했는데, 현실적으로 이는 가능하지 않았다. 둘째, 공안개정론은 공물가의 내용을 바르게 이해하지 못했다. 공안개정론자들은 실제의 공물가에 경각사 사환 비용과 운영비용이 더해져 있다는 사실을 간과했다. 공안개정론은 그 핵심을 공물가를 투명하고 미리 정한 규정에 따라 운용하는 것에 두어야지, 공물가를 삭감하는 쪽에 방향을 두면 안 되었다. 그러나 대동법은 바로 이와 같은 점을 분명히 했다. 결국 현종대 공안개정론은 왕실이라는 장벽과 공물가에 대한 오해라는 잘못된 기초 때문에 올바른 정책 대안이 될 수 없었다. 각 도의 공물가를 결당 12두로 균일화한 것은 공물변통론의 오랜 과제를 대동법으로 해결한 마지막 조치였다.

---

28) 대동법이 확산된 후에도 공안을 개정해야 한다는 요구가 완전히 사라지지는 않았다. 여기에는 이유가 있었고, 또 현실적인 근거도 있었다. 우선 공안개정론의 핵심 원칙인 절용은 단지 공안개정론에 한정되지 않는 조선의 재정 운영 원칙이기도 했다. 또 대동법이 실시된 이후에도 현물공납제하에서 이루어지던 수취 관행이 일부 남아 있었다. 이것들을 통제하기 위해서 절용의 원칙이 계속 요청되었던 것이다.

경신대기근 직후, 충청도의 공물가가 충청도 유생들의 요청 속에 2두 인상되어 12두로 조정된 것은 주목할 만하다. 그들은 대동법이 아니었다면 경신년에 자신들과 이 지역 백성들이 보존될 수 없었을 것이라고 말했다. 대동법이 실시되기 전까지만 해도 이들은 대동법 실시에 우호적인 세력이 아니었다. 그런데 오히려 거대한 재난을 겪은 후에 대동미 수취 액수가 늘어났음에도 불구하고, 대동법의 유지를 강력히 요구했다. 대동법이 비로소 조선 사회에 튼튼히 뿌리내렸음을 알 수 있는 대목이다. 이것은 송시열 같은 사람을 통해서도 재확인된다. 이 시기에 대동법을 유지할지 혁파할지에 대한 논의가 있자, 그는 실무를 담당한 아전인 하리下吏들과 지방의 실력자인 호강들이 소민을 억누르고 대동법에 대해 부정적 여론을 퍼뜨리는 것은 극히 원통한 일이라고 말했다.[99] 대동법을 긍정적으로 생각하고는 있었지만 현종 초 이시방의 요청을 받고서야 대동법 추진의 상소를 올렸던 그였다.[100] 송시열의 말을 통해서, 우리는 그가 확고한 대동법 지지론자로 변모했음을 알 수 있다.

다음은 조현기趙顯期가 호서대동법이 실시되고 20년이 지나서 올린 상소로, 대동법에 대한 후대의 평가를 보여준다.[101]

신이 반드시 팔도에 대동법을 두루 시행하려고 하는 것은, 대동법이 백성들에게 취함에 정해진 규범이 있는 법이기 때문입니다. 다만 미·포를 취할 뿐, 여러 가지 물품들을 부과하지 않습니다. 백성들은 한번 미·포를 낸 후에는 모두 편안히 집에 앉아 있을 수 있습니다. 대동법이 실시되기 전에는 가지가지의 물품을 관가에 내고, 자주자주 관청 문 앞에 대령해서 배나 되는 비용을 들여 어렵게 가져가서는 서리에게 곤욕을 겪었습니다. 또 탐관오리가 설사 멋대로 하려고 해도 국가에 이미 정한 규범이 있어서 실로 쉽게 손을 대기 어렵습니다. 오늘날과 같이 번거롭고 가혹한 정치가 행해지는 때에 이 법을 실시하면 진정으로 좋은 법이 될 것입니다. 또 주州·군郡의 일은 동일한 사안에 대해서도 저마다 사정이 달라서, 처리할 때 서로 어긋나는 것이 이루 말로 할 수 없습니다. 하지만 한번 이 법을 실시하여, 또한 간략하고 한결 같게 할 수 있습니다. 이것이 신이 반드시 이 법을 행하려는 이유입니다. … 그 편민익국便民益國하는 것이 오래도록 실시해도 폐가 없을 것입니다. … 호서대동법을 실시한 지 20년이 되는데 백성들이 모두 편하다고 합니다. 능히 잘 유지하면 어찌 나중에 폐단이 있겠습니까?[102]

위의 상소는 조현기가 숙종 즉위년(1674)에 올렸다. 이때는 양서지역을 뺀 나머지 지역에 대동법이 실시되고 있었다. 위의 상소도 양서지역에까지 대동법을 확대 실시하자는 내용을 담고 있다. 이를 통해 대동법이 처음의 입법 의도 그대로 구현되고 있음을 볼 수 있다. 조선시대에 입법에 대해 말하는 사람들은 '법이 오래되면 폐단이 생기게 마련이다'라는 말을 흔히 썼다. 그런데 대동법이 그들에게 얼마나 인상적이었던가는 경세에 밝은 조현기가 대동법을 그러한 범주 밖에 두었다는 것에서 짐작할 수 있다.

한편, 결당 12두 수취로 공물가가 조정되며 대동법 논의가 일단락되는 것과 동시에, 조정 논의의 의제는 군역과 관련된 양역변통良役變通 문제로 이동했다.[103]

# 대동법의 해부

## 제3부 개요
# 대동법이 지향하는 진정한 개혁

　제1부와 제2부가 시간의 흐름에 따라 전개되었던 공물변통貢物變通의 양상과 논의를 정리한 것이라면, 제3부는 그 내용을 논리적으로 재구성한 것이다. 달리 말해, 제1, 2부에서 공물변통 양상들 간의 관련성을 수평적으로 보여줬다면, 제3부는 공물변통의 개념적 범주들의 층위를 수직적으로 보여준다.

　제3부는 크게 두 개의 장으로 이루어져 있다. 첫 부분인 6장에서는 공물변통과 관련하여 가장 중요한 문서인 대동사목大同事目을 분석했다. 기존에 대동사목에 대한 연구는 거의 이루어지지 못했다. 그나마 연구가 이루어진 경우에도, 그것이 비판적으로 분석되었다고 말하기는 어렵다. 기존 연구는 정부의 입장에서 어떻게 대동미·포를 거둘 것인가에 주로 초점을 맞춰 서술되어 있기 때문이다. 이러한 서술 방식은 바로 대동사목의 서술 방식을 그대로 따른 것이며, 행정적 측면에서 정부의 입장만을 보여줄 뿐이다. 그러나 우리에게 필요한 것은 이 문서를 통해 대동법이 전체적으로 어떻게 운영되었는가를 알아내는 것이다. 6장에서는 바로 이 점을 중시하고 주목했다.

　6장에서 분석되는 대동법 운영상의 범주들이 만들어내는 상위 범주들이

옛날이나 지금이나 재산도 소득도 없는 사람에게
무슨 수로 세금을 거둘 수 있겠는가? 사실 바뀐 것은 법규정이었다.
공물의 부과 기준과 수취 형태의 법적 규정성이 바뀐 것은 매우 큰 의미를 지닌다.

7장에서 분석되었다. 위에서 말한 '개념적 범주들의 층위'는 이 두 부류의 범주들 간의 관계를 말한다. 7장에서는 공물의 부과 기준으로서 호戶와 토지의 문제, 공물의 수취 형태로서의 임토작공任土作貢의 문제(공물을 현물로 거둘 것인가 미·포로 거둘 것인가), 공물 운영의 개혁 방식 등에 대해서 살펴보았다. 이 문제들과 관련해서 이제까지는 대동법의 본질적 측면이 호에 부과하던 공물을 토지에 부과하고, 현물로 받던 것을 쌀이나 포로 받은 것이라고 이해했다. 이것은 사실이 아니다. 대동법이 실시되기 전에도 공물을 현물로 납부하던 곳은 거의 없었다. 또 정부의 부과 규정이 어떠했는지에 관계없이, 실제로 공물의 부과 대상은 토지 이외의 것이 될 수 없었다. 옛날이나 지금이나 재산도 소득도 없는 사람에게 무슨 방법으로 세금을 거둘 수 있겠는가? 사실 바뀐 것은 법규정이었다. 공물의 부과 기준과 수취 형태의 법적 규정성이 바뀐 것은 매우 큰 의미를 지닌다. 이러한 법규정의 변화는 그것에 상응하는 법적 강제력을 동반하고, 행정적 책임의 소재가 옮겨지기 때문이다.

7장에서 다루고 있는 내용은 공물변통의 핵심적 개념이면서 동시에 조선시대 경세론의 핵심적 개념이기도 하다. 17세기 변통론에 대한 기존 연구는 이 시기를 '국가재조론國家再造論'의 시각에서 검토했다. 국가재조론은 임진왜란에 이어 두 번의 호란을 거치면서 조정 관료와 재야 지식인들이 전쟁으로 무너진 국가의 재건을 놓고 벌였던 17세기의 개혁 논의를 분석하기 위한 방법론이다. 국가재조론에 따르면 당시 조정 관료와 재야 지식인들은 두 가지 근본적으로 다른 개혁론의 범주 안에서 논의를 전개했다. 하나는 지주제적 입장이었고, 다른 하나는 소농경제체제를 옹호하는 입장이었다. 전자는 세금제도 개혁에 초점을 맞추면서 농민경제의 안정과 국가재정 확보에 주력했고, 후자는 토지소유제도 개혁에 초점을 맞추었다. 짐작할 수 있듯이 국가재조론의 관점에서 보면 대동법은 세금제도 개혁론에 속했다. 말하자면 경쟁하는 두 가지 개혁방법론에서 대동법은 그 대척점인 토지소유개혁론에 대비되는 지주 중심의 온건한 개혁론이었던 셈이다.

본 연구는 '국가재조론'과 비교할 때, 연구 방법 및 결론을 달리한다. 사실, 기존 '국가재조론'의 연구 방법은 매우 선험적이었다. 말하자면 연구를 통해서 귀납적으로 17세기 변통론의 구조를 밝히기보다는 직관적으로 이해된 구조를 통해서 이 시대의 내용을 재구성한 경향이 있었다. 여기에 반해서 이 책의 7장에서는 공물변통론의 진화 과정에서 생성되어서 후에 대본 연구는 '국가재조론'과 비교할 때, 연구 방법 및 결론을 달리한다. 즉 이 책에서는 공물변통론의 진화 과정에서 생성되어서 후에 대동법 운영의 범주가 된 기본 원칙들을 면밀하게 검토함으로써, 그것을 당대 조선의 경세론적 원칙들로 확장했다.

동법 운영의 범주가 된 기본 원칙들을 면밀하게 검토함으로써, 그것을 당대 조선의 경세론적 원칙들로 확장했다. 이러한 연구 방법의 전환은 기존의 연구와는 다른 결론에 도달한다. 이를 통해서 대동법이 조선의 경세론 전통에서 어떤 맥락 속에 있었는지를 확인하게 될 것이다.

# 제6장 대동법은 어떻게 운영되었는가

## 대동사목을 어떤 틀로 보아야 할까?

대동법의 실행 규정을 담고 있는 것이 대동절목大同節目 또는 대동사목大同事目이다.[1] 이를테면 대동사목은 대동법의 운영에 관한 규정집이라고 할 수 있다. 따라서 대동법의 내용을 전체적으로 파악하기 위해서는 대동사목을 정밀하게 검토해야 한다.

대동법을 이해하기 위해서 대동사목의 내용을 살펴야 하는 것은 분명한 사실이다. 그런데 실제로 그것을 어떤 방식으로 살펴야 대동사목의 취지와 내용을 제대로 이해할 수 있을까? 이제까지 이런 시도가 없지 않았음에도 불구하고 그 취지와 목적에 상응하는 만족할 만한 이해 수준에 도달하지 못했던 것은 대동사목을 분석하는 일이 쉽지 않은 작업임을 암시한다. 대동사목의 내용은 회계 용어와 법규정이 결합된 형태이다. 또 그 서술된 분량도 상당히 많은 편이다. 이 때문에 단편적 내용의 개별 조항들을 검토한다고 해서, 그것이 대동법에 대한 구조적이고 종합적인 이해로 저절로 이

---

1) 호서는 『호서대동절목』으로, 호남은 『전남도대동사목』으로 명명된다. 전남도는 전주와 남원의 앞 글자를 딴 것으로 생각되며, 전남도라는 명칭은 연대기에도 자주 등장한다. 앞으로 위의 두 가지를 통칭할 때는 대동사목으로 부르기로 한다.

어지지는 않는다.

종래에는 대동미를 막연히 상공常貢과 별공別貢으로 나누거나, 서울로 올려 보내는 몫인 상납분上納分과 지방 각관各官에 남겨두기로 한 몫인 각관 유치분留置分으로 나누어 세부 항목들을 설명했다.[1] 대동미를 선혜청宣惠廳이 주관하는 상납미上納米와 영營·읍邑이 주관하는 유치미의 틀로 나누는 것은 대동미를 누가 운용하는가에 따른 분류라고 할 수 있다. 이 방식은 대동법의 세부 항목들을 체계화하는 데 손쉽게 이용할 수 있는 방법이다.

대동사목을 연구하는 초기에 위와 같은 방법을 구사했던 것은 자연스러운 일로 생각된다. 대동사목의 서술 자체가 이런 방식으로 되어 있기 때문이다. 대동사목이 대동법의 내용을 집약한 것이라면, 대동(수)미大同(收)米는 대동사목의 물질적 표현이라고 할 수 있다. 대동사목의 내용을 거칠게 뭉뚱그리면, 그것은 대동미를 어떻게 거둘 것인가에 대한 서술이다.

하지만 이 같은 대동미 분류 방식은 이제까지의 논지와 거리가 있다. 특히 상공과 별공의 분류 방식은 대동법의 기본 의의에 어긋난다고 생각한다. 왜냐하면 상공이든 별공이든, 이것은 모두 중앙의 수요를 중심으로 한 이해이기 때문이다. 이런 분류 방식에 따른다면, 대동법이 시행된 이후에도 각관의 수요를 이전의 현물공납제처럼 계속 국가재정체계의 밖에 두지 않을 수 없다. 대동법의 큰 의의 중 하나는 각관 수요를 국가재정의 틀 안으로 통합시켰다는 점이다. 운용 주체를 중심으로 대동미를 분류하는 방식 역시 대동법의 구조와 그 속에 녹아 있는 공물변통 논의의 흔적들을 살피는 데는 한계가 있다.

6장에서는 제1부와 2부에서 검토한 공물변통 논의의 맥락 속에서 대동사목을 이해하려 한다. 앞에서 보았듯이, 호서대동법의 직접적인 발단은 인조 23, 24년의 재생청裁省廳 진휼이었다. 이를 통해서 공물변통론의 양 축인 대동법 실시론과 공안개정론이 뚜렷이 정립되었다. 이 두 가지 공물변통론은 이이李珥의 공물변통론을 공동의 기반으로 해서 갈라져 나왔다.

이이의 공물변통론은 경대동 중심, 사주인의 역할 배제, 공안개정(공·역가인하)의 세 가지가 핵심 내용이다. 또 전결을 공물분정의 유일한 기준으로 삼지 않았다. 대동법 실시론과 공안개정론은 이이의 공물변통론을 공동의 기반으로 하면서도 각각 다르게 분화되었다. 우선 대동법은 전결田結을 과세의 유일한 기준으로 삼은 반면, 공안개정론은 호戶를 기준으로 삼았다. 대동법이 결국 공물가를 인하하지 않았던 반면, 공안개정론의 핵심은 공물가의 인하에 있었다. 공안개정론이 각관의 수요에 대한 별도의 언급이 없고 사주인의 존재를 부정하거나 필요악으로 인식했던 반면, 대동법은 각관의 수요를 명확히 했고 사주인의 역할을 긍정했다. 6장에서는 공물변통 논의 과정에서 공안개정론과 대비되는 대동법의 특징들이 대동사목에서 어떻게 구체화되었는가를 살펴보려 한다.

이상의 방식으로 대동사목을 재구성하는 것은 이 책에서 우리가 이제까지 취했던 접근 방식과 다르다. 즉 제1부와 2부가 공물변통 논의의 통시적 흐름에 유의했다면, 6장은 대동법의 공시적 구조에 따라 재구성될 것이다. 앞에서 공물변통 논의의 역사적 흐름에 초점을 맞췄다면, 여기서는 그 최종적 결과물인 대동법 내용의 논리적 구성에 초점을 맞출 것이다.


## 1. 과세 기준

### 각 관의 전결 규모에 따른 과세

대동법은 과세 기준을 전결에 두었다. 대동사목은 시기결時起結에서 결당 일정한 액수를 걷어, 서울과 지방의 1년 공·역가를 마련하는 것을 원칙으로 했다.[2] 호서·호남의 두 대동사목에 따르면, 호서는 효종 3년(1652)을 기준으로 총 수조결수收租結數 131,419결에서 각종 명목의 복호復戶 6,673결을 뺀 124,746결,[3] 호남은 현종 3년(1662)을 기준으로 총 수조결수 190,855결에서 각종 명목의 복호 21,084결을 뺀 169,771결이 대동미를 거둘 수 있는 총 전결수였다.[4]

각관에서 대동법이 순조롭게 작동하려면 몇 가지 장치들이 필요했다. 물론 그런 작동은 과세 기반을 전결에 둔다는 것을 전제로 한다. 우선 각관의 전결 규모에 따라 그 고을의 지출 규모 — 관수官需와 그 고을이 부담해야 할 역의 종류 — 가 결정되어야 했다. 조선 전기에도 재정적 측면에서 고을별(官別) 구분이 없지는 않았다. 각관 관수의 토대였던 아록전衙祿田·공수전公須田은 각관의 등급, 즉 관질官秩에 따라 차등적으로 배분되었다. 그런데 각관의 관질은 경작지 규모에 반드시 비례하지는 않았다. 또 공물을 각관에 배정할 때, 각관의 전결 규모가 중심적으로 고려되지도 않았다.

조선 초기의 그런 양상이 중앙정부의 행정적·재정적 오류에서 비롯되었다고 말하기는 어렵다. 대동사목이 만들어진 시점을 기준으로 하면, 조선은 이미 250년 이상 지속되고 있던 나라였기 때문이다. 17세기 중반의 상황만으로 15세기 초반의 기준을 온전히 평가하기는 어렵다. 다만 위의 문제와 관련된 사항으로 고려해야 할 것은 이 긴 기간 동안 토지가 지닌 경제적·재정적 의미가 상당히 달라졌다는 점이다. 이 문제는 별도의 심도 깊은 연구가 필요한 주제이다. 대략적으로만 말한다면, 시간이 지날수록 각관의 종합적 담세 능력을 결정하는 데 토지가 차지하는 비중이 더욱 높아졌다. 이런 상황 속에서 전결이 많은 고을은 공부貢賦의 결당 부담이 가벼워지고, 전결이 적은 고을은 무거워지는 현상이 심화되었다.[5] 바로 이것 때문에 대개 대읍은 대동법에 반대했고, 소읍은 찬성했던 것이다.

대동법은 공물의 안정적 수취와 지방 각관의 안정적 운영을 위해서 각관의 전결 규모를 공물가 부과와 관수 지급의 기준으로 받아들였다. 각관의 담세 능력을 가장 직접적이고 정확하게 반영하는 것이 각관의 전결 규모이기 때문이다. 그에 따라 각관은 대大·중中·소小·잔殘의 4등급으로 나뉘었다. 구체적으로 호서는 5,000결 이상을 대읍으로, 3,000결 이상을 중읍으로, 1,000결 이상을 소읍으로, 1,000결 미만을 잔읍으로 삼았다.[6] 호남은 6,000결 이상을 대읍으로, 4,000결 이상을 중읍으로, 2,000결 이상을 소읍으로, 1,000결을 조금 넘는 읍을 잔읍으로 삼았다.[7] 이것은 호남의 전결 총량이 호서보다 많은 것을 반영한 결과였다.

관수미官需米, 즉 각관의 1년 경상비는 각관의 경작지 규모에 따라 지급되었다. 호서의 경우 대읍에는 400석, 중읍에는 230석, 소읍에는 150석, 잔읍에는 100석의 관수미가 지급되었다.[8] 호남은 이보다 조금 더 세분되었다. 중·소·잔읍은 각각 다시 둘로 나눠 관수미가 지급되었다.[2] 그에 따라 대략 대읍의 관수미는 500~600석이 넘었고, 중읍은 400여 석, 소읍은 300여 석, 잔읍은 200여 석으로 책정되었다.[9] 호남의 관수미가 호서보다 많았던 것은 호남의 전결 총량이 호서보다 많고, 그에 따라 감당해야 할 역 부담도 호서지역보다 무거웠기 때문이다.[3]

---

2) 『전남도대동사목』 55조. 한편 경기의 경우, 주州와 부府는 120석, 군郡과 현縣은 100석의 관수미가 지급되었다.[『현종개수실록』 권10, 5년 1월 16일(己卯)]

3) 조선 전기의 아록전·공수전과 관둔전에 대해서는 〈참고문헌〉의 김옥근과 이장우의 연구 참조. 김옥근은 조선 전기에 공수전의 총 수세액을 약 1만 석, 아록전의 총 수세액을 약 4만 석으로 추정했다. 1년에 대읍은 아록전·공수전과 관둔전을 모두 합해서 약 354석을, 소읍은 207석의 관수를 집행했으리라 추정했다.(김옥근, 「조선조 지방재정의 세입구조 분석」, 『경제학연구』 30집, 1982, 115~116쪽)

## 여미 설정과 은결 정리

대동사목에 따르면, 백성들에게서 걷은 대동미(圿)는 크게 세 부분 — 중앙 경각사로 올라가는 것, 각관의 관수로 쓰이는 것, 예비비인 여미餘米 — 으로 나뉘어 처리된다. 여미는 불시에 일어나는 수요와 흉년을 대비하는데 쓰였다.[10] 흉년이 들어 민에게 그 해의 대동미 납부를 면제해줄 때, 선혜청은 각관으로 하여금 미리 비축한 여미로 경각사에 지급하게 했다. 흉년이라도 경각사의 기능을 정지시킬 수는 없으므로, 각관도 경각사에 내는 상납을 멈출 수 없었다. 호서의 여미 8,000석은 호서의 총 대동미 수취 액수인 83,164석의 9.6%, 본도 유치미 30,922석의 26%에 달했다.[11] 호남의 여미 48,184석은 호남의 총 대동미 수취 액수인 147,134석의 32.7%이고, 본도 유치미 85,916석의 56%였다.[12] 경기의 여미 12,040석은 경기의 총 대동미 수취 액수인 45,316석의 26.6%, 본도 유치미 15,316석의 78.6%를 차지했다.[13]

각관의 관수미가 그런 것처럼, 각관의 여미도 관질에 따라 네 등급으로 나뉘었다. 또 각 읍에서 여미가 부족할 때는 인근 고을들의 여미로 보충했다. 서울의 관청에서 불시에 추가적으로 각관에 공물을 부과해야 할 일(別卜定)이 있어도 가급적 자제했다. 별복정은 다음 해 정규 지출에 포함되었다. 이런 방식은 가능한 한 별복정을 억제하고, 양입위출의 원칙을 지키기 위

〈표 3-1〉 관질에 따른 아록전·공수전 지급

| 부·대도호부 목·도호부 | 아록전 | | | 공수전 |
|---|---|---|---|---|
| | 판관이 있는 곳 | 90결 | 가족을 인솔하지 않은 곳은 절반만 지급 | 연로의 대로는 10결을, 중로는 5결을 더하여 지급 |
| | 판관이 없는 곳 | 50결 | | |
| 군·현 | 40결 | | 15결 | |

출전: 『경국대전』 2 戶典 廩田

해서였다. 바로 이것이 대동사목의 원칙이다.[14] 여미 총액의 변동은 문서로 정리되어 1년에 네 차례 중앙에 보고되었다.[15]

서울과 지방 관청들의 1년 경비를 전결에 기초한 공물가로 지급하는 만큼, 종래 현물공납제에서의 관수 운용 방식도 새로 정비해야 했다. 요컨대 대동법이 실시되면서 각관 관수를 대동미로 지급했기 때문에, 전처럼 각관의 아록전·공수전이 중앙정부의 수세 대상에서 벗어나 있는 상태가 지속되어서는 곤란하다.[4] 말하자면 아록전·공수전 역시 정부의 과세 전결 안에 포함되어야 한다. 다만 관둔전은 종전대로 유지되었다.[16] 물론 대동사목의 이런 규정은 약간의 해석이 필요하다. 사실상 아록전·공수전은 이미 16세기 말에 규모가 크게 축소되어 그 본래의 기능을 잃었고, 혹 그렇지 않다고 해도 극히 소액밖에는 남아 있지 않았기 때문이다.[17] 그러므로 호서와 호남의 두 사목의 내용은 실제로 아록전·공수전을 폐지했다는 뜻이라기보다는 그

---

4) 그러나 호남의 경우는 약간 달랐다. 지방재정을 고려해서 아록전·공수전의 전삼세田三稅는 각관이 쓰고, 대동미만 중앙에 바쳤다.(『전남도대동사목』 19조) 효종 7년 이시방이 충청도에 대해 이 문제를 지적한 바 있다. 분명치는 않지만 영향을 준 듯하다.

"대동법 이후, 각 읍의 관수로 … 단지 10두 이외에 전처럼 민결에서 부과해서 거두지 못했다. 그 중에서도 콩, 소금, 장 등은 날마다 써야하는 몹시 필요한 것인데 달리 나올 곳이 없었다. 그러므로 대개는 모곡耗穀에서 마련했다. 그런데 본도의 원곡은 그 수가 많지 않아 본도 각 고을은 이 문제를 해결할 방도가 없어서, 당초에 보별역補別役을 만들어서 아록공수전에서 거두는 세를 모두 본청에 수납했다. 그 수가 900여 석이다. 지금은 매년 쌓이는 양에 여유가 있어 (콩, 소금, 장 등을 마련하는) 쌀과 콩을 제해도 부족하지 않으니, 그것들을 각 읍에 환급해서 관수를 보충하는 기반으로 삼는다."[『서봉일기』 丙申(효종 7) 三月, 97~99쪽]

경기의 경우는 관둔전은 물론 아록전·공수전도 그대로 두어 세미를 쓸 수 있도록 했다.[『현종개수실록』 권10, 5년 1월 16일(己卯)] 김덕진에 따르면, 관둔전은 이후 계속 그 규모가 축소되었던 듯하다.(김덕진, 「조선후기 관둔전의 경영과 지방재정」, 『조선시대사학보』 25, 2003)

것의 역할이 이제 대동미로 이전되었음을 규정한 것이라고 보아야 할 것이다. 각관의 관둔전에 대해서는 애초에 중앙정부가 그 실태를 파악하지 못하는 경우가 많았기 때문에[18] 종전처럼 유지되도록 놔두었던 듯하다.

현물공납제 아래서 각관은 불시 과외科外의 역에 어떻게 대처했는지[5] 분명치 않다.[19] 이이는 불시 과외의 역이 원래의 공부보다도 크다고 말했다.[20] 대동사목에서는 이것을 위해 여미라는 항목을 두었다. 17세기 중반에 적법하지는 않지만 각관에서 예비비 역할을 했던 것은 은결隱結이다. 은결이 수령의 사적 치부만을 위한 것이 아니고, 각관에서 공적 경비의 예비비로 쓰였던 것을 조정도 알고 있었다. 하지만 중앙정부의 입장에서 재정 및 민생과 직결된 문제를 계속 비공식적이고 변칙적 영역에 방치할 수는 없었다.[21] 이 당시 은결은 연이은 전쟁 때문에 줄어들었던 전결이 전후에 회복되는 과정 중 양안量案의 등재에서 조직적으로 이탈되어 발생했다.[22] 이것은 중앙정부가 전정田政을 정상적으로 운영하는 것을 어렵게 만들었다. 이에 따라 대동법의 실시와 더불어 각종 은결에 대한 정리 역시 불가피했다.[23]

### 대동법에 포함되지 않은 역들

이상의 정비에도 불구하고 전결에 기초하지 않은 채 방납과 가징·첩징의 빌미가 되었던 모든 항목들이 완전히 사라지지는 않았다. 대동법에 포함되지 않았던 여러 역의 공통점은, 그것들의 최종 부담이 호역戶役으로 귀결되었다는 것이다. 다음은 그중 일부이다.

A - 1. 꿩과 닭(雉鷄)도 1년에 8결에서 한 마리씩 거두어 쓰도록 한다면 각 읍의

---

5) 중앙 차원에서는 호조가 특별한 원칙 없이 그냥 더 거둬들였던 것으로 보인다.

관아에서 식용(官厨)이 부족해질 염려는 없을 것이다. 이들 외에 산과 바다의 토산물을 민결民結에서 거두지 않고 종전처럼 편의대로 취해서 사용한다면 구례를 존중토록 한다. 시초柴草와 빙정水丁은 구례대로 민결에서 거두어 사용한다. 종전처럼 제역除役으로 칭하여 그 원결元結에서 베어내어 관청에 귀속하는 것은 일체 혁파한다.[24]

A-2. 내궁방에서 거두는 꿩깃털은 외방에서 얻기 어려운 물건이 아니다. 각 읍으로 하여금 전처럼 편리한 대로 납부토록 한다.[25]

A-3. 군기軍器를 수리하는 데 들어가는 여러 물품은 각관이 전례와 같이 편한 대로 마련한다. 이것은 민결에서 정해 내는 역이 아니다. 허다한 군기를 한번에 보수하면 각관의 물력이 미치지 못한다. 각자 고을 안에서 별도로 요리하여 그 여력으로 점차 수리한다.[26]


A-1에서는 관수와 관련해서 치계雉鷄(꿩과 닭)는 8결에서, 시초와 빙정은 옛 방식대로 민결에서 거두도록 하고 있다. 표현은 다르지만, 8결이나 민결은 결국 같은 내용이라고 생각된다. A-2의 화살 제작용 꿩깃, A-3의 군기 보수에 드는 잡물 등은 민결에서 거두는 것을 표면적으로 금지했다. 대신 '수편취용隨便取用', '수편비납隨便備納' 혹은 '수편조비隨便措備'[6]를 허용하면서 옛 방식을 금지하지 않았다. 꿩깃이나 군기 수리에 들어가는 갖가지 물품이 치계·시초·빙정을 마련하는 방식과 달랐을 것으로 생각되지는 않는다. 대동미로 값을 지급하지 않는 이상, 어떻게 표현되든 이것들은 호역의

---

6) '수편취용'은 편한대로 혹은 형편대로 민에게서 거두어 쓴다는 의미이며, '수편비납'은 편한대로 혹은 형편대로 민이 갖추어 납부토록 한다는 뜻이고, '수편조비'는 편한대로 혹은 형편대로 공물을 조치하여 갖춘다는 말로 모두 같은 의미이다.

범주에서 벗어날 수 없다.

요역이나 신역 동원에 대한 것들은 현물공납제에서 자세한 수취 규정을 두지 않았지만, 대동법이 성립되면서 이들에 대해 새로 대동미가 지급되었다. 그럼에도 불구하고 대동법에 포함되지 못한 것들 중 가장 많은 종류도 여전히 요역이나 신역에 대한 것이었다.[27] 다음은 대동미에 포함되지 않은 신역과 요역들이다.

B - 1. 악공樂工의 봉족奉足에 이르러서는 관노비도 또한 홀로 감당할 수 없어서, 의례히 민결을 침탈하는 경우가 많았다. 그러므로 본도 감사의 장계로써 한 정閑丁으로 2명을 더해 주어, 매년 각각에게서 가포價布 3필을 거두어 본원에 상납했다. 이것으로 민결에서 쌀을 내는 폐단을 제거했다. 이것으로 정식定式을 삼는다.[28]

B - 2. 제주에서 올라오는 우마牛馬와 각 목장에서 잡힌 소와 말의 몰이꾼(牽軍)은 처음에 연로沿路 각 읍의 대동미로 계산해서 값을 지급했다. 하지만 도내 민정民情이 값을 치러줄 때 불편해서, 연군烟軍으로 하여금 윤회정송輪回定送하는 것만 못하다고 여겼다. 한결같이 민원을 따라 연호烟戶를 내서 차차로 교대한다.[29]

B - 3. 예장군禮葬軍 및 공적인 일로 인한 호송담지군護送擔持軍은 각관의 경계상에서 하루를 넘지 않는다. 교체역은 경기의 예에 의해서, 연군으로써 그 들어가는 것에 따라 차차 정해서 보낸다. 이런 일들은 만약 남용이 있으면 그 폐단이 적지 않다. 본도 감사로 하여금 착실히 분부하여 남용하는 폐단이 없게 하라.[30]

B - 4. 문무과 시험장(場屋)에 임시 건물(假家) 등의 시설물을 설치하는 것은 관사를 고치는 예에 따라 하루를 한정해서 연군을 동원해 쓴다. 이것으로 정식

을 삼는다. 이것을 빙자하여 연호를 남용하는 자는 본도 감사로 하여금 발견되는 대로 죄를 부과한다.[31]

B-5. 염초焰硝를 굽는 역은 작은 일이 아닌데도 오로지 연호에게만 책임을 지운다면 그 상황을 감당하기 어렵다. 염초를 굽는 해에는 월과화약月課火藥을 정지하고, 호서의 사례에 따라 같은 값의 쌀로 원수元數 안에서 헤아려 지급해서 석유황石硫黃을 준비한다. 또 남는 것으로 공장工匠에게 지급하는 요포料布와 여러 가지 들어가는 비용에 사용한다면, 아마도 비용의 일부를 줄일 수 있을 것이다. 이것으로 정식을 삼는다.[32]


B-1은 악공의 봉족에 충당되던 관노비의 부담을 덜기 위해서 한정을 지급한다는 내용이다. 대동법의 원칙과는 관계없는 전통적인 신역 충당 방식이다. B-2·3·4는 모두 요역 동원에 관한 사항이다. 모두 연군 또는 연호로 동원된다는 공통점이 있다. 위의 사례들은 민에 대한 요역과 신역의 부담이 대동법으로 흡수되지 못할 때, 연호 즉 호역으로 귀결될 수밖에 없음을 보여준다.[33]

『호서대동절목』에는 B-5가 없다. 염초를 굽는 데 드는 부담은 『호서대동절목』이 작성된 후인 효종 8년 아산 현감 이정악李挺岳의 보고를 통해 그 문제점이 지적되었다. 그에 따르면, 호서대동법이 실시된 후 여기에 포함되지 않은 여러 역이 연호에 부과되었다. 그런데 속오束伍, 조군漕軍, 기타 여러 군병의 경우는 복호되거나 중앙과 지방관청이 부과하는 잡역에서 벗어나 있었기 때문에, 각관에서는 부과되는 별도의 역을 담당할 연호가 부족했다. 이정악은 8결, 즉 민결의 사용을 허락해줄 것을 중앙에 요청했다. 이에 조정은 일단 규정된 것 이외의 역을 8결에 부과할 때 생기는 문제점을 지적하면서, 사목을 준수할 것을 명령함과 동시에 여러 군병을 동원하라고 지시한다.³⁴ 하지만 이는 임시적인 조치였다. 여기에 대한 정식 규정이 바로 B-5였다. 그런데 '아마도 비용의 일부를 줄일 수 있을 것(서감일분지비庶減一分之費)'이라고 지적한 바와 같이, 위의 조치만으로 연호역을 완전히 제거할 수 없었던 듯하다.

### 전결역과 연호역의 차이

대동사목에 따르면, 공물 부과 기준으로서 전결과 연호의 의미는 크게 달랐다. 전결에 부과되는 역은 대동미만 납부하면 백성들에게서 더 이상 추가로 징수할 수 없는 역이었다. 반면, 연호역烟戶役은 백성들이 대동미를 납부한 후에도 이와는 별도로 추가로 징수하는 역이었다. 그래서 때로 연호역은 그것을 감당해야 하는 사람들에 대한 징벌의 의미가 담겨 있었다. 분양마가 죽거나 없어졌을 때, 각관이 그 분양마에 대한 대가(價布)를 연호에서 마련하도록 한 규정은³⁵ 이를 잘 보여준다.⁷⁾

연호에 부과되는 역이 전결에 부과되는 역에 비해 무거운 부담으로 여겨졌던 또 하나의 이유는 연호역 자체가 부담의 불균등을 뜻했기 때문이다. 이 당시에 현실적으로 대호大戶는 남정男丁 수십 명으로 구성되기도 하고, 잔호는 경제적 능력이 없이 혼자 사는 사람(鰥寡孤獨)으로 이루어지기도 했다.³⁶ 이렇듯 조선시대에 호 규모의 실제 차이는 현격했다. 다음은 수령이 임기 중에 바뀔 때의 쇄마가에 관한 내용이다.

---

7) 다만 호남의 경우는 호서에 비해서 말 값이 무명 40필에서 30필로 하향 조정된다. 물론 이런 조치도 대동법 이전과 비교하면 상당히 개선된 것이다. 현물공납제하에서, 사복시가 각관에 분양한 말을 잃어버리거나 그 말이 죽을 경우에는 그 대가代價의 징수가 곧바로 방납의 구실이 되었다. 말 값은 무명으로 100필이 나가기도 했다. 모두 민결에서 나왔다.[『인조실록』 권19, 6년 8월 28일(丙辰)]

수령이 뜻밖에 바뀌는 것은 그 고을 백성의 불행이다. 그러므로 인리人吏와 소민을 막론하고 연호에게서 거둔 미·포로 (수령 교체에 따른) 쇄마가를 삼는다. 하지만 이와 같은 대역大役을 오로지 연호에 책임 지우는 것은 비단 호역이 편중될 뿐만 아니라 대소강약에 고르지 못한 폐단이 있다. 그러므로 민원을 따라 별도로 전결에서 걷는다. 이런 사항을 본도 감사의 장계로 이미 보고하여 결정하였다.[37]

위에서 대동사목은 연호역이 전결역田結役, 즉 대동미 수취에 비해 '대소강약불균지폐大小强弱不均之弊'를 초래한다고 말한다. 비록 부담이 연호에 지워져도 연호의 경제적 기반은 전결이므로, 그 부담은 결국 전결에 부과될 수밖에 없었다. 연호역은 대동미·포로 수취하는 전결역에 비해서 이중적으로 불리한 셈이다. 연호역 자체가 대동미·포를 내고도 추가로 내는 것인 데다, 전결과 무관하게 불균등하게 부과되기 때문이다. 당연히 토지가 없거나 적은 호는 불리하고, 많은 토지를 가진 호에는 유리했다.

대동법으로 연호역을 완전히 제거[8]할 수는 없었다.[38] 이것을 잘 보여주는 것이 '양호養戶'였다. 양호는 대동법 실시 이후에도 사회적으로 사라지지 않았다. 양호의 수많은 폐단들은 사실상 궁방전 문제들과 같은 종류였다. 비록 사회적 위상과 규모에서 궁방과 양호는 명백히 달랐지만, 양자 모두 어찌 되었든 결과적으로는 그 특권이 인정되는 신분제 사회의 산물이었다. 궁방에 대해서 공식적으로 대동미·포 수취가 면제된 것에 비해, 각관에서 양호의 대동미·포 납부 거부는 '폐단'이나 '문제점'의 형태로 지속되었다.

---

8) 대동법 성립 이후에도 이전의 관행들이 완전히 사라지지는 않았다. 각관의 여러 종류의 역들 중에는 대동미에 포함되지 않은 것들이 있었기 때문이다. 이 경우, 그것은 전결이 아닌 연호에 부과되었다. 이때 사대부나 토호의 집은, 불법이기는 했지만 관례적으로 그 연호에서 제외되었다.

대동법은 각관의 전결 규모에 따라 그 관이 부담해야 할 공물가를 정했다. 이 점에서 대동법은 현물공납제에서 뚫지 못했던 견고한 각관의 외피를 부분적으로 깨뜨리는 데 성공했다고 할 수 있다. 하지만 각관에 부과된 공물을 각관 내부에서도 전결 소유에 비례해서 수취할 수는 없었다. 이런 측면에서 보면 중앙정부가 각관 내부까지 확고히 파악했거나 장악했다고는 할 수 없을 것이다.

## 2. 공가 총액

### 대동법 실시로 기존의 공·역가 총액은 줄었나?

공안개정론의 핵심은 공·역가 인하이고, 그 일차적 대상은 왕실과 궁방의 수요였다. 공안개정론은 '손상익하損上益下'의 정신에 따른 것이었다. 공안개정론자들에게 왕실의 절용은 경각사의 절용을 이끌어내기 위한 필수적인 전제조건이었다.[39] 대동법을 주장하던 사람들도 원칙적으로 공안개정론에 동의했다. 이 당시 절용이나 손상익하는 특정한 당파의 견해일 수 없었다. 생산의 대부분이 자연조건에 직접적으로 규정을 받고, 동시에 유교적 '안민'에서 권력의 정당성을 구했던 사회였으므로 이는 매우 자연스러운 일이었다.[40] 하지만 현실에서 작동하는 정책으로서의 대동사목은 공안개정론과는 다른 내용으로 채워졌다.

현물공납제의 공물가 총액이 대동법 실시 후 그전에 비해 줄었는지 그렇지 않았는지, 즉 공안개정론의 근본 취지가 대동법에 얼마나 반영되었는지를 직접 확인하기는 어렵다. 공안개정론 자체의 수취 항목들과 그 세부 규정을 알아야 확인할 수 있기 때문이다. 그런데 공안개정론 자체는 그런 세

부적인 내용으로 주장되었던 것이 아니다. 대개 공안에 실려 있는 여러 항목의 공물가를 줄이고, 규정 없이 덧붙여진 각종 부비浮費를 덜어내자는 것이 공안개정론의 내용이었다. 하지만 부비라는 말조차도 공안개정론 측에서 엄밀한 규정 없이 붙인 경우가 많았다. 부비는 실제로 부비가 아닌 경우가 많았기 때문이다.[9]

그럼에도 불구하고 대동사목을 통해 대동법과 공안개정론의 수취 총액을 대략적으로 비교하는 것이 전혀 불가능하지는 않다. 대동사목에는 공물·진상의 모든 항목에 대해서는 아니지만, 종류별로 공물가 지급에 대한 대체적인 내용이 서술되어 있기 때문이다. 상공·별공·전세조공물田稅條貢物·요역 동원 등이 그것이다. 따라서 대동사목이 이들 공물가를 어떻게 처리했는지를 살피면, 대체적인 수준에서나마 공안개정론과 대동법에서의 공물가 수준을 비교하는 한 가지 방법이 될 수 있을 것이다.

### 내수사와 각 궁방

우선 대동법은 내수사와 각 궁방이 소유한 전결의 대동미 수취를 면제했다.[41] 반면 공안개정론의 첫 번째 목표는 내수사와 각 궁방 자체의 폐지였다. 대동법과 공안개정론의 내용은 바로 여기서 선명히 대비된다. 대동미가 면제되는 대상에는 궁방전, 대왕사친궁大王私親宮·세자사친궁世子私親宮·사궁四宮(명례明禮·어의於義·용동龍洞·수진壽進), 신궁후궁新宮後宮·대군공주大君公主·왕자옹주王子翁主·군주郡主, 구궁후궁舊宮後宮 등이 포함되었다. 또 신설된 궁방의 토지 절수를 위한 값을 호조가 은으로 대신 지급했고, 궁방의 장토庄土(궁장宮庄)가 갖춰지기 전의 경비는 호조와 선혜청 쌀로 지급했다. 한마디로 왕실

9) 이와 관련해서는 〈특별부록〉의 용어해설 511쪽 '부비' 참조.

과 궁가宮家에 속한 토지는 대동법의 적용 범위 밖에 있었다. 대동법은 내수사와 궁방 소유의 전결을 통제할 수 없었기 때문에 차라리 그것을 분리하고 배제하는 방법을 선택했다.

## 방물과 삭선절물

상공 가운데 방물方物(청나라에 바쳐야 하는 물품)이나 삭선절물朔膳節物(왕실 소비물품)은 백면지白綿紙·유둔油芚의 예에서 보듯, 현물공납제하에서도 그 값을 호조가 지불했다. 문제는 호조가 지불했던 금액이 시가에 비해 너무 낮은 경우가 많았다는 데 있다. 이 때문에 각관이 방물을 마련하는 과정은 대개 민결 침탈로 이어졌다. 지급받은 낮은 가격으로는 방물을 마련할 수 없어서 공물주인, 수령 등이 결국 그 모자라는 것을 민결에서 거두었기 때문이다. 대동법은 방물과 삭선절물 값의 지급 책임을 호조에서 선혜청으로 옮겼다. 또 선혜청이 공물주인들에게 지급하는 물건 값도 시가대로 현실화했다.[42] 세폐歲幣 소호지의 경우에 선혜청으로 지급처를 옮기지는 않았지만, 시가와 호조 지급액의 차액을 대동미로 채워 주었다.[43] 이것은 공안개정론의 공물가 인하 주장과는 크게 달랐다.

## 별공

별공은 상공과 달리 공안에 오르지 않았는데도 징수된 공물이다. 원래 왕실의 제향祭享이나 어공御供에는 별공이 많았다.[44] 하지만 '매년마다 늘 있는 별공(年例別卜定)'이라는 말에서 짐작할 수 있듯이, 현실적으로 별공은 상공화된 경우가 많았다.[45] 단지 이름만 별공이라고 불렸을 뿐이다.

궁전弓箭(활과 화살)의 제작이 그 예다. 다른 물품들도 그렇듯이 화살 역시 한 곳이 아닌 훈련도감, 군기시, 내궁방 등 여러 곳에서 만들어졌다.[10] 화살

재료로는 화살대, 꿩깃, 아교 등이 필요했는데 그 양이 상당했다. 광해군 10년(1618) 군기시 보고에 따르면 군기시에서 1년에 공급받는 궁전 관련 각 물품의 수요는 꿩깃이 14,064개, 화살대가 3,970개, 아교가 163근이었다. 이것들은 항상 부족해서 대개 그것들이 산출되는 각 도의 감영·병영·수영에 추가로 배정되곤 했다. 이때의 보고 내용도 부족한 꿩깃 10만여 개와 아교 200여 근에 대한 추가 별복정 요청이었다.[46] 대동사목에는 내궁방의 화살 제조 재료에 관한 별복정 규정이 나온다. 이를 통해 여타 별복정에 대한 대동법의 원칙을 짐작해볼 수 있다. 결론을 말하면 종래의 별복정을 그대로 인정하고, 이전에는 지급하지 않던 별복정의 대가를 대동미로 지급하는 것이다.[47]

별공으로 거두는 대표적인 것은 병자호란 이후 급격하게 늘어난 칙수勅需, 즉 청나라 사신의 접대에 들어가는 수요였다. 주무 관청인 호조가 물품 가격으로 지급하는 금액은 대개 시가에 훨씬 못 미쳤으므로, 이것은 곧바로 민전 침탈로 이어졌다. 대동법에서는 이에 대해 경기의 예에 따라 상평청 모곡耗穀으로 보충하도록 규정했다.[48]

### 각관에 나눠 길렀던 소와 말을 서울로 거둬들이는 비용

사복시가 각관에 나눠 기르게 했던 말과 소를 서울로 거둬들이는 것과 관련된 부담도 현물공납제하에서는 규정되지 않았던 사항 중 하나였다. 하지만 나눠 기르던 말과 소를 다시 거둬들이는 과정에서 우장牛裝·마장馬裝에 따른 비용, 질지가作紙價, 주인역가主人役價, 견군가牽軍價 등이 필요했다. 호서와 호남의 두 사목에서는 이들 비용을 대동미로 지급하도록 규정했다.[49]

---

10) 제2부 5장 268쪽 허적의 말 참조.

## 전세조공물

전세조공물은 범주상 전세에 속하므로 호조에서 담당했다.[50] 광해군대 경기선혜법에는 전세조공물이 포함되지 않았기 때문에 결당 16두 밖에서 거두어져 여전히 호조에 돌아갔다. 호서대동법은 전세조공물을 대동미에 포함시켰다. 경기의 전세조공물은 현종대의 대동법 재정립 과정에서 대동미에 포함되었다.[11] 효종 3년(1652)을 기준으로 호서는 경상납의 약 7%, 현종 3년(1662)을 기준으로 호남은 경상납의 약 6.4%가 전세조공물이었다.[12]

전세조공물과 관련된 폐단의 핵심은 전세조공물에 포함된 물품들을 납부하는 데 뒤따르는 부담이 정부가 규정한 것보다 훨씬 컸다는 점이다. 게다가 납부의 책임은 각관에 있었다. 각관은 실제의 부담과 규정된 내용 사이의 차이를 보충하기 위해 백성들에게 일상적으로 첩징·가징을 가할 수밖에 없었다.[51] 상황이 이렇게 흘러갔던 중요한 이유 중 하나는 전세조공물로 거두던 품목들 — 멥쌀(갱미粳米)·중미(中米: 주미酒米)·황대두黃大豆·황두黃豆·장두醬豆 등 — 이 왕실의 제향이나 어공에 사용되었기 때문이다.[52] 이것은 이 문제에 대한 개선이 그만큼 어려웠다는 것을 뜻한다. 대동법 실시와 함께, 선혜청이 호조 대신 전세조공물을[13] 걷어 경각사에 직접 공물가를 지급했

---

11) 제2부 5장 259쪽 참조.

12) 『호서대동절목』 19조에 따르면 효종 3년 수조안의 전세조공물 세태稅太는 5,059석이고, 세미稅米는 817석이다. 이것은 쌀로 환산해서 3,346.5석이며 충청도 경상납 48,280석(『호서대동절목』 7조)의 7%에 해당한다. 호남은 『전남도대동사목』이 아니라 『호남청사례목록』 수조조收租條에 전세조공물의 규모가 나온다. 위미位米 950석 16두 1승 1홉 4석, 위태位太 5,992석 7두 7승이 그것이다. 쌀로 환산하면 3,946석 19두 9승 6홉 4석이다. 전라도 경상납미 61,218석(『전남도대동사목』 9조)의 6.4%에 해당한다. 경기의 상납미는 3만 석인데,[『현종개수실록』 권10, 5년 1월 16일(己卯)] 콩을 빼더라도 쌀만 3,500석으로 12%에 가까웠다.(『승정원일기』 209책, 현종 9년 8월 15일)

13) 전세조공물의 이름은 대동법이 성립된 후 위미·위태로 바뀐다. 위미·위태는 '진휼곡과

다.[53] 종전에 전세조공물을 경각사에 납부할 최종 책임이 각관에 있었던 것에서 달라진 것이다. 선혜청은 공물주인에게 전세조공물을 마련하도록 물품의 금액을 지급했는데, 그 액수는 종전에 백성들로부터 규정 외로 더 거두던 것을 모두 포함하는 수준이었다.[54]

### 경각사가 수취하던 물품들

대동법이 실시된 이후에도 경각사들은 이전부터 자신들이 직접 공물가를 받았던 각관에서 수취를 계속하기도 했다. 오랜 관행을 중단할 수 없었던 것이다. 선혜청은 이에 대해 경각사가 거두었던 물품의 값을 대동미로 지급했다. 사재감이 거두던 기인작목가其人作木價와 호조가 거두던 연해관沿海官의 공물작미貢物作米가 그것이다.[55] 세폐歲幣 상·차목上次木[14]도 여기에 해당되었다.[56] 원칙적으로 위의 항목들은 대동법 실시와 동시에 모두 선혜청에 귀속되어야 했다. 다시 말해 백성들로부터 대동미를 걷는 것 외에 또 다시 이들 물품을 마련하는 관행이 사라져야 했다. 하지만 위의 물품들은 이미 오랫동안 이들 기관의 예산에 잡혀 있었기 때문에 각관 대신 선혜청이 계속해서 대동미로 지급하는 형태로 유지되었다. 아마도 그 물품들의 시중가격보다 몇 배 높은 가격으로 지급했을 것이다.

### 여러 가지 신역

현물공납제하에서는 물건의 형태로 거두는 것보다 노동력을 동원하는 형

---

같이 예정에 없이 급해 써야 할 곡물(不時補用之資)에 쓰였다.'[『영조실록』권54, 17년 10월 23일(甲寅)]

14) 세폐 상·차목은 매년 4월 중국에 공물로 바치던 상등품의 무명이다.

태가 더 큰 폐단을 가져오는 경우가 많았다. 기인其人,[15] 경주인방자京主人房子, 경비방자京婢房子, 조예皁隷 등의 신역이 그것이다.[16] 이들은 모두 고립가雇立價가 경청京廳의 수납미로 지급되고, 주무 관청이 선혜청으로 바뀌면서 민에 대한 강제적 수취의 무대에서 사라졌다.[57] 다만 조예에 지급되는 고립가는 호조와 선혜청이 1년에 넉 달과 여덟 달씩 나누어 부담했다.[58] 원칙적으로는 선혜청에서 모두 지급하는 것이 옳겠지만, 오랜 행정적 관행이 한순간에 변화되지 못했던 것이다.

## 쇄마·쇄선가

공물의 운반비와 사신·관원들의 교통비에 해당하는 쇄마刷馬·쇄선가刷船價는 백성들에게 대단히 무거운 부담이었다. 현물공납제에서는 그에 대한 수취 규정 자체가 없었다.[59] 현물공납제에서 공물 납부의 책임이 각관에 있었던 것의 연장선에서 이루어진 일이었다. 쇄마·쇄선의 가격이 얼마가 들던지 그것은 각관이 알아서 해결해야 할 일이었다. 때로 말 1필의 쇄마가거의 쌀 100두에 이르기도 했다.[60] 더구나 쇄마가는 여러 가지 불법적인 용도로 전용되었다.[61] 임시로 필요했던 쇄마는 나중에 더 이상 필요 없어졌을

---

15) 기인역에 대한 가포價布는 이미 인조 때 연간 35,000여 필이나 되었다.[『인조실록』 권33, 14년 8월 1일(壬申)] 『만기요람』에 기인가미其人價米 38,721석은 전체 경각사들 중에서도 가장 많은 공가였다. 두 번째로 많은 공가가 지급된 제용감의 17,395석에 비해서도 두 배 이상이었다.

16) 지방 정역호定役戶의 신역이었던 사옹원의 어부와 응사鷹師, 선공감繕工監의 압도평직鴨島坪直 등도 여기에 해당했다.(도쿠나리 도시코德成外志子, 「조선후기의 공물무납제－공인연구의 전제작업으로」, 『역사학보』 113, 1997, 6~8쪽) 압도평직은 압도(현 서울의 난지도 지역)에 거주하며 이곳의 갈대를 관리하는 사람들을 말한다. 응사는 매를 길러 사냥하는 일을 하는 사람이다. 잡은 고기는 대전이나 대비전을 포함한 각 전에 올려졌고(供上), 제사에도 쓰였다.

때에도 기존의 쇄마가를 그대로 걷어 다른 용도에 쓰는 경우도 적지 않았다. 쇄마가의 수취도 공납제하의 다른 공물가 수취와 마찬가지로 전결에 윤회분정되었다.[62] 대동법 실시 이전에도, 정부는 이런 상황을 타개하기 위해 무질서한 쇄마 사용을 엄격히 금지하기도 했다.[63] 하지만 그 효과는 크지 않았던 듯하다.[64]

대동법 실시 이후 대동미와 대동포를 서울의 관청에 납부하는 데 동반되는 비용인 쇄선·쇄마가는 대동미·포로 지급되었다.[65] 원칙적으로는 이로써 공물의 운반비로 인한 오랜 폐단이 제거된 셈이다. 호서와 호남의 두 대동사목에 따르면 그런 비용은 호서에서 3,962석, 호남에서 4,329석이었다.[17] 경상납미 전체에서 운반비용이 차지하는 비율은 호서가 약 8%, 호남이 약 7% 정도였다.[18] 또 풍흉에 따라 운반비를 조정하고[66] 불규칙한 칙수의 운반비까지 대동미로 지급함으로써,[19] 운반에 따른 변수를 수취제도 내부로

---

17) 『호서대동절목』 7조에는 경상납에 드는 선마가船馬價가 나오지만, 『전남도대동사목』 9조에는 단지 경상납미(61,218석)와 유치미(85,916석)가 나올 뿐 경상납에 따른 선마가가 나오지 않는다. 다만 10조에서 경상납미의 지출 항목이 제시된 후 그 총액이 나오기 때문에, 두 액수의 차이를 경상납에 드는 선마가로 추정할 수 있게 한다. 『현종개수실록』 권8, 4년 3월 12일(庚辰) 기사에는 경각사 28처에 호남 선혜청이 1년에 지급하는 총액이 5만 6,889석으로 나와 위의 추정을 뒷받침하고 있다. 4,329석은 호남의 경상납미 총액에서 5만 6,889석을 뺀 수치이다.

18) 〈표 3-2〉 양호의 종류별 대동미 액수

| | 총 수조(결) | 각양복호(결) | 실결 | 총 수미(석) | 경상납미(석) | 본도 유치미(석) | 선마가(석) |
|---|---|---|---|---|---|---|---|
| 호서 | 131,419 | 6,673 | 124,746 | 83,164 | 48,280 | 30,922 | 3,962 |
| 호남 | 190,855 | 21,084 | 169,771 | 147,134 | 61,218 | 85,916 | |

출전:『호서대동절목』 7조, 『전남도대동사목』 9조

19) 『호서대동절목』 39조. "칙사가 왔을 때 필요한 잡물들은 그 부과한 것의 많고 적음에 따라 혹은 말로 운반하고 혹은 사람들이 등에 져서 운반한다. 하지만 어느 경우이든 대동미로 그 운반에 따른 비용을 지급한다." 이 조항은 『호서대동절목』 77조와 내용상 상충된다. 77조의 내용은, 칙사가 관에 머물 때 그에 따른 잡물을 종래에는 각 도에

흡수했다. 이 모든 조치들 역시 민에 대한 첩징과 가징을 제거하여 양입위출의 원칙을 지키기 위한 것이었다.

## 대동법으로는 기존의 공·역가 총액이 줄지 않았다

대동사목은 민에 대한 기존의 모든 공물과 일부의 신역 부담을 결당 걷은 대동미·포로 갚아주는 것을 목표로 했다. 현물공납제에서 민으로부터 반대급부 없이 수취했던 것들을 미리 정해진 대동미 액수로 대체하려 했던 것이다. 규정에 없는데도 민에게서 수취하던 것들을 대동법 안으로 흡수하여 대동미를 지급했다. 또 비록 정부가 거두는 물품 자체는 아니지만, 그 물품을 운반하는 데 수반되는 노동력 동원을 포함한 다양한 신역들도 모두 대동미로 지급했다. 대동사목은 정부가 공물주인에게 시가보다 낮게 지급했던 물품의 가격을 시가에 따라 지급하도록 규정했다.

그렇다면 현물공납제에 비해 대동법의 공물가 총액은 어떤 수준에서 결정되었을까? 결론적으로 말하면, 대동사목만으로 그것을 정확히 알 수 있는 방법은 없다. 하지만 우회적으로 짐작해볼 수는 있다. 즉 대동법은 현물공납제에서 정부가 민에게서 공식적으로 수취하던 것을 그대로 받아들였던 듯하다. 또 선혜청은 현물공납제에서 경각사가 지출했던 공물가 총액을 대동법하에서 대동미·포로 넉넉히 지급했던 듯하다.

『호서대동절목』 7조에 따르면 정부는 충청도에서 수조지 131,419결에서 복호 6,673결을 빼고 결당 10두씩 총 83,164석을 걷었다. 이것은 각각

---

분정했지만, 그렇게 했을 때 방납의 폐단뿐만 아니라 운반에 따른 불편함도 있었으므로 그 가격을 상평청에서 지급한다는 것이다. 『호서대동절목』에 이런 내용상 충돌이 있는 것은 그 내용이 아직 충분히 정리가 되지 않았기 때문으로 보인다. 『전남도대동사목』에는 『호서대동절목』의 39조 내용이 빠졌다.

경상납미 48,280석, 선마가船馬價 3,962석, 본도 유치미 30,922석으로 이루어졌다.[20] 한편 인조 11년(1633) 이민서에 따르면, 충청도에서 1년에 거두는 공물·진상의 총 액수가 86,000석이고, 여기서 지급되는 충청도 몫으로 감당해야 할 경사京司의 1년 공가貢價가 50,000석이면 충분하다고 말했다.[67] 86,000석은 83,164석과, 50,000석은 48,280석과 3,962석을 합한 것과 비슷한 규모라는 것을 알 수 있다. 즉 이민서가 말하는 액수와 『호서대동절목』에 규정된 액수가 매우 비슷하다는 것을 알 수 있다.

대동사목의 내용과 이민서의 발언을 직접 비교하는 것은 여러 가지로 무리한 측면이 있다. 우선 양자가 20년 이상 떨어져 있기 때문이다. 더구나 인조 11년이면 갑술양전 이전이다. 하지만 이런 차이에도 불구하고 양자는 상당한 연관성을 가지고 있다. 갑술양전 자체도 양전 이전에 이미 파악되어 있던 전결수를 공식화한 측면이 강했고, 효종대 대동법은 갑술양전에 기초했다. 그 결과 양자 사이에는 공물가가 3,000석 정도밖에 차이나지 않았다. 더구나 경상납은 거의 일치하는 수량을 나타냈다.

이민서가 말한 인조 11년의 충청도 공물가 총액이 어떤 내용으로 이루어져 있는지 분명히 파악하기는 어렵다. 하지만 위의 내용으로 보아서 대동법은 현물공납제에서 관행화된 사항을 충실히 물려받았음을 짐작할 수 있다. 아마도 공물가 총액은 별로 달라지지 않았고, 총액 내에서 수요 항목들의 공가가 합리적으로 조정되었을 것이다.

---

20) 대동사목에서 대동미는 대략 세 부분으로 나뉜다. 첫째 경청수납·경공(납)·경상납·상납 등으로 불리는, 서울의 선혜청으로 올라가는 것, 둘째 영읍소용營邑所用·각도획급各道劃給·각양획급各樣劃給 등으로 불리는 지방 각관의 수요, 셋째 각관 저치儲置 또는 여미餘米로 불리는 것이 그것이다. 둘째와 셋째를 합해서 각관 유치미留置米라고 부르기도 한다. 각관 유치와 각관 저치는 말뜻 자체는 비슷하지만 다른 의미이다.

## 3. 각관 수요

### 양입위출에 포함된 각관 수요

대동법의 여러 특징 중에서도 가장 중요한 것은 이 법이 경대동을 넘어섰다는 것이다. 달리 말해, 대동법은 지방 각관의 수요를 양입위출의 정부 재정구조 속에 통합시켰다. 이 점이야말로 대동법과 이이의 공물변통론을 구분 짓는 가장 뚜렷한 기준이다. 대동법이 성립되는 과정은 사실상 경대동을 극복하는 과정이었다. 인조 초 삼도대동법의 실패는 다름 아닌 경대동의 실패였다.

대동법의 특징은 중앙재정이나 지방 각관의 재정을 막론하고 양입위출을 원칙으로 삼는다. 대동사목에는 이 원칙을 위반했을 때의 처벌 규정도 있다. 그런데 양입위출은 경대동에서는 지켜질 수 없었다. 왜냐하면 경대동은 총 공물가의 일부일 뿐이기 때문에 총 공물가의 또 다른 일부에서 양입위출 규정이 지켜지지 않으면 전체적으로 양입위출은 불가능하다. 넓은 우회로가 있는 규정은 지켜질 수 없다. 바로 이 점이 인조 초 삼도대동법의 실패 원인이었다.

경대동을 극복한다는 것은 경대동에 포함되지 않았던 공물을 양입위출 규정에 포함시킨다는 것을 뜻한다. 대동미의 세 구성 부분 중 지방 각관의 자체 수요인 영읍소용미營邑所用米나 예비비 성격의 여미가 그 대상이었다. 이 두 가지는 현물공납제에서 공물에 포함되지 않았던 것이다. 영읍소용미와 여미가 양입위출의 규정을 받게 되었다는 점은 대동법이 경대동과 구별되는 기본요소이다.

현물공납제에서 각관 관수의 토대인 아록전, 공수전, 관둔전은 양이 적어 이것들만으로는 각관이 경비를 감당할 수 없었다.[21] 그런 까닭에 각관은 몇 가지 '비법非法적' 방법들을 사용했다.[22] 전결과 관련된 대표적인 것은 '제역除役'이었다. 제역은 각관이 지출해야 할 비용 항목마다 그것을 충당할 수 있는 전결을 따로 지정해두는 것이었다. 이런 전결은 각관이 중앙에 보고하는 전결수에서 빠졌다. 인리팔결人吏八結은 '제역'의 한 가지 예다.[23] 인리팔결로 지정된 땅을 가진 사람의 입장에서는 자기 땅에 부과된 세금을 낸다는 점에서 다른 땅을 가진 사람들과 다를 것이 없었다. 단지 각관이 여기서 걷은 몫으로 국가의 수취에 응하지 않고, 각관이 별도로 감당해야 하는 것에 충당했을 뿐이다. 제역이 많지만 않으면, 이것은 그다지 문제가 되지 않았다. 하지만 제역의 항목들이 늘면서 각관의 전정이나 재정지출 구조가 무질서해졌고, 각관마다 관수의 규모도 달라졌다.[68] 이쯤 되면 문제가 되지

---

21) 호서 전체의 아록공수위전衙祿公須位田의 전삼세미田三稅米는 738석, 전삼세태田三稅太는 233석이었다.(『호서대동절목』 19조)

22) 현물공납제하에서 각관이 경비를 마련하는 방법을 '불법적'이라고 하지 않고 '비법적'이라고 한 것에는 이유가 있다. 엄밀하게 말해 현물공납제에는 각 고을이 필요한 경비를 마련하여 그것을 쓰는 것에 관한 규정이 존재하지 않았다. 따라서 각관에서 경비의 수요와 지출에 문제가 발생할 경우, 그것은 관련된 법규정을 위반했기 때문이 아니다. 애매하기는 하지만, 수령의 관수 운영이 너무 지나치게 걷어 지역 민심을 동요시키지 않을 정도, 거둔 것을 수령이 개인적으로 착복하지 않고 관아의 정상적 운영을 위해 쓰는 정도의 범위 안에 있다면 아무런 문제가 없었다. 오늘날의 기준으로 보면 매우 불합리해 보일 수 있지만, 이 기준은 조선시대에 현실적으로 오랫동안 꽤 잘 작동했다. 따지고 보면, 이런 방식은 오늘날에도 상당히 남아있다고 할 수 있다. 예를 들어서 '관공비'라고 불리는 항목은 사실 이 범주에 속하는 것으로 보인다.

23) 『호서대동절목』 35조, 『전남도대동사목』 34조. 인리팔결의 제역은 널리 사용된 방법이었던 듯하다. 인조 2년 전라도 암행어사 장유張維는 복명서復命書에서 각영의 영리營吏가 왕래할 때, 스스로 말을 준비하게 하고 그 영리의 소경전所耕田에 급복給復함으로써 그 값을 치러줄 것을 건의했다.(『비변사등록』 3책, 인조 2년 1월 6일) 급복은 복호를 지급한다는 말이다. 필요한 경비를 특정한 전결에 부담하는 방식인 영리의 소경전은 아마 인리팔결을 의미할 것이다.

않을 수 없다. 이런 지출구조가 생긴 원인은 현실적으로 이해할 수 있지만, 어찌 되었든 이런 구조는 불법과 부패의 온상이 되었다.

## 기존 지출 항목들의 현실화

영읍소용미의 규모는 현물공납제에서 관수의 토대였던 아록전, 공수전, 관둔전에서 제공할 수 있었던 것에 비해 그 규모가 크게 확대되었다. 영읍소용의 규모가 증가한 이유는 두 가지였다. 하나는 기존의 아록전·공수전에서 지급되던 항목들의 지출 규모를 현실화한 것이고, 다른 하나는 종래 아록전·공수전에서 지급되지 않던 항목들에 대해서 새로 대동미를 지급했기 때문이다. 이 원칙은 앞서 살펴본 중앙재정의 지출 원칙과 같다.

첫째 경우에 해당하는 것들 중 하나는 감사지공미監司支供米와 사객지공미使客支供米의 액수가 늘어난 것이다. 감사지공미는 감사가 각관을 순시할 때, 그를 접대하기 위한 비용이고, 사객지공미는 사객의 접대에 드는 비용이다. 호서 각관의 액수를 모두 합하면, 이 두 가지는 각각 980석 정도였다.[24] 공물에 비해 진상이 그렇듯이, 감사나 사객이 지방관부에 대해서 가지는 의미 때문에 지방관부로서는 이들의 접대에 소홀할 수 없었다. 경우에 따라 각관 수령은 재정적으로 호조의 명령에 태만할지언정 감사의 말에 느슨할 수는 없었다. 수령들에 대한 인사고과의 권한이 감사에게 있었기 때문이다. 무엇보다 감사는 지방에서 중앙정부를 대신하는 존재였다.[69] 그만큼 잠재적으로 이들에 대한 후한 접대비용이 관내 민결의 부담으로 전가될 가능성이 매우 높았다. 각관 수령의 입장에서는 사객 역시 감사와 비슷한 성격을 띠

---

24) 한영국, 「호서에 실시된 대동법(하)」, 『역사학보』 14, 102~106쪽. 단, 호남의 경우는 관수에 포함된 내용이 호서와 달라서 동일한 비교가 어렵다.

었다.

또 각관이 접해 있는 도로의 대소에 따라 대동미에서 각각 100석과 30석씩이 지급되었다.[25] 이는 현물공납제 때의 지급액보다 상당히 증가한 양이다.[26] 잔읍의 1년 관수가 100석이라는 점을 감안하면, 중앙정부가 중앙과 지방 간의 안정적 교통을 위해 기울인 노력의 정도를 짐작할 수 있다. 예나 지금이나 물자와 정보의 원활한 흐름 없이는 국가적 통합이 어렵다. 길은 그것을 가능하게 하는 가장 중요한 수단이다.

### 새로운 지출 항목들의 추가

한편 영읍소용에는 현물공납제의 아록전·공수전에서 지출하지 않은 많은 항목들이 포함되었다.

호서와 호남의 영읍소용에 포함된 여러 지출 항목을 살펴보면 삼영三營, 즉 감監·병兵·수영水營의 영수營需(수요)가 영읍소용미에 포함된 것이 눈에 띤다.[70] 종래 삼영은 영수를 위해서 원칙적으로는 자체 재원을 가지고 있지 못했다. 다시 말해, 이들이 자체 경비를 마련하기 위해서 합법적으로 인정된 수단을 갖고 있지 않았다. 이것이 바로 현물공납제하에서 빈번히 지적되어온 삼영의 민결 침탈의 근본 이유였다. 그런데 역설적이게도 삼영은 다른 어떤 기관보다 재정적으로 풍족했다. 남정들에게 수자리에 나가는 것

---

25) 경기지역을 예로 들 때, 사객에게 제공하는 쌀은 대로와 소로, 숙참(자고 갈 수 있는 곳)과 과참(쉬었다가 그냥 지나가는 곳)을 구분하여 정하되, 대로의 숙참인 경우는 150석을 주고 과참인 경우에는 140석을 주며, 중로의 숙참인 경우에는 100석을 주고 과참인 경우에는 70석을 주며, 소로의 과참과 숙참인 경우는 50석을 주었다.[『현종개수실록』 권10, 5년 1월 16일(己卯)]

26) 제3부 6장 293쪽 각주 3)의 〈표 3 - 1〉 관질에 따른 아록전·공수전 지급' 참조.

을 면제해주는 대가로 받은 포布가 삼영의 주요한 수입원이었다.[71] 대동법 실시와 함께 삼영의 영수에 대한 지급 규정이 다음과 같이 정해졌다.

(백성들이) 삼영에 내던 것들은 모두 대동미로 물건 값을 치러준다. 종이(紙地)·붓·묵墨·약재藥材 등 물건을 영문 앞에서 값을 지급해서 마련한다. 절대로 전처럼 이들 물품을 어지럽게 분정하지 않은 후에야 열읍列邑을 감독할 수 있다. 먼저 스스로 규칙을 범하지 말라. 감영에는 원수미 500석 외에 가교가미駕轎價米 40석을 추가로 지급한다. 병영은 청주의 관수미와 유청가미油淸價米 466석이 부족하지 않지만, 장사지공가급미將士支供加給米로 100석을 추가 지급한다. 수영은 영수미가 150석이다. 보령에 관수미와 유청지지 등 가미가 196석, 감사지공미 5석 외에 장사지공미將士支供米 80석을 추가로 지급한다. 삼영에 바치는 쌀은 모두 1,538석 5두이다. 4목牧 중에 군료미를 또한 80석 지급한다. 이것으로써 그 쓰임에 기준을 삼을 수 있다. 병·수영이 전에 받아들이던 쌀을 거둬들이지 말라.[72]

영수는 삼영이 위치한 관의 관수와 관계없이 지급되었다. 즉 삼영이 위치하고 있는 각관에 이미 관수미가 지급되었으나, 그 관수미와는 별도로 삼영을 운영하는 데 들어가는 경비가 다시 지급되었다. 이렇게 걷은 가미價米로 종이, 붓, 먹, 약재 등 물건을 영문 앞에서 사들였다. 영문 앞이 강조된 것은 아마도 그 물건을 마련하는 과정이 공개적이어야 함을 강조하기 위해서인 듯하다. 규정의 한결같은 목적은 민전을 함부로 침탈하지 못하게 하기 위함이었다.

영읍소용에 새롭게 포함된 여러 항목 중에는 군수軍需와 관련된 것들이 많았다. 월과군기月課軍器, 즉 매월 의무적으로 각관이 바쳐야 하는 군수품을 해마다 마련하는 데 따른 폐단에 대해서는 이경여李敬輿가 호남 감사를 지낼 때 지적한 바 있다.[73] 서울에 상납해야 하는 것들 중에 약환藥丸이라고 불리는 월과총약환月課銃藥丸이 있었다. 이것의 가미는 전국적으로 합하면 23,400여 석에 이르는 많은 양이었다.[74] 원래 이 항목은 규정상 민결에 부과된 것이 아니었다. 각 읍의 수령이 사고私庫에 비축한 것 가운데 남은 것으로써 준비하도록 규정되어 있었다. 하지만 이것은 민결 침탈로 이어졌다.[75] 효종 3년(1652) 충청도에 대동법 실시가 결정되자, 『호서대동절목』 작성 직전인 효종 4년 3월에 월과군기가 대동법에 포함되었다.[76] 한편 호남에서는 월과군량군기가月課軍糧軍器價가 처음부터 영읍소용에 포함되었다.

봄가을로 군사훈련(習操)을 할 때에 동원된 병사들을 먹이기 위해서는(犒饋) 적자 않은 비용이 들었다. 효종 3년을 기준으로 충청도에서는 570여 석이 들었다.[77] 인조대 이후로 수군훈련(水操)은 봄·가을 두 차례 시행하는 것이 정례화되었다. 봄에는 합동훈련(統營合操)이, 가을에는 각 도별 수조가 정례화되었다. 합조에는 경상·전라·충청 등 삼도 수군이 참여했다. 춘추 습조에 따른 호궤 비용, 겯군格軍의 식량 역시 대동미로 지급되었다.[78]

각관의 군수 부담은 무거웠다. 김홍욱金弘郁은 각관의 군수와 관련된 역이 각관에서 감당해야 할 역의 절반이라 말하기도 했다.[79] 대동법이 실시되면서 이런 부담도 대동미에서 지급되었다. 또한 여러 세폐, 각종 진상방물, 석전제釋奠祭·사직社稷·사액서원 등에 대한 폐백幣帛과 요미料米도 모두 영읍소용에 포함되었다.

각관에서 중앙으로 올라가는 모든 공물·진상은 당연히 쇄선·쇄마의 역이 필요했다. 현물공납제에서는 공물·진상의 납부자가 스스로 책임져야 할 몫이었다. 쇄마는 중앙정부 입장에서는 눈에 띄는 부담이 아니었다. 물건이 이미 서울에 도착한 이상, 서울에 있는 사람들이 운반에 따른 노역을 확인할 수는 없기 때문이다. 하지만 그 부담을 실제로 감당해야 했던 각관의 입장에서는 대단히 큰 부담이었다. 쇄마는 공물이나 우마牛馬의 운송을 위해서만 필요했던 것도 아니다. 감사와 수령이 움직이는 데 드는 쇄마 비용도 적지 않았다. 경제적 조건이 넉넉하지 못한 고을들에서는 1년에 한두 번만 수령이 바뀌어도 대동미로는 감당하기 어려울<sup>80</sup> 정도였다.[27] 통상 어떤 사람이 수령으로 제수되면, 그가 부임지에 도착할 때까지의 행정 절차와 그에 따른 비용을 부임지 쪽에서 주관하고 부담했다. 여기에는 많은 경비가 들었다. 이 모든 경비를 쇄마가라고 불렀다. 쇄마가는 이처럼 단순한 교통비를 뜻하지는 않았다.[28]

다음은 호서와 호남의 두 대동사목에서 감사나 수령의 이동과 관련된 쇄마 항목을 정리한 것이다.

C-1. 수령이 임기가 다하여 바뀔 때, 새 수령을 맞고 옛 수령을 보내는 데 드

---

27) 선조 28년에 우의정 정탁鄭琢 역시 평상시에도 1년에 두 번 수령을 바꾸면 폐읍이 된다고 말했을 정도다.[『선조실록』 권60, 28년 2월 30일(癸酉)] 이로 미루어볼 때, 수령 교체에 따른 경제적 부담은 일찍부터 문제가 되었던 듯하다. 지방관의 잦은 교체에 대해서는 연구된 내용이 많다. 〈참고문헌〉에서 김석희, 이원균의 연구 참조.

28) 수령으로 임명된 사람이 찾아보고 인사를 차려야 하는 — 이것을 사조辭朝라 한다 — 대상으로는 법적으로 정해진 것만 시원임대신時原任大臣, 육조 판서, 양국대장兩局大將, 시임대간, 이조 당상과 낭청, 비국당상備局堂上 등을 아울렀다. 사조에는 당연히 적지 않은 비용이 들었다. 또 참알가參謁價라는 명목으로 각 관청에 바치는 돈도 있었다. 이 비용은 원래 경주인 주머니에서 나오고, 수령이 고을에 부임한 후 그 고을에 청구하여 받는 것이 관례였다. 또 친영을 위해서 서울로 파견된 부임지의 이예吏隷는 일률적이지는 않지만 대개 20명 전후에 이르렀다. 그뿐 아니라 서울에서 신임 수령에 대한 서경이 늦어질 때, 이들이 서울에서 머무는 데 들어가는 비용도 크게 늘어났다. 이 모든 것이 신임 수령을 맞을 고을의 경제적 부담으로 이어졌다.(김혁, 「조선후기 수령의 부임의례」, 『조선시대사학보』 22, 2002; 정구복, 「조선시대 자문(尺文)에 대한 연구 — 수령이 새로 임용될 때의 비용」, 『고문서연구』 11, 1997).

는 쇄마가는 모두 대동미로 지급한다. 법전에 따라 대목大牧 네 고을(충주·청주·공주·홍주)은 말 20필을 지급하고, 군현 이하는 말 15필을 지급한다. 절대로 더 지급하지 않는다.[81]

C-2. 수령이 공적인 일로 상경할 때, 4일정 이하는 쇄마 3태馱(바리)를 지급하고, 5일정 이상은 4태를 지급한다. 도내에서 공적인 일로 왕래할 때, 2태를 지급한다. 사적으로 출입할 때, 근친覲親·병친病親·소분掃墳·과거 등으로 휴가를 냈을 때, 각각 2태를 지급한다. 그 값은 모두 대동미로 계산하여 지급한다. 혹 부족하면 아양마衙養馬를 사용하고 절대로 가미를 남용하지 않는다.[82]

C-3. 감·병·수 삼영의 수미需米는 이미 넉넉히 지급하였다. 신구영송新舊迎送 할 때와 감·병·수사가 거느리는 영리營吏가 서울에 머물 때 드는 식량과 여러 가지 영중營中에서 바꾸는 물건은 모두 영미營米로 지급한다. 절대로 열읍列邑에 분정하지 않는다. 해운판관이 사용하는 종이(紙地) 등의 물건은 전처럼 각 읍에 윤회분정輪回分定한다. 그 값은 대동미로 계산해서 치러준다.[83]

　현물공납제에서는 수령이 바뀔 때 그에 따른 쇄마가에 대해 명확한 규정이 없었다. 이 때문에 해당 읍의 민결이나, 인리소경전人吏所耕田[29]에 부담이 돌아가곤 했다. 반면, 대동법에서는 수령을 보내고 맞는 일, 수령의 공적·사적 상경上京은 물론이고, 구임 수령을 보내고 신임 수령을 맞기 위한 하리下吏들의 서울 체류 비용과 조운을 담당한 해운판관에 들어가는 비용까지 대동미로 지급하도록 규정했다. 이제 원칙적으로 쇄선·쇄마가를 빙자해서 민에게 가렴을 하는 것은 불가능해졌다.

　각관 내부의 각종 요역 동원도 대동미로 지급되었다. 예장조묘군禮葬造墓

---

29) 인리소경전은 인리팔결과 같은 것이었을 것으로 짐작된다.

米의 가미가 대동미로 지급되었던 것이 한 예다. 예장조묘 역은 왕자 이하 종친·공신을 비롯한 1품 이상 관료들의 묘소 조성에 동원된 요역이다.[84] 기존 연구 중에 이것을 농촌에서 임노동자의 발생으로 해석한 연구가 있다. 그 논문에서 이들이 받은 대가는 임금으로 해석되었다.[85] 하지만 이와 조금 다른 방식의 이해도 가능하지 않을까 생각된다.

> 예장조묘군은 담지군과 차이가 있다. 비록 연군으로 이름을 삼지만 대개는 전
> 결로 가미를 낸다. 그러므로 경기에서 연군 1명이 한 달에 부역하는 값은 미 9
> 두로 정한다. 본도는 정목正木 6필로 계산해 지급했다. 이미 대동법을 설립한 후
> 에 두 도에서 그 가격이 다른 것은 마땅하지 않지만 외방의 형편이 경기와 차이
> 가 없지 않다. 매 1명 한 달의 가격을 대동미 15두로 제한하고, 혹은 쌀로 혹은
> 무명으로 그 원하는 바를 따라서 값을 지급하여 고립雇立한다.[86]

위의 『호서대동절목』 52조와 『전남도대동사목』 47조는 현물납에서 조묘군 동원이 직접적인 노동력 동원이라기보다는 전결에 나누어 부담시켰던 것이었음을 보여준다. 대동법 실시로 이러한 가미도 대동미로 지급되었다. 예장조묘군에게 대동미를 지급했던 것은 임노동자의 발생이라는 측면보다 요역의 전결화가 전체 재정에 통합된 지방정부의 재정구조 속에 공식적으로 자리잡은 것으로 보는 것이 더 적절할 듯하다.

이렇듯 지방재정의 확대는 종래 아록전·공수전이 담당하던 항목들의 지출이 현실화되고, 군수·영수·세폐·쇄마 등 각종 요역들이 새로 지방재정 안으로 들어온 결과다. 대동법의 경상납액이 현물공납제에서 집행되었던 공식적 예산보다 훨씬 늘어나게 된 원리와 다르지 않다.

호서와 호남의 두 대동사목은 각관의 지출 원칙도 규정해놓았다. 예를

들어, 호서의 대읍은 1년 지출 총액인 400석을 매달 33석씩 고르게 지출하도록 규정되었다. 수령이 교체될 때에는 감사와 선혜청에 보고하여 그 준수 여부를 점검 받아야 했다.[87] 즉 균등 지출과 이를 통한 절약의 원칙이 규정되었던 것이다. 나중에 현종은 매달 지출할 수 있는 33석보다 10석 이상 더 사용했을 경우에 수령을 잡아다 심문하고, 비록 10석 이하로 초과 사용했더라도 꼼꼼히 알아보도록 지시했다[88] 현종의 이런 지시를 후대에 조현명趙顯命이 확인한 것으로 보아,[89] 이 원칙이 비교적 충실히 지켜졌던 듯하다.

## 4. 사주인 규정

### 사주인의 역할을 인정하는 경향의 확산

정부에 공물을 조달하는 과정에서 사주인은 일찍부터 중요한 역할을 했다. 하지만 그들의 역할을 공식적으로 인정하는 것은 또 다른 문제였다. 사주인의 역할을 공식적으로 긍정하는 사회적 경향은 병자호란 이후에야 확산되기 시작했다. 이이의 안에 기초한 인조 23, 24년 재생청 활동 이후, 공물변통론은 대동법 실시론과 공안개정론으로 양분되었다. 공안개정론을 주장하는 측에서는 사주인을 여전히 부정적으로 인식했지만, 대동법 실시를 주장하는 측에서는 이들의 역할을 긍정했다.

사주인의 역할을 긍정하는 경향은 이 시기 여러 사람에게서 확인된다. 정치적으로 보수적인 입장에 있던 윤황尹煌이나 유백증俞伯曾도 사주인의 역할을 적극적으로 인정했다.[90] 김장생의 손자이자 이 당시 조정에서 활약했던 김익희金益熙 역시 그랬다.[91] 종래 사주인에 의한 방납은 많은 사람들이

이구동성으로 규탄했던 사항이었다.[92] 이렇게 사주인에 대한 비판이 그들의 역할을 인정하는 쪽으로 바뀌게 된 것에는 몇 가지 이유가 있다.

조선시대 공물 수취에서 현물납이 언제 대부분 사라졌는가는 확실하지 않다. 하지만 그 시기를 아무리 늦춰 잡아도 임진왜란 이전에 현물납은 거의 사라진 상태였다. 이런 환경에서는 현물납으로 인한 방납의 폐단을 없애는 것이 불가능했다. 사주인을 거치지 않고는 각관이 공물로 바칠 현물을 구할 수 없기 때문이다. 현실적으로 방납 금지의 법령은 오히려 민이 부담해야 할 방납가를 인상시킬 뿐이었다. 민은 공·역가로 대개 미·포만을 납부하고, 대부분의 공물은 사주인을 통해 시장에서 구매되는 것이 현실이었다.[30] 경각사 입장에서도 자신들에게 필요한 많은 종류의 물품들을 자체적으로 구매 조달하는 것이 불가능했다. 그 역할을 담당할 인력도 갖추고 있지 않았다.[93] 더구나 경각사의 운영에는 많은 운영비와 노동력이 필요했다. 그러나 정부는 그것들을 지급하지 않았다. 이런 운영비와 노동력을 제공하는 것도 역시 사주인이었다.[94] 사주인들이 공물주인으로서 경각사에 공물을 조달하고, 그들의 노동력과 물력으로 경각사에서 필요한 사환과 경비를 대지 않으면 경각사는 그 기능을 유지할 수 없었다.

병자호란(1636)과 명·청 교체(1644) 이후 중국에서의 불확실성이 해소되기 시작하자, 조선도 내부 정비가 필요했다. 국제정세가 한층 예측 가능한 상황으로 전환되면서, 그에 따른 국내외적 체제 정비의 움직임이 나타났던 것이다. 그것은 국내적으로는 제일 먼저 재정 문제의 정비로 나타났다. 이 과정에서 사주인에 대한 인식은 비판의 대상에서 현실적으로 긍정할 수밖에 없는 대상으로 전환되었다.

---

30) 제1부 1장 54쪽 미주 10의 내용 참조.

## 사주인에 대한 공물가 지급 규정들

충청도와 전라도의 대동사목은 사주인에 대한 공물가 지급, 공물 수취 규정, 그리고 그에 따른 문서행정 등을 규정해놓았다. 『전남도대동사목』 15·16·17조는 『호서대동절목』 14·15·16조와 동일한 내용을 담고 있으므로 『호서대동절목』을 기준으로 살펴보자.

> 각사의 공물은 계해년癸亥年(인조 1)의 공안상정가貢案詳定價로 충분하다. 질지와 역가가 모두 그중에 포함되어서, 백성을 편안히 하는 정치에서 마땅히 서울과 지방을 똑같이 대한다. 물품의 종류들 중 계해년에 정한 가격이 본래 부족했던 것은 마땅히 값을 올린다. 이번에 이렇게 올린 가격을 모두 합해서, 계해년에 비해서 8,048석이 늘어났다. 사주인에게 지급하는 가격은 해읍海邑과 산군山郡을 가리지 않고 미·포를 섞어서 지급한다. (이렇게 함으로써 사주인, 즉 공물주인들이) 풍흉에 물자를 취할 기반으로 삼도록 한다. 무명 1필에 쌀 5두를 항구적인 비율로 정한다. 비록 흉년을 만나도 (선혜청은) 절대로 (사주인에게) 줄여서 지급하지 않는다. (선혜청은) 허다한 미·포를 한 번에 모두 지급하지 않는다. 1년 거둔 것으로 봄·가을로 나누어 사주인에게 지급한다. 이것을 통해서 물건이 필요한 전기前期에 마련토록 한다.[95]

조달할 각 공물들에 정부가 정한 가격(折價)이, 공물주인이 선혜청으로부터 받는 공물가 총액을 결정했다. 정부는 원칙적으로 인조 원년(1623)의 삼도대동법 때 정했던 것을 사용했다. 질지와 역가는 지급받은 대동미에 포함되었다. 대동법이 질지와 역가를 흡수했다는 것은 누구라도 규정된 대동미·포 수량 이상으로 백성들에게서 추가적으로 거둘 수 없다는 것을 뜻한다. 효종대 경각사가 지급받는 공물의 절가 총액은 인조 원년에 정했던 액수보다 8,048석이 늘었다. 그 원인은 장유張維의 복명서에서 단서를 찾을 수 있다. 인조 원년 당시 여전히 각관이 현물로 상납하면서 발생한 실제 비용이 대동미·포에 반영되지 않은 경우가 많았던 것이다. 또 인조 원년에 중앙에서 현물로 수취하는 물건들에 대한 정부의 절가가 당시의 시가보다 낮았고, 인정과 질지 같은 항목이 포함되지 않았던 것도 액수 증가의 원인이 되었을 것이다.[96]

정부는 해읍에서는 쌀로, 산군에서는 무명으로 공물가를 걷었지만, 이를 사주인에게 지급할 때는 미·포를 섞어서 지급했다. 여기에는 깊은 의도가 있었다. 풍흉에 미·포의 가격은 대개 반대 방향으로 움직였다. 논에서 나는 쌀과 밭작물인 포목의 생장조건이 다르기 때문이다. 미·포를 반씩 섞어서 지급하면, 풍흉에 관계없이 사주인에게 지급하는 공물가가 안정될 가능성이 높았다. 즉 흉년에는 미가가 높아지고, 풍년에는 포가가 높아져 상쇄될 수 있었던 것이다. 그래서 대동법이 실시되기 전에도, 미나 포 어느 한 쪽에 심한 흉년이 들어서 시장가격이 지나치게 높아지면, 조정은 종종 가격이 낮은 쪽으로 바꾸어 낼 수 있도록 하는 조치를 취하곤 했다.[97] 농사의 풍흉에 따른 물품의 상대가격 변동을 흡수하는 이전의 조세정책이 대동법의 운영 원칙 중 하나로 자리잡게 된 것이다.

이 시기에 풍흉에 따른 미·포 상대가격의 큰 변동은 공물 수취에 교란과 불균등을 초래하는 경우가 적지 않았다. 이것은 자연발생적 현상에 그치지 않고, 정부에 의해서 인위적으로 이용되기도 했다. 대동법 실시 이전에 항상 전세 수입 부족에 시달리던 호조나[98] '모리지배牟利之輩'[99]는 미·포의 상대가격 변동을 이용해서 부당하게 자신들의 이익을 늘리기도 했다. 이를테면 벼농사에 흉년이 들 때 무명으로 내기로 되어 있던 지역에서 쌀로 거두는 식이었다. 이 같은 상황이니, 민에게 공납 부담이 가중될 것은 당연했다.

그런 까닭에 이미 인조 24년 이시방도 사주인에게 미·포를 섞어서 지급할 것을 제안했다.[100]

대동사목에서는 무명 1필에 쌀 5두로 미·포의 교환비율을 고정시켰다. 물론 해마다 풍흉에 따라 미·포의 상대가격은 변했다. 정부는 백성들로부터 공물가를 수취할 때 매해 그와 같은 상대가격 변동을 반영해야 했다. 하지만 대동사목에서 그런 변동비율에 대한 규칙을 찾아보기는 어렵다. 사주인이나 각 영·읍은 이것을 이용해 부당한 이익을 얻는 경우도 있었다. 상대가격의 변동 폭을 결정했던 것이 호조 고유의 권한은 아니었던 듯하다. 상대가격은 때로 해당 지역에서 결정되거나,[101] 반대로 사주인이 결정하기도 했다.[102] 그런데 대동사목은 단기적 균형을 인위적으로 회복시키는 대신, 미·포의 교환비율을 고정함으로써 장기적 균형을 유지하는 쪽을 선택했다.

### 사주인에 대한 공물 수취 규정들

『호서대동절목』 15조는 사주인에게 지급하는 공물가의 당해년 몫(當年條)과 그 다음 해 몫(翌年條)에 대해서,[103] 16조는 공물 수취에 따른 문서행정에 대해서 말하고 있다.

> 각사가 (사주인들에게) 공물가를 지급한 후, 사주인 등은 각사에 물종을 준비해서 납부한다. 각사 관원은 거둔 수를 청대請臺하여 받들어 올린다. 호조는 중기重記에 올리고 자문尺文을 내준다. 본청 문서와 맞춰보아 공안에 전정填井하는 근거를 삼게 한다. 만약 사주인이 (공물) 값을 받은 후, 즉시 물품을 납부하지 않고 사사롭게 써버린다면 일을 몹시 그르칠 것이다. 해당 관원은 해유解由를 받지 못해서 과내科內에서 녹을 받을 수 없고, 색리色吏와 사주인은 본청에서 경중을 나누어서 죄를 다스린다.[104]

문서행정에는 사주인, 해당 관청, 호조, 선혜청, 사헌부가 모두 관련되어 있었다. 대동사목은 이런 여러 차례의 검사 규정을 통해서 공물 수납이 이상 없이 진행되도록 규정했다.

대동사목은 사주인의 공물 상납에 따른 부담을 줄여주는 몇 가지 조치를 취했다. 대전, 대비전, 중궁전 등 각전各殿과 종묘에 바쳐야 하는 물품들을 구할 수 없을 때는 다른 것들로 대신하거나 나중에 바칠 수 있도록 했다.[105] 또 공물의 품질에 대해서도 엄격한 기준을 일부 완화해주었다. 또 부비와 봉여封餘로 불렸던 규정된 액수 이상의 공물가를 일절 금지했다. 인정도 일절 금지해서 사주인의 부담을 가볍게 해주었다.[106]

## 여전히 남아 있는 현물납

대동법이 시행된 이후에도 지방 각관이 납부를 책임져야 하는 현물납 항목이 완전히 없어지지는 않았다. 사실 공물이나 진상 물품의 특성 등을 고려하면, 현실적으로 불가능한 것이기도 했다. 그럼에도 불구하고 이것은 장기적으로 대동법을 교란시킬 수 있는 잠재적 위험요소였다. 대부분의 삭선절산朔膳節産 진상품들(매달 1일에 제철에 생산되는 물품으로 바쳐야 하는 음식물)은 대동법의 일반적 방식, 즉 선혜청이 각사 주인들에게 대동미를 지급해서 조달하는 방식으로 마련되었다. 하지만 이들 중 일부는 선혜청이 직접 각관에 분정하고 대동미로 값을 지불해서, 각관이 직접 공물을 마련하는 방식으로 마련되었다. 각관이 직접 마련해야 하는 물품의 종류는 도마다 달랐다.[107]

대동법이 실시된 이후에도 각관에서 현물납 일부가 유지될 수밖에 없는 이유로, 다음 몇 가지가 거론되었다. 절산節産(제철산물)이므로 미리 수취할 수 없는 점, 일반인들의 사용이 적어 상품화되기 어렵기 때문에 서울에서 구하기 어렵다는 점, 예헌禮獻이라는 점 때문에 시장 구매를 꺼린 점 등이었다.[108] 현물납 방식은 당연히 방납을 촉발시킬 위험이 높았다. 이유가 어떠하든, 공물 납부의 최종 책임이 각관에 있기 때문이다. 공물을 어디서 공급받는가의 문제는 공물 조달의 책임과 직결된 문제였다. 이 문제는 인조 2년(1624) 장유의 복명서에서 보듯, 이미 인조 초 삼도대동법 실시 때부터 문제로 지적되었다.[109] 효종 9년(1658) 호남의 대동사목 결정 과정에서도 이 문제는 다시 제기되었고,[110] 김육이 죽기 직전에 가까스로 마무리 지었던 문제였다. 그럼에도 불구하고 대동법 실시 이후에도 방납의 가능성이 완전히 사라지지는 않았다.

### 대동사목이 알려주는 것들

지금까지 대동사목을 분석할 때, 단순히 대동미 자체의 분류에 머물지 않고, 대동미 수취 방식 속에 투영된 대동법 자체의 성격을 보려 했다. 대동사목의 각 항목들은 오랜 공물변통의 과정에서 있었던 각종 논의들이 집약적으로 표현된 것들이기 때문이다.

대동법은 그 운영의 기초를 철저하게 전결에 두었다. 따라서 각관의 지출 및 공물가 부담은 각관의 전결을 기준으로 나뉘었다. 또 전결 기준이라는 원칙을 깨뜨리게 되는 주요 원인인 불시 과외의 역들에 대해서는 중앙정부 스스로가 최대한 자제했다. 공물가 인하를 핵심 내용으로 하는 공안개정론에 반해서, 대동법에서는 수취하는 공물들에 대한 공물가 지급액이 늘었다. 이전에는 대가 없이 백성들에게서 수취하던 것들에 정당한 공물가를 지급했던 것이다. 이런 원칙은 각관에도 똑같이 적용되었다. 사주인은 대동법에 의해 처음으로 공물 조달의 역할을 공식적으로 인정받았다. 대동법은 공물을 안정적으로 조달하고 백성들에 대한 부당한 수탈을 방지하기 위해서 대동사목 안에 여러 가지 안전장치를 마련했다. 풍흉에 따른 불안정을 안정화시키는 방식, 공물주인으로부터 공물의 수취를 확실하게 하기 위한 행정적 장치 등이 바로 그것이다.

대동법은 기존 현물납의 극심한 폐단을 극복하는 데 성공했다. 하지만 위험의 재발을 영구히 종식시킨 법은 아니었다. 민에게서 수취하는 모든 공물과 노동력 동원이 대동법 안으로 들어온 것이 아니기 때문이다. 일부 공물과 노동력 동원은 대동법 이전처럼 호역戶役으로 조달되었다. 또 모든 물품들이 공물주인을 통해 서울에서 마련된 것도 아니다. 일부는 여전히 각관이 직접 납부 책임을 졌다. 그에 따라 크게 줄어들기는 했지만 방납의 위험은 여전히 남아 있었다. 말하자면 대동법은 중앙정부가 늘 긴장의 끈을 늦추지 않고 관리해야만 했던 법이다.

대동법의 큰 원칙은 현실을 인정하고, 그것을 바람직한 방향으로 제도화하는 것이었다. 일례로, 분정 기준으로서의 전결 문제를 보면 대동법이 실시되기 전에도 실제로 공물 부담은 전결에 지워졌다. 다만 그에 관한 종합적이고 명확한 수취와 운영 규정을 갖춰놓지 못했던 것이다. 대동사목의 근본 취지는 단순히 공물 조달에 따른 폐단의 방지나 안정적인 공물 확보가 아니라, 공물의 수취를 어떻게 공정하게 민결 위에 정립시킬 것인가에 있었다. 또 명분상으로는 공물가를 인하하는 것이 좋게 들리지만, 이것은 현실의 재정을 돌아보지 않은 주장이었다. 현실과 당위의 괴리는 각종 비법적 양상을 만들어낼 수밖에 없었다. 다시 말해, 공물가 인하 조치는 나중에 더욱 악화된 형태로 백성들의 부담으로 전가되곤 했다. 대동법은 종래 백성들로부터 대가 없이 수취하던 각종 항목들을 대동미로 흡수시켰다. 이로써 이들 항목들을 중앙정부 차원에서 관리할 수 있는 근거와 기준이 마련되었다.

나아가 대동법은 공물가 수취의 안정성을 보장하기 위해서 현실의 다양한 위험들을 상쇄시킬 장치들을 마련했다. 불시의 수요나 풍흉에 대비하기 위한 여미 항목을 새로 만든 것, 사주인에게 미·포를 섞어 지급함으로써 풍흉에 따른 미·포 상대가격의 변동을 조절한 것, 관수의 균등 지출과 1년에 4회에 이르는 보고체계를 확립한 것 등이 바로 그런 예였다. 제도화의 본래 의미가 불확실하고 우연적인 현실에 대한 예측 가능한 수용 과정을 뜻한다면, 대동법은 공납제의 제도화라고 불러도 좋을 것이다.

# 제7장 조선시대 경세론의 핵심을 대동법에서 보다

## 이이 공물변통론의 세 후예

17세기 전반은 임진왜란과 병자호란으로 인한 사회적 혼란과 고통이 극에 달한 시기였다. 하지만 이후 전개될 여러 제도개혁의 원형들이 나타나기 시작한 시기이기도 했다. 그중 처음으로 등장한 것이 바로 공물변통 논의였고, 그 귀결이 대동법이다. 우리는 앞에서 공물변통론의 갈래를 정리하고, 그것들이 기반해 있던 사회적 조건과 현물공납제의 문제점들을 확인했다. 나아가 대동사목이 이런 논의들을 어떻게 법규정으로 구조화 했는지도 살폈다.

이제 남은 과제는 앞에서 살핀 내용들이 어떤 시대적 의의를 가지는가를 살펴보는 것이다. 즉 공물변통으로 대표된 17세기 초·중반의 변통론이 어떤 정책적 원칙과 믿음 위에 구축되었는지, 또 그것들이 이전 시기의 정책적 원칙 및 믿음과 무엇이 같고 무엇이 달랐는지를 검토하는 것이다. 이 작업은 방법론적으로 대동사목에서 검토된 개념들을 한 번 더 증류하는 과정을 통해 진행될 것이다. 이를 통해 정책구조의 기저에 놓여 있는 사회의 편성 원리까지 확인, 분석해야 대동법의 이념에 접근할 수 있을 것이다.

여기서는 같은 시대를 살면서 공물변통론에 대한 체계적 서술을 남긴 세

사람을 살피려 한다. 유형원柳馨遠, 유계兪棨, 이유태李惟泰가 그들이다. 이들
이 남긴 글은 각각 『반계수록磻溪隨錄』, 『강거문답江居問答』, 『기해봉사己亥封
事』이다. 『반계수록』은 호남 산군지역에 대동법이 실시되기 직전인 현종
초에 쓰여졌다. 이 책에는 유형원이 호서 대동사목을 검토한 내용이 등장
한다. 2만여 자에 달하는 『기해봉사』는 원래 이유태가 효종에게 올리기 위
해서 썼다가, 효종의 갑작스런 죽음으로 인해 현종에게 올린 글이다. 『반계
수록』과 같은 시기에 작성되었다. 『반계수록』은 그것이 쓰여졌을 당시에는
아무런 주목도 받지 못했지만, 『기해봉사』는 조정에서 집중적으로 논의되
었다. 『강거문답』은 위의 두 글보다 앞서서 효종 초 호서대동법이 성립되
기 직전, 그 법이 윤곽을 잡아가던 시기에 작성되었다.

세 사람은 모두 자신들의 경세론적 기초를 이이李珥에게서 찾았다. 『반계
수록』에서 가장 많이 인용된 사람은 이이다.[1] 유계는, 조광조의 학문이 순
정하고 이황의 학문이 정심하지만 때를 못 만나 경세론을 펼친 적이 없으
므로, 이이만 모범이 될 수 있다고 말했다. 그는 스스로 이해한 이이의 논
리대로 자신의 경세론을 전개했다.[2] 『강거문답』이라는 말도 이이의 『동호
문답東湖問答』에서 따온 것이다.[3] 이유태의 『기해봉사』는 그 형식과 내용 자
체가 이이의 저작들을 따랐다. 이 책은 설폐론設弊論, 구폐론救弊論, 군덕론君
德論의 세 부분으로 이루어졌는데, 설폐론은 이이의 『만언봉사萬言封事』를,
군덕론은 『성학집요聖學輯要』를 따른 것이다. 구폐론이야말로 『기해봉사』의
핵심이자, 이유태 본인의 견해였다. 하지만 이 역시 이유태가 이해한 이이
의 논리에 따른 것이다.[4]

이들 세 사람의 논리와 이이의 경세론은 이미 70~80년의 시간 차이가
있다. 그 사이에 조선 사회가 겪은 변화의 폭은 컸다. 세 사람 모두 이이에
게서 경세론의 기초를 찾았는데, 이것은 그들이 주장한 경세론 내용에서

확인할 수 있다. 하지만 그들의 의도와 관계없이, 그들 논의는 이이의 공물변통론에 머물 수 없었다.[1] 변화된 사회적 조건은 변화된 경세론으로 표현될 수밖에 없다. 실제로 그들의 논의에는 — 그들 스스로 알고 있었는지는 모르겠지만 — 이이의 공물변통론을 넘어서는 내용들이 포함되어 있다.

다음에 서술될 내용은 각각 호와 토지, 임토작공任土作貢과 작미作米·작포作布, 그리고 절용과 제도의 세 부분으로 구성되었다. 호와 토지는 과세 기준에 대한 문제이고, 임토작공과 작미·작포는 공물의 수취 형태에 대한 문제이다. 또 각각은 대동법과 공안개정론의 차별성을 중심으로 대별된다. 즉 공물의 수취 형태에서 대동법은 작미·작포를, 공안개정론은 임토작공을 주장했다. 동일한 문제에 대해서 공안개정론과 대동법이 다른 방식을 취했던 것은 양자가 공물의 사회적 성격을 다르게 규정했기 때문이다. 임토작공은 공물의 수취를 왕에 대한 예헌으로, 작미·작포는 전조와 같은 수취제도의 범주로 해석했다. 앞으로 위의 세 측면이 각각 어떤 것들을 문제 삼고 있고, 어떤 경세론적 원칙에 근거했는가를 연속적으로 살필 것이다. 이렇게 정책의 기저에 놓인 경세론적 원칙을 확인할 수 있을 때만 그 정책의 시대적 의의에 접근할 수 있을 것이다.

---

1) 공물변통 논의에서 대동법의 대립항은 공안개정론이었다. 이 둘의 분화는 인조 23, 24년의 재생청 활동을 통해서 분명해졌는데, 그 이전에는 공안개정론과 대동법이 미분화 상태였다. 양자의 원형은 임진왜란 이전 이이가 제시한 공안개정안이었다. 재생청 활동 이후에 이이의 공물변통론 일부는 대동법으로, 일부는 공안개정론으로 흡수되었다. 이런 맥락 때문에 대동법은 이이의 공물변통론을 넘어섰으면서도 일부 내용을 흡수했다. 이 점은 공안개정론 역시 마찬가지였다. 그 결과 대동법과 공안개정론은 서로 차별성을 보이면서도 일부 내용을 공유한다. 자세한 내용은 제1부 3장 '이이의 공물변통안과 대동법의 차이점', 125~127쪽 참조.

# 1. 공물을 어디에 부과할 것인가__호와 토지

## 과세 기준으로서 토지의 의미

유형원은 국내외 요인들로 인한 오랫동안의 국정 혼란을 끝낼 수 있는 제도개혁의 기초를 토지에서 찾았다. 그는 토지야말로 민산民産·부역賦役·호구戶口·군오軍伍·사송詞訟·형벌刑罰·풍속風俗 등 사회 전 부문의 기초가 된다고 생각했다. 예나 지금이나 국가적 수준에서 실타래처럼 복잡하게 얽힌 문제들을 풀어낼 명료한 해법을 찾아내는 것은 결코 쉬운 일이 아니다. 그가 제도개혁의 기초를 토지에 두었던 것에는 단순히 토지 문제를 중요시한다는 차원을 넘어서는 측면이 있었다.

이 당시 수많은 관료와 지식인들이 작성한 시무책의 제1조를 장식했던 내용은 '군주의 바르게 다스리고자 하는 마음'이었다.[5] 유형원이 제도개혁의 기초를 토지에 둔 것은 이 시기 지식인과 관료들의 움직일 수 없는 국가통치의 제1원리를 상대화한 것이었다. 이것은 곧 유형원이 자기가 살던 사회의 대다수 지식인들이 공유하고 있는 상식을 넘어, 그 사회 자체의 존립 근거를 예리하게 파악하고 있었음을 뜻한다. 이것은 또한 기존의 익숙한 주류적 담론이 만들어놓은 준거 틀을 넘어선 것이었으며, 유형원이 생각하는 개혁의 대상이 단순히 제도 운영에서 발생하는 부수적 폐단들이 아닌, 제도 그 자체였음을 의미한다.[2]

---

2) 김태영은 이이와 유형원의 왕정론, 즉 국가체제 개혁론을 비교해서 양자의 차이를 밝혔다. 그에 따르면, 율곡에게 조종의 제도 자체는 문제될 것이 없었다. 다만 관료들이 그 제도를 지키지 못하는 것이 문제일 뿐이었다. 따라서 고쳐야 할 것은 그 제도의 폐단이었고, 개혁의 가장 중요한 도구는 군주의 다스리고자 하는 마음(治心)이었다. 반면, 유형원에게 조종의 제도는 더 이상 부동의 기준이 아니다. 즉 제도 자체의 변화를 요구했던 것이다.(김태

유형원에게 토지 문제는 토지 그 자체의 분배라는 측면과 부세의 부과 단위로서의 측면 두 가지로 나뉜다.[3] 기존 연구는 두 가지 중에서 전자에 중점을 두었다. 하지만 공적 논의의 공간에서 토지 문제를 생각하는 틀은 후자였다. 이것은 이미 임진왜란이 일어나기 아주 오래전부터 그랬다고 보아도 틀리지 않다. 실제로 17세기의 여러 변통론이 기반하고 있는 공통의 문제 틀을 제시한 것은 이이였으며, 그가 제시한 내용들은 부세 문제의 맥락 속에 있기 때문이다. 이이는 어떤 경우에도 토지 소유의 국가적 조정을 제기한 적이 없었다.[6] 17세기의 여러 변통 논의들이 이이의 문제 틀 속에 있다는 것이 그 논의들이 이이가 제시한 해법에 완전히 동의한다는 것을 뜻하지는 않는다. 오히려 17세기의 공물변통론들은 이이가 제시한 해법에서 출발해서, 그것을 극복하려는 과정에서 제기된 것들로 보아야 할 것이다.[4]

---

영, 『실학의 국가 개혁론』, 서울대학교출판부, 1998. '1장 율곡과 반계의 왕정론') 아마도 두 사람 생각의 이런 차이는 그들이 살았던 시대의 차이에서 비롯되었을 것이다. 유형원 스스로 말하듯이, 명·청의 교체와 병자호란을 경험했던 사람들이 세상에 대해 이전과 같은 생각을 하고 있다면 오히려 그것이 더 이상할 것이다. 이들이 각기 자신의 시대에 직면한 문제가 본질적으로 같은 성격의 것이었는지는 분명치 않다. 하지만 그 문제가 비록 동질적이었다고 해도, 시대의 본질을 파악하는 데 유형원은 이이보다 좀 더 유리한 위치에 있었던 듯하다. 유형원은 이전에 비해 더욱 악화된 폐단을 통해서 그것을 발생시킨 문제의 성격을 훨씬 선명하게 볼 수 있었기 때문이다.

3) 급전제給田制에 대한 주장은, 그것의 가장 완화된 형태로서의 한전제限田制가 16세기 초 한충韓忠, 박수량朴遂良, 유성춘柳成春, 권발權撥, 기준奇遵 등 기묘사림들에 의해 제기된 적이 있다. 하지만 기묘사화 이후로 다시는 이 주장이 공적으로 제기되지 않았다. [박시형, 『조선토지제도사』(중), 1961(신서원, 1994년 복간), 206쪽]

4) 이이는 선조 2년(1569)년 7월 『동호문답』을 왕에게 올린다. 여기에서 그는 '지금의 폐단(當今之弊)'으로 다섯 가지를 들었다. 즉 '一族切隣之弊·進上煩重之弊·貢物防納之弊·役事不均之弊·吏胥誅求之弊'가 그것이다. '일족절린一族切隣'은 군역의 폐단, '역사불균役事不均'은 신역의 폐단, '진상번중進上煩重·공물방납貢物防納·이서주구吏胥誅求'는 공납의 폐단을 논한 것이다.

한편 종래의 일부 연구에서는 토지를 제도개혁의 기초로 삼는 것이 '고요한 것으로 움직이는 것을 제어한다(由靜制動)'는 주자철학에서 나온 것으로 이해하기도 했다.[7] 하지만 제도개혁의 기초를 토지에 두는 것은 철저하게 17세기 초·중반 조선의 현실적인 문제들에서 나왔다. 먼저 공물의 부과 기준에 대한 당시의 견해를 간단히 살펴보자.

유계는 명확하게 대동법에 찬성했지만 공물의 부과 기준에 대해서 어떤 견해를 가졌는지는 분명치 않다. 대동법을 실시하면 대읍이 반대할 것이라는 의견에 대해, 그는 원망하는 곳이 적고 기뻐하는 곳이 많다면 당연히 많은 쪽을 선택해야 한다고 말했다.[8] 김육金堉이 취했던 태도와 정확히 일치한다.[9] 또 대동미를 운반하는 문제에 대해서는, 큰 이익을 위해서 작은 손해에 얽매여서는 안 된다는 태도를 취하기도 했다.[10] 이렇게 대동법에 대해 분명한 태도를 취한 그였지만, 공물의 부과 기준에 대해서는 아무 언급을 하지 않았다. 대신 임토작공을 통한 공물가 인하를 주장했다.[11]

이유태 역시 공물의 부과 기준에 대해서 명시적으로는 언급하지 않았다. 하지만 공물을 전세화하는 것에 동의함으로써, 우회적으로 공물의 부과 기준을 토지에 두는 것에 동의했다. 그는 팔도에 고르게 대동법을 실시하면 공안은 고치지 않아도 고쳐질 것이라고 말했다. 또 세稅와 공貢을 나누지 않고 합해서 1/10을 토지에서 취하면, 한번 전안田案을 여는 것으로도 팔도의 세입을 앉아서 헤아릴 수 있을 것이라 말했다.[12]

이유태의 인식은 이이는 물론 유계의 인식보다도 발전된 것이다. 이이는

---

이 밖에도 양전의 부실로 진황지에 세금을 부과하는 문제, 불시의 공물이 원래의 공물보다 많은 문제 등을 제기했다. 이 모두가 17세기에 끊임없이 논의되었던 문제들이다. 이런 문제들에 대해서 이이가 제시한 대안은 아직 전결에 기초해 있지 않았다.(『율곡선생전서』 권15, 雜著 東湖問答)

경대동과 공안개정을 주장했다. 공물의 전결세화와는 거리가 있는 인식이다. 유계는 대동법과 공안개정을 주장했다. 대동법으로는 방납의 폐단을 막고, 공안개정으로는 공물가의 인하를 의도했던 것이다. 유계의 의도는 좋았지만 양자의 관계에 대한 이해가 충분했다고 말하기는 힘들다. 하지만 이유태는 공물을 전결세화해야만 공납 문제가 해결될 것이라고 인식하고 있었다.

## 인정人丁에 기초한 과세 기준의 문제점

유형원은 공물의 부과 기준을 명확히 설명했다. 국가재정의 재건을 둘러싸고 대동법과 함께 제기된 대안들 중 하나는 호구 정비와 호패법의 실시였다.[5] 유형원은 여기에 단호히 반대했다.[13] 그는 인정人丁과 호구戶口를 토지의 종속변수로 생각했다. 또 인정을 중심으로 한 제도 운영의 문제점을 논증하기 위해 당제唐制를 검토했다.

유형원은 당제를 대단히 비판적으로 보았다. 당제는 전지田地 대신 인정을 기초로 했기 때문이다. 그는 제도의 기초를 전지에 둘지 인정에 둘지의 결정이, 사회를 안정적으로 다스릴 수 있을지 그럴 수 없을지를 나누는 지

---

5) 인조 초 삼도대동법이 정립되는 과정에서 경쟁했던 것이 호패법이었다.(제1부 2장 '호패법을 실시하자는 주장', 68~71쪽 참조) 인조 초 정책 순위에서 밀린 후, 인조대 나머지 시기와 효종, 현종 연간에 호패법은 본격적으로 논의되지 못했다. 호패법·호포법 논의는 이후 양역변통 논의가 본격화된 후에야 되살아났다. 그 대표적 논자는 한원진韓元震이다. 그는 송시열, 권상하에 이어 18세기 전반 산림을 대표했는데, 당나라의 조·용·조 제도를 조세제도 개혁의 이상적 원형으로 생각했다. 그 연장선상에서 대동법·결포를 비판하고 호포제 실시를 주장했다.(이철성, 「17·18세기 전정운영 개혁안의 이상적 원형」, 『민족문화연구』 26, 1993, 342쪽; 김준석, 「한원진의 균부균세론과 치안대책」, 『우강권태원교수정년기념논총』, 1994, 462쪽)

점이며 백 가지 일의 근본이라고 보았다.[14]

　또 생각건대 당의 제도는 인정으로 근본을 삼은 까닭에 다시 토지의 비옥함과
척박함의 등급을 나누지 않고, 인정·호를 나눠 9등을 삼았다. 이미 인정과 호로
부세를 조달하므로 혹 유망자가 있으면, 장차 반드시 이웃이 대신 내게 된다. …
대개 인호人戶로 부세를 매기는 폐단은 백성의 빈부가 일정하지 않은데도 이를
조정하기 쉽지 않다는 것이다. 유망자가 많아도 관官이 이를 다 믿을 수 없으면,
그 이웃이 대신 내는 상황에 반드시 이르게 되는 바이다. 만약 전지로 세를 내면
그 풍흉을 따르므로, 사람이 혹 유망해도 전지에 대신하는 자가 있으니 어찌 이
런 폐단이 있겠는가? 지금 정丁을 찾아내서 군정軍丁을 만들기 때문에, 한번 도
망하는 사람이 있으면 그 이웃으로 대신 채운다. 또 그 이웃이 괴로움을 이기지
못해서 또 도망가면 (그 부담이) 그 이웃의 이웃에 이른다. 모든 곳에 그 독을 흘려
보내서, 그 화가 그치지 않는다. … 만약 상하 간 서로 오래 다스리고 폐단이 없
으려면, 반드시 경계를 바로 하고 전지로 세稅와 병兵을 내야 한다.[15]

　유형원이 인정과 호로 수취제도의 기초를 삼은 것을 비판한 현실적인 이
유는 당시 만연해 있는 인징隣徵과 족징族徵 때문이었다. 인징·족징은 수많
은 유망과 피역층避役層을 양산해냈으며,[16] 이 시기 조선에서 가장 심각한
사회문제였다. 조租·용庸·조調 제도에서도 토지가 없는 사람에게는 전조田租
가 부과되지 않았다. 전조의 부과 대상이 토지였기 때문이다. 하지만 용庸
과 조調를 피할 수는 없었다. 이 두 가지는 인정과 호에 부과되었기 때문이
다. 흉년이 들어 정부가 백성들의 전세를 줄여주어도, 그들이 내야 할 용과
조는 그대로 남았다.[17] 더구나 이 당시 조선에서, 지역에 따라 차이가 있기
는 하지만 평균적으로 용庸과 조調는 조租보다 적어도 10배 이상 무거운 부

담이었다. 사실, 다른 것에 비해 전조는 백성들이 감당해야 하는 역 부담 중에서 미미한 편이다. 유형원은 인정·족징을 일으킨 제도적 원인이 인정을 기초로 운영되는 부세제도 자체에 있음을 정확하게 이해하고 있었다. 그는 사회제도 자체의 뿌리에서 사회의 핵심적인 문제점들을 지적하고, 그에 따른 해법을 추적했던 것이다.[6]

조·용·조 제도는 설사 중앙정부가 가난한 백성들의 부담을 줄여주려는 정책을 펴고 싶어도, 그것이 쉽지 않도록 만드는 불편한 제도였다. 역설적이게도 조·용·조 제도하에서 정부는 땅을 가진 사람들의 부담만 줄여줄 수 있을 뿐이었다.[18] 수많은 가난한 백성들의 유망은, 곧 이들이 국가의 통치영역에서 벗어나고 있다는 것을 뜻했다. 사실 새롭게 발생한 유망 백성들이 아니어도, 지방 각관各官에서 중앙정부의 민에 대한 통제력은 심각하게 위협받고 있었다.[19] 중앙정부 입장에서는 백성들이 자신들이 농사지으며 살던 곳을 떠난다는 것보다 더 큰 위협과 위험은 있을 수 없었다. 이들이야말로 조선 국역체제의 기초였기 때문이다. 그런데 조·용·조 제도에서는 이것을 억제할 수 있는 적절한 방법이 없었다. 전세를 줄여주어도, 그 혜택은 땅 없는 백성들이 아닌 지주들에게만 돌아갈 뿐이었다.[7] 과세의 기준이 인정

---

6) 인정에 기초한 조·용·조에 대한 비판, 인정에 기초할 때의 포괄적 문제점 등에 대한 지적은 홍여하洪汝河에게서도 확인된다.(신항수, 「17세기 중반 홍여하의 전제인식」, 『한국사상사학』 8, 1997) 이런 점들에 대해서 이 시기에 일정한 공감대 형성이 있었던 듯하다.

7) 이런 상황은 지방의 사정을 전하는 상소에 빈번히 나타나고 있다. 일례로 "봉교奉敎 유명윤兪命胤이 호남으로부터 포쇄曝曬를 마치고 돌아와 수천 마디의 소를 진달하였다. '… 세금의 감면 혜택은 중민中民 이상에게만 미칠 뿐입니다. 소작인이나 땅이 없는 자에게는 조금의 혜택도 없어 그들은 끝내 죽음을 면하지 못합니다.'"[『현종실록』 권3, 원년 9월 9일(辛酉)] 백성들이 실질적으로 혜택을 받으려면 공물변통을 해야 한다는 주장은 이런 맥락에서 나왔다. 제1부 3장 116쪽 참조.

과 호에 있는 한, 정부는 백성들을 현 사회체제 안에 붙들어둘 수 있는 어떤 수단도 가질 수 없었다.

유형원은 피역·유망뿐만 아니라 겸병兼竝, 즉 빠르게 확산되어가는 토지소유 집중현상도 전지가 아닌 인정과 호로 과세 기준을 삼은 것에서 비롯됐다고 보았다. 그에 따르면, 삼대三代의 세법인 공貢·조助·자법藉法은 모두 전지를 기준으로 한 1/10세였다. 진秦 왕조에 이르러 인정을 수취 기준으로 삼자, 세금을 감당할 수 없는 자들은 피역하고, 부자들은 겸병했다.[20] 토지를 과세의 기준으로 삼지 않았기에 지주들이 소유지를 늘려도 그들에게서 추가적인 세금을 걷지 않았기 때문이다. 토지경제에 기초한 국가가 국가재정의 기초를 토지에 두고 있지 않다는 것은 국가 운영의 첫 단추가 잘못 끼워졌음을 뜻했다. 인정에 기초한 부세제도는 토지에서의 생산에 따른 수익에 기초하지 않은 것이고, 국가는 여기서 비롯된 빈부의 극심한 불균등을 효과적으로 완화시킬 수 없었다. 그리고 이는 당연히 국가재정의 악화와 사회적 불균등의 심화를 가속시켰다. 짐작하겠지만, 이 상황은 진나라가 아닌 17세기 중반 조선에서 급격히 진행된 지주전호제와 부세제도의 관계에 대한 유형원의 예리한 진단이었다.

유형원이 보기에, 당시의 수취제도는 생산력 발전에도 장애가 되었다. 대표적 예가 진상進上이었다. 그에 따르면, 각 지방에서 대추·밤·감·배·뽕·닥·옻·대나무 등을 가꾸면 논밭의 수익에 못지않을 텐데, 백성들은 이것들을 전혀 가꾸려 하지 않았다. 유형원은 그 원인을 진상제도에서 발견했다. 이 물품들이 일단 정부의 진상 목록에 오르면, 정부는 지역에서 산출되는 것보다 더 많은 양을 무리하게 거두는 경우가 많았다. 그 부담은 비단 당대에 그치지 않았으며, 이미 그 물품이 생산되지 않거나 사라진 후에도 후손들에게 이어졌다. 백성들 입장에서는 차라리 이것들을 가꾸지 않는 편이 유

리했다. 결국 정丁·호戶에 기초한 진상의 수취 방식이 농업생산력 증진에 역행하고 있음을 뜻한다.[21]

공물변통 논의에서 전통적 경세론의 제1원칙은 공물을 그 생산지역에 배정하는 것이다. 이것이 바로 임토작공의 원리이다. 그런데 유형원의 생각은 이와 달랐다. 즉 어떤 산지의 물건이라도 그것이 공물로 정해지기만 하면, 그 때문에 백성들이 고통을 당하거나 그 물건의 생산이 억제된다고 보았다. 진상제도 자체가 전결에 기초한 제도가 아니었기 때문이다. 이 같은 현상은 농업 생산 자체가 국가의 부세제도에 크게 영향받았음을 보여준다.

대동법을 찬성하는 논자들은 과세 기준이 마땅히 호에서 전결로 바뀌어야 한다고 생각했다. 이런 과세 기준의 전환을 어떻게 이해해야 할까? 연구자들에 따라 다르지만, 비록 시기에 차이는 있어도 세종 이후에는 공물이 토지에 부과되었다고 생각하고 있다.[8] 문제는 대동법 성립 이전까지 법적으로는 여전히 공물 부과의 최종 단위가 전결이 아니라 각관이었다는 점이다. 바로 이것이, 각관이 법규정이 아닌 관행에 따라 관내의 호에 공물을

---

8) 조선 초기 요역분정 기준 변화의 대체적인 흐름을 처음으로 검토했던 사람은 아리이 토모노리有井智德이다. 그에 따르면, 인정을 기준으로 한 역의 징발 방식이 인정과 전지를 동시에 고려하는 절충적 방식으로 운영되다가 결국 전지에 근거를 둔 방식으로 귀결되었다. (강제훈, 「조선초기 요역제에 대한 재검토」, 『역사학보』 145, 1995, 43쪽) 민현구도 역민의 두 계열, 즉 군역과 요역의 운영이 태종대에는 모두 전결에 근거하는 방향을 지향했지만, 점차 요역만 전결에 따른 부과 방식을 고수하고, 인정을 더 중시하는 군역은 인정 기준으로 바뀌었다고 보았다.(민현구, 『조선초기의 군사제도와 정치』, 한국연구원, 1983, 74쪽) 윤용출은, 전결이 공물의 분정 기준이었음을 확인하면서 그 시기가 세종대 이후였다고 보았다. 그는 소경전결所耕田稅, 소경공부所耕貢賦, 소경요역所耕徭役 등의 단어가 이것을 가리키는 것으로 이해했다.(윤용출, 「15·16세기의 요역제」, 『부대사학』 10, 1986, 6~8쪽) 이상에 대해서는 이정철, 「조선시대 공물분정 방식의 변화와 대동의 어의語義」, 『한국사학보』 Vol. 34, 2009 참조.

부과했던 이유였다. 물론 호에 공물을 부과해도 그 호의 담세 능력은 궁극적으로 그 호가 가진 전결에서 나올 수밖에 없다. 실제로 공물은 언제나 전결에서 수취되었다. 이런 측면에서 볼 때, 대동법의 본질적 내용을 공물 수취 기준의 전결화라고 규정하는 것은 적절치 않다. 과세 기준 전환의 핵심은 이것을 법으로 규정했다는 데 있다. 그런 법규정에 의해서만 종전의 수취 방식이 지닌 여러 불균등을 해소할 수 있었다.

## 2. 공물을 무엇으로 거둘 것인가_현물과 미·포

### 임토작공의 이데올로기적 성격

대동법의 의의에 대한 일반적 평가의 하나는 임토작공하던 공물을 작미·작포했다는 것이다. 대동법에서 작미·작포가 중요한 이유는, 이를 통해서만 방납을 막을 수 있고,[22] 방납을 막아야만 백성들에 대한 첩징과 가징을 막을 수 있기 때문이다. 나아가 첩징과 가징을 막아야 대동법의 궁극적 목적인 양입위출을 달성할 수 있다. 그런데 현물의 작미·작포를 공식적으로 입법화하는 데 가장 큰 장애는 임토작공의 원칙이었다. 이 원칙은 공물에 대한 당시의 상식적 믿음이었다. 따라서 이러한 상식적 믿음에 뿌리박은 사회적 관행을 극복하는 것이 공물 문제에서 가장 중요했다.

대부분의 현물 공물들은 납부 과정에서 각 읍邑, 각 도各道, 경사京司를 거치다보니, 그 품질이 일정하게 유지되기 어려웠다.[23] 오늘날처럼 물품의 보관과 운송에 거대한 자본과 에너지를 쓸 수 없었던 전통사회에서 이는 당연했다. 각 읍에서 경사에 이르는 단계마다 공물의 품질을 확인하는 담당 관리가 그 품질에 일부러 트집을 잡지 않는다 해도, 장기간의 이동은 공물의 품질을 떨어뜨릴 수밖에 없었다. 어쩔 수 없이 공물이 전달되는 각 단계마다 다음 단계의 점퇴點退에 대비하기 위해서 원래 부과된 양보다 훨씬 많은 공물을 준비해야 했다. 공물의 품질을 유지해야 하는 문제와 여러 단계를 계속 거쳐 상급기관으로 올라가면서 점퇴에 대비해야 하는 문제는 서로 결합하여 백성에 대한 첩징과 가징을 심화시켰다. 이것은 공물 수취를 담당하는 관리가 탐욕스럽고 부패했는지의 여부에 관계없이 발생할 수밖에 없는 문제였다. 그리고 임토작공의 법규정 아래에서 일어날 수밖에 없는 제도적 문제였다.[24]

임토작공과 방납의 연관성을 제도 그 자체에 내재한 문제로 볼 것인지, 아니면 제도 운영에서 발생하는 부차적인 폐단으로 볼 것인지의 문제는 대동법 실시론과 공안개정론을 가르는 중요한 기준이 되었다. 전자라고 생각하는 사람들은 대개 대동법 실시를 주장했고, 후자라고 생각하는 사람들은 공안개정론을 주장하는 경우가 많았다. 후자의 구체적인 예가 인조 26년 김홍욱의 대동법 비판이다. 김홍욱이 비판한 핵심적 논리가 바로 이 문제였다.[9] 공안개정론은 임토작공과 방납의 제도적 연관성을 부정하는 대신, 폐단에 대한 엄벌을 강조했다. 또 각관 수령의 임무에 대해서도 반복해서 강조했다. 제도 자체가 문제가 아니라, 제도 속에서 움직이는 사람들이 문제라고 생각했기 때문이다.

현물공납제하에서도 대부분의 공물은 납부를 위해 관행적으로 작미·작포되었고, 이는 중앙정부와 그에 속한 정책담당자들에 의해 편의적 차원에서 묵인되었다. 하지만 이런 관행이 그 자체로 정당화되지는 못했다. 임토작공이 고법古法이자 원칙이었기 때문이다. 대동법은 어디까지나 신법新法이자

---

9) 제1부 3장 '김홍욱과 임토작공', 163쪽 참조.

변통으로 여겨졌다.[25] 대동법 성립을 목전에 둔 인조 26년에도 김홍욱이 임토작공과 방납의 내적 관계를 부인한 이유는 임토작공 그 자체를 부인할 수 없었기 때문이다. 임토작공은 단순히 경제적 차원이 아닌, 이데올로기적·통치권적 차원의 문제였기 때문이다.

공물의 작미·작포에 반대하는 가장 중요한 논거는 임토작공이 천자에 대한 제후의 봉헌奉獻이므로 시장에서 사서 바칠 수 없다는 것이다. 임토작공은 경제적 논리가 아니었다. 본질적으로 정치적 논리이며, 통치체제의 정체성과 관련되었다. 작미·작포는 단지 현실적 편의 때문에 암묵적으로 받아들여지고 확산되었을 뿐이다. 대동법이 성립되기 이전에 대동법 실시를 주장했던 사람들도 이 문제와 관련해서는 단지 현실론으로 대응할 뿐이었다. 작미·작포에 대한 반론이 있을 때마다 그들은 현실론을 끌어들여 대응했다. 현재도 이미 어공과 진상에 쓰이는 것은 시장에서 마련하고 있는데 새삼스럽게 이에 반대하는 것은 부당하다는 궁색한 논리에 머물곤 했다.

### 고제에서 개혁의 근거를 찾다

광해군 시기까지도 대동법을 옹호하는 측에서는 작미·작포가 임토작공에 반하는 것이 아니라는 점을 강조했다. 그들은 방납에 의한 미·포 수취와 선혜법의 차이가 다만 민에게서 수취하는 양의 차이에 불과하다고 주장했다.[26] 현실적으로 맞는 말이다. 하지만 이 말이 당시의 공납 원칙에 상응한 것은 아니다. 이 정도의 논리로는 작미·작포를 제도적으로 정당화할 수 없었다. 작미·작포를 공적 제도로 만들기 위해서는 정치적이고 이데올로기적으로 정당화시켜야만 했다.

유형원은 수취제도로서의 작미·작포 제도의 정당성을 확립하기 위해 구차하게 현실론에 기대지 않고 고전을 연구했다. 그는 전결세로서의 대동법이야말로 고법이며, 현재 고법이라고 불리는 임토작공은 오히려 고법이 아니라고 주장했다. 고제古制에서도 제후가 천자에게 바치는 봉헌은 예禮를 표현하는 정도일 뿐, 실제의 수취는 시장에서 마련한 것이었음을 증명했다. 그는 고제 연구를 통해서 예禮를 가장한 착취적 수취제도의 외피인 현물 봉헌의 부당함을 예리하게 지적했다.

사실, 이런 주장을 처음한 사람은 조익이었다. 그가 인조 초에 대동법을 강력히 주장할 수 있었던 것도 대동법에 대한 정리된 인식을 갖고 있었기 때문이다. 그는 대동법이야말로 고법에 가장 가깝고, 맹자가 말한 선왕先王의 정치에 부합한다고 말했다. 국가가 민에게서 수취하는 양이 1/10보다 가볍기 때문이다.[27] 그는 구체적으로 다음과 같이 말했다.

> 1/10세는 천하의 올바른 법이다. 농사지어 얻은 것의 1/10을 위에 바치고, 9는 백성에게 있다. … 이른바 1/10이란 곡식으로 말하는 것이다. … 우공禹貢으로 살펴면, 팔주八州에 다 공물이 있지만, 기주冀州에는 공물이 없다. 전복甸服 500리 안에서는 혹 총緫을, 혹 질絰을, 혹 갈秸을, 혹 속粟을, 혹 미米를 바치는데 모두 곡식으로 한다. 이것으로 보면 왕기王圻 안에서는 다만 곡식으로 부賦를 삼고, 팔주에 서徐의 토오색土五色 양揚의 금삼품金三品 같은 것은 제후가 토산으로 바치는 것이다. 하지만 팔주에 모두 전부田賦가 있으니, 백성에게 부과하는 것은 곡식으로 하는 것을 알 수 있다.[28]

유형원은 조익의 생각을 조금 더 상세히 서술했다.

> 대개 옛날 봉건제도에서는 제후국이 토산물을 바치지 않을 수 없었을 뿐만 아니라, 예가 당연히 그와 같았다. 설령 바친 물건에 흠이 있어도 주관한 자를 책

망할 뿐, 점퇴의 조치는 없었다. 따라서 그 폐해가 백성에게 돌아가는 일도 없었다. 지금은 그것과 다르다. 경중京中에서 쓰는 온갖 물건을 외방外方에 부과하여, 민간에서 마련해내고 점퇴하는 것은 경사京司이다. 한번 점퇴하면 그 폐해가 무궁하다. 점퇴하는 권한을 가지고 유구무언한 백성들에 임하니, 차례차례 값을 올리는 폐단이 어찌 없겠는가? 이것이 평균하여 폐단이 없는 대동법만한 것이 없는 이유이다.

하지만 왕도정치에서 백성들에게서 거둔 것은 1/10세 이외에 다른 것이 없었다. 옛날 제후국이 바치는 물건도 1/10세로 시장에서 바꾼 것이었다. (여동래呂東萊가 우공 공부禹貢貢賦에서 상세히 논했다) 지금 조세 외에 공물이 있는 것은 본래 고법이 아니다. 반드시 경세經稅의 수입으로 지금 대동법의 예로 정해, 사서 쓴 후에야 올바르게 될 것이다. (임토작공은 비록 고법이라고 말하지만, 고제를 자세히 연구하면 지금 말하는 것과 같지 않다. 대개 옛날 기내畿內에서는 미속米粟을 바치지만 공貢은 없었다. 기외畿外의 제후는 공이 있었지만, 공물은 그 제후국에서 거둔 1/10세로 사서 바친 것이었다. 민이 내는 것은 전세일 뿐이다. 지금은 이미 전세가 있는데도, 또 공물이 있다. 소위 공이라는 것을 군현마다 온갖 물건으로 바치게 해서, (전세와는) 별도로 거두어 납부한다. 법을 만든 것이 이와 같은데 어떻게 폐단이 없겠는가? 이것이 (공물이 옛날과) 이름은 같지만 실제는 다른 이유이다.)[29]


유형원이 보기에, 옛날 임토작공은 천자와 제후 사이의 예를 표현한 수단일 뿐 수취제도가 아니었다. 예물에 흠이 있어도 그것을 바친 제후가 책망을 받을 뿐, 점퇴로써 백성들에게 부담을 지우는 일은 없었다. 하지만 오늘날의 임토작공은 이름만 같을 뿐, 옛날의 그것과는 전연 다른 제도이다. 즉 이미 예가 아닌 수취제도에 불과하다. 그것도 백성들이 부담하는 가장 무거운 부세이다. 더구나 공물의 수취와 납부에 관련된 사람들은 사회적 지위와 위세에서 현격한 차이가 있다. 대개 그렇듯이, 사람들 사이의 불평 등한 사회적 관계는 그들의 경제적 관계에 영향을 줄 수밖에 없다. 임토작 공의 운영에서 그런 사회적 관계는 공납 문제를 악화시키는 증폭장치로 작용했다.

유형원은 진상제도를 고쳐야 하며, 그 방향은 고제의 복구라고 말했다. 진상은 원래대로 예를 표현하는 것으로, 일체의 부세賦稅는 전세 일원화로 가야 한다고 생각했다. 그는 현재의 진상제도 대신, 매년 1월 1일 한 차례 만 각 도 감사가 왕에게만 진상을 실시할 것을 주장했다. 전처럼 병·수사가 왕을 포함해서 왕비나 세자에게까지 진상하는 것에 반대했다. 사실 이런 지나친 예는 뇌물이라고 해야 옳다. 다만, 이 한 차례의 진상은 그 의미를 충분히 살려야 했다. 그는 이것을 위해 그에 따른 자세한 절차를 기술했다.[30]

유형원은 토지에서 1/10세만 거두고 다른 수취는 없는 것이 고제임을 논증했다.[10] 우공 공부조의 수취제도는 서울로부터의 거리에 따라 속束·미米·토공土貢을 바쳤지만, 민이 내는 것은 전세뿐이었다. 이 말은, 앞에서 조익이 1/10이란 곡식을 말한다고 하는 것과 같은 뜻이다. 토공(공물)은 민에게 받은 토지세인 1/10세를 시장에서 현물로 바꾼 것이었다. 국가가 민으로부터 거두는 것은 모두 토지로부터의 1/10세뿐이며, 단지 수취 수단의 형태만 달랐을 뿐이다.[31]

---

10) 한원진韓元震은 우나라의 공법 역시 삼대의 제도이며, 당의 조·용·조는 이것을 이은 제도로 보았다. 그는 균역의 기초를 당제에서 찾았다.(김준석, 「한원진의 균부균세론과 치안대책」, 『우강권태원교수정년기념논총』, 1994, 461쪽)

이미 공적 논의의 장에서 토지분급제도로서의 정전제의 의미는 바뀐 지 오래였다. 이제 정전제의 진정한 의미는 토지분급에 있는 것이 아니라 부세제도에서 구해졌다. 이유태 역시 공물을 왕에 대한 예헌이 아닌 부세로 파악했다. 이유태는, 이미 땅을 나눠주는 정전법은 폐지되어 되돌릴 수 없지만, 양전을 통해서 그 정신을 이어갈 수 있다고 보았다.[11] 그에 따라 그는 공정하게 양전을 한 후, 전조와 공물을 가리지 말고 모두 1/10세로 수취할 것을 주장했다.[32] 이것은 유형원이 말한 경세經稅와 같은 내용이다.[12] 권시權諰는 1/10세야말로 천하의 올바른 법이며, 양입위출은 다스림의 바른 근거이고 양출위입量出爲入은 어지러움을 부른다고 말했다.[33] 조복양도 대동법을 정전법으로 이해했고,[34] 대동법 추진의 주역들 중 한 사람인 이시방 역시 그랬다.[35] 김육도 『호서대동절목서湖西大同節目序』에서 삼대의 정전법을 지금 다시 시행할 수는 없지만, 그 다음 가는 것으로는 대동법보다 더 좋은 것이 없다고 말했다.

대동법은 당제唐制인 조·용·조 제도와 달랐다. 당제는 세금을 수취하는

---

11) 조선 전기에 논의된 균전의 의미는 토지의 균분을 뜻했지만, 17세기 대동법 시행에 즈음해서는 공정한 양전을 뜻하는 것으로 바뀌었다. 균전의 의미가 이미 균등과세를 뜻하게 된 것이다.(신항수, 「17세기 중반 홍여하의 전제인식」, 『한국사상사학』 8, 1997, 60쪽) 같은 문제에 대해, 최윤오는 경계책經界策의 어의 변화를 통해서 접근했다. 그에 따르면, 경계책은 처음에 정전 또는 방전方田의 의미로 쓰이기도 했지만, 가장 일반적으로는 양전의 뜻을 지니게 되었다고 말했다. 토지 분배를 통해 농민에게 항산恒産을 마련해주는 데까지는 미치지 못하지만 '정경계定經界 균부세均賦稅'의 방법을 통해 사회경제적 토대를 마련하려 했다는 것이다.(최윤오, 「조선후기 양안의 기능과 역할」, 『한국사의 구조와 전개-하현강교수정년기념논총』, 2000)

12) 이익도 공정한 양전과 1/10 전세의 수취를 정전제의 현재적 형태로 이해하고 있었다.(신항수, 『이익(1681~1763)의 경사해석과 현실인식』, 고려대학교 대학원 박사학위논문, 2001, 105쪽)

원천이 단일하지 않아 구조적으로 첩징을 막을 수 없었다. 유형원의 당제 및 임토작공에 대한 비판은, 그가 주장하는 경세가 조·용·조 제도에서 벗어나 있음을 뜻한다. 그의 주장과 논증은 당시 수취제도 전세화의 경향과 그 핵심인 대동법의 정당성을 튼튼히 뒷받침했다.

## 공물주인의 역할에 대한 인식

임토작공을 부정하고 작미·작포를 긍정하는 인식은 공물 조달 과정에서 공물주인의 역할에 대한 인식과 연결되었다. 공물이 부세의 범주에 포함되는가, 아니면 왕에 대한 예헌의 범주에 포함되는가의 문제는 당연히 공물주인에 대한 사회적 인식으로 이어졌다. 공물이 부세의 범주에 포함되면 공물 문제는 행정상 공정성이나 효율성의 차원에서 논의되어야 했다. 이때 공물주인의 역할이 중요해진다.

유형원은 공물주인의 역할을 적극 인정했다. 그는, 중앙정부가 공물주인을 배제하고 지방 각관에 공물을 직접 부과하는 것에 강하게 반대했다. 중앙의 관리들은 현지의 공물 가격에 어두운 데다, 지나치게 낮은 가격에 지나치게 높은 품질의 공물을 요구하는 경우가 많았기 때문이다. 그리고 이는 민에 대한 가징으로 귀결될 수밖에 없었다. 그는 『반계수록』에서 무비주인貿備主人으로 하여금 제향·어공의 물품을 시가의 몇 배로 마련케 하고, 그들도 여기서 이익을 볼 수 있도록 할 것을 주장했다.[36] 무비주인은 대동법에서 공물주인과 같은 역할을 했다.

조선은 중국과 달리 물화가 유통되지 않아서 값을 넉넉히 쳐줘도 서울에서 공물을 마련하기 어렵다는 주장이 있었다. 유형원은 그것에 동의하지 않았다. 종전에 서울에서조차 물화가 유통되지 않았던 것은 정부가 상인들에게 제대로 물건 값을 쳐주지 않았기 때문이라고 말했다. 또 서울에서 정한 가격대로 각관이 무비주인을 통해 공물을 조달하듯, 지방 감영에서도 그렇게 해야 한다고 보았다. 서울은 조정과 모든 관사(官司)가 함께 있어서 비록 정승이나 재상의 집도 일개 사가에 불과하지만, 군읍의 수령들은 백성의 목숨을 잡고 있기 때문이다. 그가 보기에, 관권이 공물 조달에 문제를 일으킬 소지는 서울보다 지방 고을에 더 많았다. 작은 고을조차 그 자체로 국가와 같아서, 관원이 백성들과 교역하면 반드시 민폐가 발생할 수밖에 없다.[37] 불평등한 사회적 관계가 경제적 관계에 영향을 주는 것이 지방이라고 서울과 다르지 않았다. 유형원의 이 말은 현지에 사는 사람만이 할 수 있는, 각 고을의 현실에 대한 생생한 지적이었다. 이상의 지적들은 어떤 경우에도 중앙정부나 감영이 각 읍에 공물을 직접 부과해서는 안 된다는 것을 뜻한다.[38]

유계는 공안개정론과 대동법을 동시에 주장했다. 그는 우선 공안의 개정을 통해 연산군대에 늘어났던 공물가 총액을 줄인 후, 대동법을 통해서 첩징의 폐단을 막아야 한다고 주장했다.[39] 이론적으로 그의 주장은 당시의 공안개정론과 대동법 실시론을 완벽하게 종합한 것이다. 하지만 서로 다른 사회 운영 원리에 기초한 두 주장을 논리만으로 종합한다고 실제로 종합이 될 수는 없다. 오히려 현실적으로 볼 때, 그의 주장은 공안개정론과 대동법 실시론 사이에서 절충적인 성격을 띠었다.

이러한 유계의 입장은 공물주인에 대한 생각에서도 되풀이된다. 『강거문답』에서 객은 각사 전복(典僕)의 부족을 공물주인에 의지해서 메우고 있는데, 공물가가 줄어들면 이들이 흩어질 것이라고 말한다. 그러자 주인은 민의 고통보다 서리의 실업을 걱정하는 객의 태도를 비판했다. 주인은 현재도 각사의 전복이 부족하지 않고, 공물가가 줄어도 이들에게 지급하는 몫이 완전히 없어지는 것은 아니기에 걱정할 것이 없다고 말했다.[40] 물론 주인의 말은 유계의 생각을 대변한 것이다. 또한 이는, 앞서 송시열宋時烈이 현종 10년 허적과 논쟁하면서 보였던 태도와 정확히 일치한다.[41] 송시열이 그럴 수밖에 없었듯이, 재정관료로서의 실제적 경험이 없었던 그로서는 어쩔 수 없는 일이었다.

## 임토작공의 현실적 기능

인조 말까지 임토작공은 누구도 거부할 수 없는 공물 수취의 대원칙이었다. 김홍욱은 대동법이 대변통이고, 위아래의 의혹 때문에 실시할 수 없다고 말했다. 하지만 대동법이 변통 논의의 전면으로 등장하면서 이 원칙은 현실적·이론적으로 도전받았다.

임토작공은 현물공납제의 두 가지 핵심 내용을 뒷받침했다. 하나는 당제인 조·용·조 제도였고, 다른 하나는 사주인 역할에 대한 부정적 인식이었다. 전조田租와 수취 대상을 달리하는 용庸·조調는 임토작공을 전제로 할 때 성립할 수 있다. 이에 반대하는 사람들은 고제로서의 정전제의 현실적 모습으로 1/10세를 주장했다. 고제를 새롭게 해석하면서 임토작공을 부정하고 1/10 전결세를 주장할 수 있었던 힘은 현실 자체가 이미 공물을 미·포 형태로 거두고 있다는 것에서 나왔다. 현실 자체가 이론에 앞서서 고제 연구에 대한 관점과 동기를 제공했던 것이다.

임토작공을 부정한다 함은 정부가 공물의 최종적 형태로 민에게서 현물이 아닌 미·포를 받아야 한다고 믿는 것을 뜻한다. 이는 자동적으로 정부가 걷은 미·포로 현물을 마련해야 할 필요를 낳는다. 이 과정에서 공물주인의 역할이 요청되었다. 이미 대동법이 실시되기 오래전부터 공물은 사주인을 통해 마련되었다. 대동법에서 사주인 문제의 핵심은 정부가 공물을 직접 마련할 것인가, 사주인을 통해서 마련할 것인가의 문제가 아니었다. 핵심은 단지 사주인의 역할을 공적으로 인정할 것인가 아닌가의 문제였다. 대동법을 주장하던 사람들은 정전제에 대한 정밀한 검토를 통해, 시장에서 공물을 마련하는 것이 원래의 고제임을 논증했다.[42] 다시 말해, 그들은 사주인의 존재를 고제 속에서 찾아내 현실 속에서 그 존재를 정당화시키는 데 성공했다.


## 3. 공물 운영의 개혁 방식_절용과 제도개혁

### 양입위출의 두 측면

대동법의 핵심 내용으로, 공물을 부과하는 기준이 전결화된 것과 수취 수단이 미·포로 바뀐 것을 드는 경우가 많다. 하지만 역사적 측면에서 볼 때, 양자를 대동법의 본질적 요소라고 볼 수는 없다. 양자는 이미 대동법이 성립되기 오래전부터 실제로 각 지방에 광범위하게 정착된 상태였기 때문이다. 대동법의 진정한 의미는 이 두 가지가 법으로 규정됨으로써 양입위출을 위한 객관적 지표 역할을 할 수 있게 되었다는 점이다. 거듭 말하지만 대동법의 핵심은 위의 두 가지가 법적 강제성을 띠게 되었다는 것에 있다. 전결세화 및 작미·작포화는 양입위출과 연결됨으로써 대동법의 진정한 구성요소가 되었다. 이런 점에서 양입위출의 제도적 성립이야말로 대동법의 핵심 내용이라 할 수 있다.

공안개정론과 대동법 실시론은 모두 양입위출을 원칙으로 했다. 사실, 양입위출은 조선 건국 이래 재정 운영의 기본 원칙이었다. 공물변통 논의 과정에서도 논자들과 관계없이 이 원칙은 반복해서 확인된다.[43] 이렇듯 원칙이나 총론에서는 차이를 보이지 않았지만, 구체적인 문제의 해결책에 대해서 말할 때는 공안개정론과 대동법 실시론이 미묘하지만 중요한 차이를 드러냈다. 양자는 양입위출의 서로 다른 측면을 강조했던 것이다.

공안개정론은 내수사나 경각사 등 공물 수요자 측의 절용을 강조했다. 이런 주장은 그 자체로 정당성을 지녔고, 대동법 실시론자들조차 반대하지 않았다. 그런데 공안개정론은 수취 측면에서 공물가 인하를 주장하는 이외에 별다른 내용이 없었다. 이에 반해, 대동법 실시론자들은 민에게서 공물가를 한 번 거둔 후 다시 거두지 않는다는 수취 액수의 고정에 강조점을 두었다.[13] 양입위출을 기준으로 말한다면, 공안개정론이 '위출撫出' 측면을 강조했다면, 대동법은 '양입量入' 측면을 강조한 셈이다. 공안개정론은 공물 수요자들의 자발적 절약을 강조하는 것 이외에 그것을 강제할 수 있는 별도의 방법은 제시하지 못했다.

양입위출에 대한 이런 강조점의 차이는 좀 더 커다란 정책적 가정의 일단이 각각 드러난 것으로 볼 수 있다. 공안개정론이 공물 운영의 문제점을 공물 수요자 측의 사적 폐단, 즉 무분별한 개인적 욕망에서 비롯된 것으로 보았다면, 대동법은 같은 문제에 대해 제도를 갖추지 못한 것에서 비롯되었다고 보았다. 현실에서 문제는 언제나 이 두 가지가 뒤섞여서 나타나게 마련이었다. 하지만 어느 것을 좀 더 중요한 문제의 원인으로 보느냐는 그 문제의 해법을 찾는 데 큰 차이를 낳았다.

---

13) 간혹 대동법을 작미·작포와 동일시하는 경우도 있지만(일례로 정형우, 「대동법에 대한 일연구」, 『사학연구』 2, 1958, 60쪽) 작미·작포는 공물가의 추가 수취 방지라는 대동법의 목적을 달성하기 위한 수단이었다. 작미 자체만 보면 대동법과 더불어 성립했다고 볼 수 없다. 대동법의 궁극적 목적은 어디까지나 양입위출에 있었다. 따라서 나중에 이익도 대동법의 목적을 공물가의 추가 수취 금지에서 찾았다.(이익, 『성호사설』 권10, 人事門 其人列炬)

**이이(1536~1584, 중종 31 ~ 선조 17)**

그는 스스로 경세가로 자처하고 조선시대 사람들도 그를 조선 최고의
경세가로 인식했지만, 살아 있는 동안 그의 주장은 받아들여지지 않았다.
심지어 오늘날에도 그는 관료와 정치가로서보다는 학자로 기억된다.
하지만 그의 여러 정책론은 사후에 조선 경세론의 원형이 되었다.

## 안민익국

　기존의 많은 연구에서는 공안개정론과 대동법 실시론을 절용과 재정의 대립구도로 배치했다. 전자는 산림의 입장을, 후자는 왕과 관료의 입장을 대변한다고 해석했다. 심지어 재정에 대한 강조가 이 시기에 있었던 북벌을 위한 것이라고 해석하기도 했다. 하지만 이런 주장들은 — 일부 그렇게 볼 수 있는 부분이 전혀 없지는 않겠지만 — 실제와는 거리가 있는 해석이다. 이 시기 공물변통에 대해 발언한 대부분의 논자들이 자신들 입론의 출발점으로 삼은 것은 이이의 공물변통론이었다. 이이가 제시한 틀에서 위의 주장은 어떤 근거도 가질 수 없다.

　이이는 피폐한 국가재정을 넉넉히 하기 위해서 증세增稅 조치가 필요하다고 보았다. 그리고 증세를 하기 위해서는 그 전제조건으로 공안을 개정해서 민의 부담을 덜어주어야 한다고 말했다. 얼핏 상반되는 것처럼 보이는 증세와 민의 경감 부담은 세금의 수취구조를 개혁하여 효율적으로 만들 때만 가능했다. 이이는 증세와 민의 부담을 덜어주는 것을 대립적으로 보지 않았다. 그는 부국富國의 전제조건으로 민생 안정을 중요시했고, 민생이 안정되면 국가의 부강은 저절로 달성되리라고 생각했다. 이이와 정치적으로 그리 우호적이었다고 하기 어려운 또 한 명의 걸출한 경세가인 유성룡柳成龍도 이 점에 대해서만은 같은 생각을 했다.[44] 이들은 결코 국가재정과 안민을 대립적으로 사고하지 않았다.

　이런 관점은 17세기에 들어와서도 '균역편민均役便民', '안민익국安民益國'이라는 개념으로 대부분의 관료와 지식인들이 공유했다. 대동법의 대의명분도 여기서 벗어나지 않았다. 이남복은 이 문제를 김육의 '민국양익론民國兩益論'으로 살폈다.[45] 핵심은 김육이 말하는 '익국'의 내용이 무엇인가 하는 점이다. 이남복은 김육이 음성 현감으로 있을 때 올린 상소를 분석했다. 그 결과 김육의 '익국'은 대동법을 통한 직접적인 재정 확충이라기보다 민의 부담을 덜어주어 생기는 간접적이고 장기적인 '익국'이었다. 이 내용은 이이나[46] 유성룡의 관점에서 조금도 벗어나지 않는 입장이다.

이런 사실에 주목할 때, 공안개정론과 대동법의 관계를 절용과 재정의 대립구도로 배치하기는 어렵다. 만약 이런 대립구도가 맞는다면, 양자는 서로 다른 목적을 지향하는 것이기 때문이다. 하지만 실제로 재정이 어떻게 되든 공물가 인하만을 주장했던 사람도 없었고, 재정을 확보하기 위해 민의 고통은 감수해야 한다고 말했던 사람도 없었다. 양자는 강조점의 차이는 있을지언정 안민익국의 목표를 공유했다고 보아야 한다. 양자를 구분하는 것은 정책 목표의 차이라기보다 개혁 방식과 정책 수단의 차이였다고 보아야 할 것이다.

### 유형원의 경세

유형원은 일체의 세금을 경세經稅로 통합하고 과외의 부세를 엄격히 금지할 것을 주장했다. 중앙정부는 공물·진상·잡세 및 주·현이 백성들에게 부과하는 각종 비용뿐만 아니라 인부人夫·쇄마비刷馬費까지도 모두 경세에 포함시켜, 털끝만큼도 백성에게 따로 받지 말아야 한다고 했다.[47] 또 그는 지방 각관이 자신들의 수입을 늘리기 위해 만들었던 여러 수단 — 각관이 가진 둔전·어전漁箭·염분鹽盆,[48] 환자의 모곡耗穀 즉 환자를 통한 고리대적 식리殖利 활동[49] — 들도 혁파할 것을 주장했다. 그가 말하는 경세란 이름만 다를 뿐, 사실은 전국적 범위로 철저하게 실시된 대동법을 뜻한다.[14]

---

14) 유형원이 『반계수록』을 쓸 당시에는 호서 및 호남 연해지역에서만 대동법이 실시되고 있었다.

양입위출 원칙에 대한 유형원의 철저함은 자신이 서술한 녹제綠制(관리들의 급료제도)에서 잘 드러난다. 서리의 가렴주구에 대한 제도적 진단과 대안을 서술한 것이 녹제의 내용이다. 녹제의 문제점은 임진왜란 이전에 이이도 이미 『동호문답』에서 정확하게 지적한 바 있다.

> 지금 모든 관원들이 잘못된 법도를 스승으로 섬기고, 서리들은 (관청의) 문서로 농간을 부린다. 한 하인 한 노예에 이르기까지 조금만 소관所管하는 일이 있으면, 곧 부정하게 자기의 이익을 취하기를 일삼는다. 이는 진실로 정사를 어지럽히고 나라를 망치는 고질이다. 하지만 옛적에는 관리들이 모두 일정한 봉급이 있어서 먹을 것을 위에서 받았다. 지금 아전들은 대개 봉급이 없다. 만일 남의 것을 부정하게 훔치지 않으면 생활을 의지할 것이 없다. 이는 나라의 제도가 미비한 탓이다. 아전들이 뇌물 받는 것을 마땅히 근절해야겠지만, (그 전에) 경작을 대신할 만한 생활 자료를 주어야만 한다.[50]

임진왜란 이전에 벌써 상황이 위와 같았으니, 임진왜란과 병자호란 같은 혹독한 전쟁을 연이어 겪으며 50년이 훨씬 지난 시점의 상황은 충분히 짐작할 만하다.[51] 이에 대해서 유형원은 서울과 지방을 막론하고 국가기구의 운영비를 주어야 하고, 고하에 관계없이 직이 있는 사람에게는 녹이 있어야 한다고 주장했다.

유형원의 녹제안에서 특히 주목되는 것은 경직京職뿐만 아니라 지방의 하위직 관리와 복예僕隸(사환使喚)에 이르기까지 충분히 보수를 지급해야 한다는 주장이다.[52] 이는 대동사목의 지급 규정이 미치지 못한 부분이었다. 대동법에서도 관리들의 보수를 규정했지만, 그것이 하위직에까지 미치지는 못했다. 각관 운영비도 감·병·수영 삼영과 군현까지만 미치고, 그 이하로는 내려가지 못했다. 반면에 유형원은 향소청鄕所廳의 좌수座首와 별감別監, 장관청將官廳의 파총把總과 초관哨官, 향교에까지 필요한 경비를 지급해야 한다고 주장했다. 말하자면 그의 녹제안은 대동법과 똑같은 원칙으로, 대동법이 미치지 못한 부분까지 채웠던 것이었다.

### 유형원의 궁극적 문제의식

앞에서 우리는 양입위출의 재정 원칙과 관련해 대동법과 공안개정론이 개혁의 초점을 달리했음을 보았다. 공안개정이 공물 수요자들 개인의 규율을 중시했다면, 대동법은 기존 제도의 개혁에 무게중심을 두었다. 이런 차별성은 조금 더 깊은 개혁의 원칙과 관련된 문제였다. 이 점이야말로 대동법의 시대적 의의를 가름하는데 직접적으로 관련된 문제라고 할 수 있다.

유형원은 『반계수록』을 완성한 후, 이 책의 후록後錄에서 자신의 의도를 다음과 같이 밝혔다.

생각해보면 왕도王道가 폐지된 뒤로 모든 사업이 궤도를 벗어났다. 처음에 사사로움 때문에 법을 만들더니, 결국은 오랑캐가 중국을 어지럽히는 데까지 이르렀다. 우리나라도 종전의 폐습을 개혁하지 못한 것이 많았는데 게다가 날이 갈수록 약해져서 결국 큰 치욕을 보아, 천하와 국가가 여기에 이르렀다. 폐법廢法을 개혁하지 않고는 옳은 정치를 할 수가 없다. … 하지만 벼슬아치들은 일단 과거로 등용된 뒤에는 습속을 따르는 것이 편한 줄만 알고, 초야의 선비들은 자기 수양에 뜻을 두는 자는 혹 있어도 경세의 방법에 대하여는 조금도 관심을 갖지 않는다. 이렇게 되면 세상사를 바로잡을 날이 없고 백성들에게 미치는 참화는 끝이 없을 것이다. 생각이 여기에 이르면 두려움이 더욱 깊어진다. …

어떤 사람이 나에게 물었다. "선비는 평소 당연히 도를 밝힐 뿐이고, 실무에 있어서는 대체만을 알 뿐이다. 그런데 당신이 번잡한 것을 꺼리지 않고 절목까지 연구하는 것은 무슨 까닭인가?" 천지의 이치는 만물에 나타나는 것이니 물物이 아니면 이치가 나타날 곳이 없다. 성인의 도는 만사에서 실현되는 것이니 일(事)이 아니면 도가 실현될 곳이 없다. … 혹 대체만을 아는 선비가 이것을 자기 시대에 실행할 수 있다고 말한다. 하지만 일단 시행하려 하면 일을 처리할 때 많은 빈틈이 생겨 결국 실행하지 못하고 만다. 이것은 실행하려는 자들이 대체만을 믿고, 절목의 타당성을 잃어서이다.[53]

유형원이 『반계수록』을 지은 근본 이유는 17세기 전반 중국과 조선에서 벌어진 상황 때문이었다. 조선의 지배층이 천하의 중심이라고 생각했던 명나라의 멸망, 조선이 오랑캐라 무시했던 만주족의 중국 지배, 청에 의한 두 번의 조선 침략과 조선의 치욕적 패배, 이것이 부른 조선 사회의 엄청난 혼란 등이 바로 그 상황이다. 조선왕조의 지식인들에게 명나라는 외국이 아니었다. 그들에게 명나라는 그들이 구현하고자 하는 문명의 발상지이자 중심지였고, 임진왜란과 같은 국난에 나라를 되찾아준 나라였다. 또 조선은 청나라와의 전쟁으로 물질적, 정신적, 인적으로 너무나 커다란 피해를 보았다. 그런데 이제 조선은 공식적으로 그런 나라를 명나라를 대신해서 섬겨야 하는 처지가 되었던 것이다. 이 현실은 조선 사대부들의 기존 세계관과 정체성으로는 도저히 받아들일 수가 없는 것이었다. 병자호란 직후 김상헌의 자살 시도는 당시 상황에서 돌발적이거나 너무 지나친 행동이라고 할 수 없었다. 이 시기를 살았던 조선의 관료와 지식인들 중, 이런 상황이 가져온 총체적 혼란에서 자유로운 사람은 거의 없었다.[54]

유형원은 이런 혼란이 단지 청나라의 침략 때문에 비롯된 일들이라고만은 보지 않았다. 오히려 그 근본 원인이 국가적·사회적 폐습을 개혁하지 못

위: 유형원선생묘(경기도 용인시 처인구 백암면 석천리 산28-1), 오른쪽: 『반계수록』

유형원의 놀라운 점은 그의 주장의 시대적 선진성보다는 제한된 정보만을 가지고
서도 정부의 논의 수준에 필적했던 점이며, 『반계수록』의 강점 역시 그 내용의
선진성보다는 그 서술의 체계성과 일목요연함이다.


해, 나라가 갈수록 쇠약해진 것에 있다고 생각했다. 외부 침략에 앞서 내부
혼란에서 문제의 원인을 찾았던 것이다. 역사적으로 볼 때, 이것은 대단히
정확한 인식이다. 한 국가가 강력했을 때는 이웃하는 국가들과의 관계에서
강력한 전쟁 억지력을 지니기 때문이다. 전쟁에서 패한 것이 문제가 되기
이전에, 외부에서 공격을 받았다는 것 자체가 이미 문제였던 것이다.[15]

---

15) 역사적으로, 거대한 제국들의 경우에서 이것을 잘 볼 수 있다. 예를 들어 로마가 멸망한
   것이 흔히 게르만족의 공격 때문이라고 말하지만, 이는 사실과 거리가 있다. 로마가 효율적이
   고 강력했을 때는 게르만 용병들을 자신들의 방위에 이용했고, 또 국경 너머의 게르만족도
   로마를 감히 공격할 수 없었다. 청이 등장하는 맥락도 여기에서 크게 벗어나지 않는다.
   17세기에 명나라는 통치의 효율성이 떨어졌고, 그 결과는 곧 국내적으로 내란이 빈발하는
   것으로 나타났다. 이런 상황은 기존에 명나라가 여진족의 활동 무대인 만주지역에 대해서
   유지했던 긴장과 통제의 효율성을 낮추었다. 후금의 등장을 이러한 요인으로만 설명할
   수는 없지만, 이것은 가장 중요한 요인들 중 하나이다.

객관적으로만 볼 때, 위의 문제들은 국내외적 원인들이 혼재해서 나타났다. 하지만 문제의 주체적 해결을 위해서는 원인 자체를 국내적인 측면에서 찾지 않을 수 없었을 것이다. 상황을 이렇게 진단한 것은 자연히 내부개혁에 대한 요청으로 이어졌다. 한편, 이러한 상황 전개는 임진왜란 이전에 이이가 이미 예측했던 것들과 조응했다. 이이는 유형원이 말했던 것과 같은 사항들을 지적한 후, 제도개혁이 없으면 좋은 임금과 신하가 있어도 소용이 없다고 경고했다. 이이는 제도개혁이 없으면 백성들은 뿔뿔이 흩어지고, 나라는 흙덩어리처럼 무너지리라고 예측했다. 내부의 문제만으로도 그 상황을 면하기 어려운데, 혹 외부의 침략이라도 있다면 질풍이 낙엽을 쓸어버리 듯하리라고 예측했다.[55] 이이의 예측은 불행히도 너무나 정확했다.

17세기 전반과 중반의 시기를 위기로 규정하거나, 그 대책을 조선 내부의 개혁에서 시작해야 한다고 생각한 사람이 유형원만은 아니었다. 이이에게서 경세론의 틀을 익혔던 산림들 역시 같은 견해를 갖고 있었다. 이들은 우선 원기를 돋워 힘을 기르고 적절한 치료를 통해 사람을 소생케 하는 것이 급선무라고 생각했다. 그 이론적 표현이 바로 내수외양內修外攘 중심의 국정 운영론이다. 이것은 안으로 위축된 국가의 통치체제를 정비해서 밖으로 외적의 위협과 침략에 대응한다는 의미였다.[56] 비록 이런 주장이 주희朱熹의 정치이념을 빌려 표현되었지만, 그 설득력은 주희에서 나왔다기보다는 현실 자체에서 도출되었다. 이 때문에 유형원의 특질은 사태에 대한 인식이나 개혁해야 한다는 입장에만 있지 않고, 『반계수록』에서 그가 서술했던 개혁의 방식에 있다고 보아야 할 것이다.

유형원이 볼 때, 조선이 당면한 가장 큰 문제는 많은 폐습들 자체보다 그것들을 개혁해나갈 주체를 찾기 어려웠다는 점이다. 당시 관료들은 전통적 방식만을 고집하고, 그들의 예상을 벗어나서 전개되는 현실상황에 대한 새로운 대응책을 마련할 생각을 하지 못했다. 초야의 선비, 즉 재야 지식인들은 개인적 수신에만 마음을 쓸 뿐이었다. 이들은 수신을 구체적이고 사회적으로 실천할 생각을 하지 않았다. 간혹 경세에 뜻을 둔 지식인들도 대강의 큰 원칙만 알 뿐, 구체적 실행세칙에 대해서는 어두웠다. 개혁 주체여야 할 관료와 재야 지식인층에서 전통적 방식을 넘어서려는 개혁 의지를 찾기 어렵고, 간혹 이를 주장하는 이들은 구체적 실천 방법을 갖고 있지 못했다. 그는 원칙이 옳아도 방법이 적절치 못해 일을 망치는 상황을 우려했다. 문제에 대한 어설픈 접근은 오히려 상황을 악화시키기 때문에 소인들의 훼방은 물론 군자들마저 개혁 원칙을 의심하게 되는 상황을 부를 수 있었다. 우리는 이미 앞에서 인조 초 삼도대동법의 실패와 그 영향을 통해 이것의 생생한 예를 보았다.[57] 개혁의 실행세칙을 체계적으로 준비해야 하는 이유가 여기에 있었다.[58]

유형원이 보기에 구체적 실행세칙을 갖추지 못한 원칙은 정치하는 바른 방법이 아닌 것은 물론이요, 학문하는 바른 방법도 아니었다. 그는 천지의 이치나 성인의 도 역시 그 자체로는 존재하지 않는다고 생각했다. 이런 것들은 오직 '만물'과 '만사'를 통해서만 드러날 수 있다고 보았다. '만물'과 '만사'가 뜻하는 바는 개인적 수신을 넘어서는 것, 전통적 방식을 극복하는 것, 구체적이고 실천적인 체계나 제도로서의 개혁론을 뜻한다. 이는 다름 아닌 제도개혁이다.

### 박지계 상소에 나타난 부세와 부패의 그물망

실무와 경세에 대한 유형원의 생각은 17세기 초·중반 공물변통 방법으로 대동법 실시를 주장한 일군의 사람들의 견해에 닿아 있다. 그의 생각이 갑작스럽게 나타났던 것은 아니다. 앞에서 보았듯이, 이식李植은 왕의 마음을 바로잡으라는 개혁의 제1조가 맞는 말이기는 하지만, 그것만으로는 축사나 공허한 문장에 불과하다고 말했다. 한갓 착하기만 한 것은 정치가 될 수 없고, 약간의 어공이나 비용을 절약하는 것에 그치는 것은 오히려 나라를 병들게 할 뿐이었다.[16] 그는 진정한 변통이란 폐정을 개혁하고 모든 백성을 편안케 하는 것이라고 주장했다.[59] 김육은 '뜻을 성실히 하고 마음을 바르게 하는 것(誠意正心)'만으로는 나라를 다스릴 수 없다고 생각했다. 일을 실제적으로 함으로써 재정을 절약하고, 부세를 경감할 수 있는 현실적 대책을 찾아 실천하는 것이 필요하다고 보았다.[60] 유형원이 '성의정심' 자체를 덜 중요하게 생각했던 것은 아니다. 다만 유형원은 수신의 원칙만으로는 경세의 영역을 온전히 포괄할 수 없다고 생각했다.[17] 이식이나 김육도 이 점에서는 같은 생각을 갖고 있었다.[18]

---

16) 제1부 3장 136쪽 참조.
17) 도기론道器論에서 '도가 밝아지면 기는 저절로 회복된다(道明則器自復爾)'는 종래의 성리학적 사유구조만으로는 현실의 문제가 해결되지 않는다고 유형원이 생각했음이 지적되기도 했다.(안재순,「유반계 실학사상의 철학적 기조」,『도원유승국박사화갑기념논문집 동방사상논고』, 1983, 540쪽; 김준석,「유형원의 변법론과 실리론」,『동방학지』75, 1992, 79~84쪽; 장사형,「반계를 통해 본 실학의 성격과 철학적 사유토대」,『한국의 철학』22, 경북대 퇴계연구소, 1994, 7쪽) 도기론은 오늘날 생산과 분배, 경제적 효율성과 사회적 공공성의 문제와도 비슷한 측면이 있는 듯이 보인다. 과거에는 자본주의적 경제의 효율성이 그 자체로 분배의 문제를 해결할 것이라는 신고전파 주류경제학 이론이 주장되기도 했다. 이른바 '적하효과(trickle-down effect)' 이론이다. 그러나 오늘날 많은 경제학자들은 효율적 생산이 대단히 중요하기는 해도 그 자체로 분배의 문제를 해결하지는 못한다고 말한다.
18) 유형원을 통해 표현된 대동법의 핵심 사항들은 균역법 성립 과정에서 홍계희洪啓禧에 의해 다시 언급된다. 치국의 도는 대체大體를 논해야 하고 자잘한 것들에 집착하면 안 된다는 인식 때문에 반드시 당우삼대唐虞三代를 지향하면서도 실제로는 진·한 이래의 잘못된 규례 아래 있다는 것, 제도의 기초를 토지에 두어야 한다는 것 등이 그것이다. (조성산,『조선후기 낙론계 학풍의 형성과 경세론 연구』, 고려대학교 대학원 박사학위논문, 2003, 275~284쪽)

이 당시의 일반적 인식에 따르면, 민을 다스리는 데 가장 중요한 것은 좋은 수령을 뽑는 것이었다. 이것은 폐습의 원인이 제도 자체가 아닌, 그것을 운영하는 사람의 윤리적 측면에 있다는 것을 전제로 한 생각이다. 하지만 유형원은 사람뿐만 아니라 제도의 개혁도 필요하다고 생각했다. 그는 이이의 말을 빌려 당시 수령에게 적당한 급료가 없기 때문에 백이·숙제라도 국용國用을 사사로이 쓰지 않을 수 없는 상태라고 말했다.[61] 만연한 은결의 폐습 역시 수령이 좋은 관리인지의 여부와 관계없는 제도적 문제로 보았다.[62]

이런 성격의 문제에 대해서 누구보다 생생한 사실을 전한 사람은 박지계朴知誡였다. 그는 인조 11년(1633) 만언소萬言疏를 통해 공물 수취의 폐단이 수령들 개인의 도덕성으로 해결될 문제가 아님을 명확히 했다.

부세가 무거워진 것이 여기에 이른 이유로, 폐단이 세 가지입니다. 첫째는 경각사의 폐단이고, 둘째는 수령의 폐단이고, 셋째는 간악한 아전(奸吏)의 폐단입니다. 지방 각관의 공물을 경각사에 상납할 때, 소위 색리色吏의 인정가人情價라는 것이 공물 자체에 비해서 반드시 10배의 가격은 되어야 경각사에서 받아들입니다. … 묵은 폐단은 이미 오래되어 규례가 되고 말았습니다. 비록 수령이 청백리라고 하더라도 윗 조직(上司)에 대해서 할 수 있는 바가 없습니다. (수령은) 전례대로 소위 인정가를 백성들에게서 거두게 됩니다. … 간혹 수령 중에 탐오한 자가 있어서 이전보다 더 많이 거두어서 횡렴의 길이 한 번 성립되면, 뒤이어 수령이 된 자는 옛 규칙을 고칠 수 없다고 생각해서 그 시비를 묻지 않고 한결 같이 따라합니다. 혹시 청백리로 자부하는 수령이 있어도 다만 관가의 재물을 취해서 자기 집에 가지고 돌아가지 않다뿐이지, 횡렴의 규례는 고치지 못합니다. 이것으로 재상·명사·옛 친구·친척에게 정리를 표시하고 그들의 궁핍함을 구하는 자료로 삼습니다. 수령이 되었는데도 그렇게 하지 않으면, 재상과 명사가 그와 친교를 두터이 하지 않으니 단지 뒷날 좋은 직책을 얻지 못하는 정도가 아닙니다. 또 옛 친구와 친척이 화를 내는 정도가 아니라, 그 청백리로 자처하는 사람은 세상에서 스스로 설 수 없습니다. 아주 독립적으로 행동하고 벼슬을 능히 가벼이 여기는 선비가 아니면 이것을 면하기 어렵습니다. 하물며 청백리로 자부하는 사람은 천 명, 백 명 중 한 두 사람일 뿐이고 나머지는 모두 탐욕스런 사람입니다. … 서울의 경대부卿大夫는 급료가 박하여 빈궁합니다. 부모를 섬기고 자식들을 기르는 데에 수령의 뇌물에 힘입어서 의복, 음식 및 사치를 부리는 자료를 삼습니다. 그래서 누군가 그들에게 수령들의 탐학한 상황을 말하면, 친소를 가리지 않고 말한 사람에게 화를 냅니다. 그러므로 사간원과 사헌부의 관리들이 수령들의 탐학을 얻어들을 수가 없는 것입니다. … 관찰사의 경우에는 처리해야 할 문서가 산같이 쌓여 하루도 여가가 없으니, 어떻게 수령들의 행위를 관찰할 수 있겠습니까? 간혹 그렇게 하려는 사람이 있으면, 수령들이 두려워하여 온갖 일로 관찰사를 헐뜯습니다. 근년 이래 온 조정의 풍속이 시비를 가리지 않고 오로지 다수 의견을 따르는 것으로 상책을 삼는데, 관찰사는 한 사람일뿐입니다. 수령들의 헐뜯는 소리가 중론이 되어 널리 퍼집니다. 그러므로 관찰사가 된 자는 수령들과 잘 지내는 것으로 일을 삼을 뿐입니다. 단속하는 정치가 없으니 수령된 자들이 무슨 꺼릴 것이 있겠습니까? 다만 사대부가 경내에 많으면 수령들이 혹 중론을 두려워해서 감히 방종하지 못합니다. 그렇지 않으면 수령들은 자기들 마음대로 해서 꺼리는 것이 없습니다.[63]

위의 상소에서 박지계는 부세와 관련된 부패의 그물망을 너무나 생생하게 그려내고 있다. 청백리를 자임하는 수령조차 위 조직(上司)에 대한 공물 납부는 자신이 어떻게 할 수 있는 문제가 아니라는 점, 관례대로 윗자리에 있는 사람들과 권력을 쥐고 있는 사람들에게 상납하지 않으면 다음 벼슬자리를 보장받을 수 없는 것은 물론이고 그가 맺고 있는 모든 개인적 인간관계마저 끝나버리게 된다는 점, 뇌물을 받는 입장에서도 자신들이 국가에서 받는 급료가 적기 때문에 어쩔 수 없다는 점, 이 때문에 중앙에서도 지방 수령의 업무에 대해서는 개인적 친소를 가리지 않고 될수록 문제를 삼지 않는 것이 일반적 분위기라는 점, 감사 한 사람의 힘으로는 근본적으로 각 관의 공물 수취를 감독하는 임무를 감당할 수 없다는 점, 청백리로서 할 수 있는 최선은 개인적인 착복을 하지 않는 정도라는 점 등이다. 이 사실은 당시에 매우 상식적인 내용들이었다.[64]

부패는 개인의 문제라기보다는 제도적 문제였으며, 사회적·행정적 관계 그 자체의 타락을 의미했다. 따라서 그 관계의 한쪽 끝에 있는 이른바 '청백리로 자부하는 관리'는 그 사회적·행정적 관계에서 적절하게 행동할 수 없었다. 부패를 개인의 문제로 바라보는 입장은 개인의 윤리가 사회적 관계를 이겨낼 수 있다고 가정할 때만 정당화될 수 있다. 박지계의 말대로, '특립독행特立獨行 능경작록지사能輕爵祿之士(아주 독립적으로 행동하고 벼슬을 능히 가벼이 여기는 선비)'가 아니라면 이런 관계를 받아들일 수밖에 없으며, 그런 사람은 천에 하나 백에 하나에 불과했을 것이다.

### 대동법의 제도적 의미들

대동법은 공물 수취에 관한 구체적 세부 항목들을 구비한, 17세기 중반 조선 제도개혁의 결정판이다. 공안개정론과 비교해볼 때, 대동법의 제도적 의미는 다음 세 가지로 정리될 수 있다.

첫째, 대동법은 여러 수취 항목들의 종합이다. 대동법은 지방 각관의 운영비와 그에 속한 사람들의 보수를 규정함으로써 지방재정을 재확립하고, 다시 이것을 전체 국가재정에 통합시켰다. 또 왕실 경비를 정식화했고, 공물 운송비 규정을 마련했다. 나아가 다양한 수요가 있는 군비를 표준화시켰다. 병자호란 이후 극대화되었던 청에 대한 세폐[65] 및 청나라 사신들에 대한 접대비용[66]도 흡수했다. 대동법이 수취 기준을 토지로 일원화할 수밖에 없었던 이유도 다양한 항목들을 통합했기 때문이다.[67] 이렇게 다종다양한 항목들을 일관되게 통합할 수 있는 기준은 현실적으로 토지 이외에는 찾기 어려웠다. 이에 반해서 공안개정론은 어떤 제도적 통합도 주장하지 않았다. 다음 조석윤趙錫胤의 말은 이것을 잘 보여준다.

"아, 오늘날의 조정은 혼탁함이 심합니다. 사대부의 염치가 모조리 없어졌고, 선비의 탐욕스런 풍조가 크게 일어나서, 방납하여 모리하는 일과 외방에다 구걸하는 습성이 모두 놀랍기만 한데, 말을 하려니 추합니다. 오늘날 백성들의 곤란함이 극에 이르렀습니다. 호족과 세가에서 약탈함이 날로 심하며, 수령들의 약탈이 날로 방자해지고 있으며, 군병의 인족을 침해하고 공물을 매점매석하는 폐단은 일일이 감당하기가 어려워, 열거하자니 참혹합니다.

궁중과 인척은 사람들이 본받는 바인데 근본이 바르지 못하고 근원이 맑지 못하니, 조정이 혼탁해지는 것이 괴이한 일이 아닙니다. 공경대부는 백성들이 모두 우러러보는 바인데 의로움을 버리고 이익을 따르며 공公을 여위게 하고 사私를 살찌우니, 민생이 곤궁한 것은 진실로 당연합니다. … 스스로 몹시 무도한 임금이 아니면 누군들 백성들을 마땅히 돌보아야 함을 모르겠습니까? 그러나 사사로운 한 마음을 스스로 이기지 못하여 비록 그런 마음이 있어도 그런 정사를 행하지 못하여 나라를 망치는 자가 많습니다. 이른바 사라는 것은 마음에서 나올 때는 아주 미세하지만 일을 해칠 때는 매우 크니, 『역易』에 이른바 '약간의 차이가 결국에는 엄청나게 벌어진다'라는 것입니다. … 아, 치란과 흥망의 기틀은 단지 전하의 한 작은 마음에 달려 있습니다. 전하께서 어찌 두려운 마음을

갖고 진작하시어 조종祖宗의 막중한 부탁을 저버리는 일이 없어야 하지 않겠습니까. …" 하였다.[68]

조석윤이 진단한 문제의 원인이나 대책은 모두 개인의 심성적 측면 즉, '사私'에서 벗어나지 않았다. 그는 제도적 문제점을 지적한 것이 아니라, 사대부·호족·세가·수령과 궁중·인척·공경대부 각각의 사적 폐단을 비판했다. 그들이 의로움을 버리고 이익을 따르며 공을 여위게 하고 사를 살찌우는 것이 방납과 모리의 원인이라고 보았다. 이 모든 것들의 정점은 왕 스스로 마음을 사사로이 하는 것이었다. 그러므로 이런 문제들에 대한 대책은 제도개혁이 아니라, 공물과 관련된 개별 주체들의 문제에 맞춰졌다. 왕부터 마음을 바르게 하는 것이 시작이었다. 그 구체적인 표현이 왕의 절용과 솔선수범이며, 그 이하는 금령을 엄히 세우는 것이었다.

문제에 대해 같은 원인을 지적해도, 그것이 반드시 동일한 대책으로 이어지지는 않는다. 홍여하洪汝河는 전결에 기초하지 않은 조·용·조 제도의 문제점을 정확히 이해하고 있었다. 하지만 그의 대책은 행정적 엄금주의로 흘러버리고 말았다. 심지어 그는 조·용·조가 실패한 원인 중 하나를 서리들이 인정人情을 은닉한 데서 찾기도 했다. 결국 엄한 칙령을 내리고 부정이 심한 자를 효수하면 부세 문제가 해결될 것이라고 보았다. 조정의 의지만으로 현실의 문제를 충분히 해결할 수 있다고 본 것이다.[69]

조석윤의 말은 아래 김상헌金尚憲의 말과 대응을 이룬다. 두 사람은 모두 공안개정론자이자 대동법 반대론자였다. 위에서 조석윤은 공안개정론 내부의 여러 요소들 사이의 상호관계, 다시 말해서 일종의 미시적 차원에서 공납 문제를 말했다. 이에 비해 김상헌은 거시적 차원에서 공안개정론을 말한다.

부호군 김상헌이 차자를 올렸는데, 그 대략에 "… 반정 이후로 조정에서 언제나 모든 용도를 절감하려고 힘써왔습니다. 하지만 지금까지도 실효를 거두지 못하고 있는 것은 다름 아닌 요점을 모르기 때문입니다. 신이 듣건대 호조의 세입이 그 수치가 9만 석에 불과한데 경용經用에 있어서는 항상 11만 석 이상이 소요되고 있으므로, 여러 가지 방법으로 재정을 늘려서 모자란 2만 석의 수를 충족하여 경용비를 충당하려고 노력한다고 합니다. …

우선 세입과 경용의 수를 죽 뽑은 다음, 그중에서 급하지 않은 경용 또는 남아도는 인력을 모두 기록하여 잘 요리해서 거기에서 제거하도록 하소서. 경용 수치가 7만을 넘지 않도록 조정하고 몇 만 정도의 잉여를 남겨 국가의 비상 수요에 대비하게 하며, 구차하고 근거 없는 일들은 영원히 근절시키도록 하소서. 그리고 각 도의 관창官倉도 차근차근 저장한 현황을 조사하여 받아들일 수 있는 것은 권세 있는 사람에게라도 가차 없이 일체 받아들여야 합니다. 또 줄여야 할 것은 모두 깨끗이 줄여서 백성에게 혜택이 돌아가도록 해야 합니다. 다소 풍년이 들기를 기다려, 그때 가서 우선 전지 측량을 하고, 다음으로 공안을 바로잡아 부역을 균등하게 하고 …" 하니, 상이 기꺼이 받아들였다.[70]

김상헌이 말하는 요점은 우선 호조가 연간 받아들이는 쌀 9만 석 중 7만 석만 쓰고 나머지는 비축할 것, 권세 있는 자들에게도 가차 없이 받아들일 것, 풍년이 들면 양전을 할 것, 양전 후에 공안을 개정할 것 등이다. 즉 공안개정이라는 주제를 중심으로, 부세 수취의 원칙, 양전, 부세 수취 대상에 대한 정부의 자세 등을 배치하고 있다. 이를테면 상식적인 차원에서의 거시적 재정 운영 방안이었다.

김상헌의 제안은 일견 명쾌해 보이지만, 실제로는 현실성이 떨어졌다. 예나 지금이나 어떤 비상한 사정으로 강제되지 않는 한, 일국의 국가재정이 일시에 급격히 줄어들기는 어렵다. 각관의 호강들에게 엄격하고 공정하게 수세하는 것도 단순히 정부의 의지에만 달린 문제는 아니다. 또 양전을 하고 공안을 개정하면 과연 이와 관련된 다양한 문제가 일시에 해결될 수 있을까도 의문이다. 더구나 김상헌은 이 문제들을 모두 개별적으로 파악하고 있으며, 이들을 관통하는 어떤 제도개혁도 고려하지 않고 있다. 물론 조선도 명나라의 황제독재체제처럼 국왕의 권한이 절대적으로 강하다면 일시적이나마 김상헌의 제안이 현실적일 수도 있을 것이다. 하지만 조선은 그렇게 작동되는 나라가 아니었다.

대동법의 두 번째 제도적 의미는, 이 법이 공식 부분뿐만 아니라 비공식 부분까지 포함했다는 점이다. 대개의 제도는 눈에 보이고 명문으로 규정된

### ✎ 사회제도란 무엇인가

제도의 공식·비공식적 측면에 대한 생각은 '사회제도란 무엇인가?'라는 한 차원 높은 문제로 우리를 인도한다. 좋은 제도 또는 나쁜 제도를 떠나서, 과연 사회제도란 무엇인가? 오늘날 한국에서 '(사회)제도'라는 말은 충분히 합의되지 못하고 있는 단어 가운데 하나다. 이것은 단순히 개념상의 문제만은 아니고, 그 자체로 한국의 현실을 반영하는 현상이라고 할 수 있다.

역사학에서 자주 사용되는 '제도사'라는 말에도 비슷한 양상이 나타난다. '사회보장제도', '소송제도' '대학입학제도' 같은 말들은 분명히 '제도'의 구체적인 예이지만, 제도의 본질적 측면을 충분히 보여주지는 못한다. 이들 단어가 포괄하는 내용이 그것이 가리키는 특정한 사회영역의 상황을 온전히 담아내지 못하기 때문이다. 오히려 역사적 관점에서 본다면, 우리가 일상언어에서 "철이 들었다", 혹은 "세상을 안다"고 말할 때의 '철', 혹은 '세상'이 사회제도의 본질과 그에 대한 인식에 더 가깝다. 이들 말이 뜻하는 것은 — 좀 막연한 표현이기는 하지만 — 그 영역과 관련된 일이 그 영역에서 처리되는 전체적인 방식을 말한다. 이때 그 방식을 구성하는 것들에는 법도 있고, 관행도 있고, 또 그와 관련된 사고방식도 포함된다. 이런 맥락에서 이 책이 드러내고자 하는 것을 말하면 '재정개혁'보다는 '재정제도 개혁'이 더 정확하다.

측면뿐만 아니라, 그와 밀접하게 관련된 관행이 지배하는 비공식 측면도 갖고 있다. 제도개혁이 어려운 이유는 그 대상 범위가 공식 부분에 한정되는 경우가 많기 때문이다. 이때 공식 부문과 유기적으로 엮여 있는 개혁되지 않은 비공식 부분은 끊임없이 공식 부문을 복구해낸다. 대동법이 성공할 수 있었던 이유 중 하나는 비공식 부분을 인정하고, 그것을 제도화했다는 점이다. 토지에 기반한 공물가 수취, 사주인을 통한 공물 구입, 각관의 운영비와 공물의 운송비에 대한 인정이 그에 해당한다. 관행을 제도화하는 것은 두 가지 측면에서 중요하다. 하나는 제도화해야 통제할 수 있기 때문이다. 또 하나는 관행이야말로 사회적 작동 가능성의 검증이 끝나 있다는 것을 뜻하기 때문이다. 아무리 이상적인 제도라도 현실에서 작동하지 않는다면 아무런 의미도 없을 것이다.

제도의 비공식적 측면은 현실적 타당성을 가진 경우가 많다. 공납제도에서 이것은 다양한 방식으로 나타났다.

경각사는 이 사주인의 무리들이 후한 이익을 누린다는 것을 안다. (하지만) 각사의 사환과 잡역을 마련하지 않을 수 없다. (또 경각사에는) 비단 사적인 일뿐만 아니라 공적인 일도 있다. 포폄 시의 음식 준비(設饌)는 각사에 모두 있는 일이다. 예장군禮葬軍·장빙군藏氷軍·담지군擔持軍·교군轎軍·마초馬草의 구채驅債와 전송 시의 술과 음식(餞送時酒饌), 사헌부 감찰이 월령 때마다 각 능에서 제사를 지내는 것을 살피러 갈 때[71] 필요한 쇄마·인부·횃불, 기타 자질구레한 일을 모두 열거하기가 어렵다. 이 모든 것을 사주인에게 책임 지워 마련해낸다. 이와 같으니 사주인들도 또한 그 고통을 이기기 어렵다. 이른바 역가는 반드시 이런 것들을 가리켜 말해야 한다.

비단 각사의 역役만이 아니라 호조의 역도 있다. 과거를 볼 때(設場時) 시관을 대접할 때, 비록 응판관을 정하기는 하지만 이 몫으로 책정된 것들이 너무 적다. 그래서 응판관은 공물주인에게 책임 지워 독촉하는데, 매우 무질서하다. 이 고역은 특히 심하다. 과거는 국가의 성대한 일인데 시관은 공물주인에게 음식을 의탁하니 어찌 한심한 일이 아닌가! … 제반 고역이 이와 같기 때문에, 사주인들은 반드시 100배의 가격으로 값을 올리려 하니 이르지 않는 바가 없다. 혹은 뇌물을 받고 뒷거래를 하고, 편지를 받고 부탁하며, 때로는 급히 바쳐야 할 때 막고 나선다. 비록 심한 흉년에도 반드시 풍년의 값을 받아낸다. 이것은 (공물주인들도) 할 말이 있기 때문이다. 다른 이유가 아니다. 각사와 호조가 그들이 그렇게 하도록 가르치고 도둑질을 더하게 한다. 만약 (정부가) 공물의 폐단을 변통하려면 반드시 사주인의 잡역을 먼저 줄여야 한다. 만약 방납의 이익을 빼앗기고도 고역이 이전과 같다면, 사주인도 우리 백성인데 어떻게 보존하겠는가?[72]

위의 내용은 사주인이 주도하는 공물의 방납은 단순히 부패나 사주인의 모리행위로 볼 수 없다는 것을 보여준다. 방납가는 각사와 호조 운영비로 이용되었다. 이 때문에 방납을 막기 위해서는 사주인에 의해서 조달되는 각사와 호조의 운영비용을 다른 곳에서 마련할 대책을 동시에 세워야 했다. 그런 대책 없이 단순히 방납만을 금지한다면 사주인이 파산하거나 그렇지 않으면 각사 기능이 중단될 수밖에 없었다.[19] 실제로 이 문제를 해결하기 위해서 대동법은 위의 각 항목들에 대한 자세한 예산 규정을 마련했다.[20]

---

19) 허적과 송시열이 대립하는 사건.(제2부 5장 '산림 송시열과 관료 허적' 265~273쪽 참조)
20) 예를 들어 예장군·담지군은 『호서대동절목』 52조와 『전남도대동사목』 47조, 장빙군은 『호서대동절목』 59조와 『전남도대동사목』 57조, 쇄마가는 『호서대동절목』 34조와 『전남도대동사목』 31조, 과거시험장에 들어가는 비용은 『호서대동절목』 53조와 『전남도대동사목』 48조에 그 규정을 마련해놓았다. 〈특별부록〉의 대동사목 내용 색인 470쪽 참조.

제도개혁으로서의 대동법이 공안개정론과 대비되는 세 번째 측면은 공물가를 거둔 뒤에 사후 점검하는 규정을 마련했다는 점이다. 어떤 제도라도 사후에 점검하고 그 실시를 강제할 수 없다면, 제도로서의 구속력을 갖출 수 없다. 대동법의 이런 측면은 공안개정론에서 그 실행을 왕과 관료들의 개인적 결단에만 의존했던 것과 대비된다.

　조선시대 공물가의 집행에는 미리 예측할 수 없는 불확실한 사항들이 여럿 포함되어 있었다. 청과 관련된 일이나 왕실 인사의 사망과 출생 등이 그런 예에 해당한다. 대동법은 중앙 상납분, 각관 집행분 외에 예비비 형식으로 여미라는 항목을 통해서 이런 예상치 못한 재정수요에 대처했다. 그리고 1년에 네 차례 여미의 집행에 대한 점검을 필수 항목으로 규정했다.[73] 각관의 수령들은 여미의 회감會減 보고서인 저치회안儲置會案을 작성하여 경청에 보고해야 했다.[74]

### 대동법은 반주자학적인가?

　지금까지 제도개혁으로서의 대동법이 지닌 몇 가지 의미를 살펴보았다. 그러면 이런 제도개혁론의 사상적 기반은 무엇일까? 기존 연구 중에는 이것을 반주자학적 입장이 표현된 것으로 이해하는 경우도 있다. 하지만 공안개정안과 대동법을 둘러싼 논의의 맥락을 살펴보면 이런 해석은 정당화되기 어렵다.

　공안개정론은 공·역가를 소비하는 주체나 관리하는 주체가 스스로 그 소비를 절제하고 그 관리를 엄정히 할 수 있다는 것을 전제한다. 반면에, 대동법은 민에 대한 수취를 법으로 정했다. 공물가의 소비·관리 주체의 자발적인 통제는 형편에 따라 느슨해질 수 있지만, 수취액을 법으로 정하는 것은 수취 자체를 정부의 의지나 우발적 상황으로부터 독립시키는 것이다.

원칙적으로 법에 의해 어떤 경우에도 민에게서 더 걷을 수 없기 때문이다. 따라서 공안개정론과 대동법을 대립적인 측면 중심으로 이해한다고 할지라도, 그 대립을 주자학과 반反주자학의 대립으로 보기는 어렵다. 이는 문제에 대한 대처가 개인적 차원의 도덕 수준을 제고하는 것으로 충분한가, 아니면 제도적 보완이 필요한가 하는 것에 따른 것이었다.

수기치인修己治人의 관점에서 말한다면, 공안개정론자들은 '수기'를 강조한 반면에 대동법 실시를 주장하는 이들은 '치인'까지도 주장한 것이다. 대동법 실시론자들이 수기의 중요성을 낮게 생각했기 때문에 치인을 주장했다고 볼 수는 없다. 이들은 공안개정론에 반대했다기보다는, 그것만으로 부족하다고 생각하는 쪽이었다. 공물변통 논의를 할 때 공안개정론자들이 대동법 실시에 반대하는 경우는 있었지만, 대동법 실시론자들이 공안개정에 반대하는 것을 좀처럼 보기 어려운 것은 바로 이런 이유 때문이었다. 16세기 이래 조선은 성리학적 경세론에서 제도개혁의 원리로서의 '치인'에 대한 강조가 약화되어가는 듯한 느낌을 주는 것도 사실이다.[21] 하지만 16세기 후반 이후 공물변통의 과정에서 조선의 관료와 지식들이 보여준 원칙은 조선 건국의 당사자들이 가졌던 그것과 다르지 않았다.

---

21) 15세기의 성리학은 관학의 틀 속에서 군주의 지원 아래 양성되었기 때문에 여기서 배출된 인사들은 붕당성을 거의 갖고 있지 않았다. 그들은 국가의식이 비교적 강했고, 부국강병과 민생 안정을 추구함으로써 학문도 실용성을 띠고 있었다. 따라서 이때의 성리학은 사변적이거나 교조적일 수 없었다. 하지만 16세기에 들어와서는 이미 확립된 왕조의 기반 위에서 주로 의리와 명분도덕 문제를 강조하게 되었다.(전락희, 「조선조의 개혁사상」, 『한국정치학회보』 18, 1984, 277쪽)

# 에필로그

## 시대정신으로서의 대동법

특정한 시대를 연속된 시간의 흐름 속에서 구분지을 수 있는 것은 그 시대가 공유하는 것이 있어서이다. 한 시대는 어떤 인물들, 제도 혹은 특정한 시대정신 등으로 대표된다. 이런 기준에 비추었을 때 이제까지 검토한 인조에서 현종까지의 시기는 하나의 시대로 묶어도 좋을 것이다. 이 시대의 정신은 개혁이었고, 그것은 대동법이란 개혁정책으로 현실화되었다.

앞에서 우리는 16세기 최후반에서 17세기 중반에 이르는 내우외환 시기에 조선에서 공납 문제와 관련해서 어떤 일들이 있었는지 살펴보았다. 어떤 사회적 폐단이 있었고, 그것을 개혁하기 위해서 어떤 시도가 있었는지에 주목했다. 또 폐단과 그에 대한 개혁의 경험들이 중앙정부 차원에서 어떤 정책 논의를 낳았으며, 그런 논의가 어떤 과정을 통해 최종적으로 대동법으로 제도화되었는가를 보려 했다. 이것은 사회문제에 대한 정책적 경험·논의·제도화를 종합적으로 이해하려는 시도이다. 이런 접근 방식을 통해서 현실상황에 대한 경험과 논의가 어떻게 기존의 사회제도에 대한 개혁을 유도해냈는지를 살필 수 있었다. 이 과정에서 대동법을 추진한 주체는 누구이고, 이 법이 조선의 경세론 전통에서 어떤 의미를 가지는가에 대한 답을 찾으려 했다.

역사상 새로운 제도의 성립을 살펴보면, 그 새로운 제도를 구성하는 소재들 자체는 새롭지 않음을 확인하는 경우가 많다. 그렇다고 그 제도가 새롭지 않은 것은 아니다. 이때의 새로움은 새롭지 않은 소재들 전체로 구성되는 제도의 새로운 일반화에서 찾아볼 수 있다. 새로운 것은 대개 익숙했던 것들을 통해서 등장했다. 이 점은 대동법의 경우에도 다르지 않다.

대동법의 정책 효과는 새롭고 강력했지만, 대동법을 구성하는 개별적 내용들은 이 법이 성립되기 이전에 이미 존재하고 있었다. 대동법은 이미 사회적으로 관행화된 사항들을 새롭게 법제화한 것이다. 이 때문에 대동법을 깊이 이해하기 위해서는, 이 법을 본격적으로 검토하기 전에 예비적인 조치로서 그런 사회적 관행들을 이해해야 한다. 사회적 관행들이란 기존 연구에서 대동법의 예비적 형태로 지적되었던 사대동私大同, 공물작미貢物作米, 경대동京大同, 반대동半大同 등을 말한다.

대동법의 예비적 형태들에 대한 호칭을 개념화하는 것은 혼란스러울 수 있다. 하지만 생각해보면 이 혼란스러움은 자연스럽다. 그런 용어들은 중앙정부가 어떤 일관된 기준하에서 만들었던 것이 아니기 때문이다. 그것들은 민간에서 먼저 불렸다가 나중에 정부에서 받아들여졌다. 대동법과 관련된 여러 용어의 이런 측면은 어떤 면에서 대동법 자체의 성격을 함축한다.

각각의 용어들은 조금씩 다른 관점에서 만들어졌다. 사대동이란 민에게서 공물을 걷는 방식을 기준으로 붙여진 말이다. 이것은 각 고을에서 수령이 자기 재량하에, 자기 고을의 전결에 고르게 부과해서 공물가를 걷는 것을 말했다. 대동법 이전까지 중앙정부의 회계체계에 포함된다는 의미에서의 지방재정이란 원칙적으로 존재하지 않았다. 즉 각 고을에서 집행되는 회계의 내용은 수령이 알아서 하는 것일 뿐, 중앙정부의 감독하에 있지 않았다는 뜻이다. 중앙정부 입장에서 지방재정은 사적 영역이었다. 사대동의 '사私'는 그런 맥락에서 붙여진 이름이다. '대동大同'이란 마을 사람들 모두가 함께 공물을 부담한다는 뜻이다.

공물작미는 공물 수취 수단의 형태를 기준으로 부른 말이다. 즉 공물을 감이나 사과, 조기와 같은 현물이 아닌 그 물건들의 값어치에 해당하는 쌀로 거두었던 것이다. 하지만 당시 공물작미의 진정한 정책적 의미는 이런 말뜻 자체에 있지 않았다. 이런 뜻에서의 공물작미라면, 이미 조선 전기에 관행화된 지 오래였다. 공물변통과 관련해서 공물작미의 진정한 뜻은 그러한 사회적 관행을 중앙정부가 인정했다는 것, 즉 각 고을이 경각사京各司에 납부하는 공물의 최종적 형태가 쌀이라는 것을 중앙정부가 인정했다는 데 있었다. 이것이 중요한 이유는 중앙정부의 인정 자체가 원칙적으로 공물 수취를 담당하는 관리의 점퇴點退를 불가능하게 했기 때문이다. 모든 공물을 일률적으로 쌀(혹은 무명)로 받아들이면, 그 물품의 품질을 탓할 수 없기 때문이다. 점퇴가 불가능하다면 방납防納 역시 불가능했다. 공물의 현물 수취 규정, 점퇴, 방납은 공물작미 이전에는 서로 떼려야 뗄 수 없는 연결고리와도 같았다. 중앙정부의 공물작미 조치는 그 고리의 한쪽을 끊어낸 것이었다.

경대동이란 서울에서 받는 공물만 작미하고 지방 각관各官의 재정에 쓰이는 공물은 현물로 받는 것을 말한다. 경대동은 사실상 반쪽짜리 대동법이나 다름없었다. 실제로 백성들 사이에서는 경대동을 비난하는 뜻으로 반대동이라는 말이 쓰였다. 크게 보아서 경대동은 공물작미와 같은 범주에 있는 용어였다. 두 용어 모두 중앙정부가 공물의 최종적 수취 형태를 쌀(무명)로 인정하는 것을 뜻하는 말이기 때문이다.

# 개혁의 씨앗, 삼도대동법

임진왜란 이전 선조 연간에 공납 문제는 이미 심각한 사회문제였다. 하지만 이 시기의 공납 문제는 그 폐단의 심각성이 지적되기는 했어도, 그 해결 방안이 조정에서 구체적으로 논의되지는 않았다. 국가 운영에서 조세 문제는 언제나 모두를 만족시킬 수 없고, 그 문제에 대한 지적에 진지하게 주의를 기울이는 정부도 흔치 않다. 더구나 그런 문제의 뒤에는 대개 그와 관련된 크고 직접적인 이익을 보는 세력들이 존재하는 경우가 많다. 공물의 경우도 예외가 아니었다. 이 문제가 본격적으로 논의되기 위해서는 더 많은 사람들의 공감과 이해, 그리고 그를 뒷받침하는 사회적 분위기가 필요했다. 공물변통의 해결책으로 대동법이 제기되고, 그에 관한 경험이 문서적·인적으로 축적되기 시작한 것은 인조대에 들어서면서부터였다.

인조 초 중앙정부의 정책담당자들과 지방 사림들 사이에서 가장 긴급한 국정 과제는 민생 안정이었다. 비록 북방에서는 명·청 교체의 기운이 임계치에 다다르고 있었지만, 국내적으로는 민생 안정이 최우선 과제였다. 그들이 그렇게 생각했던 것은 그들이 북방의 정세에 얼마나 무지하고 둔감했었는가를 말해준다. 하지만 다른 한편으로 국내적으로 민생 문제가 몹시 급박했다는 것도 사실이었다. 임진왜란의 전국적 피해, 이어지는 광해군대의 무리한 궁궐 공사, 여러 차례에 걸친 조선 군대의 파병 등으로 파탄 지경에 이른 민생 문제는 더 이상 방치할 수 없는 상태였다.

당시 민생 문제는 임시방편이 아닌 체계적 개혁을 통해서만 해결될 수 있는 상태에 있었다. 개혁의 방법을 놓고 호패법과 대동법이 제기되었다. 전자는 군 병력을 포함한 인적자원의 국가적 재정비를 위해서 필요했고, 후자는 재정 정비와 민생 안정을 위해서 필요했다. 비교적 긴 논의를 거치지 않고 개혁 방향은 후자로 정해졌다. 두 정책을 한꺼번에 실시할 여유는 없었다. 특히 전자는 민에 대한 직접적인 통제와 관련되었기에 중앙정부 차원에서도 부담스러운 정책이 아닐 수 없었다. 군비 문제보다는 재정 문제가 심각했고, 재정 문제만큼이나 민생 문제가 급박했다.

삼도대동법은 인조 즉위 직후 논의되기 시작해서, 원년(1623) 가을과 다음 해 봄·가을 모두 세 번 실시되었다. 하지만 한 번도 처음 결정대로 실시되지 못했다. 심한 흉년이 드는 등 상황이 좋지 않았고, 정책담당자들도 이 법에 대한 이해가 부족했다. 이는 정책 집행 과정에서 치명적인 실수로 이어졌다. 즉 인조 원년 가을에 전국적으로 심한 흉년이 들자, 조정은 각관의 공물 운반의 수고를 덜어주기 위해 서울에서 받는 공물만 쌀로 내게 하고 (경대동), 각관 자체의 경비와 각관에서 집행되어야 할 공물에 대해서는 기존 방식대로 마련하도록 했다. 각관이 서울로 운반해야 할 대동미의 양을 줄여준 것이다. 이 조치는 민에 대한 중앙정부의 선처라는 차원에서 이해할 수도 있다. 하지만 이것은 정책적으로 커다란 실수였다. 이런 조치는 마치 그리스신화에 나오는 괴물 히드라의 머리 하나를 쳐내는 것과 유사했다. 여러 개의 머리들 중 하나를 잘라내도 다른 것들이 살아있는 한 괴물은 죽지 않고, 금방 새로운 머리가 생겨난다는 것이 바로 이 신화의 내용이다. 반만 집행되는 대동법은 아무런 의미가 없었다. 기존 방식으로 이익을 보던 사람들은 기존 공물 수취 대상이 반으로 줄었지만, 남아 있는 공물 항목들을 통해서 얼마든지 자신들의 줄어든 이익을 보충할 수 있었다. 그 결과 백성들은 전보다 더 많은 공물을 내야 했다. 중앙정부의 정책에 대한 무지는 백성들이 정부정책을 더욱 불신하는 결과로 이어졌다. 하지만, 그럼에도 불구하고 이 법은 조선에서 최초로 전국적 범위로 계획되고 실제 시행된 공납제 개혁이었다. 이때 만들어진 문서는 약 30년 후 효종 초 대동법 실시를 위한 청사진이 되었다.

효종 초 충청도에 실시될 대동법을 논의하는 과정에서, 우의정 정태화鄭太和는 삼도대동법 이후 시무를 논하는 자들은 이 법을 말하게 되었다고 말했다. 이와 비슷한 말이 다른 사람들에게서도 확인된다. 이 말 속에는 중요한 함의가 담겨 있다. 즉 인조 초의 삼도대동법 실시 이후로 대동법은 조정의 변통 논의에서 중요한 의제 중 하나로 자리잡았던 것이다. 경기선혜법이 이미 광해군 즉위년(1608)에 성립되었고 삼도대동법 자체는 현실적으로 실패했지만, 정태화는 대동법의 실제 기원을 인조 초 삼도대동법에서 찾았다. 이는 삼도대동법이 당시 논자들에게 얼마나 강한 인상과 경험으로 자리잡게 되었는지를 보여준다.

삼도대동법은 이전의 공물변통 논의와 달랐다. 광해군대의 선혜법은 경기에서만 실시되었다. 또 처음부터 전국적으로 실시하려는 의도도 없었다. 일부 논자들의 확대 실시 요구는 산발적이었고, 당위적 차원에 머물렀다. 무엇보다 광해군이 이 법의 확대에 반대했다. 오늘날, 대동법 실시는 광해군의 업적으로 알려져 있지만, 이것은 사실과 다르다. 광해군은 대동법에 대해서 시종일관 부정적이었다. 한편 삼도대동법은 애초에 전국적 실시를 목표로 했다. 이를 위해 법 실시 이전부터 법 집행을 위한 복잡한 현실적 조건들이 검토되었고, 비록 실패했지만 이후 그 의미가 긍정적으로 평가되었다. 이런 긍정적 사후 평가는 언젠가 조건만 갖추어지면 다시 시도될 수 있는 가능성을 가지고 있음을 뜻한다. 이 가능성의 씨앗은 당시 만들어진 관련 문서라는 토양에 심어졌다. 실제로 인조 23년 재생청裁省廳 활동과 효종 초 호서대동법은 이때 만들어진 문서를 기초로 실시되었다.

삼도대동법의 실패는 경대동 형태로 실시된 대동법의 실패를 의미했다. 인조 원년 가을과 다음 해 봄·가을에 실시된 대동법은 모두 경대동 방식으로 실시되었다. 삼도대동법의 실패 이후 공납 문제를 바라보는 견해는 둘로 나뉘었다. 하나는 공납의 여러 폐단의 핵심을 방납 문제로 보는 것이고, 다른 하나는 공물의 수취와 그것의 집행에 따른 다양한 불균등의 문제로 보는 견해였다. 경대동은 전자의 관점에 따른 제도적 대안이었다. 전자는 공납 문제에 대한 기존 견해를 대표했다. 후자는 삼도대동법의 경험을 통해서 이제 막 새롭게 등장하기 시작한 견해였다.


## 개혁 담론의 형성


정묘호란(인조 5, 1627) 후 조정의 많은 정책담당자들은 양전을 실시할 것을 주장했다. 삼도대동법의 실패를 양전에 앞선 무리한 공안개정에서 비롯된 것으로 이해했기 때문이다. 공물가를 전결에 균등하게 부과하려면 먼저 그 대상이 되는 전결을 정확하게 파악해야 했다. 현실적으로 조정이 파악하고 있는 결부結負가 전결의 실제와 큰 차이를 보였던 것도 사실이다. 이것은 공물가 부담의 지역별 불균등으로 이어졌다. 특히 이런 사정은 충청도 지역에서 심각했다. 양전 실시를 놓고 정책담당자들 간에는 별 이견이 없었다. 그에 따라 나온 결과가 갑술양안(인조 12, 1634)이다. 하지만 갑술양전 후, 이 양전의 원래 목적이었던 공안개정은 실시되지 못했다. 대신 임진왜란 이후 30여 년 넘게 무질서하게 민에게 부가되었던 각종 수취 항목들이 철폐되었다.

기존 연구에서는 거의 언급되지 않았지만, 정묘호란 이후 인조대의 공물변통 논의는 대청 관계의 직간접적인 영향을 받았다. 병자호란(인조14, 1636)까지는 군자軍資를 마련하기 위해, 그 이후에는 다양한 경로로 초래된 재정 압박에 대한 대책으로 공물변통론이 제기되었다. 무엇보다 명·청의 교체가 분명해진 후에야 조선에서 공물변통이 본격화되었다는 점에서 국외의 영향이 공물변통의 논의에 적지 않은 영향을 주었음을 알 수 있다.

정묘호란 후 청의 침입에 대비하기 위한 군자 마련의 대책으로 조정에서는 세 가지 안이 제시되었다. 나중에 성립되는 대동법과는 내용이 약간 다르지만 기본적으로 대동법 실시를 주장하는 견해, 화폐 발행이나 은 채굴을 주장하는 견해, 철저한 공안개정을 통해서 기존 공물가의 총액을 줄이고, 여기서 확보된 것을 군비에 충당하자는 견해가 그것이다. 이 중 두 번째는 비교적 청의 위협을 강하게 의식한 단기적인 입장이고, 나머지 두 견해는 이후 공물변통론의 양대 축으로 정립되는 포괄적인 재정개혁론이다. 공물변통론의 최초 형태는 이렇게 청의 침략에 대비해서 군자를 마련하는 방안을 매개로 등장했다.

세 가지 견해에 영향을 준 현실적 조건의 하나는 신하들의 공물변통 요구에 대한 인조의 태도였다. 공물의 적지 않은 부분이 왕실 수요였기에 공물변통의 문제는 자연히 왕과 왕실에 직접적으로 연결되었다. 인조 3년에서 4년에 걸쳐 대간들은 내수사內需司 폐지, 어공御供의 축소, 여러 궁방宮房의 폐지를 쉼 없이 왕에게 요구했다. 하지만 인조는 한 치도 물러나지 않고 오히려 부정적이거나 냉소적 태도를 보이기까지 했다. 세 가지 견해들은 인조의 태도에 대한 다양한 반응이라는 측면을 가졌다. 두 번째 견해(화폐 발행과 은 채굴)는 당시 호조 판서 김신국金藎國이 주장한 것이다. 그가 개인적으로 공물변통에 반대했기 때문에 이런 주장을 했던 것은 아니다. 오히려 그는 강력한 대동법 지지자였다. 그의 주장은 군자 마련의 실무 총책임자라는 입장에 따른 것이었다. 그는 왕과 부딪치지 않고 급박하게 군비를 마련할 수 있는 방법을 찾아야 했던 것이다.

이 당시까지만 해도 대동법을 실시하자는 주장과 철저한 공안개정을 하자는 주장은 뚜렷하게 구분되지 않았다. 양쪽의 주요 논자들인 이식李植, 윤황尹煌, 유백증兪伯曾 등의 주장을 대동법 실시론이나 공안개정론의 어느 한쪽 주장으로만 볼 수는 없다. 양측의 주장이 뚜렷이 분화되기 시작하는 것은 인조 24년(1646) 이후였다. 하지만 위의 두 주장이 미분화된 상태에서도 강조점에 차이가 있었다. 또 각각의 안은 그에 상응하는 공물변통과 관련된 현실의 경험과 정책을 반영했다. 대동법을 주장했던 측이 제도개혁으로서의 공물변통을 강조했다면, 공안개정론의 핵심인 공·역가 인하를 주장하는 측은 왕실과 궁방이 솔선수범하는 철저한 절용을 기초로 한 공안개정을 주장했다. 이식의 주장은 이론적으로는 이이李珥의 공물변통안을, 현실 경험으로는 선조 40년 이후 양호 연해 각관에서 계속되고 있는 공물작미의 경험을 기반으로 했다. 반면에 공안개정론은 이론적으로 조선의 전통적 공물변통 방식을, 현실 경험으로는 인조대에 간헐적으로 시행되었던 공물가 인하 조치들에 기초했다. 양자의 주장은 이렇듯 자신들이 중요시하는 경험의 일반화된 형태였다.

인조는 철저한 공안개정은 거부했지만 부분적 개정까지 거부할 수는 없었다. 이 간헐적인 개정이 공안개정론의 경험적 근거였다. 인조대에는 적어도 네 번의 대규모 공물가 인하 조치가 있었다. 첫 번째는 반정하던 해(1623)에 취해졌다. 인조는 즉위하는 날 12개에 달하는 각종 도감들을 폐지했다. 이것들은 광해군 때 민에 대한 무질서한 수취를 담당하던 기구들이었다. 또 원년 가을에는 흉년이 예상되는 중에도 광해군대에 만들었던 일종의 세금 수취 장부인 조도성책調度成冊을 불살랐고, 광해군 13년 이전의 미납 공물을 원곡 기준으로 11만여 석을 탕감했다. 인조 말을 기준으로 하면 거의 2년분에 해당하는 공물가액이었다. 이런 조치는 백성들에 대한 반정세력의 시혜적 혹은 전시적 성격이 강했다. 두 번째는 갑술양전 후 인조 13년(1635)에 이루어진 조치였다. 이때 폐지된 수취 항목들로 총 쌀 4만 7,000석 가까이를 줄였는데, 호조 1년 수입의 절반 정도에 해당하는 양이었다. 임진왜란 이후 무질서하게 부과되었던 각종 수취 항목들이 그 대상이었다. 이렇게 양전 후에 공안을 개정하는 것은 원래 조선의 전통적 공물 변통 방식이었다. 세 번째는 병자호란 후였다. 전쟁의 피해가 가장 심했던 곳은 완전 감면, 그 다음은 절반, 피해가 없었던 곳은 1/3을 줄였다. 전쟁에 따른 백성들의 원망을 피하려는 조치로서 어공의 일시적 중단과 제향의 축소, 경각사의 통폐합을 수반했다.

본격적인 공물변통의 계기는 인조 23년 10월부터 진행된 재생청의 진휼이었다. 이것은 공물에 대한 전면적 개혁으로, 공안에 올라 있는 항목들의 공물가를 줄이고, 축소된 공물가를 각 고을의 시기결時起結에 부과하며, 기존의 공물 수취 경로 대신 재생청이 직접 관리·감독해서 경각사에 공물가를 지급하는 방식을 취했다. 공물가를 인하하고 이를 시기결에 부과했다는 측면에서 공안개정론과 대동법 실시론이 절충된 형태였다. 이것을 주관했던 사람이 조석윤趙錫胤과 이시방李時昉이다.

대체로 진휼은 해가 바뀌고 시작되었지만, 이 해에는 해가 바뀌기 전 추수 직후에 시작되었다. 이를 통해서 짐작할 수 있듯이 이때의 상황은 급박했다. 더구나 앞당겨진 진휼은 단지 심한 흉년 때문만도 아니었다. 이 당시에 거대한 재정수요를 부른 사건들이 잇달았다. 정묘호란 이후 청에 계속 바친 세공歲貢 부담은 별도로 하더라도, 병자호란 직후부터 인조 19년까지 단 4년 사이에 조선은 청의 대규모 병력 동원 요구에 네 차례나 응해야 했다. 인조 22년(1644) 4월 청은 명을 무너뜨리고 입관入關했다. 다음 해 1월, 청은 조선에 20만 석의 미곡을 요구했다. 비록 그 수가 나중에 절반으로 줄긴 했어도, 운반비용 5만 석을 합하면 조선의 1년 전세 수입 전체와 비슷한 규모였다. 또 인조 21년과 22년에는 전염병이 극심했다. 인조 21년 봄부터 22년 4월까지 사망자로 보고된 수만 40,200명에 달했다. 이 와중에 청의 사신이 빈번히 왕래했고, 인조 23년에는 청에서 돌아온 지 얼마 되지 않은 왕세자가 사망했다.

이런 총체적인 어려움에 대해서 공물변통을 통한 대안을 제시한 사람은 조익趙翼의 아들 조복양趙復陽이다. 그는 포괄적인 제도개혁의 필요성을 제기하고, 그 첫 번째 대상으로 공물변통을 주장했다. 또 이를 전담할 관청과 담당자를 둘 것을 요청했다. 조복양의 이 상소를 계기로 재생청이 설립되었다.


## 두 개의 개혁론


인조 23년(1645)의 재생청 활동은 오래도록 이어져온 공물변통 논의와, 그것의 결과인 효종 초 대동법의 성립에서 대단히 중요한 위치를 차지한다. 재생청 활동이 단지 일회적인 공물가 인하 조치가 아니라, 공물변통 논의의 흐름에서 분수령에 해당함을 뜻한다. 이것은 명·청의 교체와 조선의 내부 정비에 대한 요청이라는 국내외적 환경 속에서 진행되었다. 재생청 활동은 공납제 운영의 기본 틀을 시험하는 실험적 성격을 띠었다.

재생청 활동은 상당한 성과를 나타냈다. 인조 초 삼도대동법 실시 과정에서 마련된 문서는 재생청 운영에 기초가 되었다. 한편 여기서 주목할 것은 재생청 활동의 성과에도 불구하고, 이를 주관했던 조석윤과 이시방 사이에 견해 차이가 나타나기 시작했다는 점이다. 임시 기구인 재생청의 활동을 어떻게 일반화할 것인가를 두고 두 사람의 견해가 갈렸다.

조석윤은 전면적인 공안개정을 주장했고, 이시방은 대동법으로의 질적 전환이 필요하다고 생각했다. 인조대에 간헐적으로 있었던 대규모 공물가 인하가 일시적으로 민의 부담을 줄여준 것은 분명했지만 제대로 된 공물변통이라고 볼 수는 없었다. 조선의 전통적인 방식도 아니었다. 공안에 기초해서 민생과 재정을 함께 고려한 공물가 인하만이 지속적인 효과를 낼 수 있었다. 공안개정론의 핵심이 바로 이것이었다. 하지만 이미 현실은 공안개정론이 이상적으로 실시될 수 있을지 장담할 수 없는 단계에 있었다. 사주인私主人들은 공물의 조달은 물론 경각사의 운영에까지 깊이 개입되어 있었다. 지방재정의 전통적 기반마저 대부분 잠식되어 있었다. 이시방은 1년 가까이 재생청에서 경험을 축적한 후, 인조 24년 7월 대동법 실시를 요청하는 상소를 올렸다. 재정을 담당하는 많은 실무자들도 이시방의 주장에 동조했다. 하지만 인조와 최명길崔鳴吉의 반대로 받아들여지지 않았다.

재생청 활동과 관련해서 주목할 부분은, 이 기구의 활동 내용이야말로 이이가 주장했던 공물변통안의 실천이라는 사실이다. 인조 23, 24년까지 많은 사람들에 의해서 제기된 공물변통론들의 기본 틀은 일찍이 이이가 주장한 내용이었다. 그것은 지방재정을 포함하지 않는 경대동, 사주인을 배제한 중앙정부의 직접 관리, 공물가 인하를 핵심으로 하는 공안개정 등 세 가지를 기본요소로 했다. 이이의 공물변통안은 조선의 공납제 정비에 관한 전통적 방식, 즉 주기적 양전과 그에 기초한 공안개정에 이미 민간에서 상당히 퍼져 있던 작미·작포의 사회적 관행을 더한 것이었다. 이처럼 이이의 변통안에는 전통적 공안개정 방식과 변통적 작미作米·작포作布의 사회적 관행이 섞여 있었다. 그의 공물변통안은 인조 23, 24년 재생청 활동에서 현실화되었지만, 과도기적 성격 때문에 곧 공안개정론과 대동법 실시론으로 분화되었다. 이이의 공물변통 안에 있는 구성요소들이 상충했기 때문이다. 따라서 조석윤과 이시방의 견해 차이는 그들 개인의 차이였을 뿐만 아니라, 근본적으로 이이의 공물변통안 자체의 논리적 분화 과정이기도 했다.

현실의 여러 상황은 다양한 경로로 공물변통을 추동했다. 인조 25년 또다시 흉년이 들자, 조정은 당해연도 공부貢賦 수취를 줄이고 호조로 하여금 쌀 5만 석을 경각사에 직접 지급하도록 했다. 공물로 조달해야 할 경각사 운영비를 호조가 대신 지급했던 것이다. 5만 석은 당시 공식적으로 경각사가 연간 삼남에서 수취하는 공물가 총액에 해당했다. 다시 말하면, 이미 경각사의 공물가를 중앙에서 일률적으로 지급할 수 있는 물리적 조건이 갖추어졌던 것이다. 일시적으로 공물가의 중앙 통제가 이루어졌던 셈이다. 의도한 것은 아니었지만, 실험적으로 대동법이 실시되었다고 할 수 있다. 게다가 인조 26년에는 진휼청賑恤廳이 상평청常平廳으로 전환되면서 선혜청 당상 이시방이 이곳을 주관하게 되었다. 선혜청 당상이 상평청을 관리하게 된 것은 진휼곡의 양이 늘어 곡물의 체계적 관리가 필요했기 때문이다. 이렇게 진휼 기능이 상설화되고, 상평청이 선혜청의 속아문이 되어 선혜청 당상 이시방이 이를 주관하게 된 것은 또 다른 측면에서 대동법에 한 걸음 더 가까워졌음을 뜻한다. 이시방은 효종 초 호서대동법이 실시될 당시 호조 판서에 재직하면서 이를 실무적으로 지휘했다.


## 개혁의 기폭제, 호서대동법

효종 2년(1651) 7월, 조정은 충청도에 대동법을 실시하기로 결정했다. 이 법을 전국적인 범위로 확대 실시할 수 있는지 여부를 타진하기 위해서 우선적으로 충청도가 선택되었던 것이다. 경기선혜법은 애초부터 전국적으로 확대시킬 의도 없이 실시되었지만, 호서대동법은 그렇지 않았다. 그런 면에서 호서대동법은 인조 23년 재생청 진휼과 비슷했다. 두 가지 모두 이를 기초로 대동법의 실시 및 확대로 이어졌기 때문이다. 호서대동법 실시가 결정될 때만 해도, 전체 공납 운영의 세부적인 내용들은 여전히 결정되지 않은 상태였다. 하지만 그 결정 이후 마련된 『호서대동절목湖西大同節目』은 이후 타도他道 대동사목大同事目의 문서 표준이 되었다. 호서대동법의 성공은 이 법이 실시되기 직전까지도 그 정책 효과를 확신하지 못했던 많은 사람들이 대동법을 지지하게 되는 결정적 전기가 되었다.

대동법에 대한 기존 연구들은 효종대(1649~1659)에 집중하고 그 앞 시기는 간단히 다루는 경우가 많았다. 효종대 대동법 연구의 초점은 주로 김육金堉이나 그가 대표한다고 생각되는 정파가 어떻게 대동법을 추진했는가에 맞춰졌다. 이에 비해, 이 책에서는 효종대 호서대동법의 성립이 그 이전 시기의 공물변통 경험과 논의에 의해 어떻게 유도되는지를 살폈다. 이런 접근 방식을 통해 호서대동법의 추진세력에 대해서도 종래의 연구 결과와는 약간 다른 결론에 도달했다.

호서대동법은 효종 즉위 후 세 번째의 추진 시도 끝에 성립되었다. 앞 두 번의 시도는 효종 즉위년(1649) 11월과 원년 6월에 있었다. 첫 번째 시도가 실패로 돌아갔던 가장 큰 원인은 김집金集과 김상헌金尙憲의 반대 때문이었다. 이 일로 인해 김육과 김집은 연이어 조정에서 물러나야 했다. 이 사건을 두고 기존 연구는, 김집으로 대표되는 호서 산림세력이 재정정책으로서의 대동법에 반대하고 공안개정에 찬성했다고 해석했다. 하지만 실제는 약간 다르다.

김집이 대동법에 반대한 것은 사실이지만, 그가 이 문제에 대한 호서 산림 전체의 견해를 대표하지는 않았다. 공물변통론에 대해 호서 산림이 공안개정론 쪽에 조금 더 기울어져 있기는 했지만 대동법에 반대했던 것은 아니다. 또한 이 두 가지를 대립적으로 인식하고 있지도 않았다. 김집과 김육의 대립은 대동법 자체에 대한 찬반 대립이라기보다는 국정 전반에 대한 상이한 정책적 지향 때문이었다. 김육이 대동법 실시를 강력히 주장한 반면에, 김집은 포괄적인 정치개혁을 주장했다. 김집이 사림의 입장을 대변했다면 바로 이런 측면을 대변한 것이다.

두 번째 시도는 효종 원년 6월 직언으로 유명한 대사간 민응형閔應亨이 제기하여 이루어졌다. 그는 비록 남인이었지만, 당시 조정에서 그의 주장을 당파적으로 받아들이는 사람은 없었다. 그가 주장했던 것은 삼두수미법三斗收米法이다. 이것은 이미 인조 1, 2년 삼도대동법과, 인조 23년 10월에 설치된 재생청 진휼을 통해서 실시된 바 있었다. 그의 주장은 종래 임시로 실시되었던 것을 상시적으로 실시하자는 것으로, 이시방이 인조 24년 7월에 올린 상소의 내용과 다르지 않았다.

호서대동법 실시로 이어지는 세 번째 대동법 추진 시도는 효종 2년 6월에 역시 민응형에 의해서 촉발되었다. 그는 충청도와 전라도에 삼두수미법을 실시하자고 주장했다. 하지만 조정에서는 삼두수미법이 첩징疊徵을 발생시켜 장기적으로 유지되기 어려울 것이라는 입장을 취했다. 이는 인조대 공물변통의 경험에서 비롯된 생각이었다. 공물변통이 성공하려면 첩징을 막는 것이 가장 중요하고, 그러려면 회계지출 원칙으로 양입위출量入爲出이 지켜져야 하는데, 결당 3두로는 불가능했다. 민응형이 요구한 내용은 조정의 논의 과정에서 실시 대상 지역을 충청도에 한정하고 결당 수취 액수를 늘리는 쪽으로 바뀌었다.

이렇듯 효종이 즉위하자마자 대동법을 추진하자는 여러 사람의 요청이 있었다. 민응형의 경우에서 보듯, 이런 요구는 김육 혼자만의 주장이 아니었다. 그럼에도 불구하고 여전히 다수는 대동법 실시에 소극적이었고, 그중 일부는 반대했다. 물론 대동법 실시를 강하게 요구하는 일군의 사람들도 있었다. 하지만 이들 내부에서 대동법의 세부적 내용에 대한 생각이 일치했던 것도 아니고, 나아가 대동법의 정책 효과를 정확히 예측하고 있던 것도 아니었다. 엄밀하게 말하면 대동법에 대한 이들의 주장은 일종의 포괄적인 정책적 지향이었다고 할 수 있다. 하지만 이들의 요구는 조정에서 충청도에 대동법을 실시하자는 정책적 결단을 이끌어내는 데 중요한 역할을 했다.

충청도는 이전부터 삼남 중에서도 그 전결에 비해 공·역가의 부담이 지나치게 무거워 인조 초부터 감사를 지냈던 권반權盼, 이경여李敬輿, 김육 등에 의해 공물변통의 요청이 끊이지 않았던 곳이다. 충청도의 전결과 공·역가 간의 심한 불균등은 두 번에 걸친 왜란의 결과였다. 전쟁으로 혼란스러운 상태에서 상황이 허락하는 대로 조정은 가까운 곳에 더 많은 공·역가를 부과해서 썼던 것이다. 인조대 공물변통 논의가 지속으로 제기되었던 배경의 하나도 충청도의 이런 사정에서 비롯되었다. 이 때문에 효종 즉위 후 공물변통 논의에서도 가장 먼저 충청도에 대동법을 실시하자는 주장이 자연스럽게 제기되었다.

인조대 공물변통의 경험은 효종 9년(1658) 호남대동법의 성립 과정에서도 빛을 발했다. 호남대동법의 성립 과정에서 마지막까지 문제가 된 것은, 그때까지 이 지역이 부담해왔던 다양한 현물납 항목들이었다. 전라도는 원래 많은 어공·진상의 납부를 책임진 곳이었다. 이것들에 대해서 비록 정부가 대동미(포)를 지급한다고 해도, 각관 책임하에 현물로 상납되기 때문에 명백히 문제가 될 가능성이 높았다. 현물납은 반드시 점퇴와 방납으로 이어지고, 이는 대동법을 작동 불능 상태로 빠뜨리는 첩징과 가징加徵으로 연결되었다. 이 문제는 이미 인조 2년 장유張維의 복명서에서 지적되기도 했다. 인조 초 삼도대동법 실패의 주된 원인 중 하나도 바로 이것이었다. 마침내 어공·진상의 많은 종류를 서울에서 경각사 책임하에 마련하기로 함으로써 호남대동법이 성립될 수 있었다. 만약 인조대의 경험이 없었다면, 어공과 진상의 많은 부분이 대동법의 범주 밖에 남겨진 채 대동법이 성립되었을 것이다. 이는 십중팔구 대동법 자체를 짧은 시간 안에 무의미하게 만드는 결과로 이어졌을 것이다.

공물변통의 실무 경험과 지식을 축적한 관료군이 형성되었던 것도 인조대였다. 『호서대동절목』 서문에서 김육은 "일을 시작하자는 처음의 말은 비록 내가 했지만, 제공들이 알맞게 변통하지 않았다면 중간에 막혀서 시행되지 못했을 것이다"라고 말했다. 제공은 이시방, 허적許積, 남선南銑, 김홍욱金弘郁 등을 말한다. 이들은 인조대 다양하게 진행된 공물변통 정책 추진과 논의에서 실무적·이론적 경험을 축적했다. 이런 경험은 단지 이들에게만 한정되지 않았다. 인조 24년 이시방이 삼두수미법 실시를 요청하는 상소를 올리는 과정에서 호조의 고위관료들이 대부분 여기에 찬성했다. 이 모습은 인조 초 삼도대동법을 실시할 때 호조 실무자들에서조차 대동법 지지자를 찾아보기 어려웠던 것과 선명하게 대비된다.

대동법 실시에 찬성하는 관료군이 형성되었던 것과는 별도로 여전히 조정에는 이 법에 반대하는 다수의 고위관료들도 존재했다. 효종대 내내 큰 영향력을 행사한 원두표元斗杓가 이들을 대표했다. 이 때문에 대동법은 그 효과가 증명되어 확대 실시를 위한 자체적인 동력을 얻기까지 별도의 정치적인 추진력이 필요했다. 김육이 바로 그 정치적 추진력을 제공하는 역할을 했다. 호남 연해 대동법의 어공·진상 문제에서 보듯이, 정책적 결단이 필요할 때 그는 이것을 가능하게 했다. 원두표를 밀어내고 이시방이 호조 판서가 되어 호서대동법을 주도한 것이나 원두표가 영수였던 원당原黨의 탄핵으로 이시방이 낙당洛黨으로 몰려 일시적으로 호조 판서직에서 물러났다가 다시 그 직책에 복귀할 수 있었던 것은 김육이 아니었으면 불가능했을 일이다. 또 김육은 호서대동법을 추진하면서 충청 감사에 김홍욱을, 호남대동법을 추진하면서 전라 감사에 서필원徐必遠을 추천했다. 중앙에서의 대동법 추진에 더해서, 현지에서 이 법을 지휘할 사람들을 직접 뽑아 보냈던 것이다.

효종대 대동법의 성립 과정에서 현지 유생들의 상소는 상당한 영향을 미쳤다. 사실 충청도뿐만 아니라, 전라도에서도 그들의 입장은 대동법이 실시되는 데 결정적 역할을 했다. 호서대동법 논의에서 처음에 대동법에 부정적이던 한흥일韓興—이 나중에 입장을 바꾼 것은 호서지역 유생들의 대동법 실시 요청 상소 때문이었다. 또 호남대동법 실시를 본격적으로 논의하게 된 계기도 효종 7년부터 계속 올라온 호남지역 유생들의 상소였다. 반대로, 이미 호남에 대동법을 실시하기로 결정한 상태에서 호남 산군 각관에 대한 실시가 나중으로 미뤄진 것은 이 지역 여론 때문이었다.

대동법이 미뤄진 호남은 물론 호서에서도 호강豪强, 감관監官과 색리色吏들은 한결같이 대동법 실시에 반대했다. 대동법이 직접적으로 그들 이익에 반했기 때문이다. 하지만 지역에서 유력한 존재들이었던 그들도 중앙정부에 대해서는 지역을 대표하지 못했다. 그 대표성은 바로 현지의 유생들이 갖고 있었고, 유생들의 주류가 기존의 공물 수취 구조만을 고집했던 것 같지는 않다. 그래서 비록 호강들과 감색監色이 이 법의 실시에 반대했지만, 다수의 유생층이 대동법을 찬성한 호서와 호남 연해에서 마침내 대동법이 실시될 수 있었다.

# 개혁의 확산

현종대는 인조대 이래 공물변통 논의와 제도화의 실질적 완성기이다. 사실 그때까지도 경상도, 황해도, 평안도에는 여전히 대동법이 실시되지 않았다. 하지만 이들 지역의 재정 운영은 국내보다는 국외, 즉 대일·대청 관계에 초점이 맞춰져 있었기 때문에 그리 문제가 되지 않았다. 인조 초 삼도대동법에서도 실시 지역이 충청도와 전라도, 강원도에 한정되었던 것도 그런 이유였다. 충청도와 전라도에서 대동법이 실시되고, 경기선혜법 운영이 이들 지역의 대동법 운영 방식에 맞춰 수정된 후, 최종적으로 이 세 지역의 결당 공물가가 균일하게 통일된 것은 대동법이 제도적으로 완결되었음을 뜻했다. 이후로 그토록 치열했던 공물변통 논의가 조정의 논의 의제에서 사라졌다. 이것은 공물 운영에 별다른 문제가 없음을 뜻하는 것이었다.

효종대와 뚜렷이 구별되는 현종대 대동법 논의의 양상 중 하나는, 그때까지 중추적 역할을 해왔던 사람들이 모두 바뀌었다는 사실이다. 조익, 김육, 이시방, 남선, 김홍욱 등은 효종 말년이나 현종 원년에 모두 사망한다. 이들을 이어 이 일을 계속한 사람들은 홍명하洪命夏와 송시열宋時烈, 조복양, 김좌명金佐明 등이다. 처음에 일을 추진했던 사람들이 대부분 사라지고도 사업이 계속될 수 있었던 것은 무엇보다도 호서대동법의 결과가 그만큼 만족스러웠기 때문이다. 홍명하와 송시열 모두 효종대 호서대동법의 성공을 지켜보면서 대동법 추진에 앞장서게 된 사람들이었다.

호서 전체와 호남 연해지역에서 대동법의 만족스러운 결과가 모든 사람을 만족시키지는 못했다. 실제로 현종 6년(1665) 말 호남 산군 대동법이 재차 혁파되었을 때, 호남 감사 민유중閔維重의 상소는 이것을 잘 보여준다. 그 상소에 따르면, 지역 여론은 호남 산군뿐만 아니라 연해지역의 각 고을에서도 대동법을 혁파하고 싶어했다. 인조 초 삼도대동법을 좌절시켰던 세력, 오랜 기간 대동법 실시에 완강히 저항했던 핵심세력, 즉 대읍·대호라 불리는 각 고을의 호강들은 대동법에 끝까지 저항을 멈추지 않았다. 하지만 효종대에 실시된 대동법의 만족스러운 효과는 대동법의 결과에 확신을 갖지 못했던 중앙관료들과 대동법이 실시될 지역의 유생층에게 깊은 인상을 주었다. 특히 충청도와 전라도 유생들의 대동법 실시를 요청하는 상소는 대동법이 실시되는 데 기폭제 역할을 했다. 대동법 실시가 지체될 때마다 이들이 올린 상소는 조정에서 대동법 실시 논의를 새롭게 불러일으켰다.

지방 유생층이 대동법에 대해서 처음부터 긍정적 입장을 취했던 것은 아니다. 각 고을의 유생층과 호강층이 한목소리로 대동법에 반대했을 때, 중앙에서 대동법 논의는 거의 진척되지 못했다. 인조 초 삼도대동법이 실패했던 것도 그 때문이었다. 하지만 이 두 집단의 입장이 언제나 같지는 않았다. 많은 토지를 축적했던 호강층이 끝까지 대동법에 저항했던 반면, 유생층은 대동법의 정책 효과에 대해서 상대적으로 객관적 태도를 갖고 있었다.

관료와 지식인들 중에서 대동법을 지지하는 세력은 지속적으로 증가했다. 당시 그들이 대동법 실시에 부정적이거나 소극적인 입장을 취했던 것이 단지 경제적 이해관계 때문만은 아니었다. 신법의 정책 효과에 확신을 가질 수 없었던 것도 그 중요한 이유였다. 대동법에 대한 최초의 지지층은 중앙재정을 담당하던 관료들로부터 형성되었다. 이들이야말로 국가의 구체적 재정 운영 상황을 전체적으로 또 실무적으로 가장 먼저 파악할 수 있었기 때문이다. 인조 24년 7월 이시방의 상소 건에서 볼 수 있듯이, 이미 인조 말에는 호조에 있던 많은 사람들이 대동법을 반드시 실시해야 할 정책으로 생각하고 있었다. 결정적으로 대동법 실시 지역을 확대할 수 있었던 것은 무엇보다 호서대동법의 결과가 좋았기 때문이다. 이것은 대동법에 대한 정책적 확신이 없어서 소극적이던 사람들과 계급적 이익 때문에 반대하던 사람들을 분리하는 결과를 가져왔다. 이것은 중앙 관료들뿐만 아니라 지방 유생들에게도 마찬가지였다.

공안개정론은 조선의 전통적 공물변통 방식이자, 대동법과 함께 공물변통론의 양 축을 이루었다. 현종대에 이르자 공안개정론은 대동법에 대한 경쟁적 방법론으로서의 지위를 잃었다. 대동법이 현실적으로 효과적인 정책임이 증명될수록 공안개정론의 쇄락은 더욱 뚜렷해졌다. 물론 공안개정론이 단번에 그 의미를 잃지는 않았다. 인조 23년 대동법 실시를 촉구함으로써 효종대 호서대동법 성립의 단초를 연 조복양은 현종대에 공안개정의 필요성을 주장했다. 송시열과 홍명하 역시 공안개정론에 대해서 긍정적이었다. 특히 송시열은 현종 10년 허적을 상대로 공안개정의 필요성을 강력하게 주장하기도 했다.

그러나 공안개정론은 현종대에 더 이상 대동법과 경쟁할 수 없었다. 심각했던 공납의 폐단을 대동법이 해결해나갔다는 측면 외에도 공안개정론 자체의 내용적 한계 때문이었다. 공안개정의 핵심은 공·역가의 인하이고, 이것은 어공이나 궁방 수요의 축소를 통해서만 가능했다. 하지만 인조 3, 4년에 보이고 효종·현종대에 확인되듯이, 이것은 결국 이루어지지 못했다. 이 문제에 관한 한 왕들은 완강했다. 공안개정론을 주장하던 사람들은 공물가 자체도 올바르게 이해하지 못했다. 예를 들어 왕실에서 매년 일정한 금액의 공물가를 지급받는다면, 실제의 공물가는 그보다 훨씬 큰 규모여야 했다. 왜냐하면 공물의 운영과 관련된 경각사의 운영비용도 공물가 총액에 포함되어야 했기 때문이다. 하지만 공안개정을 주장하던 사람들은 총 공물가를 단순히 공물들의 가격의 총합으로만 이해함으로써, 바른 정책 대안을 제시할 수 없었다. 요컨대 대동법 실시로 공납의 폐해가 해결되어가자 공안개정론은 해결해야 할 문제를 잃었다. 또 공안개정론은 그 핵심 목표인 어공 축소가 현실적이지 못했고, 공물가의 구조에 대해서도 정확하게 이해하지 못했다. 그 결과 공안개정론은 현실 정책으로서의 지위를 잃어갔다.

그렇다고 해서 공안개정론의 역할이 완전히 사라졌다고 볼 수는 없다. 우선 공안개정론의 원칙인 '절용'과 '손상익하損上益下'는 조선의 재정 운영 이념이었다. 김육을 포함해서 대동법을 주장했던 사람들도 여기에 모두 동의하고 있었다. 대동법의 지속적인 유지를 위해서도 이 원칙들은 필요했다. 그 이유는 대동법 자체에 있다. 대동법은 기존에 국가가 거둬들였던 모든 항목을 전결에서 미·포 형태로 완벽하게 바꾸지는 못했다. 대동사목의 규정 자체에, 기존의 공납 물품들 중에서 필요할 때마다 여전히 호戶에서 걸어 쓰도록 규정된 것들도 있었다. 또 대동법이 시행된 이후에도 모든 물품이 서울에서 공물주인에 의해서 조달되지는 않았다. 비록 대동미(포)로 가격이 지급되기는 했지만, 적지 않은 물품들이 각관의 책임하에 현물로 조달되었다. 대동법 성립 후에도 방납의 가능성이 완전히 사라지지 않았던 것이다. 따라서 대동법은 그 자체로 완성된 것이라기보다는, 지속적인 관리를 통해서 부작용을 최소화해야만 효과를 유지할 수 있는 제도였다. 이때 필요한 것이 '절용'이다. 각관과 왕실의 지출이 늘어나면 미처 대동법에 포함되지 않고 남겨진 항목을 빌미로 수취가 늘어나리라는 것은 논리적으로 예측할 수 있기 때문이다.


## 개혁의 뼈대

공물변통 논의와 그 귀결로서의 대동법이 집약 정리된 것이 충청도와 전라도의 대동사목이다. 『호서대동절목』은 81조 71쪽, 『전남도대동사목』은 72조 50쪽의 적지 않은 양으로 구성되어 있다. 그런데 비유한다면 대동사목의 성격은 설계도라기보다는 개념도에 가까워서, 여기에 대동법의 모든 내용이 담겨 있지는 않다. 다만 공물변통 논의 과정에서 문제가 되었거나 제도 운영에서 강조될 필요가 있는 것들을 중심으로 서술하고 있다.

이 책에서 공물변통 논의는 시간의 흐름에 따라, 대동사목에 대한 분석은 구조적 관점에서 살펴보았다. 하지만 원칙적으로 공물변통 논의와 대동사목은 같은 내용을 담고 있다. 후자는 전자의 결론에 해당한다고 할 수 있다. 이 점은 대동사목을 이해하기 위해서 어떻게 여기에 접근해야 하는지를 알려준다. 즉 공물변통 논의 과정에서 문제가 되었던 사항들이 대동사목에서는 어떻게 정리되고 있는가를 보아야 하는 것이다. 하지만 이제까지 이런 접근이 쉽지는 않았다. 첫 번째 이유는 대동사목 자체의 서술 방식 때문이고, 또 다른 이유는 기존 연구에서 인조대 공물변통 논의의 맥락과 쟁점이 충분히 밝혀지지 않았기 때문이다. 대동사목 자체의 서술 내용을 거칠게 요약하면, 대동미를 어떻게 거둘 것인가 하는 것이다. 그래서 대동사목을 공물변통 논의의 맥락에서 살피지 않는다면, 이에 대한 분석은 단지 대동미로 표현되는 공물의 종류별 분류에 지나지 않게 된다. 공물변통 논의와 대동사목을 종합적으로 이해하려면, 대동사목을 해체해서 공물변통 논의의 맥락 속에서 재구성해야만 한다. 이런 과정을 통해서만 대동법을 구성하는 논리적 구조들을 추출해낼 수 있다.

공물변통 논의의 분수령이 된 것은 인조 23, 24년의 재생청 활동으로서, 이이의 공물변통안에 기초하고 있다. 이이의 공물변통안은 이 시기까지 여러 공물변통론의 기본 틀이었고, 세 가지 구성요소로 이루어진 구조물이었다. 문제는 이 요소들이 세월이 흐르면서 각각 다른 현실적 원리에 기초하게 되었다는 것이다. 이 때문에 임시로 설치된 재생청 활동을 일반화하는 과정에서 이이의 공물변통안은 대동법 실시론과 공안개정론으로 분화된다. 전자가 공·역가 부과의 전결 기준, 지방재정 포함, 사주인 인정, 공·역가의 현실화 등을 내용으로 했다면, 후자는 임토작공任土作貢, 절용에 기초한 공물가 인하를 내용으로 했다. 바로 이 요소들이 대동사목을 해석하는 관점들을 제공한다.

　대동법은 그 운영의 기초를 철저하게 전결에 두었다. 이것을 위해서 중앙정부는 각 고을을 전결의 규모에 따라 대·중·소·잔의 네 등급으로 나누고, 여기에 준해서 고을의 운영비를 지급했다. 또 불시의 수요와 흉년에 대비하기 위해서 마련한 여미餘米도 같은 방식으로 분류해서 운영토록 했다. 공안개정론이 공물가 인하를 핵심 내용으로 했던 것에 반해서, 대동법은 오히려 공물가를 현실화했다. 그 결과 이전의 현물공납제를 실시했을 때와 비교해서 공·역가의 총액이 조금도 줄지 않았다. 기존에 낮게 지급했던 공물가를 시장가격으로 올리고, 무상으로 수취했던 항목들에 대동미를 지급했기 때문이다.

　공안개정론자들은 사주인을 불필요한 존재이거나 기껏해야 사회의 필요악 정도로 보았다. 국가와 민 모두에게 해를 끼치는 존재로 인식했던 것이다. 하지만 대동법을 주장했던 사람들은 공물의 안정적 조달에서 사주인의 사회적 역할을 긍정했다. 그래서 대동사목의 내용에는 경각사 하리下吏들이 이들을 부당하게 수탈하지 못하도록 하는 여러 장치를 두었다. 또 정부는 사주인에게 지급할 미·포의 가격을 고정시키고 양자를 섞어서 지급했다. 해마다 풍흉에 따라 미·포의 가격이 변동하므로, 이런 조치가 없으면 정부가 사주인에게 실제보다 낮은 공물가를 지급하게 될 가능성이 높았기 때문이다. 정부는 이런 방식을 통해 풍흉에 따른 미·포의 상대가격 변동을 장기적으로 상쇄시키려 했다. 동시에 대동사목의 규정에 사주인들로부터 물품의 조달을 보장받기 위한 행정적 장치 등도 마련해놓았다.

대동법의 성립은 경대동의 극복 과정이었다. 달리 말해, 대동법을 통해서 지방 각관의 재정이 재확립되었다. 종래 중앙 각사와 지방 관청은 수많은 물품과 노동을 무상 또는 시가에 훨씬 못 미치는 값으로 각관에서 수취했다. 대동사목은 그중 많은 것들에 대해서 시가에 따라 대동미를 지급한다는 내용을 담고 있다.

대동법은 현실을 인정한 제도이다. 이것은 동시에 대동법의 현실적 한계를 보여주었다. 공·역가를 전결에서 거두는 것을 원칙으로 했지만, 모든 수취를 원칙대로만 할 수는 없었다. 각관의 소소한 수요나 군기와 관련된 잡물 및 중앙에서 발생하는 일부 수요 등은 여전히 대동미 밖에서 추가로 거두어졌다. 또 일부 신역身役과 요역徭役들에 대해서도 대동미가 지급되지 않았다. 이런 사항들은 여전히 연호역烟戶役으로 거두어졌다. 게다가 모든 물품들이 서울에서 공물주인을 통해 마련되었던 것도 아니다. 일부는 대동법 이전처럼 선혜청이 직접 각관에 공물가를 지급하고, 각관 책임하에 공물을 마련했다. 이 때문에 이전과는 비교할 수 없을 정도로 공물가가 낮아지기는 했어도, 대동법 실시 이후에도 방납의 가능성은 상존했다. 요컨대 대동법은 그 자체로 완성되고 완결된 법이 아니라, 지속적인 관리를 통해서 부작용을 억제해야만 그 효과를 유지할 수 있는 제도였다.


## 제도개혁을 통한 원칙의 회복

우리가 마지막으로 물어야 할 것은 대동법의 재정사적·변통론적 의의에 대한 것이다. 즉 대동법은 그전까지의 공물 수취 방식과 무엇이 같고 무엇이 다른가, 다른 점들이 가지는 시대적 의미는 무엇인가 하는 것들이다.

대동법의 재정사적 의의에 대해서 종래 일부 연구들이 암묵적으로 전제하는 것들 중 하나는 대동법 실시를 주장했던 사람들이 내세웠던 내용과 그 실제 내용이 반드시 일치하지 않는다는 것이다. 즉 대동법이 겉으로는 안민익국安民益國을 내세웠지만 실제로는 재정적 필요 때문에 추진되었다는 것이다. 안민과 익국을 분리해서 전자를 법 제정의 명분으로, 후자를 그 실제적 목표로 이해한 것이다. 여기에 대한 증거로 현물공납제에 비해서 공·역가 총액이 크게 증가한 점이 지적되곤 했다.

그러나 이러한 이해는 실제와 거리가 있다. 공·역가는 실제로 새롭게 증가한 것이 아니라, 종래 비공식적으로 거두던 것들을 공식화한 결과였다. 이렇듯 공물가를 인하하지 않았기 때문에 유형원柳馨遠조차 대동법의 운영 원칙을 양출위입量出爲入이라고 불렀다. 정부가 재정수요에 필요한 만큼 거두었다는 말이다. 공물의 최종 수요자들이 받았던 공물가가 법 제정 이전에 비해서 줄어들지 않았고, 대동법 이전에 반대급부 없이 수취하던 것들에는 대동미가 지급되었다. 그런데도 대동법 이후 민의 실제 공부 부담은 크게 줄어들었다. 현물공납제의 성격상 지역에 따라 공물가가 달라 일률적으로 말할 수는 없지만, 많은 지역에서 대동법 실시로 공물가는 1/5이나 1/6 수준으로 떨어졌다. 이것은 공물이 흘러가는 중간 과정이 합리화된 결과였다. 이는 대동법의 재정적 의의를 중앙정부의 더 많은 재정수입 획득에서 찾을 수 없다는 것을 뜻한다.

종래 대동법의 변통론적 의의에 대해서는 국가재조론國家再造論에서 검토되었다. 이 학설은 17세기 전반의 변통론을 둘로 나누었다. 즉 정통 주자학과 수양론의 철학적 기반 위에서 지주의 입장을 옹호하며 부세제도 개혁을 주장하는 쪽과, 반주자학의 사상적 기반 위에서 소농적 입장을 옹호하며 토지제도 개혁을 주장하는 쪽으로 나뉘었다. 이런 구분을 통해 전자는 후자보다 보수적이며, 역사적으로도 진정한 개혁은 후자에서 찾아야 하는 것으로 이해되었다.

이런 구분은 역사적 근거를 찾기 어렵다. 조선시대에 공적 공간, 정책 논의의 장에서 제기되었던 것은 언제나 과세를 어떻게 민의 담세 능력에 따라 균등하게 실시할 것인가의 문제였다. 최초로 공물변통론의 틀을 제시했던 이이를 비롯해서 대동법을 추진했던 전체 관료집단이 그러했다. 언제나 과제는 불합리한 과세로 인한 피역避役·유망流亡과 그로 인한 담세층 감소를 어떻게 막을 것인가였다. 사실 토지제도 개혁은 국가체제 자체가 붕괴되거나 정지된 상태에서 가능했다. 현존하는 체제 안에서 소유 문제를 둘러싼 토지제도 개혁 논의는 있을 수 없다.

앞에서 우리는 공물변통 논의의 통시적 흐름을 대동사목을 통해 공시적이고 논리적으로 재구성했다. 이 과정에서 공물변통 논의와 대동법의 핵심 구조가 추출되었고, 이런 구조의 기저에 놓인 몇 가지 개념들을 대동법의 시대적 의의를 검출할 단서로 정리했다. 공물의 부과 대상 기준으로서의 호와 토지 문제, 공물 자체의 본질적 성격과 관련된 공물의 수취 형태로서의 임토작공과 작미·작포 문제, 공물변통의 근본 원칙으로서의 절용과 제도개혁의 문제 등이 그것이다. 각각의 문제에서 대비된 양자는 대동법과 공안개정론의 구성요소이기도 하다.

대동법은 공부의 부과 대상 기준을 사람이 아닌 토지에 두었다. 유형원은 이것의 이론적·현실적 정당성을 입증했다. 이 시기에 가장 심각한 사회 문제는 유망·피역층의 양산이었다. 많은 사람들이 땅을 잃고 떠도는 처지가 되면서 국가에서 역을 부과할 대상이 줄어들었던 것이다. 그것은 바로 인징隣徵과 족징族徵 때문이었다. 인징과 족징의 근본 원인은 바로 공부의 부과 대상이 사람, 즉 인정人丁이었기 때문이다. 이 시기에 대단한 기세로 확산되고 있던 토지 소유의 집중 역시 같은 이유로 발생했다. 공부가 토지에 부과되지 않았기 때문에, 어떤 사람이 더 많은 토지를 갖게 되어도 그것에 따른 새로운 과세 부담을 지지는 않았다. 사회가 기반하고 있는 부의 기준과 국가 과세의 기준이 일치하지 않았던 것이다. 이것은 당연히 더욱더 큰 부의 왜곡을 불렀다. 이런 왜곡을 방치한 채로는 국가를 효율적으로 운영할 수 없다. 유형원은 공물가의 부과대상을 토지가 아닌 인정에 두었던 당제唐制, 즉 조·용·조 제도를 강하게 비판했다.

현물공납제 아래에서 임토작공은 '고제古制'로 일컬어지고 또 그렇게 인식되었다. 전례前例가 중시되고 상고주의尙古主義적 경향이 강한 조선에서 '고제'라는 명칭은 그 말만으로도 커다란 힘을 지녔다. 그런데 임토작공 원칙이야말로 방납을 가장 튼튼하게 버티게 한 역할을 수행하고 있었다. 또 사주인이 실제로 어떤 역할을 하든 관계없이 제도적·공식적으로 그들의 역할을 인정할 수 없게 만들었던 것도 임토작공의 원칙이었다. 사람들은 방납에 대해 많은 비판을 했지만, 그 비판이 임토작공까지 미치지는 못했다. 왕에 대한 공물·진상의 봉헌을 정당화하는 임토작공에 대한 비판은 이미 경제적 폐단에 대한 비판이 아니었기 때문이다. 그것은 정치적 관계와 그 관계에 기초한 지배체제의 정체성과 관련된 비판으로 비쳐질 수 있었다. 이렇다 보니 임토작공은 수많은 사회·경제적 폐단을 끊임없이 찍어내는 거푸집과 같았다. 대동법을 주장했던 사람들도 작미·작포를 이론적으로 정당화하기보다는 광범위하게 퍼져 있는 현실적 관행임을 주장하는 데 그쳤다.

이런 상황에서도 조익, 조복양, 유형원 등은 고제 자체를 재해석했다. 특히 유형원은 조익의 주장을 이론적으로 발전시켰다. 그는 현재의 임토작공이 고제와 다르고, 오히려 대동법이야말로 고제라고 주장했다. 고제의 핵심은 1/10세이며, 조세 외에 공물이 또 있는 것은 고제가 아니라고 했다. 민은 원래부터 전세만을 낼 뿐이었다. 유형원의 이런 주장은 과세 대상 기준이 단일하지 않은 조·용·조 제도에 대한 부정이었다. 또한 그는 작미·작포의 자연스런 귀결인 공물의 시장 구매도 역시 고제임을 증명했다.

이렇듯 공물의 부과 대상 및 수취 수단이라는 측면에서 대동법은 조·용·조의 당제를 부정하고 1/10 전결세로서의 고제를 지향했다. 대동법을 주장했던 이유태도 같은 입장이었다. 그는 이미 땅을 백성들에게 나눠주는 정전법井田法은 다시 실시할 수 없지만, 공정한 양전과 1/10 전결세를 통해 그 정신을 이어갈 수 있다고 주장했다. 그의 주장은 이 시기에 공적 논의의 장에서 정전법의 의미가 토지 분급이 아닌 균등과세임을 보여준다. 재조·재야와 당색을 가리지 않고 폭넓게 퍼져 있던 이런 주장은 대동법의 정신을 잘 보여주었고, 이익李瀷을 비롯한 후대의 논자들에게도 큰 영향을 끼쳤다.

대동법으로 공물의 부과 기준이 호에서 전결로, 수취 형태가 현물에서 미·포로 바뀐 것에 대한 기존 연구의 평가는 때로 적절하지 못한 듯하다. 기존 연구는 이 두 가지를 대동법의 재정사적 의미 그 자체로 이해하기 때문이다.

대동법의 재정사적 의미를 어디에서 찾아야 할까? 공물의 부과 기준이 호에서 전결로, 수취 수단이 현물에서 미·포로 변화한 것은 대동법이 성립될 당시에 이미 널리 퍼져 있던 사회적 관행이었다. 이것은 정부정책을 통해서 이루어진 결과가 아닌, 민간에서 당시의 법적·제도적·자연환경적 조건을 배경으로 자연스럽게 형성된 사회적 관행이었다. 이런 광범한 사회적 관행에도 불구하고 대동법이 성립되기 이전까지 방납의 극심한 폐단은 조금도 억제되지 못했다. 이것은 공물의 부과 기준과 형태 그 자체의 변화가 방납을 막는 힘을 가진 것은 아님을 보여준다. 대동법의 재정사적 의미는 공납 운영의 원칙인 양입위출에 법적 강제성을 부여했다는 것이다. 주목할 것은 부과 기준으로서의 전결과 수취 형태로서의 미·포가 양입위출의 작동에 필수적인 요소라는 점이다. 다시 말해, 전결화와 작미·작포화 그 자체가 방납을 막을 수는 없지만, 양입위출을 위해서는 이 두 가지를 통하는 방법밖에 없다. 현물을 호에 부과하는 방식으로는 공납제 운영을 객관화하거나 표준화할 수 없었다. 요컨대, 공물 부과 기준으로의 전결과 수취 형태로서의 미·포는 대동법이 작동하는 데 필수불가결한 요소였다. 하지만 이것은 반드시 양입위출이라는 법적 강제 규정과 결합해서만 그럴 수 있었다.

그런데 양입위출을 재정 운영의 원칙으로 했다는 점에서 대동법과 공안개정론은 서로 다르지 않았다. 중요한 차이는 같은 원칙에 대해 양자의 강조점이 달랐다는 점이다. 대동법이 '입入'에 강조점을 두었다면, 공안개정론은 '출出'에 강조점을 두었다. 대동법에서 가장 강조했던 것은 규정된 양을 한번 거둔 후 다시 걷지 않는다는 것이었다. 대동사목에 적혀 있는 많은 규정들은 궁극적으로는 이 목적을 실현하기 위한 것들이었다. 다시 걷지 않으려면 미리 정해진 규정에 따라 지출하고, 불확실한 재정 운영 상황에 대처할 준비를 해야 했다. 각종 공물과 진상의 수취량을 객관화하기 위해서는 전세화, 작미·작포화를 법적으로 규정해야 했다. 반면에 공안개정론은 어공, 진상, 경각사의 지출에 대해서 막연히 절용을 강조했을 뿐이었다. 대동법은 조선 건국 이래의 재정 원칙인 양입위출을 지키려 했다는 점에서 전통적 입장을 벗어나지 않았다. 하지만 변화된 현실에서 그것을 지키기 위한 새로운 방법이라는 측면에서 변통의 모습을 취했다.

대동법 실시론자들과 공안개정론자들이 양입위출을 이해하는 차이는 재정 차원을 넘어, 제도개혁 자체에 대한 입장으로 확장되었다. 공안개정을 주장했던 사람들은 개인적 차원에서 문제를 해석하고 행정적 엄벌주의로 대처했다. 이에 비해 대동법을 주장했던 사람들은 관료들의 도덕적 기준을 높여야 한다는 것에 반대하지 않았지만 그것만으로는 부족하다고 생각했다. 그들은 폐습이 빚어진 것이 '사私'에서 비롯되었어도 그것을 극복하기 위해서는 새로운 '제도'가 필요하다고 믿었다. 이 당시에 문제의 해결을 제도의 관점에서 시도하려는 태도는 오래도록 잊혔던 것이다. 하지만 이런 태도가 성리학적 원리에서 벗어난 것은 아니었다. 이것은 조선 건국기의 인물들이 가지고 있던 원칙이었다.

부록

미주

참고문헌

# 미주

## 프롤로그

1 韓榮國,「湖西에 實施된 大同法」,『歷史學報』13·14, 1960·1961; 韓榮國,「湖南에 實施된 大同法 ― 湖西大同法과의 比較 및 添補」,『歷史學報』15·20·21·22, 1961·1963·1964.

2 高錫珪,「16·17세기 공납제 개혁의 방향」,『韓國史論』12, 1985.

3 金潤坤,「大同法의 施行을 둘러싼 贊反 兩論과 그 背景」,『大東文化研究』8, 1971.

4 金容燮,「朱子의 土地論과 朝鮮後期 儒者」,『增補版 朝鮮後期農業史研究 II』, 1995.

## 제1장 관행이 변하기 시작하다

1 尹用出,「15·16세기의 徭役制」,『釜大史學』10, 1986; 閔賢九,『朝鮮初期의 軍事制度와 政治』, 한국연구원, 1983.

2 『成宗實錄』권57, 6년 7월 4일(辛亥). "如內需司奴子 勢家伴倘奴子 官中除役各戶 悉令脫漏蔭 庇 而無勢殘戶 別抄錄簿 周而復役 民不堪苦. 又有以殘民所耕一結 幷勢家所耕七結 而出一夫. 其勢家之奴 依憑城社 恒不就役". 제역에 대해서는 이정철,「조선시대 貢物分定 방식의 변화와 大同의 語義」,『한국사학보』Vol. 34, 2009 참조.

3 吳健,『德溪集』권4, 御史兼災傷敬差官時啓, 宣祖 3(1570). "一應京各司貢物及兵水營全州南 原都會官所納雜物 他郡人民則一年一度或二年一度 輪回備納. 本郡則以其民小 故一年二十餘 度疊疊調發".

4 趙憲,『重峰集』권5, 擬上疏, 宣祖 15(1582). "小縣所辦 不減於大邑 人不堪其苦. 有力者規屬于 歇役 無力者獨辦苦務 輪回頻數 怨極于天".

5 尹善道,『孤山遺稿』권5下, 鄕祠堂條約, 孝宗 7(1656). "民之賦役 不可不均矣. 而近世此縣有八 結輪回之謬規 苦歇不均 固可知矣. 循私越次 亦在其中. 此誠不正鄕所奸濫下輩 利己之奇計也. 自今通革此習 大小賦役 率皆大同出定至當".

6 李厚源,『迂齋集』卷之上, 論蠲役箚, [『仁祖實錄』권48, 25년 10월 21일(戊子)] "所謂貢物價 別爲收捧處無幾 而幷與其邑一年供役之需 而磨鍊捧之 名曰大同. 三南各官 大抵皆然".

7 鄭澈,『松江集』권1, 雜著 論邑宰文, 宣祖 13(1580). "用必須量定貢物之價 一結當出幾升 使之足供上司之需. 又稍有贏餘 以爲使吏之用. 其法旣定然後 以司倉之穀 按簿出給 使吏而計 民田多寡 以還上載錄 使於秋成納倉 則公私兩便".

8 『宣祖修正實錄』권50, 27년 4월 1일(己酉). "臣常以爲處置貢物 則當以一道貢物元數摠計幾許 而又計道內田結之數 參詳劃一 衷多益寡 勿論大小邑 皆一樣磨鍊. 如甲邑一結出一斗 則乙邑 丙邑 亦出一斗 出二斗則道內之邑 皆出二斗 如此則民力平均 而所出如一矣. 方物之價 亦依此 均布 或米或豆 以其一年一道所出方物之數 從田結均定所納. 每結不過出升合之微 而民不知

有方物矣. 其進上亦然 皆以米豆出價".

9 『仁祖實錄』권19, 6년 10월 2일(己丑). "戶曹啓曰 曾因備局啓辭 有三名日方物則大妃殿外各殿 限明年全減 朔膳則大妃殿及先王後宮別膳外 限豊年權罷之教. 其遇災恤民之意 至矣. 但旣減 之後 若不善處 則民未蒙惠 未免屯膏之患. 今宜行會各道 某邑朔膳及方物 應捧幾許 今減幾許 一一成冊上送 以憑查考. 且各道各邑中 自本官設立大同 收捧一年貢物之價 而朔膳方物 亦在 其中. 今若只減進上 而不減大同米布 則終必歸於消耗.着令諸道監司及開城留守 查覈一結己 捧米布之數 量其朔膳方物應減之價 還給民間. 或移施於他役 而還給之數 移施之役 亦令開錄 上送".

10 『燕山君日記』권42, 8년 2월 6일(己酉). "掌令所啓皆是. 但不産貢物 世宗亦欲詳定而未果. 貢物各因其田結而分定. 雖所産處 亦豈可多取. 但量其貢數 而其經費不濫 則亦可無弊".

11 柳成龍, 『西厓全書』권2, 別著篇 貢物作米議, 宣祖 28년 3월. "雖在平時 貢物之以本色上納者 十無一二. 皆收拾米布 入于防納人之手".
  李珥, 『栗谷先生全書』권15, 雜著2 東湖問答 論安民之術. "百姓之不能自備者久矣. 一朝閣防 納之弊 無計辦出 不免還持高價 私貿于曩日防納之徒 被他深藏固靳 價倍前日. 防納之名雖廢 而防納之實 反甚矣".

12 張維, 『谿谷集』啓辭, 湖南暗行御史復命書啓. [『仁祖實錄』권4, 2년 1월 6일(辛酉)] "所謂本 色上納者 外方未必實用本色. 大抵皆以價物輸上 以付之主人".

13 黃愼, 『秋浦集』권2, 地部獻言啓.(光海君 3년 8월) "作米布 以袪防納之弊. 夫各邑貢物 旣歸於 田結 而農民不能自納. 故不免倍蓰其價 而付之防納之人".

14 『宣祖實錄』권67, 28년 9월 28일(丁酉).

15 高錫珪, 「16·17세기 공납제 개혁의 방향」, 『韓國史論』 12, 1985, 214쪽.

16 『宣祖修正實錄』권28, 27년 1월 1일(庚辰). "命詳定貢案. 亂後貢法尤壞 命減省舊案 一從土産 增損 而未盡釐正而止. 貢物作米之議 始此".

17 『宣祖實錄』권51, 27년 5월 14일(辛卯).

18 『宣祖實錄』권49, 27년 3월 8일(丙戌).

19 『宣祖修正實錄』권28, 27년 4월 1일(己酉). "領議政柳成龍 上箚陳時弊 略曰 … 臣常以爲處置 貢物 則當以一道貢物元數摠計幾許 而又計道內田結之數 參詳劃一 哀多益寡 勿論大小邑 皆一 樣磨鍊. 如甲邑一結出一斗 則乙邑丙邑 亦出一斗 出二斗則道內之邑 皆出二斗 如此則民力平 均 而所出如一矣. 方物之價 亦依此均布 或米或豆 以其一年一道所出方物之數 從田結均定所 納. 每結不過出升合之微 而民不知有方物矣. 其進上亦然 皆以米豆出價 … 貢物進上作米 上意不欲皆講究 未擧而罷".

20 『宣祖實錄』권55, 27년 9월 20일(乙未). "備邊司啓曰 … 今日生財之道 以各道貢物進上盡爲作 米 又以上番軍士戶奉足各司奴婢身貢皆爲作米 又於海邊産鹽處多數煮出 船運於山郡鹽貴處 貿穀 則所得必多. 此今日生財之大者. 此外又有屯田 尤當及時講究力行 令戶曹磨鍊擧行. 上從 之".

21 『宣祖實錄』 권67, 28년 9월 28일(丁酉). "備邊司啓曰 兵興以來 軍國之輸 辦出無路. 自壬辰年
外方貢物 以爲作米 民之所出米多 一結或至七八斗. 其後戶曹定爲恒式 令出二斗".

22 韓百謙, 『久菴遺稿』 下 貢物變通疏. "臣於其時 適爲本曹佐郎 亦嘗預聞首末. 其法 通八道無論
遠近 每田一結 出米二斗 輸納于京 大小土貢 一切停罷焉".(其時는 유성룡이 공물작미안을
내놓았던 때를 말한다.)

23 『光海君日記』 권153, 12년 6월 15일(辛酉). "戶曹啓曰 … 去丁未年 李冲爲本曹判書時
全羅公洪等道沿海官貢物 丙辰以後 祭享供上外 幷令作米 以補經費事 具由入啓蒙允".

24 "客有語於權轍曰 正供都監 本欲均列邑之貢進也. … 小縣不當大州十分之一 而其所定貢物
略有差等而已 無大小之別. 小縣之民 尤苦役重. 此不可不改者也."[『宣祖修正實錄』 권4,
3년 11월 1일(乙丑)]

## 제2장 대동법의 원형이 만들어지다

1 『光海君日記』 권43, 3년 7월 20일(丁巳).

2 『仁祖實錄』 권3, 원년 9월 17일(甲辰).

3 『仁祖實錄』 권8, 3년 2월 14일(癸巳).

4 『仁祖實錄』 권3, 원년 9월 10일(丁酉). "戶曹啓曰 辛酉以上未納貢物 雖係進獻祭享御供
幷令蕩滌. 元穀逋欠蕩滌之數 亦且十一萬數千石".

5 『仁祖實錄』 권1, 원년 3월 23일(癸丑). "元翼曰 朝廷正則百司自正 刑賞當則紀綱自立. 至於糾
檢彈劾 法府存焉. 以有風力骨鯁之人 擇除憲府之官 則朝著自底肅然矣. 講武安民最是急務
陳荒結負及闕縮軍額 宜令戶兵曹同議 或減元結之數 或除族隣之弊. … 上曰 卿言是矣. 宣惠御
史速送可矣. … 李曙曰 貢物蠲減乃是安民之本 而卽今所用卽戊申田結. 百姓逃散十室九空
加以守令非人 或給其價於防納之人而不納貢物. 若盡蠲減則利歸於牟利之徒 而民不蒙惠. 不
可不詳察而處之矣".

6 金潤坤, 「壬辰亂 勃發 直前의 地方郡縣 實態―丹陽郡과 彦陽縣의 경우―」, 『惠庵柳洪烈博士
華甲紀念論叢』, 1971; 李載龒, 「16세기의 量田과 陳田收稅」, 『孫寶基博士 停年紀念 韓國史
學論叢』, 1988.

7 오항녕, 「17세기 전반 서인산림의 사상―김장생·김상헌을 중심으로」, 『역사와 현실』
8, 1992; 禹仁秀, 『朝鮮後期 山林勢力研究』, 一潮閣, 1999.

8 『仁祖實錄』 권1, 원년 4월 4일(癸亥). "戶曹啓曰 宣惠之法 行於京畿 今將二十年 民甚便之.
通行八道則八道之民 可蒙其惠. 而廢朝時則各司下典及牟利勢家 百般沮撓. 知其便而不得行
久矣. 卽今百役稠疊 生民塗炭 必須大段更張 以爲慰悅民心之地. 縱不得一時並擧 姑爲先施於
二三道 春秋各收一結十斗之米 可至六十萬石. 雖除西南北道軍需所用及嶺南下道倭館所費
其餘亦可四十萬石. 以此調用 似無不足之患. 與大臣相議停當 故敢啓. 上曰 當與大臣更議處
之".

9 『仁祖實錄』 권2, 원년 5월 30일(己未).

10 『仁祖實錄』 권1, 원년 4월 25일(甲申). "特進官柳公亮啓曰 目今軍政尤爲無形 已散之民簽抄未易. 若行號牌之法 則其於抄兵等事 似有綱領矣. 上曰 當此人心未定之時 若行號牌 則慮有騷屑之患矣. 副提學鄭經世曰 協力討賊之言 奴賊亦應聞之. 不可坐而待之. 庚戌年廟堂講定號牌節目 已就頭緒 而爾瞻以爲不可而啓罷. 識者莫不嘆之. 臣意卽今紀綱稍立與民更始. 若爲號牌則惟此時爲當. 上曰 事勢則然矣. 離散之民 時未按堵. 此事便於國而不便於民. 民未蒙實惠而遽爲拘束 則不無怨咨矣".

11 『光海君日記』 권13, 원년 2월 5일(丁巳). "傳曰 頃日引見時 承旨柳公亮略言 宣惠廳作米之事多有難便 不可久行. 當初予意亦以爲此固難行之事 而本廳欲爲民除弊故 姑從其言 使之試可矣. 今聞公亮之言 予甚懼然".

12 鄭經世, 『愚伏集』 권8, 宣惠號牌便否議 癸亥[『仁祖實錄』 권3, 원년 9월 9일(丙申)]

13 『仁祖實錄』 권1, 원년 4월 25일(甲申).

14 『仁祖實錄』 권2, 원년 7월 11일(己亥).

15 『仁祖實錄』 권2, 원년 6월 24(癸未).

16 『光海君日記』 권13, 1년 2월 5일(丁巳).

17 『仁祖實錄』 권2, 원년 7월 12일(庚子). "領事尹昉曰 前日領相以爲宣惠一事問於各道監司然後當爲設行矣. 今聞 民間亦以爲便云. 上曰 一結所納幾何. 昉曰 一結所納幾至二十斗矣. 上曰 前聞 畿甸之民 小縣則便之 大邑則不便之. 設行之初 必須善爲酌定. 若有後日加定之擧則民必怨矣. 且必先正經界 然後此法可行也. 昉曰 若行量田 則可得累十萬結 可以便民而利國也. 上曰 便於民則必不利於國 利於國則必不便於民 何得兩利乎. 昉曰 若行此法 則無防納之弊故便於民矣. 上曰 果是便當 則行之可也".

18 『仁祖實錄』 권1, 원년 4월 25일(甲申).

19 『仁祖實錄』 권2, 원년 7월 11일(己亥).

20 조성을, 「17세기 전반 서인관료의 사상 – 김류·최명길·조익을 중심으로」, 『역사와 현실』 8, 1992.

21 趙翼, 『浦渚集』 권2, 論宣惠廳疏.[『仁祖實錄』 권3, 원년 9월 3일(庚寅)] "臣竊謂 今此宣惠廳之法 最爲近古. 實與孟子所言先王之政暗合也. 今行此法於國內 臣竊謂 東方盛治 自此而可幾也. 今此法田結所賦 皆以米布. 中外需用 以此分之. 又有餘儲可備凶災 而其取之之數 則比什一爲輕矣. … 故臣竊以謂 此法最爲近古與三代之法度暗合 而東方致治之本在此也. 雖使孟子生今之世 論今之治 竊恐無以易此也".

22 趙翼, 『浦渚集』 권2, 論宣惠廳疏.[『仁祖實錄』 권3, 원년 9월 3일(庚寅)] "夫一結之地 可種稻三四斗. 土沃年豊則可出穀四五十石. 常田中歲則可出二三十石. 土瘠年凶則或不滿一二十石. … 一結所賦十六斗而輸運之價在其中. 並田稅三手糧等 則二十餘斗矣. 一結一年所得 常田中歲可二三十石 則二十餘斗之米 實不能十分之一矣. 其斂豈不輕哉".

23 趙翼, 『浦渚集』 권2, 論宣惠廳疏.[『仁祖實錄』 권3, 원년 9월 3일(庚寅)] "如謂屢徵而少徵

則民猶易之 一時納八斗 則民必難之 則此甚不然. 屢徵之弊 每徵皆有加捧. 其費甚多. 且其侵督奔走 終年不止. 一時輪納 則可免屢費之患. 又一勞而久逸矣. 其利害勞逸 相去遠矣. 且頃年徭役 一出七八斗者 比比有之 民猶或支過. 今一年兩次爲之 豈有不堪之理乎".

24 『增補文獻備考』권148, 田賦考 8 租稅 1. "(宣祖)三十四年 崔岦詳定晉州文案 跋曰 前此之時 逐里逐年 一八結所辦以米率之. 其緊者餘七石 寬者僅三石. 今則逐里逐年 一結皆率四石一斗以下".

25 趙翼, 『浦渚集』권2, 論宣惠廳疏.[『仁祖實錄』권3, 원년 9월 3일(庚寅)] "又謂富人之田結數甚多 其所納米亦多 難於一時備納. 此亦不然. 夫富家田多者 其得穀必多 人力必衆. 豈有貧殘力微者 尙能堪之 而穀多力衆者 反不能堪者乎".

26 趙翼, 『浦渚集』권2, 論宣惠廳疏.[『仁祖實錄』권3, 원년 9월 3일(庚寅)] "又謂豪勢之不應役 防納之爲己利 其來久矣 今暴摧折之不可. 此又不然. 夫豪勢不應役者 乃殘民拒國命者也. 防納者 及姦民以巧計奪人之財者也. 二者皆可罪也. 此等有罪之人與國家 孰爲可愛 孰重孰輕. 與小民孰爲可憐 孰衆孰寡. 今者寧乏莫重之國計 寧困衆多可哀之小民 以奉若干有罪者之私欲 何哉".

27 趙翼, 『浦渚集』권2, 論宣惠廳疏.[『仁祖實錄』권3, 원년 9월 3일(庚寅)] "又謂多積一處 恐有意外火患則爲害大矣. 此則臣竊以爲不然也. 自古有國 必有蓄積以備水旱. 古者三年耕 餘一年之食 九年耕 餘三年之食. 國無六年之蓄 謂之急. 蘇秦設六國 亦謂粟支十年. 豈有憂火災而廢蓄積者哉. 我國經用 每年僅僅接用 或至不及. 豈有數千里之國 無數月之蓄者哉. 此正賈誼所謂可爲哀痛者也. 而群臣視爲當然 不以爲憂 誠可悶也. 今若憂多積 而廢此良法 則實非臣愚所能曉也. 夫火患之及 必於室屋相連. 倉廩積穀之處 周以墻垣 與民家不相連接 豈患其及哉. … 倉廩四面 皆以堵墻爲壁 上覆以瓦 火何所附. 國都有兩倉 今二百年餘矣. 未嘗有火災者也. 此非其可憂也明矣".

28 趙翼, 『浦渚集』권2, 論宣惠廳疏.[『仁祖實錄』권3, 원년 9월 3일(庚寅)] "又謂湖南海路險遠 有敗棄之虞. 此則實爲可慮. 然自古及今 未有憂敗溺而廢漕運者也. 今湖南大小公私之穀 皆以船運 而私船敗溺者 千百而有一二 載官穀者多敗. 此由廢朝紀綱解弛 出於船人偸食之計也. 然則非必海船善敗也. 臣雖未知海路. 然與習海路者 講之熟矣. 夫船之敗溺 常由於載重過量. 若所載不重則船力有餘. 雖遇風波 必無可憂矣. 且南船之敗 常在庇仁泰安等地. 蓋其地特險也. 又多在秋冬風高之時. 臣之愚計 冬前只運泰安以北之穀. 泰安以南之穀 俟春乃運. 每歲以爲常 則可以鮮敗也.

臣竊計各司一年貢物之價 九萬餘石 而秋等所捧 自十一月分給 春等所捧 自四月分給. 自十二月至三月爲五月 自四月至十月爲七月. 然則秋等當給四萬石 春等給五萬石矣. 而以米布相半給之 則冬等所給米 只二萬石而足矣. 臣竊料 湖西泰安以北及水上忠州等官及江原道水上之穀 冬前運來者 可至二萬石矣. 此泰安以南之穀 氷解卽至 春月則自不患不足矣".

29 趙翼, 『浦渚集』권2, 論宣惠廳疏.[『仁祖實錄』권3, 원년 9월 3일(庚寅)] "臣竊料 京師及四道一年支用之數 多不能過二十萬石. 而四道三十五萬結 所賦米三十七萬餘石. 輪運之價在其中

則入於官者 實可三十二三萬石矣. 然則一年所餘 當至十二三萬石矣. 此可謂甚足矣. 此外不可更求其多. 臣竊以爲 後日量田所得 雖至五十萬結 所賦都數 要不使過三十五六萬石 則每結可以減其斗數. 如是則其賦益輕矣".

30 『仁祖實錄』권3, 원년 9월 9일(丙申). "上曰 宣惠廳是變法大擧措. 群議如何. 領議政李元翼·右議政申欽曰 此法若行 豈不好乎. 已行於京畿 民甚便之矣. 貴曰 見趙翼疏 則是必可行之法也. 元翼曰 慶尙一道 獨以爲不便 勿行於此道何如. 上曰 此法有難輕易行之. 卽今田結多縮 所捧之數若不足於一年經用 則將奈何. 欽曰 以趙翼疏觀之 一年所捧較諸一年所用 尙餘十餘萬石云矣".

31 鄭經世, 『愚伏集』8, 宣惠號牌便否議 癸亥(仁祖 1). "以臣之所知尙州一邑論之 則大同一結所收 通計米豆及其人布刷馬價諸色 率一歲不過木二疋有餘 則一夫所收 大約不過十七疋 而今宣惠廳所收 一結當取三疋 則一夫當取二十四疋. 較之常年所收 則殆加三分之一焉". 정경세에 관한 논문으로는 고영진, 「17세기 전반 남인학자의 사상 – 정경세·김응조를 중심으로」, 『역사와 현실』 8, 1992 참조.

32 張維, 『谿谷先生集』권20, 湖南暗行御史復命書啓[『仁祖實錄』권4, 2년 1월 6일(辛酉)]; 趙翼, 『浦渚集』권2, 論宣惠廳疏.[『仁祖實錄』권3, 원년 9월 3일(庚寅)]

33 金長生, 『沙溪全書』권1, 還鄕後陳所懷疏.(仁祖 원년 10월) "且念大同之設 本爲民除瘼 而今反有害焉. 以臣所居近邑言之. 當初則連山所收 每結米五斗木半匹强. 公州每結米十斗. 懷德米四斗木一匹. 行之十年 民甚便之 而官亦有餘儲矣. 厥後朝廷濁亂 徵斂無藝 加之以守令貪婪 太半私用 加賦之數倍蓰於前 猶爲不足. 逐歲增數 民之流散 職此之由也. 今者所下新令 每結收米十六斗. 收捧之際 加升之數 又必至三四斗. 以此量之 所收之數 比於曩日 則雖若少減 而若論以當初所定之數 則亦爲倍蓰矣. 兼且海邊稍遠之處 則米一石輸運之價 隨其里數 至有一二石之多. 加以海路險惡 不幸覆敗 則必有再徵之弊. 兼此二者 則民之所費 又不知其幾何也".

34 金長生, 『沙溪全書』권1, 辭執義仍陳十三事疏.(仁祖 2년 6월) "何謂革民弊. 民惟邦本 而以食爲天. 自古帝王 取於農民者 莫不有節. 正稅一納之外 更無一毫之加賦. 誠知邦本之爲重 而不使失其所天也. 我國亦遵此法. 奉常寺及內資·內贍所納粘米·大米·稷米·粟米·菉豆·赤豆之關於祭享及御供者 必以稅米稅太換納 而更無別捧之規. 自燕山以後 國無定法 橫斂漸多. 其後或緣一時民力困於貢獻 而稅入漸縮 國儲不繼. 於是 巧作名目 稅外加收 日增月益 而貪官汚吏又從而憑公營私 瘠民肥己 至於廢朝而極焉".

35 金長生, 『沙溪全書』권1, 辭執義仍陳十三事疏.(仁祖 2년 6월) "何謂罷宣惠廳. 今之宣惠大同議者以爲蘇民裕國之制 莫過於此. 臣竊以爲未也. 當初大同之設 始於京畿. 夫畿內則四面州縣不過一日二日之程. 或以水運 或以陸運 其轉輸之勞 雇價之費 不至甚苦. 且田皆五六等 故六七石落種之田 僅爲一結. 故土雖瘠薄 計其所收 則不下三四十斛 而只供春秋十六斗之米. 此外無他徵斂. 畿民之以爲便者 蓋以此也.
若兩湖則不然. 以道里言之 則忠淸近邑 纔爲畿甸遠邑之次 而全羅道則或三倍於忠淸道. 其船

運之價 雖自官劃給 而海路險遠 不幸覆敗則或有再徵之患. 以田結言之 土雖肥沃 結數甚高. 故一石落種之田 已與京畿六七石落種之田 同其結數矣. 以此與京畿均供春秋十六斗之米 而遠路雇價之費 比畿邑則又至於二三倍. 此外又有月膳進上及三營所納諸船刷馬之役 種種疊出 疏數無定 輕重不等 抑而行之 則民必不堪矣".

36 李民宬, 『紫巖集』권4, 雜著 對或問(癸亥反正後 朝廷懲昏朝煩苛 有裁省事目 而無擧行之實 且不切於救弊之本務. 故公述此以辨之). "今欲依田結收米布 而不問田結之不均. 玆豈非遺本 而圖末者乎. … 癸卯年 從時起打量 尤甚疏漏. 姑以嶺南言之 … 左右道之間 苦歇懸殊. 且如書員等用情隱漏之處 則左右道之間 亦豈無之. 以此推之 則非但嶺南爲然. 兩湖·江原之間 誠不知其有限也. 大槩豪右之民 隱其結卜 故頃在催剝之日 尙無催督之苦. 今若依前田結 盡作米布 則所大喜者 豪勢之人. 最不堪者 下戶之民. 此吾所謂不問田結之不均 而欲收米布 則是遺本而圖末者也. 經界正 然後可以議變通矣".

37 金長生, 『沙溪全書』권1, 辭執義仍陳十三事疏(仁祖 2년 6월) "宣惠事目內 守令衙料及使命支供之費 各定其數. 故公州全州之大邑 米止三百石云. 兩邑皆是直路大處 使命之所輻輳. 監司之所恒留 而一應油淸魚物之費 皆在三百之內 守令將何以支允乎. 三百石旣盡之後 又何以繼之乎. 其勢必至於犯法而侵民而後已也. 夫國家設法 使人可得以遵行 然後責其不法而罪之. 今此磨鍊 如是其狹少 而欲禁其不法 不亦難乎".

38 金長生, 『沙溪全書』권1, 辭執義仍陳十三事疏(仁祖 2년 6월) "伏願殿下特令大臣 博求識時務之人 內則訪於百司 外則問于方伯 一國之利害 百役之輕重 參酌彼此 設爲令甲 以定諸道貢納及一年正稅之數 而永罷科外之斂. 且嚴贓吏之律 絶不饒貸. 其他宮禁勢家之或踵舊習 貽弊內外者 一切禁制 則仁政得行 而邦本自固矣".

39 金長生, 『沙溪全書』권1, 辭執義仍陳十三事疏(仁祖 2년 6월) "大抵徭役不均之弊 由於田結之失實. 當初量田之時 任事之臣 不能詳察. 故吏胥品官 因緣舞弄 田雖沃饒 或以五六等懸錄 田雖瘠薄 或以二三等爲準 至或有全然脫漏 而旣量之後 亦或有攬取他人之卜 合於其戶 名曰養戶 以此苦歇不均 抑奪成習. 小民之困 實由於此也. 且慶尙道土地最廣 全羅道次之 忠淸道又次之 而以土豪之多少 而田結之數 隨而盈縮焉. 故稅入之數 慶尙道最少 而全羅忠淸爲次少矣. 臣愚以爲不改量田 則經界之得其正 徭役之得其平 終無日矣."

40 金長生, 『沙溪全書』권1, 辭執義仍陳十三事疏(仁祖 2년 6월) "我國田稅則取之有制 而貢案不明. 自燕山朝加設者 尙未盡革. 如此而欲行宣惠 則名雖宣惠 而民不得蒙其惠矣. 必以萬民惟正之供 行一定之法 以省浮費 節財用爲先務. 且擇度支之官 委任而責成 然後宣惠之法行 而國用自裕矣."

41 『仁祖實錄』권3, 원년 9월 12일(己亥).

42 『仁祖實錄』권3, 원년 9월 23일(庚戌); 『承政院日記』2책, 仁祖 원년 9월 23일. "大同廳啓曰 本啓辭內 四道(三字缺)出納之數 甚爲浩大 難以一廳兼掌 則(一字缺)爲兩廳 郞廳三員各出事 入啓蒙允矣. 今則大同之事 只於兩湖及江原道三道行之 不必分兩廳. 更名之曰三道大同廳. 郞廳就前啓下六員中 減二員 更爲書啓之意 敢啓. 傳曰 知道".

43 이 시기 조운과 임운에 관해서는 崔完基,「朝鮮後期 稅穀賃運論의 提起와 賃運業의 實態」,『李元淳敎授停年紀念歷史學論叢』, 1991 참조.

44 金長生,『沙溪全書』권1, 還鄕後陳所懷疏.(仁祖 원년 10월) "海邊稍遠之處 則米一石輪運之價 隨其里數 至有一二石之多".

45 張維,『谿谷先生集』권21, 湖南暗行御史復命書啓.[『仁祖實錄』권4, 2년 1월 6일(辛酉)]"大同廳之設 誠爲救時良法. 但其中大段節目 尙有未盡料理者. 作米海運 則有敗船難處之患. 本色上納 則有折價不의之弊. 此二者不可不精思熟講 要令百全無弊 然後方爲經遠可行之法. 所謂作米海運 敗船難處者. 田稅漕運 其數不多 且任漕軍 尙有敗溺之患再徵之弊. 況大同作米 其數極多 而本無漕軍 皆將賃船輪運. 船格軍人 多是無根奸濫之徒. 偸竊不謹之患 必有甚於漕軍. 雖不幸致敗 勢難責徵於船格. 不知 到此將何以處之. 若置而勿問 則船格人等 冒利生奸. 故爲致敗者 將何以禁之. 有限之穀 屢屢敗失 則國家所得 未免耗損. 若再徵於本邑 則民窮力竭 有不能堪. 此非難處之大者乎. 所謂本色上納折價不의者 本廳事目內 作布作米之外 本色上納貢物及方物進上之屬 名目甚多. 本廳雖已詳定折價. 但其折價之數 與平日貿易之價 大有逕庭. 國家只將詳定之數 計給各邑 使之備納 而各邑價物不足 未能貿得 則不知到此將何以處之. 進上不可曠闕 價物不可再收 豈不成大狼狽乎. 此二弊者 若不料理善處 此法恐難施行. 大槪大同之設 本欲除防納跳騰之弊 而本色上納其物頗多. 此其所以失也. 盖雖遐方絶域稀貴物産 若以重價貿易京洛市廛 無所不有. 就中絶難貿得若干種外 其餘皆當以米布輪納 使各司主人隨便覓進 似無不可. 況所謂本色上納者 外方未必實用本色. 大抵皆以價物輪上 以付主人. 主人旣食其利 自能多般鉤致. 雖在千里外物 亦將無脛自至. 要令本色之納轉少 則民間之弊轉減矣. 且京納貢物 本色猶少 至於外方進上方物 則皆將仍舊自營門封進. 跳騰之弊 猶夫舊日. 而詳定價物 頓就減省 各邑進上使吏等 計無所出. 京畿則營庫主人處 皆自宣惠廳量給價米 勒定備納. 故民以爲便. 外方事勢 與京營有異. 防納點退之患 根柢難去. 識者多以爲憂. 且上京船馬之價 雖當計給 而出到船所 則皆令自運. 其間或有兩三日程. 輪運所費 幾於加倍. 此亦畿甸所無之弊. 且本色上納之物 雖當折價計給 而輪運駄價及人情作紙 皆不在詳定中 亦似疏漏. 伏望令本廳十分消詳 俾無遺憾幸甚. 此法雖有未盡料理者 然其大綱誠良法也. 今當熟講而務去其弊. 不可因弊而並廢其法. 伏惟財허".

46 『仁祖實錄』권2, 원년 6월 24일(癸未).

47 張維,『谿谷先生集』권20, 湖南暗行御史復命書啓.[『仁祖實錄』권4, 2년 1월 6일(辛酉)] "本道田結 完邑大郡 則役輕民安. 田野開闢 結數不減戊午 或有過之者. 若殘敗之地 極目荒蕪 閭井蕭然. 舊時數十家村落 今無兩三戶者. 此等處 皆將責出戊午結卜 則僅存之民 轉被橫侵 必無孑遺然後乃已. 恐非國家之利也. 且土豪猾民 固有隱結 貧困之民 尺土횡括 或有他結枉錄 替人受苦. 而該曹每以豪猾隱漏之故 不肯放括戊午結數. 然則窮殘下戶 何時得沾惠澤".

48 『備邊司謄錄』3책, 仁祖 2년 1월 27일. "絶戶陳田差役之弊 未免疊徵於時存之戶. 此乃民間之最所稱怨者. 令本道減其陳結 以已隱漏結卜 査出充補宜當. 至於徭役分定之時 不從田結多寡 而只以邑名大中小爲差 則小邑之偏重 在所當然是白昆. 令監司各別詳察 以均差役爲當. 量田

一事 自當待時舉行".

**49** 『仁祖實錄』권6, 2년 5월 15일(戊辰). "貿米于登州. 時久旱 民饑而邊民接濟專辦於我 朝廷憂之".

**50** 『仁祖實錄』권5, 2년 3월 8일(壬戌). "三道大同廳啓曰 … 上年十月 酌定秋等應捧之數 行會之時 以時節已晚 各官廳所納 必已太半收捧. 又以年凶穀貴之故 一結減定四斗 而各官 所用 則姑令依前捧用".

**51** 『備邊司謄錄』3책, 인조 2년 1월 6일; 『仁祖實錄』권6, 2년 8월 29일(辛亥).

**52** 張維, 『谿谷先生集』권20, 湖南暗行御史復命書啓. [『仁祖實錄』권4, 2년 1월 6일(辛酉)] "路邊各邑弊端之大者 莫如刷馬一事. 凡通衢要路之地 往來大小公幹 絡屬不絶. 每日所調 不下十四 每一匹一息價米三四斗 而刷馬之行 或有二息而遞者 或有三息而遞者. 然則一日所 備 無慮數十斗. 每日如是 積而計之 則其數無窮 而皆出於民結. 路傍各官凋弊最甚 蓋由此也. 明年則大同廳雖有給價之令 然許多所費 安能准給. 不塞弊源 更無善策. 必須京中則草料出給 不許濫雜 外方則營吏往來 不給刷馬 然後弊源自淸 冗費自減矣. 大槩草料繁濫 莫如今日. 京中諸上司衙門 各自出給 而成貼之際 無甚拘礙. 故吏胥輩 雖以私事往來 皆能討得 其流弊也 久矣. 今宜嚴立科條 凡干草料 皆自兵曹出給 而除明是公幹外 自餘諸色雜人 一切勿許出給. 成貼之際 必須諸堂上簽押 使濫偽之徒無所容. 因教各道 兵曹草料之外 諸衙門草料 皆不擧行. 且各道諸營吏 多是豪猾之輩 招權用事 乘肥衣輕 本無不足. 而往來之時 皆給刷馬. 今宜下教各 道監兵使 凡營吏往來時 皆令自騎私馬. 辦此兩件事 則刷馬之弊 固已去其太半. 然後依大同廳 事目 量給價物 則民弊稍紓 各邑庶得支指矣".

**53** 李時發, 『碧梧遺稿』권4, 應旨論大同利害箚. "臣近聞兩湖民情 處處怨咨 愈往愈甚云 … 大同一事 本以便民之政 而民反以此爲怨咨之一端 誠有其故矣. 曩時 貪官汚吏私作名目 剝民 利己者 形形色色 隨邑各異. 豪民奸吏嚙吮生民之膏血者 又復在在充滿. 卽今朝廷之上 雖改紀 換局 有會朝淸明之慶 而郡邑積弊 尙仍前昔. 有同白日中天 而雲霧猶爲蔽地. 若非風之以動之 日以喧之 則其陰瞖之氣 未易解散也. … 臣所以慨歎不已者也. 夫欲行大同之政 則必須先爲蕩 滌郡邑之弊政 使民間皆知大同之外無他徵斂 然後民志可定 實惠可宣. 而惟非其元來橫斂 倍蓰 正貢 新設大同 剩加於其外. 譬如元氣大敗之人 誤喫損胃之雜物 胸膈痞澁 癨亂大發 傍人勸之 以梁肉. 旋卽吐瀉 其疾轉劇. 若不先吐下其誤食之物 則雖梁肉之美 亦不能下咽 而反爲添病之 大害. 今日之事 何以異此乎. 當初宣論之行 只以空官布論而已. 後次暗行之往 亦只詢訪吏治之 得失而已. 皆是問病之使价 而實非治病之醫也. 故雖詢瘼相續 而病者之呻痛 日以尤急. 庸醫之 在遠命藥 例不對症 不如其親診脈候. 卽投鍼藥之爲切實. 此所以請更遣御史 以爲及時救療之 計 申裏再三而不已者也. 非不知責成於監司 爲深得朝廷之大體 而監司位尊而務繁 不能細察 民隱. 雖明察之監司 必不如別命之專差也. 近見 朝家政令 或爲下書 或爲行移 其分布於外方者 非不明白 而外方之奉行者 動輒乖謬 亦多稽滯. … 昨聞該曹公事方下于湖南 催督癸亥貢物 云. 癸亥貢物旣在大同之中 則該曹之所以兩樣催督者何意. 監司之所以不稟於朝 混同行催者 抑何意歟. 守令莫適所從 有書問於相臣者 此非傳聞之比 實有此事 明矣. 外方事事類如此

朝廷烏得免失信之謗於民乎. 大同本意 爲監司者尙不能洞曉 而號令之胡亂至於如此 則愚民之眩惑 有不足怪矣. 今欲以文移行會 解民已痼之惑 不亦難乎".

54 『仁祖實錄』권5, 2년 3월 8일(壬戌). "三道大同廳啓曰 大同之役 本爲救民之困也. 臣等竊聞 近者外方物情 猶有不便者. 大槪當初事目 則凡京外應供之役 如監兵營所納 各官官料衙料 皆在大同之中 要使民間更無他役也. 上年十月 酌定秋等應捧之數 行會之時 以時節已晩 各官官廳所納 必已太半收捧. 又以年凶穀貴之故 一結減定四斗 而各官所用 則姑令依前捧用. 其餘 皆令於四斗內除出支供. 至於各司貢物中遠方所産 京中難貿之物及奉常寺所納 醫司藥材 皆令依本廳折價 以大同米計銷 使之貿本色以納 而今聞列邑捧此四斗之外 一應諸役 皆依前徵之. 至於貢物當以本色來納者 亦於大同外別徵之".

55 『仁祖實錄』권5, 2년 3월 8일(壬戌). "① 臣等百計思量 莫如一二年他役並令依前爲之. 只量捧 數斗米 以供京各司貢物. 徐觀日後國勢稍安民心稍定 然後更議大行. 如是則行之簡易 更張有 漸 庶民安而法行矣. 且民結之役 莫重於貢物 而民之所苦莫甚於防納操縱之害. 只除此一弊 民之蒙惠 思過半矣. ② 目今民間貧乏已到十分地頭 至聞有餓死者. 決不可責捧於春夏之前. 請兩湖及江原道秋等米布催促上納 而今春則減除勿捧 待麥秋 每結收牟米二斗上送宜當. ③ 且貢物以本色來納者 如遠方異産 京中決不可貿納者及藥材 則姑令以本色來納 而至於奉常寺 貢物 則其中一二難貿者外 其餘皆可貿用. 今以現在之米 爲先支給 而除本色上納之弊 則於享 祀之誠 少無所損 其爲民除弊則大矣. 從之".

56 『仁祖實錄』권7, 2년 12월 17일(丁酉). "三道大同廳啓曰 邑無大小 每一結捧米五斗 本邑所用·各營所用及各樣進上方物 皆以此五斗磨鍊支用 而餘萬石矣. 如是則京上納九斗外 外方所捧則 只是五斗 諸役皆在其中 更無徵捧之擾 事甚便當".

57 『仁祖實錄』권5, 2년 3월 8일(壬戌).

58 趙翼, 『浦渚集』권2, 論宣惠廳疏.[『仁祖實錄』권3, 원년 9월 3일(庚寅)] "且夫王者之治世也 務在平均之也 … ① 夫防納之人與農民 均是民也. 而防納者 無功而坐享重利 農民 終歲勤苦而 虛費倍蓰之價. 此其不均不平一也. ② 豪勢之人與小民均食王土 而豪勢者不應其役. 小民旣應 其役 而又並供豪勢之役. 此其不均不平二也. ③ 以各道各邑言之 則各道出役不同 一道之中 又大邑常輕 小邑常重. 其大小相似之中 亦有此重而彼輕 則此其不均不平三也. ④ 以百官所食 言之 則京官雖大臣 其祿不多. 外官所食 無有限度. 州郡之中 殘者或不足以給妻子 富者一年所 用 或至累千石. 夫均是邑宰 而獨使享累千石 何哉. 此實無謂之甚者. 此其不均不平四也".

59 『仁祖實錄』권7, 2년 12월 6일(丙戌). "沈悅曰 大同廳事 臣初拜本職也 已知其不可行. 今者 左相所言之外 又有大不便者. 兩湖田結甚多. 貢物則一年所納不爲定限 隨時捧之. 故所入雖多 民猶可支. 若一時並捧十斗 則一戶所捧 或多至十石. 何能猝辦乎. 且船運時 致敗之患 亦可慮 也".

60 張維, 『谿谷集』권16, 行狀 資憲大夫知敦寧府事兼知義禁府事趙公.

61 『仁祖實錄』권5, 2년 3월 8일(壬戌).

62 『仁祖實錄』권6, 2년 5월 29일(壬午).

63 趙翼,『浦渚集』권14, 大同廳啓辭.(仁祖 2년 여름으로 추정)

64 『仁祖實錄』권6, 2년 7월 28일(庚辰).

65 沈悅,『南坡相國集』권2, 代人請停號牌疏.

66 『仁祖實錄』권6, 2년 5월 29일(壬午). "臣意則莫如先行號牌. 朝士生進外 雖宰相子弟 亦爲收布
則其補國用 豈其少哉. 上曰 近日民間以二結三結收布 亦以爲苦. 若計口收布 其謂斯何. 鳴吉曰
百姓則皆有屬處 而中間稱以兩班者 無役閑遊. 臣意莫如劃一定役也. 特進官沈悅曰 聖敎至當
矣. 卽今人心未定 紀綱未立 若行此事 徒招民怨 而已欲行富國之術 莫如先正田界也. 上曰
田野盡闢然後 量田可也. 悅曰 必待田野盡闢 則量田恐無期也".

67 『仁祖實錄』권1, 원년 4월 25일(甲申);『仁祖實錄』권3, 원년 9월 14일(辛丑);『仁祖實錄』
권9, 3년 6월 26일(壬寅)

68 李睟光,『芝峰類說』권3, 君道部 制度.

69 『仁祖實錄』권6, 2년 7월 24일(丙子).

70 李景奭,『白軒先生集』권24, 論五家統號牌鄕約三件事箚. "向於仁祖朝議行號牌 臣忝爲獻納
入侍經筵. … 時故相臣李元翼在京第 臣欲聞喬造之言 往見之 則答曰 如繫人之手足 豈有久
而不求脫者乎. 臣心服其言 後因丁卯之亂 乃罷此法".

71 沈悅,『南坡相國集』권2, 代人請停號牌疏. "且其爲害 又有甚焉者. 兩西兩南 無役之民 依接於
土豪之籬底者不可勝數. 而經亂之後 遠方私賤 流離他道. 失其本主 死生存沒 漠然不相聞者
其數不億. 一自此令之下 置身無所 從其附近 盡投於豪右之家. 良民永爲私賤 他奴認爲己奴.
以號牌爲經官文券 而欲與故主爭訟 則未知朝廷何以處之. 若其恥爲私賤 不願投托者 則失業
流離 鼠伏林藪 其勢不爲盜賊 則必爲僧尼. 然則盜賊從此而興矣. 民怨從此而起矣. 訟端從此而
作矣. 良民之避役者 私賤之叛主者 亦必從此而盡入於勢家 可勝通哉".

72 趙翼,『浦渚集』권2, 因求言論時事疏.(仁祖 3년 10월 15일)

73 金長生,『沙溪全書』권1, 辭執義仍陳十三事疏.(仁祖 2년 6월)

74 金長生,『沙溪全書』권1, 辭執義仍陳十三事疏.(仁祖 2년 6월)

75 趙翼,『浦渚集』권14, 大同廳啓辭.(仁祖 2년 여름으로 추정). "大同事目 當初啓下行會
而以其時秋月將盡 各官官廳所納 已捧必多. 且前年凶歲 三道皆然. 故前年秋捧 減捧四斗
而官廳所納 則姑許依前收捧矣. 至今春還者之後 又以民間飢饉方甚 故春等又減 而京貢物外
他役 則令於大同外爲之矣. 蓋當初事目 則凡民結所出之役 皆在於大同中. 其後變通則特以民
飢難捧之故耳. 近者竊聞 外方多便之 而第以法令未純 新舊相雜爲未盡. 且天感聖心 雨澤時降
秋成有望. 自今秋大行爲當 而當初事目 多有當改者 且行之半年 驗其便否益審. 今當更爲磨鍊
以爲一代定制".

76 趙翼,『浦渚集』권14, 大同廳啓辭.(仁祖 2년 여름으로 추정) "臣等相與參商 謹成事目 別單書
啓. 蓋當初磨鍊 則一結所捧十六斗. 今所定十三斗 而八斗輸來 以爲京中支用 五斗捧於本倉
以爲道內之用. 年豊則加至三斗 以盡十六斗之數 年凶則量宜蠲減. 蓋一結十六斗 本不爲重
而人或有多之者. 今定以十三斗 則比前頗減 人必益輕之 而中外經用 皆在此中. 爲此之後

更無徵捧 民間自然無事. 而竊計以此所捧之數 供中外經用 亦當有贏餘. 行之數年 則中外皆有
蓄積 雖遇水旱 不爲患矣".

77 『仁祖實錄』권6, 2년 8월 29일(辛亥). "近間 連因外方來人得聞 民間徭役所出比前差減.
前之不悅於此法者 稍稍稱便 而猶以法令未純爲病. 蓋京納貢物之外 尙有三營所納及朔進上官
需衙料刷馬等役 而使守令任意自捧以應其役 往往不免 有仍踵前習者 民之病也".

78 『仁祖實錄』권6, 2년 8월 29일(辛亥). "三道大同廳啓曰 大同事目中 未妥處有參酌以啓之敎矣.
… 臣等更爲商議 欲令自今爲始 兩湖則捧十五斗 江原道則捧十六斗 而十斗收捧於本廳 各司
各樣貢物及其人·皂隸·禮曹進俸紙·觀象監日課紙等役 全數辦供. 其餘則留給本道 以供進上
方物·本色貢物·內醫院藥材·官需·刷馬及本道不得已應供之役. 而但念外方諸役 自本廳有難
遙度. 故欲爲分遣本廳郎廳于三道. 就其留給本道之數 與監司四長官守宰及剛明差使員詢問
各官 採訪民情 務令得便磨鍊回報後 定爲事目 稟裁頒行 庶爲久行無弊之法. 而論議未完未及
啓達矣. 答曰 知道".

79 『仁祖實錄』권7, 2년 12월 17일(丁酉).

80 『仁祖實錄』권7, 2년 11월 3일(癸丑); 『仁祖實錄』권7, 2년 12월 6일(丙戌).

81 『承政院日記』140책, 孝宗 7년 7월 11일. "(十字缺)察使旣知大同之便好 且見湖南之莫保.
行關列邑 詢訪民情 則人皆欣忻 無不樂從 而或因監色之不肯而民莫敢開口. 或因土豪之沮抑
而亦莫敢開口. 以致論議之不一. … 土豪富人 旣阻於本道詢問之時 又爲往來於京洛 (缺)撓物
議 終使大同之法 不欲行於湖南 而沿海(七字缺)之中 無以仰達民情".

82 『仁祖實錄』권7, 2년 12월 6일(丙戌).

83 『孝宗實錄』권2, 즉위년 12월 13일(丁酉).

84 『仁祖實錄』권7, 2년 12월 17일(丁酉). "右議政申欽議曰 大同之制 臣於立法之時 不得與聞.
及忝相職 則科條節目 已爲啓下頒布矣. 臣實未知其利害便否 而朝家大段施爲 不敢妄自涇渭
矣. 厥後因自外方來者聞之 則民間皆以一時輸納爲苦云. 大抵遠方與京畿不同. 富者田結甚多.
有十結者 當出十石 有二十結者 當出二十石. 循此以上 愈多愈苦. 或言小民則便之 其不欲者在
豪右之家云. 此言似爲近理 而但大家鉅族 若不便而生怨 則此亦衰世之可憂. 臣素不諳民事
故其曲折 未能詳知 而每以此一款爲慮. 旋念此等弊端 當初設立時 必已講究 而猶且建置者
必有長策 可以行之永久也. 今聞 湖南以爲不便 而湖西則欲以十四斗磨鍊云. 未知出於民情乎
出於方伯之一時計劃乎".

85 『仁祖實錄』권3, 원년 9월 9일(丙申). "上曰 宣惠廳是變法大擧措. 群議如何. 領議政李元翼·右
議政申欽曰 此法若行 豈不好乎. 已行於京畿 民其便之矣".

86 趙翼, 『浦渚集』권2, 論宣惠廳疏.[『仁祖實錄』권3, 원년 9월 3일(庚寅)]

87 『仁祖實錄』권8, 3년 2월 7일(丙戌).

88 『仁祖實錄』권8, 3년 1월 3일(壬子).

89 『仁祖實錄』권8, 3년 2월 6일(乙酉).

90 『仁祖實錄』권8, 3년 2월 7일(丙戌). "戶曹判書沈悅回啓 以爲臣將江原道貢物元數及其田結通

融計價 每一結捧米十六斗則諸般貢物之價 可以充給 而其外又有內醫院藥材及本邑公需衙祿
人夫刷馬等役如是. 而猶且樂爲則可以仍行. 上令本道監司詢問民情. 監司以民皆願行啓聞. 乃
命勿罷 仍令戶曹兼官 不合於宣惠廳".

91 『仁祖實錄』권8, 3년 1월 12일(辛酉). "承旨趙翼陳啓請勿罷大同法. 上以旣已議定不從".

92 趙翼,『浦渚集』권14, 論大同啓辭.(仁祖 3년 1월로 추정) "大槪民情便否有三等 有惡之者
有好之者 有便之而猶恨其未盡 以爲不便者. 其惡之者 乃豪强自前不應役者也. 不可據此以爲
不便者也. 好之者 小民自前不勝徭役之苦者也. 故此法雖有未盡 比之前日之不勝其苦 則大段
輕歇. 故不暇議其未盡 而唯知好之也. 此亦未可據以爲盡善也. 其便而恨其未盡者 凡兩班之
論皆然. 至於小民之情 亦頗有如此者. 此則其言不爲無理 而不可不採擇者也. 盖當初磨鍊則京
外一應諸役 皆在所捧之中. 要使貢稅 大同外更無徵捧之事 而其後變通 則大同所捧 只以供京
貢物而已. 至於本邑本道需用 則皆令於大同外收捧用之. 此亦因飢饉變亂之餘民窮財竭 不得
已而爲此變通也. 當時事勢 故不得不如此也 而外方所用 旣無所定限 令各道各官依前自捧.
守令善惡不同 其所徵捧 多不免濫數. 京貢物防納之弊 雖除 而外方橫斂 猶自依舊. 此其所以未
盡者也. 而外方之人 所以有半大同之說 不免有怨苦也. 然則民之不便也亦宜 而其所以不便
者 非此法本不便也. 乃行之未盡之故也".

93 趙翼,『浦渚集』권2, 論大同不宜革罷疏.[『仁祖實錄』권8, 3년 1월 12일(辛酉)] "江原道則無
不悅者. 兩湖則有悅之者 有不悅者. 是由江原道無豪强 而兩湖有豪强也. 兩湖之中 湖南不悅者
尤多 以其豪强尤多也. 以是觀之 則唯豪强不悅 而小民皆悅之也. 湖南民情則民無路詳知. 至於
湖西則臣常居之久 故臣實熟知之. 小民則皆好之 雖兩班 不悅者甚少 悅之者甚多".

94 『仁祖實錄』권8, 3년 1월 15일(甲子).

95 『光海君日記』권33, 2년 9월 14일(丙辰). 光海君 2년에는 선혜청이[『光海君日記』권36,
2년 12월 25일(丙申)], 6년에는 사헌부가[『光海君日記』권80, 6년 7월 3일(癸丑)], 8년에는
유학 최기문崔起門의 상소가 보인다.[『光海君日記』권101, 8년 3월 12일(壬午)]

96 『光海君日記』권13, 1년 2월 5일(丁巳). 傳日 "項日引見時 承旨柳公亮略言 宣惠廳作米之事
多有難便 不可久行. 當初 予意亦以爲此固難行之事 而本廳欲爲民除弊 故姑從其言 使之試可
矣. 今聞公亮之言 予甚瞿然. 自古有國 皆任土作貢 其意有在. 玆者欲革防納刁蹬之弊 有此作米
之擧. 無乃近於不澄其源而欲流之淸者乎? 予見異於是. 如欲革弊而便民 所當先立紀綱 申明防
納濫徵之禁 或有冒禁者 繩之以律 少不饒貸 遵守祖宗憲章 不愆不忘 恐是得計也. 宋朝新法
其意豈在於病民 而終致騷擾之禍." 그 외에『光海君日記』권35, 2년 11월 22일(癸亥),『光海
君日記』권36, 2년 12월 25일(癸亥),『光海君日記』권80, 6년 7월 3일(癸丑) 참조.

97 『光海君日記』권26, 2년 3월 22일(戊戌),『光海君日記』권33, 2년 9월 18일(庚申).

98 『承政院日記』106책, 孝宗 즉위년 7월 10일.

99 『承政院日記』110책, 孝宗 즉위년 11월 18일. "翼曰 癸亥(인조 1) 磨鍊時 貢案冊子 皆在戶曹.
考其冊子 則亦可知其收捧之數矣".

100 『西峯日記』40쪽, 丙戌(仁祖 24) 正月. "先將兩湖貢案 以癸亥大同之規 逐物折價 反覆參商".

101 『湖西大同節目』14조. "各司貢物 癸亥年大同詳定之價 非不裕足. 作紙役價并在其中 而便民之
政 所當京外一視. 物種中 前詳定價 本或似不足者 則量宜加磨鍊. 今番加給之數 比之癸亥詳定
多至八千四十八石是白置".

## 제3장 두 가지 공물변통 방법론이 성장하다

1 『光海君日記』 권35, 2년 11월 22일(癸亥). "江原道觀察使洪瑞鳳 馳啓曰 宣惠廳作米公事
民情歸一 皆以爲便 唯願快行. … 傳曰 作米一事 或試於畿甸 猶之可也. 遍施於他道 必有末梢
難處之患. 治國之道恐不可如是也. 遵守祖宗典章 只除其巨弊而已. 不必務爲變更. 施小惠而忘
大本也. 公事勿爲擧行".

2 吳仁澤, 「朝鮮後期 癸卯·甲戌量田의 推移와 性格」, 『釜大史學』 19, 1995.

3 『仁祖實錄』 권30, 12년 12월 22일(甲辰).

4 朴道植, 『朝鮮前期 貢納制 研究』, 경희대학교 사학과 박사학위논문, 1995, p. 88.

5 『承政院日記』 25책, 仁祖 7년 3월 19일. "上御資政殿 晝講入侍 同參知事洪瑞鳳 特進官沈命世
參贊官朴炡 侍讀官崔惠吉 檢討官崔有海 注書朴日省 記事官鄭太和·尹坫 … 瑞鳳曰 權盼爲忠
淸監司時 改一道貢案 頗極周詳 皆民所便之事 而但大邑則皆以爲不便 小邑則莫不便之. 大邑
守令則品秩與監司相等 故易爲通情. 小邑守令則品秩隔等 不敢通情 便之者雖多 而終未施行
云. 上曰 經界不正 則雖改貢案 而必爲無實. 或有陳棄 或有起耕. 虛實不的 難免有疏漏之患.
雖知貢案不可改 而事勢如此 尙不能爲矣. 瑞鳳曰 監司恒用之案 各在於營門. 一從結卜之數
而不分州郡殘盛 則必無失實之事. 臣爲江原監司時 鄭賜湖云 一從結負 勿分殘盛. 臣旣聞此言
到任之後 秩高守令則皆欲分殘盛 臣不重令 一從結負 小邑之民 莫不便之".

6 『承政院日記』 25책, 仁祖 7년 3월 19일. "命世曰 若不善爲變通 則似無依據. 故爲監司之道
一從結負 可也. 臣往來鄕里見之 安東田地 盡爲陳荒. 結負則一如平時 晉州則幾盡起耕 而結負
甚少. 如忠州 田地亦多陳棄 而結負甚多. 以殘盛言之 則忠州不及淸州遠矣 而忠州雜役 十次爲
之 則淸州則七次爲之云矣. 上曰 方伯若不觀勢善爲之 則(數字缺)必多不均矣".

7 『栗谷先生全書』 권7, 陳時事疏. "今之時勢 譬如久病之人 元氣澌敗 動輒生病. 治冷則熱作
治熱則冷發. 雖曰 外邪可防 先須補養元氣. 元氣旣復 根本旣固 然後治邪之藥 可以有效. 若不顧
元氣 只服攻擊之劑 則不久而命盡矣. 今臣之必請變通者 是補元氣之劑也. … 議者或以騷擾爲
憂 而不欲變通. 此大不然. 改貢案 … 皆自朝廷商確勘定而已. 民無升米尺布之費 何與於民
而有騷擾之患哉. 若量田則不能無少撓於民 故必待豊年 乃可擧行. 貢案之改 必後於量田云者
此亦不然. 貢案固當以田結多寡均定矣. 量田之後 田結增減 豈至於大相懸絕乎. 先改貢案 隨後
量田 亦何害哉. 田結雖有盈縮之少差 豈如今之貢案 不問田結多寡 而率意誤定者乎".

8 『仁祖實錄』 권20, 7년 윤4월 1일(丙辰).

9 『備邊司謄錄』 4책, 仁祖 12년 7월 26일.

10 沈悅, 『南坡相國集』 권2, 代人請停號牌疏.

11 『仁祖實錄』권22, 8년 2월 22일(壬申).

12 『仁祖實錄』권24, 9년 5월 22일(乙未). 한편 경상 감사 김시양金時讓도 여기에 대해서 자세히 말했다.[『仁祖實錄』권16, 5년 7월 21일(乙酉)] "慶尙監司金時讓馳啓曰 道內田結 打量不均 而至於下中 爲尤甚. 左道田結 五萬八千九百二結 而下上一千十九結零 下中五萬一千九百十六結零 下下六千一百結零. 右道則田結四萬三千二百六十三結 而下上九百六十七結零 下中一萬五百二十七結零 中之中二十結零 中下六十一結零 下下二萬五千七百四結零. 原田結之不及於左道者 一萬五千餘結. 此則猶可諉之於土地之廣狹荒闢 而以土品言 則右道優於左道 而下中等第 如是相懸. 以此觀之 左道之多通欠者 不在於民頑 在於偏重".

13 『仁祖實錄』권24, 9년 5월 22일(乙未).

14 『仁祖實錄』권24, 9년 5월 22일(乙未).

15 『仁祖實錄』권26, 10년 6월 28일(甲午).

16 『仁祖實錄』권28, 11년 12월 12일(庚午).

17 『仁祖實錄』권28, 11년 9월 11일(庚子). "憲府啓曰 故判書臣權盼 … 曾爲公淸監司時 目見道內賦役煩重 參商輕重 定爲貢案. 湖右之民 引領徯待 … 至今不行. … 三南之中 本道民役偏苦 … 不但民情久已渴望 各司下輩 亦皆願行之. 大同之法 縱不能行之於諸道 猶可驗之於一方. …" … 備局回啓曰 "臣等竊詳故判書權盼貢案詳定之書 苟能擧而行之. 其有益於民不少 可謂大同之次也. 大同旣不得輕議 則先行此法 以紓民弊 實爲便當. … 本司堂上中 金蓋國·金起宗 最能練達時務 而金蓋國曾經戶判 金起宗時任戶判 而皆兼宣惠廳堂上. 令此兩臣 通議于本道監司 … 施行似當." 上從之".

『仁祖實錄』권28, 11년 12월 12일(庚午). "諫院啓曰 壬辰之變 列邑田案 俱失於兵火. 存者十不一二. 近年以來 量田均稅之政 尙未擧行. 況列邑之中 或有舊案 則結負之重 十倍新案. 賦役不均 至於此極. 目今湖西 將行大同之法 而若不先正其本 則不均之弊 猶夫前日. … 備局以爲今年本道失稔 故待明秋 與諸道一體行之. 上從之"

18 『承政院日記』41책, 仁祖 11년 10월 15일(甲戌). "大同實是均役之政 而只因煽動之言 壞了已成之事. 自是以後 凡有所施設 朝政每以此爲戒. 雖有變通之策 不敢出一計獻一言 架漏度日者 豈盡無誠於國事而然哉. 盖深懲旣往之事 竊恐半塗而廢也".

19 『仁祖實錄』권47, 24년 7월 13일(丁巳).

20 『備邊司謄錄』4책, 仁祖 12년 7월 26일.

21 『仁祖實錄』권30, 12년 윤8월 27일(庚戌). 尹用出,「17세기 초의 結布制」,『釜大史學』19, 1995, 323∼328쪽.

22 『仁祖實錄』권20, 7년 윤4월 20일(乙亥).

23 尹煌,『八松封事』乾, 絶虜後申論振作修攘疏 丙子(仁祖 14) 三月 初一日, 59∼62쪽.

24 吳仁澤,「朝鮮後期 癸卯·甲戌量田의 推移와 性格」,『釜大史學』19, 1995, 340쪽.

25 李植,『澤堂集』別集 권3, 丁卯在江都陳時務疏. "國家財用 常患匱竭. 今者兩西已失 所恃者三南也. 乃欲減田結四五萬不稅 辦數萬兵餉資之資. 此有司之所不能堪也. 蕭何之言曰 雖王漢中

之惡 不猶愈於死乎. 今日國勢十去八九. 腥膻之汚 塗炭之慘 雖謂之已亡可也. 而君臣上下
猶不免守故常存文物 … 目今三南財賦 刮削無餘 而唯貢物可以變通. 均作米布 取其半以供軍
需. 又減省百官三分之二 裁定使喚吏役. 一司不過三四人卽官自行文書 亦不至廢事. 收其祿料
亦可以佐軍費也. 然而貢物變通之難 常患闕其正供. 官吏減省之難 亦恐失其人心. 此在平時
誠難創革. 今也 廟社播越 吏隸渙散 士大夫奔競仕途 亦不至於前日之甚. 此正因勢變通之會
也".[『仁祖實錄』권16, 5년 4월 5일(辛丑)]

26 『仁祖實錄』권33, 14년 9월 13일(甲寅). "大抵國家弊政 難容縷數 而一言以蔽之 曰不均.
不均之甚 又莫如兵財之政. 尤不可不急時更改 以當方張之虜… 財束所出 賦難更重. 臣竊以爲
莫如就各道內行大同法. 久任監司 以領之 依例收布 監備土物 輸定差員 直納各司 以絶今日鉅
萬姦蠹之費. 取其贏餘 自足軍咨矣. 値此減省之隙 講而行之 必無所難".

27 『宣祖修正實錄』권28, 27년 1월 1일(庚辰). "命詳定貢案. 亂後貢法尤壞 命減省舊案 一從土産
增損 而未盡釐正而止. 貢物作米之議 始此".
『宣祖修正實錄』권28, 27년 4월 1일(己酉). "領議政柳成龍 上箚陳時弊 略曰 … 臣常以爲處置
貢物 則當以一道貢物元數摠計幾許 而又計道內田結之數 參詳劃一 衰多益寡 勿論大小邑 皆一
樣磨鍊. 如甲邑一結出一斗 則乙邑丙邑 亦出一斗 出二斗則道內之邑 皆出二斗 如此則民力平
均 而所出如一矣. 方物之價 亦依此均布 或米或豆 以其一年一道所出方物之數 從田結坐定所
納. 每結不過出升合之微 而民不知有方物矣. 其進上亦然 皆以米豆出價 … 貢物進上作米
上意不欲皆講究 未擧而罷".

28 『宣祖實錄』권67, 28년 9월 24일(癸巳).

29 『光海君日記』권153, 12년 6월 15일(辛酉). "戶曹啓曰 … 去丁未年(宣祖 40) 李沖爲本曹判書
時 全羅公洪等道沿海官貢物 丙辰(光海君 8)以後 祭享供上外 幷令作米 以補經費事 具由入啓
蒙允".

30 • 吳允謙, 『楸灘集』권3, 庚午年作米議 仁祖 8년(1630). "當初 沿海貢物作米 該曹本爲取利而
設. … 作米之擧 今已數十年".
• 『仁祖實錄』권30, 12년 12월 19일(辛丑). "全羅監司元斗杓馳啓曰 常平廳 曾以本道各邑貢
物 木綿一匹作米十斗 使之待解氷上納 而今年春夏 旱災大甚 芒種之後 艱得播種 而耕耘失時
成熟不實. 左道山郡 則常木綿一直 米七斗 右道海邑 則不過五斗. … 臣行到處 老少窮民
盈庭滿路 涕泣號訴者 無非各衙門作米之事. … 戶曹回啓曰 各衙門 先給價木於各司主人 而仍
令所納之官 作米上送者 非敢爲厲民之事也. 各官之或給主人 或給防納者 其價不當各衙門作米
之數. 故欲其無害于民間 而有益於公家也. 本道監司旣已馳啓 請還除作米 並以木綿上納. 上從
之".
• 『承政院日記』49책, 仁祖 13년 7월 18일(丙寅). "崔鳴吉曰 兩湖貢物作米一萬五千石".
• 金堉, 『潛谷先生遺稿』권8, 書狀 西糧待秋成捧置本道狀. "沿海各官貢物作米之弊 臣曾已
馳啓 而該曹覆題 辭意極嚴. 外藩之臣 固不敢更陳 而但目見其弊 誠有所不忍恝然者 … 蓋米價
高下 隨歲豐歉 豈有一定不易之理哉. 今年米價 通內外 一匹之木 僅直二斗 而近日又入於二斗

之內 民之絶食流徙者 不可勝數 而貢物價 一匹木之價 定米八斗. 以市直計之 則四匹之價也.
… 作米之事 勢難全罷 則從市直捧之 似爲得宜".

● 姜碩期,『月塘先生集』권4, 筵對錄 庚辰(仁祖 18년 2월 13일). "(戶曹判書)李溟曰 沿海各邑
貢物作米 以木一匹 換米十斗. 戶曹收捧 一半則分給各司主人 一半則本曹用下. 非但事涉苟且
近來海邊居民之役 比他處最苦 自今停罷何如. 上曰 大臣之意何如 臣進曰 … 似難輕議. 上曰
此言是矣".

● 『仁祖實錄』권41, 18년 8월 12일(辛酉). "憲府啓曰 "兩湖沿海列邑貢物作米 始倡於昏朝政
亂之時 而經費不足 因循苟存 爲今民瘼 久矣. 當初作米 擧其槩而言之 一束紙定價三匹 一張弓
定價六匹 而每匹折米十斗. 他物皆然. 自古賦役之重 未有如此之甚者. 況今凶歉 沿海最酷
尤宜變通. 請令廟堂 商量處置." 答曰 "令廟堂議處" 備局 戶曹皆言可罷. 命只減斗數".

31 ● 『湖西大同節目』31조. "沿海官 濟用監所納正布一千九百十四匹 在前自戶曹作米補用.
今亦以本廳所捧之米 每布一匹 計米一石 移送戶曹定爲恒式爲白齊".

● 『全南道大同事目』29조. "江華所納 其人三名價布三百六十匹 每匹折米十斗 依前以沿海
官大同收米 直爲輸納爲白乎旀. 濟用監所納正布二千五百六十六匹 在前自戶曹作米補用. 今
亦以本廳所捧之米 每布一匹 計米一石 移送戶曹定爲恒式爲白齊".

32 『光海君日記』권153, 12년 6월 7일(癸丑).

33 黃愼,『秋浦集』권2, 地部獻言啓. 光海君 3년(1611) 8월. "以今宣惠廳詳定之價計之 則通八道
貢物之價 不過米七八萬石而已".

34 『仁祖實錄』권33, 14년 9월 13일(甲寅).

35 朴知誡,『潛冶先生集』권3, 斥和疏 丁卯(仁祖 5, 1627). "臣觀民間田稅 每一結出貢稅米四斗之
外 貢物雜役價米 或至六七十斗 或至四五十斗 少不下三十斗. 若能減除貢物雜役 而取其二之
一 監·兵·守令之私自役一人徵一斗 皆以嚴法禁止. 如商鞅徙木立信 每一結出米二十斗 或十五
斗 以爲軍備 則數三年之間 軍器軍糧 積如丘山矣. 以之募民築城 則可使如金城湯池. 以之屯兵
或守城 則可使士卒 醉飽踴躍矣. 又以富厚之資 募有力者 則亦無不應也".

36 朴知誡,『潛冶先生集』권2, 萬言疏 癸酉(仁祖 11, 1633). "昔年爲公淸監司時來見臣. 語及民間
疾苦. 敬輿曰 每年每一結貢物進上 色吏人情價及三營納使客支供官中雜役 通計出米五十斗.
又曰 砲殺手爲四千名 而每一結收米二斗 以養四千兵云. 若出米五十斗 則可以養兵十萬. 養兵
十萬之資 歸於京各司下吏及市井富商大賈防納者之手. 此類致有公侯之富 而國無養兵之資
不亦可惜乎. … 或曰 貢物進上等物 乃宗廟及御供所用. 不可減除也. 臣之愚竊 以爲貢稅若
不足於祭享御用 則計量其所用之數 或數百或一二千石 以付該司 多定下吏役卒 使該司自備
而官員親自監造用之 則恐勝於使民備納也. 如片脯乾雉之類 使民造納 臣恐其不潔. 夫民於其
私祭 尙難致精 況於納官之物 豈務精潔乎. 自官造用 可以省費致精 何必付於防納者之手 使之
自取其八九 而只納一二乎. 我國先賢臣李珥之言曰 "… 余見 海州每一結收米一斗 官自備物
以納于京. 此誠救民之良法也. 若以此法 頒于四方 則防納之弊自革." 李珥之請令該司 親自造用
實是李珥之官自備物之遺意也. 去古未遠 太平無事之時 先賢懇懇之忠 尙以防納之弊爲憂. 況

422 부록

今君父在難鍊兵方急之時乎".

37 俞棨, 『市南集』 권17, 雜著 江居問答. "盖吾東經濟之學 莫盛於栗谷先生. 其經綸施設之方略具於章箚論著之間者 今可考而見也. 苟使秉世道者 深體先生匡時救世之意 而一遵先生布置規爲之方 條列便宜 次第施行 … 則是亦先生之道行也".

38 선조 27년 유성룡의 공물작미의貢物作米議 역시 이이의 공물변통안과 다르지 않았다. "臣常以爲處置貢物 則當以一道貢物元數 摠計幾許 而又計道內田結之數 參詳 一 毁多益寡 勿論大小邑 皆一樣磨鍊 如甲邑一結出一斗 則乙邑丙邑亦出一斗 出二斗則道內之邑皆出二斗. 如此則民力均平而所出如一矣. 方物之價 亦依此均布 或米或豆 以其一年一道所出方物之數 從田結均定所納 每結不過出升合之微 而民不知有方物矣. 其進上亦然 皆以米豆出價 以上諸條所收. … 而其五道米豆 皆令輸到京倉. 各司貢物及方物進上 計物定價 如濟用監進獻苧布價木之例 使有司貿用 而若軍資不足及國家別有調度之事 則貢物方物進上 量數裁減 而米豆之藏在庫中者 不煩換作 而取之無窮矣. 『西厓先生文集』 권5, 陳時務箚 甲午 四月".

39 朴知誠, 『潛冶先生集』 권2, 萬言疏 癸酉.(仁祖 11, 1633) "李珥之言又曰 今之進上者 未必盡合於上供也. 細瑣之物 莫不畢獻 而擇其可進於御膳 則亦無幾焉. 雖使進獻之物 一一皆合上供 亦當減省 以紓民力. 況以不急之需 殘傷百姓耶 只取其切於上供者 而其餘不緊之物 悉皆蠲除 則聖上愛民之惠 可以究. … 生民富庶 則吾君之所獲 豈特區區小物億萬數哉. 爲生民富庶 尙不以區區小物爲損益. 況今聖明奮義當前 安危在於呼吸之間 爲天朝討賊之功烈 亦在於是. 豈特生民富庶而已哉. 壬辰後十餘年貢物進上 尙且減除. 其時猶有天兵之可恃. 今則無他可恃 但恃我兵之力 其於强兵之策 何惜萬金之資哉".

40 신병주, 「17세기 전반 북인관료의 사상 – 김신국, 남이공, 김세렴을 중심으로」, 『역사와 현실』 8, 1992; 車恩珠, 「16~7世紀 金藎國의 社會經濟政策 研究」, 『실학사상연구』 12, 1999.

41 『仁祖實錄』 권16, 5년 4월 20일(丙辰).

42 『仁祖實錄』 권16, 5년 5월 5일(庚午).

43 鄭豪薰, 『17세기 北人系 南人學者의 政治思想』, 연세대학교 대학원 박사학위논문, 2001.

44 『承政院日記』 110책, 孝宗 즉위년 11월 18일.

45 『仁祖實錄』 권14, 4년 8월 1일(庚子).

46 尹煌, 『八松封事』 乾, 擬論節省振作啓辭 戊辰(仁祖 6) 秋, 33~38쪽. "臣愚以爲 殿下必須惕然感悟 慨然奮厲 節儉省約 自聖躬始 衣不兼帛 食不重肉. 限年登事定間 凡進上貢物 其人方物等事 一切停罷. 如掌樂·大僕·司畜·繕工等諸司 冗費一切蕩滌. 內帑內需之財 蘆田魚鹽之稅 悉歸度支 以補軍餉 以賑飢民 然後 除百官俸祿. 而支放散料·各樣軍兵·各處吏卒之月俸料米 並減三分之一. 如是則經費省約 賦斂輕歇 人心悅服 而國家可保也".

47 俞伯曾, 『翠軒疏箚』 권1, 應求言疏 戊辰(仁祖 6) 七月二十九日, 請振作修攘疏 癸酉(仁祖 11) 正月 初三日.

48 『仁祖實錄』 권14, 4년 8월 1일(庚子).

49 유백증 역시 윤황의 입장과 일치한다. 俞伯曾,『翠軒疏箚』권1, 請振作修攘疏 癸酉(仁祖 11) 正月初三日. "今之貢物分定不均 色目之多寡 不以郡邑之大小豊約 而唯視邑宰品秩之高 下. 且其所貢 多非所産 或轉貨他邑 或貿於京中 而上納之際 奸猾之吏 愚弄其官 百般刁蹬. 故徵其三倍之價於民間 而中間消化者 亦不知其幾何. 當今之弊 此最爲甚. 奈之何 民不窮且散 也. 臣伏聞 皇朝之制 御供及百用之物 皆貿於市上云. 今依此制 御供及諸色貢物 悉皆罷其上納 其價則徵於民間 隨其豊歉. 而上下之比諸商賈而稍增之 貿於市上 則四方之物 輻輳京中 其與 諸道封進日久腐敗者 不可同日而語也. 夫дополн人情之弊 又從而自祛矣. 米散於坊民 而都城富饒 矣. 四方之民力 可以寬十分之六七矣. 然後導之以德 齊之以禮 則荷鋤南畝者 孰非陛下之甲兵 乎" 병자년(인조 14)에 다시 한 번 주장한다.『翠軒疏箚』권2, 因辭職兼陳所懷疏 丙子 六月 三日.

50 尹煌,『八松封事』, 擬上疏, 辛未(仁祖 9) 六月, 乾, 44쪽. "二曰 足食. 我國田賦 稅輕而貢重. 其他雜徭 又多於貢. 惟田稅爲國家之用 而貢及雜徭皆收十倍之價 盡入於奸人猾吏防納者之囊 橐. 吁 可痛也. 臣聞 民間賦役之重 不遠於曩時 甚者田十卜出布一疋 一結出十疋云. 八方田案 總五十餘萬也. 準計民間所出之數 則穀不可勝食矣. 財不可勝用矣. 奈之何內外板蕩 曾無數月 之蓄乎.

臣願 殿下悉罷進上貢物. 凡祭享之需御供之物 一依中朝之制 皆市貿以進 則不過費數百千米布 而可以足用矣. 或言 祭享御供 市貿不潔云. 彼各司防納者 獨非市貿之物乎. 前此此論屢發 而輒爲防納人所沮撓 竟寢不行. 誠可痛恨. 今夫各司防納之輩 多不過數十百人. 豈可重失數百 之望 而寧市億兆之怨乎. 臣聞一年田稅之輸 京者九萬有餘 而經費常患乏絶者 冗食多而浮費廣 也. 必欲省費 宜自上始. … 臣願 殿下勿拘於豊亨舊規 宦官宮妾繰給使令之外 悉令罷遣 其餘復 御膳食稍涉豊侈者 悉令裁損 則外廷之冗食 外司之浮費 皆可以一筆句斷 而經費有餘 可補軍餉 矣.

臣聞山澤魚鹽之稅 自古屬之度支 以爲軍國之需者也. 今則不然 盡入於私門 國安得不貧哉. 臣願殿下先出內帑之財 悉歸於有司 則諸宮家不敢有所占恡 魚鹽稅物盡爲國有 而財用裕矣. 議者以爲 上有慈殿 下有諸王子 一朝移奪 上所不忍 是則不然. 有國然後 有內帑焉 有宮家焉. 今日國事之危急存亡 已到十分地頭 所謂皮之不存 毛將安傳者也. 尙何係戀於私財哉". 이것의 작성은 신미년(인조 9년) 6월이었지만, 기록은『仁祖實錄』권33, 14년 8월 20일(辛卯)에 나타난다. 윤황이 대사간에 있으면서 상소한 내용이다.

51 『仁祖實錄』권19, 6년 9월 6일(癸亥).
『光海君日記』권61, 4년 12월 7일(丙申). "右副承旨睦長欽書啓 臣往黃鳳間 咨訪民瘼 則鳳山 縣民弊 莫甚於蘆田. 所謂蘆田者 本縣西北濱斥鹵之地. 蘆草自生 非如費人力 築堤堰之比也. 居民刈取盖屋 且牧牛馬. 輪納薄稅于戶曹 此其恒産也. 經亂後 豪勢家出案圖占 侵徵價布 一年 所納木綿 幾至七八百同. 怨聲盈路 請依平時例 納米于官家 永革立案折受之弊".

52 『仁祖實錄』권11, 4년 2월 11일(甲申).

53 『仁祖實錄』권13, 4년 윤6월 20일(庚申).

54 『仁祖實錄』 권23, 8년 10월 20일(乙丑).

55 이범직,「朝鮮後期 王室의 研究-顯·肅宗代를 중심으로-」,『인문과학논총』 29, 1997, 건국대학교 인문과학연구소; 李範稷,「朝鮮後期 王室 構造 研究-仁祖代를 중심으로-」,『國史館論叢』 80, 1998.

56 『仁祖實錄』 권33, 14년 9월 13일(甲寅).

57 『仁祖實錄』 권45, 22년 5월 7일(甲午).

58 『仁祖實錄』 권44, 21년 12월 25일(乙酉).

59 『備邊司膽錄』 8책, 仁祖 22년 6월 26일.

60 『仁祖實錄』 권46, 23년 4월 26일(戊寅).

61 〈표 1-2〉 인조 15년 공물재감貢物裁減

| 대상 | | 내용 | 비고 |
|---|---|---|---|
| 公淸道 | 尤甚被兵 21邑 | 丙子條各樣貢物 全數減除 | |
| | 被兵不甚 20邑 | 元數內減半上納 | |
| | 不被兵 21邑 | 元數內一分減捧 二分上納 | |
| 全羅·慶尙 | | 所納貢物 今丙子條段 幷於三分內 一分減捧 二分上納 | |
| 全羅 | | 丁丑條其人價布全數 亦依貢物例 三分內一分減捧 二分上納 | |
| 江原 | 被兵尤甚處 | 大同作米全減 | 原州春川等稍完之邑 大同作米減半上納 |
| | 不被兵各官 | 每於元數內 一分減捧 二分上納 | |
| | 京營 | 進上 姑停 | 令該曹隨節物貿易進 |
| | 內醫院 | 藥材 量數裁減 | |
| | 司饔院 | 漁箭沙器數·金浦葦魚 權減 | 令戶曹量直貿易進排 |
| | 司導寺 | 粳米依一先朝壬辰例 只以精白米上納. 黃大豆 只以黃豆上納 | |
| | 奉常寺 | 木麥 雖有破碎者 勿爲見退 | |

출전:『膽錄類抄』 권4, 賦役 375~376쪽.

62 『仁祖實錄』 권35, 15년 6월 4일(辛丑).

63 『仁祖實錄』 권44, 21년 7월 3일(甲午).

64 『仁祖實錄』 권48, 25년 5월 20일(庚申).

65 『仁祖實錄』 권47, 24년 7월 19일(癸亥).

66 崔鳴吉,『遲川集』 권14, 論大同便否箚.

67 『承政院日記』 64책, 仁祖 16년 3월 9일. "臣伏閣殿下祭享御供 或有減損. 甚盛事也. 凡在臣民 孰不感泣哉. 然此可謂至恩 而不可謂大惠也. 阿流不能止黃河之濁. 勺水不能救車薪之火. … 以臣愚意料之 仍循徵斂 則萬民無支吾之理. 又爲革罷 則法令不信 其與號牌無殊矣. 每一結 (缺)定米若干斗 而三分之. 一分用於祭享御供 一分用於軍需 一分用於頒祿. 其餘官用浮費 量給屯田. 而爲守令者 此外毫末分寸 橫徵民間 則斷以烹阿之律. 然後民生庶幾保存矣.

圻甸 越自宣惠之後 稍有生道 而節目未備 未蒙大恤. 令設八道大同之廳 詳定節目 使民力不竭
國用有經 則祈天永命之在是. 從欲以治之在是矣. 夫上自中朝以至外國 咸有均輸之倉. 享上諸
需 皆貿買而用之. 誠慮其徵出於民 而奸吏刁蹬 不能一一防塞也. 豈非良法美意乎. 惟我國不設均
輸 惟事剝割 以富猾胥之家 而民怨叢于朝廷. … 殿下當此大亂之後 必須祛其積弊 改其機軸
然後民心可合 天意可回矣".

68 『仁祖實錄』권37, 16년 9월 27일(丙戌).

69 『承政院日記』67책, 仁祖 16년 11월 1일. "有晝講. 特進官李溟·同知事李景奭·參贊官吳端·侍
讀官金振·檢討官趙壽益·假注書朴璜·記事官申冕李正英入侍. … (李溟曰) 且忠清道大同之事
權盼監司之時 欲爲施設 有志未就. 今見其時文書 雖未盡查 其事要之可以平民 但若(缺)俑爲難
耳. 上曰 參酌第三南一(缺)獨行於忠清 則兩南人心 以爲何如. 李溟曰 京畿之宣惠廳 獨先於諸
道 而行之無弊矣. 姑試(缺)勢均行 似當其可 而但小民則皆便此 强(缺)其法云矣. 法雖美焉
而厭之者多 則終(缺)無憂慮矣. 上曰 頃年磨鍊則米之(缺) 今者金堉之所爲 則斗數最少. 予意以
爲(缺)小 而何當許多徭役乎. 李溟曰 然以京圻(缺)六斗也 而此則一年所捧 一匹木二斗米(缺)難
便也. 臣亦知其過爲太略矣. 且金堉磨鍊(缺)人情木之所不可無者 闕之耳. 此各司下人之尤所
厭從也. 上曰 忠清道獨行此法 而如其大有利於經費 可或爲之. 若元定數小 旣不遍於各項徭役
兩(缺)效皆欲爲輕其元役 而各司之下人 澳發都民(缺)索太甚 則必有後悔矣. 李溟曰 然 各司典
僕之費 無非由此中出 則去其人情 將無以成形矣. 上曰 與大臣商盡矣".

70 金堉, 『潛谷遺稿』권8, 書狀 請行本道大同狀(仁祖 16년 11월 20일).

71 『承政院日記』67책, 仁祖 16년 11월 6일. "右副承旨李命雄啓曰 大臣方以此事陳達 臣於此間
又有所陳 極其惶恐 而有懷不敢不達. 今承上教允當 大臣之意亦是矣. 小臣昔蒙恩暇於南中也.
過見忠清監司 過雨留一日 頗得從容. 金堉出示其狀啓及磨鍊單子. 貢物折價中 果不無狹少者.
又不擧朔膳及兩稅條貢物 且於戶曹欲爲都陳省 而水陸運價 亦似略少矣. 小臣之意 亦以爲如
此略少磨鍊 則難得長久. 小臣生長京畿 京畿徭役甚重. 且兩南守令結役 頗輕於京圻 而今此
二斗米一疋木則果爲太略. 若以二斗之捧 爲守令邊將之料 而其他徭役之價 則二斗之外 雖加
五斗 不至太濫 而不可遽加此數. 常規木一疋 準米五斗 則每結出木二疋 以爲常式 米布參半捧
之 使之推移用之 則可以長久 而不至於速罷. 若初則略定 而更有增加 則不可矣. 今於忠清監司
所爲之規 更加磨鍊一年之捧米十斗 則三南一歲之捧 應役之外 餘米將不下七八萬石. 今者倉
庫掃如 而生財無策. 量入爲出 而餘穀爲各官之元穀 則行之十年 幾復平時之舊矣. 國家所賴當
如何哉. 忠監磨鍊 果爲狹少. 旣行而罷 則有同兒戱. 廟堂該曹 參酌堪定其數 然後今年凶歉則姑
爲減損 依忠監磨鍊收捧 而更待來秋 以爲常式 則此行可也. 各司下人 雖云苦矣. 試以京圻言之
設立之初 主人等 百般圖罷. 及其旣行則甚便矣. 不然 昏朝十年 豈有終始不罷之理乎. 金堉所爲
大槪權盼之餘意 而所謂私人情者 亦不磨鍊矣. 金堉之言正 雖以木一疋米二斗磨鍊 而一年應
役之外 猶有餘剩. 以此推移給之 亦何難乎云. 臣意則今姑權輿於忠清 而試之似宜. 上曰 此言何
如. 右相曰 甚宜矣. 三南勢不可遽擧. 獨先忠清而試之可矣".

72 『承政院日記』67책, 仁祖 16년 11월 6일. "上曰 然矣 而外方之民 必不願矣. 右相曰 田結之多者

必爲厭之 而小者則恐或便之. 承旨曰 八結之多者 雖云苦之. 捧入之時 事有倫理 而米布爲半 則何苦之有. 今者小民之託結於人者 或一結給十四 或七八疋者有之. 上曰 若是其多乎. 承旨曰 合結之人 亦豈盡納於徭役. 但民之合錄者 旣給十疋 則忘一年之憂矣. 臣非倉卒之思也. 曾宰遐 邑 每料此事 常欲行之於今 故今姑陳達矣. 便民裕國 莫便於此矣".

73 金堉,『潛谷遺稿』卷8, 書狀 請行本道大同狀(仁祖 16년 11월 20일) "外方小邑之民 有田一結 者 其價値多至於八九疋. 而今以一匹二斗 忘一年之憂 則其喜躍可知. 豈有所不便者哉. 但大邑 之民 則本州結數甚多 而貢物之定 比諸所邑 僅加一二分. 大邑之民 八結只出五匹云. 今使每結 各出一匹 則此輩必以爲苦. 一道之中 稱爲大邑者 只是忠·淸·公·洪四州. 五十官之所喜 何可以 四官之所不喜 而不行其法乎. 且其所苦者 苦其一結一匹也. 當此之時 何可以一結一匹爲苦役 乎".

74 『承政院日記』25책, 仁祖 7년 3월 19일.

75 『仁祖實錄』권33, 14년 9월 13일(甲寅).

76 『仁祖實錄』권44, 21년 12월 12일(壬申).

77 한명기,「조청관계(朝淸關係)의 추이」,『조선중기 정치와 정책』, 대우학술총서 558, 2003, 269쪽, 273쪽.

78 『仁祖實錄』권46, 23년 9월 14일(壬戌).

79 『仁祖實錄』권46, 23년 3월 13일(丙申).

80 『西峯日記』35~36쪽. 乙酉(仁祖 23) 正月. "北使賫勑 來告其飢 請輸粟. 於是有泛舟之役 約以十萬石. 廟堂以爲許多粮船料理 不可無主者 委公以句管. 粮則損出諸道會付米 量其轉輸 之難易 而多少於其間. 船則朝廷預聞其幾先已造得八十隻 一船可容五百石 當載四萬 而六萬 石所載 則買私船. 船之大小 不能一齊. 大者容五百 中者容四百 小者容三百. 可容五百則價幾許 可容四百則價幾許 可容三百則價幾許 隨其所載多少 而輕重其價. 當買者 總三百隻 分定於諸 道. 使之買備 而酌道里遠近 形勢便否 而加减其隻數. 舟卒則從其道. 出船之數 以水邊解船者抄 發 而其資裝與買船之價 終當徵於民結. 計結出布 則殆三千同. 公以爲正當窮春 不可取於民也. 計諸道貢物價布之當納者 可準此數 令各道先以其布給之 而貢物之價 則出各衙門銀布直給. 其主人以此雖值無前大役 而無一物出於民 民賴而安 其田里賴免於流凶 皆公之惠也".『西峯 日記』는 이시방의 셋째 아들 안분재安分齋 이준이李儁恞(1630~1695)이 지은 아버지의 가장家 狀이다.『古文研究』13집에 전문과 변시연邊時淵의 발跋과 이향배李香培의 해제가 실려 있다.

81 『顯宗改修實錄』권2, 즉위년 12월 28일(甲寅).

82 趙翼,『浦渚集』권2, 論宣惠廳疏. "臣竊料 京師及四道一年支用之數 多不能過二十萬石. 而四道三十五萬結 所賦米三十七萬餘石. 輸運之價在其中 則入於官者 實三十二三萬石矣".

83 權乃鉉,『朝鮮後期 平安道 財政運營 研究』, 2003, 고려대학교 사학과 박사학위논문.

84 尹用出,「17세기 초의 結布制」,『釜大史學』19, 1995, 320쪽.

85 李旭,『朝鮮後期 魚鹽政策 研究』, 2002, 50쪽.

86 『西峯日記』37쪽, 乙酉(仁祖 23) 九月. "兩湖飢甚. 國家繰經無前運米之役 重之以意外喪戚. 繼而客使項背相望. 凡所需用 皆出於賦外. 公私蕩竭 民命近止".

87 『仁祖實錄』권46, 23년 8월 14일(癸巳).

88 趙復陽, 『松谷集』권3, 論荒政疏. [『仁祖實錄』권46, 23년 8월 14일(癸巳)] "若發言盈庭 無人主管 循常ול啓 隨例啓下 只爲空言無施之歸矣. 臣之愚意 謂宜擇於朝臣中有心計誠實者 二三人 專屬其事 而別立稱號 如句管堂上之規 使之專心一意 日夜料理中外章疏 凡係革弊救民 之事者 皆令逐一照管 與大臣及度支之臣 一體參商 稟議而行 則責任旣專 思慮必精 施措出一 事有歸宿 庶可有着實之效矣".

89 趙復陽, 『松谷集』권3, 論荒政疏.[『仁祖實錄』권46, 23년 8월 14일(癸巳)] "當今民弊 有難毛擧. 姑撮其爲民之大蠹 不可不變通者而言之. 貢物之弊 自前言之者多矣. 大抵出於民者 甚夥 入於公者甚少 而摠歸於中間防納者之囊橐 各司下人之刁蹬. 至於各邑官捧·營納之數 國無定制 列邑各異 多寡不均 而橫斂無紀 民不聊生 職此之由. 若不爲之變通均節 則民生終無 支活之期. 況當此凶荒之極 不爲大段變通 只爲裁減若干物件而已 則萬無實惠及民之理矣. 竊 見外方列邑 皆爲私設大同 以應貢物 而列邑之規 各自不同. 或有每結捧米七斗者 或有捧十餘 斗者. 山郡捧木亦然. 各邑官廳之捧 或有捧百餘石者 或二三百石者 或至數百千石者. 大小略同 而多寡懸殊者 比比焉. 營納雜物之價 輕重不同亦然. 其賦斂之不均無節 大約如此. 其可不思所 以變通均節之道乎".

90 趙復陽, 『松谷集』권3, 論荒政疏.[『仁祖實錄』권46, 23년 8월 14일(癸巳)] "臣之愚意 謂宜略倣京畿·江原道宣惠廳之制 沿海則就其私設大同七八斗之規 減半捧米 山郡作木之處 則亦以米價爲準而捧之. 輸納京倉 設局句管 而就戶曹詳定貢案 十分參酌 大行裁省 量入爲出 分給各司 則各司貢物 自無不給之理矣. 外方官捧營納等物 亦參酌大小多寡 量宜裁定 則京外 賦役 明有定制. 雖貪官猾吏 無緣作名目橫斂 而民役均平 百弊俱祛矣. …
禮曹判書臣金堉 曾爲忠淸道監司時 磨鍊京外一應諸役 請行大同. 民間閭소 無不喜悅喁望 而事寢不行. 議者深惜之. 今若行此法 則非但爲一時救民之道 仍此而遂得講行大同 則實可爲 東方治化之基矣".

91 『仁祖實錄』권38, 11년 9월 11일(庚子). "備局回啓曰 臣等 竊詳故判書權盼貢案詳定之書 苟能擧而行之. 其有益於民不少 可謂大同之次也. 大同旣不得輕議 則先行此法 以紓民弊 實爲 便當".

92 李景奭, 『白軒集』年譜 上, 24쪽, 丙戌年. "去秋失稔 中外開賑. 廟議專以賑政屬公. 公與有司李 時昉趙錫胤 同心區劃 多所濟活".
『西峯日記』37쪽, 乙酉(인조 23) 九月. "適會獻納趙復陽疏陳民瘼. 仍及此事 以爲必專任一人 事乃有成 宜擇於朝臣 中有心計誠實者二三人 專屬其事. 於是 設一廳 號曰裁省. 以公及副提學 趙錫胤 啓差仍兼賑恤之任. 凡係民事之變通者 一以委之".

93 『膽錄類抄』1, 각사등록64, 甲申(仁祖 22) 11월 23일, 44쪽, 國史編纂委員會.

94 『西峯日記』37~38쪽, 乙酉(仁祖 23) 九月. "公與趙公 共爲講究. 就其貢案中 逐物裁商.

凡冗濫可減者 悉減之. ⋯ 盡減其貢物 計其所減穀食 至於數千餘石. 別爲一册 列各邑書其下
曰某邑田結元數幾 時起幾 貢物元數幾 所減幾 所減者 某物永減 某物權減 而權減則限幾年
以此勘定 然後除其所減. 只以當捧之數 隨各邑田結之時起 而出米一結 或二斗 或三斗 使各邑
依此出米 運於京江 自江邊分給各司. 所減於民者 不啻倍之 而主人之受價 則自在不減. 京外稱
便. 此大同之範圍也. 公欲先試於此 知其便否 而其便乃如此".

95 『西峯日記』40쪽, 丙戌(仁祖 24) 正月. "先將兩湖貢案 以癸亥大同之規 逐物折價 反覆參商".

96 『西峯日記』39~40쪽.(仁祖 24년 1월에서 3월 사이) "胡亂後 略已裁刪 而其不均則猶然.
不可不一番釐正其案 使得均平. 趙公之意 實在於此 而公以爲事重且大 不可輕議 莫如通兩湖
行大同之法. 一結出米若干 凡百供億 皆於其中辦焉. 更無所賦於民. 實井田之遺意也. 便民之
策 莫善於此".

97 『仁祖實錄』 권46, 23년 5월 28일(己酉).

98 『仁祖實錄』 권48, 25년 5월 20일(庚申). "我國貢物成案 在於癸卯量田之後. 其時纔經大亂
流逋未歸 而海邑地偏 山郡路僻 比諸路傍諸邑 耕墾者頗多. 故貢物之分定 亦隨其結數. 厥後人
民漸還故土 山郡海邑 反爲空地 平野沃土 耕種依舊. 田結多少 彼此相易 而貢物價收徵之數
尙不變通 輕重不均 困瘁日甚".

99 425쪽의 〈표 1-2〉인조 15년 공물재감貢物裁減 참조.

100 『備邊司謄錄』 10책, 仁祖 24년 7월 3일.

101 『仁祖實錄』 권35, 15년 6월 4일(辛丑).

102 『西峯日記』丙戌(仁祖 24) 七月, 40쪽. "公爲此陳疏 條具別單以進. 大槪兩湖田結二十七萬餘
結. 一結出米三斗 五萬四千餘石 而貢物價則幷入前後權減·永減與關西移定者 而計之 三萬五
千八百餘石. 除却此數所餘者 猶大一萬八千餘石. 略爲附奏於其尾曰 各司貢物累經兵亂 又因
年凶逐年裁減 其數反有倍於卽今元貢 而權減之數 不爲復舊 各司匱竭 無以成形. 今若復舊則
勢將加賦於民 而關西之貢 又爲移定於兩湖 湖民之役 一至於此. 其勢難支. 嶺南則道里最遠.
且是邊地. 雖不可輕議變通兩湖貢物 先以大同之規 每一結收米三斗 而分海邑山郡 或米或木
定式收捧 以其米布參半 分給於各司貢物主人 則樂歲資其布木之利 凶年資其米穀之利 自可優
足矣. 收取於民結者 比前不啻倍減 而餘儲於官家者 其數如是之多. 若然則戊寅(仁祖 16)以後
權減永減之復舊及關西移定之數 雖不加賦 可以取辦於一結三斗之中 而不時科外之役 亦可以
所餘之數 推移補用. 此事不過貢物之價逐結收捧於民間 以其所捧米布 分給於各司主人 俾得及
時準受其價 中間防納之弊 自然可祛. 京外事勢 俱涉兩便. 上年裁省之後 應納貢物之價 酌定行
會 使之收納本曹 分給於主人 受食者多以爲便. 此事今方先試其效 如此 各司周給 外方均役
恐或捨此 無他".

103 『仁祖實錄』 권47, 24년 7월 13일(丁巳).

104 『仁祖實錄』 권48, 25년 9월 4일(辛丑).

105 臣之淺見 以爲八道貢物元數 不過六七萬石. 若行裁損於其間 則以五萬石之米 可以全減 八道貢
物 而民之蒙惠 則實有愈於田稅之全減也.[『西峯日記』丁亥(仁祖 25) 七月, 44~47쪽]『仁祖

『實錄』권48, 25년 10월 3일(庚午) 참조.

106 『仁祖實錄』권38, 17년 2월 2일(庚寅). "設賑恤廳于宣惠廳 以呂爾徵爲賑恤使".

107 『仁祖實錄』권49, 26년 5월 25일(己丑). 여기에 대해서는 후에 이경석도 말한 바 있다.
[臣曾於乙酉(仁祖 23) 大拜之初 廟堂見屬以荒政. 臣與判尹臣李時昉·故副提學臣趙錫胤 粗爲
料理 用賑京外 以其餘物 啓達而設廳. 常平之號 蓋始於此;『白軒先生集』권24, 請西北民賑飢
蠲役箚]

108 『西峯日記』戊子(仁祖 26) 五月, 48〜49쪽. "(李時昉) 略曰 賑恤米布 其數不貲 有非前日之比.
… 在前賑恤合於宣惠者 以其所儲零星 每於設賑之時 取資於外方 而卽爲停罷之謂也. 自上年
以來 以其餘儲頗優 構一倉舍於江外 以爲區別之地 而今則本廳之事 又異於前 別出堂上 使之專
責成效 實合便宜. 請更令廟堂商量 以處. 上下其疏于廟堂. 覆啓以爲 某才局有裕 且諳事情.
前日啓請 實非偶然. 請令仍察其任".

109 金弘郁,『鶴洲全集』권8, 上浦渚趙相國書.(戊子, 仁祖 26) "是用數年以來 居憂靜處 有時念及於
此 亦不勝其眷眷之憂. 又占處田野 備知民間苦苦 尋思起弊之由 條陳救弊之策 略記其說 時自
省閱 而言辭蕪拙 無足可采 委之篋笥 不敢輕示於人 以爲笑資. 向有一人來訪 語及此事. 暫出示
而置之. 不知賢胤諸公 緣何得聞 而項日奉拜 求之頗勤. 侍生於諸胤友也. 相知之深 非一日之
雅. 固不當自祕有若奇策者然. 謹此憑便奉呈 相徹明鑑之下 並此先稟. 未知於盛意何如也".

110 金弘郁,『鶴洲全集』권8, 上浦渚趙相國書.(戊子, 仁祖 26) "當今急務 莫大於變通貢物 …
如欲變通 則未知若何而爲善策 人皆言八道大同 最爲便好 而吾則實未知 果爲便好而必能行之
也. 雖曰便好 而此則係是大變革 必致上下之疑惑 萬無得成之理. 昔年號牌之擧 旣成而還罷.
此亦可見矣. 愚意則以爲與其大變革而終不能成. 曷若因遵舊法 略變節目 而爲可行之道耶.
以本色上納 乃是祖宗朝舊法 而必貢厥土之産 則雖不費價 亦能上納. 民之應役 比之大同 尤輕
歇矣. 今玆之弊 乃在於防納 不在於本色 而欲矯防納之弊 並與本色而弊. 寧有是理 故欲矯此弊
莫如嚴禁防納 而因存本色之爲得也. 此非但就其可行而言之也. 便民輕役之道 亦無有過此者
矣. 或曰 防納之弊 膠固難變 以今紀綱 決不可矣. 此又不然. 若紀綱不立 而無必行之志 則八道
大同 獨可大變革而能爲之耶. 大同則必須自上先定大志 然後可爲. 此則得一戶曹判書 亦足優
爲亂易之勢 更自別矣. 且任事之難 自古然然. 若大同設立而有弊 則或不無難處之憂. 此則雖擧
行而還停 猶夫前日未改之時 有何所損乎. 故大同十分商量 方可設施. 此則斷然行之 決無可憂
者也. 何憚而不爲乎. … 此侍生之所以不敢自信己見 而必欲質正於高明之下也. 願賜觀覽 而垂
以一言之敎 幸甚".

111 金弘郁,『鶴洲全集』권10, 論田制 貢物. "自戶曹爲先行會於八方 所定貢物中 某物是本土所産
某物是非土産而防納. 所産之中 亦有多寡之不同 又以上中下分等懸錄. 且物産 或有今舊不同
之處. 有舊則賤産 而今則稀貴者 舊則不産 而今則多産者 亦皆詳細成冊. 上送之後 分郡縣田結
多寡 以以厥土之産 定於其邑. 如非土産 則移定於所産之地. 移易之際 私主人輩 如有見失其所
主之邑而以爲不便者 更使其人 又主其所移之邑 則亦必無怨言矣".

112 『承政院日記』27책, 仁祖 7년 7월 14일;『承政院日記』48책, 仁祖 13년 6월 13일.

# 제4장 효종 시대: 드디어 대동법이 성립되다

1 『孝宗實錄』 권1, 즉위년 6월 8(丙申).

2 鄭萬祚, 「17세기 중반 漢黨의 정치활동과 國政運營論」, 『韓國文化』 23, 1999.

3 한명기, 「丙子胡亂 패전의 정치적 파장 ─ 청의 조선 압박과 인조의 대응을 중심으로」, 『東方學志』 119, 2003, 66~72쪽.

4 崔完基, 「17世紀의 危機論과 孝宗의 經濟政策」, 『國史館論叢』 86, 1999.

5 『孝宗實錄』 권1, 즉위년 6월 9일(丁酉).

6 『孝宗實錄』 권1, 즉위년 6월 9일(丁酉).

7 『承政院日記』 106책, 孝宗 즉위년 6월 10일.

8 『承政院日記』 106책, 孝宗 즉위년 6월 15일.

9 『承政院日記』 106책, 孝宗 즉위년 7월 10일.

10 『孝宗實錄』 권5, 원년 11월 13일(癸亥).

11 『承政院日記』 64책, 仁祖 16년 3월 9일. 行副司果 崔有淵의 案.

12 『孝宗實錄』 권1, 즉위년 7월 11일(戊辰) 延川君 李慶嚴의 案.

13 『孝宗實錄』 권2, 즉위년 11월 5일(庚申) 金堉, 『西峯日記』 39쪽(仁祖 24) 李時昉의 案.

14 『仁祖實錄』 권28, 11년 9월 11일(庚子) "憲府啓曰 … 三南之中 本道民役偏苦 … 大同之法 縱不能行之於諸道 猶可驗之於一方; 『仁祖實錄』 권28, 11년 12월 12일(庚午) 諫院啓曰 … 目今湖西 將行大同之法 … 備局以爲 今年本道失稔 故待明秋 與諸道一體行之".

15 『孝宗實錄』 권2, 즉위년 11월 5일(庚申).

16 『孝宗實錄』 권5, 원년 11월 13일(癸亥).

17 金世奉, 『17世紀 湖西山林勢力 연구』, 단국대 박사학위논문, 1995; 정홍준, 「17세기 大臣과 儒賢의 力學관계」, 『國史館論叢』 65, 1995.

18 『孝宗實錄』 권2, 즉위년 10월 3일(戊子).

19 『孝宗實錄』 권2, 즉위년 11월 5일(庚申).

20 崔完基, 「17世紀의 危機論과 孝宗의 經濟政策」, 『國史館論叢』 86, 1999, 62쪽.

21 李京燦, 「조선 효종조의 북벌운동」, 『淸溪史學』 5, 1988.

22 『孝宗實錄』 권2, 즉위년 11월 8일(癸亥).

23 『孝宗實錄』 권2, 즉위년 11월 10일(乙丑).

24 『孝宗實錄』 권2, 즉위년 11월 19일(甲戌).

25 정홍준, 「17세기 大臣과 儒賢의 力學관계」, 『國史館論叢』 65, 1995, 107쪽.

26 『承政院日記』 111책, 孝宗 원년 2월 21일.

27 崔鳴吉, 『遲川集』 권17, 移陳都督咨 丁丑(仁祖 15). "二月初二日 始收兵. 十五日 畢渡漢江 而被俘人口無慮五十餘萬. 分四路作行 以便蒭糧".

28 한명기, 「丙子胡亂 패전의 정치적 파장 ─ 청의 조선 압박과 仁祖의 대응을 중심으로」, 『東方學志』 119, 2003, 68쪽.

29  金龍德,「昭顯世子研究」,『史學研究』18, 1964, 466~467쪽.

30  한명기,「丙子胡亂 패전의 정치적 파장 - 청의 조선 압박과 仁祖의 대응을 중심으로」,
    『東方學志』119, 2003.

31  『孝宗實錄』 권3, 원년 2월 18일(辛丑).

32  『孝宗實錄』 권3, 원년 3월 13일(丙寅) 이 일의 경위에 대해서는 車文燮,『朝鮮時代軍制硏究』,
    1973. 256~257쪽 참조.

33  『孝宗實錄』 권3, 원년 3월 16일(己巳).

34  『孝宗實錄』 권4, 원년 5월 9일(辛酉).

35  『孝宗實錄』 권4, 원년 5월 9일(辛酉).

36  『孝宗實錄』 권3, 원년 3월 26일(己卯).

37  『孝宗實錄』 권4, 원년 6월 12일(甲午).

38  李根浩,「孝宗代 執權西人의 賦稅制度變通論 - 政局의 推移와 關聯하여」,『北岳史論』3,
    1993, 275쪽.

39  『孝宗實錄』 권3, 원년 1월 21일(乙亥).

40  『孝宗實錄』 권2, 즉위년 11월 10일(乙丑).

41  『孝宗實錄』 권2, 즉위년 11월 16일(辛未).

42  宋浚吉,『同春堂集』 권12, 答金文叔(弘郁) 壬辰(孝宗 3). "承諭京大同利害 弟本茫然. 但曾聞任
    季方說 關東民甚便之 惟恐其或罷云. 意謂近畿則凡百或與遠外不同 而關東與湖西 所爭幾何.
    頃年登對 自上歷問入侍諸臣以此法便否. 臣浚吉對以小臣雖居鄕曲 徭賦等事 實所昧昧 不敢
    爲說. 但念今日民生 塗炭已極. 不可不變通拯救. 此法稱便者 亦或有之云. 及後上章 更申此意.
    弟非有所見 只信任友之言也. 厥後群議皆以爲不便. 或謂弟贊成新法 譙責四至 良可笑也".

43  兪棨,『市南集』 권17, 雜著 江居問答. "客曰 大同之制 可得聞歟. 主人曰 竊聞朝廷方講究此法
    將欲頒行 而群議未定云. 僕未嘗預聞其說 固不得其詳也. 乃若其槪 則通計列邑民結之數 每結
    各出米布如干. ① 春秋兩度收捧之外 一切橫斂 不及於民間. 此其爲便利者一也. ② 量定貢物應
    入之價 運致京倉 分給各司主人 使之貿納 而資其贏利 要令優厚 使之樂從 則各邑貢物 更無點
    退刁蹬之弊. 此其爲便利者二也. ③ 貢物價上納之外 留置米布於本邑 以應不時之需 而一一會
    減於巡營 轉報于京局 而各邑官捧 差其殘盛大小 一有定數 如或有科外之徵者 論以贓律 則雖
    貪官猾吏 不得措手其間. 此其爲便利者三也. ④ 米布分定之時 必須存其贏餘 以應意外之
    供責 而俾無再徵民間之弊. 各邑恒有米布之儲 則雖卒有緩急 亦可取足於此 而無軍興乏絶之
    患. 此其爲便利者四也. 自餘公私便利者甚多 而通計民結之所出 比舊可減 其三四之一. 今日救
    時之策 無過於此者".

44  車文燮,『朝鮮時代軍制硏究』, 단국대학교출판부, 1973, 267쪽.

45  『孝宗實錄』 권5, 원년 10월 27일(丁未).

46  『孝宗實錄』 권5, 원년 10월 6일(丙戌).

47  『孝宗實錄』 권6, 2년 1월 11일(己丑).

48 『仁祖實錄』 권46, 23년 8월 14일(癸巳).

49 『西峯日記』 乙酉 九月, 37~38쪽.

50 『仁祖實錄』 권47, 24년 7월 13일(丁巳).

51 『孝宗實錄』 권6, 2년 6월 3일(戊申).

52 『孝宗實錄』 권6, 2년 6월 20일(乙丑).

53 『孝宗實錄』 권8, 3년 4월 10일(辛亥).

54 『孝宗實錄』 권4, 원년 6월 12일(甲午).

55 『孝宗實錄』 권7, 2년 7월 9일(甲申).

56 『孝宗實錄』 권7, 2년 7월 13일(戊子).

57 『承政院日記』 120책, 孝宗 2년 7월 16일. "備邊司啓曰 洪清道大同設行事 已爲蒙允. 而主管堂
上李時昉·許積 事務甚多 不能專察. 本司堂上趙錫胤 備諳民情 盡心國事. 使之同爲察任何如.
答曰 允".

58 『孝宗實錄』 권6, 2년 6월 6일(辛亥).

59 『孝宗實錄』 권7, 2년 7월 23일(戊戌).

60 『孝宗實錄』 권7, 2년 8월 14일(己未).

61 『孝宗實錄』 권2, 즉위년 10월 15일(庚子).

62 『西峯日記』 己丑(孝宗 즉위년) 11월, 52~53쪽.

63 『孝宗實錄』 권7, 2년 8월 3일(戊申).

64 『孝宗實錄』 권7, 2년 8월 8일(癸丑).

65 『孝宗實錄』 권7, 2년 8월 11일(丙辰).

66 『孝宗實錄』 권2, 즉위년 11월 5일(庚申);『孝宗實錄』 권4, 원년 6월 10일(壬辰).

67 『孝宗實錄』 권7, 2년 11월 10일(甲申).

68 『孝宗實錄』 권8, 3년 1월 12일(乙酉).

69 『孝宗實錄』 권8, 3년 1월 23일(丙申).

70 『孝宗實錄』 권8, 3년 1월 23일(丙申).

71 『孝宗實錄』 권8, 3년 1월 28일(辛丑).

72 『孝宗實錄』 권8, 3년 5월 5일(乙亥).

73 『孝宗實錄』 권8, 3년 5월 10일(庚辰).

74 『孝宗實錄』 권8, 3년 5월 16일(丙戌).

75 金堉, 『潛谷續稿』 潛谷先生年譜.

76 『孝宗實錄』 권7, 2년 10월 3일(丁未).

77 『孝宗實錄』 권8, 3년 4월 10일(辛亥).

78 『承政院日記』 151책, 孝宗 9년 8월 5일.

79 『承政院日記』 154책, 孝宗 10년 2월 29일.

80 金弘郁, 『鶴洲先生全集』 권10, 論田制 貢物. "私主人之弊 … 有識者 欲爲變通之論 則此輩勸力

足爲抗拒朝廷之論. 故流俗宰相 不察是非 而惑於浮言 遂倡鎭靜循俗之論 從而沮止. 且浮言徹於被庭 而自上難於變法 未嘗允許. 此弊終無可祛".

81 『承政院日記』116책, 孝宗 원년 10월 13일. "上曰 曾於先朝見之 則外方貢物 欲減省 而減此則都下之民 不能支堪. 故每以爲難矣. … 斗杓曰 … 大同加捧 不啻倍蓰 輦下之民 以此爲食"

82 『西峯日記』庚寅(孝宗 1) 七月, 62쪽. "諫院啓辭 以爲三南貢賦不均 而湖西特甚. 請先議均役之政. 下其事於廟堂. 覆啓… 上允之. 命先問於貢物主人 知其便否 而後行之".

83 兪棨, 『市南集』권17, 雜著 江居問答. "客曰 京中各司 典僕絶少 凡諸使用責辦 專靠貢物主人. 今若倂省列邑之貢物 則各司主人 失其生理 必將渙散 無以成樣矣. 此亦不可不慮也. 主人曰 子誠今世之人也. 徒憂奸胥之失業 而不念生民之倒懸. 此非仁人君子之言也. 夫各司自有典僕 非不足使用 而一自斜浮之弊繁 而稍有夤緣之路者 盡屬披庭之役 自非疲殘貧薄者 不肯應役於本司. 此各司之所以凋弊也. 今聞斜浮之法 旣有變通. 各司之官 稍加收拾 則亦可以自足成樣 而況貢物主人之利 初非全減 必無失業渙散之理. 又安可因此些少之故 而沮格巨擘之更張乎".

84 金弘郁, 『鶴洲先生全集』권10, 論田制 貢物. "又有不可不變通者. 諸各司 旣知此輩享其厚利. 凡司中使喚雜役 莫不責辦. 非徒私事 亦有公事. 如襃貶時設饍 各司皆然. 而至有禮葬軍·藏氷軍·擔持軍·轎軍·馬草驅債·餞送時酒饌·監察月令各陵差祭時 刷馬人夫炬燭及其他細瑣之事 難以毛擧 而皆責出於私主人. 故私主人輩 亦不勝其苦. 其所謂役價 必指此等事而言也. 但本司之役 亦有戶曹之役. 如設場時 試官供饋 雖定應辦官 而計減物件甚少. 故爲應辦官者 督責於貢物主人 固有紀極. 此乃苦役之尤甚者也. 設場國家之盛擧 而試官乃寄食於貢物主人 豈不寒心哉. 此則必須復設禮賓而可罷者也. 諸般苦役如此 故私主人輩 必欲得百倍之價. 刀騰操縱 無所不至. 或納賂潛圖 或受簡請囑 或臨急阻搪. 雖甚凶年 必捧豊年之價者 渠亦有執言之地故也. 此無他 諸各司及戶曹 盖誨之益其盜也. 如欲變通貢物之弊 必須先減私主人之雜役. 若奪其防納之利 而苦役猶夫前日 則私主人 亦吾民也. 其何以保存乎. 自戶曹嚴立事目於各司 凡干雜役一切勿侵 然後方可以禁其奸矣. 若自本司絶無役使 則其所謂役價雖減給 渠亦無辭. 況依前計給者乎. 行之累年 漸次蠲除 使無痕迹 則渠不敢出怨言 而亦可終至於永無私主人之號矣. 其中又別有可議者. 各司之中 亦有殘盛焉. 如司僕掌樂院米麵各倉諸司 則雖不役使私主人可也. 至如殘弊各司 則或有專仗此輩 以成模樣者. 此亦不可不念 更須給其料布 定其書員廳直 使有官員體面 然後禁其役使可矣".

85 『西峯日記』辛卯(孝宗 2) 九月, 74~75쪽. "前後長本曹者 多販財取贏 以爲能. 公謂如此則歸於聚斂. 以一年稅入 應一年用度 俾有餘而無不足 則斯可矣. 務節其用 不忘費一物. 且曰職是民部 不可徒恤經費而已. 凡弊及於民者 悉蠲之. 各司之蘇殘 市民之苦歇 皆係於地部. ① 而從前各司之以遺在上計於本曹者 其實皆虛簿也. 該司雖報其由 本曹不許し 減. 該司下人 至於鬻屋敗産者有之. 就其甚者 啓稟蕩滌 然後量其緊歇 損物力以助之. ② 市民之於本曹大小使役 有似典僕 而至於貿易之際 凡可以食利者 皆歸於有力富人. 以此市民失其生理. 自公入本曹 悉歸之市民 絶不開他門. 市民與各司 皆便之".

86 『承政院日記』120책, 孝宗 2년 8월 11일. "南銑 又以備邊司言啓曰 江原大同 欲合於宣惠廳者

非欲奪彼而與此也. 各以大同則此卽宣惠也. 其不可分而二之也明矣. 收之於民結者 豊凶無異
而給之於主人者 低仰不同. 各司主人 由此怨憤. 今欲行湖西大同 皆以爲若如江原則人不堪矣.
必先革此弊 合而爲一 使民洞知 然後人皆相信而樂從矣. … 傳曰 依啓". (『潛谷遺稿』권7,
江原大同 屬於該廳啓")

이것은 나중에 『호서대동절목』 14조에 규정되었다. ("木一疋米五斗定爲恒式. 雖値凶歲 切勿
減給爲白乎旀")

87 洪命夏, 『沂川集』 권4, 陳民弊箚 九月吏曹判書時 [顯宗 원년 9월 1일(癸丑)]

88 『承政院日記』 138책, 孝宗 7년 3월 19일.

89 『承政院日記』 140책, 孝宗 7년 6월 11일.

90 李京燦, 「조선 효종조의 북벌운동」, 『淸溪史學』 5, 1988.

91 金安淑, 「孝宗年間 奴婢推刷都監設置의 背景과 性格」, 『嶠南史學』 2, 1986.

92 『承政院日記』 140책, 孝宗 7년 7월 11일.

93 『承政院日記』 141책, 孝宗 7년 7월 27일.

94 金甲周, 「朝鮮後期의 養戶」 上·下, 『歷史學報』 85·86, 1980 참조.

95 『孝宗實錄』 권17, 7년 8월 27일(壬寅).

96 『孝宗實錄』 권17, 7년 9월 15일(庚申).

97 『孝宗實錄』 권17, 7년 9월 25일(庚午).

98 『承政院日記』 146책, 孝宗 8년 7월 3일.

99 『孝宗實錄』 권19, 8년 7월 11일(壬子).

100 『承政院日記』 146책, 孝宗 8년 7월 23일.

101 『承政院日記』 146책, 孝宗 8년 9월 6일. "復陽曰 "未設大同前 民間之言 以爲不行大同
則弊瘼極矣. 行之未幾 民得以寧息.. 不但民言如此 國亦有儲 實是便宜之法也." 上曰 "國與民
皆以便宜 而守令反以爲悶 未知其故也." 復陽曰 "守令之所食 不以此爲不足 而貪官則以其無
肥己之資 故有是言也." 維城曰 "湖南結數 倍於湖西. 若爲大同 則財用優足 公私便當.""

102 『承政院日記』 146책, 孝宗 8년 9월 20일.

103 『孝宗實錄』 권19, 8년 11월 8일(丙午).

104 『承政院日記』 147책, 孝宗 8년 12월 4일.

105 『西峯日記』 戊戌(孝宗 9) 四月, 116~118쪽. "上引見諸宰而講定其斗數. 大臣之意 欲以十三斗
停當 而本道上納 如太常祭享·宗廟薦新·朔膳進上·內局藥材·恒定歲幣大小好白綿紙等物 皆
令本道給價貿備 互以本色上納. 此等物 湖西則皆備自京中 而不煩於本道者也. 上問於公 公曰
旣云 大同兩湖不宜異同. 臣意以爲 其規模一如湖西之爲 則以十斗似無不足 而如不得已湖南道
里遠於湖西 爲其船馬之價 加一斗則或可也. 至於十三斗過多 本道聞之 必多不願者矣. 且上納
之物 皆仍責於本道. 此爲本道大段之弊. 其本色則以其所給之價 猶可貿備 而外方上納之際
其費不貲 最是人情. 一任京司之操縱 匪有限量. 俗所謂進上貫串 人情駄載之說 誠以此也.
大同之設 欲防此等浮費也. 如進上雖不敢輕議 其中歲幣紙地等物 自有湖西已試之驗 以其折價

備於京中 則萬無不可辦之理. …

上敎曰 湖南異於湖西. 若從略磨鍊 而有所不足處 則不可中止. 亦不可加賦於民 必大狼狽. 寧於初頭 從優磨鍊 數年需用之後 如有餘裕 則特爲減捧 實是施惠之道 終不爲失信之歸矣. 今以十三斗磨鍊 而上納之物 白綿紙恒定外別定之數 試令京中貿用宜矣".(같은 내용이 『承政院日記』 149책, 孝宗 9년 4월 12일에 나온다.)

106 『西峯日記』 戊戌(孝宗 9) 六月.

107 『承政院日記』 152책, 孝宗 9년 9월(앞뒤 날짜로 볼 때 1일 아니면 2일이다.)

108 金堉, 『潛谷遺稿』 권6, 請順湖南民情 速爲變通箚(孝宗 9년 7월 10일)

109 『西峯日記』 戊戌(孝宗 9) 七月, 120쪽. "領府事金公啓於筵中 請通行山海 而本道上納之物 皆如湖西備於京中. 其時左議政元斗杓 同入侍. 金相啓曰 盖此事李 自初主之. 故元斗杓必欲沮搖 以至於此. 此乃國事 豈容如是. 仍於榻前面責元斗杓而退. 翌日上招公引見 講定節目 如太常祭享·歲幣紙地等物 皆以收米上送 備於京中 如湖西之規 以爲恒式".

110 『孝宗實錄』 권20, 9년 7월 25일(庚申).

111 『承政院日記』 151책, 孝宗 9년 7월 29일.

112 『承政院日記』 151책, 孝宗 9년 8월 5일.

113 『孝宗實錄』 권20, 9년 8월 10일(乙亥).

114 金堉, 『潛谷遺稿』 권6, 病欲進言以終遺意箚(孝宗 9원 8월 26일).

115 『孝宗實錄』 권3, 1년 1월 22일(丙子)

116 『孝宗實錄』 권2, 즉위년 12월 13일(丁酉)

117 『愼獨齋全書』 권3, 出城時自劾疏(『承政院日記』 111책, 孝宗 원년 1월 21일).

118 『孝宗實錄』 권8, 3년 5월 16일(丙戌).

119 『孝宗實錄』 권9, 3년 10월 24일(壬戌). "持平李尙眞上疏曰 … 至如左相 【卽金堉也】儒林中人 素負重望. 淸名苦節 卓冠一時. 當正論消亡之日 居百僚長首之地 國人望之若中流之砥柱".

120 鄭萬祚, 「17세기 중반 漢黨의 정치활동과 國政運營論」, 『韓國文化』 23, 1999, 117쪽.

121 『孝宗實錄』 권10, 4년 3월 1일(丁卯); 『承政院日記』 155책, 孝宗 10년 3월 11일. "維重曰 向來大同設行時 故領府事金堉(缺)終始擔當. 臣等亦以爲不厭矣. 法久弊生 雖未知畢竟之如何 而卽今言之 其實是良法也. 湖西之人亦便之 喪逝之後 至爲流涕相弔矣. 上曰 堅强不動浮議者 孰有如金領府事者乎? 中夜思之 如失柱石矣".

122 金弘郁, 『鶴洲先生全集』 권7, 因李萬雄論劾對擧疏 壬辰(孝宗 3)四月 在湖營時. "我國貢物之不均 其來已久矣. 壬辰兵火之後 改定貢物之時 一從田結之多寡 而湖南嶺南 則久爲賊窟 本道賊兵早退 田結多寡所以不同 而貢物分定 因之而懸殊矣. 此諸道貢案不均之弊 而改定均役之議所以起也. 本道之中 亦有不均之弊 右道內浦若干邑 兵火所不及 而避亂者皆歸之. 荒田盡起 田結最多. 故分定貢物之時 物種甚多. 左道忠原等諸邑 則非但賊兵往來之衝 天兵之南下者 絡繹不絶. 民之還集 最後於他邑 而沃野陳廢 田結數少. 故貢物分定 亦隨而鮮少矣. 及至甲戌量田之後

則人民田結 幾復平時之舊 而貢物則仍前分定 不爲變通. 故忠原田結 十倍於唐津 而貢物之數 無甚差等. 此所以有今日大同之擧也".

## 제5장 현종시대: 대동법이 튼튼히 뿌리내리다

1 『顯宗實錄』권1, 즉위년 9월 3일(辛酉).

2 『孝宗實錄』권2, 즉위년 11월 16일(辛未).

3 『孝宗實錄』권20, 9년 7월 12일(丁未).

4 『西峯日記』己亥(顯宗 즉위년) 八月, 133~135쪽. "至是秋捧已迫 不可及時定奪 而廟堂未有明白指揮. 先朝已定之事 若不免遷就失期 則當事之臣 亦不無其責. 嘗發言於廟堂 落落難合. 公以宋判書 常留心於民事 乃往訪言及此事 則宋公之意 亦然 欲一陳達. 公復貽書勤之. 答以稱述 先朝遺意 道理甚當. 早晚疏中 試當稟叩云".

5 『顯宗實錄』권1, 즉위년 9월 3일(辛酉).

6 『顯宗實錄』권1, 즉위년 9월 5일(癸亥).

7 『承政院日記』158책, 顯宗 즉위년 10월 4일.

8 『顯宗實錄』권1, 즉위년 10월 11일(戊戌).

9 『顯宗改修實錄』권2, 즉위년 12월 28일(甲寅).

10 『承政院日記』159책, 顯宗 즉위년 12월 19일.

11 『承政院日記』159책, 顯宗 즉위년 12월 13일.

12 『顯宗實錄』권2, 원년 1월 16일(壬申).

13 『西峯日記』庚子(顯宗 1) 正月, 146~147쪽. "時 公已不能言矣. 而一心炯炯 猶有不泯者 多少所言 無非國事. 或歎曰 大同之事 吾死之後 誰復主之 如吾之爲. 時 洪判書命夏與公同爲堂上. 乃曰 洪判書若一遵我約束而爲之 則善矣 而未知果能如此否. 一家人有爲其家婚者 至欲招而言之 而未果. 最是湖南大同之不得通行 山海出米之加於湖西 重言復言 以至臨終 猶不絶".

14 『顯宗實錄』권3, 원년 7월 11일(甲子).

15 『承政院日記』163책, 顯宗 원년 8월 24일. "(戶曹判書 許積所啓)又所啓 全南道山郡大同 今將擧行 而山郡則自前民役素輕. 故大同本意 出於均役 而山郡之民 以爲倍重. 當此年凶 凡係加捧之役 不可不姑爲停罷 以慰民心 何以爲之乎? 上曰 諸宰之意如何? 右議政元斗杓曰 先朝本意 初欲寬海邊偏重之役而爲之. 厥後乃與山郡竝行事議定矣. 適當此時 凡干新役 不可不姑停矣. 上曰 然則待明秋施行".

16 洪命夏, 『沂川集』권4, 陳民弊箚 九月 吏曹判書時.

17 『西峯日記』丁亥(仁祖 25) 七月, 44~47쪽. "公以爲田稅 乃惟正之供 而隨其結多少 有所盈縮. 雖値凶年 民不病之. 至於貢物 自有元數 不可加減. 若遇荒歉 則其灾結所縮之數 每取足於實結 而所謂實結者 率多不實".

18 趙復陽, 『松谷集』권4, 辭職兼陳民事疏.[顯宗 원년 9월 16(戊辰)]

19 『承政院日記』 164책, 顯宗 원년 10월 17일.

20 『仁祖實錄』 권44, 21년 12월 12일(壬申).

21 『顯宗實錄』 권5, 3년 8월 5일(乙巳).

22 『顯宗改修實錄』 권8, 4년 3월 12일(庚辰).

23 『顯宗改修實錄』 권9, 4년 10월 8일(壬寅).

24 『顯宗實錄』 권7, 4년 12월 26일(己未).

25 『承政院日記』 181책, 顯宗 4년 12월 26일.

26 『顯宗改修實錄』 권10, 5년 1월 6일(己巳).

27 『顯宗實錄』 권9, 5년 12월 30일(丁亥).

28 『顯宗實錄』 권9, 6년 1월 17일(甲辰).

29 『承政院日記』 187책, 顯宗 6년 2월 6일.

30 『顯宗改修實錄』 권14, 6년 10월 10일(壬戌).

31 『承政院日記』 191책, 顯宗 6년 10월 23일.

32 『江原廳事例』 大同來歷, 20쪽.

33 『顯宗實錄』 권11, 6년 12월 27일(戊寅).

34 『承政院日記』 192책, 顯宗 7년 1월 22일. "(司憲府) 湖南山郡大同 已令停罷 而一復舊例.
但舊例中 貢物多少 甚有不均處 而官需多少 亦爲懸殊. 今當改法之際 若以山郡田結 通融合算
以定各邑貢物多寡. 於責案中 最爲無益於實用 而有關於民弊者 並可減除. 且各邑所納 隨其土
宜 所納之日 無過二三 則此於國計無損 而民役 無不均之患 民財 無浪費之處. 外方少刁蹬之弊
矣".

35 『承政院日記』 193책, 顯宗 7년 3월 13일.

36 『顯宗實錄』 권12, 7년 10월 22일(己巳).

37 『承政院日記』 198책, 顯宗 7년 11월 10일.

38 『承政院日記』 198책, 顯宗 7년 11월 10일.

39 『光海君日記』 권35, 2년 11월 18일(己未).

40 『光海君日記』 권26, 2년 3월 22일(戊戌).

41 『光海君日記』 권4, 즉위년 5월 7일(壬辰).

42 『光海君日記』 권35, 2년 11월 18일(己未).

43 『光海君日記』 권55, 4년 7월 21일(癸亥). "宣惠廳啓曰 本廳設立之後 畿民徭役 太半輕歇
而獨於諸路刷馬之役 最爲浩繁. 實有難支之弊 不可不變通故;『光海君日記』권97, 7년 11월
19일(辛卯) 宣惠廳啓曰 本廳因今歲大無 收米至於一結 減二斗. 刷馬之價 自本廳一一計給".

44 『孝宗實錄』 권11, 4년 8월 11일(癸酉).

45 『承政院日記』 166책, 顯宗 2년 2월 25일. "命課學敎授宋亨久疏曰 … 其六 圻輔田政之弊.
賦役之不均 圻邑之所患. 何者? 田政不修 經界不正 無勢殘民 地小卜多 富豪之家 地多卜小
結數多少 千百不均. 是殿下一視之民 而結役不齊如此 則此豈均田正賦之道乎? 是以每年覆審

之時 則監官書員 恣意用奸 富民之厚賂者 隱漏其結卜 以其所縮之結數 分加於殘民薄戶. 故苦
者偏苦 富者益富. 如之何其民不怨且容也? 卽今合坼內一道之田結 而比之下三道 則反不如一
大邑之結數 其間漏賦之多 據此可知矣. 孟子曰 仁政 必自經界始. 國家之所重者田政也 而今尙
如此 可勝寒心哉. 頃於甲戌量田之日 畿內人民鮮少 土地荒廢 不能行量田之法 而只行於下三
道也. 今則人民幾盡還集 生產亦繁 寸地尺土 無不墾起 而各邑只憑現存結數 以爲塞責應役之
地 踏驗皆歸於書員之囊槖 不亦可駁之甚乎?"

46 『光海君日記』권4, 즉위년 5월 7일(壬辰).

47 『承政院日記』179책, 顯宗 4년 6월 20일. "院啓 … 畿甸民役 比他道偏苦 而至於尤所難堪
不可不變通者 最是田稅條貢物之弊也. 其在司䆃寺 則有粳米·中米·黃大豆·黃豆 奉常寺則有
粘米·醬太等名色. 或以七八甲 或以三四甲 定式收捧. 各其主人輩 刁蹬濫徵之費 不在此數
則出稅一升者 加八九升 出稅一斗者 加出八九斗 而猶患不足. 故各邑悶其難堪 輪回出定
以分其苦. 若經是役 一面之民 無不失業 而只以御供祭享 不可輕議 以至于今矣. … 宣惠廳設立
時 假定之價 其在當初 則可謂從優磨鍊矣. 近年以來 山海之産絶乏 物價踊貴 固已倍於定給之
價. 故進上主人輩 稱貸不給. 至賣其家屋 破其産業 而猶有難支之勢. 不得已往責添價於本邑
則本邑亦難白地辦出. 或未免收捧民結. 雖其多少之不同 其爲科外之徵斂 則一也".

48 尹用出,「17세기 초의 結布制」,『釜大史學』, 1995.

49 洪命夏,『沂川集』, 請京畿大同變通箚 十二月右議政時[『顯宗改修實錄』권10, 4년 12월
2일(乙未)] "畿民之役 本重於他道 而言其最中 則站上夫刷馬之役是已. 丙子以後 元無定制
其爲苦歇 只在一時守令能否之如何".

50 『承政院日記』112책, 孝宗 원년 5월 11일,『承政院日記』112책, 孝宗 원년 4월 9일.

51 『承政院日記』112책, 孝宗 원년 5월 12일.

52 『承政院日記』131책, 孝宗 5년 6월 19일.

53 『顯宗改修實錄』권9, 4년 9월 3일(丁卯).

54 『顯宗改修實錄』권9, 4년 9월 13일(丁丑).

55 『承政院日記』170책, 顯宗 2년 10월 4일. "仁川府使臣李廷夔疏曰 … 竊伏惟念畿甸大同之法
其來已久. 漸失本意 弊生如毛. 如欲枚擧 指不足屈. 姑撮其最無據者言之. 大同初設之法 一結
田稅 正供之外 又收十六斗之米於宣惠廳 以應諸色進上貢物役. 此外更無他賦. 故十六斗之役
雖非薄賦 而民情猶以爲便矣. 今乃不然. 京營庫進上主人 旣受宣惠廳所給之價 又徵土産於本
邑 無所不至. 以臣邑言之 則一年備給於主人者 洪魚·黃石首魚·生蛤·中蝦·小螺·生蟹·海胖·土
花·竹蛤·石花·落蹄·大蝦·蘇魚·眞魚·烏賊魚等物 無慮十數種 又加給米二十石 或徵於民結 或
出於官廳. 臣未知 此規創於何時 而要之. 主人輩不能吾吾 未免生事於本官 故不得已爲之
已成謬規耳".(『歸川遺稿』권2, 仁川陳弊疏)

56 『顯宗改修實錄』권9, 4년 9월 13일(丁丑).

57 제5장 미주 45(438쪽)의『承政院日記』166책, 顯宗 2년 2월 25일 기사 참조.

58 『孝宗實錄』권7, 4년 8월 25일(丁亥).

59 『承政院日記』 128책, 孝宗 4년 9월 19일.

60 權乃鉉,『朝鮮後期 平安道 財政運營 硏究』, 고려대학교 사학과 박사학위논문, 2003, 101쪽.

61 『承政院日記』 158책, 顯宗 즉위년 10월 4일.

62 『顯宗改修實錄』 권7, 3년 7월 24일(乙未).

63 『顯宗實錄』 권5, 3년 8월 5일(乙巳).

64 『承政院日記』 178책, 顯宗 4년 2월 26일.

65 『仁祖實錄』 권30, 12년 윤8월 27일(庚戌).

66 『承政院日記』 178책, 顯宗 4년 3월 1일.

67 『承政院日記』 179책, 顯宗 4년 6월 7일.

68 『顯宗實錄』 권7, 4년 9월 3일(丁卯).

69 『顯宗改修實錄』 권9, 4년 9월 3일(丁卯).

70 『顯宗改修實錄』 권9, 4년 9월 3일(丁卯).

71 『顯宗實錄』 권7, 4년 10월 5일(己亥).

72 『顯宗改修實錄』 권10, 4년 12월 2일(乙未).

73 洪命夏,『沂川集』 請京畿大同變通箚 十二月右議政時, [『顯宗改修實錄』 권10, 4년 12월 2일(乙未)]

74 『顯宗實錄』 권7, 4년 12월 3일(丙申).

75 『顯宗改修實錄』 권2, 원년 1월 7일(癸亥).

76 『顯宗實錄』 권3, 원년 6월 16일(己亥).

77 『承政院日記』 162책, 顯宗 원년 6월 16일.

78 『顯宗改修實錄』 권14, 6년 10월 10일(壬戌).

79 『承政院日記』 191책, 顯宗 6년 10월 23일. "太和曰 箚中貢案詳定 在於燕山朝 歷世因之 不加釐云. 臣曾在仁祖朝入侍時 仁祖敎曰 貢案之定 實非燕山時事云矣. 改貢案事 磨練爲之乎? 上曰 磨練 可也. 命夏曰 今雖改定 所減則少 而徒有其弊. 臣則以爲不可改也. 慶億曰 雖改之 所減者 不過八百石 民之蒙惠者 些少矣. 積曰 兩湖則已設大同 別無可議矣.

敏敍曰 各道貢案 多不以土産. 故雖微細之物 苟其不産之處 則其費十倍 願以士産改定. 命夏曰 嘗觀貢案 則錦城貢生蕨. 生蕨豈獨錦城之所産 而必定於退遠之邑者 其意有在. 臣意以爲都民 生理 專在貢物. 當初詳定時 元爲貢物主人 欲資其生業 故不必以土産分定矣. 積曰 凡一邑田稅 所當納於一處 而分納各司 至於三四處. 臣嘗深疑設法之本意. 以貢物一事觀之 乃知欲使京倉 主人 得用作紙之故也. 作紙之出於民 不過各收圭撮 而都民之蒙惠則大矣. 貢物之爲都民設 不必計其土産者 亦此意也.

敏敍曰 是大不然. 古者元無防納之弊. 設法之初 豈爲都民防納 而作貢案哉? 命夏曰 夫所謂防納 之爲非者 只是士大夫家隴斷罔利之謂也. 都民計活 惟在防納 則古何嘗禁之乎? 命夏·積皆曰 今雖改定 徒有虛名 而必無實效 不如不改也. 致和曰 玉堂之意 本欲惠及於民 而徒爲紛擾 別無惠民之理. 且改之而不得其宜 則非但惠不及 反有民弊矣. 積曰 徒害於民爾. 上曰 然則勿改

可也. 命夏曰 臣官卑年少時 所見亦如玉堂之人. 故嘗爲如此之論矣. 及其爵位漸大 更歷漸多 擔當此事 諳練曲折然後 方知前見之謬矣 …

敏敍曰 … 改貢案一事 大臣旣皆防塞 更無所達 而臣意以爲 善爲變通 則似有一分之惠矣. 命夏高聲曰 改定貢案 豈有挽回世道之理乎? 玉堂之人 只當討論文籍 輔導君德而已. 如此等事 付之大臣 可也".

80 『西峯日記』庚子(顯宗 1) 正月, 146~147쪽. "時 公已不能言矣. 而一心炯炯 猶有不泯者 多少所言 無非國事. 或歎曰 大同之事 吾死之後 誰復主之 如吾之爲. 時 洪判書命夏與公同爲堂上. 乃曰 洪判書若一遵我約束而爲之 則善矣 而未知果能如此否. 一家人有爲其家婚者 至欲招而言之 而未果".

81 송시열의 사회경제사상에 관해서는 다음 연구가 있다. 金駿錫, 「17세기 正統朱子學派의 政治社會論－宋時烈의 世道政治論과 賦稅制度釐正策」, 『東方學志』 67, 1990; 李迎春, 「尤菴 宋時烈의 社會·經濟 思想」, 『道山學報』 8, 2001.

82 『承政院日記』212책, 顯宗 10년 1월 10일. "積日 臣以不才 自忝亞卿以來 猥受朝廷之委任. 當初見貢物磨鍊之數 以爲其時當國之人 何以處事若此乎? 若不盡爲變通 則其能爲國乎? 甚笑其不才矣. 及其待罪戶判 經歷旣久之後 始乃知其不然也. 京師 人物所聚 而無耕稼之事. 各司下人 使喚之事甚多. 故因貢物而優給其價 使之賴此而保存. 以淸蜜一種見之 司宰監 旣有淸蜜貢物 而又爲分定於司䆃寺者 無他, 欲令兩司下人 均食而保存也. 不然 只此一種 何必分定於兩司乎? 當初立法之意如此 今若一切罷 則此輩何以保存乎? 非但此也. 國家之使喚此輩 亦非一事. 設令有宣醞之命 則非各司下人而誰使乎? 且有勅使之時 亦當使喚此輩 而無食之人 何能使喚乎? 其他使喚之事 推此而可知也. 臣意亦非謂斷然不可罷也. 至吉更等種之減去 則臣亦以爲好也. 今聞有各司貢物盡罷之奇. 都下之人 怨聲載路".

83 『光海君日記』권80, 6년 7월 3일(癸丑). "戶曹啓曰 凡各官貢物 納于各司之際 自前例有所謂私主人. 私主人或不無中間操弄作弊之端 在所當禁 而亦不可無者. 各司旣無典僕. 凡各司所儲之物 進排上司之際 非私主人 更無使喚之人故也. 私主人所捧人情等物 宜有定額 不可專廢".

84 德成外志子, 『朝鮮後期 貢納請負制와 中人層貢人』, 고려대학교 대학원 박사학위논문, 2001, 36쪽.

85 『備邊司謄錄』권76, 英祖 즉위년 12월 1일. "刱行大同 而其時定給貢物價 極爲優厚. 視常價四五倍. 泛看之 則雖似過厚 而乃所以深思末後之弊也".

86 『顯宗實錄』권7, 4년 12월 3일(丙申).

87 『顯宗實錄』권13, 7년 11월 6일(壬午).

88 『顯宗改修實錄』권25, 12년 12월 5일(壬午). "獻納尹敬敎上疏 略曰 … 彼持瓢丐乞 仰哺粥所之類 則停賑之後 死亡無餘. 土着農民之死於飢饉癘疫者 合一國計之 則其數幾至百萬. 甚至一村盡死者 比比有之. 雖壬癸兵火之酷 殆不過是也".

89 『顯宗改修實錄』권24, 12년 6월 14일(癸巳).

90 『承政院日記』240책, 顯宗 15년 7월 5일.

91 『承政院日記』226책, 顯宗 13년 1월 3일.

92 『承政院日記』231책, 顯宗 13년 11월 18일.

93 『承政院日記』232책, 顯宗 14년 1월 28일.

94 『顯宗實錄』권21, 14년 11월 16일(辛巳).

95 『承政院日記』237책, 현종 14년 11월 21일.

96 『顯宗實錄』권22, 15년 7월 4일(丙寅).

97 ① 臣觀民間田稅 每一結出貢稅米四斗之外 貢物雜役價米 或至六七十斗 或至四五十斗 少不下三十斗.[朴知誡, 『潛冶先生集』권3, 斥和疏 丁卯(인조 5, 1627)]

② 右議政金堉上箚曰 … 國家多事 民役日重 一年應行之役 每結所費 幾至木綿十餘匹 少不下七八匹. 意外橫出之役 不在此限 民何以不困?[『孝宗實錄』권2, 즉위년 11월 5일(庚申)]

③ 通計民結之所出 比舊可減 其三四之一. (俞棨, 『市南集』권17, 雜著 江居問答)

④ 全南道扶安居幼學金尚古等 … 臣等居在於沿邑. 賦(缺)素所詳知 一年之內 各司貢物價及歲幣價 … 試以十卜之田 計其一年之役 則所出之米 多至於十餘(二字缺)又或別役出於新穀未登之前 … 例聞湖西大同之法 一結所出之米 不過十斗. 以此較之 則湖南十卜之役 卽湖西一結之役也. (『承政院日記』140책, 孝宗 7년 7월 11일)

⑤ 全南道益山居幼學蘇必昌上疏. … 試以大綱言之 一結一年之出 多至於八十餘斗 甚者至以一卜之田 計出一斗米. (『承政院日記』141책, 孝宗 7년 7월27일)

⑥ 領敦寧府事金堉上箚曰 … 當今 本道(호남)一結之價米 幾至六十斗云. 以十斗收之 則寡取於民 所減五倍矣 而公家之用 無所不足. 何憚而不爲此乎?[『孝宗實錄』권19, 8년 7월11일(壬子)]

⑦ 前則一結之復 取用七十餘斗之穀 今則只取十二斗.[洪命夏, 『沂川集』諸京畿大同變通箚 十二月右議政時, 『顯宗改修實錄』권10, 4년 12월 2일(乙未)]

⑧ 忠淸道生員金敏道等上疏, … 大同未設之前 一年一結之賦 多至八九十斗 卽今大同之法 一年所賦 只一結十斗.[『顯宗實錄』권21, 14년 11월 16일(辛巳)]

⑨ 前司諫臣李禿 … 大同之前 一結 出米六十斗而不足. 大同之後 一結 出米十斗而有餘.[『顯宗實錄』권21, 14년 11월 21일(丙戌)]

98 趙顯期, 『一峯集』권9 甲寅封事. "且州郡之事例各異 低昂不類 其爲蹉駁 不可勝言 而一行此法 亦可以簡以一之".

99 『宋子大全』권52, 書 答金起之 甲寅(顯宗 15) 3월 別紙. "今以京大同仍革之問 小民紛然駭恐 而下吏及豪强 抑勒小民. 情願多以願罷爲言 極可痛也. … 濫徵於小民 極其狼藉. 自京大同以後 便失其利 常言其不便矣. 今聞朝家有此令 相與鼓動浮言 猶恐其不罷. 此實朝家之所當知也".

100 『西峯日記』己亥(현종 즉위년) 八月, 133∼135쪽.

101 조현기에 대해서는 조성산, 「17세기 후반 임천조씨 가문의 경세학」, 『한국사상사학』 제30집, 2008 참조.

102 趙顯期, 『一峯集』 권9 甲寅封事. "臣必欲遍行大同於八路者 誠以大同之法 其取民有定制. 且只取米布而不責諸色雜物 一納米布之後 民皆安坐在家 無如前日之種種納物於官家 數數待令於公門 艱輸倍費 見困吏胥者也. 且貪官汚吏雖欲肆虐 而國家既有定制 實難輕易下手. 行之於今日苛政繁令纖細煩瑣之時 誠爲良法. 且州郡之事例各異 低昻不類 其爲踳駁 不可勝言 而一行此法 亦可以簡以一之. 此臣必欲行此法者也. … 其便民益國 可以久行而無弊矣. … 湖西大同行之二十年 民皆稱便. 能善持守 則夫豈有後弊哉".

103 鄭萬祚, 「朝鮮後期의 良役變通論議에 對한 檢討」, 『同大論叢』 7, 1977.

## 제6장 대동법은 어떻게 운영되었는가

1 韓榮國, 「湖西에 實施된 大同法」, 『歷史學報』 13·14輯, 1960·1961; 韓榮國, 「湖南에 實施된 大同法 — 湖西大同法과의 比較 및 添補」, 『歷史學報』 15·20·21·22輯, 1961·1963·1964.

2 『湖西大同節目』 6조. "收米元數 逐年隨其時起數 通融田畓 每一結春秋各捧五斗 以爲京外一年之用"; 『全南道大同事目』 7조. "收米元數 逐年隨其時起數 通融田畓 每一結春秋合捧十三斗 以爲京外一年之用".

3 『湖西大同節目』 7조.

4 『全南道大同事目』 9조.

5 『宣祖修正實錄』 권4, 3년 11월 1일(乙丑) "小縣不啻大州十分之一 而其所定貢物 略有差等而已 無大小之別. 小縣之民 尤苦役重. 此不可不改者也".

6 『湖西大同事目』 57조.

7 『全南道大同事目』 56조.

8 『湖西大同節目』 58조.

9 『湖南廳事例目錄』 營官需. 여기에 대해서는 韓榮國, 「湖南에 實施된 大同法(三)」, 『歷史學報』 21, 1963, 85～86쪽.

10 『西峯日記』 丙申(孝宗 7) 三月. "各邑儲置餘米 蓋爲飢歲減賦與不時之需".

11 『湖西大同節目』 7, 9조.

12 『全南道大同事目』 9, 11조.

13 『顯宗改修實錄』 권10, 5년 1월 16일(己卯).

14 • 『湖西大同節目』 6조. "本道則一年應下數 計除之外 分其邑之大·中·小·殘 量宜留置餘米 以應各項刷馬 與科外之役爲白乎矣. 餘米不足之邑 則以隣近有裕官米 推移充給爲白乎旀. 京廳段置 如有不時別卜定 則自京可備之物 不爲分定於本道. 然後可省其猝辦輸納之費 各項應下外稍存餘數 以爲臨時策應之資爲白齊".

• 『全南道大同事目』 7조. "道內各官則一年應下數 計除之外 分其邑之大·中·小·殘 量宜留置餘米 以應各項刷馬 與科外之役爲白乎矣. 行之稍久 餘米優足 則今此十三斗之中 自當有減而無加是白齊".

● 『全南道大同事目』8조. "餘米不足之邑 則以隣近有裕官米 推移充給爲白乎旀. 京廳段置 如有不時別卜定 則自京可備之物 不爲分定於本道. 然後可省其猝辦輸納之費 各項應下外稍存 餘數 以爲臨時策應之資爲白齊".

15 『湖西大同節目』78조. "本道一年應用米計除之外 種種科外別役與刷馬等價米用下之數 各官 每於四季朔 一一開錄成冊報于監司 則監司亦爲都成冊 轉報于本廳. 憑考會減 一依京畿例爲 之爲白齊".(『全南道大同事目』71조)

16 『湖西大同節目』18조. "各邑官需 旣依京畿例 以收米題給 則衙祿公須位田結 不宜仍存. 田三稅收米并爲磨鍊上納爲白乎矣. 從前流來官屯田乙良 仍存勿罷爲白齊".

17 朴時亨, 『朝鮮土地制度史』(中), 1961(신서원, 1994년 복간), 162쪽.

18 李章雨, 「朝鮮初期의 衙祿田과 公須田」, 『李基白先生古稀紀念 韓國史學論叢(下)』, 一潮閣, 1994.

19 『江原廳事例』, 凡百土貢物種 諸道諸邑各有定數(不足則加捧 有餘則令地部作米作木 以備不 時進排之資

20 『栗谷先生全書』권15, 雜著 東湖問答. "不時之需 悉辦於市人 而市人剝膚橫侵之毒 濫及於坊 內 而坊內竭髓 無名之稅 濫觴於列邑 而徵斂反重於貢賦".

21 『湖西大同節目』22조. "各邑皆有隱漏結卜 守令非直爲肥己之資. 上司有卜定之物 則以其隱結 補其不足 以紓民力. 此固好意. 但竊取公田 名之爲隱 事甚不正. 許令自首 勿治從前隱漏之罪 而以其隱結并入於新結爲白乎矣. 如是申明之後 早晩現發 則并依律重究爲白齊".(『全南道大 同事目』22조)

22 『湖西大同節目』23조. "經亂後 抛荒之地 幾盡耕墾 而田結之減縮 猶夫前日. 逐年漏結之多 推此可知是白去乙. 列邑不報加起之數 每以虛結出米爲言 極爲可駭. 至於收租實數 自本道旣 爲磨勘上送之後 稱以虛結 欲自頉減. 收米之計 尤極無據爲白置".

23 『湖西大同節目』35조. "新舊迎送刷馬 或定於民結 或責人人吏. 列邑規例 各自不同是白在果. 責於人吏之邑 則人吏所耕 復其雜役 名之以人吏八結 只責刷馬是白如乎. 今則旣以收米計給 刷馬之價 人吏八結 並爲革罷 民結一體通融出米爲白齊".(『全南道大同事目』34조)

24 『湖西大同節目』59조. "雉鷄段置 一年各一首 許令捧用於八結 各邑官廚庶免凉薄之患是白 在果. 此外山海土産之物 雖非民結 如有從前隨便取用之事 則使之仍遵舊例爲白乎旀. 柴草氷 丁亦依舊例 捧用於民結爲白乎矣. 稱以從前除役 割其元結 屬之官廳者乙良 一切革罷爲白 齊".(『全南道大同事目』57조)
경기의 경우 치계雉鷄·땔감(柴木)·볏짚(穀草)·빙정氷丁을 4결 단위로 거둬 쓰도록 했다.
[『顯宗改修實錄』권10, 5년 1월 16일(己卯)]

25 『湖西大同節目』28조. "內弓房 … 至於雉羽段 別非外方難得之物. 使各邑依前隨便備納爲白 齊".『全南道大同事目』26조에 따르면 호남의 경우는 꿩깃털도 대동미로 지급하고 있다.

26 『湖西大同節目』72조. "軍器修補所入雜物 各官例爲隨便措備. 此非民結出定之役是白在果. 許多舊軍器若爲一時修補 則各官物力誠有所不逮. 各自官中別樣料理 以其餘力漸次修補爲白

乎旀".

『全南道大同事目』63조에는 "軍器所入雜物 工匠糧料及容入物力 浩多處乙良 報知監司 各其邑餘米會減"이라고 규정함으로써, 군기에 따른 잡비를 여미로 흡수하고 있다.

27 『孝宗實錄』권19, 8년 10월 12일(辛巳). "上召見趙克善 問以湖西民事. 克善對曰 大同設行後 百姓便之 而但役民之規 未有定式".

28 『湖西大同節目』30조. "至於樂工奉足段置官奴亦不能獨當 例多侵及於民結. 故因本道監司狀啓 以閑丁加定二名 歲收價布各三匹 使之上納於本院 以除民結出米之弊爲白有置 依此定式爲白齊".(『全南道大同事目』28조)

29 『湖西大同節目』51조. "濟州上來牛馬及各牧場所促牛馬牽軍 初以沿路各邑大同米計給其價 而道內民情 皆以爲給價雇送之際 多有難便事勢 莫如以烟軍輪回定送之爲當云. 一從民願 以烟戶出定 次次交替爲白齊".(『全南道大同事目』46조)

30 『湖西大同節目』52조. "至於禮葬及因公幹護送擔持軍 則各其境上 不過一日. 交替之役 依京畿例 以烟軍隨其容入 次次定送. 而此等事 如或濫觴 則其弊不貲. 令本道監司着實分付 俾無濫用之弊爲白齊".(『全南道大同事目』47조)

31 『湖西大同節目』53조. "(文試武所) 場屋假家排設等事 亦依官舍修補例 限一日調用烟軍 未爲不可依此定式爲白乎矣. 憑此而濫用烟戶者 令本道監司隨現科罪爲白齊".(『全南道大同事目』48조)

32 『全南道大同事目』65조. "焰硝煮取之役不細 而專責於烟戶 其勢難堪. 煮取當次之年 則月課火藥 例爲停止 依湖西例 同價米元數內 量宜除出 貿備石硫黃. 又以所餘移用於工匠料布與各項應入之需 則其在民役 庶減一分之費 以此定式爲白齊".

33 『顯宗改修實錄』권9, 4년 10월 8일(壬寅). "全羅道儒生裵紀等上疏曰… 此法之初行於沿海 雖稱良法 而日漸生弊 雜役之不得出於民結者 移責於烟戶. … (史官曰) … 至於法久而弊生 民乃有不可堪者 烟戶之役 又出於大同本役之外. 頭會箕斂 而不能給. 至於不均之弊 則大戶男丁數十而爲一算 殘戶鰥寡孤獨 亦爲一算 其弊如此".

34 『承政院日記』145책, 孝宗 8년 5월 28일. "今五月二十五日箋文差使員等引見時 牙山縣監李挺岳所啓 湖西行大同之法 別無大段陳達之事 若干弊瘼 道臣纔已馳啓 而若以其中未及啓達者言之 則大同之後 大小差役 皆用烟戶 而不但烟戶甚少 束伍漕軍 則皆爲給復 故不爲烟戶之役 其他諸邑軍兵 亦有烟戶雜役 勿侵之令 所餘烟戶 甚爲零星 而至於焰硝一事 最是大役. 若以若干烟戶使役 則民之不堪 理勢固然. 如此大役 若用八結 則庶有均役之望 而可無偏苦之弊 民情皆以此爲願矣. 傳曰 言于該廳事 傳敎矣.

大同設立之後 凡百民役 皆自大同十斗米出. 如禮葬等軍 亦自大同給價 則大小差役 皆用烟戶云者 旣非其實狀. 設令有不得不用烟戶之役 爲守令者 苟能勿拘於顔情 無分其强弱. 士夫品官與小民 一體差役 則不患烟戶之少 自無不均之弊 而差役之際 呑弱吐强 以致民役之不均 乃反歸咎於大同 事甚無據. 今若因此無據之言 不遵當初事目 一開定式外差役於八結之路 則手滑守令 必有憑藉濫用之弊 不但失信之可慮而已. 決不可變改事目 而至於焰硝煮取 乃是道內通同之大

役. 束伍及諸色軍兵 一番調用 以均其役 未爲不可. 以此意分付該道監司何如. 答曰 依啓. 束伍則切勿侵用事 嚴明分付".

35 『湖西大同節目』74조. "分養馬之故失 多出於不謹養飼之致. 使本官隨便措備 而不許責辦於民結 其意有在是白如乎. 許多價布專責本官 其勢難堪. 故每匹價布四十四內二十四 則以該邑大同米計給 二十四則仍責於本官以懲其養飼不謹之弊爲白齊".(『全南道大同事目』68조)

36 『顯宗改修實錄』권9, 4년 10월 8일(壬寅).

37 『湖西大同節目』37조. "土主之意外遞易 係是邑民之不幸. 故勿論人吏小民 以烟戶收合米布 以資刷馬之價是白如乎. 如此大役 專責於烟戶 非但戶役偏重 亦有大小强弱不均之弊. 故從民願 別爲責出於田結事 因本道監司狀啓 已爲啓稟定奪. 大小邑各遵定式 一匹不得科外責立. 所給之價 隨其程途遠近 亦依定式收捧於民結 切勿濫徵".(『全南道大同事目』32조)

38 金壽興, 『退憂堂集』권7, 廉問別單書啓. "大同設行之邑 守令不敢以田結差役. 凡干雜役 皆用烟戶 … 大槪以田結差役 則從其結卜多少 分其輕重. 今則不問結卜之多少有無 有身則有役 故小民尤所不堪. 合有別樣變通之道"; 『顯宗實錄』권8, 5년 윤6월 3일(癸亥). "命夏曰 "京畿大同後 烟戶之役 極其偏苦. 盖士夫則 不應役 故小民獨受其弊. 請自今申飭 毋論士夫家 一體差役"上曰可; 李敏敍, 『西河集』9, 疏箚 論均役戶牌及江都事箚. "大同之後 諸般之役 不入於大同名目者 皆歸於烟戶. 故烟戶之役 視前倍蓰 而其所應役者 只是下戶編氓 至於士族品官 則官不敢役. 大戶或至田連阡陌 僅萬千指 而不爲一日之役 匹夫匹婦零丁孤寡之屬 偏受其苦"

39 『備邊司謄錄』13책, 孝宗 즉위년 11월 10일. "革弊當從宮禁始. 宮禁則四方之所取則. 宮禁之弊先革 則其他弊端 自可漸革矣. 今之言弊者 莫不以掖庭署及司饔院下人輩刁蹬作弊者爲首. 此皆外人及小司 所不敢言之地. … 撮言其槪 則其人之木 供上之紙 濫數加捧之設 傳播久矣. 司饔院所納 日供物膳 種種諸品 無不加捧. 所謂飯監·燈燭色·庫城上等 濫徵人情之弊 愈往愈甚".

40 이헌창, 「유학 경제사상의 체계적 정립을 위한 시론」, 『국학연구』3, 2003, 243쪽.

41 『湖南廳事例目錄』各樣免賦稅, 22쪽.

42 •『湖西大同節目』75조. "凡干京納之物 皆入於收米之中. 唯獨方物白綿紙二千卷 油芚二十番 自戶曹計給其價. 故仍令本道備納. 而但戶曹折定之價 極爲略少 以鹽木一匹不能換貿白綿紙三卷 以耗米九斗亦不能換貿油芚一番 未免責徵其價於民結. 今則以大同米題給而白綿紙一卷之價 定以米四斗 油芚一番之價 亦以米十五斗計給 以除其戶曹給價之規爲白旀".
•『全南道大同事目』69조. "別卜定白綿紙 例以鹽木換貿 而一卷之直 不過常木半匹也. 以此廉價勒令貿納 此是列邑難堪之巨弊. 今此白綿紙姑置 亦自京廳所捧之米 前期貿備 該曺本價耗穀鹽木乙良 自本廳取用以爲添給雜物與紙價之地爲白齊".

43 『湖西大同節目』75조. "歲幣小好紙四百卷段 戶曹例以歲幣次木一匹換貿四卷. 其價太廉 與戶曹相議 減其一卷 以三卷定式 則次木一匹之價 乃是米十五斗 以五斗換貿一卷 猶爲不足. 故添給大同米一斗 使之無弊措備. 通計價米七百十三石五斗零是白如乎. 小好紙白綿紙則今者造

紙署下人願爲受價備納. 故甲午條爲始 依虎豹皮例 使各其官輸納其恒定之價 計給願受人處 無弊備納以省點退改備之弊爲白齊". (단, 호조에서 1년에 거두는 세폐歲幣 상목上木은 142동이며 次木은 494동 40필이었다. 『備邊司謄錄』 11책, 仁祖 25년 6월 20일)

44 『仁祖實錄』 권14, 4년 10월 22일(辛酉).

45 『光海君日記』 권35, 2년 11월 22일(癸亥).

46 『光海君日記』 권134, 10년 11월 12일(丁酉).

47 •『湖西大同節目』 28조. "內弓房魚膠·正筋 乃是別卜定 而自各官上納有弊. 依元貢物例 價米自本廳上下爲白矣. 至於雉羽段 別非外方難得之物. 使各邑依前隨便備納爲白齊".
   •『全南道大同事目』 26조. "內弓房訓練都監魚膠·正筋眞絲雉羽等物 乃是別卜定 而自各官 上納有弊. 一依啓下事意 以價米自本廳上下爲白齊".

48 •『湖西大同節目』 76조. "勅使時所定雜物 該曹換貿之價 不准其直. 各官例收米布 以補其不足. 而大同設法之後 猶未免責徵於民結 則此爲可欠. 依京畿例 以本道所在常平廳耗穀添給事 已爲定奪. 戶曹折定之價 白綿紙一卷例給塩木半匹 而添給米二斗五升. 水獺皮一令例給貢木三匹 而又添米十斗. 黃蜜一斤之價塩木一匹 而添給米二斗. 清蜜則例以塩木一匹 換貿三升 而每一升添給米一斗. 眞荏一斗其價八升 而又添米一斗. 眞末一斗之價 不過米一斗 而又添米一斗. 法油一升之價 例給耗租一斗 而又添租一斗. 其他柳笥 行擔 草席 柳箕 條所 乾雉 榛子 等種種雜物 戶曹定價之外 亦以常平廳耗穀參酌加給 以准其直. 無弊換貿 得與畿邑之民 一體蒙惠爲白齊".
   •『全南道大同事目』 69조. "勅使時所定雜物 該曹換貿之價 不准其直. 各官例收米布 以補其不足. 而大同設法之後 猶未免責徵於民結 則此爲可慮. 如水獺皮黃蜜油清眞荏眞末法油柳笥 行擔草席柳箕條所乾雉榛子等種種雜物 隨其該曹分定多少 自本廳措備移送 勿爲分定於本道 爲白乎旀".
   한편 상평청 모곡에 대해서는 文勇植, 『朝鮮後期 賑政과 還穀 運營의 硏究』, 고려대학교 박사학위논문, 1999, 14~19쪽 참조.

49 •『湖西大同節目』 29조. "分養馬上納時 馬裝木二匹 作紙木半匹 典牲署黑牛上納時 牛裝木二匹 作紙米三斗 以大同米題給. 而黑牛主人役價米一石 亦自本廳定式上下爲白齊".
   •『全南道大同事目』 27조. "分養馬上納時 馬裝木二匹 作紙木半匹價 以大同米布自京題給爲白齊".
   •『湖西大同節目』 74조. "本道分養牛馬上納時 則每於一匹 牽軍一名 以其該邑大同米 計程給價爲白乎矣".(『全南道大同事目』 68조)

50 『江原廳事例』 位米太.

51 『湖西大同節目』 17조. "田稅條貢物 不係於十斗收米之內 而乃是除出田稅米太 換作恒貢物種者也. 其所除出米太 不准於貢物之價 添補之數 或加三四倍 或加七八倍 而皆出於民結". (『全南道大同事目』 18조)

52 『顯宗實錄』 4년 6월 20일(丙辰).

53 『湖西大同節目』19조. "今以壬辰收租計之 則田稅條貢物價 … 爲一體輸納於本廳 以備不時補
用之資爲白齋".(『全南道大同事目』18조)

54 『湖西大同節目』17조. "今則依其加給之數 以大同米布計給主人處 使之備納其貢物 以除其從
前倍徵之弊爲白齋".

55 ●『湖西大同節目』31조. "江華納其人作米 今以司宰監燒木不足之故 勿納於江華. 自本廳給
價於司宰監事 已爲啓稟定奪. 所謂其人作米 亦在十斗收米之內. 以上納米推移計給於本監主
人爲白乎旀. 沿海官 濟用監所納正布一千九百十四匹 在前自戶曹作米補用. 今亦以本廳所捧
之米 每布一匹 計米一石 移送戶曹定爲恒式爲白齋".

   ●『全南道大同事目』29조. "江華所納 其人三名價布三百六十四匹 每匹折米十斗 依前以沿海
官大同收米 直爲輸納爲白乎旀. 濟用監所納正布二千五百六十六匹 在前自戶曹作米補用. 今
亦以本廳所捧之米 每布一匹 計米一石 移送戶曹定爲恒式爲白齋".

56 ●『湖西大同節目』32조. "壬辰卜定 本道歲幣上木二十二同六匹 陞以九升. 增其長廣之後
每匹價米 定以二石 募人織造. 次木一百五同三十二匹 每匹以大同木二匹 支計二百十一同十
四匹. 并自本廳移送戶曹爲白齋".

   ●『全南道大同事目』30조. "歲幣上木 每匹價米 定以二石. 次木每匹價米 折以十斗. 隨其該曹
分定多少 以大同米布支計 依湖西例. 并自本廳移送戶曹爲白齋".

57 ●『湖西大同節目』31조. "所謂其人作米 亦在十斗收米之內.(『全南道大同事目』29조)

   ●『湖西大同事目』30조. "道內官屬數少之邑 則京主人·房子雇立之價 不得專責於貧殘官屬
未免責徵於民結. 此爲難堪之巨弊. 京主人·房子等 自本廳給價雇立 每一名各給十五石 以爲一
年入役之資. 勅使時 都監所捧京婢·房子價木 亦自本廳直爲移送 勿令責徵於各邑".(『全南道
大同事目』28조)

58 『江原廳事例』各樣上下. "當初各司皂隸 自外邑選上矣. 大同行後 盡罷爲步兵. 自京給價雇立
而無米布 衙門引陪 則戶惠廳排朔. 一年內四朔戶曹 八朔宣惠廳. 有閏則依元朔例 分給大小朔
亦爲計給".

59 쇄마와 관련해서는 다음 논문이 있다. 趙炳魯,「조선후기 交通發達에 관한 硏究; 교통수단으
로서의 驛馬確保를 중심으로」,『國史館論叢』57, 1994; 金德珍,「16∼17세기 쇄마역의
增價와 雇立」,『朝鮮時代史學報』9, 1999년.

60 『宣祖實錄』권138, 34년 6월 3일(己巳).

61 『宣祖實錄』권138, 34년 6월 3일(己巳). "自亂後 天將往來無窮 本國使命 亦倍於前. 抄發田結
刷馬 以代驛馬之役. 盖出於不得已也. 一馬之價 白粒幾至百斗 一朔之內 或至數三遭輪回.
東方民力之竭 太半皆由於此也. 今者天兵之撤已久 而徭役之煩 調徵之弊 小無差減. 非徒民怨
徹天 人之聞者 莫不駭怪. 臣等取考京畿本營刷馬件記 則各官刷馬 今年四月朔 五百二十三匹
人夫四十六名. 五月朔 一百十五匹 人夫三十三名 分定成冊踏印. 雖曰爲是天兵 調發之數
不應如是之多. 且其馬匹之下 各處入把者甚多 或以貸銀價上下 或以物膳價上下 或以某人等
上下. 如是懸錄處甚多. 其所用處 雖不敢知 而旣以田結抄發之馬 亂用於他處 所見極爲虛踈".

62 『宣祖實錄』 권75, 29년 5월 7일(癸酉).

63 『宣祖實錄』 권138, 34년 6월 23일(己丑).

64 『宣祖實錄』 권131, 33년 11월 7일(丁未).

65 『湖西大同節目』13조. "京上納米布 輸運舡馬價 計減於收米元數之內".(『全南道大同事目』 14조)

66 ●『湖西大同節目』34조. "各邑刷馬價 一息程 凶年則給二斗 豊年則給二斗五升爲白乎矣".
   ●『全南道大同事目』31조. "各邑刷馬 一息程 凶年則給二斗 中年則給二斗五升 豊年則給三斗爲白乎矣".

67 李敏敍,『西河先生集』권15, 行狀 先考領議政府君家狀. "試以本道之事言之 元用田十二萬結 如京畿例結收十六斗 則可得米十二萬八千石. 計本道所獻方物·諸膳·諸藥及諸營所俸·諸邑所 需將士所食餘 可八萬六千石. 京司貢賦一歲計 可五萬石而足 尙得三萬六千石".

68 『仁祖實錄』 권46, 23년 8월 14일(癸巳).

69 『光海君日記』 권113, 9년 3월 19일(甲申).

70 〈표 3-3〉호서·호남 영읍소용미 지급 항목.

| 湖西 | 湖南 | |
|---|---|---|
| ● 戰·防·兵船新造與改槊 <br> ● 本道仍定進上方物白綿紙·油芚·小好紙·甲冑·藥丸 <br> ● 監兵水營營需·各官官需油淸紙地 <br> ● 使客及監司支供 <br> ● 釋尊祭幣帛牛脯 <br> ● 社稷·賜額書院幣帛 <br> 本道已封進上價米 <br> ● 壬辰秋軍兵犒饋 <br> ● 冬三朔刷馬與上年引用各項上下米 井計 二萬二千九百十八石 皆以本道留置米計減 | ● 戰·兵·哨旴船新造與改槊 <br> ● 本道仍定朔膳進上方物 <br> ● 內醫院藥材靑大竹 <br> ● 宗廟薦新物膳 <br> ● 監司以界進上 <br> ● 端午扇子 <br> ● 內弓房油物 <br> ● 工曹進上扇子 <br> ● 監兵水營營需 <br> ● 五營將及軍官料米 <br> ● 各官官需油淸紙地 | ● 使客及監司支供駕轎毛物紙地 <br> ● 釋尊祭幣帛牛脯 <br> ● 社稷·賜額書院幣帛 <br> ● 春秋習操時犒饋價 <br> ● 慶基殿祭物及參卷糧饌價 <br> ● 月課軍糧軍器價 <br> ● 海運判官紙地價米 |

출전: 『湖西大同事目』9조 / 『全南道大同事目』11조

71 ●『孝宗實錄』권4, 원년 7월 21일(壬申). "右議政趙翼上疏 陳湖西三弊變通之策. 其一 兵水營所用大小之需 皆取辦於軍兵 以成營門模樣. 舍此則無他物矣. 軍兵納布 一年兩番 合爲六十匹 其不堪固也. 今若使兵使兼洪州或瑞山或海美 水使兼保寧 各食本邑官廳所納 如京畿水使兼喬桐之例 而不復侵徵 則軍兵可以保存".
   ●『孝宗實錄』권10, 4년 1월 23일(庚寅). "兵曹判書朴遾上疏 論時務五弊. 其一言 閫帥邊將資用沒策 一應供億 專責水軍. 輾轉濫觴 侵虐備至 散亡相繼 徒擁虛簿. 盖邊將輩 收布於水軍 除出糧軍饌軍 以爲自使之用 而以其餘布 略給堡下土民. 及其上司點閱之時 按簿呼名 點畢還散 其可得力於急難乎. 國家初不料理邊將之廚廩 而欲禁其侵魚軍卒 何可得也".
   ●『顯宗改修實錄』권4, 원년 11월 11일(壬戌). "講畢, 敏敍曰 諸道兵水使 皆收布於軍卒 以爲用度. 故軍卒不堪其苦. 此爲諸道巨弊. 若令廟堂料理兵水營用度 然後禁其收布 則軍情必

미주 449

喜矣. 命夏曰 兩湖則行大同 故兵水營有營需米. 他道則例爲除防而收布. 故是弊政. 然亦難率爾
變通矣".

72 『湖西大同節目』62조. "三營所納 皆以價米磨鍊. 紙地筆墨藥材等物段置 自其營門給價貿用
切不如前分定. 然後可以糾檢其列邑. 勿爲先自犯之爲白乎矣. 監營則元需米五百石外 加給駕
轎價米四十石. 兵營則淸州官需與油淸價米四百六十六石十斗 未爲不足 而又以將士支供加給
米一百石. 水營則營需米一百五十石. 保寧官需與油淸紙地等價米一百九十六石十斗 監司支
供米五石之外 加給將士支供米八十石. 三營所給米 通計一千五百三十八石五斗. 四牧中軍料
米 亦給八十石 以此足以支用定爲恒式爲白乎旀. 兵水營在前軍兵處所捧之米乙良 勿令徵捧爲
白齊".(『全南道大同事目』58조)

73 『仁祖實錄』 권28, 11년 7월 24일(甲寅).

74 柳承宙, 「朝鮮後期 貢人에 관한 一研究(下)-三南月課火藥契人의 受價製納實態를 中心으로
-」, 『歷史學報』 79, 114쪽.

75 『備邊司謄錄』12책, 仁祖 26년 10월 17일. "當初月課分定 非使之賦於民 乃使之方便別備者也.
… 峀出於各邑守令 不費民力 以其私庫所儲 取其贏餘 隨便措備之意也. 近來外方 不體此意
枚擧米布於民結者 亦多有之云".

76 『備邊司謄錄』16책, 孝宗 4년 3월 1일. "二月二十九日引見時 左議政所啓 各道各官 例有月課
米之儲 而京畿則設宣惠廳後 無月課米之規. 湖西月課米 亦當除之. 上曰 依爲之".

77 『湖西大同節目』73조.

78 李敏雄, 「17~8세기 水操 運營의 一例 考察-규장각 소장본 慶尙左水營, 『水操笏記』를
중심으로」, 『軍史』 38, 1999. 호궤 절차에 대해서는 80~81쪽 참조.

79 『仁祖實錄』 권50, 27년 3월 18일(丁丑). "執義金弘郁 … 三年改槊六年改造 什物軍器 春秋習
操 厥費皆出於民 故皆云 計一年應役之數 則舟師居半 而國家亦不計減他役".

80 『湖西大同節目』37조. "至於(守令)不時遞易刷馬段 難以定限. 田結最少之邑 若經一二番遞易
則十斗所收之米 更無餘數 極爲難處".(『全南道大同事目』32조)

81 『湖西大同節目』37조. "守令瓜滿遞易時段 迎送刷馬價 皆以大同米題給. 而依法典 大牧四官
則給馬二十四 郡縣以下 給馬十五匹. 切勿加給爲白乎矣".(『全南道大同事目』32조)

82 ●『湖西大同節目』36조. "守令因公幹上京 四日程以下則給刷馬三駄 五日程以上則給四駄.
而道內因公往來時 則給二駄. 至於私自出入 如覲親病親掃墳科擧等受由時段 各給二駄 而
其價皆以大同米計爲白乎矣. 如或不足則以衙養馬使用 切勿濫用價米爲白齊".
●『全南道大同事目』33조. "守令因公幹上京時 七日程以下則給刷馬五駄 十日程以下則給六
駄. 而道內因公往來時 則給三駄. 至於私自出入 如覲親病親掃墳科擧等 各給四駄
而十日程以上 加給一駄 其價皆以大同米計爲白乎矣".

83 『湖西大同節目』70조. "三營需米 旣已從優題給. 監兵水使都事所率營吏 新舊迎送留京粮
各項營中貿易之物 皆以營米上下. 切勿分定於列邑爲白乎矣. 海運判官所用紙地乙良 依前例
輪回分定於各邑. 其價以大同米計減爲白齊".(『全南道大同事目』61조)

84 尹用出,「15·16세기의 徭役制」,『釜大史學』10, 1986, 26~27쪽.

85 姜萬吉,「朝鮮後期 雇立制 發達」,『韓國史硏究』13, 1976, 76~77쪽.

86 『湖西大同節目』52조. "禮葬造墓軍 則與擔持有異. 雖以烟軍爲號 其實例以田結出定價米. 故京畿則烟軍一名一朔赴役之價 定以米九斗 而本道則以正木六匹計給. 旣設大同之後 兩道不宜異同是白在果 外方事勢與畿邑不無差別 每一名一朔之價 以大同米十五斗爲限 或米或木隨其所願 以價題給 使之雇立爲白乎矣".(『全南道大同事目』47조)

87 『湖西大同節目』71조. "守令於其所給官需一遵定式 十分節用爲白乎矣. 如大邑需米四百石 則一月當用三十三石零 而油淸雉鷄亦皆依此定式計朔爲用. 切勿侵犯他朔之用. 以至中小殘邑一體爲之. 及其交替之時 重記懸簿之數 兼官報于監司. 如或濫用則監司報本廳 從重科罪".(『全南道大同事目』62조)

88 『顯宗實錄』권14, 8년 10월 13일(甲申). "時湖南大同設行之後 各邑多有盡用劃給之數 而貸用大同米者 命本道 啓, 啓上曰 "十石以上拿問 其下則推考. 官需劃給之米 則此爲守令應用之物 而近日守令之盡用劃給者 混同論之濫用. 此豈朝家定式之意乎. 劃給之外 引用他朔者 依事目論以濫用之罪" 命夏曰 "聖敎當矣. 以此敎分付于宣惠廳·義禁府 使之付諸壁上而擧行." "

89 趙顯命,『歸鹿集』卷13, 與載健書. "居官百事 … 官庫百用 隨其多少 分排十二朔. 一朔應之外 雖分錢尺布升合之穀 不可犯用朔外. 如油淸魚物等 祭祀緊需 雖或有不足之時 若無別樣變通之策 則祭饌一二器可闕 而排朔定限 斷不可違".

90 제3장 미주 49(424쪽) 내용 참조.

91 金益煕,『滄洲先生遺稿』권8, 封事 甲申封事 1644년(仁祖 22). "爲今之計 莫若通行八路大同 使貢案諸色 皆入稅賦之中 以其米布 摠納戶曹 分給該司 使之各貿市上 以除防納刁蹬之弊 庶幾寬民力. 而議者或謂各司主人之輩 一朝失其所以爲生 凋瘼可念 而各司亦與之俱受其弊. 此則不然. 許多貢物 其勢不能自官貿販 必須付之此輩. 若比諸常價 從優以給 俾有資生之路 則必不至大段凋瘼. 官受其弊".

92 金弘郁,『鶴洲先生全集』권10, 論田制 貢物. "私主人輩 以爲自己相傳之業 分給其子孫而世守之. 至有給價 相爲買賣. 此輩旣享其厚利 故擧皆豪富. 高樓傑閣 圍棊博奕 日以酒肉爲事. 預給一分之價 備其物種 屈指計日曰 某邑貢物 某月當來. 及期則其邑下吏 果陸載水運 輸給米布 則猶且固靳萬端 受價快足. 然後呈陳省于本司. 而旣與本司下吏 深相締結 故物雖薄劣 無弊入納 而各司官員 惟仰下吏之頤指 元無可否. 其中或有剛明不撓者 及有風力監察 退黜不捧 則此輩素相交通於名士大夫之家 鼓唱毁言 彈駁隨之. 故擧皆循例黙然而已. 此是近來貢物之弊也. 間有識者 欲爲變通之論 則此輩勤力 足爲抗拒朝廷之論 故流俗宰相 不察是非 而惑於浮言 遂倡鎭靜循俗之論 從而沮止. 且浮言徹於披庭 而自上難於變法 未嘗允許. 此弊終無可祛 而民力無時可紓矣. 曹南冥所謂我國以胥吏亡國者 誠非虛語也".

93 『光海君日記』권80, 6년 7월 3일(癸丑). "戶曹啓曰 凡各官貢物 納于各司之際 自前例有所謂私主人. 私主人或不無中間操弄作弊之端 在所當禁 而亦不可無者. 各司旣無典僕. 凡各司所儲之物 進排上司之際 非私主人 更無使喚之人故也. 私主人所捧人情等物 宜有定限 不可專廢".

**94** 金弘郁,『鶴洲先生全集』권10, 論田制 貢物. "凡司中使喚雜役 莫不責辦. 非徒私事 亦有公事. 如褒貶時設饌 各司皆然. 而至有禮葬軍·藏氷軍·擔持軍·轎軍·馬草驅債·餞送時酒饌·監察月令各陵差祭時 刷馬人夫炬燭及其他細瑣之事 難以毛擧 而皆責出於私主人".

**95**『湖西大同節目』14조. "各司貢物 癸亥年大同詳定之價 非不裕足. 作紙役價幷在其中 而便民之政 所當京外一視. 物種中 前詳定價 本或似不足 則量宜加磨鍊. 今番加給之數 比之癸亥詳定 多至八千四十八石是白置. 所給之價 勿論海邑山郡 皆以米布交給 以爲隨歲豊凶 推移取資之地. 木一疋米五斗定爲恒式. 雖値凶歲 切勿減給爲白乎旀. 許多米布不可一時盡給 以一年之捧 春秋兩等分半上下 以爲前期措備之地爲白齊".

**96** 張維,『谿谷先生集』권20, 湖南暗行御史復命書啓.

**97**『謄錄類抄』1, 各司謄錄 64, 壬午(仁祖 20) 9월 21일, 390쪽, 國史編纂委員會. "司郞廳以大臣意啓曰 累年饑饉之餘 幸得稍稔. 外方民生 庶幾少蘇. 但聞木花大無 幾於絕種 而例納貢賦 將不可廢 則綿布太貴 穀價太賤 商賈獲十倍之利 而農民重困 事甚可慮. 着令該曹 另加參商 就應納綿布中 或緩其期限 或代捧米穀 以寬一分民力".

**98**『仁祖實錄』권20, 7년 윤4월 20일(己亥). "副護軍金尙憲上箚 略曰 … 臣竊閭度支歲入之數 不過九萬 而經用之費 常過於十一萬. 故度支多方拮据 務足二萬之數 以供其費. 彼亦不能神設鬼辦 徒自換色易目 東遮西架. 或無中生有 或以減爲存. 當出米者强使出布 當出布者强使出米. 自官勒定 賤取貴售. 本色猶在 而價已三倍".

**99**『仁祖實錄』권49, 26년 4월 9일(癸卯). "憲府啓曰 貢物防納之弊 其來已久 而甚於今日. 牟利之徒 附托豪勢 圖囑守令 或先受取贏 或倍徵該邑. 豊年則以布 凶年則以米. 生民困悴 推此可知".

**100**『西峯日記』丙戌(仁祖 24) 七月, 40쪽. "每一結收米三斗 而分海邑山郡 或米或木 定式收捧以其米布參半 分給於各司貢物主人 則樂歲資其布木之利 凶年資其米穀之利 自可優足矣".

**101**『承政院日記』120책, 孝宗 2년 8월 11일. "南銑 又以備邊司言啓曰 江原大同 … 各司主人由此怨憤. 今欲行湖西大同 皆以爲若如江原則人不堪矣. 必先革此弊 合而爲一 使民洞知 然後人皆相信而樂從矣. … 傳曰 依啓".(『潛谷遺稿』권7, 江原大同 屬於該廳啓)

**102**『仁祖實錄』권10, 3년 10월 18일(癸巳). "京各司私主人防納刁蹬之事 爲一國巨弊 而無以救之 可不痛哉? 今年則穀物甚賤 木布踊貴 而自大同設廳之後 防納刁蹬之弊 倍於前日. 外方之民 不勝怨苦. 穀賤傷農 正謂此也. 雖不得大段變通 亦不可任其所爲. 請自今貢物價布 備給私主人之數 令各道監司 收捧成冊 翌年三月 無遺上送 令戶曹訪其物價 參以詳定. 其中濫捧者 受價不納者 一一查出 價物則屬公 當身則論以贓罪. 守令成冊不實者 亦令監司 摘發治罪." 答曰 "… 價布多少 非朝廷之所可論也. 勿爲煩瀆.""

**103**『湖西大同節目』15조. "外方貢物 例於翌年二月爲始上納. 厥價分給當在二月之後. 而各司貢物 各有年條. 壬辰條貢物 壬辰年內上下者 是謂當年條也. 癸巳年二月後上下者 是謂翌年條也. 如祭享御供及殘弊無形之各司 當年內上下. 其他各司 皆於翌年春上下 以爲恒式爲白齊".

**104**『湖西大同節目』16조. "各司貢物價上下之後 私主人等 備納物種於各其司 則其司官員 請臺捧

上所捧之數. 戶曹上重記 出尺文. 考準於本廳 以爲貢公塡井之地爲白矣. 如或受價之後 不卽
備納 徒爲主人輩衣食之資 則事甚無謂 該司官員 解由拘碍 使不得受祿於科內 色吏私主人
自本廳分輕重 治罪爲白齊".

105 ●『湖西大同節目』25조. "太廟薦新大小麥生兎及各殿進上之物 今則自本廳給價封進. 當其封
進之節 或有絶種難得 節早未產者 則依京畿例 或貿代封 或爲退封. 食醢段置不以本色 代以生
物. 遠方所貿之物 則略爲加塩以便封進事 曾已啓稟定奪. 依此定式爲白乎矣. 膳狀段本廳提調
成貼 郎廳躬詣闕門外 監封以進 而監封處所乙良 定於司饔院外直房爲白齊".

 ●『全南道大同事目』25조. "仁壽宮物膳 以米移送事及宗廟薦新蕨菜天鵝 自本廳給價封進事
旣已啓下爲白有置, 並依此擧行爲白齊".

106 『湖西大同節目』26조. "食醢次生魚 要准一缸之外 似不必論其大小. 故價米皆以中魚磨鍊.
該院不諒此意 責納大魚 則主人等 必有難支之勢. 如非至小則勿令尺量點退. 且爲省浮費. 封餘
加數 幷爲減除. 本院下人等 中間操縱徵索人情者 一切嚴禁事 已爲定奪啓下. 着實奉行 以爲無
弊封進之地爲白齊".

107 ●『湖西大同節目』60조. "朔膳節產進上及內局所納藥材等物 今皆自京封進 而銀口魚·海衣
等物 移送湖南乙仍于 本道仍定者 只是臘猪六口·有匣生鰒七百介·生鰒二缸·生鰒食醢五缸·
黃石首魚十斗·早紅柿一千五百介·生松茸三百三十本·小螺塩四缸. 此則皆是本道所產之物.
自監營分定於各其所產官 而其價則本廳因本道所報 旣以大同米從優磨鍊 可以無弊封進是白
乎旀. 此外瓜滿遞代監司 到界進上段置 今以大同米依本道定米一百九十石十斗零 當於瓜滿
時題給 自本道可以封進. 而宗廟薦新天鵝代生雁十二首段 乃是五年一次. 每首價米 定以一石
幷計米十二石封進. 當次之年 亦爲計給是白在果. 卽今本道仍封進上價米 一百十六石八斗是
白齊".

 ●『湖西大同節目』61조. "三名日方物 雖在權減之中 甲冑及端午油物段 今方自本道封進.
各種折價 監兵營依式收捧措備封進 而木品切勿如前責徵長細之木. 各官以其大同米布捧納
切不得科外責徵於民結爲白乎矣. 權減方物 自甲午復舊 則價米通計四百七十二石零是白齊".

 ●『全南道大同事目』49조. "三名日方物段 各官以大同米布 依詳定輸納各營爲白齊".

 ●『全南道大同事目』50조. "到界進上 各樣物種 舊有定式. 今以收米折價上下爲白齊".

 ●『全南道大同事目』67조. "凡干京納之物 毋論多少 皆入於收米之中是白乎矣. 其中 宗廟薦
新朔膳進上扇子油物段 雖以收米計給其價 而仍置本道 使之依前上納事 曾已定奪是白在果
自外方上納之際 多有人情徵責之弊. 各別通禁如有操縱之患 則令色吏來訴本廳 以爲入啓重
處之地爲白齊".

108 『承政院日記』120책, 孝宗 2년 8월 14일. "許積曰 凡進上之物 自京貿易 實爲不易. 其勢必
還給其價于本道之民 使之貿納. 如此則似爲疊役;『孝宗實錄』권10, 4년 2월 12일(己酉)
忠淸道朔膳變通之擧 今已講定 … 至於臘猪·新稻·生鰒·紅柿若干種 直令本道封進 其在藩臣
享上之儀 亦無所歉".

109 張維,『谿谷先生集』권20, 湖南暗行御史復命書啓.[『仁祖實錄』권4, 2년 1월 6일(辛酉)]

110 金堉, 『潛谷遺稿』 권6, 請順湖南民情 速爲變通箚.(孝宗 9년 7월 10일)

## 제7장 조선시대 경세론의 핵심을 대동법에서 보다

1 千寬宇, 「磻溪 柳馨遠 研究」 下, 『歷史學報』 3, 1953, 421쪽.

2 兪榮, 『市南集』 권17, 雜著 江居問答.

3 兪榮, 『市南集』, 附錄, 권1 行狀. "公以爲我國儒先設施之方 無如栗谷李先生所著. 乃就其文集 中 採撫條列 要以合古而通今 成一冊子 以示諸賢. 名之曰 江居問答. 盖取諸東湖之義也".

4 韓基範, 「草廬 李惟泰의 政治思想」, 『百濟研究』 22, 1991, 273~4쪽.

5 『磻溪隨錄』 권1, 田制 上. "雖惟願治之君 若不正田制 則民産終不可恒 賦役終不可均 戶口終不 可明 軍伍終不可整 詞訟終不可止 刑罰終不可省 賄賂終不可遏 風俗終不可厚. 如此而能行政 教者未之有也. 夫如是者其何故乎. 土地天下之大本也. 大本旣擧 則百度從而無一不得其當 大本旣紊則百度從而無一不失其當也".

6 金泰永, 『실학의 국가 개혁론』, 1998, 77쪽.

7 李佑成, 「初期 實學과 性理學과의 關係-磻溪 柳馨遠의 경우」, 『東方學志』 58, 1988, 20쪽; 金駿錫, 「柳馨遠의 變法論과 實理論」, 『東方學志』 75, 1992, 109쪽.

8 兪榮, 『市南集』 권17, 雜著 江居問答. "客曰 此法若行 則必將利於小邑 而不利於大邑. 減此增彼 一喜一怨 惡在乎均賦之意也. 主人曰 目今小邑之弊 誠爲孔革. 若不汲汲變通 則數歲之內 必有不能支吾者. 設令大邑有怨 怨者少 而喜者多 則猶當酌利害而取捨之. 況大邑貢物之數 雖或有增 而所減之處 比舊減數 則亦將有益而無損. 又何怨苦之有哉".

9 『孝宗實錄』 권19, 8년 7월 11일(壬子).

10 兪榮, 『市南集』 권17, 雜著 江居問答. "客曰 船運之際 例有風濤覆沒之患. 其勢不得不再徵於 民. 若此者奈何. 主人曰 此言則然矣. 謀大利者 不計小害. 若因此等拘碍 而沮其通行之法 亦非識務之言也".

11 兪榮, 『市南集』 권17, 雜著 江居問答. "夫上供之物 所費無多 而各司人情防納刁蹬之費 不啻倍 蓰. 夫以小至殘之邑 十二諸寺 皆有所納. 所納之物至小 而所費之資甚多. 諺有手持進上 馬載人情之語. 今若申明任土之法 凡列邑之貢 非其土産者 一切減去 幷定於所産之邑 而減其 舊數什之二三. 貢物之數旣減 而所納之處又少 則其費甚省 而民受實惠矣".

12 李惟泰, 『草廬集』 권2, 己亥封事, 庚子(顯宗 1) 五月承命封. "所謂貢案者 國家任土作貢之式 出於古法 而燕山以來 貢物甚繁 民不堪命. 厥後 頗加節減 猶有未盡. 亂離之後 式貢不均. 無用之物 不緊之需 徒爲民弊而已 則今日儒臣之必欲改之者 豈非急務乎. 然八道均行大同之 法 一年恒定御用之數 市上貿用 不求遠方 則今日貢案 不期改而自改矣. … 若諸道皆勿量田之 法 然後勿分稅與貢 通作什一之數以取於民 一開田案 八道之歲入 可坐而數也".

13 『磻溪隨錄』 권2, 田制 下, 田制雜議附. "蓋公田 有役則有田 民自受田入籍. 戶牌則田與人不相 配. 民無所利於入籍 而有利於脫籍 故兆民皆欲避役 而唯上之人 必欲籍之. 是以設法必極其嚴

行法必極其峻 然後國中方無不佩之民矣.) 假令得行一時 刑少弛則法還廢. 亦如上所云 限田之 爲. 萬世常行 則萬世常多事矣. 人有動靜 死生無常 非如田地一定不易故也".

14 『磻溪隨錄』 권6, 田制考說 下. "按均田之制 起於後魏 … 至唐 其制始備. … 然不以土田爲本 而以人丁爲本. 故不度田定制 正其經界 而籍丁定役 計口分授. 又其科條多端 增減不常. 夫經界 不定 則易以侵爭. 科條多端 則簿書難詳. 執難詳之簿書 而欲齊兆人之侵爭 不可得也. 此所以雖 得暫行 而終歸於還廢也. …

然而土者 一定而不遷者也. 人者 動靜存亡之不可常者也. 是故 本乎田而明其分 則人在其中 而自無不均. 不本乎田 而欲察於人 則參差漏脫 無由可察矣. 此理亂之所由分 而百事之本也. … 此非唯事勢亦是 天理如此. 由靜而動之理也. 聖人盡天理 故其制皆如此".

15 『磻溪隨錄』 권6, 田制考說 下. "又按唐制 以人丁爲本 故不復分田饒瘠之等 而分人戶 爲九等也. 旣以丁賦調賦 則或有流亡者 其勢必將攤徵於隣比. … 蓋賦以人戶之弊 民之貧富不常 而上戶 難以輕減其籍. 逃亡者多 而官不可盡信 則攤於隣比 勢所必至. 若以田出稅 隨其豐歉 則人或流 亡 田有代者 豈有此弊哉? 卽今搜丁定軍 故一有逃者 則侵徵隣族. 隣族不勝其苦 而又逃 則又及 於隣族之隣族 流毒八方 禍猶未已. 夫出稅不以田 則必有攤稅隣比之弊. 出兵不以田 則必有徵 役隣族之弊. 如欲上下相得長治無弊 必也正經界 以田出稅出兵乎".

16 崔完基, 「朝鮮後期 漕役의 變通과 船人의 雇立」, 『李元淳教授華甲紀念史學論叢』, 1986; 李銀順, 「조선후기 救荒設粥考」, 『李基白先生古稀紀念韓國史學論叢』下, 1994; 趙炳魯, 「磻溪 柳馨遠의 驛制改革論」, 『朝鮮時代史學報』 3, 1997; 邊柱承, 『朝鮮後期 流民研究』, 고려대학교 대학원 박사학위논문, 1997.

17 趙翼, 『浦渚先生集』 권2, 論宣惠廳疏.[『仁祖實錄』 권3, 원년 9월 3일(庚寅)] "雖遇凶歲 只田減稅. 不得減貢物. 民之塡壑 亦無以救".

18 『磻溪隨錄』 권7, 田制後錄考說 上, 賦稅. "又曰 "田制不復古 縱得薄斂 如漢文帝之除田租 唯惠有田之民 不能惠無田之民. 田制不定 上之人雖欲復古 其道無由".

19 金壽興, 『退憂堂集』 권4, 辭大司諫兼陳所懷疏(顯宗 5년 4월 1일) "大凡役民之道 必須公平均 一 無少偏重 然後民心腹矣. 卽今州縣之不敢差役者 其類甚多. 內司奴婢也 內司守庄之人也 諸宮家奴婢庄戶也 各衙門屯田募民也 軍卒之給復也 勢家之庄戶也 豪右之籬下也 若此之類 擧皆依倚逋逃 安逸自在. 名籍不係於官家. 守令莫敢下手. 擧一邑之民 應役者不過十之二三. 其終年勤苦 救死不贍 以二三而當十人之役者. 只是無告之小民 則其何以不怨且咨. 此所以 不可不大變通而除之也".

20 『磻溪隨錄』 권7, 田制後錄考說 上, 賦稅. "夏之貢·殷之助·周之籍 皆什而取一. 蓋因地而稅也. 秦則不然 捨地而稅人. 故地數未盈 其稅必備. 是以 貧者避賦役而逃逸 富者務兼并而自若".

21 『磻溪隨錄』 권2, 田制 下, 田制雜議附. "我國山峽之地 民利絶鮮 率爲棄地. 至於城邑村落 所在多傍山麓可爲果園. 民若種得棗栗柿梨桑楮茶竹之類 隨土所宜 戶各數十百株 則其爲利也 不減田畝之收矣. 而民不興於樹藝 何也? 是亦長民者 觸事侵害而然也. 今或邑有栗林 則令農民 守直 而倍數徵斂 至於私貿遠方而納之. 故民之疾栗林也 如疾仇讐. 南方民家 一有柚樹 則置簿

徵納. 身役之外 添得此役. 雖柚株旣朽 而其徵納 則傳之子孫. 害及隣里. 故一有萌生 相戒拔去. 以至蜂桶置簿 而峽民難於養蜜. 有馬有鷹 置簿而無勢者 難爲畜馬養鷹. 一有名目 皆作民害 其間抑勒催督 吏胥奸弊 又不可勝言. 嗚呼! 民何不幸 不出於古之世乎? 今欲以樹藝之利 以裕山峽之民 則必先自朝廷 省除進上 以絶憑藉之路. 明著法令 一切勿侵 然後可以勸民興生 使資其利. 如此則凡四方之地 山阜藪澤原濕 或爲牧畜之場 或爲材木之儲 或爲陂堤之瀦 無處不有其宜 而生民有賴 家國自然贍裕矣".

22 『光海君日記』 권36, 2년 12월 25일(丙申). "(宣惠廳 … 再啓曰) 國家巨弊 在於防納 而弊不得除. 此不得已爲作米之擧也".

23 『磻溪隨錄』 권3, 田制後錄 上, 經費. "任土作貢 雖稱古法 今之爲制 則未免生弊 莫如大同之均平無弊. 蓋貢物 縱使定之 一以土宜 京司分定於各邑 各邑分徵於各面民戶 名色不一 物品難齊. 於是 京吏刁蹬於邑吏 邑吏刁蹬於面差 面差刁蹬於齊民. 節節衍數 節節索略 節節增弊. 其間奔走廢事者幾人? 督迫捶撻者幾人? 往來糧費 夫馬價費 又幾許耶? 是以 國家所捧 一物之微 而民間所費 萬倍其數 而億兆無不受其害矣".

24 『磻溪隨錄』 권3, 田制後錄 上, 經費. "各道 又率意分定於列邑 列邑 又爲分徵於萬民. 自朝家而各道 自各道而列邑 自列邑而戶主 自戶主而田夫 其間 階階增剩 節節行奸 其弊萬端. (所以階階增數者 凡物所分定 無常數 無常式 民不知其本數. 故貪猾乘間 任意濫徵. 又次次輸納之際 必有餘剩 然後可以待揀退備耗欠. 故雖非貪猾 亦不得不加剩. 事旣如此 則節節皆有容奸之地. 此所以奸濫漸滋 遂生無限弊端也.)"

25 『仁祖實錄』 권7, 2년 11월 3일(癸丑). "知事 徐渻曰 … 自古有任土作貢之法 祖宗之法 卽三代之法也. 若果遵行 何弊之有? 祖宗朝法典 非不美也. 奉行無人 有此弊耳. 凡民役不任土作貢 而只出於田結 則民安得不苦乎? 今雖變大同之法 而防納之人 如前作弊 則民益苦矣. 嗚吉曰 此言誠是矣. 如欲擧此法 則必須變通可矣. 上曰 所謂變通者何也? 嗚吉曰 "任土作貢足矣"".

26 『光海君日記』 권36, 2년 12월 25일(丙申). "宣惠廳 … 再啓曰 … 國家巨弊 在於防納 而弊不得除. 此不得已爲作米之擧也. 往者 民間 多出價而貿納者 是防納人也. 今者 民間小出價 而貿納者 是宣惠廳也. 貢物名目 非有裁損. 只是減捧其價 與私主人 備納本色而已. 與其利歸於防納 無寧除弊於困民. 此豈是變章者乎?"

27 趙翼, 『浦渚集』 2 論宣惠廳疏.[『仁祖實錄』 권3, 원년 9월 3일(庚寅)] "臣竊謂 今此宣惠廳之法 最爲近古. 實與孟子所言先王之政暗合也. 今行此法於國內 臣竊謂 東方盛治 自此而可幾也. 今此法田結所賦 皆以米布. 中外需用 以此分之. 又有餘儲可備凶災 而其取之之數 則比什一爲輕矣. 故臣以爲與三代之政暗合也".

28 趙翼, 『浦渚集』 권2, 論宣惠廳疏.[『仁祖實錄』 권3, 원년 9월 3일(庚寅)] "盖什一 天下之中正. 夫農之所得 什一賦於上 什九在於民. 所謂什一者 以穀言之也.… 又以禹貢考之 八州皆有貢 而冀州無貢. 甸服五百里之內 則或納總納銍納秸或粟或米 皆以穀也. 由是觀之 則王圻之內 只以穀爲賦 而八州之有貢 如徐之土五色 楊之金三品 則乃諸侯各以土産貢之也. 然八州皆有

田賦 則其賦於民皆以穀可知也".

29 『磻溪隨錄』권3, 田制後錄 上, 經費. "蓋古者封建 則諸侯之國 不得不貢厥土宜 非唯禮當如此. 設令 所貢之物 有欠精美 不過責其主者之過而已 必不有點退之擧也. 故能無弊及於民. 今則異 於是. 京中所用百物 皆定於外方 而辦出者民間 點退者京司也. 一番點退 其害無窮. 夫執點退之 權 以臨有口無言之民 安能無次次刁蹬之弊乎? 此所以莫如大同之均平無弊也.
雖然 王者之取民 什一稅外 更無他斂. 古者 方國所貢之物 亦是以什一稅 入市貿也. (說詳呂東 萊論 禹貢貢賦語) 今之稅外有貢 本非古法. 必以經稅之入 依今大同例定貿 然後乃爲盡善也. (任土作貢 雖曰古法 詳考古制 則有不如今之所謂者. 蓋古者畿內 則有米粟之輸 而無貢. 畿外諸 侯 乃有貢. 而所貢之物 亦自其國 以什一稅 入貿備以貢. 民之所出 則只是田稅而已. 今則旣有田 稅 又有貢物 而其所謂貢者 令逐郡逐縣 皆供百物 而別徵以納. 爲法如此 則安得不弊? 此所以名 同 而實則異也)".

30 『磻溪隨錄』권3, 田制後錄 上, 經費. "各道所獻 正其禮貢 改今進上之規 … (每歲一次於正朝拜 箋時 以禮貢獻. … 兵水使 則無貢獻.) 按王者之制 貢獻 下供以義 上受以禮. 苟以禮義 則事皆當理 寧有弊乎? 唯其失於禮義 故有不可勝言之弊. 今之所謂諸道進上者 多是羞膳之物 而名色甚繁 細瑣無遺 逐月封進 月或再三次".

31 『磻溪隨錄』권7, 田制後錄考說 上, 賦稅. "呂(東萊)氏曰'賦役之制 自禹貢始可見. 禹貢旣定九 州之田賦 以九州之土地 爲九州之土貢. 說者以爲'以其田賦之當供者 市易所貢之物.' 考之於 經 蓋自有證. 何者? 甸服百里賦納 總至於五百里米. 自五百里之外 其餘四服 米不運之京師. 必以所當輸者 上貢於天子. 以此 知當時貢·賦一事. 所以冀州在王畿甸服之內 全不敍土貢 正緣 已輸粟米. 以此相參攷 亦自有證.'"

32 李惟泰, 『草廬集』권2, 己亥封事, 庚子(顯宗 1) 五月承命封. "所謂賦稅者 孟子曰 什一天下之中 正. 多則桀寡則貃. 然則什一之法 一毫添不得 一毫減不得也. 臣謹按國典 貢重而稅輕 異於先王 之法矣. 今者井授之制雖廢 量田之法有據. 以結卜之等差 校田畝之所入 則雖不中不遠矣. 若諸 道皆擧量田之法 然後勿分稅與貢 通作什一之數以取於民 則一開田案 八道之歲入 可坐而數 也".

33 權諰, 『炭翁文集』권3, 論大同三稅疏. [『孝宗實錄』9년 4월 20일(丙戌)]

34 『承政院日記』146책, 孝宗 8년 9월 6일. "復陽曰 '大同暗合徹法. 禹貢亦以其土産納貢 豈可使防納 而貽弊於民間乎? 湖南大同 如欲設行 斯速爲之 可也.'"

35 『西峯日記』39~40쪽.(仁祖 24년 1월) "公以爲事重且大 不可輕議 莫如通兩湖行大同之法. 一結出米若干 凡百供億 皆於其中辦焉. 更無事賦於民. 實井田之遺意也".

36 『磻溪隨錄』권3, 田制後錄 上, 經費. "各司該用諸物 皆量定其數 (以今貢物數目 更爲酌量定數 其不切於國用者 則蠲除之. 旣定其數 逐司開某物若干某物若干 皆有籍案. / 凡祭享物品 亦明定 其數. 今宗廟凡百瑣物 盡爲薦新 亦似煩屑. 如此等事 皆當酌合事宜 定其常式. / 其係御供進排 者 悉移於司饔本司.) 皆自京募定貿備主人 (如今貢物主人 亦可稱爲主人) 以漕稅 優給其價 比常價 或倍或蓰 豐凶永定 (米錢參半 或布錢參半以定) 使其主人輩 知有一定之法 得以預爲周

旋 懋遷有無 自食其利 而無關所納. 此外 凡物皆自京貿 一芥勿定於外方. 監司亦自營貿 勿定於
各邑. (若或分定於外方 則雖會減其價 凡物價貴賤 有非遠地所懸斷 故主司例多折給廉價 而責
其精美者. 且其點退之際 吏緣爲奸 千百其端 一弊之生 害歸萬民. 當自朝廷先端其本 愼毋分定
以爲列藩之則. 此若不除 是自賊其民 自病其國也.)"

37 『磻溪隨錄』권19, 祿制. "且如此則官員日用所資魚鹽等物 亦逐貿於市. 郡邑事異京官. 若官員
與民交易 則必生民弊. 必也 常定某物某物價若干 如京各司諸物價 然後可無此患. (京中 則朝廷
百司俱在 雖卿相家 卽一私家. 雖日交易於市無弊. 若郡邑 則都執民命. 雖下縣 論其事體 實猶國
家. 若與民交市 則無論使官吏私從 皆生民弊 勢所必然. 必自朝家 常定其物・某物價若干 如京
各司諸物定價 然後可無此弊)".

38 『磻溪隨錄』권3, 田制後錄 上, 經費. "或者 以爲本國異於中國 物貨不通. 百物若自京貿
則雖優定其價 物貨終不湊集. 各司未免臨用闕乏之患. 此言似然 而實不然. 諸物之不自京貿
久矣. 若設行之初 則容或有此 不出二三年 浮言漸息 京外物貨 大開流行. 從前物貨之不行
正以其不用價貿故也. … 況今諸物 名雖貢納 而實備自本地者 百無一二. 皆京人私徵價賂而自
京防納矣. 據此 尤斷其不然也.
設令 有遠方之物 自京難辦貿者 則旣定京價 (卽所給主人之價) 然後 以其數 準除所産官上納之
稅 令本官募定貿備之人 準給其價 仍令爲使 (俗稱貢物父老) 以納於該司. 永定其人 永定其價一
如京例. (一路刷馬 則自當依例給之. / 設令 不得已有外定之物 當如此定式 而一物不可分定於
諸邑. … / 諸道進上監司亦自本營 依式貿備. 不可分定於各邑. 設令 有不得已定於各邑者
則亦一如此例.)"

39 兪棨,『市南集』권17, 雜著 江居問答. "客曰 今日當革之弊 何者爲先. 主人曰 莫先於改定貢案.
… 燕山中年 用度侈張 常貢不足 以供其需 於是加定 以充其欲. … 必須先改貢案 悉除燕山所加
定 以復祖宗之舊 寬民力之五六 以大慰民情 … 客曰 貢案旣改之後 當何所事. 主人曰 大同之法
允爲救時之良策. 不可不行也. 貢案旣改 而若使列邑直納本色 則曩日防納之徒 仍與各司下吏
符同操縱 愚弄官司. 列邑所貢之物 則雖極精美而終抑不捧 必令倍價 買其私備之物. 外方下人
難於久留 必用利貿 貿其私備之物 而本色則歸於虛棄. 故雖有改貢之名 而民不蒙其實惠矣".

40 兪棨,『市南集』권17, 雜著 江居問答. "客曰 京中各司 典僕絶少 凡諸使用責辦 專靠貢物主人.
今若倂省列邑之貢物 則各司主人 失其生理 必將渙散 無以成樣矣. 此亦不可不慮也. 主人曰
子誠今世之人也. 徒憂奸胥之失業 而不念生民之倒懸. 此非仁人君子之言也. 夫各司自有典僕
非不足使用 而一自斜浮之弊繁 而稍有實絡之路者 盡屬掩廷之役 自非疲殘殘貧薄者 不肯應役於
本司. 此各司之所以凋弊也. 今聞斜浮之法 旣有變通 各司之官 稍加收拾 則亦可自足成樣
而況貢物主人之利 初非全減 必無失業渙散之理. 又安可因此些少之故 而沮格巨弊之更張乎".

41 『承政院日記』212책, 顯宗 10년 1월 10일.

42 ●『磻溪隨錄』권3, 田制後錄(上) 經費. "古者 方國所貢之物 亦是以什一稅 入市貿者也.
說詳呂東萊論 禹貢貢賦語. 今之稅外有貢 本非古法. 以以經稅之入 依今大同例定貿 然後乃爲
盡善也. 任土作貢 雖曰古法 詳考古制 則有不如今之所謂者. 蓋古者 畿內則有米粟之輸 而無貢.

畿外諸侯 乃有貢 而所貢之物 亦自其國 以什一稅 入貿備以貢. 民之所出 則只是田稅而已.
今則旣有田稅 又有貢物 而其所謂貢者 令逐郡逐縣 皆供百物 而別徵以納. 爲法如此 則安得不
弊? 此所以名同 而實則 理也".

● 『磻溪隨錄』 권7 田制後錄考說(上) 賦稅. "呂氏(東萊)曰 "賦役之制 自禹貢始可見. 禹貢旣定
九州之田賦 以九州之土地 爲九州之土貢. 說者以爲以其田賦之當供者 市易所貢之物. 考之於
經 蓋自有證. 何者? 甸服百里賦納 總至於五百里米. 自五百里之外 其餘四服 米不運之京師.
必以所當輸者 上貢於天子. 以此 知當時貢·賦一事. 所以冀州在王畿甸服之內 全不敍土貢 正緣
已輸粟米. 以此相參攷 亦自有證".

43 權韠, 『炭翁文集』 권3, 論大同三稅疏. "什一天下之中正也. 量入爲出者 治之所由也. 量出爲入
者 亂之所招也".

44 朴鍾守, 「16·17세기 田稅의 定額化 과정」, 『韓國史論』 30, 1993, 88쪽.

45 李楠福, 「金埇의 思想과 그 歷史的 位置」, 『史學志』 14, 1980, 99쪽.

46 李東仁, 「栗谷의 經濟改革論」, 『韓國學報』 87, 1997, 87~89쪽.

47 『磻溪隨錄』 권3, 田制後錄 上, 經費. "經費一以經稅 (其行用如今大同制) 斷今科外之賦.
(一以經稅之入 制爲百用之式. 凡今貢物·進上·凡百調度及州縣各項支用 皆入經稅中 以至人
夫刷馬 盡入其中 不復一毫別徵於民. 其爲制 因今大同事目 而變通其未盡者. 皆一一明定條式
通國均行 使邑不殊制 民無雜役. / 此只是經稅經用 本不必擧論大同字 而今國制 田稅盡輸於京
而別有貢物進上. 又外官之廩 不入經稅 而別自官捧. 凡有事爲 皆別定於民. 故未免有稅外之斂
科外之賦 至其弊也. 雜役漸重 因爲常賦 四方苦歇 亦甚不一. 近世有欲量其需費 通均出米
自公家定用制式之議. 是以今凡百費用 自公有定支 凡百力役 自公給其直 而不復別調民役者
稱爲大同法. 今若只謂經稅經費 而不言大同 則人或不察 徒知經稅之充於常計 而凡有事爲
別爲調役 則將復有稅外之斂矣. 故擧今俗稱以明之.)"

48 『磻溪隨錄』 권19, 祿制. "官需旣定其數 則卽今官屯田悉罷之. … 如官結魚箭官養鷹之類
宜一切禁斷.(海邊魚箭 皆給民爲業 而依法收公稅而已. 不得出民力 官自結箭. 鹽盆倣此.)"

49 『磻溪隨錄』 권19, 祿制. "已上外方官員·鄕官·將官·吏隷祿及凡公需 皆以本處經費支給. (凡外
方經費皆其留稅.
或曰 外方官吏之俸至繁 田稅恐不能支當. 其中將官廳 則以還上耗穀 取用似當. 曰 若無冗官
則田稅自無不足之患. 還上本不當有 且耗穀所以備耗. 用於軍需 其或可也. 若以爲輕用 則必有
督捧剝民之弊 有甚於今矣. 大槪省冗官除雜役 捧其所當捧之常稅 而用於所當用之地而已. 苟
以田稅出於民 爲難 則還上耗穀 獨不出於民乎? 若果如此則民受其害 而貧民益困矣.)"

50 『磻溪隨錄』 권2, 田制後錄 上, 經費. "今 百僚師師非度 吏胥緣文舞奸 以至一皁一隷 稍有所管
則輒事漁奪. 此誠亂政亡國之痼弊也. 然 古者府史胥徒 皆有常祿 仰食於上. 今之吏胥 擧無廩
俸. 若不漁奪 無所資生. 此亦國制之未備者. 吏胥之求賄 固當痛絶 而其代耕之資 不可不給".

51 『磻溪隨錄』 권2, 田制 下. "蓋百官之祿 不足以自給 八方吏隷 全無常祿 而各自拮据以資
皆是寄食於憑公營私納賄漁獵之中也. 至於近世 則非但民戶多耗種種徵斂 因緣行奸. 政在下

吏 任意偸脫之弊 尤甚於前 田結益漏 常稅漸縮".

52 『磻溪隨錄』권3, 經費. "京中百官 以至吏胥·僕隷 皆給常祿. (… 奴隷則擧無其廩 故吏隷
皆待漁奪以爲事. 旣如此 其弊害所至 有不可勝言者. 當參酌古意) 自大官以下 以至吏胥僕隷
皆定給常祿 以漕稅頒給 其數見祿制. 常祿旣皆足以爲資 則凡今進奉·分兒之類 皆當禁斷 吏輩
漁奪納賂之習 一切痛革. …

外方官員吏隷 亦皆定給常祿. (今外官 擧無常祿. … 至於吏胥·僕隷 則八方擧無所食. 各以所管
漁奪爲資 如京之爲. 此所以一國生民 無處不罹害也. 當參酌古意 自大小官員 以至吏胥·僕隷
皆給常祿 以本處經費 會減以支其數. 見祿制. 旣爲如此 則從前諸弊 掃除革絶. 其官需諸物
亦皆有定數. 依式貿用 切勿分徵民間.)"

53 『磻溪隨錄』卷26, 書隨錄後. "念自王道廢塞 萬事失紀. 始焉因私爲法 終至戎狄淪夏. 至如本國
則因陋未變者多 而加以積衰 辛蒙大恥 天下國家 蓋至於此矣. 不變廢法 無由反治. … 而在位者
旣由科目而進 唯知徇俗之爲便 草野之士 雖或有志於自修 而於經世之用 一作施措之方 則或未
之致意. 是則斯世無可治之日 而生民之禍 無有極矣. 區區於此 深切懼焉. …

或有問於余曰 士當平居所講明者道也. 而至於事爲 則但當識其大體而已. 今子之不憚煩 而拜
究思於節目間 何也? 曰天地之理 著於萬物. 非物 理無所著. 聖人之道 行於萬事. 非事 道無所行.
… 間有儒者 識其大體 謂可行之斯世. 而一欲有爲焉 則施措之際 事多齟齬 而終至不可行者.
以其徒恃大體而條緒節目 失其所宜故也."

54 이것은 명·청 교체기의 중국 지식인들도 마찬가지였다. 高柄翊, 「黃宗羲의 新時代 待望論」,
『東洋史學研究』4, 1970; 金忠烈, 「淸初實學의 精神과 理論」, 『亞細亞研究』vol 16, no.
2(통권 50), 1973; 兪芝瑛, 「黃宗羲의 經濟改革論에 관한 一考察－明夷待訪錄을 中心으로」,
숙명여자대학교 대학원 사학과 석사학위논문, 1994; 權重達, 「王夫之의 經世思想 檢討」,
『明淸史研究』6, 1997; 鄭台燮, 「明末淸初 經世學과 淸代 漢學의 內在的理路」, 『明淸史研究』
6, 1997; 나성, 「顧炎武의 經世思想」, 『孔子學』4, 1998; 李京圭, 「明末 經世實學의 철학적
배경에 대하여」, 『中國史研究』4, 1998.

55 『栗谷先生全書』권15, 雜著 2 東湖問答. "由今之道 無變今之政 雖堯舜在上 皐夔在下 亦將無益
於治亂. 不過數年 民必魚爛 而土崩矣. 抑有大可憂者為. 度今民力 如垂死之人. 氣息奄奄
平日支持 亦不可保. 脫有外警起於南北 則將必若疾風之埽落葉矣. 百姓已矣 宗社何依. 言念及
此 不覺慟哭也".

56 鄭萬祚, 「17世紀 中葉 山林勢力(山黨)의 國政運營論」, 『擇窩許善道先生停年紀念 韓國史學論
叢』, 一潮閣, 1992.

57 제1부 3장 미주 18(420쪽) 참조.

58 『磻溪隨錄』卷26, 書隨錄後. "天下之理 本末大小 未始相離. 寸失其當 則尺不得爲尺. 量失其當
則衡不得爲衡. 未有目非其目 而綱自爲綱者也. 及其不可行也 則不唯小人肆其詆誣 而君子亦
未免有疑於古今之異 宜 古道眞若不可復行於世者 此豈小害也哉? 余爲是懼 不避僭越 究古意
揆今事 幷與其節目而詳焉. 蓋將以推經傳之用 明此道之必可行於世也".

59 『仁祖實錄』 권33, 14년 9월 13일(甲寅).

60 金堉, 『潛谷遺稿』 권9, 湖西大同節目序. "世之言誠意正心之學者 皆掇拾方冊之所載 以爲意誠心正 則天下國家可幾而理. 只談之於口 乃笑急務者之爲功利. 甚者 至於商於·半山詆之. 此豈協心爲國之道哉. 不佞懵然膚淺 雖未知學問之如何 而乃所願則存心以正 做事以實 節用而愛民 寬徭而薄賦. 不欲馳虛騖遠而尙浮文也".

61 『磻溪隨錄』 권3, 經費. "栗谷曰「古之宰邑者 有常俸足食 而分其餘 以及親舊 視俸多少以裁濶狹. 今也不然 守宰無常俸. 官中斗米以上 皆爲國物. 雖伯夷爲宰 不私用國物 則無以糊口. 此國法之未備者也. 於是 君子 旣難於守法 而貪夫 踰越太甚. 國賦之外 無名科斂 使民不堪勢使然也.」".

62 『磻溪隨錄』 권3, 經費. "俗稱隱結 蓋當初田制不明 國家難以覈實 故汚吏或有如此者. 旣國家出役 無常制則有隱結 私自分徵. 然後民得少寬 故雖稱良吏者 亦未免此".

63 『潛冶先生集』 권2, 萬言疏 癸酉(仁祖 11). "所以賦重至此者 其弊有三. 一曰 京各司之弊也. 二曰 守令之弊也. 三曰 姦吏之弊也. 外方列邑貢物 上納京各司時 所謂色吏人情價者 比諸貢物則必有十倍之價 然後得以納司. 色吏人情價不足 則操縱點退 無所不至 而各司官員 一從色吏之言而不敢違. 是貢物進上之物 直布一疋者 則徵於民者 或七八疋或十疋或二十疋. 積弊旣久 已成規例. 雖有淸白之守令 其於上司 無可奈何. 例以所謂人情價十倍之數徵於民 此其所以民困於賦重者也. 此則京各司之弊也.

列邑守令 又於京各司貢物進上之外 托稱三營納及使客支供 而別設聚斂之路 流來旣久. 間有守令之貪者 增加橫斂 重重疊疊 而橫斂之路一設 則繼爲守令者 以爲舊規不可改 不問其是非 一切遵而行之. 或有守令 以淸白自許 則但不取官物歸家而已. 橫斂之規則不改. 以爲宰相·名士·故舊·親戚表情救窮之資. 大邑則猶可支持 小邑則以此數者而民力殫竭矣. 爲守令而不爲此表情救窮等事 則宰相名士不與之交厚. 不但不得美職於他日. 故舊親戚 莫不齎怒 無以自立於世. 非有特立獨行能輕爵祿之士 則無以免此. 況以淸白自許者 千百人中一二而已. 餘皆貪者也. 貪者則貢物進上雜物及三營納使客支供徵捧之際 加數而徵. 或一倍或二倍或三倍或四五倍 任意充慾. 或有急切要用之事 則托稱貸用貢物價而不償. 凡各司貢物之累年未收者 職此之由也. 土豪之官不能令者 雖間或有之. 許多小民畏官威如雷電. 雖餓死朝夕 豈有不納者乎. 此外又設無名之徵者有之. 田畓結卜 隱不報上司. 私自取其貢稅貢物價者有之. 元穀減縮或全無 則徵於民 以充其數者有之. 種種虐民之狀 不可勝記. 而都城卿大夫祿薄貧窮 其於仰事俯育 多賴守令賂遺. 以爲衣服飮食窮極奢慾之資. 故或言守令貪虐之狀 則不問親疏 莫不以言之者爲怒. 兩司耳目之官 無路得聞. 設或聞之 其有憂國除害之心者 百無一人. 觀察使則簿牒山積 日不暇給. 何可得察守令之賢否. 間有欲察守令之賢否 則守令畏憚而造謗萬端. 近年擧朝風俗 不辨其是非 專以從衆爲上 而觀察使一人也 守令造謗之說 爲衆論而施之. 故凡爲觀察使者 多與守令 和樂爲事而已. 未有糾察之政. 爲守令者 何所忌憚乎. 但士大夫多在境內 則或畏衆論而不敢縱恣. 若境內無士大夫之邑 則縱恣無忌憚. 傳聞慶尙道 士大夫多在境內 故賦斂極輕 全羅道次之. 公淸道又次之. 黃海·平安·江原·咸鏡四道則未有士大夫居其境. 故守令之貪虐 倍於他道. 此民

之所以困於賦斂者二也. 此則守令之弊也".

64 鄭求福, 「조선시대 자문(尺文)에 대한 연구」, 『古文書硏究』 11, 1997, 107쪽.

65 李旭, 『朝鮮後期 魚鹽政策 硏究』, 고려대학교 대학원 박사학위논문, 2002, 66쪽.

66 權乃鉉, 『朝鮮後期 平安道 財政運營 硏究』, 고려대학교 대학원 박사학위논문, 2003, 99쪽.

67 趙顯期, 『一峯集』 권9 甲寅封事. "且州郡之事例各異 低昻不類 其爲蹉駁 不可勝言 而一行此法
亦可以簡以一之".

68 『孝宗實錄』 권2, 즉위년 11월 20일(乙亥).

69 申恒秀, 「17세기 중반 洪汝河의 田制認識」, 『韓國思想史學』 8, 1997, 68쪽.

70 『仁祖實錄』 권20, 7년 윤4월 20일(乙亥).

71 『中宗實錄』 권66, 24년 12월 1일(癸亥). "常時監察 差往各陵 凡獻官執事所誤及陵所不當之事
自當來告"

72 金弘郁, 『鶴洲全集』 권10, 論田制 貢物. "諸各司 旣知此輩享其厚利. 凡司中使喚雜役 莫不責
辦. 非徒私事 亦有公事. 如褒貶時設饋 各司皆然. 而至有禮葬軍·藏氷軍·擔持軍·轎軍·馬草驅
債 餞送時酒饌 監察月令各陵差祭時 刷馬人夫炬燭及其他細瑣之事 難以毛擧 而皆責出於私主
人. 故私主人輩 亦不勝其苦. 其所謂役價 必指此等事而言也.

非但本司之役 亦有戶曹之役. 如設場時 試官供饋 雖定應辦官 而計減物件甚少. 故爲應辦官者
督責於貢物主人 罔有紀極. 此乃苦役之尤甚者也. 設場國家之盛擧 而試官 乃寄食於貢物主人
豈不寒心哉. … 諸般苦役如此 故私主人輩 必欲得百倍之價 刀騰操縱 無所不至. 或納賂潛圖
或受簡請囑 或臨急阻搪. 雖甚凶年 必捧豊年之價者 渠亦有執言之地故也. 此無他 諸各司及戶
曹 蓋海之益其盜也. 如欲變通貢物之弊 必須先減私主人之雜役. 若奪其防納之利 而苦役猶夫
前日 則私主人 亦吾民也. 其何以保存乎".

73 『湖西大同節目』 78조 / 『全南道大同事目』 71조. "本道一年應用米計除之外 種種科外別役與
刷馬等價米用下之數 各官每於四季朔 一一開錄成冊報于監司 則監司亦爲都成冊 轉報于本廳.
憑考會減 一依京畿例爲之爲白齊".

74 德成外志子, 「朝鮮後期의 貢物貿納制」, 『歷史學報』 113, 1997, 15쪽.

# 참고문헌

## 자료

### 1. 연대기류

『朝鮮王朝實錄』　　　　　『備邊司謄錄』　　　　　『承政院日記』

### 2. 문헌집

金壽興『退憂堂集』　　　　金堉『潛谷遺稿』　　　　　金長生『沙溪全書』

金弘郁『鶴洲全集』　　　　羅萬甲『丙子錄』　　　　　朴知誡『潛冶先生集』

宋時烈『宋子大全』　　　　愼天翊『素隱先生文集』　　沈悅『南坡相國集』

吳允謙『楸灘集』　　　　　兪棨『市南集』　　　　　　兪伯曾『翠軒疏箚』

尹煌『八松封事』　　　　　李民寏『紫巖集』　　　　　李時發『碧梧遺稿』

李時昉『西峯日記』　　　　李植『澤堂集』　　　　　　李惟泰『草廬集』

李珥『東湖問答』　　　　　李厚源『迂齋集』　　　　　張維『谿谷先生集』

鄭經世『愚伏集』　　　　　趙復陽『松谷集』　　　　　趙翼『浦渚集』

崔鳴吉『遲川集』　　　　　許積『許相國奏議』　　　　洪命夏『沂川集』

黃愼『秋浦集』

### 3. 기타

『大典後續錄』　　　　　『萬機要覽』　　　　　　『謄錄類抄』

『湖西大同事目』　　　　『全南道大同事目』　　　『湖南廳事例目錄』

『江原廳事例』　　　　　『經國大典』　　　　　　『磻溪隨錄』

『瀋陽日記』

## 연구논저

### 1. 저서

朴時亨, 『朝鮮土地制度史』(中), 1961.(신서원, 1994년 복간)

車文燮, 『朝鮮時代軍制研究』, 단국대학교출판부, 1973.

金玉根, 『朝鮮後期經濟史研究』 서문당, 1977.

閔賢九, 『朝鮮初期의 軍事制度와 政治』, 한국연구원, 1983.

『丙子胡亂史』, 戰史編纂委員會, 1986.

金玉根, 『朝鮮王朝財政史研究』(III), 일조각, 1988.

崔完基, 『朝鮮後期船運業史研究』, 1989.

韓㳓劤, 『其人制研究』, 一志社, 1992.

金泰永, 『한국사』 28, 1996, 국사편찬위원회.

金泰永, 『실학의 국가 개혁론』, 1998, 서울대학교출판부.

尹用出, 『조선후기의 요역제와 고용노동』, 1998, 서울대학교출판부.

禹仁秀, 『朝鮮後期 山林勢力研究』, 일조각, 1999.

徐台源, 『朝鮮後期 地方軍制研究』, 혜안, 1999.

김성우, 『조선중기 국가와 사족』, 역사비평사, 2001.

金榮濟, 『唐宋財政史』, 신서원, 1995.


## 2. 논문

姜萬吉, 「朝鮮後期 雇立制 發達-差備軍과 造墓軍 等의 雇立化를 中心으로-」, 『韓國史研究』 13, 1976.

姜萬吉, 「朝鮮後期 雇立制度 發達-隷·羅將을 中心으로-」, 『世林韓國學論叢』 1, 1977.

강제경, 『17·8세기 八結作夫制와 戶首層』, 부산대학교 석사학위논문, 1986.

姜制勳, 「15세기 京畿地域의 徭役制」, 고려대학교 사학과 석사학위논문, 1989.

高錫珪, 「16·17세기 공납제 개혁의 방향」, 『韓國史論』 12, 1985.

고영진, 「17세기 전반 남인학자의 사상-정경세·김응조를 중심으로-」, 『역사와 현실』 8, 1992.

權乃鉉, 『朝鮮後期 平安道 財政運營 研究』, 고려대학교 사학과 박사학위논문, 2003.

金甲周, 「朝鮮後期의 養戶」 上·下, 『歷史學報』 85·86, 1980.

金寬起, 『大同法 實施背景에 對한 一考察』, 성균관대학교 석사학위논문, 1985.

金德珍, 「16~17세기의 私大同에 대한 一考察」, 『全南史學』 10, 1996.

金德珍, 『조선후기 雜役稅 연구』, 전남대학교 대학원 사학과 박사학위논문, 1996.

金德珍, 「朝鮮後期 雜役의 分定」, 『全南史學』 11, 1997.

金德珍, 「16~17세기 刷馬役의 增價와 雇立」, 『朝鮮時代史學報』 9, 1999.

金德珍, 「조선후기 官屯田의 경영과 地方財政」, 『朝鮮時代史學報』 25, 2003.

金錫禧, 「朝鮮朝 中·後期 地方官僚의 任期에 關한 研究」, 『釜山大學校 論文集』 31, 1981.

김선경, 『조선후기 山林川澤 私占에 관한 연구』, 경희대학교 사학과 박사학위논문, 1999.

김선경, 「반계 유형원의 이상국가 기획론」, 『韓國史學報』 9, 2000.

김성우, 「17세기의 위기와 숙종대 사회상」, 『역사와 현실』 25, 1997.

金世奉, 「金堉의 社會經濟政策 研究」, 『史學志』 21, 1987.

金世奉, 『17세기 湖西山林勢力 연구』, 단국대학교 사학과 박사학위논문, 1995.

金玉根, 「朝鮮朝 地方財政의 歲入構造 分析」, 『經濟學研究』 30집, 1982.

金容燮,「朱子의 土地論과 朝鮮後期 儒者」,『增補版 朝鮮後期農業史研究Ⅱ』, 1995.

金潤坤,「大同法의 施行을 둘러싼 贊反 兩論과 그 背景」,『大東文化研究』 8, 1971.

金潤坤,「壬辰亂 勃發 直前의 地方郡縣 實態－丹陽郡과 彦陽縣의 경우－」,『惠庵柳洪烈博士華甲紀念論叢』, 1971.

金潤坤,「財政改革論」,『韓國思想大系』 Ⅱ, 1976.

金貞美,「磻溪 柳馨遠의 經濟思想 研究」, 동국대학교 교육대학원 역사교육과 석사학위논문, 1996.

金駿錫,「17세기 正統朱子學派의 政治社會論－宋時烈의 世道政治論과 賦稅制度釐正策」,『東方學志』 67, 1990.

金駿錫,「朝鮮後期 國家再造論의 抬頭와 그 展開」, 연세대학교 박사학위논문, 1990.

金駿錫,「柳馨遠의 變法論과 實理論」,『東方學志』 75, 1992.

金駿錫,「柳馨遠의 政治·國防體制 改革論」,『東方學志』 77·78·79합집, 1993.

金駿錫,「韓元震의 均賦均稅論과 治安對策」,『于江權兌遠教授定年紀念論叢』, 1994.

金駿錫,「柳馨遠의 公田制理念과 流通經濟育成論」,『인문과학』 74, 1996.

金鎭鳳,「私主人 研究」,『大丘史學』 7·8합집, 1973.

金赫,「古文書用語 풀이－重記－」,『古文書研究』 19, 2001.

金赫,「조선후기 守令의 赴任儀禮」,『朝鮮時代史學報』 22, 2002.

나민수,「柳馨遠의 田制에 대한 研究」,『論文集』 36, 수원 경기대학교, 1995.

德成外志子,『朝鮮後期 貢納請負制와 中人層貢人』, 고려대학교 대학원 박사학위논문, 2001.

德成外志子,「朝鮮後期의 貢物貿易制－貢人研究의 前提作業으로」,『歷史學報』 113, 1997.

文勇植,『朝鮮後期 賑政과 還穀 運營의 研究』, 고려대학교 박사학위논문, 1999.

朴道植,『朝鮮前期 貢納制 研究』, 경희대학교 사학과 박사학위논문, 1995.

朴道植,「朝鮮前期 8結作貢制에 관한 연구」,『韓國史研究』 89, 1995.

朴道植,「16세기 國家財政과 貢納制 운영」,『國史館論叢』 80, 1998.

朴榮圭,「朝鮮朝顯宗庚申年間의 饑饉에 對하여」,『鄕土서울』 19, 1963.

朴容玉,「丙子亂披虜人贖還考」,『史叢』 9, 1964.

朴源澤,『朝鮮朝의 官廳會計－重記와 解由를 중심으로』, 경북대학교 경영학박사 학위논문, 1987.

朴鍾守,「16·17세기 田稅의 定額化 과정」,『韓國史論』 30, 1993.

박현순,「16～17세기 貢納制 운영의 변화」,『韓國史論』 38, 1997.

배우성,「17세기 政策論議構造와 金堉의 社會經濟政策觀」,『民族文化』 24, 2001.

邊柱承,『朝鮮後期 流民研究』, 고려대학교 대학원 박사학위논문, 1997.

徐漢教,「朝鮮 宣祖·光海君代의 納粟制度 運營과 그 成果」,『歷史教育論集』 20, 1995.

宋芳松,「掌樂院 所屬 樂工·樂生의 奉足制度」,『韓國文化』 14, 서울대학교 한국문화연구소, 1993.

宋柱永,「磻溪 柳馨遠의 經濟思想」,『西江大學論文集』, 1963.

宋贊植,「三南方物紙貢考－貢人과 生産者와의 關係를 중심으로」,『朝鮮後期 社會經濟史의 研究』, 一潮閣, 1997.

신병주,「17세기 전반 북인관료의 사상－김신국, 남이공, 김세렴을 중심으로」,『역사와 현실』 8, 1992.

申恒秀,「17세기 중반 洪汝河의 田制認識」,『韓國思想史學』 8, 1997.

申恒秀,『李瀷(1681~1763)의 經史解釋과 現實認識』, 고려대학교 대학원 박사학위논문, 2001.

安在淳,「柳磻溪 實學思想의 哲學的 基調」,『道原柳承國博士華甲紀念論文集 東方思想論考』, 1983.

吳美一,「18·19세기 새로운 貢人權·廛契창설운동과 亂廛活動」,『奎章閣』 10, 1987.

吳洙彰,「17세기 조선의 정치세력과 山林」,『역사문화연구』 18, 2003.

吳仁澤,「朝鮮後期 癸卯·甲戌量田의 推移와 性格」,『釜大史學』 19, 1995.

오항녕,「17세기 전반 서인산림의 사상－김장생·김상헌을 중심으로」,『역사와 현실』 8, 1992.

오항녕,「朝鮮 孝宗代 政局의 變動과 그 性格」,『泰東古典研究』 9, 1993.

尹根鎬,「朝鮮王朝 會計制度 研究」,『東洋學』 5, 1975.

尹用出,「15·16세기의 徭役制」,『釜大史學』 10, 1986.

尹用出,「柳馨遠의 役制 改革論」,『韓國文化研究』 6, 1993.

尹用出,「17세기 초의 結布制」,『釜大史學』 19, 1995.

尹用出,「요역제의 붕괴와 모립제의 대두」,『한국사』 30, 1998.

李京燦,「조선 효종조의 북벌운동」,『淸溪史學』 5, 1988.

李根浩,「孝宗代 執權西人의 賦稅制度變通論－政局의 推移와 關聯하여」,『北岳史論』 3, 1993.

李楠福,「金堉의 思想과 그 歷史的 位置」,『史學志』 14, 1980.

李都淵,「磻溪 柳馨遠의 財政改革論」, 인하대학교 교육대학원 역사교육전공 석사학위논문, 2000.

李東仁,「栗谷의 經濟改革論」,『韓國學報』 87, 1997.

李敏雄,「17~8세기 水操 運營의 一例 考察－규장각 소장본 慶尙左水營『水操笏記』를 중심으로」,『軍史』 38, 1999.

이범직,「朝鮮後期 王室의 研究－顯·肅宗代를 중심으로－」,『인문과학논총』 29, 건국대학교 인문과학연구소, 1997.

李範稷,「朝鮮後期 王室 構造 研究－仁祖代를 중심으로－」,『國史館論叢』 80, 1998.

李先敏,「李珥의 更張論」,『韓國史論』 18, 1988.

李迎春,「尤菴 宋時烈의 社會·經濟 思想」,『道山學報』 8, 2001.

李佑成,「初期 實學과 性理學과의 關係－磻溪 柳馨遠의 경우」,『東方學志』 58, 1988.

李旭,『朝鮮後期 魚鹽政策 研究』, 고려대학교 대학원 박사학위논문, 2002.

李銀順,「李景奭의 政治的 生涯와 三田渡碑文 是非」,『韓國史研究』 60, 1988.

李源鈞,「朝鮮時代의 水使와 僉使의 交遞實態」,『釜山水大論文集』33, 1984.

李銀順,「조선후기 救荒設粥考」,『李基白先生古稀紀念韓國史學論叢』下, 1994.

李章雨,「朝鮮初期의 衙祿田과 公須田」,『李基白先生古稀紀念 韓國史學論叢(下)』, 一潮閣, 1994.

李載龒,「16세기의 量田과 陳田收稅」,『孫寶基博士 停年紀念 韓國史學論叢』, 1988.

이정철,「조선시대 공물분정 방식의 변화와 대동의 語義」,『한국사학보』Vol. 34, 2009.

이지원,「16·17세기 전반 貢物防納의 構造와 流通經濟的 性格」,『李載龒博士還曆紀念韓國史學論叢』, 1990.

李哲成,「17·18세기 田政運營 改革案의 理想的 原型」,『民族文化研究』26, 1993.

李泰鎭,「상평창·진휼청의 설치운영」,『한국사』30, 국사편찬위원회, 1998.

李憲昶,「磻溪 柳馨遠의 經濟思想에 관한 연구」,『조선시대사학보』10, 1999.

이헌창,「유학 경제사상의 체계적 정립을 위한 시론」,『국학연구』3, 2003.

張師亨,「磻溪를 通해 본 實學의 性格과 哲學的 思惟土臺」,『韓國의 哲學』22, 慶北大 退溪研究所, 1994.

張志連,「光海君代 宮闕營建」,『韓國學報』86, 1997.

全樂熙,「朝鮮朝의 改革思想」,『韓國政治學會報』18, 1984.

鄭求福,「磻溪 柳馨遠의 社會改革思想」,『歷史學報』45, 1970.

鄭求福,「조선시대 자문(尺文)에 대한 연구－수령이 새로 임용될 때의 비용」,『古文書研究』11, 1997.

鄭萬祚,「朝鮮後期의 良役變通論議에 對한 檢討」,『同大論叢』7, 1977.

鄭萬祚,「17세기 중반 漢黨의 정치활동과 國政運營論」,『韓國文化』23, 1999.

鄭萬祚,「17世紀 中葉 山林勢力(山黨)의 國政運營論」,『擇窩許善道先生停年紀念 韓國史學論叢』, 1992, 一潮閣.

정성철,「류형원의 철학 및 사회정치사상」,『실학파의 철학사상과 사회정치적 견해』, 한마당, 1974.

鄭亨愚,「大同法에 대한 一研究」,『史學研究』2, 1958.

정홍준,「17세기 大臣과 儒賢의 力學관계」,『國史館論叢』65, 1995.

趙炳魯,「조선후기 交通發達에 관한 研究; 교통수단으로서의 驛馬確保를 중심으로」,『國史館論叢』57, 1994.

趙炳魯,「磻溪 柳馨遠의 驛制改革論」,『朝鮮時代史學報』3, 1997.

趙成山,『朝鮮後期 洛論系 學風의 形成과 經世論 研究』, 고려대학교 대학원 박사학위논문, 2003.

조성산,「17세기 후반 林川趙氏 가문의 經世學」,『韓國思想史學』第30輯, 2008.

조성을,「17세기 전반 서인관료의 사상－김류·최명길·조익을 중심으로」,『역사와 현실』8, 1992.

車恩珠,「16～7世紀 金藎國의 社會經濟政策 研究」,『실학사상연구』12, 1999.

千寬宇,「磻溪 柳馨遠 研究」 上·下 『歷史學報』 2·3, 1952·1953.

崔完基,「朝鮮後期 漕役의 變通과 船人의 雇立」,『李元淳敎授 華甲紀念 史學論叢』, 1986.

崔完基,「17세기의 漕運問題와 理解의 視角」,『龍巖 車文燮敎授華甲紀念論叢: 朝鮮時代史硏究』, 1989.

崔完基,「大同法 實施의 影響」,『國史館論叢』 12, 1990.

崔完基,「朝鮮後期 稅穀賃運論의 提起와 賃運業의 實態」,『李元淳敎授停年紀念歷史學論叢』, 1991.

崔完基,「17世紀의 危機論과 孝宗의 經濟政策」,『國史館論叢』 86, 1999.

최윤오,「반계 유형원의 정전법과 공전제」,『역사와 현실』 42, 2001.

崔潤晤,「朝鮮後期 量案의 기능과 역할」,『韓國史의 構造와 展開-河炫綱敎授定年紀念論叢』, 2000.

한명기,「丙子胡亂 패전의 정치적 파장-청의 조선 압박과 仁祖의 대응을 중심으로」,『東方學志』 119, 2003.

한명기,「조청관계(朝淸關係)의 추이」,『조선중기 정치와 정책』, 대우학술총서 558, 2003.

韓基範,「草廬 李惟泰의 政治思想」,『百濟硏究』 22, 1991.

韓榮國,「湖西에 實施된 大同法」,『歷史學報』 13·14, 1960·1961.

韓榮國,「湖南에 實施된 大同法-湖西大同法과의 比較 및 添補」,『歷史學報』 15·20·21·22, 1961·1963·1964.

韓榮國,「대동법의 시행」,『한국사』 30, 1998, 국사편찬위원회.

黃夏鉉,『壬辰倭亂以後의 大同 및 均役의 財政史的 硏究』, 1973.

특별부록

# 대동사목大同事目 내용 색인

| 『湖西大同節目』 | 『全南道大同事目』 | 『嶺南大同事目』 | 공통 |
|---|---|---|---|
| 1. 凡干節目 一依京畿之例 | 1. 凡干節目 一依湖西之例 | 1. 嶺南大同 一依湖南例 | |
| 2. 都提調, 提調, 郞廳에 대해 | 2. 左同 | 2. 左同 | 조직 |
| 3. | 3. | | 印信 |
| 4. | 4. | | 書吏·內外倉庫直·使令에 대한 보수 규정 |
| 5. | 5. | 3. | 庫間.<br>作木＝內聽, 收米＝江倉 |
| 6. | 7. 8. | 4. 5. 6. | 收米元數 및 餘米 |
| 7. | 9. | 8. | 기준전결 − 복호＝실결<br>실결＝상납미＋유치미 |
| 8. 46,266石 | 10. 56,889石 | 7. 53,507石(25司) | 28司元貢物及 田稅條貢物과 액수 |
| | | 9. 驛吏卒에 대한 復戶 지급 | |
| 9. 22,918石(留置米)<br>8,000餘石(餘米) | 11. 37,732石(留置米)<br>48,184石(餘米) | 10. 50,234石5斗(留置米)<br>33,710石11斗(餘米) | 본도유치미로 計減할 항목과 그 액수 및 餘米 액수 |
| 10. | 6. | | 秋捧은 舊結, 春捧은 新結 |
| 11. 沿海는 米, 山郡은 布.<br>포 1필＝미 5두 | 12. 沿海는 米, 山郡은 布.<br>포 1필＝미 6두 5승 | 11. 沿海는 米, 山郡은 布.<br>포 1필＝미7두 | 호서사목에만 있는 내용:<br>上納米·布는 한 번에 거두어도, 本官所用은 그럴 필요가 없다. 민원에 따라<br>鱗次收捧 |

| 『湖西大同節目』 | 『全南道大同事目』 | 『嶺南大同事目』 | 공통 |
|---|---|---|---|
| 12. | 13. | 12. | 戶曹例로 平斗를 내려보냈는데도, 戶首들이 大斗를 쓰고 있는 것을 금지할 것 |
| 13. | 14. | 13. | 상납에 따르는 船馬價는 收米元數에 포함시킴. 木→1월, 米→4월 限 |
| 14. | 15. 山郡에서 필당 6두 5승이어도 서울에서는 5두 | 14. | 정부가 사주인에게 공물가를 지급하는 규정. 2번에 나눠 지급한다. |
| 15. | 16. | | 정부가 사주인에게 공물가를 지급하는 방식. 기본은 翌年條, 제향·어공·殘廢無形之各司에게만 當年條. |
| 16. | 17. | 15. | 사주인이 공물가로 공물을 바친 후 이를 확인하는 사주인·호조·선혜청간의 문서행정 과정. |
| 17. | 18. 호서사목에 없는 구절 — 而其本色米太 則爲輪納於本廳 以備不時補用之資爲白齊(→호서사목 19조에 포함) | 16. 영남은 兩湖例에 더해서, 公作米에 일부 충당함 | 대동법하에서의 전세조공물 처리 방식 |
| 18. 衙祿田과 公須位田의 田三稅·收米를 모두 상납. 官屯田 유지. | 19. 아록전·공수위전의 전삼세는 놔두고 收米만 상납. 관둔전 유지. | 17. 湖南例와 같다. | 아록전·공수위전·관둔전의 면세 규정 |
| 19. 전세조공물가의 미·태와 아록공수위전의 전삼세 미·태의 규모와 처리방식 | | | |
| 20. 田稅條貢物 중 山郡作木은 大同木의 升尺으로 내고, 駄價는 元數에 포함시킨다. | 20. 左同. 다만 山郡作木은 戶曹上納木을 기준으로 한다. | 18. 전세조공물가 중 공작미 외 1,168석 상납 | 전세조공물의 作木 기준 |
| 21. | 21. | 19. | 잘 운반해 올 것 |
| 22. | 22. | 20. | 隱結 |
| 23. | 23. | 21. | 列邑의 전결 포탈 양상 |

| 『湖西大同節目』 | 『全南道大同事目』 | 『嶺南大同事目』 | 공통 |
|---|---|---|---|
| 24. | 24. | 22. | 상납분은 春捧으로 충당. 모자라는 것은 전결에 여유가 있는 곳의 유치미로 충당한다. |
| 25. 薦新과 進上물품에 대한 代封, 退封 등에 관해. | 25. 仁壽宮과 宗廟의 薦新物. | | 25번에서 27번까지는 主人이 진상품을 바칠 때의 부수적인 규정에 관한 것 |
| 26. 식혜에 필요한 생선은 항아리 수로 따질 뿐, 생선의 크기를 문제 삼을 필요는 없다. | | | |
| 27. 宮과 房의 祭肉에 대한 대체품 | | | |
| 28. 內弓房의 別卜定과 雄羽에 대해 | 26. 內弓房과 훈련도감의 별복정 | | |
| 29. 分養馬와 黑牛의 마장목, 질지가, 역가 | 27. 黑牛는 빠진다. | 23. | |
| 30. | 28. | 24. | 京主人房子雇立價, 칙사가 왔을 때의 都監所捧京婢房子價木, 樂工奉足 등에 대해서 비용을 지불한다. |
| 31. | 29. | | 司宰監과 濟用監에 내는 포를 대동청이 지급하는 내용 |
| 32. | 30. | 25. | 歲幣도 대동에 포함됨 |
| 33. 대동법 실시 초기의 혼란상 | | | |
| 34. 풍/흉년으로 구분 | 31. 흉/중/풍년으로 구분 | 26. 흉/중/풍년으로 구분 | 貢物刷馬價를 풍흉을 가려서 지급하고, 사적으로 물건을 짐에 끼워 넣는 것을 금지. |
| 35. | 34. | | 新舊迎送刷馬價를 대동미로 지급 |
| 36. 守令이 공적인 일로 상경하거나 道內에서 움직이거나, 특정한 사적인 일로 다닐 때의 쇄마 규정. | 33. 34. 공적인 일로 상경할 때의 재원은 餘米(호서는 대동미). 도내의 이동시에는 주지 않는다. | 28. 29. | 호서사목에만 있는 내용 - 부족하면 衙養馬를 쓰라. |

| 『湖西大同節目』 | 『全南道大同事目』 | 『嶺南大同事目』 | 공통 |
|---|---|---|---|
| 37. 大牧4官 - 20필 郡縣이하 - 15필 不時遞易 - 烟戶에게 거둔다. 여기도 규정 이 있다. | 32. 쇄마를 지급할 뿐만 아니라, 상/중/하로 나누 어서 養料도 지급한다. 상 /중/하읍이 분류되어 있 다. 不時遞易에 관한 규정 은 左同. | 27. | 수령이 임기를 채워 바뀔 때의 迎送刷馬價를 대동 미로 지급 |
| 38. 쓸吏는 上番時에만 지 급 | 35. 쓸吏에게 상/하번 모 두 지급하고, 1息당 米 2 두도 지급 | 30. | 赦文과 兵符를 가져가는 校生에게 쇄마를 지급. 쓸 吏도. |
| 39. 칙수 잡물의 운반에 대동미로 비용 지급. 瑞泰 塩木 운반에 대한 규정 | | | |
| 40. | 36. | 31. | 비용 책정을 위해 京納之 物에 船·馬 운송에 관한 책자를 만든다. |
| 41. | 37. | 32. | 給復대상과 결수 |
| 42. | 38. | 33. | 各津 船隻의 改造 改槊 규 정 |
| 43. 더하여 충주에 정해진 진상 수운 선척의 개조· 개삭 규정 | 39. | | 左·右水站 선척의 改造 改 槊 규정. 作紙 役價 題給 |
| 44. | 40. | 34. | 戰兵船의 개조·개삭·什 物 마련에 관한 규정 |
| 45. | 41. | 35. | 戰兵船의 개조를 위해서 걷는 米를 기한을 넘겨서 병선을 사용할 때는 餘米 로 처리 |
| 46. 海美에 둔 兵船 1척의 개조·개삭 | | | |
| 47. | 42. | 36. | 戰防船旗麾色, 帳幕, 水操 時 格粮, 火箭에 들어가는 화약, 유황, 염초 등의 지 급 규정 |
| 48. | 43. | 37. | 전병선을 개조·개삭하려 고 매해 거두어놓는 미곡 에 붙는 耗는 兵船 守直과 여러 가지 비용에 쓴다. |

| 『湖西大同節目』 | 『全南道大同事目』 | 『嶺南大同事目』 | 공통 |
|---|---|---|---|
| 49. | 45. | | 漕船護送代將料米 지급 규정 |
| 50. | 44. | 38. 39. | 각종 皮物에 대한 조정 과정 |
| 51. | 46. | 40. | 제주에서 올라오는 牛馬를 끄는 役을 처음에는 대동미로 지급했지만, 나중에는 烟軍輪回定送. |
| 52. | 47. | 41. 43. | 禮葬造墓軍의 價米를 대동미로 지급. 禮葬 및 公幹으로 인한 護送擔持軍은 身役으로 운영 |
| 53. | 48. | 42. | 文武試所에 들어가는 잡물을 大同餘米로 지급. |
| 54. 사직, 城隍厲祭, 사액서원의 제향 등에 대한 보조. | 51. 왼쪽에서 사액서원 부분은 빠짐 | 46. | |
| 55. 석존제5성위폐백, 성균관例에 준한다. 淸州 - 세조와 관련된 것.(청주는 병영 소재) | 52. 왼쪽에서 석존제가 빠지고 문묘5성위로 바뀜. 위의 사액서원 부분이 여기로 移書됨. | 47. | |
| 56. | 53. | 48. | 여러 문서를 담는 집기 마련에 대한 것. |
| 57. 各官官需와 油淸價米는 4등급으로 지급한다. 5000 / 3000 / 1000이상 및 1000결 이하 | 54. 좌동. 호서보다 부담이 많으므로 지급액을 넉넉히 한다. 56. 6000 / 4000 / 2000 / 1000 | 49. 50. | |
| 58. 官需米지급액. 4000 / 230 / 150 / 100 소읍은 여미의 다소를 보아서 添給한다. 그 양은 50석이 넘지 않게. | 55. 관수미 지급 기준은 대 / 중 / 路邊중읍 / 소 / 之次소읍 / 잔 / 지차잔읍 등으로 세분. 호서와 달리 그 대상읍과 병수영이 적혀 있다. | | |
| 59. | 57. | 51. | 각 읍 관청의 잡물 수요에 대해서. 雉鷄·柴草氷丁 등. |
| 60. 朔膳節産進上 及 內局所納藥材 | 50. 과거에 監司到界進上은 지금 收米로 折價하여 대준다. | 45. | |

| 『湖西大同節目』 | 『全南道大同事目』 | 『嶺南大同事目』 | 공통 |
|---|---|---|---|
| 61. | 49. | 44. | 三名日方物과 監兵營 |
| 62. | 58. | 52. | 監·兵·水營 三營의 營需 |
| 63. 大邑의 官需 油淸公事紙 使客支供米 – 공주, 충주, 홍주, 은산. cf. 58조 | | | |
| 64. 中邑 – 6개 | | | |
| 65. 小邑 – 30개, 잔읍 – 10개의 加給내용 | | | |
| 66. 호남대로 – 5읍에 대한 보조의 내용. | 59. | | 도로변 官에 대한 비용 지급 |
| 67. 使客支供米를 읍마다 차등적으로 지급 | | | |
| 68. 각관의 전결 다소에 따라 부담이 다른데, 小·殘邑은 자립이 안 되므로 大·中邑에서 보조해야 한다. | | | |
| 69. | 60. | 53. | 各官官需와 路邑支供米 |
| 70. | 61. | 54. | 3營收米, 監兵營의 水使·都事가 거느리는 營吏가 新舊迎送 때 서울에 머무는 데 드는 비용과 海運判官이 사용하는 紙地은 각 영이 지급한다. |
| 71. | 62. | | 수령은 달마다 균일하게 지출하고, 바뀔 때는 이를 점검해서 서류 처리할 것. 감사가 오지 않을 때, 이를 위해 책정된 것을 餘米로 처리. |
| 72. | 63. 64. | 55. 56. | 各官月課軍糧米는 대동미로 지급. 軍器修補所入雜物, 各官月課軍器(조총, 화약, 총환)는 미지급. |
| | 65. | 57. | 焰硝를 굽는 役에 대해. |

| 『湖西大同節目』 | 『全南道大同事目』 | 『嶺南大同事目』 | 공통 |
| --- | --- | --- | --- |
| 73. | 66. | 58. | 水陸軍 習操時 호궤미는 대동미로 지급. |
| 74. 말 값: 布 40필 | 68. 말 값: 布 30필 | 60. 말 값: 布 30필 | 분양마를 서울로 올려 보낼 때의 말몰이 비용 지급. 말이 죽거나 없어지면 민결과 대동미로 반씩 물어냄. |
| 75. 호조에 납부하던 白綿紙 / 油芚 / 小好紙에 대한 지급 규정. | | | |
| | 67. 종묘천신삭선, 진상하는 부채, 유물들을 올리면 서울에서 收米로 계산해주는데 인정, 징채 때문에 곤란하다. 물건으로 받을 때의 문제를 또 드러냄. | 59. | |
| 76. | 69. 대처 방법이 약간 다르다. | 61. | 칙사가 왔을 때 드는 물자에 대한 값을 너무 낮게 매긴 오랜 관습이 있었다. 대동법 실시 후에는 상평청모곡으로 지급 |
| 77. | 70. | | 칙사가 관에 머물 때의 경비. 상평청에서 지급. |
| 78. | 71. | 62. | 각관에 부과된 별역과 쇄마가를 四季朔에 보고하여 會減한다. |
| | | 63. 年例倭供에 따른 여러 비용을 여미로 지급. | |
| 79. | 72. | 64. | 여미 관리를 잘 해서 흉년에 대비한다. 읍마다 1만석 정도 유지할 것. |
| 80. 대동의 기본 취지는 첩역 금지 | | | |
| 81. 내의원의 우황, 웅담을 값으로 지급. 전라 함경도도 역시 마찬가지. | | | |
| 82. | 73. | | 미진한 것은 추후에 마련 |

# 인명록

| | |
|---|---|
| 명종明宗 | 재위 1545~1567 |
| 선조宣祖 | 재위 1567~1608 |
| 광해군光海君 | 재위 1608~1623 |
| 인조仁祖 | 재위 1623~1649 |
| 효종孝宗 | 재위 1649~1659 |
| 현종顯宗 | 재위 1659~1674 |

**ㄱ**

| | |
|---|---|
| 곽재우郭再祐 | 1552~1617 (명종 7~광해군 9), 망우당忘憂堂 |
| 구봉서具鳳瑞 | 1596~1644 (선조 29~인조 22), 낙주洛洲 |
| 권반權盼 | 1564~1631 (명종 19~인조 9), 폐호閉戶 |
| 권시權諰 | 1604~1672 (선조 37~현종 13), 탄옹炭翁 |
| 김경여金慶餘 | 1596~1653 (선조 29~효종 4), 송애松厓 |
| 김기종金起宗 | 1585~1635 (선조 18~인조 13), 청하聽荷 |
| 김류金瑬 | 1571~1648 (선조 4~인조 26), 북저北渚 |
| 김상헌金尙憲 | 1570~1652 (선조 3~효종 3), 청음淸陰 |
| 김세렴金世濂 | 1593~1646 (선조 26~인조 24), 동명東溟 |
| 김수항金壽恒 | 1629~1689 (인조 7~숙종 15), 문곡文谷 |
| 김수흥金壽興 | 1626~1690 (인조 4~숙종 16), 퇴우당退憂堂 |
| 김시양金時讓 | 1581~1643 (선조 14~인조 21), 하담荷潭 |
| 김시진金始振 | 1618~1667 (광해군 10~현종 8), 반고盤皐 |
| 김신국金藎國 | 1572~1657 (선조 5~효종 8), 후추後瘳 |

김육金堉　　　　　　1580~1658 (선조 13~효종 9), 잠곡潛谷
김익희金益熙　　　　1610~1656 (광해군 2~효종 7), 창주滄洲
김자점金自點　　　　1588~1651 (선조 21~효종 2), 낙서洛西
김장생金長生　　　　1548~1631 (명종 3~인조 9), 사계沙溪
김좌명金佐明　　　　1616~1671 (광해군 8~현종 12), 귀계歸溪
김집金集　　　　　　1574~1656 (선조 7~효종 7), 신독재愼獨齋
김홍욱金弘郁　　　　1602~1654 (선조 35~효종 5), 학주鶴洲

ㄴ

남선南銑　　　　　　1582~1654 (선조 15~효종 5), 창명滄溟

ㅁ

민응형閔應亨　　　　1578~1662 (선조 11~현종 3)
민성휘閔聖徽　　　　1582~1648 (선조 15~인조 26), 졸당拙堂
민유중閔維重　　　　1630~1687 (인조 8~숙종 13), 둔촌屯村
민정중閔鼎重　　　　1628~1692 (인조 6~숙종 18), 노봉老峯

ㅂ

박명부朴明榑　　　　1571~1639 (선조 4~인조 17), 지족당知足堂
박세채朴世采　　　　1631~1695 (인조 9~숙종 21), 남계南溪
박지계朴知誡　　　　1573~1635 (선조 6~인조 13), 잠야潛冶

ㅅ

서성徐渻　　　　　　1558~1631 (명종 13~인조 9), 약봉藥峯
서필원徐必遠　　　　1614~1671 (광해군 6~현종 12), 육곡六谷
성혼成渾　　　　　　1535~1598 (중종 30~선조 31), 우계牛溪
소현세자昭顯世子　　1612~1645 (광해군 4~인조 23)
송시열宋時烈　　　　1607~1689 (선조 40~숙종 15), 우암尤庵
송준길宋浚吉　　　　1606~1672 (선조 39~현종 13), 동춘당同春堂
신면申冕　　　　　　1607~1652 (선조 40~효종 3), 하관遐觀
신천익愼天翊　　　　1592~1661 (선조 25~현종 2), 소은素隱
신흠申欽　　　　　　1566~1628 (명종 21~인조 6), 상촌象村
신명규申命圭　　　　1618~1688 (광해군 10~숙종 14), 묵재默齋
심명세沈命世　　　　1587~1632 (선조 20~인조 10)
심지원沈之源　　　　1593~1662 (선조 26~현종 3), 만사晩沙

심열沈悅             1569~1646 (선조 2~인조 24), 남파南坡

◉

안방준安邦俊          1573~1654 (선조 6~효종 5), 은봉隱峰
여동래呂東萊          1137~1181 본명은 조겸祖謙. 동래는 호, 중국인
오건吳健             1521~1574 (중종 16~선조 7), 덕계德溪
오윤겸吳允謙          1559~1636 (명종 14~인조 14), 추탄楸灘
왕안석王安石          1021~1086, 중국인
원두표元斗杓          1593~1664 (선조 26~현종 5), 탄수灘叟
유계兪棨             1607~1664 (선조 40~현종 5), 시남市南
유공량柳公亮          1560~1624 (명종 15~인조 2), 둔옹屯翁
유백증兪伯曾          1587~1646 (선조 20~인조 24), 취헌翠軒
유성룡柳成龍          1542~1607 (중종 37~선조 40), 서애西厓
유성증兪省曾          1576~1649 (선조 9~인조 27), 우곡愚谷
유세침柳世琛          ?~1511 (?~중종 6)
유형원柳馨遠          1622~1673 (광해군 14~현종 14), 반계磻溪
윤방尹昉             1563~1640 (명종 18~인조 18), 치천稚川
윤선도尹善道          1587~1671 (선조 20~현종 12), 고산孤山
윤이지尹履之          1579~1668 (선조 12~현종 9), 추봉秋峯
윤황尹煌             1572~1639 (선조 4~인조 17), 팔송八松
이경석李景奭          1595~1671 (선조 28~현종 12), 백헌白軒
이경엄李景嚴          1579~1652 (선조 12~효종 3), 현기玄磯
이경여李敬輿          1585~1657 (선조 18~효종 8), 백강白江
이귀李貴             1557~1633 (명종 12~인조 11), 묵재黙齋
이극균李克均          1437~1504 (세종 19~연산군 10)
이기조李基祚          1595~1653 (선조 28~효종 4), 호암浩菴
이덕형李德馨          1561~1613 (명종 16~광해군 5), 한음漢陰
이만웅李萬雄          1620~1661 (광해군 12~현종 2), 몽탄夢灘
이명웅李命雄          1590~1642 (선조 23~인조 20), 송사松沙
이민서李敏敍          1633~1688 (인조 11~숙종 14), 서하西河
이민원李民寃          1573~1649 (선조 6~인조 27), 자암紫巖
이산해李山海          1539~1609 (중종 34~광해군 1), 아계鵝溪
이상진李尙眞          1614~1690 광해군 6~숙종 16), 만암晩庵
이서李曙             1580~1637 (선조 13~인조 15), 월봉月峯
이시만李時萬          1601~1672 (선조 34~현종 13)

이시발李時發　　　1569~1626 (선조 2~인조 4), 벽오碧梧
이시방李時昉　　　1594~1660 (선조 27~현종 1), 서봉西峯
이시백李時白　　　1592~1660 (선조 14~현종 1), 조암釣巖
이시해李時楷　　　1600~1657 (선조 33~효종 8) 남곡南谷
이식李植　　　　　1584~1647 (선조 17~인조 25), 택당澤堂
이원익李元翼　　　1547~1634 (명종 2~인조 12), 오리梧里
이유태李惟泰　　　1607~1684 (선조 40~숙종 10), 초려草廬
이이李珥　　　　　1536~1584 (중종 31~선조 17), 율곡栗谷
이익李瀷　　　　　1681~1763 (숙종 7~영조 39), 성호星湖
이정구李廷龜　　　1564~1635 (명종 19~인조 13), 월사月沙
이정기李廷夔　　　1612~1671 (광해군 4~현종 12), 귀천歸川
이정악李挺岳　　　1610~1674 (광해군 2~현종 15), 아은啞隱
이항복李恒福　　　1556~1618 (명종 11~광해군 10), 백사白沙
이행진李行進　　　1597~1665 (선조 30~현종 6), 지암止菴
이후원李厚源　　　1598~1660 (선조 31~현종 1), 우재迂齋
인목대비仁穆大妃　1584~1632 (선조 17~인조 10)


ㅈ

장유張維　　　　　1587~1638 (선조 20~인조 16), 계곡谿谷
장현광張顯光　　　1554~1637 (명종 9~인조 15), 여헌旅軒
정경세鄭經世　　　1563~1633 (명종 18~인조 11), 우복愚伏
정도전鄭道傳　　　1342~1398 삼봉三峰
정만화鄭萬和　　　1614~1669 (광해군 6~현종 10), 익암益菴
정약용丁若鏞　　　1762~1836 (영조 38~헌종 2), 다산茶山
정원군定遠君　　　1580~1619 (선조 13~광해군 11)
정유성鄭維城　　　1596~1664 (선조 29~현종 5), 도촌陶村
정철鄭澈　　　　　1536~1593 (중종 31~선조 26), 송강松江
정치화鄭致和　　　1609~1677 (광해군 1~숙종 3), 기주棋洲
정태화鄭太和　　　1602~1673 (선조 35~현종 14), 양파陽坡
정홍명鄭弘溟　　　1592~1650 (선조 25~효종 1), 기암畸菴
조경趙絅　　　　　1586~1669 (선조 19~현종 10), 용주龍洲
조광조趙光祖　　　1482~1519 (성종 13~중종 14), 정암靜庵
조구석趙龜錫　　　1615~1665 (광해군 7~현종 6), 장육당藏六堂
조복양趙復陽　　　1609~1671 (광해군 1~현종 12), 송곡松谷
조석윤趙錫胤　　　1605~1655 (선조 39~효종 6), 낙정재樂精齋

조익趙翼          1579~1655 (선조 12~효종 6), 포저浦渚
조존성趙存性      1554~1628 (명종 9~인조 6), 용호龍湖
조헌趙憲          1544~1592 (중종 39~선조 25), 중봉重峯
조현기趙顯期      1634~1685 (인조 12~숙종 11), 일봉一峯
조현명趙顯命      1690~1752 (숙종 16~영조 28), 귀록歸鹿

**ㅊ**

최유연崔有淵      1587~? (선조 20~?), 현암玄岩
최명길崔鳴吉      1586~1647 (선조 19~인조 25), 지천遲川

**ㅎ**

한원진韓元震      1682~1751 (숙종 8~영조 27), 남당南塘
한흥일韓興一      1587~1651 (선조 20~효종 2), 유시柳示
허적許積          1610~1680 (광해군 2~숙종 6), 묵재黙齋
홍계희洪啓禧      1703~1771 (숙종 29~영조 47), 담와淡窩
홍명하洪命夏      1608~1668 (선조 41~현종 9), 기천沂川
홍서봉洪瑞鳳      1572~1645 (선조 5~인조 23), 학곡鶴谷
홍여하洪汝河      1621~1678 (광해군 13~숙종 4), 목재木齋
황신黃愼          1560~1617 (명종 15~광해군 9), 추포秋浦

# 인물사전

■ 권반權盼(1564, 명종 19~1631, 인조 9)

본관 안동安東. 길천군吉川君. 호는 폐호閉戶. 선조 28년(1595) 문과에 급제하여 호조 좌랑에 임명되었다. 나주 목사, 강화 부사, 함경도·경기도·경상도 관찰사를 지냈다. 인조반정 직후 삼도대동법 실시 때에는 호조 참판직에 있으며 그 역할을 했다. 1626년 (인조 4) 충청도 관찰사로 있을 때 공물의 부과 기준에 대한 개혁안을 마련했다. 그는 이 개혁안에서 토지 소유의 많고 적음에 따라 공물을 부과할 것을 주장했다. 결과적으로 이것은 시행되지 못했지만, 그의 시도는 이후 충청도에 관찰사로 부임했던 이경여, 김육 등에게 이어져 계속되었다. 이런 시도들은 충청도에서 대동법이 처음으로 성립될 수 있는 중요한 계기가 되었다. 한성부 판윤을 거쳐 형조 판서를 두 번 지냈다.

■ 김상헌金尚憲(1570, 선조 3~1652, 효종 3)

본관 안동. 호는 청음淸陰, 석실산인石室山人(경기도 양주楊州 석실石室에 있을 때 사용. 원래 청음이라는 호를 사용했었는데, 병자호란 이후 '청'이라는 글자가 싫어서 바꾸어 사용했다), 서간노인西磵老人(만년에 안동에 있을 때 사용). 시호는 문정文正. 형이 우의정 상용尙容이고, 수홍·수증·수항이 그의 손자들이다. 조선 후기 노론 핵심인 '장동 김씨'의 중시조이다. 1596년 전쟁 중에 실시한 정시 문과에 급제. 1612년(광해군 5) 이언적과 이황을 배척하는 데 앞장선 정인홍을 탄핵했다가 광주廣州 부사로 좌천되었다. 인조반정 후

공신세력의 보합위주정치保合爲主政治에 반대하고 시비와 선악의 엄격한 구별을 주장
함으로써 서인 청서파淸西派의 영수가 되었다. 1632년 인조가 자신의 생부(정원군)를
왕으로 추존하려는 데 반대해 벼슬에서 물러났다. 병자호란 때 예조 판서로 주화론主
和論을 배척하고 주전론主戰論을 폈다. 인조의 항복 후 정계에서 은퇴하여 안동으로
내려갔다. 청나라가 명나라를 공격하기 위해 조선에 출병(1639)을 요구하자, 이에
반대하는 소를 올린 것 때문에 청나라에 압송되었다가 6년 후에 귀국했다. 효종이
북벌을 추진할 때 그 이념적 상징으로 '대로大老'로 존경을 받았다. 대동법에 반대했
고, 김집 등 서인계 산림의 등용을 주장했다.

■ 김신국金藎國(1572, 선조 5 ~ 1657, 효종 8)
본관 청풍淸風. 호는 후추後瘳. 1593년 문과 급제. 광해군 시기 조정을 장악했던
북인이 대북大北과 소북小北으로 갈리자, 소북의 영수로 대북과 대립하다가 관직이
삭탈되어 충주에 은거했다. 인조반정 후 광해군 때의 공훈으로 얻은 관작을 삭탈당했
지만, 나중에 다시 평안도 관찰사에 기용되었다. 이때 후금과의 관계가 악화되자,
혹시 일어날 수 있는 전쟁에 대비하여 평양성의 수축과 군량의 비축 등에 힘썼다.
정묘호란 때는 호조 판서로서 이정구李廷龜와 함께 후금의 사신과 화약을 맺었다.
병자호란 때는 최명길崔鳴吉, 홍서봉洪瑞鳳, 이경직李景稷과 함께 청나라 진영을 오가며
인조의 출성出城을 위한 사목事目을 교섭했다. 이듬해 세자시강원의 이사貳師(세자시강
원의 종1품 관직)가 되어 볼모로 가는 소현세자를 배종해 선양瀋陽에 갔다가 1640년에
귀국했다.

■ 김육金堉(1580, 선조 13 ~ 1658, 효종 9)
본관 청풍. 호는 잠곡潛谷. 현종비(명성왕후)가 그의 아들 우명佑明의 딸이다. 큰아들
은 좌명佐明이다. 1609년(광해군 1)에 동료 태학생들과 함께 청종사오현소請從祀五賢疏
(김굉필·정여창·조광조·이언적·이황 등 5인을 문묘에 향사할 것을 건의하는 상소)를 올린 것이
화근이 되어 문과 응시 자격을 박탈당했다. 그 후 성균관을 떠나 경기도 가평 잠곡

청덕동에 은거했고, 이때부터 스스로 호를 잠곡이라 했다. 30대 중반부터 약 10년 동안 스스로 농사짓고 나무해서 생계를 유지했다. 1624년 증광 문과에서 장원했으며, 1638년 6월 충청도 관찰사가 되어 대동법 시행을 건의했다. 1643년과 1645년에 중국에 다녀왔다. 이때 화폐의 주조·유통, 수레의 제조·보급, 시헌력時憲曆의 제정·시행 등에 착안했다. 효종 즉위와 더불어 대동법 시행에 적극 노력하여 호서대동법이 실시되는 데 정치적 지지대 역할을 했다. 효종 1년 1월에는 다시 진향사進香使로 중국에 다녀왔다. 『인조실록』의 간행을 총괄하는 실록청 총재관實錄廳摠裁官을 지냈으며, 저술이 여러 권 있다. 조선 최초의 백과사전인 『유원총보類苑叢寶』를 비롯해, 민의 생활에 직접 관련된 내용을 담은 『구황촬요救荒撮要』, 『벽온방辟瘟方』 등이 있다.

## ■ 김장생金長生(1548, 명종 3 ~ 1631, 인조 9)

본관은 광산光山. 호는 사계沙溪. 시호는 문원文元. 아버지는 대사헌 계휘繼輝, 아들이 집集과 반槃이다. 20세 무렵 이이 문하에서 배웠다. 1581년 종계변무宗系辨誣의 일로 아버지를 따라 명나라에 다녀왔다. 문과를 거치지 않았다. 1592년 임진왜란 때 호조 정랑으로 군량 조달에 공을 세웠다. 인조반정 후 75세의 나이에 조정에 나갔으나, 곧 낙향했다. 이 같은 행동은 호서 사림을 대표하여 인조반정에 대한 정치적 동의를 표시한 것이었다. 이듬해 '이괄의 난'으로 왕이 공주로 피해오자, 길에 나와 인조를 맞았다. 그 뒤 왕의 시강과 경연에 초청되기도 했다. 1627년 정묘호란 때 양호호소사兩湖號召使로서 의병을 모아 공주로 온 세자를 호위했다. 인조반정 이후로는 서인의 영수로서 영향력이 매우 컸다. 인조 초반의 정국을 서인 중심으로 안정시키는 데 큰 역할을 했다. 향리 생활에서는 줄곧 곁을 떠나지 않은 아들 집의 보필을 많이 받았다. 문묘에 배향되었다.

## ■ 김좌명金佐明(1616, 광해군 8 ~ 1671, 현종 12)

본관 청풍. 호는 귀계歸溪, 귀천歸川. 시호는 충숙忠肅. 청릉부원군淸陵府院君. 김육金堉의 장남이며, 1644년(인조 22) 문과에 급제했다. 김육이 호남지방 전체에 대동법을 실시할 수 없었음을 안타까워하며, 아버지의 유지를 펴기 위해 호남 관찰사로 임명해줄 것을 간청했으나 뜻을 이루지 못했다. 1662년(현종 3) 공조·예조 판서를 지낼 때, 현종 즉위 초에 중단되었던 전라도 산군山郡 대동법을 재차 주창, 시행하게 했다. 아버지 유언에 따라 『전라도대동사목』을 전라 감사 서필원徐必遠과 함께 정리했다. 현종의 비 명성왕후明聖王后는 그의 동생 우명의 딸이다. 조선은 전통적으로 왕실 외척의 정치 참여를 엄격히 금했지만, 조정은 그를 믿고 중용했다. 동양위東陽尉 신익성申翊聖의 사위이고, 홍명하洪命夏와 동서 관계이다. 숙종 초 정국을 주도했던 석주錫冑가 그의 아들이다.

■ 김집金集(1574, 선조 7 ~ 1656, 효종 7)

본관 광산光山. 호는 신독재愼獨齋. 시호는 문경文敬. 김장생金長生의 둘째 아들이다. 인조반정 후, 부여 현감과 임피 현령을 지냈다. 이후 여러 벼슬에 임명되었지만 오래 머물지 않고 곧 사임하곤 했다. 태학 유생들이 소를 올려 벼슬에 오래 머물도록 해달라고 할 정도로 그는 존경의 대상이었다. 김장생이 김상용金尙容과 가까웠듯, 그는 김상헌과 가까웠다. 효종 즉위년(1649) 국가정책의 방향을 둘러싸고 김육과 정책적 갈등을 벌였다. 이 일로 김육과 김집이 앞뒤로 조정에서 물러났다. 생애 대부분을 아버지를 섬기며 경전 연구와 수양에 힘썼다. 이이의 학문과 송익필宋翼弼의 예학, 그리고 부친의 학문을 이어받아 그 학문을 송시열에게 전해주었다. 기호학파畿湖學派를 형성하는 데 중요한 역할을 했다. 문묘에 배향되었다.

■ 김홍욱金弘郁(1602, 선조 35 ~ 1654, 효종 5)

본관 경주慶州. 호는 학주鶴洲. 시호는 문정文貞. 추사 김정희는 그의 7대손이다. 1635년(인조 13) 문과에 급제했다. 병자호란 때 남한산성에서 인조를 호종했고, 대청 강경론을 주장했다. 1645년 이조 좌랑이 되었는데, 김자점金自點과 뜻이 맞지 않아 사직했다. 다시 조정에 복귀할 때까지 향촌 현실을 재인식할 수 있는 기회를 가졌다. 이때의 경험에 기초해서 1648년 홍문관 응교가 되었을 때 관기官紀, 전제田制, 공물방납 등 시폐時弊 15개 조를 담은 상소를 올렸다. 충청도에 대동법이 성립될 때, 김육은 서산 출신인 그를 충청도 관찰사로 임명되도록 했다. 충청도 관찰사로 있으면서 호서 대동법 성립에 큰 역할을 했다. 1654년(효종 5) 황해도 관찰사 재임시 효종이 구언求言 (조선시대에 왕이 신하들에게 의견을 묻는 일)하자, 8년 전 사사賜死된 민회빈 강씨愍懷嬪姜氏 (소현세자 부인)의 억울함을 풀어줄 것을 상소했다. 강비 사건은 효종의 왕위 보전과 직접 관련되었기에 누구도 감히 말하지 못했다. 이 일로 그는 효종의 친국을 받던 중 사망했다. 그가 죽기 직전 "언론을 가지고 살인해 망하지 않은 나라가 있었는가?" 라고 한 말은 후세에 큰 감명을 주었다. 1718년(숙종 44) 이조 판서에 추증되었다.

■ 남선南銑(1582, 선조 15 ~ 1654, 효종 5)

본관 의령宜寧. 호는 회곡晦谷, 대몽大夢. 시호는 정민貞敏. 1606년(선조 39) 사마시에 합격했으나, 광해군 시기에 과거를 단념했다. 인조반정 후에는 호조 좌랑 등 여러 관직을 지냈다. 인조 초 삼도대동법이 실시될 때 호남에 파견되어 현지 상황을 보고하는 등 일찍부터 대동법 추진에 관여했다. 1629년(인조 7) 문과에 급제했다. 병자호란 때는 호조 참의로 남한산성에서 왕을 호위했다. 1642년(인조 20) 전라도·강원도의 관찰사를 역임하고, 1645년 동지사로 청나라에 다녀왔다. 1648년 도승지, 1649년(효종 즉위년) 경기도 관찰사와 대사헌, 이듬해 경기도 관찰사, 1652년(효종 3) 형조·예조의 판서를 거쳐 1654년 세자시강원世子侍講院 우빈객右賓客과 이조·형조의 판서를 지냈다. 호서대동법 성립에도 상당한 역할을 했다. 그의 신도비를 김육이 썼다.

■ 민응형閔應亨(1578, 선조 11 ~ 1662, 현종 3)

본관 여흥驪興. 1612년(광해군 4) 문과에 급제했다. 인조반정 이후 주로 대간직과 승지직을 거쳤다. 시폐時弊나 언로가 막혀 있는 문제점들을 자주 간했다. 김육의 경제 정책에도 조언을 아끼지 않았다. 효종 초의 호서대동법 논의는 그가 대동법 실시를 요청하는 상소를 올리면서 시작되었다. 당파로 보면 남인에 속했지만, 그가 주장한 논리는 공명정대했기 때문에 군왕을 비롯하여 이해가 엇갈린 당인黨人들도 감히 그 주장을 정면으로 반박하지 못했다. 일생을 직언으로 일관했고, 또 당대인들에게도 그렇게 알려졌다.


## ■ 박지계 朴知誡(1573, 선조 6~1635, 인조 13)

본관 함양咸陽. 호는 잠야潛冶. 시호는 문목文穆. 1606년(선조 39) 이조 판서 허성許筬이 그를 왕자사부王子師傅로 천거했지만 고사했다. 1609년(광해군 1) 홍문관의 최현崔晛이 좌세마겸서연관左洗馬兼書筵官으로 천거했지만 역시 사양했다. 권흥權興, 조익 등과 학문적으로 교유했다. 광해군대와 인조대에 대표적 사림의 한 사람이었다. 인조반정 후 왕의 부름으로 사헌부 지평을 제수 받았다. 인조 11년(1633)에 올린 만언소는 당시의 사회 실정을 날카롭게 묘사했을 뿐만 아니라 공납 문제에 대한 폐단도 상세히 지적했다. 권시權諰, 원두표의 동생 원두추元斗樞 등이 그의 제자이다. 원두표는 그를 평생의 스승으로 받들었다.


## ■ 서필원 徐必遠(1614, 광해군 6~1671, 현종 12)

본관 부여扶餘. 호는 육곡六谷. 시호는 정헌貞憲. 9세에 아버지를 여의고 김집과 정홍명鄭弘溟에게 수학했다. 1648년 문과에 급제했다. 1656년(효종 7) 충청도 관찰사가 되어서는 서원의 폐단을 보고하고 그 개혁을 요청했다. 1658년(효종 9) 대사간과 승지를 거쳐, 김육에 의해서 전라도 감사에 지명되어 전라도 연해지방의 대동법 성립에 기여했다. 굶주린 백성을 구휼하기 위해 왕대비의 삭선朔膳을 감할 것을 청했다가 문책당했다. 1665년에 강화 유수가 되었고, 그 뒤 형조 참판과 1669년 형조 판서를 거쳐 1671년 병조 판서가 되었으나 그해 죽었다. 민생을 구휼하고 지방의 폐단을 개혁하기 위한 실질적인 사업에 앞장섰다. 왕에게 직언을 잘하기로 이름이 나서, 그 시대 이상진李尚眞 등과 함께 오직五直으로 불렸다.


## ■ 송시열 宋時烈(1607, 선조 40~1689, 숙종 15)

본관 은진恩津. 호는 우암尤菴, 우재尤齋. 시호는 문정文正. 8세 때부터 친척인 송준길

宋浚吉의 집에서 그와 함께 공부했다. 송준길, 이유태, 유계, 김경여金慶餘, 윤선거尹宣擧, 윤문거尹文擧, 김익희金益熙 등과 함께 김장생·김집 부자에게 배웠다. 1635년에 봉림대군(후일의 효종)의 사부로 임명되었다. 병자호란 후 봉림대군이 인질로 잡혀가자, 낙향했다. 1649년 효종이 즉위하자, 벼슬에 나아갔지만 곧 낙향했다. 1658년 9월에는 이조 판서에 임명되어 조정에 나아갔다. 이때부터 1659년 5월 효종이 급서할 때까지가 가장 길게 조정에 있었던 시기이다. 그해 12월에 낙향했다. 이후 거의 관직을 지내지 않았지만, 재야에 있으면서도 선왕의 위광과 사림의 중망 때문에 막대한 정치적 영향력을 행사했을 정도로 늘 정치적 논쟁의 중심에 있었다. 효종 이후의 붕당정치에서 서인 노론의 영수이자 사상적 지주였다. 벼슬에 나아간 뒤에는 김상헌의 손자들인 수증·수흥·수항 형제들, 민정중閔鼎重·민유중閔維重 형제, 이후원李厚源·이시백李時白 등 서인 권문세가 인사들과 정치를 같이했다. 이들이 나중에 노론의 중심 인물이된다. 처음에는 소론계 남구만南九萬·박세채朴世采·이경석李景奭과도 친했으나, 뒤에 멀어졌다. 문묘에 배향되었다. 호서대동법의 효과가 증명된 후, 호남에서 대동법이 추진될 때는 이시방李時昉을 도와 법 제정에 힘썼다.

■ 신흠申欽(1566, 명종 21 ~ 1628, 인조 6)
본관 평산平山. 호는 상촌象村, 현헌玄軒, 현옹玄翁, 방옹放翁. 시호는 문정文貞. 7세 때 부모를 잃고 장서가로 유명했던 외할아버지 송기수 슬하에서 자라면서 경서와 제자백가를 두루 공부했다. 개방적인 학문 태도를 지녀 음양학이나 잡학에도 조예가 깊었다. 1586(선조 19)년 문과에 급제했다. 벼슬하기 전부터 이미 문명文名을 떨치고 있었다. 임진왜란 때 도체찰사 정철鄭澈의 종사관으로 활약했다. 임진왜란 중에 명나라에 대한 외교문서를 관장했다. 선조의 신망을 받고 주로 문한직文翰職을 맡아 일을 했다. 1599년 장남 익성翊聖이 선조의 딸 정숙옹주貞淑翁主와 결혼하여 부마가 되었다. 홍명하와 김좌명이 신익성의 사위였다. 인조의 즉위와 함께 이조 판서 겸 예문관·홍문관의 대제학에 중용되었다. 같은 해 7월 우의정에 발탁되었으며, 1627년 정묘호란이 일어나자 좌의정으로서 세자를 수행하고 전주에 피난했다. 사림의 신망을 받았다.

월상계택月象谿澤(월사月沙 이정구, 상촌象村 신흠, 계곡谿谷 장유, 택당澤堂 이식)이라 불리며, 조선 중기 한문학의 4대가 가운데 한 사람이었다.

■ 심열沈悅(1569, 선조 2~1646, 인조 24)
본관 청송靑松. 호는 남파南坡. 시호는 충정忠靖. 1593년(선조 26) 문과에 급제했다. 경기도·황해도·경상도·함경도의 관찰사를 지냈다. 인조반정 후 경기 감사직에서 물러났으나, 다시 호조 판서에 임명되었다. 1638년(인조 16) 염철사鹽鐵使 자격으로 중국 선양에 다녀온 뒤 강화 유수, 우의정, 좌의정, 영의정을 지냈다. 광해군대에 인목대비 폐위론에 반대하지 않았다는 이유로 대간들의 탄핵을 받았으나, 재정 업무에 밝은 것을 인정받아 인조 정권에서 중용되었다. 광해군대에 벼슬을 지내면서 북인으로 분류되었던 사람들은 인조반정 후 대부분 정치적으로 숙청되었다. 하지만 김신국, 남이공南以恭의 경우가 그렇듯이, 재정 분야에서 일했던 사람들은 인조대에도 중용되었다.

■ 원두표元斗杓(1593, 선조 26~1664, 현종 5)
본관 원주原州. 호는 탄수灘叟, 탄옹灘翁. 시호는 충익忠翼. 그의 할아버지가 수군절도사 원호元豪이다. 박지계의 문인이다. 유생 신분으로 인조반정에 참가했다. 인조반정 계획 단계에서, 그는 귀양 가 있던 전 영의정 이원익을 찾아가 잠꼬대를 하는 척하며 반정 계획을 일부러 노출시켰다. 이를 통해서 그는 이원익이 반정에 반대하지 않음을 확인한 일화가 전한다. 인조반정 뒤에 정사공신靖社功臣 2등에 책록되고, 원평부원군原平府院君에 봉해졌다. 인조 3년에는 전주 부윤에 임명되었다. 1627년(인조 5) 정묘호란 때 왕세자가 전주로 피해오자, 왕세자 일행에게 편의를 제공하면서도 이웃 고을이나 전주 백성들을 번거롭지 않게 했다. 왕세자와 함께 왔던 이원익이 이를 보고 후에 조정에 복귀해서 왕에게 말해 종2품 가의대부를 내렸다. 이를 계기로 원두표의 이름이 높아지기 시작했다. 후에 그는 서인 중 공서功西(인조반정에 가담하여 공을 세운 서인 세력)에 속하여 청서淸西(인조반정에 간여하지 않은 서인 세력)와 갈등했다. 후에 같은 공서파인 김자점과 권력투쟁을 벌이며 원당原黨의 영수가 되었다. 김자점이 중심이 된 측이 낙당洛黨이다. 효종 초에 낙당은 소멸된다. 원두표는 군비 강화를 적극적으로 추진하는 등 효종대 북벌정책의 핵심 인물이다. 인조대에 오래도록 재정에 깊이 관여했다. 이시방과의 사이가 좋지 않았다.

### ■ 유계兪棨(1607, 선조 40~1664, 현종 5)

본관 기계杞溪. 호는 시남市南. 시호는 문충文忠. 김장생 문하에서 수학했고, 예학과 사학에 정통했다. 송시열, 송준길, 윤선거, 이유태 등과 더불어 충청도 유림의 오현五賢으로 불린다. 1633년 문과에 급제했다. 병자호란 때 척화를 주장하다가 청과의 화의가 성립되자 척화죄로 임천林川(오늘날 충남 부여군)에 유배되었다가 1639년에 풀려났다. 저서로는 『시남집市南集』, 『가례원류家禮源流』, 『여사제강麗史提綱』, 『강거문답江居問答』 등이 있다. 특히 『강거문답』은 이이의 『동호문답東湖問答』을 본받아, 고금古今의 치도治道를 논하고 자신의 정치사상을 피력한 저술이다. 경세론에 조예가 깊었는데, 특히 송시열은 그의 경세론을 높이 평가했다.

### ■ 유백증兪伯曾(1587년, 선조 20~1646, 인조 24)

본관 기계杞溪. 호는 취헌翠軒. 시호는 충경忠景. 1612년(광해군 4) 문과에 급제했다. 인목대비 폐위론에 반대해 사직하고 낙향했다. 1623년 인조반정 후 정사공신靖社功臣 3등으로 기평군杞平君에 봉해졌다. 1631년 충청도 관찰사를 지냈다. 이조 참판으로 있을 때 병자호란이 일어나자 왕을 따라 남한산성에 들어갔다. 이때 소를 올려 윤방尹昉, 김류金瑬 등 청과의 화의를 주장한 대신들을 사형에 처할 것을 주장하다가 파직되었다. 이듬해 조선과 청의 화의가 성립되고 홍익한洪翼漢, 윤집尹集, 오달제吳達濟 등이 청나라에 끌려가게 되자, 화의를 반대한 것은 대신들인데 이제 죄를 연소자에게 돌리는 것은 부당한 처사라고 직언했다. 당시 오달제의 나이는 29세였다. 성품이 강직해 왕에게 직언을 하다가 여러 번 화를 당했지만 굽히지 않았다. 사람들이 그의 충직함을 알았기 때문에 그때마다 복직되었다. 인조 초 삼도대동법 이후에는 대동법 실시에 찬성했고, 또 사주인의 역할에 대해서도 일찍부터 긍정적으로 생각했다.

■ 유성룡柳成龍(1542, 중종 37 ~ 1607, 선조 40)

본관 풍산豊山. 호는 서애西厓. 시호는 문충文忠. 이황李滉의 문인이다. 김성일金誠一
과 동문수학했고 친분이 두터웠다. 1566년 문과에 급제했다. 1591년 우의정으로
이조 판서를 겸하고, 이어 좌의정으로 승진해 역시 이조 판서를 겸했다. 왜란이 있을
것에 대비해 형조 정랑 권율과 정읍 현감 이순신을 각각 의주 목사와 전라도 좌수사에
천거했다. 1592년 4월 13일 일본이 대거 침입하자, 영의정으로서 실질적으로 조선을
대표해 전쟁을 총지휘했다. 그의 저서 『징비록懲毖錄』과 『서애집西厓集』은 임진왜란
사 연구에 빼놓을 수 없는 귀중한 자료이다. 임진왜란 중에 그는 이미 대동법의 원형과
매우 유사한 공물변통안을 제기하기도 했다.

■ 유형원柳馨遠(1622, 광해군 14 ~ 1673, 현종 14)

본관 문화文化. 호는 반계磻溪. 그가 2세 때 아버지 유흠柳欽은 유몽인柳夢寅 사건에
연좌되어 28세의 젊은 나이로 옥사했다. 외삼촌 이원진李元鎭과 고모부 김세렴金世濂
에게 글을 배웠다. 이원진은 이익李瀷의 당숙으로 하멜 표류 사건 당시 제주 목사로
있었다. 김세렴은 함경도와 평안도의 감사를 거쳐 대사헌까지 지낸 당대의 이름 있는
관료였다. 1644년과 1648년에 각각 할머니, 어머니 상을 당했다. 탈상하면서 두 차례
에 걸쳐 과거에 응시했으나 모두 낙방했다. 그 뒤 1651년(효종 2) 30세 때에는 할아버
지의 상을 당했다. 2년 뒤 복상服喪을 마치자, 32세라는 젊은 나이에도 불구하고,
멀리 전라도 부안군 보안면 우반동에서 은거하기 시작했다. 20년간 이곳에서 머물며
쓴 『반계수록磻溪隨錄』 26권을 남기고, 1673년에 52세의 나이로 생을 마쳤다. 성호星
湖 이익李瀷은 조선에서 경세經世를 아는 사람으로 이이와 유형원을 들었다. 그는
대동법에 대해 전폭적으로 찬성했다. 『반계수록』은 기존의 단편적인 개혁 내용이
어떻게 전체적으로 구성되었고, 그 구성의 이론적·역사적 기초가 무엇인지를 잘 보여
준다.

■ 윤방尹昉(1563, 명종 18~1640, 인조 18)

본관 해평海平. 호는 치천稚川. 시호는 문익文翼. 영의정 윤두수尹斗壽의 장남이고, 이이의 문인이다. 1588년(선조 21) 문과에 합격했으며, 청요직淸要職을 두루 지냈다. 그 뒤 이조 좌랑을 거쳐 홍문관 응교에 올랐다. 1597년 정유재란이 일어나자 군량 운반을 담당했다. 그의 둘째 아들 윤신지尹新之(1582~1657)는 선조의 부마(해숭위海嵩尉)가 되었으며, 아버지의 작봉을 이어받아 해평부원군海平府院君에 봉해졌다. 1618년 인목대비 폐위론이 일자 병을 핑계로 정청政廳에 불참해 탄핵을 받고 사직, 은퇴했다. 인조반정 후 예조 판서로 등용되고, 곧 우의정에 올랐다. 윤방은 조익의 외종숙이다. 즉 조익의 외할아버지가 윤춘수尹春壽인데, 윤춘수의 동생이 두수斗壽이다. 인조 초 삼도대동법이 추진되는 동안 정승의 자리에 있었다.

■ 윤황尹煌(1571, 선조 4~1639, 인조 17)

본관 파평坡平. 호는 팔송八松. 시호는 문정文正. 1597년(선조 30) 문과에 급제했다. 성혼成渾의 고제자高弟子이자 사위이다. 정묘호란이 일어나자 청나라와의 주화主和에 반대했다. 이귀李貴·최명길 등 주화론자의 유배를 청하고, 항복한 장수를 목 벨 것을 주장했다. 주화는 사실상 청나라에 대한 항복이라고 말했다가 인조의 노여움을 사서 관직이 삭탈되었다. 유배의 명을 받았으나 삼사三司와 여러 조정 중신들의 구원으로 화를 면했다. 병자호란이 일어나자 정묘호란 때처럼 척화斥和를 주장했다. 두 차례 호란으로 동생 윤전尹烇과 아들 윤선거의 부인이 강화도에서 죽음을 맞았다. 윤선거의 강화도 사건은 훗날 윤선거의 아들 윤증尹拯과 송시열의 사제의리가 끊어지고 노론과 소론이 갈리는 하나의 계기가 된다. 그의 문집『팔송봉사八松封事』는 당시 일반적인 문집 형식과 크게 달라, 이기심성론理氣心性論에 대한 글이나 시가 거의 없이 현실 문제에 대한 상소문 또는 자손들에게 근검절약할 것을 훈계한 내용만이 있을 뿐이다. 정묘호란에서 병자호란 사이, 척화파의 대표적인 간관 가운데 한사람이다. 그는 무엇 보다 공납 문제의 해결책으로 왕의 절약을 강력히 주장했는가 하면, 일찍부터 공물의 시장 구매를 강조했다. 김상헌이 매우 존중했다.

■ 이경석李景奭(1595, 선조 28)~1671, 현종 12)

본관 전주全州. 호는 백헌白軒. 정종의 열째 아들 덕천군德泉君 후생厚生의 6대손이고, 지봉芝峯 이수광의 손자이다. 1617년 별시에 급제했지만 인목대비의 폐비 상소에 가담하지 않아 합격이 취소되었다. 인조반정 후 문과에 다시 급제했다. 병자호란 때 인조가 항복한 후 도승지에 발탁되어 삼전도비문三田渡碑文을 지어야 했다. 1641년에는 청나라에 볼모로 가 있던 소현세자의 이사貳師, 즉 선생이 되어 당시 청의 수도 선양으로 가 현지에서 대청 외교를 풀어나갔다. 이듬해, 엄금하던 명나라 선박이 선천宣川에 들어온 일로 인해 사건의 전말을 조사 보고하라는 청 황제의 명을 받고 귀국했다. 조선이 관련된 사실을 두둔하느라 청나라 황제의 노여움을 샀다. 영부조용永不調用(관직에 영구히 등용되지 못함)의 조건으로 귀국해, 3년 동안 벼슬에서 물러났다가 1644년에 복직, 이듬해 영의정에 올라 국정을 총괄했다. 한편 효종의 북벌계획이 청나라에 알려져 사문사건查問事件이 일어났다. 청나라 사문사가 영의정인 그를 비롯하여 정승·판서 및 양사(사헌부·사간원)의 중신 등을 불러 세워 북벌계획의 전말을 조사하고 죄를 다스리고자 해 조정이 큰 위기를 맞기도 했다. 이에 끝까지 국왕을 비호하고 기타 관련자들까지 두둔하면서 모든 것을 자신의 책임으로 돌려 국왕과 조정의 위급을 면하게 했다. 청나라 황제의 명으로 백마산성白馬山城에 위리안치 되었다. 인조 말년에서 현종 때까지 활약했던 유능한 재상이었다.

■ 이경여李敬輿(1585, 선조 18~1657, 효종 8)

본관 전주全州. 호는 백강白江, 봉암鳳巖. 시호는 문정文貞. 세종의 7대손이다. 1609년(광해군 1) 문과에 급제했다. 영창대군이 광해군에게 죽임을 당하자(광해군 6, 1614), 사직하고 고향에 돌아가 벼슬길에 나서지 않았다. 인조반정 후 다시 기용되었다. 1642년 명나라 선박과 몰래 무역하는 것을 묵인하고, 청나라 연호 숭덕崇德을 사용하지 않은 사실이 청나라에 알려져 선양에 억류되었다. 이듬해 은 1,000냥을 바치고 풀려나 소현세자와 함께 돌아온 뒤 우의정에 올랐다. 하지만 이후에도 청으로부터 기피 인물로 지목되었다. 소현세자 사망 후에 세손世孫(소현세자의 아들)을 지지했으나, 인조는

봉림대군을 세자로 책봉했다. 이듬해 민회빈 강씨愍懷嬪姜氏(소현세자빈)가 소의 조씨昭
儀趙氏를 저주했다고 하여 사약을 받게 되었을 때, 이에 반대하다가 진도에 유배되었으
며, 1648년에는 함경도 삼수三水에 위리안치 되었다. 이듬해 효종이 즉위하자 풀려나
와 다시 중용되었다. 충청도와 전라도에서 감사를 지냈고, 특히 충청도 감사를 지낼
때는 공물변통을 시도했다. 인조 말 효종 초에 경세로 이름을 냈다. 민적, 민서가
그의 아들이다.

■ 이시방李時昉(1594, 선조 27～1660, 현종 1)
  본관 연안延安. 호는 서봉西峯. 시호는 충정忠靖. 연평부원군延平府院君 이귀李貴의
아들이며, 영의정 이시백李時白의 아우이다. 인조반정 때, 유생의 신분으로 아버지와
함께 가담해 정사공신靖社功臣 2등으로 연성군延城君에 봉해졌다. 정묘호란 때 인조가
강화로 피란하기에 앞서 먼저 강화에 가 군비를 정비하고 경계하는 데 힘썼다. 왕이
도착한 뒤에는 8도의 군량미를 조달하는 중책을 맡았다. 이듬해 광주 목사로 남한산성
방어사를 겸했다. 1632년 한성부의 좌·우윤이 되었다. 1636년 나주 목사, 전라도
관찰사를 지내다가 병자호란 때는 실책을 범해 충청도 정산定山으로 귀양을 갔다.
유배생활 4년간 백성들과 가까이 지내면서 민심의 방향을 알게 된다. 죄가 풀려 1640
년에 제주 목사로 나갔다. 이듬해 그곳에 안치되었던 광해군이 죽자, 남들에게서 혐의
를 받을 수 있음에도 불구하고 그의 시신을 손수 염습하였다. 1645년 호조 참판이
되어 충청도와 전라도에 대동법을 실시할 것을 강력히 주장했다. 1649년 효종이
즉위하고 한성부 판윤에 임명되었다. 이듬해 10월 사은사의 부사로 청나라에 들어가,
외교 수완을 발휘함으로써 조선에 대한 청의 의심을 풀었다. 호서대동법이 실시될
때 호조 판서로 실무를 지휘했다.

■ 이식李植(1584, 선조 17～1647, 인조 25)
  본관 덕수德水. 호는 택당澤堂, 남궁외사南宮外史, 택구거사澤癯居士. 시호는 문정文靖.
단하端夏가 그의 아들이다. 1610년(광해군 2) 문과에 급제했다. 1618년 인목대비 폐위

론이 일어나자 은퇴하여 경기도 지평砥平(지금의 양평군 양동면)으로 낙향했다. 남한강변에 택풍당澤風堂을 짓고 오직 학문에만 전념했다. 택당이란 호는 여기에서 비롯되었다. 인조반정 이후 그와 교분이 두터운 친구들이 집권하게 됨으로써 그도 요직에 발탁되어 이조 좌랑에 등용되었다. 인조가 자신의 죽은 아버지를 왕으로 높이는 것이 예가 아님을 논하다가 인조의 노여움을 사 간성 현감으로 좌천되기도 했다. 1642년(인조 20년)에 김상헌과 함께 척화를 주장한다 하여 당시 청나라 수도 선양으로 잡혀갔다. 돌아올 때 다시 의주에서 잡혀 갇혔으나 탈출하여 돌아왔다. 당대의 이름난 학자로서 많은 제자를 배출했다. 신흠, 이정구, 장유張維와 함께 당시 한문 4대가로 꼽혔다. 김택영金澤榮(1850~1927)은 이식의 문장을 고려와 조선의 9명의 대가 중 하나로 꼽았다. 인조 5년 정묘호란 이후 대동법 실시를 주장했다.

■ 이원익李元翼(1547, 명종 2 ~ 1634, 인조 12)

본관은 전주全州. 태종의 여덟 번째 아들 익령군益寧君 치袳의 4대손이다. 호는 오리梧里. 시호는 문충文忠. 관복을 이기지 못할 것처럼 체구가 작고 왜소해, '작은 재상'으로 불렸다. 1569년(선조 2) 문과에 급제했다. 1574년(선조 7) 이이가 황해도 관찰사로 있을 때, 그 밑에서 도사의 임무를 수행하며 이이의 인정을 받았다. 1587년 안주 목사에 기용되어 뛰어난 업적을 남겼다. 그는 병졸들의 훈련 근무를 연 네 차례 입번入番하던 것을 여섯 차례로 바꾸었다. 6번 입번제도는 그 뒤 순찰사 윤두수의 건의로 전국적인 병제로 정해졌다. 임진왜란이 발발하자 안주 목사 시절의 명성으로 선조에 의해 평안도 관찰사에 임명되었다. 평안도 관찰사로 있는 동안 전쟁의 판세가 바뀌고, 조선을 구한 인물들 가운데 한 사람으로 인정되었다. 광해군 즉위 후 영의정이 되었을 때 경기선혜법을 건의했다. 광해군의 형 임해군臨海君의 처형에 극력 반대했으나, 실현되지 못하자 병을 이유로 낙향했다. 인조가 즉위하자 제일 먼저 그를 영의정으로 불러들였다. 삼도대동법도 그의 주장으로 실시되었다. 다섯 차례나 영의정을 지냈으며, 당대인들에게 청렴하고 성실하고 유능한 관리로 평가받았다.

■ 이유태李惟泰(1607, 선조 40~1684, 숙종 10)

본관 경주慶州. 호는 초려草廬. 시호는 문경文敬. 1658년(효종 9) 송시열·송준길의 천거로 지평이 되고, 이듬해 시강원진선·집의를 거쳐 현종 즉위 후 공조 참의·동부승지를 역임했다. 그의 만언소『기해봉사己亥封事』가 채택되지 않자 사직하고 귀향했다. 뒤에 여러 관직이 제수되었지만, 취임하지 않았다. 김장생·김집 부자를 사사師事, 그 문하의 송시열, 송준길, 윤선거, 유계와 더불어 호서 산림 오현五賢으로 불렸다.

■ 이이李珥(1536, 중종 31~1584, 선조 17)

본관 덕수德水. 호는 율곡栗谷, 석담石潭, 우재愚齋. 시호는 문성文成. 16세 때 어머니가 돌아가시자, 3년간 시묘侍墓했다. 그 후 금강산에 들어가 불교를 공부하고 다음해 20세에 하산해 다시 유학에 전심했다. 23세가 되던 봄에 예안禮安의 도산陶山으로 가서 당시 58세였던 이황을 방문했다. 그해 겨울에 별시에서 천도책天道策을 지어 장원했다. 29세인 1564년 식년문과에 장원급제하고, 호조 좌랑을 초직으로 관직생활을 시작했다. 평생의 친구 성혼과는 19세부터 교유를 시작했다. 34세에 선조에게 『동호문답東湖問答』을 지어 올렸다. 39세(1574)에 우부승지에 임명되고, 『만언봉사萬言封事』를 올렸다. 40세 때 주자학의 핵심을 간추린 『성학집요聖學輯要』를 편찬했다. 49세에 서울에서 사망, 문묘에 배향되었다. 그의 개혁안은 살아 있는 동안 거의 실시되지 못했다. 하지만 임진왜란과 조정의 재정적 어려움으로 인해 실시되었던 단편적인 재정개혁의 내용은 대부분 이이가 생존 시 주장했던 개혁안에서 비롯되었다. 그의 공물변통안은 임란 이후 조선의 지식인과 관료들이 주장한 변통론의 원형이었다. 성호 이익은 조선에서 경세를 아는 이로 이이와 유형원을 들었다.

■ 이정구李廷龜(1564, 명종 19)~1635, 인조 13)

본관 연안延安. 호는 월사月沙, 보만당保晩堂, 치암癡菴, 추애秋崖, 습정習靜. 시호는 문충文忠. 1590년(선조 23) 문과에 급제했다. 한어漢語에 능해 임진왜란 때 어전통관御前通官으로서 명나라 사신과 지원군을 접대하는 데 정부를 대표하여 크게 활약했다.

1598년 명나라의 병부주사 정응태丁應泰가 임진왜란이 조선에서 왜병을 끌어들여 중국을 침범하려고 한 것이라는 무고사건을 일으켰다. 이정구는 무술변무주戊戌辨誣奏를 작성하여 명나라에 들어가 정응태의 무고를 밝혀 그를 파직시켰다. 임진왜란, 정묘호란 때 문형文衡을 담당하여 중국과의 관계에서 중요한 역할을 했다. 이와 같은 능력을 인정받아 왕의 신임을 얻었다. 그 뒤 병조·예조 판서와 우의정·좌의정을 지냈다. 장유, 이식, 신흠과 더불어 이른바 한문 4대가로 일컬어진다.

■ **이후원**李厚源(1598, 선조 31~1660, 현종 1)

본관 전주全州. 호는 우재迂齋. 시호는 충정忠貞. 세종의 다섯 째 아들인 광평대군廣平大君의 7대손. 김장생의 문인이고, 김장생의 셋째 아들 김반金槃의 사위이다. 김집, 송준길 등과 교류했다. 인조반정 후 정사공신靖社功臣 3등으로 완남군完南君에 봉해졌다. 1635년(인조13) 문과에 급제했다. 병자호란 때 남한산성이 청군에 포위되자, 남한산성의 고수를 적극 주장했다. 당시 최명길 등이 주화론을 펴자 죽기를 각오해 싸울 것을 주장했다. 그 뒤 충청도 관찰사를 거쳐 강화부 유수가 되었으며, 1642년 대사간을 역임한 뒤 이듬해 한성부 우윤이 되었다. 1645년 호조 참판에 이어 대사헌이 되었다. 인조 말년에서 효종 초년에 재정 업무를 담당한 최고위 관료 중 하나였다. 1657년 우의정을 지낼 때 송시열을 이조 판서, 송준길을 병조 판서에 임명했다. 처음에는 대동법의 실시가 가능할지 의심했지만, 호서대동법 이후 입장을 바꿔 이 법에 적극적으로 찬성했다.

■ **장유**張維(1587, 선조 20~1638, 인조 16)

본관 덕수德水. 호는 계곡谿谷, 묵소默所. 신풍부원군新豊府院君. 시호는 문충文忠. 우의정 김상용金尙容의 사위이고, 효종 비 인선왕후仁宣王后의 아버지이다. 김장생의 문인이다. 1609년(광해군 1) 문과에 급제했다. 1623년 인조반정에 가담해 정사공신靖社功臣 2등에 올랐다. 1636년 병자호란 때 공조 판서로 최명길과 함께 강화를 주장했다. 이식은 그의 학설이 주자朱子와 반대된 것이 많다 하여 육왕학파陸王學派로 지적했으나, 송시열은 "그는 문장이 뛰어나고 의리가 정자程子와 주자를 주로 했으므로 그와 더불어 비교할 만한 이가 없다"고 칭송했다. 천문·지리·의술·병서 등 각종 학문에 능통했다. 서화와 특히 문장에 뛰어나 이정구, 신흠, 이식 등과 더불어 조선 문학의 4대가로 일컬어진다. 조익, 최명길, 이시백(이시방의 형)과는 약관의 나이에 만나서 평생 친구로 지냈다. 당시 사람들은 이들 네 사람을 사우四友로 불렀다. 인조 초 삼도대동법이 추진될 때, 대동청 낭청에 임명되어 호남에 내려가서 법 실시와 관련된 장문의 보고서를 올렸다.

■ **조복양**趙復陽(1609, 광해군 1∼1671, 현종 12)

본관 풍양豊壤. 호는 송곡松谷. 시호는 문간文簡. 아버지는 좌의정 조익趙翼이다. 아버지와 김상헌金尙憲에게 수학했다. 1638년(인조 16) 문과에 급제했다. 1641년 사간원 정언으로 있을 때, 인조의 아우인 능원대군綾原大君 집 객청에 국고의 음식을 공급하는 데 반대하다가 체직되었으나 조석윤의 구원으로 다시 정언에 임명되었다. 이후에도 사헌부와 사간원의 언관직에 있으면서 여러 번 어려움에 처했지만, 그때마다 조석윤, 서원리徐元履, 송준길 등 여러 사람의 도움으로 복직하고 승진했다. 그가 인조 23년 국정 전반에 관해 문제점을 제기한 상소는 공물변통 논의의 큰 흐름에서 중요한 의미를 지닌다. 이 상소로 재생청裁省廳이 만들어졌고, 이를 기반으로 몇 년 후 호서대동법이 성립하게 된다. 1661년(현종 2)에 진휼청 당상이 되어 백성들을 구제하는 데에 힘썼다. 현종대 호남 산군지역의 대동법 성립에도 큰 역할을 했다.

■ **조석윤**趙錫胤(1606, 선조 39∼1655, 효종 6)

본관 배천白川. 호는 낙정재樂靜齋. 시호는 문효文孝. 장유와 김상헌의 문인이다. 1628년 문과에 장원급제했다. 병자호란 직전에는 척화내수책斥和內修策을 강력히 주장했다. 전쟁 후 조정에서는 척화를 주장한 사람들의 목록을 만들었는데, 이때 이조정랑을 거쳐 사헌부 집의로 있던 조석윤은 그 목록에서 자신이 빠지자 여러 번 상소하여 끝내 파직을 자초했다. 효종 즉위년에 김상헌의 적극적인 추천으로 홍문관·예문관의 양관 대제학이 되어 『인조실록』 편찬의 책임을 맡았다. 1650년 임천林川(오늘날 충남 부여군)으로 귀양 갔다가 1651년 김육 등의 도움으로 이듬해에 풀려났다. 서원리와 의견이 충돌하여 종성 부사로 밀려났다. 성균관 유생들과 좌의정 이시백 등의 간청으로 동지중추부사로 전임되었으나, 부임한 지 얼마 되지 않아 죽었다. 오래도록 문형을 지내고, 당시 사람들의 추앙을 받았으며, 청백리에 뽑혔다. 효종 2년 호서대동법 성립에 발단이 되었던 인조 23년에 성립된 재생청에서 이시방과 함께 활약했다. 하지만 그는 조선의 전통적 공물변통 방식에 좀 더 충실했다.

### ■ 조익趙翼(1579, 선조 12~1655, 효종 6)

본관 풍양豊壤. 호는 포저浦渚, 시호는 문효文孝. 1602년(선조 35년) 문과에 급제했다. 1611년(광해군 3) 김굉필·조광조·이언적·정여창 등을 문묘에 배향할 것을 주장하다가 고산도 찰방으로 좌천되었다. 뒤이어 인목대비가 유폐되는 사태가 빚어지자 스스로 벼슬을 그만두었다. 은거하는 동안 박지계 등과 학문적 교류를 했다. 1623년 인조반정이 성공하자 삼사의 인사권을 주관하는 이조 좌랑으로 관직에 복귀했다. 주희를 높이 평가했지만, 동시에 주희의 저술 중 여러 곳을 자기 생각대로 수정했다. 하지만 사람들은 감히 여기에 이의를 제기하지 못했다. 20대부터 변함없이 우정을 지켜온 최명길, 이시백, 장유와 함께 '사우四友'라 불렸다. 조익의 아들이 이시백의 딸과 결혼함으로써 이시백과 사돈을 맺었다. 윤황과의 관계도 친밀해 윤황의 아들 선거가 조익의 묘지명을 짓기도 했다. 송준길, 송시열과도 우호적인 관계였고, 특히 송준길은 그를 매우 존경했다. 인조 초 삼도대동법 사목은 사실상 그가 만든 것이다. 비록 실시되지는 못했어도 인조 2년 그의 대동사목 수정안은 효종 때 실시된 충청도 대동사목의 내용에 거의 근접했을 것으로 짐작된다.

### ■ 최명길崔鳴吉(1586, 선조 19~1647, 인조 25)

본관 전주全州. 호는 지천遲川. 시호는 문충文忠. 석정錫鼎과 석항錫恒이 그의 손자들이다. 이항복 문하에서 이시백·장유 등과 함께 수학했으며, 신흠에게도 배웠다. 1605

년(선조 38) 문과에 급제했다. 1614년(광해군 6) 병조 좌랑으로 있다가 인목대비 폐위론의 기밀을 누설했다 하여 파직당했다. 그 뒤 가평으로 내려가 조익, 장유, 이시백 등과 교유하며 학문에 힘썼다. 인조반정에 가담하고 정사공신靖社功臣 1등이 되어 완성부원군完城府院君에 봉해졌다. 정묘호란과 병자호란 때, 아무도 강화講和 문제를 입에 올리지 못했는데 이를 제기하여 추진했다. 특히 병자호란 때 남한산성 안에서 김상헌이 조선 측의 강화문서를 찢으며 통곡하니, 이를 주워 모으며 "조정에 이 문서를 찢어버리는 사람이 반드시 있어야 하고, 또한 나 같은 자도 없어서는 안 된다"라고 말했다. 이것은 시국에 대한 각기의 견해를 잘 나타내고 있는 것이라 하겠다. 청나라 군사가 물러간 뒤, 우의정으로서 흩어진 정사를 수습하는 데 힘을 쏟았다. 또 그 사이 청나라에 사신으로 가서 세폐歲幣를 줄이고 명나라를 치기 위한 징병 요구를 막았다. 1640년 사임했다가 1642년 가을에 다시 영의정이 되었다. 이때 임경업 등이 명나라와 내통하고 조선에서 반청反淸 움직임이 있다는 것이 청나라에 알려졌다. 이 일로 인해 청나라에 불려가 김상헌 등과 함께 갇혀 수상으로서의 책임을 스스로 문책당했다. 1645년에야 풀려나 귀국했다. 인조대를 풍미한 경세가였지만, 대동법에 대해서는 시종 비판적이었다. 대동법의 이상적 성격 때문에 그 실현 가능성을 확신할 수 없었기 때문이다.

■ 허적許積(1610, 광해군 2 ~ 1680, 숙종 6)

본관 양천陽川. 호는 묵재默齋. 인조 15년(1637) 문과에 급제했다. 1641년 의주 부윤으로 관향사管餉使를 겸했다. 1653년(효종 4) 호조 참판, 1655년 호조 판서를 거쳐, 1659년 형조 판서를 역임했다. 1662년(현종 3), 1664년, 1676년에 각각 청나라에 사신으로 다녀왔다. 1674년(숙종 즉위년) 효종 비 인선대비仁宣大妃가 죽자 자의대비慈懿大妃(인조의 계비인 조씨趙氏)의 복상 문제가 다시 일어났는데, 서인의 대공설大功說(9개월설)에 맞서 기년설朞年說(만 1년설)을 주장했다. 그 주장이 받아들여지면서 그는 영의정에 복직되었고, 이때 남인도 집권했다. 이후 남인은 청남淸南과 탁남濁南 세력으로 나뉘었고, 허적은 탁남 세력을 대표했다. 전자가 시비의 분리를 명확히 했던 것에 비해서, 후자는 현실적으로 온건한 논의를 펼쳤다. 이것은 기본적으로 전자가 산림세력인 윤휴尹鑴와 허목許穆이 이끌고, 후자가 관료 중심인 것에서 비롯되었다. 1678년 재정 고갈을 막기 위해 상평통보의 주조·통용을 건의했다. 남인이었지만 서인의 송시열 등과 가까이 지냈다. 그는 대의에 충실한 이론가라기보다는 유능한 관료라고 할 수 있다. 당시 재정 문제와 관련해서 어느 누구보다 해박한 식견을 가졌으며, 이시방과 함께 호서대동법의 성립에 공이 있었다.

■ 홍명하洪命夏(1608, 선조 41 ~ 1668, 현종 9)

본관 남양南陽. 호는 기천沂川. 시호는 문간文簡. 1644년 문과에 급제했다. 청요직을 두루 거쳐 현종 때 영의정에 이르렀다. 김좌명과 함께 동양위 신익성의 사위였다. 후에 소론의 거두가 되는 박세채와 윤증 등 명신을 조정에 천거했다. 청백리에 뽑혔다. 효종 말년 허적에 이어 선혜청 당상에 임명되어 호남 연해지방의 대동법 실시를 지휘했다. 처음에는 대동법에 큰 확신을 갖지 못했지만, 현종 때 호남 산군의 대동법을 실시하는 과정에서는 대단히 적극적으로 이 법의 실시를 위해 노력했다.

# 용어해설

## 가렴加斂, 가징加徵

일반적으로는 규정된 것보다 더 걷는 것을 뜻하는 용어이지만, 특히 8결 안에서 응역자應役者에게 전가된 불응역자不應役者의 몫을 말한다.

용례 ▌ ① 有權勢之家及豪猾之人 皆不應役. 夫一邑征賦 其數不減 而其中有不應者 則其加徵於小民必矣(趙翼, 『浦渚集』권2, 論宣惠廳疏) ② 土豪·官屬輩 以其所耕 合錄民田 自捧其稅 加斂米豆於平民 以充其數者及劫奪民結 勒捧役價者〈俗稱養戶〉準計贓輕重論 自杖至徒·流(『續大典』戶典 / 收稅)

## 가봉加捧

공안이나 등록에는 수취 공물로 기록되어 있지 않았지만, 정부의 묵인하에 공물을 더 거두는 것이다. 이는 관례적으로 허용되었다.

용례 ▌ ① 上下教日 "… 所謂浮費者 何事? …"回啓日 "本曹(戶曹)經用 一依井間及膳錄. 所謂井間 則恒式所付. 所謂膳錄 則前例所載. 此外則皆是浮費. 擧其大者而言之 則扈衛御營兩廳廩料 不載於井間膳錄 而又無加捧之規

雖謂之浮費可也.[『仁祖實錄』권23, 8년 7월 3일(庚辰)] ② 如謂屢徵而少徵 則民猶易之 一時納八斗 則民必難之 則此甚不然. 屢徵之弊 每徵皆有加捧. 其費甚多.(趙翼, 『浦渚集』권2, 論宣惠廳疏); 凡百土貢物種 諸道諸邑各有定數 (不足則加捧 有餘則令地部作米作木 以備不時進排之資)(『江原廳事例』)

## 가용加用

부등호로 표시하면, 전재前在+봉상捧上 < 차하(上下) 일 때이다. 즉 정부가 남아 있던 금액보다 더 많이 쓴 것을 가리킨다. 정부가 공물주인에게 진 부채로, 장부상에는 기록되어 있지 않다.

용례 ▌ ① 戶曹判書金壽興所啓 各司貢物 詳定元數外 皆有加用之物. 其中 司宰監·繕工監·長興庫 其數最多. 此則自本曹拮据給價 而價本旣不入於詳定之中 無中生有 實有難支之勢. 貢物主人輩 逐日呈訴 … 臣等之日算出其價 則以木綿計之 至於三百十餘同 以米計之 則亦不下五千餘石.[『承政院日記』顯宗 7년 10월 28일(乙亥)] ② 戶曹判書金壽興所啓 司宰監貢物中 供上魚物 擧皆不足 加用之數甚

多. 自本曹 拮据給價 實爲難繼之道[『承政院日記』顯宗 8년 5월 6일(己酉)]

## 가정加定
가용은 일시적인 반면, 가정은 공안에 기록된 원공元貢으로 간주된다. (德成外志子,「朝鮮後期의 貢物貿納制－貢人硏究의 前提作業으로」,『歷史學報』113, 1997, 27쪽)
용례┃① 上曰 … 設行之初 必須善爲酌定. 若有後日加定之擧 則民必怨矣.[『仁祖實錄』권2, 원년 7월 12(庚子)] ② 燕山中年 用度侈張 常貢不足 以供其需 於是加定 以充其欲(兪棨,『市南集』권17, 雜著 江居問答) ③ 只觀元貢之不足 而或加減 則加定亦元貢 減賣亦元貢 均是一元貢. (『承政院日記』純祖 9년 6월 24일)

## 개삭改槊, 개조改造
개삭은 배를 부분적으로 수리하는 것이며, 개조는 새로 건조하는 것이다. 개삭 비용은 개조 비용의 대략 1/3 수준의 비용이 들었다.
용례┃道内津船 六年改造 三年改槊 … 改造價 米十三石 改槊價 米四石.(『湖西大同事目』42조)

## 격군格軍
→ 결군

## 결結
조선시대 토지 면적의 단위. 토지의 절대면적이 아닌, 곡식 수확량을 기준으로 한다. 즉 절대면적이 달라도 수확량이 동일하면 같은 면적으로 파악된다. 오늘날 기준으로 보면 이해하기 어렵지만, 전통사회에서는 자연스러운 개념이다. 토지의 용도가 여러 가지일 때는 집도 지을 수 있고, 농사도 지을 수 있으므로 땅 자체의 절대면적이 중요하다. 하지만 그 용도가 경작 하나에 있다면, 그 면적에 대한 파악은 소출량을 기준으로 하는 것이 더 정확할 수 있다. 결의 절대면적은 지역마다 달랐으며, 비옥한 곳일수록 1결의 절대면적은 작았다. 100부負(혹은 卜)가 1결이다. 대개 30~40마지기(斗落) 정도에 해당한다. 보통 남부지방은 이보다 더 작은 면적이 1결이었다. 마지기는 절대면적 단위이다. 결을 결정하는 자체가 세금과 밀접한 관련이 있으므로 양전에서 결의 산정이 가장 핵심 내용이었고, 중앙정부와 지방 각관의 갈등의 원인이 되었다. 조선시대 안에서도 결의 파악이 분명치 않은 원인이 바로 이 때문이다.

## 경기 좌·우도京畿左右道
●좌도: 강화, 광주, 수원, 여주, 부평, 남양, 이천, 인천, 안성, 김포, 양근, 안산, 용인, 진위, 양평, 저평, 과천, 시흥, 음죽, 양성.
●우도: 개성, 파주, 양주, 장단, 풍덕, 교동, 삭녕, 마전, 고양, 교하, 가평, 영평, 포천, 적성, 연천.

## 경대동京大同, 반대동半大同
서울에 납부하는 경공물京貢物만 작미作米·작목作布하고, 각 고을(各官) 자체의 수요는 현물 공납제 방식으로 수취하는 것. 경대동은 반대동이라고도 불렸는데, 그 이유는 경대동이 각관을 제외하고 서울에서만 실시한, 즉 반만 실시한 대동이었기 때문이다. 공물작미가 현물을 단순히 그 현물 가격에 해당하는 쌀로 냈던 것에 비해서, 경대동은 서울에서만 실시된 대동법으로 볼 수 있다.
용례┃① 盖當初磨鍊則京外一應諸役 皆在所

捧之中. 要使貢稅 大同外更無徵捧之事 而其
後變通 則大同所捧 只以供京貢物而已. 至於
本邑本道需用 則皆令於大同外收捧用之. …
而外方所用 旣無所定限 令各道各官依前自
捧. 守令善惡不同 其所徵捧 多不免濫數. 京貢
物防納之弊 雖除 而外方橫斂 猶自依舊. 此其
所以未盡者也. 而外方之人 所以有半大同之
說(趙翼,『浦渚集』권14, 論大同啓辭) ② 別
紙. 自京大同以後 小民各自知其當納米布之
數 故甚便之. 濫徵於小民 極其狼藉. 自京大同
以後 便失其利 常言其不便矣. 今聞朝家有此
令 相與鼓動浮言 猶恐其不罷. 此實朝家之所
當知也.[『宋子大全』권52, 書 答金起之 甲寅
(顯宗 15) 3월]

## 겷군

'格軍(격군)'은 '겷군'으로 읽는다. 뱃군, 격인
格人, 선격船格으로도 불리며, 배에서 노를
젓는 사람이다. 사공沙工은 선장에 해당하며,
겷군은 사공의 일을 돕는다. 사공과 겷군을
합해서 사격沙格이라고 한다.
용례 ▌ 水操時 各船代將以下 將官及沙格糧米
隨其日數 亦爲題給爲白齊.(『湖西大同事目』
73조)

## 고립雇立

원래는 직접 감당해야 하는 공역公役을, 대리
인을 보내서 대신 근무하게 하는 것. 일반적으
로 국가가 대가 없이 백성들을 강제로 신역
동원하는 대신, 적절한 대가를 지급하는 노동
력 고용을 말한다.
용례 ▌ 旣設大同之後 兩道不宜異同是白在果 外
方事勢與畿邑不無差別 每一名一朔之價 以大同
米十五斗爲限 或米或木隨其所願 以價題給 使之
雇立爲白乎矣".(『全南道大同事目』47조)

## 고성상庫城上

사옹원의 직책 중 하나로, 진상품과 봉상품을
궐내에 반입하는 임무를 수행했다.
용례 ▌ 鄭廣成, 以司饔院意啓曰, 院各色掌,
非他外各司下人之比, 分番長入闕中, 不離晝
夜, 直以應內廚使喚之役, 所任極重且緊, 而其
中庫城上之任, 則凡進上捧上入內, 不可一刻
無.[『承政院日記』仁祖 3년 3월 27일(乙亥]

## 고준考準

어떤 문서의 사본을 원본과 맞춰보는 것.
용례 ▌ 戶曹上重記 出尺文. 考準於本廳 以爲公
案塡井之地爲白乎矣.(『湖西大同節目』16조)

## 공궤供饋

먹을 것을 제공하는 것.
용례 ▌ 如設場時 試官供饋 雖定應辦官 而計減
物件甚少(金弘郁,『鶴洲全集』권10, 論田制
貢物)

## 공납貢納

공납은 크게 공물貢物과 진상進上의 두 부분으
로 나뉜다. 공물은 다시 산지의 물품을 납부하
는 경우와 산지의 물품 대신 다른 물품을
납부하는 경우로 나뉜다. 전자가 원공물元貢
物이고, 후자가 전결공물田結貢物이다. 원공
물은 토공土貢, 원공元貢, 원정공물元定貢物로
불리기도 하고, 전결공물은 전공田貢, 전세조
공물田稅租貢物로 지칭되기도 했다.

## 공리貢吏

각관의 전세와 공물을 상납하는 일을 맡은
아전. 이들은 각관의 민을 수탈하기도 했지
만, 반대로 경각사에 수탈당하기도 했다.
용례 ▌ ① 田稅收納時 貢吏侵漁納者 或高重斗

量 或與納戶符同 先於本家暗收到漕轉所 以餘
剩充數者 許人陳告 重論. 告者以犯人財産給
賞.(『經國大典』 戶典 雜令) ② 外貢上納時,
各司私主人及本官京主人等, 侵漁貢吏作弊
者, 杖一百 尤甚者, 杖一百徒三年, 貢吏不卽親
呈陳省者, 亦重論.(『大典後續錄』 戶典 雜令)

## 공물작미貢物作米
현물로서의 공물을 그 값어치에 해당하는
쌀로 바꾸어 정부에 납부하는 것. 산간지역에
서는 운반 문제상의 편의를 위해서 포布로
냈기 때문에 작포作布한다고 했다. 공물작미
와 공물작포는 현물을 대신한다는 측면에서
같은 의미이다. 공물작미는 내용면에서 사대
동과 다르지 않다. 다만 차이가 있다면, 사대
동이 정부의 정책과 무관하게 민의 자발적
관행이었던 것에 비해, 공물작미는 정부정책
으로 진행되었다.
용례 ▌ 憲府啓曰 兩湖沿海列邑貢物作米 始俑
於昏朝政亂之時 而經費不足 因循苟存 爲今民
瘼 久矣.[『仁祖實錄』 권41, 18년 8월 12일
(辛酉)]

## 공수전公須田
지방관청의 경비를 위해 국가가 부府목牧·도
호부都護府·군郡·현縣·역驛에 지급한 토지. 각
관의 규모에 따라 공수전의 지급 규모가 달랐
다. 공수전을 지급 받은 기관은 여기서 나오는
소출을 경비로 사용했다. 중앙에서 경비를
직접 지급하지 않고, 공수전을 지급한 이유는
운반에 따른 불편과 비용 문제 때문이었다.
공수전은 빈객의 접대, 용지, 유밀油蜜, 약재,
등유, 땔나무, 숯, 횃불 등의 재원이 되었다.
용례 ▌ 本道元穀 其數不敷 列邑無以拮据無已
則當初爲補別役 衙祿公須田所收之稅 並令輸

納於本廳 其數九百餘石矣. [『西峯日記』 丙申
(孝宗 7) 三月, 97~99쪽]

## 공안貢案
중앙의 각궁各宮·각사各司가 지방 각관에서
수납할 연간 공부貢賦의 품목과 수량을 기록
한 책. 중앙의 각궁·각사는 징수할 공부의
종목, 물품, 수량, 상납하는 관부의 이름 등을
월별로 기록한 공안을 갖고 있었다. 지방 각관
도 분정된 공부의 물품 종류와 수량, 상납해야
하는 각궁·각사 등을 월별로 기록한 공안을
갖고 있었다. 호조는 이 모든 것이 통합된
공안을 갖고 있었다. 공안은 국가재정의 전체
예산표를 뜻하기도 한다.
용례 ▌ ① 傳旨戶曹: 江原道連年失農, 人物流
移, 民生可慮. 各官貢案付貢物, 令各司計一年
所支與見在之數, 今甲辰年所納, 量宜蠲減.[『
世宗實錄』 권25, 6년 8월 21일(癸亥)] ② 我國
田稅則取之有制 而貢案不明. 自燕山朝加設
者 尙未盡革.[金長生, 『沙溪全書』 권1, 辭執
義仍陳十三事疏.(仁祖 2년 6월)]

## 공용公用
관아에서 쓰는 공적 비용.
용례 ▌ 又計各營·邑一年應下之數 而隨其多寡
劃給. 其外又除營需餘上納 其餘米則儲置于
各其官 以爲不時公用之需.(『續大典』 戶典 徭
賦)

## 공제公除
임금이나 왕비가 죽은 뒤 일반 공무를 중지하
고 36일 동안 조의를 표하는 일. 하루를 한
달로 계산하여 상기喪期를 줄였다.
용례 ▌ 以洪柱元爲告訃請謚請承襲正使 金鍊
爲副使 洪瑱爲書狀官.(上於公除之前, 不欲落

點, 只教用某望)[『孝宗實錄』권1, 즉위년 5월 14일(壬申)]

## 과만瓜滿, 과기瓜期, 과시瓜時, 과한瓜限, 사만仕滿

관직관계官階에 따른 관원의 임기. 근무일수 산정 방법은 실제 근무일수를 기준으로 하는 개월법이 일반적이다.

용례 ▌ 此外瓜滿遞代監司 到界進上段置 今以 大同米依本道折定米一百九十石十斗零 當於 瓜滿時題給 自本道可以封進. (『湖西大同節目』 60조)

## 관둔전官屯田

각 지방관아에 두었던 둔전. 지방관아가 관둔 전의 수조권을 가졌다. 본래는 흉년에 대비하 거나 군자軍資에 보충하려고 설치했지만, 실 제로는 지방관아의 일반 경비로 충당되었다. 대개 중앙에 보고하지 않아서 중앙에서는 그 규모를 파악할 수 없었고, 지방관아는 이것 을 이용해 불법을 자행하는 경우가 많았다.

용례 ▌ 司憲府啓曰 各官官屯田 自有其數 又有 其處 而經亂以後 守令緣官用不敷 元屯田外流 民之陳荒田地 役民耕穫 名之曰官屯田. 或有 厥主 戀土來歸者 無意還給 使不得復業 已極 無謂. 甚至與田主同心 民田之沃饒者 亦屬於 官屯田 而復戶 其主所出 則盡入私用 災傷踏 驗時擧皆脫漏. 以此起耕處 雖似歲增 而稅入 日縮 子遺民生 偏受百役之苦 極爲寒心.[『宣 祖實錄』권128, 33년 8월 20일(庚寅)]

## 관주官廚

각 고을 관청에서 다양한 용도로 제공하는 식사.

용례 ▌ 雉鷄段置 一年各一首 許令捧用於八結

各邑官廚庶免凉薄之患是白在果.(『湖西大同 節目』 59조)

## 관질官秩

관직의 높고 낮음. 조선시대에는 관리들뿐만 아니라 각 고을도 관질에 따라 구분되었다.

용례 ▌ 貢案之法, 不以州縣田疇之多寡, 而徒 據官秩之尊卑, 爲之高下. 是故, 小州之民偏受 其苦, 逃入他境者甚衆.[『宣祖修正實錄』권 24, 23년 4월 1일(壬申)]

## 관향곡管餉穀

서방, 즉 평안도 국경을 방비하는 군사의 양식 을 관리하기 위해 관향고管餉庫를 설치했는 데, 관향곡은 바로 이 창고에 보관한 곡식이 다. 관향사管餉使가 관리했다.

용례 ▌ 平安道大饑. 監司許積請出管餉耗租一 萬石 皮穀數千石 以充北京往來雇馬之價, 許 之. 仍命加給 以賑飢民.[『孝宗實錄』권10, 4 년 4월 13일(戊申)]

## 구채丘債, 구가驅價, 구직丘直, 분아월봉分兒 月俸

경각사에 지급되는 사환의 비용, 즉 인건비이 다. 필채筆債, 포진채鋪陳債처럼 채債는 지급 할 비용을 말한다. 명목상 관청 경비로 지급되 었지만, 개인적으로 착복했던 듯하다. 정확한 규모가 정해져 있지 않았으며, 각사마다 그 규모도 달랐다.

용례 ▌ ① 時烈曰 ⋯ 如各司丘債之類 甚爲 無據. 或有多給之司 或有全無之司. 如司僕 寺則丘債之外 謂之分兒而取之者亦多.[『承 政院日記』212책, 顯宗 10년 1월 10일(甲 辰)] ② 至於官人丘債之規 實可羞之甚者也. 以其多寡之殊 而爲官職之美惡 公然有就避

之論. 夫本朝盛際 莫如中廟己卯 而稱其美者
必曰丘直不入於家. 此乃趙光祖倡以廉恥之
道者也. 今日習俗之苟偸如此 此盖由於祿薄
而喪廉. 故臣請復所減之正祿 而除去丘債.
夫正祿有常數 而丘債無定限.(『宋子大全』권
13, 擬疏)

## 급복給復

복호復戶를 주는 것. 나라에 공이 있거나 각
능의 수호군·열녀·효자 등에게 호역戶役에
해당하는 것을 면제해줬다. 그러나 전조는
면제되지 않았다.

용례┃ 內官·內醫女·驛吏·驛卒·驛奴·日守·漕
軍等 各給免復二結爲白乎矣.(『湖西大同節目』
41조)

## 급재給災, 급진給陳

조선 정부는 처음부터 경작하지 않은 곳에
대해서는 급진하고, 경작했다가 농사를 망친
곳은 급재했다. 급진은 모든 부세와 역을 면제
하고, 급재는 전조만 면제했다.

용례┃ ① 竊見外方踏驗之規 必初不起耕者給
陳 耕種而陳者 則只給全灾. 陳則田稅及他役
皆免. 灾則只免田稅 而他役則不得免焉. 夫民
盡力耕種 而乃爲陳棄者 其冤實倍於初不起耕
者. 況今年每每元田 都是耕種而陳者 而稅外
諸役 十倍於田稅.(趙復陽, 『松谷集』권3, 論荒
政疏) ② 所謂給災者 免稅而已. 田結之役 皆不
得免. … 請尤甚枯損處 令廟堂更議 幷命給
陳.(『備邊司謄錄』5책, 仁祖 16년 9월 1일)

## 기인其人

고려시대부터 있었지만, 조선시대에 들어와
서는 그 의미가 변했다. 조선시대 기인은 궁중
에 땔감을 조달하는 일을 담당했다. 대동법에

포함되면서 그 역이 폐지되었다.

용례┃ 改收燒木之法. 議政府啓曰 "蠲京畿貢
額燒木一百九十三萬五千斤 增置各道其人百
三名 供其役. 且令右道水站夫當無事之時 斫
燒木 漕轉上納"(上)從之.[『太宗實錄』권17,
9년 4월 5일(丁丑)]

## ● ㄴ

## 납육臘肉

납향臘享에 쓰는 희생犧牲 고기. 납향이란 동
지 이후 셋째 말일에 종묘·영녕전 등 조정의
신위에 희생을 바치고 한 해의 일을 고하는
제사.

용례┃ 傳曰 "今年京畿平安道失農尤甚. 臘肉
減除. … 且守令 依憑臘肉 動衆出獵者痛禁事
竝論也."[『中宗實錄』권55, 20년 10월 11일
(丙申)]

## 내궁방內弓房

궁중에 필요한 활과 화살을 만들었던 관청.
상의원尙衣院에 소속되었고, 내시들이 그 일
을 맡아보았다.

용례┃ 又下敎曰 … 而我國之人, 只務遠射,
故國俗罕用長箭, 不其謬歟? 是以, 內弓房所造
之箭, 已令稍長其制矣.[『孝宗實錄』권9, 3년
9월 3일(壬申)]

## 내탕內帑

임금의 사사로운 재물을 보관했던 곳. 또는
그런 재물.

용례┃ 臣聞山澤魚鹽之稅 自古屬之度支 以爲
軍國之需者也. 今則不然 盡入於私門 國安得
不貧哉. 臣願殿下先出內帑之財 悉歸於有司.
[尹煌, 『八松封事』, 擬上疏, 辛未(仁祖 9) 六
月, 乾, 44쪽]

**늠료**廩料
관리들에게 주던 급료.

## ㄷ

**담지군**擔持軍
상여 등 무거운 물건을 들가락으로 메고 운반하는 사람. 상여꾼.
용례▮ 我朝大同法 旣收其米 故不許役民. 陵寢役事及擔持題給時 除出大同儲置米 每一人各給五升. 故相臣金堉設法之美可知.[『英祖實錄』권13, 3년 10월 10일(壬辰)]

**당량**唐糧
가도椵島를 점령하고 있던 명나라 장수 모문룡毛文龍에게 조선이 보냈던 식량.
용례▮ 況唐糧米 則專爲毛兵而設 尤不可運入北道.[『仁祖實錄』권18, 6년 2월 21일(癸丑)]

**대동**大同
차별이나 구별이 없는 것. 공납 문제 이외에도 널리 쓰이지만, 공납과 관련해서는 다음 몇 가지를 뜻한다. 우선 각관에서 공물의 윤회분정輪回分定을 폐지하고 한꺼번에 공물가를 마련하는 것, 즉 윤회분정에 따른 불평등을 해소한다는 뜻으로 가장 널리 쓰였다. 또 중앙에만 바치다가 서울과 지방에서 모두 수요가 마련되는 것, 각 도의 공물가를 균일하게 하는 것도 대동으로 지칭된다.
용례▮ ① 民之賦役 不可不均矣. 而近世此縣有八結輪回之謬規 苦歇不均 固可知矣. 循私越次 亦在其中. … 自今通革此習 大小賦役 率皆大同出定至當.[尹善道,『孤山遺稿』卷5下 鄕祠堂條約 宣祖 29(1596)] ② 所謂貢物價 別爲收捧處無幾 而幷與其邑一年供役之需 而磨鍊

捧之 名曰大同. 三南各官 大抵皆然.(李厚源,『迂齋集』卷之上, 論罷役箚) ③ 大同與貢物不必分作兩條 而貢者只下供上也. 大同者通內外所需而設也.(『江原廳事例』大同來歷) ④ 禮葬造墓軍 … 故京畿則烟軍一名一朔赴役之價 定以米九斗 而本道則以正木六匹計給. 旣設大同之後 兩道不宜異同是白在果.(『湖西大同事目』52조) ⑤ 夫大同之號 卽一民役 而同之之謂也.(閔維重,『文貞公遺稿』권7, 論大同便否狀)

**대봉**代封
공물주인으로 하여금 바쳐야 할 물건 대신에 다른 물건을 경각사에 바치게 한 것. 물건을 구하기가 어렵다고 예상되는 해(年)에는 정부가 공물주인에게 대봉을 허락했다.
용례▮ 太廟薦新大小麥生兎及各殿進上之物 今則自本廳給價封進. 當其封進之節 或有絶種難得 節早未産者 則依京畿例 或爲代封 或爲退封.(『湖西大同節目』 25조)

**대호지**大好紙
모양이 넓고 길며 품질이 좋아서 과거시험 때 답지인 시권試券으로 쓰이기도 했다. 공물의 하나이다.

**도계진상**到界進上
새로 부임한 감사監司·병사兵使·수사水使 등이 임금에게 그 지방의 토산품을 바치는 것. 별례진상別例進上의 하나로 볼 수 있다. 이들이 자리에서 물러나 돌아갈 때도 마찬가지로 도계진상을 했다. 도계진상품은 대개 짐승류와 어류가 많았다.
용례▮ 江原道 觀察使 李夢亮 拜辭. 傳曰: "江原道 被災各官甚多, 民生極爲困瘁, 勿封到界進

上，以此推用於朔膳可也"[『明宗實錄』권6, 2년 7월 25일(甲戌)]

## 도회관 都會官
각 도에서 여러 가지 이유로 사람을 소집할 때, 중심지가 되는 고을.
용례 ▌ 一應京各司貢物及兵水營全州南原都會官所納雜物 他郡人民則一年一度或二年一度 輪回備納.[吳健,『德溪集』권4, 御史兼災傷敬差官時啓, 宣祖 3(1570)]

## 등촉색 燈燭色
궁중의 등촉을 맡아보는 직책.
용례 ▌ 柴炭捧上, 自是燈燭色之任, 而渠自擔當收捧之際, 必倍徵其價.[『承政院日記』肅宗 25년 2월 28일 (戊辰)]

### ㅁ

## 마장목 馬裝木
상납할 말의 마구를 치장하는 비용에 쓰기 위해 거두는 무명.
용례 ▌ 分養馬上納時 馬裝木二匹 作紙木半匹價 以大同米布自京題給爲白齊.(『全南道大同事目』27조)

## 모곡 耗穀, 모미 耗米, 작서미 雀鼠米, 환모 還耗
모곡은 '모조'라고도 읽는다. 각관에서 조곡 糶穀과 조세를 거둘 때, 시간이 경과하면서 나타나는 자연감소에 대비해 더 거두는 몫. 나중에 각관의 재정이 부족해지면서 그 거두는 몫이 늘고, 각관의 재정으로 사용되었다. 병자호란 직후 시작되었고, 18세기에 이르러서는 모곡의 비율이 늘면서 많은 문제를 일으켰다.
용례 ▌ ① 守令衙祿 法典自有其由 而自平時 只靠常平耗穀[『宣祖實錄』권129, 33년 9월 30일(庚午)] ② 且公行支供 雖曰有公需田 而當初磨鍊 亦甚太略. 故自在平時 例以官中耗穀 隨便支用.[『宣祖實錄』권162, 36년 5월 14일(己巳)] ③ 耗穀者 官糶租一斗 收耗穀一升 所以備鼠耗及腐傷也.[『宣祖修正實錄』권15, 14년 1월1(丙寅)]

## 모흠 耗欠, 모축 耗縮
세곡이나 환자곡, 군자곡 따위를 창고에 보관할 때 자연적으로 축나는 것.
용례 ▌ 貪猾乘間 任意濫徵. 又次次輪納之際 必有餘剩 然後可以待揀退備耗欠. 故雖非貪猾 亦不得不加剩.(『磻溪隨錄』권3, 田制後錄上, 經費)

## 목동 木同, 동 同
목은 무명이고, 동은 묶음의 단위로서 1동은 50필이다. 국가가 공인한 정포正布 1필은 승수升數가 5승(1승은 80가닥), 폭은 7촌이고, 길이는 35척이다. 조선의 포백척 1자는 46.8cm이므로 정포 1필은 폭이 32.8cm, 길이가 16.38m 이다. 각종 명목으로 상납할 포목에는 정포의 척수를 기준으로 양쪽 끝에 인신印信과 읍의 이름을 찍었다.

### ㅂ

## 반감 飯監
사옹방에서 궁중의 음식을 장만하고 물품의 진상을 맡아보던 벼슬아치.
용례 ▌ 所謂飯監·燈燭色·庫城上等 濫徵人情之弊 愈往愈甚.(『備邊司謄錄』13책, 孝宗 즉위년 11월 10일)

**반당** 伴倘, **구종** 驅從, **구사** 丘史, **구사** 驅史, 근

**수跟隨, 차비노差備奴, 반아伴兒, 반인伴人, 반종伴從**

각 품관이나 종친, 공신 등에 배속되어 이들을 따라다니며 시중을 들던 하인. 이들이 받는 녹봉은 국가에서 지급했다. 호위 및 사행의 수행인 역할 이외에 사역私役의 사령인使令人으로 활동했다. 15세기 후반 이후에는 대지주의 농장 관리인으로 그 역할이 변질되기도 했다. 이들이 소속된 곳에 따라 종친반당, 공신반당, 각품반당 등으로 분류된다.

용례▌ 前朝時 滿月臺高峻 年老宰臣 登陟爲艱 故出入給扶. 我國因之 通政以上 并給伴倘多少有差 謂之伴人. 自變後軍額減縮 親功臣外 廢而不給焉.(『芝峰類說』 권3, 君道部 制度)

**반대동半大同**

경대동京大同의 다른 이름.

**밧자(捧上), 받자**

이두문자이며, '수입하다', '받아들이다'라는 뜻. 일반적으로 회계에서 수납을 뜻한다. 차하(上下)의 반대말.

용례▌ ① 各司貢物價上下之後 私主人等 備納物種於各其司 則其司官員 諸臺捧上所捧之數.(『湖西大同節目』 16조) ② 庫間段 內廳·江倉 別爲營造. 作木則內聽捧上 米則江倉捧上.(『湖西大同節目』 5조)

**방납防納**

현물공납제에서 각관이 경각사에 공물을 납부할 때, 경각사의 공물 수취인이 공물의 품질을 빌미로 납입을 거부하는 것. 이는 공물가 인상의 직접적인 원인이 되었고, 공물과 관련된 폐단의 대표적인 내용으로 거론되었다.

용례▌ ① 戶曹啓曰 … 又有所謂防納者. 各司所納外貢之數 雖甚少 而民間所出貢物之價爲甚多. 畢竟盡歸防納人之手. 自古載籍所未有之痼弊也. 蓋各官守令 成給各司所納貢物陳省于牟利之人 使之納于各司. 或有先爲出給貢物價本者. 而只成陳省 授于防納人 使之納于各司 受出尺文下去然後 出給其價本者. 此則所謂防納之弊也. 此路一開 防納之人 圖出陳省及貢物價本于各司之後 甘心厚利趑不呈陳省 或至經年不納 或至經數年不納. 當初成給陳省守令 或至見罷 受出陳省防納人 或至物故 或爲逃避 則交代守令 不得不再成陳省 再徵價本於民間者 比比有之. 各司之空虛 民力之殫竭 皆由於此. 豈不寒心.[『光海君日記』 권80, 6년 7월 3일(癸丑)] ② 備局啓曰 "貢物防納之弊 創自宮家 士夫效尤. 締結牟利之徒 資送郡邑. 爲守令者 或牽於顏情 或怵於權勢 無不曲從. 不但貽害外方 各司主人 亦甚怨咨. 至於步兵·砲保·諸員價布 亦踵此習.[『仁祖實錄』 권46, 23년 9월 17일(乙丑)]

**방물方物**

조선시대에 명·청에 바치던 예물.

**방자房子**

『조선왕조실록』에는 두 가지 의미로 나온다. 하나는 궁중에서 잔일을 하는 여자 하인(婢子)이고, 또 하나는 각관과 경주인을 연결하는 심부름꾼이다. 이 책에서는 후자의 뜻으로 쓰였다.

용례▌ ① 宮女只有私自役屬者曰房子.[『肅宗實錄』 권35, 27년 3월 27(甲寅)] ② 淸川以北及沿海各邑 權減京主人·房子. 其餘列邑及界首官 只留房子一人 以爲傳送文書之地.[『仁祖實錄』 권10, 3년 10월 26일(辛丑)]

**배지인**陪持人
지방관청에서 장계狀啓를 가지고 서울에 올라가는 사람.
용례┃(右副承旨)南銑以司饔院官員 以都提調意啓曰 近來法綱解弛 人莫知供上之爲重 外方物膳入京之後 私主人等 累日隱置(缺)家 壇開行奸 罔有紀極 欠縮腐朽 良由於此 … 再昨慶尙左水營靑魚進上 積在私主人家 而被提於本院下人. 故翌朝日晏之後 私主人吳永男者 始爲領納. … 請當該陪持人及私主人吳永男 竝令攸司 以待本院文移 一一依律治罪. … 傳曰允.[『承政院日記』95책, 仁祖 24년 12월 25일(丁酉)]

**별공**別貢
공안에 있지 않은 공물.
용례┃其時物之不可爲常貢者 則列於常貢之外 名之曰別貢 如橘柚之類是已.[『太祖實錄』권2, 1년 10월 12일(庚申)]

**보도**輔導
세자를 교육시키는 것.
용례┃司諫院上疏曰 "竊謂 國家建儲副設書筵 所以講明道義 輔之以正 不納於邪也."[『太宗實錄』권35, 18년 6월 4일(癸未)]

**보릿가을**(麥秋)
보리를 추수하는 음력 5월 말에서 6월 초 사이의 기간. 국가는 대개 정월에서 이때까지 진휼을 실시했다.

**복호**復戶
호역戶役에 대한 면제. 대동법 시행 후에는 대동미에 대한 면제.
용례┃司諫院啓 當今民病之患 莫甚於 役之不

均. 同是一國之民 而苦歇懸殊 其由只在於復戶一事. 稍有勢力者 百般謀爲 必入於復戶之類 而只有貧殘無告最下之戶 獨當許多賦役. 是故一邑之中 復戶幾於過半 而應役之戶無多. 愈偏而愈不堪支 不久而有盡潰之虞 寧不寒心哉? 臣等詳考法典本意 盖所謂復戶者 復其家戶之役 非復其田結之役也.[『光海君日記』권14, 1년 3월 10일(壬戌)]

**봉상**捧上
→ 밧자.

**봉여**封餘
'진상을 봉封한 나머지'라는 의미로 생각된다. 『미암일기眉巖日記』에 따르면, 봉여는 원래 진상의 1/3 정도였다. 감사나 수령 등 지방관이 중앙의 관사官司나 경관京官에게 보낸 것으로 추정된다.(德成外志子, 고려대학교 박사학위논문, 2001, 33쪽)
용례┃食鹽次生魚 … 封餘加數 幷爲減除. 本院下人等 中間操縱徵索人情者 一切嚴禁事 已爲定奪啓下.(『湖西大同節目』26조)

**봉족**奉足
국역의 한 종류로, 역에 나가지 않은 사람이 역에 나간 사람을 경제적으로 보조하는 것. 국역이란 국가가 민에게 지운 의무이다.
용례┃至於樂工奉足段置 官奴亦不能獨當 例多侵及於民結.(『湖西大同節目』30조)

**부비**浮費
엄밀히 말해서 공안과 등록에 의하지 않은 모든 지출을 뜻한다. 사실상 후대로 내려오면서 관행화되고 정규화된 내용도 규정상으로는 부비인 경우가 많았다. 호위扈衛·어영御營

양청兩廳의 늠료, 총융청摠戎廳 군관, 훈련도감(訓局) 장인들에게 지급하는 염장鹽醬과 건어물, 각종 어공과 제향의 여러 물품 등이다.

**용례** ▎上下敎曰 "自癸亥以後 屢加裁省. 回啓中所謂浮費者 何事? ㅡㅡ書啓" 回啓曰 "本曹(戶曹)經用 一依井間及膳錄. 所謂井間 則恒式所付. 所謂膳錄 則前例所載. 此外則皆是浮費. 擧其大者而言之 則扈衛御營兩廳廩料 不載於井間膳錄 而又加捧之規. 雖謂之浮費可也. 闕內斜付之雇立 雖緣各司典僕之鮮少 而該曹之給價 亦創於近日 則雖謂之浮費可也. 赴防砲手 受粮於防所 而妻子之料 有加於前征西七哨砲手妻子之粮 亦無前例 而多至累百餘石 則雖謂之浮費可也. 摠戎軍皆 必幾盡帶去 而仍給元額之料 雖謂之浮費可也. 訓局匠人之加給塩醬乾魚 亦非古例 雖謂之浮費可也. 其他諸上司進排之物各該司例用之數 率多從微至著 積小成大. 或古無而今有 或月增而歲益. 應用之處甚少 濫費之物甚多. 以御供祭享蠲減之擧觀之 則如許等物 雖謂之浮費亦可也. 如欲ㅡㅡ書啓 則事涉煩瑣 難以枚擧. 省浮費三字 不過陳弊之恒言 而至下ㅡㅡ書啓之命 臣等不勝惶恐." 答曰 "知道"[『仁祖實錄』권23, 8년 7월 3일(庚辰)]

## 분아分兒

쓰고 남은 것을 평계로, 각사와 대소 조관朝官들이 나눠 가진 사환使喚이나 그 명목으로 지급된 비용.

**용례** ▎① 國儲不敷 恐不能措辦. 大小朝官分兒 選上減半 以補其用.[『明宗實錄』8년 9월 18일(辛酉)] ② 闕內斜付之雇立 雖緣各司典僕之鮮少 而該曹之給價 亦創於近日[『仁祖實錄』권23, 8년 7월 3일(庚辰)] ③ 各司該用餘物 皆私分諸官 名曰分兒.(『磻溪隨錄』권3,

田制後錄上 經費) ④ 獻納兪命雄啓曰 "朝家以試紙勿用好品事 嚴明申 而刑曹因分兒正草紙品不好 推捉塵人 至於杖治.[『肅宗實錄』권32, 24년 9월 11일(壬午)]

## 분양마分養馬

사복시가 각 고을에 나눠주고 기르게 한 말.

## 분정分定

중앙에서 지방의 각 고을별로 세금을 나누어 정하는 일.

## ㅅ

## 사객使客

연로沿路의 수령이 해당 지역을 지나는 봉명사신奉命使臣을 가리켜 부르는 말. 출장 중인 국내 관원뿐만 아니라 외국 사신도 이른다.

## 사대동私大同

윤회분정과 대동법을 연결하는 공물 수취 방식. 사대동의 '대동'은 '윤회'와 대비된다. 대동법 이전까지 각관의 재정 수입과 지출은 중앙의 회계 감독 밖에 있었으며, 각관의 공물 수취는 수령의 재량에 달려 있었다. 오늘날의 기준으로는 이해하기 힘들지만, 대동법 성립 이전까지 지방재정은 '사私'의 영역이었다. 사대동과 대동법은 명백히 달랐다. 전자가 각관의 공물 납부와 관련된 사회적 관행이라면, 대동법은 정부의 정책이었다. 전자가 지역마다 수취액수가 달랐던 반면, 후자가 그것을 통일했던 것은 여기에 기인한다.

**용례** ▎① 所謂貢物價 別爲收捧處無幾 而并與其邑一年供役之需 而磨鍊捧之 名曰大同. 三南各官 大抵皆然.[李厚源, 『迂齋集』卷之上, 論蠲役箚『仁祖實錄』48권, 25년 10월 21일

(戊子)] ② 竊見外方列邑 皆爲私設大同 以應
貢物 而列邑之規 各自不同. … 各邑官廳之捧
…(官)大小略同 而(官需)多寡懸殊者 比比焉.
營納雜物之價 輕重不同亦然. 其賦斂之不均
無節 大約如此. (趙復陽,『松谷集』권3, 論荒
政疏) ③ 知和曰 各邑有私大同. 或恐其濫費也.
上曰 今則無私大同 此何言也. 厚源曰 兩南無
私大同 則不可以應役. 大同徵捧之際 或未捧
於豪右之家 而貧民則有疊捧之弊[『承政院日
記』孝宗 6년 5월 27일(庚戌)]

## 사부斜付

경각사에 속한 노비들을 본래 속한 곳에서
빼내 다른 곳으로 소속시키는 것. 성균관·사
학四學·봉상시奉常寺의 노비들은 이에 해당하
지 않았다. 사환을 잃은 경각사는 사주인을
통해서 이를 보충하고, 사주인은 그로써 방납
을 정당화시켰다. 사부가斜付價의 지급은 인
조 초 삼도대동법부터 시작되었다.
용례 ▌ ① 斜付之不緊者省之(『鶴峯全集』續集
권2 黃海道巡撫時疏) ② 抄擇各司奴婢 以充內
庭之役 謂之斜付.[『孝宗實錄』권2, 즉위년
11월 26일(辛巳)] ③ 義禁府啓曰 本府體面極
重 而典僕數少. 故在平時不得移定他役. 亂離
死亡殆盡 而戊申(光海君 즉위년)以後 多稱斜
付 投屬諸宮家諸各司 濫入宗廟守僕闕內別
監.(『承政院日記』1책, 仁祖 원년 3월 27일)
④ 趙元範曰 小臣乃刑曹掌隸司郞廳. 各司典
僕 近甚無形. 稍有壯實者 輒以斜付移去. 勿許
斜付事 曾已啓下 而其後亦有斜付者.[『承政
院日記』5책, 仁祖 3년 3월 21일(己巳)] ⑤
張維曰 … 下典皆歸斜付 故諸司漸空. 若杜斜
付之弊 則下典亦多矣[『承政院日記』26책,
仁祖 7년 5월 8일(壬辰)] ⑥ 戶曹啓曰 關內各
處 斜付價題給之擧 曾以各司典僕派送 厥後因

八道大同設立以米布題給 創立事目. 大同旣
罷 而因存米布題給之謬規 此實難繼之道. 然
自乙丑以後 行之已久 似難以經費之不贍 有所
更改.[『仁祖實錄』권21, 7년 12월 22일(壬
申)] ⑦ 李基祚 以成均館言啓曰 學宮奴婢 勿
爲斜付 載在法典.[『承政院日記』31책, 仁祖
8년 10월 20일(乙丑)] ⑧ 韓興一啓曰 近觀各
司無形 皆由於無典僕. 有貢物衙門 則貢物主
人 猶可使喚 其餘無貢物處 則無以成形.[『承
政院日記』52책, 仁祖 14년 7월 21일(癸亥)]
⑨ 夫各司自有典僕 非不足使用 而一自斜浮之
弊繁 而稍有夤緣之路者 盡屬掖廷之役 自非疲
殘貧薄者 不肯應役於本司. 此各司之所以凋
弊也.(兪棨,『市南集』권17, 雜著 江居問答)

## 사장관四長官

각 도마다 가장 크고 중심이 되는 네 고을.
용례 ▌ 湖南四長官 卽全州·羅州·光州·一新也.
[『承政院日記』49책, 英祖 16년 4월 17일(丁
亥)]

## 사주인私主人, 주인主人, 각사 사주인各司私
主人, 각사 주인各司主人, 공물주인貢物主人,
방납인防納人

중앙의 각사에 소속되어 외방 각 고을의 공리
貢吏나 번상番上 군인들에게 숙식을 제공하고
세공물을 일시 보관하며 그것의 방납을 맡아
하던 특수 상인.
용례 ▌ ① 領議政李元翼議 以各邑進上貢物
爲各司防納人所搪阻 一物之價 倍蓰數十百
其弊已痼 而畿甸尤甚. 今宜別設一廳 每歲春
秋 收米於民 每田一結 兩等例收八斗 輸納于
本廳 本廳視時物價 從優勘定 以其米給防納
人 逐時貿納 以絶刁蹬之路.(『光海君日記』권
4, 즉위년 5월 7일) ② 刑曹正郞孫必大疏曰

··· 臣竊觀方今一國生民膏血 皆歸於貢物主
人. ··· 當初不過各邑色吏 新從外方來 未熟各
司事情 具其蹤迹齟齬 如陳省現納尺文受出等
事 皆不得自由. 且於捧上時 冀得周旋無事 且
寓其司典僕家 遂成主人 而滋蔓濫觴以至今日
而極矣.[『承政院日記』3책, 仁祖 15년 10월
15일(己酉)] ③ (右副承旨)南銑以司甕院官員
以初提調意啓曰 ··· 外方物膳入京之後 私主
人等 累日隱置(缺)家 壇開行奸 固有紀極. 欠
縮腐朽 良由於此. 春秋行會各道 使之直到闕
門 而厥後此弊愈往愈甚. 再昨慶尙左水營靑
魚進上 積在私主人家 而被提於本院下人 故
翌朝日晏之後 私主人吳永男者 始爲領納. ···
請當該陪持人及私主人吳永男 ··· 一一依律
治罪 以矯御膳潛藏間家之弊 何如. 傳曰 允.
[『承政院日記』95책, 仁祖 24년 12월 25일
(丁酉)] ④ 私主人之弊 未知始於何時. 必是當
初非其土産 故未免輪價於防納之人 而因稱爲
私主人. 或因各邑不能趁卽上送 諸司引納於
有處 因以名之.(金弘郁,『鶴洲全集』論田制)
⑤ 故所謂貢物主人輩 各占所納各邑. 如甲者
當納某邑某物 乙者 當納某邑某物. 世世傳守
有若祖業.[『承政院日記』116책, 孝宗 원년
10월16일(丙申)]

**삭선**朔膳
원칙적으로 매달 초하룻날 각 도에서 나는
산물로 임금에게 올리는 것. 진상의 한 종류.
용례 ▎ 江原道 觀察使 李夢亮 拜辭. 傳曰 江原
道 被災各官甚多 民生極爲困瘁 勿封到界進上
以此推用於朔膳可也.(『明宗實錄』권6, 2년 7
월 25일(甲戌)

**산료**散料
석 달에 한 번씩 주는 관료의 녹봉을 매달

주는 것. 혹은 그 녹봉. 국가재정이 어려울
때 실시했다.

**산릉역**山陵役
왕과 왕비(능)의 무덤을 조성하는 일.
용례 ▎ 時烈曰 "··· 試以近日之事言之 山陵役
夫之價 初下減除之令 而旋有還徵之命. 朝廷
之失信如此 則民安所恃乎?[『孝宗實錄』권3,
1년 1월 21일(乙亥)]

**삼명일**三名日
왕의 생일, 정월 초하루, 동지의 세 명절.

**삼수미**三手米
삼수량三手粮. 훈련도감 소속의 사수射手·살
수殺手·포수砲手의 운영에 들어가던 세미稅
米. 즉 훈련도감의 운영비.

**상하**上下
→ 차하

**색리**色吏
감영監營 또는 군아軍衙 등의 아전.

**선례**宣醴
임금이 신하들의 수고를 위로하거나 치하하
기 위해 술을 내려주는 것.

**속오**束伍
속오군. 임진왜란 중에 만들어졌으며, 양인과
천인으로 구성되었다. 평소에는 포를 바치고,
일이 있을 때만 모였다.

**쇄마**刷馬, **고마**雇馬
관이 민간인의 말을 삯을 주고 징발하는 것.

사신의 왕래나 세폐, 진상품의 운반, 지방관의 행차 등에 이용된다.

용례 ▌ 近間唐人往來 責出刷馬之時 必先徵紬匹 一路不勝支當云.[『宣祖實錄』 권60, 28년 2월 30일(癸酉)]

## 수조水操

수군水軍 조련. 각 도의 수사永使가 주관하는 도道 수조와 통제·통어사가 주관하는 합조合操로 구분된다. 도 수조는 각 도 수사 아래 진鎭·포浦의 수졸과 병선을 징발해서 진행했다. 합조는 통제사가 경상·전라·충청의 수군을, 통어사가 경기·황해의 수군을 조련했다. 대개 2월에 실시하는 춘조春操는 합조로, 8월에 실시하는 추조秋操는 도조로 하는 것이 관례였다.

용례 ▌ 水操時 各船代將以下 將官及沙格 糧米隨其日數 亦爲題給爲白齊.(『湖西大同節目』 73조)

## 습조習操

군사의 습진과 조련.

용례 ▌ 水陸軍春秋習操時 輸饋價米 今以壬辰秋所用計之.(『湖西大同節目』 73조)

## 시강원侍講院

조선시대 세자, 왕자궁, 황태자궁의 시강원을 두루 일컫는 말. 왕실 교육기관.

## 시기결時起結

양안의 원장부 결수 중에서 잡탈결과 급재결을 뺀 토지 결수. 전세 부과 대상이었다.

## 시지柴地

땔나무를 얻는 땅.

## 식息, 참站

거리의 단위. 1식은 30리이다. 일일정一日程은 3식이다.(『湖南廳事例目錄』 儲置會減)

## 신기결新起結

새로 경작지에 포함된 토지.

## ◉

## 아록전衙祿田

지방 각관의 봉록과 공적·사적 비용을 충당하기 위해 국가가 지급한 땅. 군현의 관질에 따라 차등 지급되었으며, 면세전이었다. 각관은 여기에서 나오는 경비로 자체 비용을 충당했다.

## 악공樂工

음악을 연주하는 일에 종사하던 잡직으로, 기술직의 하나. 또는 그 벼슬아치를 가리키기도 한다. 속악俗樂, 즉 향악鄕樂을 연주했다. 아악雅樂을 연주하는 악생樂生과 구별했다. 악공은 공천公賤으로, 악생은 양인良人으로 충당했다.

## 양안量案

전적田籍, 전안田案이라고도 했다. 토지 측량의 결과를 기재한 장부로, 논·밭의 소재지, 자호字號, 위치, 등급, 형상, 면적, 사표, 소유주 등이 기록되어 있다.

## 양전量田

국가에서 경작지의 모양과 비옥도를 측정하는 일. 양전 결과를 기준으로 과세가 이루어진다. 『경국대전』에는 20년마다 하는 것으로 규정되었다. 조선 건국 초에는 지속적으로 늘어나는 경작지를 국가에서 파악할 목적으

로 이런 규정이 만들어졌지만, 경작지 확대가
중단된 후기에는 특별한 경우가 아니면 양전
이 실시되지 않았다.

## 양호養戶

향촌의 토호가 다른 사람들의 토지로 경작지
를 구획(作夫)하여 자신이 내야 할 전조와 대동
미까지 대신 내게 하는 것. 삼남지방에서 특히
심했으며, 대동법이 실시된 후에도 없어지지
않았다.

용례▮ ① 旣量之後 亦或有攬取他人之卜 合於
其戶 名曰養戶(金長生, 『沙溪全書』권1, 辭執
義仍陳十三事疏) ② (土豪)者 廣占田土 結卜隨
多 或至百餘結 或至數十百結 而所出(八字缺)
年姑息遷延 經歲逋欠 任其進納. 其習(四字缺)
別立戶首 多率小民 乃俗所謂養戶者也.[『承
政院日記』140책, 孝宗 7년 7월 11일(丁巳)]
③ 養戶之弊 三南尤甚. 民結戶首 獨自多占
計其徭役 倍數加徵. 民不堪命 畏其威脅 莫敢
告官者(『增補文獻備考』職官考14 權設職 御
史) ④ 所謂養戶者 聚合他人結負 自爲戶首
而收捧結內作者 所納之謂也.(『承政院日記』
503책, 肅宗 43년 8월 30일) ⑤ 土豪官屬輩
以其所耕合錄民田 自捧其稅 加斂米豆於平民
以充其數者 及劫奪民結 勒捧役價者(俗稱養
戶) 準計贓輕重 論自杖至徒流.(『續大典』戶典
收稅條) ⑥ 養戶者 奸吏猾吏 於作夫之日 白取
民結 移錄於除役之村 乃使其民輸米 如防納之
例. 於是自納兩稅(田稅及大同) 食其贏餘. 此
之謂養戶也. 假如 一結收民米 四十五斗 則以
二十餘斗 自納兩稅 其餘二十五斗 渠自食之
也.(『牧民心書』권4, 稅法)

## 어량魚梁

어장漁場. 물고기가 많은 곳.

## 연호烟戶, 연군烟軍, 연역烟役

요역 동원의 대상이 되는 호戶와 그 호에서
동원된 노동력. 중앙에서 각관에 연이어 요역
을 부과할 때 자주 사용된다.

용례▮ 禮葬造墓軍 … 雖以烟軍爲號 其實例以
田結出定價米.(『湖西大同事目』52조)

## 염목鹽木

병자호란 이후 호조가 청에 바치는 방물方物
을 걷거나 청의 칙사가 왔을 때 들어가는
잡물의 비용으로, 호서의 태안·서산, 호남의
영광·금성에서 어염세로 거둔 것이었다.

용례▮ ① 前泰安郡守沈之溟 戊寅(仁祖 16,
1638)四月赴任 其年則貿鹽木七十一同 己卯
年(仁祖 17) 則一百同十三疋備納云矣[『承政
院日記』74책, 仁祖 18년 4월11일(壬戌)] ②
丙子兵亂後 因本曹(戶曹)經用竭乏. 湖西之泰
安·瑞山 湖南之靈光·錦城 漁鹽之稅 以價木酌
定 逐年取用 以補經費. 曾在己丑冬 備局以有
民弊 啓請革罷 而自上特許半減之敎. 故依其
前定之數 泰安則一百同內減五十同 瑞山則七
十同內減三十五同 靈光則一百同內減四十同
錦城則六十同內減二十五同 以此通計 則所減
者一百五十同 仍捧者一百八十同矣.(『承政院
日記』121책, 孝宗 2년 8월 23일) ③ 備邊司啓
曰 戶曹啓辭 每年節使三行所封 白綿紙六千卷
之外 又爲加備四千卷 以備不時之用. 其價以
鹽木折定以給.[『承政院日記』132책, 孝宗 5
년 8월27일(甲申)]

## 염분鹽盆

소금가마.

## 염장鹽場

염소鹽所. 소금을 굽는 곳.

**예장군**禮葬軍
보통 종1품 이상의 신하에 대한 국장을 예장이라고 하는데, 예장군은 여기에 동원된 노동력이다.
용례 ▌ 從一品以上, 禮葬贈諡.[『太宗實錄』5년 12월 21일(癸未)]

**용하**用下
상급기관이나 사람이 아랫기관이나 사람에게 내려주는 돈이나 물품.
용례 ▌ ① (戶曹判書)李溟曰 沿海各邑貢物作米 以木一匹 換米十斗. 戶曹收捧 一半則分給各司主人 一半則本曹用下.[姜碩期, 『月塘先生集』권4, 筵對錄 庚辰(仁祖 18년 2월 13일)] ② 本道一年應用米計除之外 種種科外別役與 刷馬等價米用下之數 各官每於四季朔 一一開錄成冊報于監司.(『湖西大同事目』78조)

**원당**原黨
효종 때 조정에 있었던 한 정파. 원두표가 중심 인물이다.

**유둔**油芚
깔개로 쓰는 기름 먹인 두꺼운 종이.

**유생**儒生, **유자**儒者
무위무관無位無官인 유학幼學, 향교에 입학한 교생校生, 소과에 합격한 생원生員·진사進士를 모두 포함한다. 가례家禮로 대표되는 유교적 규범을 지키고, 왕에게 상소할 수 있으며, 과거에 응시할 수 있는 자격을 가졌다.

**유재**遺在
호조나 선혜청 등의 기관이 공물주인에게 물건 값을 이미 치렀지만, 물건을 아직 받지 못한 것. 아직 지출되지 않고 장부에 남아 있기 때문에 공인의 대對정부 부채였다.(德成外志子, 앞의 논문, 42~44쪽)
용례 ▌ ① 戶曹啓曰 "京外掌米布之官 遞任之際 必有重記 而本曹郎廳 則以事體異於小各司 故別無置簿傳掌之規. 自今以後 凡收捧·用下及遺在數 詳細開錄 都成一冊 傳與交代官 以重出納之政" 上從之.[『仁祖實錄』권31, 13년 6월 28일(丙午)] ② 廟堂以爲 "三南被災 雖有輕重 擧未免匈. 賑救之擧 不可獨施於嶺南. 兩湖所減之米 似當停留於其邑 以爲賑資 不可移用於嶺南. 各司遺在之數 皆非見存之實. 如欲以此充給所減貢物之數 則各司必有難支之勢. 請於登對時熟議" 上從之.[『顯宗改修實錄』권9, 4년 10월 8일(壬寅)] ③ 本寺(奉常寺)別祭 近來浩繁. 一年祭享物種不足者 甚多 而以會計中 尙多舊遺在之故 可用之數 每以舊遺在計減 不爲上下. 以新貢人進排之物 移減於舊主人遺在. 終歸於無價進排. 豈不冤痛乎.(『貢弊』, 『韓國商業史資料叢書』2, 驪江出版社, 75쪽)

**유청**油淸
참기름.

**유치**留置, **저치**儲置
유치의 단어 자체가 가진 뜻은 저치와 비슷하지만, 구분되어 사용된다. 저치미儲置米가 여미餘米와 같은 뜻으로 사용된 반면, 유치미留置米는 대동사목에서 각읍소용各邑所用과 저치미를 합해서 가리킬 때 사용되었다.
용례 ▌ ① 每一結收米十斗 則八萬三千一百六十四石零內 京上納米四萬八千二百八十石 船馬價三千九百六十二石 本道留置米三萬九百二十二石零是白齊.(『湖西大同節目』7조) ②

所謂餘米 則儲置米.(『湖南廳事例目錄』 儲置會減)

## 윤회분정輪回分定, 윤회입역輪回立役, 8결윤회八結輪回, 인차수봉鱗次收捧

사대동 전 단계의 공물 수취 방식으로, 성종 2년에 발표된 역민식役民式에 규정되어 있는 조선왕조의 요역 동원 방식이다. 중앙에서 각관에 공물을 부과할 때마다 각관은 8결을 단위로 그 안에서 돌아가면서 공물과 요역을 납부했다. 8결에 부과된 공물과 그것의 경중이 달라 균형이 맞지 않는 문제점이 지적되었다. 각관은 이런 문제점을 극복하고자 일괄 수취의 사대동으로 수취 방식을 바꾸었다.

용례 ▌ ① 臣初意 其各邑 必有一族置簿 輪回立役 而爲守令者 不恤民隱 此等事全委諸奸吏首族之手. 不分族之遠近 番之當次與否 略多則近者獲免 當次者越番 無略則遠者先徵 非次者.[金誠一, 『鶴峯集』 續集 卷2, 黃海道巡撫時疏, 宣祖 16(1583)] ② 一應京各司貢物及兵水營全州南原都會官所納雜物 他郡人民則一年一度或二年一度 輪回備納. 本郡(珍山)則以其民小 故一年二十餘度疊疊調發.[吳健, 『德溪集』 卷4 御史兼災傷敬差官時啓 宣祖 3(1570)] ③ 小縣所辦 不減於大邑 人不堪其苦. 有力者規屬于歇役 無力者獨辦苦務 輪回頻數 怨極于天.[趙憲, 『重峰集』 권5 擬上疏 宣祖 15년(1582)] ④ 民之賦役 不可不均矣. 而近世此縣有八結輪回之謬規 苦歇不均 固可知矣. 循私越次 亦在其中. 此誠不正鄕所奸濫下輩 利己之奇計也. 自今通革此習 大小賦役率皆大同出定至當.[尹善道, 『孤山遺稿』 卷5 下 鄕祠堂條約 宣祖 29(1596)] ⑤ 上納米布段 自有其限 雖不得不及時收捧. 至於本官所用 不必督責於一時. 隨其民願 鱗次收捧爲白乎

矣.(『湖西大同節目』 11조)

## 은결隱結

부정·불법 등의 방법으로 전세의 부과 대상에서 누락시킨 토지. 구체적으로는 여결餘結과 은결隱結을 합한 것인데, 여결은 전답의 면적을 실제보다 축소하여 토지대장에 올리고 남은 부분을 빼돌리는 것이고, 은결은 조세 대상에서 아예 누락시킨 것이다. 지방 수요나 수령의 사적 용도에 쓰였다.

용례 ▌ ① 餘結隱結許令自首. 自首邑前官勿罪. 隱蔽而現露者前官繩以本律(『大典』 戶典 收稅) ② 隱餘結者 各邑起耕之田畓 冒稱陳 而見漏於公賦之納者. 多歸於守令之私用.[『英祖實錄』 권75, 28년 1월 13일(乙亥)]

## 읍리邑吏, 외역外役, 인리人吏

지방 읍에 소속된 향리. 이들은 관아의 말단 실무를 맡았다. 역리驛吏, 목자牧子와는 구별된다.

용례 ▌ ① 改外方州郡人吏冠服. 禮曹啓 … 驛吏亦依前例. 從之. [『太宗實錄』 권31, 16년 1월 12일(乙巳)] ② 內官·醫女 … 進上船沙格軍·漕軍·漁夫津夫·水夫·驛吏·卒·日守·營吏·各邑人吏·牧子·烽軍·席子匠 … 兩西納貢內奴·弓·矢人 … 給復.(『續大典』 戶典 徭賦)

## 응하應下

경상지출을 말한다. cf. 別下

용례 ▌ ① 又計各營·邑一年應下之數 而隨其多寡劃給. 其外又除營需餘上納 其餘米則儲置于各其官以爲不時公用之需.(『續大典』 戶典 徭賦) ② 諸庫所用 厥有二名. 一曰應下 二曰別下. 應下者 年年必用 無加無減 可謂恒典者也. 別下者 年年不同 時有時無 不可爲恒典者也.

(『牧民心書』奉公六條 守法)

**의사**醫司
전의감, 혜민서 등 의학과 관련된 경각사.

**인납**引納
나중에 받을 것을 미리 거두는 것.
용례┃私主人之弊 未知始於何時. 必是當初非
其土産 故未免輸價於防納之人 而因稱爲私主
人. 或因各邑不能趁卽上送 諸司引納於有處
因以名之.(金弘郁, 『鶴洲全集』論田制)

**인로**引路
앞에서 길을 인도하는 사람.
용례┃傳曰 "內官一依朝官例, 三品堂上以上,
給驅口,皂隸, 許辟除. 雖非通訓, 實行正三品
者, 亦依朝官職秩, 給引路人." [『燕山君日記』
11년 3월 28일(癸丑)]; 至於頃日, 家有病憂,
見醫還歸之際, 猝遇一官員於路上, 引路小卒,
在於其前, 而市街紛擾之中, 日且向昏, 曚不覺
察矣.(『承政院日記』肅宗 25년 7월 4일 원본
385책)

**인리**人吏
아전.

**인신**印信
도장이나 관인官印 따위를 통틀어 일컬음.

**인정**人情
오늘날의 관점에서 볼 때 뇌물과 수수료를
합한 개념. 경각사는 고을이 아닌, 물품 단위
로 인정을 받았다.
용례┃① 大司諫尹煌上疏曰 … 乃有手持進上
馬載人情之諺.[『仁祖實錄』권32, 14년 2월

10일(乙酉)] ② 判決事朴明搏疏曰 … 於事目
中擧論人情 有減半之令 則彼必藉口曰 人情朝
家之所知云. 多般侵喝 外方下吏 何從以問其
減半與否乎. 臣愚以爲 若另令各邑凡諸貢物
勿以徵布 皆以本邑備來 勿經私主人 直納于官
員坐起之所 如外方郡邑之賦於民 則私主人不
敢干其間矣. 若以各司下人之資生無路爲慮
亦自關 優定其數 本邑一時收捧而分給 則私主
人 有資生之路 而民之受惠 猶不啻本邑之三分
減矣.[『承政院日記』권57, 仁祖 15년 4월25
일(甲午)] ③ 憲府啓 "頃者 全南道竹 上納時
廚院(司䆃院)下吏責捧綿布九十匹. 因承旨所
達 特下嚴治之敎. … 且京營庫所給一朔人情
之債 多至米二十五石 一朔如是 則一年可知
竹笋如是 則百物可知. … 此外諸司下吏弄奸
之弊 不可勝數."[『顯宗改修實錄』권5, 2년
6월 29일(丙午)] ④ 一種之物 分配各邑 一邑
之貢 多至數十色 而名色旣異 則各有作木人情
諸般之費.[『顯宗改修實錄』권14, 6년 10월
10일(壬戌)]

**일부**一夫
8결마다 한 사람씩을 낸다는 법규정에서 비
롯된 말이지만 나중에는 8결의 토지 면적을
뜻하게 됨.
용례┃大同一結所收 通計米豆及其人布刷馬
價諸色 率一歲不過木二疋有餘 則一夫所收 大
約不過十七疋(鄭經世, 『愚伏集』권8, 宣惠號
牌便否議)

**일수**日守, **일수양반**日守兩班
각관에 소속되어 여러 가지 노역에 종사하는
하인.
용례┃各官各驛給事於前者, 國俗謂之日守兩
班[『世宗實錄』권28, 7년 4월 21일(庚申)]

**임토작공**任土作貢
현물로써 공물을 납부하는 원칙. 공물을 그 것이 생산되는 곳에서 납부토록 하는 원칙이다.
용례 ▎ 古者任土作貢 各獻方土所宜之物.[『成宗實錄』 권203, 18년 5월 19일(戊午)]

**입관**入關
청나라가 명나라를 물리치고 만리장성을 넘어 북경에 들어간 것을 말한다.

**ㅈ**

**자문**尺文
'尺文(척문)'은 자문으로 읽는다. 국가 또는 관공서에 낸 세금이나 바친 물건의 영수증을 문서 형태로 지칭한 말. 중앙정부 관서의 자문은 인쇄된 용지를 사용했고, 지방은 직접 필사하여 사용했다. 오늘날 전하는 것은 두 종류로, 신임 수령이 참알가를 냈다는 것과 민간에서 지방 및 중앙 관아에 세금이나 물품을 납부하고 발급 받은 것이 있다.(鄭求福,「조선시대 자문(尺文)에 대한 연구」,『고문서연구』 11, 1997)
용례 ▎ ① 凡人納物官府 官府書所納物件 以給之 謂之尺文(『睿宗實錄』 권7, 원년 8월 정묘) ② 凡雜物納官之後 必以小紙成標 以憑驗. 考名曰尺文 盡方言也.[『明宗實錄』 권33, 21년 4월 10일(辛未)]

**자의**咨議
인조 24년 5월 김상헌의 건의로 세자 교육을 위해 마련된 참하직參下職. 송나라를 모방해서 당상에 찬선贊善, 당하에 익선翊善을 같이 설치했다.[『仁祖實錄』 권47, 24년 5월 22일(丁卯)]

**작목**作木
두 가지 뜻이 있는데, 하나는 세금을 포목으로 낸다는 것이고, 다른 하나는 뇌물을 준다는 의미이다. 보통 포목으로 뇌물을 써서 그런 말이 나온 듯하다.

**작지**作紙
→ 질지

**장리**臟吏
국가재산을 횡령한 관리. 조선시대에는 역모죄 다음의 중죄로 규정되었다. 장리죄로 규정되면 본인은 물론 후손들도 관직에 나갈 수 없었다.

**재상경차관**災傷敬差官
경차관은 서울에서 각 지방에 임시로 파견하여 민정을 살피게 하던 임금의 사자使者이다. 주로 전곡錢穀의 손실이나 민폐를 조사하는 일을 맡았다. 재상경차관은 가뭄이나 전염병 등 말 그대로 재상災傷과 관련하여 파견된 경차관이다.

**재생**裁省
흉년 등의 이유로, 국가가 민에게서 걷어야 할 세금의 일부를 감면해주는 것.
용례 ▎ 今之所謂裁省者 異於古之所謂裁省者. 古所謂裁省者 使民不納而已也. 今之裁省 則國無儲蓄 出於無術 只省各司之用度 以其所餘 以爲減賦之償.(『顯宗改修實錄』 권9, 4년 10월 丙午; 문용식,『조선후기 진정과 환곡 운영의 연구』, 1999, 266쪽)

**저치회안**儲置會案
저치미는 여미, 회안은 회계장부를 말한다.

저치회안은 여미에 대한 회계장부이다.

## 적초積草
말을 먹이기 위해서 꼴을 마련하는 것.
용례 ▌ 判尹許積所啓, 南漢山城積草事, 以宣惠廳回啓, 有似未詳悉, 後日登對時, 稟處之教矣, 今日當爲定奪矣.上曰, 脫有事變, 馬兵入城, 則此草可以足用矣.(『承政院日記』顯宗 4년 12월 26일)

## 전복典僕
각사各司·사寺, 성균관·사학·향교 등에 소속되어 음식을 만들거나 수직守直 또는 건물을 짓는 등의 잡역을 맡아 하는 노복奴僕.

## 전삼세田三稅
임란이후 신설된 여러 세목稅目 가운데 삼수미와 별수미別收米를 전세와 함께 가리키는 말. 전세와 함께 조운漕運했다. 별수미의 양은 수세하는 다섯 개 도道에서 약 2만 석 정도였다. 정조 5년(1781) 호조 참판 정민시鄭民始는 호남을 제외한 모든 도가 아록전과 공수전을 원결의 총수에 포함시키는데 유독 호남만 그렇지 않다고 보고했다. 아록전·공수전에 대한 대동법 규정이 이 시기까지 준수되고 있음을 보여준다.[『正祖實錄』권11, 5년 2월 19일(壬戌)]
용례 ▌ ① 海運判官朴篪馳啓曰 忠淸道沿海三十二邑 屬於海運. 上年應捧田稅及三手·別收之米 其數二萬七千八百餘石.[『仁祖實錄』2년 4월 19일(壬寅)] ② 戶曹啓曰 … 請限一二年 嶺南九邑三稅米及唐粮米 姑停北運[『仁祖實錄』6년 2월 21일(癸丑)] ③ 慶尙左道量田使李袨上疏曰 … 壬辰以後 國家多事 稅·貢·賦外 如三手粮·別收米·五結布·唐粮米及雜色

之役 皆平時所無也.[『仁祖實錄』12년 윤8월 27일(庚戌)] ④ 大司諫尹煌上疏曰 … 且考五道時用田結及三道新量 加出十八萬結. 一年稅入 並十五六萬. 雖除別收米 猶不下十三四萬[『仁祖實錄』14년 2월 10일(乙酉)] ⑤ 戶曹以爲 乙亥量田之後 三南增出 果至十萬結 而其時朝廷慮有民怨 貢賦·徭役 一不加出 只收田三稅 而以其增米之數 量減田結之役.[『仁祖實錄』18년 9월 24일(壬寅)] ⑥ 戶曹啓曰 三南量田之後 田結增加. 故五結收布·軍需木·隸價布 盡行革罷. 只存西粮.[『仁祖實錄』19년 6월 9일(癸丑)]

## 전세조공물田稅條貢物, 전결조공田結貢物, 전세토공田稅土貢, 전공田貢 ↔ 원공물元貢物
조선 전기에는 전세 중 일부를 명주, 모시, 면포, 정포 등으로 받았다. 운송에도 편하고, 부과대상 지역에서 쌀과 콩이 나지 않았기 때문이다. 수취 형태는 공물인데, 부과 항목은 전세였던 것이다. 대동법이 실시되면서 이 항목은 원공화元貢化, 즉 대동미 속에 포함되어 사라졌다.
용례 ▌ ① 國制收租 水田納稻米 旱田納豆. 其納豆而未盡者 收其木綿麻布及油蜜 凡百應用之需. 此所謂田結貢物也. 此外又通水田旱田結 計出雜物 納于各司者. 謂之元貢物(柳成龍, 『西厓先生文集』권14, 雜著 貢物作米議) ② 田稅條貢物 … 而乃是除出田稅米太 換作恒貢物種者也.(『湖西大同節目』17조) ③ 奧在太宗朝 始定貢賦. 綿布·油蜜·凡百應用之需 幷從田結出 是田貢也. 刱大同時 京畿條則仍屬戶曹 關東三南 悉付惠廳. 今之所謂位米太者是也(位者卽貢物位之位也) (『湖南廳事例目錄』收租) ④ 畿甸民役之不可不變通者 最是田稅條貢物之弊也. 其在司□寺 有粳米·中

米·黃大豆·黃豆 奉常寺則有粳米·醬豆名色
而其收捧之式 或以七八甲 或以三四甲. 各其
主人輩 刁蹬濫徵 出稅一升者 加八九升 出一
斗者 加八九斗 而猶患甚難堪
就其各面 輪回出定 以分其苦. 一經其役 則厥
面之民 無一失業 而事係祭享御供 不得輕改
以致於今矣.[『顯宗實錄』권6, 4년 6월 20일
(丙辰)]

### 전정塡井

직접적인 뜻은 정간井間을 메운다는 뜻이다.
정간은 공안을 뜻한다. 따라서 전정이란 정부
가 공물을 받은 후에 그것을 기록하는 것을
말한다.

용례 ▌ 亂後國家蕩無紀綱, 凡貢物, 各官雖或
上納, 而算員, 色吏等與防納者符同, 或積留其
家, 不卽輪納; 或已納而重責人情, 不給尺文.
以此, 貢案井間不塡者多, 至於已給尺文者, 亦
責人情, 不塡井間.[『宣祖實錄』권207, 40년
1월 27일(辛卯)]

### 절가折價

정부가 어떤 물건에 대해 매긴 가격. 원칙적으
로 시장가격과 다르다.

용례 ▌ ① 傳于司憲府曰 市中商賈之徒 謀欲專
利 私相結約 人之所賣之物 則雖價重 從輕折
之 己之所賣之物 則雖價賤 從重折之. 一折價
之後 無復上下其直.[『燕山君日記』권44, 8년
5월 20일(辛卯)] ② 戶曹又啓 "外貢非以本色
上納. 各官之吏 或以米布折價 都給私主人 逐
年用餘米布 積在於主人家. 當此極凶之年 已
爲請減 外方之民 皆已知之. 今若仍舊徵納 則
非徒失信於民, 餘裕之物更無可用之時. 請勿
徵外貢" 允之.[『明宗實錄』권32, 21년 2월
1일(癸亥)]

### 절수折受

원칙적으로 국가가 특정한 사람에게 농지,
산림, 천택 등의 일부를 떼어주는 것. 숱한
비리의 온상이 되었다.

용례 ▌ ① 經亂後 豪勢家出案圖占 侵徵價布
一年所納木綿 幾至七八百同. 怨聲盈路 請依
平時例 納米于官家 永革立案折受之弊.[『光
海君日記』권61, 4년 12월 7일(丙申) ② 左
議政元斗杓曰 "壬辰亂前 有宣飯之擧 故諸處
漁場 禮賓寺收稅. 經亂之後 物力不逮 宣飯遂
廢 漁場亦不收稅 作一閒地. 宣祖大王 仍命賜
給官家. 此折受之所以創 而至于今日 其弊無
窮矣"[『顯宗實錄』권7, 4년 12월 26일(己
未)]

### 점퇴點退

각관이 납부한 공물에 대해 경각사가 그 품질
을 검사해서 퇴자를 놓고 받지 않는 것. 경각
사의 하리들이 이 일을 담당했는데, 정작 공물
의 품질 검사라기보다는 뇌물을 받기 위한
절차였다. 점퇴는 방납으로 연결되어 공물가
의 몇 배 이상이 부풀려져 각관의 부담으로
되돌아갔다.

용례 ▌ ① 戶曹啓 舊法 外方貢物 諸司官吏或不
精察點退 則貢吏將所退之物告于本司 可退然
後退之 此法甚美. 然官吏等不拘國法 外貢收
納之際 妄意點退 貢吏亦曤於國法 齎還本邑.
往復之間 或致遺失. 改備轉輸 弊亦不貲. 且諸
司點奴夤緣爲謀 雖可納之物 吹毛求疵 以告官
吏. 官吏亦陷術中點退 貢吏請其司奴子代納
奴子受帖而去 倍蓰收價 民甚病焉. [『世祖實
錄』권17, 5년 9월 7일(丙戌)] ② 點退則利歸
防納 弊歸外方[『承政院日記』30책, 仁祖 8년
8월 14일(辛酉)]

**제역**除役

단어 자체는 역을 면제한다는 뜻이지만, 특정한 역을 전담시키기 위해 국가가 다른 역부담에서 제외해주는 것을 의미한다. 원칙적으로는 그 역을 부담하는 대상이나 부과액을 뜻한다. 경우에 따라 수령이 음성적으로 관리했다. 이때는 중앙에서 전결을 파악할 때 빠지는 경우가 많고, 그 역 이외의 다른 부담은 면제되었다.

용례 ▌① 戶曹議啓陳言內 可行條件: " 一 諸邑守令進上雜物 別設除役 濫收費用."[『成宗實錄』 권4, 1년 3월 16일(乙未)] ② 戶曹啓: "… 我國役民式內 凡田八結出一夫 一年役民 毋過六日. … 如內需司奴子·勢家伴倘奴子·官中除役各戶 悉令脫漏蔭庇 而無勢殘戶 別抄錄簿 周而復役 民不堪苦.[『成宗實錄』 권57, 6년 7월 4일(辛亥)] ③ 上曰"人吏除役 非爲私用 其情可矜. 然已令改照律矣."知事李克培啓曰"諸邑用度甚繁 非除役 無以爲需" [『成宗實錄』 권100, 10년 1월 7일(甲子)] ④ 又進上鷹子 則必准尺而納之. 故各官不能捉得 乃爲除役而捉之. 其爲除役者 若不能捉得 則盡賣田宅牛馬.[『中宗實錄』 권64, 23년 윤10월 30일(戊戌)] ⑤ 向之土産之物本色之物 無所施 而外方各邑 不免以田結之數定爲除役.(洪可臣『晩全集』 권3, 民弊疏(宣祖 8)] ⑥ 貢賦不詳定除役之弊. 我國之法 不爲任土作貢 其弊已久. 今之議者 請更貢案 臣不須贅言也. 臣來此 得聞便民之政 所謂大同除役是也.(金誠一 『鶴峰全集』 續集 권2, 黃海道巡撫時疏] ⑦ 常時郡邑貢物 田結之外 除出若干結 名曰官中除役. 凡官中所用雜物 皆倚辦於此.(柳成龍, 『西厓全書』 卷2 別著篇 貢物作米議, 宣祖 28년 3월) ⑧ 工曹啓曰"…其人除役 民頗苦之. 下該司回啓 傳敎矣. 亂後鄕吏 死亡殆盡. 各官其人之價希 不得已分定於民 民甚苦之. 各道之巨弊 無過於此者.[『宣祖實錄』 권151, 35년 6월 22일(壬子) ⑨ 諫院啓曰: "… 又啓曰: "畿邑日用雜物 他無出處. 私除民結 名以除役 收捧油淸·紙地·鋪陳·器皿等物. 爲役頗輕 故民之稍有形勢者 爭先願入."[『顯宗改修實錄』 권4, 1년 8월 28일(辛亥)] ⑩ 諫院啓: "… 圻邑托以支持勅行 巧名除役 私用田結 徵斂過濫 使民不堪. 且令元結減縮 應役偏苦. 請令嚴査革罷" 亦從之.[『顯宗實錄』 권5, 3년 3월 16일(己丑)] ⑪ 或稱除役, 或稱里納.[『肅宗實錄』 권22, 16년 1월 15일(丁未) ⑫ 侍讀官李健命言"畿民困於郡縣除役之弊. 盖田稅大同之外 出薪蒭雉難氷以供之 例也. 其以油蜜紙魚代之者曰除役. 除役稍便 故吏民互爲利 不除役者爲最困 宜禁之."上命廟堂稟處 遂罷之.[『肅宗實錄』 권27, 20년 10월 8일(壬寅)] ⑬ 稱以從前除役 割其元結 屬之官廳者乙良 一切革罷爲白齊.(『湖西大同節目』 59조)

**조도성책**調度成冊

조도사가 회계해놓은 장부. 조도사는 임진왜란 발발 이후 군량을 모으는 책임을 맡은 관직. 임진왜란이 끝난 후에도 계속 유지되어 중앙에 재원을 조달했다.

**조등**刁蹬

공사를 집행하는 관원이 근거 없이 물건 값을 올리는 것. 이두문자이다.

용례 ▌① 至刁蹬語 世珍曰 凡以公事官 負把持 以索其物 謂之刁蹬. [『中宗實錄』 권42, 16년 7월 6일(乙卯) ② 國制 貢賦 各以土産 分定列邑 使之自納於該司 本意非不美也. 該司之吏以刁蹬爲利. 納貢之際 不論物之輕重美惡 唯貨幣是視 苟不滿於其意 則雖持美貢 終不得

售. 故貢一物 則利歸於下吏者. 不啻十倍 然後
方得納焉.[『宣祖實錄』권149, 35년 4월 21일
(壬子)] ③ 貢物防納之弊 日益濫觴. 雖本土所
産之物 牟利之徒 先自備納 使本官不得下手.
或以本色來納 則私主人輩百般操縱. 其品雖
好 而亦爲點退 畢竟圖納己物. 刁蹬其價 十倍
其利 生民之膏血盡矣.[『宣祖實錄』권217,
40년 10월 3일(壬戌)]

## 조소條所
볏짚이나 삼 등으로 굵고 길게 드리운 줄.

## 조예皂隸
서반西班 경아전京衙前에 속했다. 경각사, 종
친, 공신, 고급 관료들에게 배속되어 그들을
위한 각종 호위, 잡역 등에 동원되는 사령의
역할을 담당했다.
용례▐ 斗枡曰 皂隸極是苦役 故先王朝相臣李
元翼 變通諸事也. 盡罷皂隸 大臣以(二字缺)無
引陪. 丁亥年(仁祖 25) 始復冠帶, 大臣以下
始給(三字缺)駙馬 亦給一人 而其數近百名
矣.[『承政院日記』, 孝宗 7년 6월 22일 (己亥)]

## 조운漕運
현물로 거둔 각 지방의 조세를 선박을 이용해
서울까지 운반하던 제도. 내륙의 수로를 이용
하는 경우 수운水運 또는 참운站運이라고 하여
해로를 이용하는 해운海運과 구별한다.
용례▐ 大同廳之設 誠爲救時良法. … 作米海
運 則有敗船難處之患.[『仁祖實錄』권4, 2년
1월 6일(辛酉)]

## 조적糶糴
원래는 환곡還穀과 구분되는 기능이었지만,
조선 후기에는 같은 뜻으로 쓰였다. 국가가

춘궁기에 대여했다가 추수 후에 회수하던
국가 비축의 곡물. 일정한 규정에 따라 대여하
고 또 회수, 보관했기 때문에 이런 제도 자체
를 말하기도 한다.

## 졸곡卒哭
민간에서는 삼우제, 왕실은 오우제를 지낸
뒤에 무시애곡無時哀哭을 끝내기 위하여 지내
는 제사.

## 중기重記, 重紀
전錢·곡穀·포布 및 여러 물종의 수납·지출 등
의 변동 상황과 그 현존 상태를 기록한 관청의
공식 회계장부로 우리나라 고유의 용어이다.
사헌부 감찰의 검사(請臺)를 받고, 호조에 기
간별로 제출, 보고되었다. 담당 관리 교체
시에는 회계 책임 면제의 근거 서류가 된다.
중기는 녹봉의 지급과 감봉, 관리의 성적 평
정, 해유를 내어주는 것(解由成出)의 근거가
되었다.(朴源澤, 『朝鮮朝의 官廳會計－重記
와 解由를 중심으로』, 1987, 경북대학교 경영
학박사학위논문, 59쪽)
용례▐ 親閱 平安兵使裵時亮之言 本營流來舊
儲綿布四百餘同 而此則重記相傳 故前後兵使
皆不敢下手云.(李敬與, 『白江先生集』권12,
備局請設常平倉啓)

## 중도부처中途付處
'부처'라고도 한다. 유배에 처한 죄인에게
그 정상을 너그럽게 참작하여, 유배지로 가는
도중의 한 곳을 정하여 그곳에서 지내게 하는
것. 주로 관원에게 과해지는 형벌로, 가족과
함께 있을 수도 있었다. 그 대상자를 중심으로
종류가 많아, 본향本鄕, 외방外方, 원도遠島,
사장私莊, 자원처自願處 등이 있었다.

**지공**支供

이바지함. 관비 물품의 지급을 뜻하는 말. '○○지공'의 용도로 쓰이는데, 이때 '○○'이 지공할 대상이다. 호조의 경비사經費司가 주무 관사였다.

용례 ▌ 監司支供米

**지대**支待

지방에 출장 나온 관원에게 필요한 음식물이나 일용품 등을 지방 관아에서 공급하는 일. 또는 그런 물품.

용례 ▌ 世子平明離發草丘 到黃州城外閭舍 止宿 … 黃州判官李郭齊 以支待來.(『瀋陽日記』, 35쪽)

**지용**支用

→ 지공支供.

**지응**支應

→ 지대支待.

**진상**進上

지방의 토산물을 임금에게 바치던 일. 진상품은 각 도 단위로 관찰사·병마절도사·수군절도사 등이 중앙의 내자시內資寺·내섬시內贍寺·사도시司䆃寺·사재감司宰監·사포서司圃署·의영고義盈庫 등에 바쳤다. 그러면 이곳에서는 이들 물품들을 날마다 궁중에 조달했다. 진상제도는 형식상으로 각 도를 단위로 해서 실시되었으나 실제로는 각 주·현에서 모든 물품들을 분담했다. 외관外官이 임금에게 예물을 바친다는 본래의 의미를 벗어나, 세납의 한 가지였던 공물의 성격을 띠었다.

**진성**陳省

공물의 물명, 수량, 상납각사上納各司, 상납기한 등을 적은 상납정장上納呈狀이다. 규정상 각관의 공리貢吏가 수령에게 받아서 서울의 소관각사所納各司에 바쳤다. 이때 관사는 납입완료증명서인 준납첩準納帖을 발급하여 중앙각사와 공리의 상납인준을 통해 공납을 완수했다.(이지원, 「16·17세기 전반 貢物防納의 構造와 流通經濟的 性格」, 『李載龑博士還曆紀念韓國史學論叢』, 1990, 491쪽)

용례 ▌ ① 本邑貢物呈獻[『明宗實錄』 권14, 8년 5월 26일(辛未)] ② 論各司主人刁蹬之弊曰 奪陳省操尺文 以責十倍之價.(『西河集』 권15, 行狀 先考領議政府君家狀)

**진전**陳田, **황전**荒田

재災는 지은 농사를 망친 것, 진陳은 아예 농사를 짓지 않은 것, 황荒은 경작지가 아닌 것을 뜻한다.

**질지**作紙

'作紙(작지)'는 질지라고 읽는다. 백성들이 재판을 받거나 공물을 납부할 때, 관에서 사무처리 비용 명목으로 거두는 종이 값. 실제로는 무명으로 냈으며, 관이 백성들에게 뇌물을 받는 빌미가 되었다.

용례 ▌ ① 凡官府決訟所費紙筆之價 收於得勝者 謂之作紙.[『世宗實錄』 권63, 16년 2월 26일(甲戌)] ② 各官 輸納貢物 戶曹·各司 各徵作紙. 有不如意 率皆點退.『大典』則毋過二十卷 而其實倍蓰. 輸納人吏 坐受負貸 以此破産失所.[『燕山君日記』 권4, 1년 4월 20일(甲戌)] ③ 凡作紙【凡決訟買賣之物 官給立案 收其立案紙價 名曰作紙】毋過二十卷之法 載在令典 而其法不行. 京外官吏 數多濫捧 作紙之布 或至十同 或至十五同 備納者怨苦.[『中宗實錄』

권94, 36년 2월 6일(癸亥)] ④ 正言李成祿來啓曰 "外貢收納時 所謂作紙 該曹代徵木綿. 侵民之弊 在平時 已爲濫觴. 喪亂之後 此等弊習爲蕩滌 而自上年 仍復舊規. 生靈困悴 未有甚於此時 雖係進上正供之物 亦多 除以優恤之. 況此作紙 初不關國用 而徵督甚急 下吏因緣民之怨苦日甚. 限數年蘇息間 姑依亂後規 一切停罷 以施一分之惠 … " 答曰 "依啓" [『宣祖實錄』 권129, 33년 9월 15일(乙卯)] ⑤ 斗杓曰 … 夫作紙者 各司奇別價 [『承政院日記』 116책, 孝宗 원년 10월 13일(癸巳)]

## ㅊ

### 차사원差使員
나라에 중요한 일이 있을 때 중요한 임무를 맡겨 중앙에서 지방에 파견하던 임시직의 관원.

### 차자箚子
간략한 상소.

### 차하(上下)
'上下'는 '차하'로 읽는다. '지출하다', '지급하다'의 뜻. 반대말은 봤자(봉상捧上).
용례 ▌黑牛主人役價米一石 亦自本廳定式上下爲白齊.(『湖西大同事目』 29조)

### 찰방察訪
조선시대 각 도의 역驛에 있는 말(馬)에 관계된 일을 맡아보던 종6품의 외직 문관. 경기에 6명, 충청도에 5명, 경상도에 11명, 전라도에 6명, 황해도에 3명, 강원도에 4명, 함경도에 3명, 평안도에 2명을 두었다. 중요한 지점에 겸찰방 12명을 설치하여 이들의 비행을 감시했다.

### 채수債帥
뇌물을 바치고 관리가 된 자. 비아냥거리는 뜻이 담겨 있다.
용례 ▌洪致武(武人)爲淸洪道兵馬節度使, (史臣曰: "致武 時 赴淸洪水使, 多略 沈通源及鑌, 其父子喜之. 故陞遷元帥, 卽所謂債帥也.")[『明宗實錄』 권33, 21년 6월 17일(丙子)]

### 척문尺文
→ 자문

### 철법徹法
중국 주대周代의 조세제도. 하대夏代의 조세제도는 공법貢法, 은대殷代의 조세제도는 조법助法이었다.
여덟 가구가 공전 100무畝를 공동 경작한 후, 자신들의 사전 100무를 경작하는 것을 조법이라 한다. 공전을 없애고, 각 가구의 사전 수입 중에서 1/10의 전조를 거두는 것을 공법·철법이라 한다. 공법은 수익을 여러 해의 평균으로 정하고, 철법은 매년 실제의 풍흉에 따른 수익으로 정한다.(錢穆, 『國史新論』; 權重達 譯, 『中國史의 새로운 理解』, 集文堂, 1987, 18쪽)

### 첨가添價
원래 규정된 공물 가격보다 더 많은 금액을 걷는 것.
용례 ▌近年以來 山海之産絶乏 物價踊貴 固已倍於定給之價. 故進上主人輩 稱貨不給 不得已往責添價於本邑.(『承政院日記』 179책, 顯宗 4년 6월 20일)

### 첨사僉使, 참절제사僉節制使
조선시대 각 진영鎭營에 딸린 종3품 무관직.

절도사 아래로 병영에는 병마첨절제사, 수영에는 수군첨절제사가 있다. 목牧·부府 소재지에는 목사나 부사가 겸임하며, 각 진영 안의 전임일 경우에는 첨사라고만 일컫는다. 절도사의 관할에 딸린 진鎭의 한 군직인 동첨절제사同僉節制使(전임인 경우는 종4품 임명)를 일컫기도 한다.

## 첩징疊徵

글자 그대로의 뜻은 거듭해서 징수한다는 뜻인데, 명확한 징수액을 정해 두지 않고 국가가 필요할 때마다 민에게 거두는 것을 뜻한다.

## 청대請臺

전곡錢穀을 가진 각사에서 그것을 출납할 때, 부정을 막기 위해 사헌부 감찰을 참석하게 했던 일. 그 자세한 절차는 『경국대전』 예전禮典 청대조請臺條 참조.
용례 ▌ ① 一, 有錢穀各衙門 凡諸出納 必須請臺施行 所以杜姦防僞也.[『世宗實錄』 권86, 21년 9월 18일(癸亥)] ② 司憲府上疏 … 特以監察數小 各司不得請臺而事務停滯也.[『太宗實錄』 권9, 5년 6월 26일(庚寅)] ③ 各司貢物價上下之後 私主人等 備納物種於各其司 則其司官員 請臺捧上所捧之數.(『湖西大同節目』 16조)

## 7국 출신七局出身

훈련도감 포수로서 무과에 급제한 무관. 인조 15년(1637)에 남한산성에 호종했던 군사를 대우하기 위해 무과로 뽑고 7국으로 나누어 궁중에 입직시키며 무용청武勇廳이라 하였다. 그 후 3국으로 감원되었다.
용례 ▌ ① 武科出身六千五百餘人訓鍊都監砲手 居其半焉. 以仍隷編伍爲 至有上疏請免者.

朝廷遂設七局以別之. 砲手之出身者 稱以局出身 置局將以領之.[『仁祖實錄』 권35, 15년 10월 20일(甲寅)] ② 南漢扈從 蔭官及士子守堞軍士 設文武科. 文出論題 武之規矩 弓銃十五放一中以上入格. 文科 鄭知和等十餘人. 武科 七千餘人. 京外公私賤 及都監砲手皆與焉. 朝廷難於處置 以一千爲一局 稱以局出身.(羅萬甲, 『丙子錄』 雜記亂後事)

## 청대稱貸

칭이란 말뜻 그대로는 저울에 달아서 빌려준다는 것이다. 공물주인들이 정부에 바칠 공물을 구매할 수 있도록 정부가 그들에게 미·포를 지급하는 것을 뜻한다. 즉 정부가 공물 구입 대금을 공물주인에게 주는 것을 말한다.
용례 ▌ 宣惠廳設立時 假定之價 其在當初 則可謂從優磨鍊矣. 近年以來 山海之産絶乏 物價踊貴 固已倍於定給之價. 故進上主人輩 稱貸不給 不得已往責添價於本邑.(『承政院日記』 179책, 顯宗 4년 6월 20일)

## ㅌ

## 퇴봉退封

정부가 공물주인들로 하여금 정해진 시기보다 나중에 경각사에 공물을 바치게 하는 것. 주로 철이 일러서 물건을 구하기 어려울 때에 퇴봉토록 했다.
용례 ▌ 太廟薦新大小麥生兔及各殿進上之物 今則自本廳給價封進. 當其封進之節 或有絶種難得 節早未産者 則依京畿例 或爲代封 或爲退封.(『湖西大同節目』 25조)

## ㅍ

## 8결八結

보통은 수세의 단위를 말하지만, 민결民結

자체를 뜻하기도 한다. 성종 2년에 역민식을 발표했는데, 이는 민을 요역에 동원하는 것에 관한 조선 정부의 기본 원칙이었다. 역민식에 따르면, 민을 동원할 때 원칙적으로 토지 8결에서 한 명씩 뽑아 사역시킬 것을 규정했다. 나중에 공물을 부과할 때에도 이 규정을 원용했다.

용례 ▌① 右相曰 田結之多者 必爲厭之 而小者則恐或便之. 承旨曰 八結之多者 雖云苦之 (『承政院日記』 67책, 仁祖 16년 11월 6일) ② 假如上年二百八結之邑 一八結一年大同所捧之數 十疋之中 五疋則爲貢物之價 五疋 則爲其邑所需(李厚源, 『迂齋集』 卷之上, 論蠲役箚) ③ 各邑捧稅時 例於八結定一人 收合結內人稅米.[『肅宗實錄』 권34, 26년 2월 6일(辛未)] ④ 新舊迎送刷馬 或定於民結 或責於人吏. 列邑規例 各自不同是白在果. 責於人吏之邑 則人吏所耕 復其雜役 名之以人吏八結 (『湖西大同事目』 35조) ⑤ 上曰 今見御史書啓 則監兵使營將巡歷各官時 下人供饋 或徵於軍卒 或定於香徒八結云 良可駭也. 未知此事何如耶. 領議政鄭太和曰 … 凡各邑不一其規. (『承政院日記』 144책, 孝宗 8년 1월 7일)

## ㅎ

### 한정閑丁
국역 부담을 지고 있지 않은 정丁.

용례 ▌至於樂工奉足段置 官奴亦不能獨當 例多侵及於民結. 故因本道監司狀啓 以閑丁加定二名. (『湖西大同節目』 30조)

### 해운판관海運判官
전함사典艦司 소속의 정5품 관직. 충청도·전라도의 조운 업무를 담당했다. 각 조창을 돌며 세곡의 선적을 감독하고, 각 읍의 수령·색리

등의 압령관押領官을 독려해 조선漕船을 경창까지 무사히 도착하도록 하는 임무를 수행했다. 1697년(숙종23)에는 충청·전라도의 도사都事가 각기 해운판관을 겸하도록 했다. 1762년(영조38)에 충청도 해운판관을, 1779년(정조3)에 전라도 해운판관을 각각 혁파하고, 아산현감과 군산·법성 첨사僉使가 소관 조창의 세곡을 조운하도록 했다. 이로써 해운판관 제도는 폐지되었다. 이는 조운제 자체의 기능이 약화되고 임선제賃船制가 발달하는 시대적 상황 때문이기도 했다.(『한국민족문화대백과사전』)

### 해유解由
호조의 회계사가 관장한다. 관리가 교체될 때, 그가 관장했던 전곡錢穀과 물품의 수납·지출에 관한 장부를 검사하는 일. 호조 입장에서는 재산상의 회계 책임을 면제하는 제도이고, 이조 입장에서는 관리의 천거·승진·전직轉職을 할 수 있게 한 제도.

용례 ▌① 考滿職除者曰解 歷其殿最曰由(『萬機要覽』 財用編 4 戶曹各掌事例 會計司) ② 各司貢物價上下之後 私主人等 備納物種於各其司 … 如或受價之後 不卽備納 徒爲主人輩衣食之資 則 … 該司官員 解由拘碍 使不得受祿於科內.(『湖西大同節目』 16조)

### 호강豪强, 호강품관豪强品官
향촌에 토착화한 재지 지배세력으로 국가의 대민 지배에 대해서 상대적으로 자립성을 가지고 있었다. 대개 지방관을 능가하는 경우는 있어도, 감사監事에게까지 대적할 수는 없는 정도였다. 중앙세력과도 연관을 가지고 있었다. 국가의 수취 기반을 잠식했고, 민에 대해서는 자신의 부담을 떠넘기는 경우가

많았다.

용례┃豪强品官 等 其所耕合錄於民田 自捧其稅 加分米太於平民 以充其數者 依豪强律論斷 (嘉靖乙丑承傳)(『受敎輯錄』 戶典 諸田)

〈참고〉 『수교집록受敎輯錄』은 숙종 24년(1698)에 출판되었다. 『대전후속고大典後續錄』(중종 38, 1543) 이후 약 150년만에 최초로 정리되었다. 가정嘉靖, 을축乙丑은 명종 20(1565)년이다.

### 호남 산군湖南 山郡
남원, 광주, 태인, 담양, 순창, 금구, 임실, 남평, 웅주, 진안, 창평, 곡성, 금산, 장수, 동복, 무주, 고산, 구례, 옥과, 운봉, 화순, 용담, 진산 (장성, 정읍, 전주는 산군이지만, 작미했다) (『湖南廳事例目錄』)

### 호남 연해湖南 沿海
나주, 순천, 영암, 영광, 장흥, 김제, 함평, 강진, 임피, 해남, 보성, 고부, 무장, 무안, 부안, 흥양, 여산, 익산, 함열, 옥구, 흥덕, 고창, 진도, 낙안, 만경, 용안, 광양 등 27곳. (『湖南廳事例目錄』 7쪽)

### 호서 반산반연湖西 半山半沿
진천, 청주, 연기, 전의, 목천, 청안 등 6곳. (『江原廳事例』 17쪽)

### 호서 산군湖西 山郡
청산, 영춘, 문의, 옥천, 청풍, 괴산, 회덕, 보은, 단양, 연풍, 황간, 영동, 회인 등 13곳. (『江原廳事例』17쪽)

### 호서 연해湖西 沿海
대흥, 신창, 당진, 정산, 석성, 홍주, 해미, 남포, 부여, 홍산, 한산, 태안, 서천, 연산, 보령, 결성, 아산, 청양, 평택, 서산, 덕산, 온양, 예산, 임천, 비인, 공주, 직산, 은진, 노선, 천안, 면천, 충주, 음성, 제천, 진잠 등 35. (『江原廳事例』 17쪽)

### 호수戶首
호수란 용어는 조선 후기에 세 경우로 사용되었다. 첫째는 가호家戶의 호주인데, 호구단자戶口單子에 보인다.

용례┃康熙 五年 五月 日 慶州府 戶首幼學 孫錢(手決)

둘째는 군역에서 정군正軍의 뜻으로 쓰인다.

용례┃正軍戶首故闕者之保 移給無保戶首(『續大典』 兵典)

세 번째는 8결 작부제의 담당자를 뜻한다. 전결에 부과된 대동세, 잡역세, 환자에 대해 8결 안의 각각의 전부佃夫에게서 걷어 읍내의 창고에 바치는 임무를 수행했다.

용례┃佃夫中擇其饒實勤幹者 定爲戶首. 凡其八結應納之役 使戶首收于結內佃夫以納. 戶首收捧時 用大斗者嚴禁. 土豪官屬輩 以其所耕 合斂民田 自捧其稅 加斂米豆於平民 以充其數者 及劫奪民結勒捧役價者(俗稱養戶) 准計贓輕重自杖至徒流(『續大典』 戶典 收稅條) (강제경, 부산대학교 석사학위논문 참조)

### 회감會減
받을 것과 줄 것을 셈하여 많은 수효에서 적은 수효를 상쇄하여 회계 처리하는 것. 회록會錄에서 삭감하는 것.

용례┃"三南民力已盡, 京倉 若有一年之儲, 會減田三稅, 以爲一分之惠可也."[『仁祖實錄』 23년 3월 13일(丙申)]; 都監進排 十立則會減不過五六立. 其餘皆歸於消花. 貢人之難支 實由

於此(『貢弊』,『韓國商業史資料叢書』2, 驪江出版社, 138쪽)

### 회록會錄

회계장부인 회안會案에 기록되는 것. 호조의 회안뿐 아니라 다른 아문의 회안에 기록되는 것도 회록이며, 그 대상도 모곡耗穀에 한정되지 않고 다양하다. 회록된 것은 국가재정의 일부이므로 국가의 공용에 지출되었다. 회안에서 삭감하는 것을 회감會減이라고 했다.

용례 ▎① 黃海·平安·咸鏡等三道賦稅 會錄于本道 而不上納(『仁祖實錄』18년 12월 1일 丁未)
② 會錄者 元會計之外 別備之謂也(『仁祖實錄』권24, 9년 6월 丁卯)(문용식,『조선후기 진정과 환곡 운영의 연구』, 270쪽.)

### 획급劃給

정해진 수량대로 다 주지 않고, 갈라서 다른 사람이나 관아에 나눠 줌.

용례 ▎又計各營·邑一年應下之數 而隨其多寡劃給.(『續大典』 戶典 徭賦)

### 횡간橫看

조선시대 국가재정의 세출예산표. 정식 명칭은 경비식례횡간經費式例橫看.『경국대전』에는 "모든 경비는 횡간과 공안에 따라 지용支用한다"라고 하여, 세출예산표라 할 횡간과 세입예산표라 할 공안의 제도가 규정되어 있다. 횡간에 규정된 것 외의 지출 경비는 '별용別用'·'별례용別例用'이라 했다. 조선 후기에는 『속대전』에 "경비는 대동사목에 따라 지용한다"라고 한 바와 같이, 대동사목에 따라 경비를 지출하도록 수정되었다. 대동법 실시 이후에 횡간은 공안과 함께 폐지되었다.

# 찾아보기